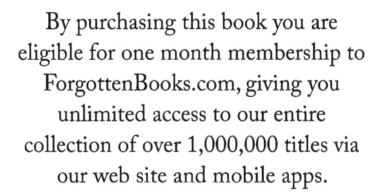

ISBN 978-0-666-94444-3
PIBN 10624040

Archiv

für das

Studium der neueren Sprachen

und

Literaturen.

Unter besonderer Mitwirkung

von

Robert Hiecke und Heinrich Viehoff

herausgegeben

von

Ludwig Herrig.

Achter Jahrgang.

Vierzehnter Band.

Braunschweig,

Druck und Verlag von George Westermann.

1853.

Inhalts-Verzeichniß des vierzehnten Bandes.

Abhandlungen.

Seite

Die englische Sprache und Literatur in Nordamerika. Von Hg. 1
Etwas über den Zusammenhang des deutschen Unterrichts ꝛc. Von Becker. 36
Schottelius. Von A. Lübben. 54
Genius der deutschen Poesie. Von Dr. Georg Zimmermann. . . . 66
Bemerkungen über den Télémaque. Von Fr. A. Wagler. 106
Materialien zur Geschichte deutscher Mundarten. (Schluß.) Von Schweminski. 134
Rabelais und Fischart. Von Fr. Strehlke 149
Das Geheimniß des Wortes. Von Dr. Ad. Zeising 241
Ueber das Minnelied. Von H. v. Rebenstock 254
Bildung der Nebensätze. Von Prof. Dr. Fr. Koch. 267
Studien über Molière. Von Dr. A. Laun. Fünfter Artikel. 293
Gebrauch des französischen Conjunctivs in Hauptsätzen. Von Robolsky . 306
Beiträge zur provençalischen Grammatik. Von Dr. Richard Volkmann . 322
Zur englischen Wortbildungslehre. Von O. Piltz. (Schluß.) 342
Ueber deutsche rechtschreibunc. Von Dr. Fr. Möller 379

Beurtheilungen und Anzeigen.

Praktische französische Grammatik von Caspar Hirzel. (Dr. Sanders.) 161
L'Honneur et l'Argent. Von F. Ponsard. (Dr. M. Maaß.) . . . 187
Die deutsche Nationalliteratur der Neuzeit. Von Carl Barthel. (Steudener.) 204
Oscar von Redwitz und seine Dichteraufgabe 206
Die deutschen Personen-Namen. Von H. F. O. Abel. (M. R.) . . . 206
Zur Beurtheilung des deutschen Wörterbuchs von J. und G. Grimm, zugleich ein Beitrag zur deutschen Lexicographie. Von Prof. Wurm (M. R.) 207
Methodisches Lehr- und Lesebuch zur gründlichen Einführung in die französische Sprache. Von J. G. Kitz. (Robolsky.) 207
Aufgaben zur Uebung des französischen Stils. Von Dr. K. H. Graf. . 209
Neuestes Comtoir-Lexicon der deutschen und franz. Sprache. Von L. Reignier 209
Vollständiges Lehrbuch der französischen Sprache. Von Fr. Bettinger . 209
Leichte Lesestücke für den ersten Unterricht in der engl. Sprache. Von Fischer 210
1. Die Werke der Troubadours ꝛc. Von Dr. C. A. F. Mahn. 2. Abgedruckte provenzalische Lieder. Von N. Delius. 3. Gedichte der Troubadours ꝛc. Von K. L. Kannengießer. (M. R.) 210
Die Biographien der Troubadours ꝛc. Von Dr. C. A. F. Mahn . . . 211
Grammatik der englischen Sprache. Von Dr. J. Heussi. (D. Sanders.) 402
G. F. Burguy, Grammaire de la langue d'oïl ou grammaire des dialectes français. (Richard Volkmann.) 430
Études sur la littérature Française à l'époque de Richelieu et Mazarin, par Ch. — L. Livet. (Dr. M. Maaß.) 439
L. G. Blanc, Vocabolario Dantesco ou Dictionnaire critique et raisonné. (R. C. B—n.) 443

Seite
Ueber Goethe's Jery und Bätely. Von Ed. Dorer-Egloff. (Dr. L. Eckardt.) 445
1) Macaulay's Gedichte. Von J. S. — 2) Gedichte von Th. B. Macaulay. Von Dr. Alex. Schmidt. (Dr. Hr. Fischer.) 448
F. L. Gehrike. Englische Chrestomathie. (Nobolsky.) 453
Schul-Grammatik der englischen Sprache von Dr. W. Zimmermann. (Fr. H. Strathmann.) 453

Programmenschau.

De quelle façon pourrait-on avantageusement modifier l'étude de la littérature Française etc. Von G. Rodowicz. (Prof. Dr. L.-P. Sy.) 212
Bemerkungen zur Satzlehre. Von R. Peinlich 218
Pädagogische Wichtigkeit der Dichtkunst. Von Wenzel Menzel. . . . 218
Ueber die Zulässigkeit und Behandlung der Geschichte der deutschen Nationalliteratur an den Gymnasien. Von Pius Zingerle 218
Ueber die Nothwendigkeit des Verstehens der ältern deutsch. Sprache 2c. Von Puff 219
Ueber den Zusammenhang der österreichischen Volkssprache mit den drei ältern deutschen Mundarten. Von Berthold Sengschmitt. (Hölscher) . 219
Die Schriftstellerinnen der europäischen Nationalliteratur. Von Professor und Direktor Dr. Mätzner 219
Otto der Große, ein Gedicht. Von Prof. K. Fr. A. Nobbe 220
Ueber die phonetische Schrift. Von Fr. Breier. (M. Runkel.) . . . 220
Ueber die Dauer des böhmischen Zeitworts. Von Hugo Barlitt. (M. R. 221
Programm des k. k. Gymnasiums in Triest. (M. R.) . . . .) 221
Ueber die Abstammung und Verwandtschaft der italienischen Sprache. Von F. C. Mitterrutzner. (M. Runkel). 221
Cornelius Herrmann von Ayrenhoff. Von Dr. K. Berndt 455
Ludus de ascensione Domini. Von Dr. A. Pichler 455
Otto der Große, ein Gedicht der Hroswitha. Von Dr. K. F. A. Nobbe. 456
Aus dem Wilhelm von Orleans des Rudolf von Ems. Von Dr. Knebel. 457
Erinnerungen an Friedrich Leopolds von Stolberg Jugendjahre. Von Dr. Th. Menge 457
Zeittafeln zu Goethes Leben und Wirken. Von Rainer Graf 458
Angelus Silesius. Von Dr. August Kahlert. (Hölscher.) 460

Miscellen.

Seite 223—239. 462—478.

Bibliographischer Anzeiger.

Seite 240. 479—480.

Die englische Sprache und Literatur in Nord-America.

Die americanische Novelle

trägt weniger den Charakter der romantischen Fiction, als vielmehr den der ruhigen historischen Erzählung; wir finden in derselben mehr eine Darstellung des Wirklichen und Thatsächlichen, als etwa reine Schöpfungen der Phantasie. Eigentlichen Glanz des Styles, Neuheit und Tiefe der Gedanken, Schärfe in der psychologischen Auffassung und selbst auch Gluth in der Schilderung von Leidenschaften — dieses Alles finden wir zwar bei den americanischen Novellisten verhältnißmäßig nur selten; aber dennoch fehlt es ihnen nicht an den nöthigen Eigenschaften, ihre Leser in hohem Grade zu fesseln, und wenngleich ihre Schöpfungen nicht gerade immer als vollendete Kunstwerke angesehen werden können, so zeichnen sie sich doch dadurch ganz besonders vor den Novellen vieler anderer Länder aus, daß ihre Tendenz vorzugsweise auf die Veredlung der Menschen gerichtet ist, und daß in ihnen wohl eigentlich nie irgend ein unlauterer Gedanke oder ein unreines Wort zu finden ist. Einen ganz besondern Reiz verleiht ihnen dann aber auch noch das Neue und Ungewöhnliche in den Sitten und Abenteuern, welche hier in anschaulicher Weise geschildert werden, und es erklärt sich daraus das hohe Interesse, welches in Europa gleich von vorn herein diesen geistigen Producten einer neuen Welt gewidmet wurde.

Wie es schon früher ausgesprochen worden, war die Abhängigkeit America's vom Mutterlande in wenigen Punkten so bedeutend, als gerade auf dem Felde der Fiction. Schüchtern und ohne rechte Zuversicht betraten die früheren americanischen Dichter ihre Laufbahn und blickten fortwährend nach England herüber, um sich dort die

Muster zu suchen und durch das Urtheil der englischen Presse einen Namen zu bekommen. Ebenso machten es denn nun auch die ältesten Novellisten. Der Erste, welcher sich freier bewegte und dessen Romane als epochemachend für America anzusehen sind, war Charles Brockden Brown, der Sohn eines Quäkers in Pennsylvanien. Er wurde am 17. Januar 1771 in Philadelphia geboren und gab schon in frühester Jugend entschiedene Abneigung gegen die Landwirthschaft zu erkennen, für welche ihn sein Vater bestimmt hatte. Bei der großen körperlichen Schwäche des Knaben ließ man ihn gewähren, und er konnte deßhalb ganz seiner Neigung gemäß einsam in den Wäldern umherstreifen und ungestört die Wunder der Natur beobachten und seinen Träumereien nachleben. Endlich entschloß er sich, den Beruf eines Advocaten zu ergreifen, welcher so Vielen in America Vermögen und Ansehen verschafft hat. Das Studium indessen, durch welches er sich zu seinem künftigen Stande vorbereiten wollte, erschien ihm etwas trocken, und er wurde dagegen mit der entschiedensten Abneigung erfüllt, nachdem er in seinem Gewissen durch das quälende Bedenken längere Zeit beunruhigt war, daß er als Advocat vielleicht dereinst Menschen und Thaten werde zu vertheidigen haben, die er innerlich verdammen müßte. Ungeachtet aller vernünftigen Vorstellungen, durch welche ihn seine Familie von dem gefaßten Entschlusse abzubringen suchte, verließ er seine Lehrer und überließ sich ohne allen Plan seinen Träumereien. Nach einer längeren Reise durch Pennsylvanien begab er sich nach New-York, beschäftigte sich daselbst eine Zeitlang mit kleineren literarischen Arbeiten für Zeitschriften und schrieb verschiedene politische Aufsätze, zu deren Abfassung er vorzugsweise durch den damaligen Umschwung der Dinge in Frankreich veranlaßt wurde. 1793 ließ er eine Reihe interessanter Aufsätze unter dem Titel Sky-walks erscheinen, stiftete mehrere Zeitschriften*), und es folgten später nach einander seine größeren Romane: Wieland, Ormond, Arthur, Mervyn und Edgar Huntley, von denen die früheren das meiste Lob verdienen; seine beiden letzten Werke Clara Howard und Jane Talbot sind dagegen am schwächsten. Er schrieb seine Romane, welche ihm vorzugsweise einen Namen verschafft haben,

*) 1799 The Monthly Magazine and American Review. 1805 The Literary Magazine and American Register; die erstgenannte Zeitschrift bestand nur ein Jahr, die letztere erlebte fünf Jahrgänge. 1806 begründet er The American Register, von welchem bis zu seinem Tode halbjährlich ein Band erschien.

eigentlich nur zu seinem Vergnügen und ließ sie in einzelnen Abschnitten erscheinen, indem meistens der Anfang schon gedruckt wurde, ehe das Ganze noch vollendet war.

In allen seinen Schriften verlegte er die Scene stets nach America und er erlangte vielleicht vorzugsweise hierdurch in England, wo Godwin und Andere sein Talent rühmten, größere Popularität, als selbst in seinem Vaterlande. Ungeachtet seines Strebens nach Unabhängigkeit und der düsteren Schwermuth seines ganzen Wesens hatte Brown dennoch für das Schicksal Anderer die zarteste Theilnahme; er bewährte sich als den treuesten Freund und fühlte überhaupt mehr für Andere als für sich selbst. Seine Krankheit verursachte ihm viel Leiden, aber er ertrug Alles mit der männlichsten Ergebenheit und verschmähete es sogar, auch nur die leiseste Andeutung von seinen Schmerzen jemals zu machen. Gegen Ende des Jahres 1809 erkrankte er ernstlich und im vollen Bewußtsein seines bevorstehenden Scheidens beunruhigte ihn nur der Hinblick auf die trostlose Lage seiner geliebten Frau und seiner vier Kinder, für deren Zukunft er noch nicht recht hatte sorgen können. Am 22. Febr. 1810 machte ein sanfter Tod seinem Leben ein Ende.

Brown stand eine lange Zeit ganz allein, und Niemand näherte sich ihm bis zu dem Auftreten Cooper's. Mit einer nicht gering anzuschlagenden Bildung verband er ein damals in America ungewöhnliches Talent, und Alles was er schrieb, war in der That originell. Seine Schöpfungen folgten einander sehr schnell; er scheute keinen Tadel, trotzte vielmehr der Kritik und hatte eigentlich nur die Wirkung im Auge, welche seine Erzählungen auf die große Masse der Leser machen würden.

Wieland, or the Transformation, sein erstes größeres Werk, erschien im Jahr 1798, also kurz vor jener Zeit, welche man nicht mit Unrecht die Periode der Romane genannt hat. In diesem Werke will uns der Verfasser ein Bild von den Verirrungen geben, zu denen der religiöse Fanatismus führen kann. Ein puritanischer Pflanzer in Pennsylvanien, mit dessen religiöser Begeisterung ein teuflischer Freund vermöge seiner Kunst im Bauchreden ein leichtsinniges Spiel getrieben hat, glaubt göttliche Stimmen zu vernehmen, welche ihn zur Ablegung jeglichen Egoismus auffordern, von ihm die Entäußerung seines theuersten Besitzes verlangen und ihn endlich in seinem Wahnwitze zu der Ermordung seines geliebten Weibes und seiner

Kinder fortreißen. In der Stunde der Ausführung hat er einen furchtbaren Kampf durchzumachen, denn die Liebe zu den Seinen ist in ihm überaus mächtig, aber sein religiöser Wahnsinn bleibt zuletzt siegreich und in dem Gefühle seiner Pflicht verrichtet der Unglückliche die gräßliche That und bringt das schwere aber entsetzliche Opfer. Die menschliche Gerechtigkeit bemächtigt sich des Mörders und führt ihn zu der Einsicht seiner gräßlichen Verirrung, und die Reue nagt zu gewaltig an seinem gebrochenen Herzen, als daß er länger seine Gewissensbisse zu ertragen vermöchte. Ein Selbstmord endet sein Leben. — Der ganze Gegenstand ist schaudererregend und gränzt an das Unnatürliche; aber die Ausführung fesselt im Einzelnen den Leser in einer solchen Weise, daß man sich der Theilnahme an den verschiedenen Schilderungen gar nicht entschlagen kann.

Sein zweiter Roman, Ormond, schildert uns die Lebensschicksale eines ziemlich mittelmäßigen Künstlers, Dudley, welcher nach dem Tode seines Vaters eine Apotheke übernimmt, durch seinen Associé Ormond betrogen und zu Grunde gerichtet wird und zuletzt als blinder Mann sein Brod erbetteln muß. Seine Tochter Constantia ist die eigentliche Hauptfigur in dem ganzen Werke, und sie ist vielleicht eine der gelungensten Zeichnungen weiblicher Hochherzigkeit und Anmuth, welche überhaupt von americanischen Schriftstellern entworfen worden ist; auch die Charaktere sind in der Novelle kühn und nicht ohne Glück durchgeführt, und besonders der erste Theil des ganzen Werkes ist mit großer Sorgfalt behandelt. Allmählig scheint indessen der Verfasser seine Theilnahme für seine Schöpfung verloren zu haben, er ist gleichsam ermüdet und arbeitet sich im zweiten Theile mit scheinbarem Widerstreben weiter fort bis er endlich den Schluß erreicht hat. — Im Jahr 1799 veröffentlichte er zwei Romane: nämlich Arthur Mervyn, — worin er seine Erinnerungen an die vorhergehenden Schreckensjahre zu einer vortrefflichen Schilderung von dem wüthenden Auftreten der Pest benutzte und außerdem in Waldeck, einem leichtsinnigen Wüstling, eine wahrhaft vollendete Charakterzeichnung lieferte; — und Edgar Huntley, ein Werk, welches reich an interessanten Einzelheiten ist und vorzüglich wegen seiner vortrefflichen Schilderungen von dem Leben und dem ganzen Wesen der Indianer gerühmt zu werden verdient.

Brown's Styl ist nicht gerade glänzend, sehr geschmackvoll und mannigfaltig, aber meistens klar, einfach und leicht. Die Fehler, welche sich in demselben nachweisen lassen, erklären sich vollständig aus der großen Eile, in welcher er schrieb; hätte er irgend Zeit gehabt, die Feile anzulegen, so würde er ohne große Mühe die manchen Mängel haben entfernen können, deren Vorhandensein man sehr bedauern muß; und dieses zwar deßhalb um so mehr, weil seine Romane ungeachtet mancher Fehler fortdauernd ihre Leser finden werden.

Man darf es hierbei nicht unerwähnt lassen, daß der Bau seiner Perioden zwar sehr einfach ist, daß aber die Wahl der Wörter, wobei alles Sächsische mit großer Aengstlichkeit vermieden zu sein scheint, oft wahrhaft komisch ist. Brown gebraucht die lateinischen Ausdrücke bei Wendungen, in welchen sie sonst nirgendwo vorkommen: so sagt er z. B. her decay was eminently gradual, — retrieved reflection, — extenuate the danger, — immersed in perplexity, — obvious to suppose, — copious epistle, — copiously interrogated u. s. w.

Es läßt sich nicht in Abrede stellen, daß Brown erfinderisch war, aber es fehlte ihm ein eigentlich günstiges Material, und während man dem Talente des Schriftstellers alle Achtung zollen muß, kann man mit der Wahl seiner Gegenstände doch eigentlich nie recht zufrieden sein. Seine Phantasie wendete sich mit besonderer Vorliebe dem Entsetzlichen und Schrecklichen zu und schuf eine Menge von Personen und Scenen, die nur Abscheu erregen konnten und äußerst unnatürlich waren. Seine Gestalten sind oft bloße Caricaturen oder Ungeheuer, welche weder in der Sitte noch in den Meinungen des Volkes wurzelten. Seine ganze Richtung ist überhaupt außerordentlich düster, und er führt sogar seine Leser nicht allmälig zu den Schreckensscenen hin, sondern ohne alle Vorbereitung und Schonung stürzt er sie von einer Täuschung und von einem Schmerze in den andern. Es fehlt bei ihm durchaus an Abwechslung, und von Humor z. B. besitzt er keine Spur. Während seine männlichen Charaktere, wie schon oben bemerkt wurde, im Allgemeinen gut gezeichnet sind, kann man seinen Frauengestalten nicht gerade dasselbe Lob spenden, und sie nehmen unser Interesse nur wenig in Anspruch; als eine Ausnahme hiervon verdienen nur Constantia in Ormond und Louisa in der unvollendeten Erzählung Stephen Calvert angeführt zu werden, welche wirklich sehr gelungen sind und in deren Durchführung eine Reihe von feinen psychologischen Andeutungen nicht zu verkennen ist.

Nach Brown muß sogleich **Richard H. Dana** genannt werden, welcher in America selbst verhältnißmäßig zwar wenig Anerkennung nur gefunden hat, derselben aber weit würdiger war als mancher Andere, welchem sie seine Landsleute in verschwenderischer Weise spendeten. Wir verweisen übrigens unsere Leser auf Bd. XIII. p. 100, wo bei Besprechung der Gedichte Dana's schon ganz ausführlich auch seiner verdienstlichen Leistungen auf dem Felde des Romans gedacht worden ist und wo auch seine anderen prosaischen Schriften bereits besprochen wurden.

Kein Schriftsteller America's ist wohl so viel gelesen und in so viele Sprachen übersetzt, als **Cooper**, zu welchem wir uns jetzt wenden. Sein Geist hatte volle, kräftige Nahrung aus dem **heimathlichen** Boden gezogen, und seine Werke erschienen deßhalb als ein treuer Spiegel jener großartigen, transatlantischen Natur, deren Anblick für Europa völlig neu und wunderbar war. Er besaß eine gewisse Aehnlichkeit mit Walter Scott, indem er die Phantasie mächtig zu ergreifen und die Theilnahme seiner Leser auf das Lebendigste bis zum Schlusse zu fesseln wußte; aber er hatte weder den Humor und das Pathos noch auch die Feinheit und Zartheit in der Auffassung der Charaktere, welche uns bei dem schottischen Dichter so sehr erfreut; beide waren übrigens praktische Männer, denen es weder an Kraft noch auch an Muth fehlte, mit der rauhen Wirklichkeit der Welt den Kampf zu bestehen.

James Fenimore Cooper wurde am 15. September 1789 in Burlington (New Jersey) geboren; sein Vater, welcher das Amt eines Richters bekleidete, legte den ersten Grund zu einer Niederlassung am Otsego See, die man später nach ihm Cooperstown benannte. Der reichbegabte Knabe erhielt eine tüchtige wissenschaftliche Ausbildung und zeichnete sich ganz besonders durch seinen Eifer für das Studium der klassischen Sprachen aus. Nachdem er im J. 1805 Yale College verlassen hatte, erhielt er eine Stelle als Seecadet; während seiner sechsjährigen Dienstzeit in der Marine gewann er durch die Offenheit und Redlichkeit, welche in seinem ganzen Wesen lag, wie auch durch seine große Kühnheit und Entschlossenheit allseitige Achtung und Zuneigung. Reich an Erfahrungen zog er sich in das Privatleben zurück, verheirathete sich, blieb eine Zeitlang in Westchester und nahm dann in Cooperstown seinen dauernden Wohnsitz. 1821 begann er seine schriftstellerische Laufbahn durch die Herausgabe eines Werkes (Precaution), welches das häusliche Leben in England schilderte und im Ganzen nur sehr geringe Hoffnungen erregte. Dauernd wurde sein Ruhm dagegen durch den kurz darauf erscheinenden Roman The Spy begründet; merkwürdiger Weise nahmen die americanischen Blätter nur sehr wenig Notiz von diesem Werke oder sprachen sich auch sogar ungünstig über dasselbe aus. Im Auslande dagegen fand das Buch reißenden Absatz; es wurde in sehr kurzer Zeit fast in alle lebenden Sprachen übersetzt, und auch America fing dann endlich an zu begreifen, welch einen Schatz es in dem Verfasser dieses Romans besitze. 1823 gab Cooper die Pioneers heraus, ein ziemlich schwaches Werk, welches nach der Ansicht Vieler als ein Beweis dafür angesehen wurde, daß der Verfasser sich ausgeschrieben habe und nichts Neues und Anziehendes mehr werde bringen können. Da erschien plötzlich The Pilot, der erste von jenen bedeutenden Seeromanen, welche den Ruhm des Schriftstellers so erhöht haben und eine ganz andere Kenntniß des Seewesens bekunden, als sie von Andern z. B. selbst von W. Scott in dem Pirate dargelegt ist.

Durch das Interesse, welches sich an das Leben eines Seemanns knüpft, öffnete er eine neue Fundgrube für den Roman, und der Erfolg, welchen seine Schöpfungen hatten, zeigte sich schon zur Genüge in den unzähligen Nachahmungen. Smollet's Schilderungen sind im Vergleich damit nur eine Art von Caricatur, während uns Cooper das Meer mit allen seinen Launen anschauen läßt:

„Calm or convulsed, in breeze, or gale or storm."

Seit dieser Zeit war er im Schaffen unermüdlich, und fast jedes Jahr brachte von ihm eine neue Schrift. Seine 34 Romane erschienen unter folgenden Titeln: The Spy, The Pioneers, The Pilot, Lionel Lincoln, The Last of the Mohicans, The Prairie, The Red Rover, The Wept of Wish-ton-Wish, The Water Witch, The Bravo, The Heidenmauer, The Headsman of Berne, The Monikins, Homeward Bound, Home as Found, The Pathfinder, Mercedes of Castile, The Deerslayer, The two admirals, Wing-and-Wing, Wyandotte, Autobiography of a Pocket Handkerchief, Ned Myers, Ashore and afloat, Miles Wallingford, Satanstoe, The Chainbearer, The Red Skins, The Crater, or Vulcan's Peak, Oak Openings, or the Bee-Hunter, Jack Tier, or the Florida Reef, The Sea Lions, or the Lost Sealers, The Ways, or the Hour. Das letzte dieser Werke, welche meistens aus zwei Bänden bestanden, erschien im J. 1850. Außerdem besitzen wir von ihm noch eine History of the United States Navy in 2 Bdn., Notions of the Americans, by a Travelling bachelor in 6 Bdn., Sketches of Switzerland 4 Bde., ein kleines politisches Werk The American Democrat und A Letter to his Countrymen. Im Jahre 1827 begab sich Cooper auf eine Reise nach Europa und hielt sich dort in verschiedenen Ländern etwa 10 Jahre auf, wo er Verbindungen mit den bedeutendsten Persönlichkeiten anknüpfte und fast überall eine achtungsvolle und freundliche Aufnahme fand. Bei seiner Rückkehr nach America erlitt seine Popularität einen bedeutenden Stoß, indem er in verschiedene persönliche Streitigkeiten verwickelt wurde und andrerseits die americanische Presse in mehreren seiner Romane aristokratische Tendenzen witterte und ihn darüber sehr heftig angriff. Cooper hatte diesen Vorwurf nicht verdient, da er vielmehr sehr entschieden demokratische Ideen hegte und dieselben auch im Auslande nie verleugnet hatte.

Als er sich von den Regierungsformen und Unterthanen einer Monarchie umgeben sah, da wurden alle seine republicanischen Gefühle auf eine fieberhafte Weise in ihm aufgeregt, und es fehlte ihm sogar an Kraft, sie objectiv mit Rücksicht auf den Geist und das Wesen des Volkes zu betrachten; sondern er sah vielmehr Alles ganz subjectiv von seinem eignen Standpunkte des schroffesten Republicanismus an. Während er sich aber somit auf dem Continente in seinem ganzen Thun und Treiben stets als den entschiedensten Americaner zeigte, fühlte er sich nach seiner Rückkehr in die Heimath durch den Anblick so mancher Mißbräuche äußerst unangenehm berührt, und er war nicht der Mann danach, seine Verstimmung zu verheimlichen, wodurch er natürlich bei dem eigensinnigen Bruder Jonathan vielfachen Anstoß erregen mußte. Er fühlte sich getrieben, politische Tendenzromane zu schreiben und wir haben von ihm in dieser Richtung z. B. in seinem Ravensnest, in welchem er gegen die Tendenz einer demokratischen Partei ankämpft, die das alte Verhältniß zwischen Gutsherren und Pächtern auflösen und Letztere zu unabhängigen Eigenthümern zu machen sich bestrebte, eine ganze Reihe von Abhandlungen über politische Oekonomie. Politik war nun zwar nicht gerade die starke Seite unseres Schriftstellers; er ward leidenschaftlich und persönlich und die eingestreuten beißenden Bemerkungen entfremdeten ihm durch ihre Schärfe und Wahrheit Vieler Herzen.

Am 14. September 1851 machte ein schneller Tod seinem rastlosen Leben ein Ende; er starb im dreiundsechzigsten Jahre in Cooperstown, und überall ward die Trauer um den großen Mann in America aufrichtig empfunden; die Abneigung seiner Gegner hatte aufgehört, und sein Tod glich dem Sturze einer jener großen alten Eichen, welche er so oft in seinen Romanen geschildert hat.

Fern von aller Nachahmung klassischer Vorbilder beschreibt er mit einer außerordentlichen Frische, Tiefe und Wahrheit eine gigantische Natur. Seine Schöpfungen fanden bei seinem ersten Auftreten großen Beifall; der Dichter und seine Leser waren von demselben Fleisch und Blute, und die patriotischen Zeichnungen wurden, nachdem man sie kennen gelernt hatte, mit der Gluth einer ersten Liebe aufgenommen. Der Geschmack des americanischen Publikums änderte sich indessen in späterer Zeit; man wollte etwas Neues, — und suchte es meistens in der Fremde. Daß Cooper gerade im Auslande so außerordentlich populär geworden, ist leicht erklärlich, weil er der alten Welt das materielle Glück und die physische Größe der neuen schilderte, und weil er diese Aufgabe in so vorzüglicher Weise gelöst hat. Das ferne Land liegt durch ihn dem Leser deutlich vor Augen, und das entzückte Auge überfliegt mit Bewunderung das anschauliche lebende Bild.

Seine ersten Romane haben eine entschieden transatlantische Färbung; die Schilderungen sowohl als auch die Personen und ihre Gedanken sind ächt americanisch, und Cooper zieht die Leser durch die Treue und Wahrheit seiner sorgfältigen Darstellung an. Fehlt es auch dem Colorit zuweilen etwas an Wärme und der Verwickelung an eigentlicher Anziehungskraft, erscheint seine bis auf das Kleinste sich erstreckende Sorgfalt auch zuweilen ein wenig trocken, schreitet auch die Handlung oft nur sehr langsam voran, so verbleibt dem Ganzen doch ein eigenthümlicher Zauber, und schon die Neuheit der Schilderungen reizt unwiderstehlich zum Weiterlesen. Cooper war ein ächt nationaler Schriftsteller, indem er sich gleich von seinem ersten Auftreten an ernstlich bemühte, die Freiheit und Würde seines Vaterlandes zu verherrlichen und dasselbe der Welt in seiner rohen Größe und ursprünglichen Frische mit starken, kühn gewählten Farben zu malen.

Bei der Colorirung der Ereignisse läßt er seiner Phantasie oft zwar zu sehr den Zügel schießen und streift dadurch häufig an das Unwahrscheinliche, aber er fesselt dennoch dabei zugleich die Aufmerksamkeit in so hohem Grade, daß man die Unwahrscheinlichkeiten häufig ganz übersieht.

Die Schnelligkeit, mit welcher die einzelnen Ereignisse einander folgen, die Lebhaftigkeit der Handlung und alles äußere Beiwerk ist in seiner Art unübertrefflich, aber das geheime Wirken der Neigungen und Leidenschaften im menschlichen Herzen vermag er nicht recht aufzufassen, und er wirkt überhaupt auf das Gefühl seiner Leser nur durch Aeußerliches, welches meistentheils nur Entsetzen oder Erstaunen erregt. In der Naturschilderung gelingen ihm die furchtbaren, gigantischen Gestaltungen am besten; störend ist es dagegen, daß er sich oft zu sehr in die Schilderung von Einzelheiten einläßt und darüber den Fortgang der Geschichte ganz zu vergessen scheint: wenn er z. B. den Kampf zweier am Abgrunde Ringenden schildert, so erfahren wir nicht etwa, wie der Sieg von der einen zur andern Seite hin und herschwankt, sondern wir erhalten vielmehr beiläufig erst eine ganze Reihe geographischer Notizen, bei welcher die Geschichte gleichsam stille steht. Ein Hauptvorwurf, welchen man ihm überhaupt machen muß, besteht darin, daß er häufig zu viel sagt und zu sehr in's Materielle geht, das Ideale förmlich zu verschmähen scheint und seine Gegenstände oft gleichsam chemisch zersetzt. Wenn er z. B. über ein Schiff spricht, so kann er es nicht unterlassen, eine förmliche Abhandlung über den Schiffsbau beizufügen, und schildert er das Takelwerk, so folgt auch sicherlich eine Betrachtung über die Bereitung dieser mächtigen Seile, welche durch ihre Stärke und Festigkeit unsere Bewunderung erregen. Er verkennt hierbei offenbar seine Aufgabe, welche er als Künstler zu lösen hatte, und verwechselt sie mit der des Historikers; er anatomisirt seine Gegenstände förmlich und hat sich dadurch den nicht ganz unverdienten Vorwurf zugezogen, daß viele seiner Charaktere ebensosehr lebenden Wesen gleichen wie die Blätter in einem Herbarium der lebendigen Pflanze. Er schildert mit größerer Vorliebe und mit mehr Erfolg das rohe und wilde Leben, wie er es sich in den Wäldern dachte, als die Zustände der civilisirten Gesellschaft; aber selbst in jenen Scenen des Naturlebens finden wir weniger treue Copieen der Natur als vielmehr manche bloße Träumereien des Dichters; seine indischen Personen z. B. sind höchst unrichtig und mangelhaft geschildert, und ihre langen Reden erscheinen völlig unwahr und oft auch recht langweilig; durch die sentimentale Auffassung des Dichters erscheinen uns diese Wilden mit einer Reinheit der Gesinnung und einem Edelmuthe ausgerüstet, von welchem man unter den gebildeten Europäern nur selten ein Beispiel finden würde. Cooper lud durch derartige Schilderungen, gleichwie Th. Campbell, die nicht unbedeutende Schuld auf sich, daß diese indianischen Bilder von den Dichtern zweiten Ranges so viel falsch copirt und nachgeschildert wurden.

Der moralische und psychologische Inhalt seiner Romane ist großentheils außerordentlich dürftig, und es scheint ihm überhaupt wenig auf die geistige Entfaltung seiner Figuren anzukommen. Auf die Darstellung des rein Materiellen verwendet er all seine Kraft und den ganzen Glanz seiner Diction, nur in diesem findet seine Phantasie den rechten Stoff; fehlt ihm derselbe, so erscheint er meistens höchst armselig und sogar langweilig.

In seiner puritanischen Strenge verschmähete er jede Beziehung auf geschlechtliche Verhältnisse, und wenngleich seine Romane dadurch den großen Vorzug der vollsten Reinheit haben, so fehlt ihnen andrerseits der Reiz der Liebe, welcher den Frauengestalten einen eigenthümlichen Zauber verleiht und uns das ganze Wesen des Weibes erst vollständig kennen lehrt.

Man hat seinen Romanen ferner mit Recht eine gewisse Monotonie und Mangel an Humor und Grazie zum Vorwurf gemacht, und es läßt sich keineswegs verkennen, daß in allen seinen vielen Schriften Geist, Gefühl und Motive stets dieselben sind; es kommen durchaus keine radical neue Charaktere zum Vorschein, und die neuen Personen unterscheiden sich vorzugsweise nur durch die Ereignisse, welche die Einen zur See, die Andern auf dem Lande betreffen. Ueberdies gelang ihm auch eigentlich nur die Schilderung derjenigen Charaktere vollständig, welche seinem eigenen verwandt waren, Leute von kühnem Selbstvertrauen, welche sich selbst ihren Weg bahnen und ohne alle weitere Rücksicht bis zum Ziele verfolgen.

Begleiten wir ihn in seine Gesellschaft, so finden wir nur Menschen, welche sich ziemlich steif bewegen und die so nichtssagend und affectirt in ihren Reden sind, daß man sich wahrhaft freut, wenn man wieder von ihnen fortkommt und mit dem Dichter einen Gang in die Wälder oder nach dem nahegelegenen Wirthshause machen kann. Am schlechtesten sind ihm die Schilderungen weiblicher Wesen gelungen, welche nicht selten recht einfältig bei ihm erscheinen. Von einem gewöhnlichen Landmädchen weiß er uns ein sehr hübsches Bild zu entwerfen, aber die höhere Kraft und Würde des Weibes scheint er gar nicht zu kennen. Von der Zartheit des Geistes, von der Tiefe und Reinheit weiblicher Liebe, von dem Einflusse der Frauen auf die Entwicklung der Ereignisse versteht er entweder nichts, oder er weiß es nicht entsprechend darzustellen. Es hat oft den Anschein, als ob ihm die weiblichen Personen förmlich im Wege sind und nur Schwierigkeiten bereiten, und sie dienen ihm überhaupt immer nur zur Verwickelung, niemals aber zur Entwickelung. Vielleicht erklärt sich dieses vorzüglich daraus, daß er den Ton der feinen Unterredung nicht recht zu treffen weiß und seine Personen deshalb in ganz unnatürlicher Weise mit einander reden läßt.

Seine Diction ist zwar zuweilen etwas schwerfällig und scheint mit dem Gegenstande zu kämpfen; aber es ist ihr eigentlich nichts zu hoch und zu gewaltig, und wir sehen sie fast immer siegreich: die grünende Wiese wie der Urwald, die Sandebene und das Meer mit seinem Wechsel, Alles scheint das volle Eigenthum des begeisterten Dichters zu sein.

In der Form diente ihm Walter Scott als Vorbild, und er ahmte ihn leider auch sogar in der Breite des Dialoges nach, ohne dagegen die seltene Fülle von Humor zu entfalten, welche uns bei dem schottischen Dichter so sehr erfreut.

In Beziehung auf den Styl ließ er sich viele Uebereilungen zu Schulden kommen, welche man bei den americanischen Schriftstellern überhaupt nicht gar selten antrifft. So bezeichnet er z. B. in dem Spy die Haare als „black", nennt sie dann aber später aus Flüchtigkeit „auburn"; so spricht er von dem „light of the day", sagt dann aber gleich hinterher: „The night was too dark to move in"; so erlaubt er sich Wendungen wie „causing a gentleman to establish a cigar-box into the corner of his mouth" und gestattet sich überhaupt eine Anzahl von unschönen Ausdrücken und sogar grammatisch unrichtigen Constructionen, wie wir dergleichen bei den besseren Schriftstellern Englands nirgends antreffen. Charakteristisch aber ist es auch noch, daß er eine Menge von Adverbien z. B. drily, good-humoredly, kindly, fervently, gravely, laconically ganz stereotyp und meistens völlig überflüssig ganz dicht hintereinander wiederholt vorbringt.

Versuchen wir nun zum Schlusse seine wichtigsten Romane ganz kurz noch zu charakterisiren. In dem Spy, welcher auf die historischen Begebenheiten des Jahres 1780 basirt ist, entzückt uns die Kühnheit des ganzen Entwurfes und die Lebhaftigkeit der Farben in der Ausführung. Wir bemerken die stärksten Schatten neben gutem Lichte, wir hören einen geistvollen Dialog in einer kräftigen Sprache, die zugleich reich an Komik und stellenweise auch nicht ohne Humor ist. Die Naturschilderung ist wahr und anschaulich, aber sie giebt mehr das Naheliegende und entwickelt nicht eigentlich tiefer liegende sittliche Gefühle, welche die Seele mit der Schönheit verbinden und als Beweis für die höhere Bildung und Zartheit in dem Geschmacke des Verfassers gelten könnten. Am gelungensten ist die Beschreibung von Thaten und die humoristische Schilderung des niederen Lebens; wo es irgend etwas zu thun giebt, da ist der Verfasser mit ganzer Seele anwesend und die Aufmerksamkeit des Lesers wird bis zum Schlusse stark gefesselt: die Schlachtscene z. B., die Flucht und die Jagd des Spy geht mit der größten Schnelligkeit und Wahrheit vor unseren erstaunten Blicken vorüber, das feierliche Leichenbegängniß des alten Birch und die gräßlich schöne Schlußscene des ganzen Werkes erregt unsere höchste Bewunderung. Man erstaunt außerdem über den Helden des Buches, welcher seiner Vaterlandsliebe nicht nur das Leben, sondern auch seine Ehre opfert und sich im Bewußtsein der ihn fast überwältigenden Schmach mit dem Gedanken tröstet, daß er sich um sein Vaterland verdient gemacht hat. Cooper liebt solche resignirte und man möchte fast sagen unnatürliche Charaktere, welche für ihre Idee schweigend leiden und sterben können, und wir finden z. B. im Bravo und Lootsen ganz ähnliche Erscheinungen. Die Pioneers sind unstreitig sein bestes Werk; sie enthalten eine lebensfrische Darstellung von den herrlichsten Erinnerungen aus früheren Jahren und führen uns eine Reihe von Charakteren mit so viel Leben und Wahrheit vor, daß sich jedem Leser ganz unwillkürlich die Ueberzeugung aufdrängt, dieses Werk werde einen bleibenden Platz in der Literatur behaupten. Viele der hier geschilderten Scenen — z. B. das Christmas turkey-shooting, fish-spearing beim Scheine des Feuers am Otrego-See, die Befreiung von dem Panther, der Waldbrand — sind in ihrer Weise unübertrefflich und dürften sich nur schwer nachahmen lassen.

In dem Pilot besitzen wir ein wahrhaft nationales Werk; die

Wahl des ganzen Planes und der Personen, sowie die Anspielungen auf Geschichte und Sitten sind ächt americanisch. Man darf dieses Werk, welches einen bleibenden Theil der Literatur ausmachen wird, nicht nach seinen kleinen Unvollkommenheiten und Mängeln beurtheilen, noch auch sich damit begnügen, einzelne der gelungensten Schilderungen — z. B. die unübertrefflichen Bilder von dem langen Tom, dem Wallfischfang oder dem Untergang des Ariel u. dgl. — als einzige Vorzüge namhaft zu machen. Es läßt sich dagegen freilich nicht verkennen, daß Cooper hier wieder, wie fast überall, sich sein Material nicht recht unterzuordnen vermag, sondern daß er von demselben eigentlich ganz beherrscht wird. Das Meer und das Schiff sind die eigentlichen Helden des Romans und in seiner Einheit verherrlicht er den Geist des Menschen, welcher das stürmische Element zu beherrschen strebt.

Bei der Abfassung des Last of the Mohicans erlaubte sich der Verfasser manche Freiheiten mit der Geschichte, welche durchaus nicht gerechtfertigt erscheinen, und die ganze Erzählung enthält überdies verschiedene Momente von Unwahrscheinlichkeit, welche sehr leicht hätten vermieden werden können. Man begreift z. B. durchaus nicht, weshalb der alte Soldat, welcher einem Angriffe der blutdürstigen Wilden entgegensieht, gerade in dem Augenblick der Gefahr einen Besuch seiner beiden Töchter verlangt, noch auch weshalb der Geliebte von Alice die romantische Fahrt durch unwegsame Wälder vorzieht, während er an dem selbigen Morgen unter dem sicheren Schutze einer Abtheilung von Truppen seine gefahrvolle Reise hätte machen können. Uncas ist überdies kein ächter Indianer, und die Schilderung des Bösewichtes Mayna verdient in Vergleich mit dem eigentlichen Helden der Novelle weit mehr Lob; man hat zwar getadelt, daß Mayna sich in Cora verliebte, aber es ist eine Thatsache, daß die Indianer gerade die weißen Mädchen sehr gern hatten, wofür sich in der eigenthümlichen Vorliebe der Italiener und Schweden auch noch in unserer Zeit eine Analogie finden läßt. Die Schilderung Hawkeye's, den Leatherstocking in diesem Romane darstellt, ist höchst anschaulich und wunderbar; man wird nur zuweilen durch seine übergroße Geschwätzigkeit ungeduldig gemacht, welche nicht gerade immer recht an ihrem Orte ist.

Neben manchen Mängeln hat das Werk indessen außerordentliche Vorzüge; wir athmen den Duft der herrlichen Wälder, erfreuen uns an dem frischen Hauche des Bergwindes und erleben die großen furchtbaren Naturphänomene gleichsam selbst mit. Gedenken wir z. B. der wunderbaren Kampfesscene bei Glenn's Falls — welche selbst durch keine ähnliche Schilderung von Walter Scott übertroffen ist — wie großartig ist da die ganze Scenerie des Gefechtes dargestellt: der dampfende Wasserfall, die kleine Insel mit ihren muthigen Vertheidigern, die Fichtenwälder und die grauenerregenden Abgründe; die Scene wird gleichsam vor uns heraufbeschworen, man sieht hin und kann sie fassen, den Felsen, den Fluß und den Wald, man fühlt den Hauch des Windes und den feuchten Nebelschleier des herrlichen Wasserfalles. Die Prairie ist ziemlich unbedeutend, und die Fabel des Stückes ist weder recht wahrscheinlich noch auch eigentlich anziehend. Einen eigenthümlichen Reiz hat die Novelle dagegen durch die sehr in's Einzelne gehenden und charakteristischen Schilderungen, welche ohne Zweifel zu den besten in ihrer Art gehören. Litte das Werk nicht an großer Weitschweifigkeit und vielen zuweilen unerträglichen Längen, so würde es sicherlich weit mehr Freunde gefunden haben.

The red Rover enthält zwar manche Personen, die nicht recht natürlich sind, verletzt auch die Begriffe von Wahrscheinlichkeit zuweilen und umgiebt den Rover überhaupt mit zu viel Poesie; aber die Erzählung hat dennoch außerordentliche Vorzüge und ist mit Recht zu Cooper's besten Leistungen mitgezählt worden. Wenn gleich der Verfasser hier die Scene fern von seinem Vaterlande gelegt hat, so ist doch das Buch durch und durch ächt americanisch und mit großer Wärme vertheidigt er in demselben die Verfassung und die Institutionen seines Vaterlandes.

The Deerslayer ist in der Reihe von Novellen, in der wir ihn erhalten, ohne Zweifel der anziehendste und bedeutendste. Die Erzählung ist zwar nicht ganz frei von charakteristischen Fehlern des Verfassers (indem er uns z. B. die scheußlichsten und ekelhaftesten Mordscenen mit besonderer Vorliebe und Ausführlichkeit vorführt), aber sie giebt uns andrerseits in der herrlichen Zeichnung von Judith das schönste, lieblichste Bild weiblicher Charaktere, welches Cooper überhaupt geschaffen hat.

In dem Pathfinder hat Cooper einzelne Thatsachen aus den Memoirs of an American Lady von Mrs. Grant entlehnt, aber den dort ziemlich unbestimmt umherschwebenden Schatten erst eigentlich wahres Leben eingehaucht. Die Kraft und Anschaulichkeit der hier dargestellten Bilder wird Jedem, der sie jemals gesehen hat, unvergeßlich bleiben; man denke nur an die Charakteristik des Pathfinder selbst, — dessen Figur in keinem andern Romane so vollendet erscheint, — an die reizende Schilderung des Fort am Ufer des Ontario Sees und an die wahrhaft gelungenen Gestalten des alten Majors, des verrätherischen Schotten und des dogmatischen alten sailor. Cooper selbst hielt diesen Roman und den Deerslayer für seine besten Schriften; so sehr man indessen auch geneigt sein mag, den Werth dieser vortrefflichen Erzählungen anzuerkennen, wird man doch sicherlich im Allgemeinen seinen See-Romanen den Vorzug zuerkennen. Durch die eigenthümlich glückliche Combination der Scenerie fand Cooper hier eine Gelegenheit, alle seine Kräfte auf einmal zu entfalten und darin wahrhaft zu glänzen.

Die Novelle Homeward bound or the Chase trug, wie überhaupt seine letzten Schriften, wenig zur Erhöhung seines Ruhmes bei. Mit großer Schärfe und Bitterkeit griff er die Sitten und Gebräuche seiner Landsleute an, ließ sich dabei in viele politische Discussionen ein, die oft sehr weit hergeholt waren, und sprach zugleich die gründlichste Verachtung gegen die Tyrannei der sogenannten öffentlichen Meinung aus, welche in America so gern jede freie Bewegung knechten möchte. Wir finden in diesen letzten Werken wenig Neues und Schönes, was zugleich sittlich veredelnd wirken könnte, und erfreuen uns eigentlich nur über einzelne glänzende Naturschilderungen, welche hie und da von dem Verfasser mit eingestreut sind.

Cooper hat zwar bis zu dem Ende seines Lebens fortgeschrieben, aber die Theilnahme seiner Leser hat immer mehr abgenommen, weil er theils in seiner Weise überboten ward und anderntheils die Schilderungen des wirklichen Lebens, wie sie die Schriften der neueren Novellisten enthielten, doch mehr Anziehungskraft ausübten.

Der Erste, welchem es auf einer unerforschten und bisher unbetretenen Lebensbahn gelang, sich einen hohen unbestrittenen Ruhm zu erwerben, der rein auf literarisches Talent und schriftstellerischen Erfolg gegründet ist, war Washington Irving; wir nehmen hierbei natürlich die Herausgeber der magazines und reviews aus, welche sich auch vor ihm größtentheils bloß durch literarische Arbeiten ihren Unterhalt zu verschaffen suchten, ohne indessen dieses durch eigene schöpferische Thätigkeit vermocht zu haben. Walsh hatte es freilich schon früher durch politische Flugschriften gethan, doch war ihm dieses nur in einer Zeit möglich, als Alles im Lande sich fast ausschließlich mit Politik beschäftigte, und Brown lebte vorzugsweise von seinen Beiträgen für verschiedene Zeitschriften, während ihm seine Novellen eigentlich nur wenig einbrachten.

Washington Irving ward am 3. April 1783 in New-York geboren, wo sein Vater ein ansehnliches kaufmännisches Geschäft besaß. Diesen verlor Washington leider schon in frühester Jugend, und da sich später auch bei ihm sehr bedenkliche Symptome von Lungenkrankheit zeigten, so schickten ihn seine älteren Brüder im Jahre 1803 nach dem Süden von Europa, wo er sich längere Zeit in Palermo, Neapel und Rom aufhielt und dann nach einer Reise durch Frankreich und England ganz gestärkt wieder in seine Heimath zurückkehrte. Schon vor seiner Abreise hatte er unter dem Pseudonamen Jonathan Oldstyle in dem americanischen Morning Chronicle eine Reihe von Briefen veröffentlicht, welche viel Beifall fanden; in weit höherem Grade wurde ihm indessen letzterer zu Theil, als er nach seiner Heimkehr in Verbindung mit Paulding das anziehende Werk Salmagundi herausgab. Die ganze Tendenz der Schrift, in welcher er die Oberflächlichkeit der gewöhnlichen englischen Touristen so recht dem verdienten Hohne und Spotte preisgab, wurde von seinen Landsleuten so freudig begrüßt, daß er sich entschloß, auf die Fortsetzung seiner unlängst begonnenen juristischen Studien ganz zu verzichten, sich dem Kaufmannsstande zu widmen und in seinen Mußestunden mit der schönen Literatur zu beschäftigen. Befestigt wurde er in dieser Absicht durch den außerordentlichen Erfolg, welche seine History of New York by Diedrich Knickerboker hatte, in welcher mit sehr viel Humor die frühesten Schicksale dieser Colonie in solcher Weise geschildert waren, daß man die Schrift wirklich für das Werk eines Nachkommen jener alten holländischen Colonisten hielt. Irving's Brüder wollten ihm einen Antheil an ihrem Geschäfte geben, und es war schon beschlossen, daß er für ihr Handelshaus nach Europa gehen sollte, als plötzlich der Krieg mit England ausbrach. Schnell entschloß sich deßhalb der jugendliche Schriftsteller, die Feder mit dem Schwerte zu vertauschen, und er trat ein in die Reihen der Kämpfer. Seine Kühnheit und Umsicht fand hier die verdiente Anerkennung; der Gouverneur Tompkins machte ihn zu seinem Adjudanten, Irving verließ später die Armee bei'm Eintritte des Friedens mit dem Range eines Obersten. 1815 begab er sich nach Europa, um in Liverpool für das Geschäft der Gebrüder Irving thätig zu sein; verschiedene Unglücksfälle raubten seiner Familie jedoch in ganz kurzer Zeit alles Vermögen, und er sah sich plötzlich in bittere Armuth versetzt. Die Noth trieb ihn nun dazu, sich durch literarische Producte, mit denen er sich früher nur zum Vergnügen beschäftigt hatte, seinen Lebensunterhalt zu verschaffen. Sein erstes Werk, welches fast gleichzeitig in London und New-York erschien (1819 und 1820), war das Sketch book; 1822 folgte demselben Bracebridge Hall und 1824 The tales of a traveller. Während seines Aufenthaltes in Bordeaux lud ihn der damalige americanische Gesandte A. H. Everett in Spanien ein, nach Madrid zu kommen, um die über das Leben von Ch. Columbus angestellten Untersuchungen für America zu verarbeiten. Irving folgte dieser Aufforderung und sammelte daselbst das Material zu seiner History of the Life and Voyages of Christopher Columbus, die er 1828 erscheinen ließ, und an welche sich im J. 1831 ein zweites Werk, The Voyages and Discoveries of the companions of Columbus, würdig anschloß. Sein längerer Aufenthalt in Spanien gab ihm zugleich den Stoff für seine schöne Chronicle of the Conquest of Grenada und die Alhambra, zwei Werke, welche das Ansehen des bereits allgemein gefeierten Schriftstellers noch bedeutend erhöheten. Nicht nur in England, sondern überall, wo man in Europa den liebenswürdigen, geistvollen Mann persönlich oder durch seine Schriften kennen gelernt hatte, zollte man ihm hohe Verehrung und Liebe, und als er nun endlich im J. 1832 nach langjähriger Abwesenheit in sein Vaterland zurückkehrte, ward ihm auch dort der allseitig glänzendste Empfang. Nach einem kurzen Aufenthalte in New-York, wo seine Rückkehr wahrhaft enthusiastisch begrüßt worden war, machte er einen Ausflug nach dem Westen und kaufte sich dann eine liebliche Besitzung am Hudson in der Nähe von Sleepy Hollow, die er in dem alt holländischen Geschmacke zu verschönern suchte und Wolfert's Roost benannte. 1835 erschien eine Schilderung seiner interessanten americanischen Reise unter dem Titel A Tour of the Prairies, deren Frische und Lebhaftigkeit bezaubernd ist. Hierauf folgten Abbotsford und Newstead Abbey, 1836 Astoria or Anecdotes of an Enterprize beyond the Rocky Mountains; in der zuletzt genannten Schrift, welche in Deutschland vielleicht weniger bekannt geworden ist, schildert er nach dem Tagebuche des Capitain Bonneville eine Reihe von Abenteuern, welche bei der Errichtung der berühmten Fur company stattfanden und das Interesse der Leser in hohem Grade in Anspruch nehmen.

Im J. 1841 kehrte Irving noch einmal nach Europa zurück, um am spanischen Hofe das Amt eines Gesandten zu übernehmen, welches er bis 1846 bekleidete. Seit dieser Zeit lebt er im Sommer ruhig und zurückgezogen auf seinem Landsitze und bringt die Wintermonate in New-York zu. Ungeachtet seines weitvorgerückten Alters hat er sich die vollständigste geistige Frische bewahrt; es sind noch von Zeit zu Zeit kleinere Aufsätze von ihm in verschiedenen Tagesblättern oder Wochenblättern erschienen, und man weiß zugleich, daß er auch noch mit mehreren umfassenderen Werken seit längerer Zeit beschäftigt ist.

Irving erscheint in allen seinen Schriften eigentlich nie ganz gewöhnlich, sondern immer fein und zart, und kein Gedanke findet sich ebensowenig bei ihm, welcher durch seine Ueberschwenglichkeit Anstoß erregen könnte. Man bemerkt zwar zuweilen einen Mangel an Originalität, aber sein Humor und Witz erscheint doch fast immer als ganz ursprünglich; erinnert z. B. Knickerboker auch etwas an Sterne, so sieht man doch recht deutlich, daß es keine bloße Nachahmung ist, daß Irving seinen Witz nicht aus Büchern, sondern aus der Betrachtung der Welt empfangen, welche ihn lebhaft berührt und seine Fähigkeiten in Bewegung gesetzt hat. Bei der Liebenswürdigkeit und sentimentalen Richtung seines Geistes suchte er seinen Witz frei von aller Bitterkeit zu erhalten und es gelang ihm, mit demselben — wie z. B. in dem Rip van Winkle — das Wilde und Geheimnißvolle auf eine seltene Weise zu mischen. Erscheint sein Humor auch zuweilen etwas gezwungen und steht er dann auch der leichten Bewegung von Swift bei Weitem nach, so ist er dafür an anderen Stellen wahrhaft bezaubernd, und die Schilderung Will Wizard's z. B. auf dem Balle oder die Briefe Mustapha's über die militärische Revue und die City Assembly sind in ihrer Weise unübertrefflich.

Charakteristisch ist bei ihm, das kann man wohl behaupten, die Entschiedenheit, mit welcher er den Plan entwirft und die nimmer wankende Festigkeit, welche ihn in der Ausführung nie ermüden läßt; er hütet sich vor jeglicher Ausschweifung in ein Extrem, zeigt die scrupulöseste Achtung vor dem Decorum und bewahrt ungeachtet aller ihm gewordenen Auszeichnung stets die liebenswürdigste Bescheidenheit. Seine Sprache ist zwar durch übermäßige Kraft oder großen Glanz nicht gerade ausgezeichnet, aber sie besitzt den Reiz der Anmuth; sein Streben ist freilich nicht vorzugsweise auf das Erhabene gerichtet, aber er ist überaus glücklich in dem Zarten und bewegt sich sehr leicht im Komischen. In Letzterem besonders entfaltet er die ganze Kraft eines erfinderischen Geistes und zeigt sich z. B. im Knickerboker, worauf schon oben hingedeutet wurde, als vollendeten humoristischen Dichter. Seinen rein pathetischen Aufsätzen gebricht es etwas an Schwung, und in seinen biographischen und historischen Arbeiten — die sich durch Einfachheit und Eleganz auszeichnen — strebte er nicht nach der schöneren Palme des pragmatischen Historikers, welche den Geschmack an philosophischer Betrachtung voraussetzt.

Sein Styl ist im Allgemeinen leicht und gewandt und großentheils dem Gegenstande höchst angemessen; zuweilen erscheint derselbe dagegen etwas durch Epitheta überladen und ist überhaupt auch nicht durchweg in dem Grade zu loben, wie das nach der gewöhnlichen Ansicht über ihn behauptet wird. In seinen älteren Werken, welche in America eine wahrhaft unbeschreibliche Sensation machten, hatte seine ganze Schreibweise eigentlich mehr männliche Kraft und Präcision und zuweilen einen ganz originellen stattlichen Pomp; in späterer Zeit, nachdem er lange in Europa gelebt, hatte er sich gleichsam ein fremdes Idiom angelernt, welches ihm nicht ganz natürlich ist; deshalb erscheint denn auch sein Ausdruck zwar feiner und zarter, aber auch kühler und weniger bestimmt.

Die Luft seines Vaterlandes befriedigte das Sehnen des jugendlichen Geistes nicht, er verlangte nach britischer Popularität und er fand sie, und sie machte ihn fast schwindelig. Man bemerkt es ganz deutlich, daß er etwas nach Effect strebt, die Inversionen der Sätze werden immer häufiger, ebenso der Gebrauch von bildlicher Rede, in welcher sich nicht gerade selten eine Vermischung von zwei Bildern nachweisen läßt, z. B. sagt er von Roscoe: „he has planted bowers by the way side for the refreshment of the pilgrim and sojourner, and has e s t a b l i s h e d pure f o u n t a i n s which“ u. s. w. oder „Now dry and dusty with the l i z a r d and t o a d b r o o d i n g over the shattered marbles.“ So heißt es ferner in The Rural life of England: „while it has thus banded society together, it has i m p l a n t e d in each intermediate l i n k a s p i r i t of independence.“

Doch genug von solchen kleinen Ausstellungen; werfen wir nun noch einen flüchtigen Blick auf die bedeutendsten seiner Schöpfungen.

Salmagundi und die History of New York nebst einigen anderen kleinen früheren Schöpfungen zeigen das Talent des Verfassers eigentlich in höchster Vollendung, und er bewegt sich dort mit ganzer Frische und Freiheit. Das letztgenannte muntere Werk bezweckte wohl eigentlich nur das Lächerliche dem Lachen preiszugeben und es erhielt dadurch ein wenig die Gestalt einer Satire auf die Mißbräuche einer Volksregierung, deren Schwächen gehörig hervorgehoben wurden. Dieses Buch ist vielleicht das beste, welches Irving geschrieben hat und es trägt (z. B. in der Schilderung Knickerboker's) den Stempel wahrhaft erfinderischer Macht an sich. Sein Scherz ist hier wirklich unverwüstlich, mit einer gewissen französischen Lebhaftigkeit hält sich der Verfasser vom Anfange bis zum Ende aufrecht und scheint gar nicht zu ermatten.

Das Sketch-book, in welchem er nicht mehr seine frühere jugendliche Ueppigkeit bewies und überhaupt schon bedeutend verändert erschien — vielleicht im Hinblicke auf die europäische Kritik — verschaffte ihm eigentlich zuerst im Auslande einen Namen. Das Buch machte in dem sogenannten Essay-writing förmlich Epoche, denn obwohl es zu derselben generischen Klasse von Schriften gehört, hat es doch viele specifische Besonderheiten; schon vor ihm hatten mehrere Schriftsteller in dem Club Room den Versuch gemacht, diese Gattung auf americanische Verhältnisse zu übertragen, und Brown versuchte dasselbe in seinem Idle Man.

Das Sketch-book besitzt zwar einen großen Theil der charakteristischen Eigenschaften des Verfassers; wir finden mehr Politur, Zierlichkeit und Eleganz darin, und den Schein der äußersten Sorgfalt in der Ausführung; dabei ist das Werk indessen zugleich auch weniger frisch und kräftig, und die ganze Sprache ist nicht mehr so frei und funkelnd. Obwohl man nicht umhin kann zu behaupten, daß die eigentliche Kraft der frühern Werke dahin ist, welche in Hitze und Gluth des Geistes gearbeitet waren, bietet die Schrift doch auch die reizendsten Lichtseiten. Mit Interesse liest man den einfachen Bericht, den der Verfasser über sich selbst giebt, und die Schilderung der Seereise, auf der sich der Geist in einem moralisirenden, abstracten Zustande befindet, hinterläßt einen tiefen Eindruck und ist voll von Wahrheit. Das Bild des Schiffsbruchs ist sorgfältig ausgeführt und ergreifend; die Wirkung wird nur durch eingestreute Reflexionen wieder etwas geschwächt; das „Gebrochene Herz" ist voll der schönsten und rührendsten Züge, — aber am freiesten, natürlichsten bewegt sich Washington in der Schilderung des Rip van Winkle, des Lieblings der Americaner und in dem herrlichen Rural Life. Hier ist der Dichter so recht zu Hause, hier ist Alles wahrhaft reizend und lieblich, wir fühlen den mächtigen Einfluß der herrlichen Natur, unser gekräftigter Geist wird klar und ruhig, gleich den Wolken, auf welche der Silberschein des Mondes fällt. Und wie ergreifend, wie wahr ist dann wieder die herrliche Erzählung The Wife, welche wir neben die oben genannte stellen möchten: The broken heart? Begründen nicht beide allein schon die Größe des Beifalls, welcher dieser Sammlung von unzusammenhängenden Aufsätzen in einem höheren Maße zu Theil ward, als dieses vielleicht irgend jemals bei einem ähnlichen Werke geschehen ist?

Bracebridge Hall ist so gut, als irgend eine Schöpfung, welche die englische Literatur von den sogenannten Essayisten aufzuweisen hat. Denkt man nur z. B. an den herrlichen Squire, so wird man gern zugestehen, daß derselbe eine vortreffliche weitere Ausführung des Sir Roger de Coverley ist. Finden sich auch einzelne Skizzen, welche mehr wie Aquarell-Malerei aussehen, so giebt der Verfasser dafür doch auch andrerseits meistens die kräftigsten Farben. Die Munterkeit seines Scherzes, die Genauigkeit, mit welcher er die englischen Sitten und besonders das Landleben beobachtet, die Treue, mit welcher er Alles geschildert hat, die Einfachheit und Reinheit seines Styles erinnern an die besten Leistungen der Addison'schen Schule. Irving nennt sich in dem Buche freilich selbst „a man from the wilds of America", aber er geht durch Bracebridge, untersucht den Boden und selbst die Dorfschule nicht wie ein Fremder, welcher aus einer anderen Welt gekommen ist und den das neue Leben überrascht, als ob er es nie gesehen; nein er tritt vielmehr wie ein Eingeborner heran und erregt unsere Bewunderung durch die Leichtigkeit, mit welcher er die fremden Verhältnisse zu behandeln vermag. Er braucht dabei seinen Vorrath heimathlicher Erinnerungen keineswegs aufzuopfern, — und man könnte dieses höchstens von Dolph Heyliger behaupten und von dem Student of Salamanca, wo die Scene in Spanien ihm zur Schilderung der vielen Monumente maurischer Größe in Granada eine erwünschte Veranlassung giebt. Die meisten dieser schönen Erzählungen — z. B. Annette Delarbre — zeichnen sich durch die Natürlichkeit des Planes und in der Ausführung durch eine unübertreffliche Zartheit und ein wahrhaft ergreifendes Pathos sehr aus, und die Schöpfungen besitzen zugleich Vieles von jener unterdrückten Ironie und jenem glücklichen Witze, welcher einen Hauptreiz von dem größten Theile des Spectator bildet.

Die Tales of a Traveller sind bereits mit Recht eine Lieblingslectüre des deutschen Publikums geworden, und wir erinnern nur an die schöne Erzählung Buckthorne, um dadurch auf jene unübertrefflichen Proben eines herrlichen Pathos hinzudeuten, welche sich in dieser Vollendung nirgendwo sonst bei Washington Irving finden lassen. Er giebt uns hier zum letzten Male eine Skizze aus dem englischen Leben und wendet sich zugleich in den Money Diggers, einer Geschichte, welche in New-York spielt, zu jenem Felde zurück, auf welchem er die ersten Palmen erhalten hatte.

In seinem Life of Columbus gab er sich keinen allgemeinen Betrachtungen hin und vermied überhaupt jede politische Speculation und philosophische Untersuchung. Er liefert hier eine einfache, mit großer Sorgfalt geschriebene Erzählung des Wissenswürdigsten, deren Werth um so höher anzuschlagen ist, wenn man bedenkt, daß er eigentlich gar keine Vorarbeiten vorfand. Das Barlow'sche Gedicht The Vision of Columbus konnte ihm nur wenig nützen, und Irving's Arbeit hatte auch zugleich mehr wahre Poesie, als sich in all den vielen Gedichten dürfte auffinden lassen, welche in America über Columbus geschrieben waren. Er weiß das Interesse seiner Leser in hohem Grade zu fesseln und wird wahrhaft romantisch, wenn er z. B. das goldene Zeitalter der Unschuld und des Glückes schildert, welches unter den Bewohnern von Haiti herrschte, ehe die Spanier in das Land gekommen, — oder wenn er uns die religiösen Gefühle des großen Entdeckers darlegt, welcher sich für ein Rüstzeug der Vorsehung ansah, bestimmt, um ein großes und glorreiches Werk durchzuführen. Ueberdies macht diese Schrift durchaus keinen Anspruch darauf, eine tiefgehende philosophische Untersuchung zu sein; sie will nur mit Treue und Einfachheit erzählen und sie gewährt auch in der That ein anschauliches und malerisches Bild der alten Zustände und Personen.

Aeußerst glücklich war er in der Wahl seines Stoffes bei der

Abfassung der Conquest of Granada. Bei Irving's warmer Empfänglichkeit war es ihm unmöglich, sich so lange unter den Ueberbleibseln maurischer Pracht und Herrlichkeit umherzutreiben, mit denen Spanien bedeckt ist, ohne sich um das Schicksal eines Volkes zu bekümmern, dessen Andenken fast ganz vergessen war. Bei seiner geistvollen und sicheren Auffassung moralischer und natürlicher Schönheit, bei seinem Vermögen, die zartesten Schattirungen des Charakters zu untersuchen und eine Reihe von Ereignissen anschaulich und anziehend darzustellen, war er nicht ohne Talent zur Geschichtschreibung. Das unternommene Werk überstieg seine Kräfte keineswegs, aber die Ausführung wurde insofern dennoch unvollkommen, als er es versäumte, viele wichtige Punkte gehörig zu beleuchten. So vermissen wir bei ihm z. B. eine Besprechung des Verwaltungssystems von Ferdinand und Isabelle und der Regelung des Handels vollständig; auch hätte er es nicht vergessen sollen, die moralischen und politischen Folgen der Entdeckung America's gehörig hervorzuheben und eine gewisse Vollständigkeit in der Ansammlung des Materials zu erzielen, um auf den Geist, die socialen Institutionen und die bürgerliche Verfassung der spanischen Araber ein helles Licht zu werfen.

In dem Werke Tour on the Prairies findet sich ein geistvoller, scharfer, leichter und wirklich correcter Styl; es ist darin nichts Gesuchtes und Gemachtes, und man sieht es, daß der Verfasser gut und richtig schreibt, weil er in seinen Ideen klar und bestimmt ist. Das Buch ist eine romantische Excursion, eine Art von sentimental journey, in welcher alle Stylarten zur Anwendung kommen und zu einem schönen, originellen Producte mit einander verbunden sind.

Wir müssen hier gleich nach W. Irving noch seines Zeitgenossen und Freundes James Kirke Paulding (geb. 1779 am 22. Aug. in der Stadt Pawling am Hudson) erwähnen, welcher sich bei der Herausgabe der Salmagundi stark betheiligte und den größten Theil der ersten Abtheilung allein verfaßt hat. Als satirischer Schriftsteller bewährte er sich durch die Veröffentlichung des Gedichtes The Lay of a Scotch Fiddle und seines besten Werkes The diverting history of John Bull and brother Jonathan, welches ganz an die glücklichsten Schöpfungen von Swift erinnert. In allen seinen Schriften vertheidigte er das americanische Leben mit warmer Begeisterung und man darf wohl behaupten, daß alle die von ihm gezeichneten Charaktere durch und durch americanisch sind und wohl darauf berechnet, das Ansehen seines Vaterlandes zu verherrlichen. Neben vielen kleineren Erzählungen und der trefflichen Schilderung von dem Leben Washington's, welche für die Jugend bestimmt war, erregten besonders folgende Schriften die allgemeine Aufmerksamkeit: The Dutchman's fireside und Westward Ho, welche voll von Leben sind und höchst originelle, scharf gezeichnete Charaktere enthalten. Wir müssen hieran zugleich die Bemerkung anknüpfen, daß die komische Literatur in America überhaupt recht viele tüchtige Vertreter gefunden hat und daß sich besonders der Süden und Westen darin durch einen hohen Grad von Originalität auszeichnet; — Robert C. Sands, John Sanderson und Willis Gaylord Clarke, welche nur im Vorbeigehen genannt werden können, haben Einzelnes geliefert, welches voll guten Humors ist, und das man immer gern wieder lesen wird.

Seit W. Irving und Cooper, den bedeutendsten unter den americanischen Schriftstellern, die in Europa Berühmtheit erlangten, hat die schöne Literatur der Vereinigten Staaten so große Fortschritte gemacht, daß sie zur Weltliteratur heranreift, zumal ihr Sprachkreis sich über alle Festländer der Erdkugel erstreckt, und die anziehende Darstellung, das tiefe Eingehen auf das Gemüth, der sittliche Boden, auf welchem sie sich bewegt, ihr dauernden Antheil und Verbreitung sichert. Zu den Schriftstellern, welche dieses Alles ebenfalls in sich vereinigen, gehört auch Theodore S. Fay, der in drei Romanen das Duell zum Gegenstand seiner Betrachtung genommen hat; eine Trilogie, worin dasselbe vom gesetzlichen, sittlichen und religiösen Standpunkt aus beleuchtet und gerichtet wird.

Theodore Sedgwick Fay wurde am 10. Februar 1807 in New-York geboren und erhielt daselbst, nachdem er die Schule verlassen hatte, eine juristische Ausbildung. Er begab sich 1833 nach Europa, um dort seine Studien fortzusetzen, trat dann in den Staatsdienst und wurde im Jahre 1837 zum Legations-Secretär der americanischen Gesandtschaft in Berlin ernannt. Er lebte hier bis zum Jahre 1853, bekleidete sehr oft längere Zeit das ehrenvolle Amt eines Chargé d'Affaires und erwarb sich durch die Tüchtigkeit in seinem Amte, die Gründlichkeit seiner Bildung, die Ehrenhaftigkeit seiner Gesinnung und die gewinnende Liebenswürdigkeit seines ganzen Wesens allgemeine Verehrung und Liebe. Der Kreis der ihm aufrichtig ergebenen Freunde war sehr groß, und Personen aus den verschiedensten Lebensstellungen rechneten es sich zu einer besonderen Ehre, wenn sie sich diesem trefflichen Manne nähern konnten. Im Anfange des Jahres 1853 ernannte ihn Präsident Pierce zum Minister-Residenten der Vereinigten Staaten für die Schweiz, und Fay begab sich in Folge dessen nach Bern. Der größte Theil seiner Schriften entstand während seines Aufenthaltes in Berlin, und es erklärt sich daraus die Tendenz des Verfassers, das Gute von deutschen Ideen und deutscher Sitte, womit er sich befreundet hat, auch seinen Landsleuten zuzuführen.

Im ersten Roman entspringt das Duell aus dem gegenseitigen instinktmäßigen Haß zweier sich abstoßenden Geister, und der ganze Roman ist daher ein fortgesetztes Duell; der zweite berührt den conventionellen Punkt der Ehre und Schande; sind die Gegner darin heterogen, so ist der Unterschied zwischen Beiden so groß, daß ein eigentlicher Haß unter ihnen nicht stattfinden kann, während die Folgen des Duells, gleichgültig ob es zur Ausführung kommt oder nicht, in die gesellschaftlichen Verhältnisse eingreifen; der dritte hat es mit der Blutrache zu thun, der Pflicht, vergoßnes Blut zu rächen, ohne daß sich die Gegner kennen. So verhalten sich die Theile des Ganzen zu einander, es fragt sich, wie sind sie durchgeführt?

Der erste Roman, Norman Leslie (1835), das Vorspiel zu dem großen Trauerspiel, zeigt nur darauf hin, daß das Gesetz vor conventioneller Beleidigung keinen Schutz gewährt, dafür aber die wahre Tapferkeit nicht immer beim besten Schützen zu finden ist. Der Held, nach welchem das Werk sich nennt, absichtlich zu einer Beleidigung seines intriganten und prahlerischen Nebenbuhlers verleitet, und von diesem gefordert, will sich mit ihm nur Brust an Brust schießen, was die Kunst des sichern Treffens aus der Ferne zu Schanden macht, und daher eine scheinbar großmüthige Versöhnung herbeiführt. Zwar lauert hinter dem Schleier derselben die wüthendste Rache, wodurch der Verfasser Anlaß bekommt, uns eine öffentliche Gerichtsscene zu schildern und später den römischen Karneval darzustellen, aber, wie jedes Böse, zerstört die Rache ihren eigenen Schöpfer. Die Klarheit der Schreibart, die Verwicklung und Auflösung des Knotens, die Poesie, welche, bei eindringender Wahrheit und scharfer Charakterzeichnung über das Ganze verbreitet ist, erwarben diesem jugendlichen Werk einen reißenden Absatz.

Darauf folgte Countess Ida (1839), ein Werk, welches, indem es den sittlichen Standpunkt hervorhebt, die höhern Kreise des gesellschaftlichen Lebens schildert. Ein junger Engländer von hoher Familie, in den glänzendsten Zirkeln Berlins eingeführt und hoch geachtet, wird von seinem unwürdigen Nebenbuhler durch einen Backenstreich entwürdigt und fordert, aus Grundsatz, nicht Genugthuung. Dadurch, wie ein Aussätziger aus der Gesellschaft gestoßen, geräth er in Mangel und Noth, was er mit unerschütterlicher Standhaftigkeit erträgt, bis er, verwickelt in die erste französische Revolution, durch wahren Muth und männliche Entschlossenheit der Lebensretter jener Familie wird, um derentwillen er so viele Schmach erduldet hat. So bildet er den Uebergang zur Entfaltung des Trauerspieles im dritten Roman, die Brüder oder das Doppelduell, worin diese mörderische Sitte auf die lichtvollste Art von der religiösen Seite betrachtet wird. Auf eine höchst kunstreiche Weise läßt der Verfasser die schauerlichste Begebenheit sich auf ihrem naturgemäßen, weltlichen und sündhaften Gange entwickeln. Denn es ist die menschliche Schwäche, die beständig zwischen Gutem und Bösem schwankt, welche, nachdem ein um eine Rose entstandenes Duell zu beiderseitiger Zufriedenheit so beigelegt war, daß die Gegner Busenfreunde wurden, dem rasenden Vorurtheile, daß die Genugthuung ungenügend gewesen sei, weicht, und sich aufstacheln läßt, schrecklicher das Duell zu erneuern, dessen Folge nun ein Freundesmord ist. Der Bruder des Getödteten verpflichtet sich, die Rache aufzunehmen. Von entschiedenem Charakter, den die fromme Mutter durch tiefere religiöse Begründung veredeln möchte, zieht er die weltlich humoristische Seite des Vaters und die Philosophie des 18. Jahrhunderts ihren Ermahnungen vor und beharrt in der Richtung, bis das Glück seinen Feind ihn finden läßt, den er zu Boden streckt. Aber die That, das Ziel seiner kriegerischen Uebung, für deren Erfüllung ihm sein Leben allein noch Werth zu haben schien, zeigte sich, nachdem sie vollbracht, eine ganz andere. Vergessen, verlöscht aus dem Gedächtniß waren alle Gründe, die sie so sehr rechtfertigten, und nur die Blutschuld blieb haften; sie steigerte sich bei dem Unglücklichen bis zu Visionen, in denen das blutbefleckte Bild seines Gegners spukte, und brachte ihn dem Tode nahe. In seiner Genesung mit einem ganz andern Geist auf das von der Mutter empfohlene Bibelstudium eingehend, tritt nun in ihm eben so entschieden die religiöse Seite hervor, wodurch er, mit Gott und Menschen sich versöhnend, fähig wird, einen glücklichen und beseligenden Hausstand zu gründen, von dem, was nicht genug zu beachten, der ganze Staatsverband abhängig ist. Die Ausführung der Auftritte, einzeln genommen, ist vortrefflich, doch mangelt dem Roman jene Einheit, welche die andern auszeichnet, wenn sie nicht etwa in dem verwickelten Gemüthszustand des Helden liegen soll, worin Knoten und Auflösung zu suchen sind.

Wir haben von Fay auch eine Zahl von kleineren lyrischen Dichtungen und ein größeres Gedicht, „Ulrich oder die Stimmen;" über welches wir noch einige Bemerkungen beifügen wollen.

Seit Göthe in seinem Faust den Dualismus unseres Herzens auf eine glänzende Weise dargestellt hat, ist derselbe Stoff mit mehr oder weniger Glück behandelt worden, und die Americaner, die mit unserer Literatur eben so vertraut sind, als wir mit der ihrigen, haben diesem Gegenstand ihre Aufmerksamkeit geschenkt, namentlich Longfellow und Fay; jener auf eine nicht ganz geschickte Art, obgleich sein Werk (golden Legend, Boston 1851), voll glänzender Bilder ist, da das böse Princip, zu wenig Antheil an dem Gang der Handlung nehmend, fast als überflüssige Zugabe erscheint; während dieser auf die feinste Art in seinem „Ulrich oder die Stimmen" den Gegenstand behandelt hat. Denn es ist die Stimme des guten und bösen Gewissens, welche, nur leise vernehmbar, die poetische Handlung leitet, eine Handlung, die nur in dem Herzen des Helden vorgeht, aber ein vielleicht größerer Kampf ist, als eine gelieferte Schlacht. Um dieses Gedicht in seinem ganzen Umfang zu verstehen, muß man in sich Erfahrungen gemacht haben und in der Selbsterkenntniß fortgeschritten sein; und wenn diesem sittlichen Kunstwerk weniger Aufmerksamkeit, als es verdient, bisher geschenkt worden ist, so liegt es darin, daß dem Siege des Geistes über sich selbst keine äußerlich sichtbare Folge gegeben wird.

Es ist wahrlich eine sehr schlüpfrige Lage, in welche der Dichter seinen Helden setzt, da er ihn als Gast in dem Hause seiner Jugendfreundin auftreten läßt. Ulrich fühlt, daß die Leidenschaft, welche sich für sie in ihm entzündet, getheilt wird; es braucht nur eines Wortes, um das höchste Glück, wieder geliebt zu werden, zu erreichen, eine lockende Gelegenheit findet sich, den nur verhaßten, nur sinnlich lebenden Gatten zu tödten, aber er drückt jenes Wort in seine Brust hinab und läßt durch eine passive Haltung diesen Augenblick vorüber gehen. Glücklich von zwei Verbrechen abgehalten, schreitet er zum dritten, da er sich lieber selbst den Tod geben, als die Ruhe seiner Geliebten und ihr häusliches Glück stören will; doch siegt über diesen Gedanken, nahe der That, die göttliche Stimme des Gewissens, und sich auf sein Roß werfend, entflieht er, als Sieger über sich selbst, jeder weiteren Versuchung.

Die Sprache ist leicht, die Verse, in vierfüßigen, jambischen Reimpaaren mit dreifüßigen unterbrochen, höchst anmuthig, so wie die eingelegten Lieder, die Naturschilderungen und die Krone des Gedichts, der Triumphgesang, Fay als wahren Dichter des Erhabenen beurkunden.

Wenden wir uns zu der Novelle wieder zurück und betrachten nun noch in schnellem Ueberblicke, was uns auf diesem Felde die neuste Zeit in America gebracht hat, so müssen wir erstaunen über die große Menge von Romanen, deren einer stets den andern zu verdrängen sucht. Viele der neuesten Novellisten stehen nun freilich erst beim Beginne ihrer Laufbahn; manche unter ihnen haben jedoch bereits recht viel Gutes geliefert, und sie verdienen, daß wir sie hier nicht ganz unbeachtet lassen. Wir übergehen hier Poe und Longfellow, von denen bereits früher ausführlich gesprochen wurde, und nennen hier zuerst

John Pendleton Kennedy aus Baltimore (geb. 25. Octbr. 1795), welcher die Rechtswissenschaft studirt hatte und sich fortwährend auf das Eifrigste theils mit Politik, theils mit Literatur beschäftigte. Er zeichnete sich als Abgeordneter rühmlichst aus, bekleidete verschiedene hohe Staatsämter und verfaßte mehrere politische Flugschriften, welche mit Interesse gelesen wurden. Als Novellenschreiber ist er im Erzählen ebensowohl ausgezeichnet als auch in der Schilderung, und sein zuweilen wahrhaft genialer Schwung der Gedanken, die außerordentliche Sorgfalt, welche er überall auf den Ausdruck verwendet hat, erwarben ihm die Bewunderung seiner Leser. Unter seinen belletristischen Schriften nennen wir The Red Book (1818), das in dem Geiste von W. Irving's Salmagundi geschrieben ist; Swallow Barn, or a Sojourn in the old dominion (1832), in welchem nach dem Plane von Bracebridge-Hall in kleinen Skizzen und Erzählungen die Gebräuche und Sitten der Bewohner von Alt-Virginia geschildert worden sind; Horse Shoe Robinson (1835), Rob of the Bowl (1838) und The Annals of Quodlibet (1840), von denen besonders das letztgenannte Werk durch die Schärfe seines Witzes nicht ohne Wirkung war. Es finden sich zwar in allen seinen Schriften manche Ungleichheiten, aber man lies't sie doch immer gern wieder wegen der vielen Schönheiten, welche sie im Einzelnen enthalten und wegen des ächt nationalen Geistes, der in denselben in origineller Weise uns überall entgegentritt. In ähnlicher Weise hat sich auch

Nathaniel Hawthorne aus Salem (1807) in Massachusetts ausgezeichnet, welcher seine Erziehung in dem Bowdoin College in Maine erhielt und sich schon früh durch ein nicht unbedeutendes schriftstellerisches Talent bemerklich machte. Im Jahre 1837 erschien der erste Band seiner Erzählungen „Twice told Tales“, welche bereits früher einzeln in Zeitschriften abgedruckt waren, denen 1842 der zweite folgte; nachdem er das liebliche Old Manse in dem Dorfe Concord bezogen hatte, schrieb er dort eine Reihe von originellen Novellen, welche unter dem Titel Mosses from an old Manse bekannt geworden und alle für ihren Verfasser höchst charakteristisch sind. Einfach und rein im Ausdruck, glücklich und häufig malerisch in seiner ganzen Anschauung, reich an Erfindung und kühner Speculation scheint Hawthorne überall das Geheimnißvolle mit besonderer Vorliebe zu behandeln; und wenn gleich die ernsten Scenen zuweilen durch munteren Humor unterbrochen werden, so verfällt der Verfasser doch sehr bald wieder in jene ernste, melancholische Stimmung zurück, welche in allen seinen Erzählungen vorherrscht. Sein bedeutendstes Werk ist ohne Zweifel die „Scarlet letter,“ die ihm auch in Deutschland Anerkennung verschafft hat, und in welcher sich die Schilderung der älteren Puritaner besonders auszeichnet.

Joseph C. Neal aus Greenland (3. Febr. 1807) in New-Hampshire, zu dem wir uns jetzt wenden, brachte den größten Theil seines Lebens in Philadelphia zu, wo sein Vater einer großen Schule vorgestanden hatte, aber schon sehr früh gestorben war. Sein Sohn Joseph machte sich zuerst durch die Zeitung The Pennsylvanian bekannt, deren Redaction er seit dem Jahr 1831 übernommen; er machte später größere Reisen nach Europa und Africa, gab nach seiner Rückkehr das sehr verdienstliche Wochenblatt Saturday Gazette heraus und veröffentlichte mehrere humoristische Schriften, Charcoal Sketches, or Scenes in a Metropolis, Peter Ploddy and other Oddities, welche sich durch einen Reichthum an munterem Witze, lebendige Sprache und moralische Tendenz eben so rühmlich auszeichneten wie seine City Worthies, die er mit allgemeinem Beifalle zuerst in

The Pennsylvanian hatte abdrucken lassen. Seit längerer Zeit lebt er in Hudson (New-York).

Nathaniel Parker Willis (geb. am 20. Jan. 1807 in Portland) interessirt uns weniger durch das Großartige der Auffassung und besonderes Verdienst in dem Ganzen seiner Schöpfungen, als vielmehr durch die Feinheit, Lebhaftigkeit und Schönheit in der Ausführung des Einzelnen. Er schildert zwar nicht immer ganz genau, aber stets mit den glänzendsten Farben und fesselt die Aufmerksamkeit seiner Leser in hohem Grade. Auf seinen vielen Reisen (er war von 1830—37 Gesandtschaftssecretär in Frankreich) hatte er in England, Italien, Griechenland, der Türkei und Kleinasien die mannigfachsten Eindrücke empfangen, und diese spiegelten sich herrlich wieder ab in seinen verschiedenartigen Schöpfungen. Schon seine Lieder und Gesänge hatten sich großen Beifalls erfreut; in weit höherem Grade aber noch war dieses der Fall bei seinen prosaischen Schriften, von denen folgende namhaft gemacht zu werden verdienen: Inklings of Adventure, eine Reihe von kurzen Erzählungen und Skizzen, die er unter dem Pseudonamen Philip Hingsby zuerst in einer Londoner Zeitschrift herausgab; Loiterings of Travel und Two Ways of dying for a husband erschienen 1839 in London, während er sich daselbst zum zweiten Male aufhielt; wir nennen ferner noch seine Letters from under a bridge (1840) und dann die ebenfalls in London zuerst gedruckten Dashes at Life with a free pencil, welche außerordentlich große Verbreitung gefunden haben. Man folgt hier der lebhaften Phantasie des Verfassers mit großer Theilnahme, wird eigentlich nie ermüdet, und freut sich darüber, wie er mit stets neuer Frische die scheinbar unbedeutendsten Dinge in einem poetischen Lichte aufzufassen und das Kleinste und Geringfügigste mit außerordentlicher Zartheit zu idealisiren vermag. Willis ist ein höchst fruchtbarer Schriftsteller; er gründete schon gleich in der ersten Zeit seines Auftretens das American Monthly Magazine, welches später in den New York Mirror aufging, verfaßte den Text zu den großartigen Bilder-Werken American Scenery und Ireland, gab nach seiner Rückkehr in die Heimath seit 1843 einige Jahre den New York Mirror in Verbindung mit George P. Morris heraus und mit demselben Freunde seit 1846 das gute literarische Blatt The Home Journal, welches in New-York erscheint und sich vorzugsweise mit der Literatur beschäftigt.

Ein anderer unter den neueren Novellisten ist Robert Montgomery Bird, ein Schriftsteller, dessen Popularität seit den letzten zwanzig Jahren fortwährend im Steigen begriffen war. Er stammte aus Newcastle (Delaware) und schrieb zuerst drei Tragödien, welche überall die freundlichste Aufnahme fanden. Ungeachtet des entschiedensten Beifalles, welcher seinen Schöpfungen von allen Seiten zu Theil ward, verließ er ganz plötzlich das Drama und gab nur noch Romane heraus, von denen hier namhaft gemacht werden müssen: Calavar, or the Knight of the Conquest, The Infidel, or the Fall of Mexico, The Hawks of Hawk Hollow (eine pennsylvanische Tradition), Sheppard Lee, Nick of the Woods, or the Jibbemainosay und Peter Pilgrim, or a Rambler's Recollections. Im J. 1839 erschien sein letzter Roman The adventures of Robin Day. In allen diesen Schriften ist der Styl wegen seiner Mannigfaltigkeit und Natürlichkeit sehr zu loben; den Charakteren fehlt es weder an dem rechten Lichte, noch auch an Schatten, und die historische Treue, die der Verfasser überall sehr gewissenhaft bewährte, verleiht seinen Schriften noch einen ganz besonderen Werth. In einzelnen Werken, z. B. The Infidel und Calavar ist der Ausdruck sogar glänzend, und man kann bei ihm eigentlich überall der Frische, Belebtheit und Angemessenheit seines Dialogs rühmende Erwähnung thun. Er ist immer fein, zart und geschmackvoll, und es findet sich bei ihm fast nirgends eine Bitterkeit oder Härte.

Wir beschließen unseren Bericht mit einigen Bemerkungen über die gefeiertesten unter den weiblichen Novellisten America's, deren Schriften auch in Europa weite Verbreitung gefunden haben und nennen hier zuerst:

Catherine M. Sedgwick. Sie nimmt unter den Schriftstellerinnen America's fast dieselbe Stellung ein, welche man Cooper unter den Novellisten zuerkennen muß. C. Sedgwick stammt aus Stockbridge in Massachusetts, wo ihr Vater als Speaker und Senator in höchstem Ansehen stand und große Sorgfalt auf die Erziehung seiner Kinder verwendete. Religiöser Glaubenseifer veranlaßte Catharine zur Abfassung eines Tractates, welcher ihr unter den Händen zu einer großen Novelle anwuchs, die sie 1822 unter dem Titel The new England Tale auf den Rath ihrer Freunde und eigentlich mit eigenem Widerstreben drucken ließ. Wir finden in diesem Buche eine ziemlich gründliche Besprechung des Puritanismus, die großes Aufsehen erregte, vielfach gelobt wurde, aber auch sehr entschiedene Angriffe erfuhr. Einzelnes ist in dieser Erstlingsschrift mit großer Beredtsamkeit und lieblicher Zartheit durchgeführt, und sie hat noch insofern eine ganz besondere Wichtigkeit, als sie der Verfasserin einiges Vertrauen zu ihrer eignen Kraft einflößte.

Ihr folgendes Werk Redwood (1824) fand die günstigste Aufnahme, und man stellte sie bei dem Erscheinen desselben neben Cooper, welcher damals auf dem Gipfel seines Ruhmes stand; ihre beste und am meisten gelesene Novelle war indessen Hope Leslie, or Early Times in Massachusetts (1827), und nachher erschienen noch Clarence (1830), Le Bossu (1832), The Linwoods (1835). Seit dieser Zeit beschäftigte sie sich mit Schilderungen von Scenen des gewöhnlichen Lebens — The poor rich man and the rich poor man (1836) — Live and let live (1837) — Means and ends — A love token for children — Stories for young children — und schrieb während ihres Aufenthaltes in Europa (1839) die vielgelesenen Letters from abroad to kindred at home, welche das größte Interesse in America erregten und auch in England mit Beifall aufgenommen wurden. Außer verschiedenen kleinern Beiträgen zu Zeitschriften haben wir von ihr noch das Life of Lucretia Davidson und mehrere nette Bücher für die Jugend, von denen vorzugsweise The boy of Mount Rhigi (1848) besonderer Erwähnung werth ist.

In allen ihren Schriften sind die Charaktere ziemlich scharf gezeichnet und das Interesse der Geschichte mit großem Geschicke durchgeführt. Ihre Sprache ist äußerst einfach, aber anmuthig und kraftvoll; sie schildert americanische Scenen, Sitten und Traditionen in ächt englischem Ausdruck, ihre Phantasie ist schöpferisch und kühn, ihre ganze Tendenz entschieden religiös und christlich, der ganze Gedankengang äußerst klar und lichtvoll; sie will nicht nur unterhalten und belustigen, sondern vielmehr zugleich belehren und für das Gute erwärmen und begeistern. — Nach ihr müssen wir außer den bereits früher besprochenen Schriftstellerinnen Sigourney und Osgood noch Lydia Maria Child, geborne Francis aus Massachusetts, anführen. Sie ist am meisten durch die Herausgabe ihres Werkes „The Coronal" bekannt geworden, in welcher eine Menge kleinerer poetischer und prosaischer Stücke vereinigt erschienen. Cooper und Cath. Sedgwick waren ihre Vorbilder, denen sie nicht ohne Beifall nachgestrebt hat. Ihr erstes Werk Hobomok erschien im J. 1824 und verherrlichte in einer recht anziehenden Novelle die Traditionen aus Neu-England;

1825 lieferte sie in The Rebels einige gute Bilder aus der Geschichte der Revolutionszeit, und im J. 1833 trat sie in ihrem Appeal for that Class of Americans called Africans, dem ersten Werke, welches sich für volle Emancipation aussprach, mit großer Wärme gegen das System der Sclaverei auf. Sie lebt gegenwärtig noch in New-York, wo sie längere Zeit in Verbindung mit ihrem Gatten die Zeitschrift „The Anti-Slavery Standard" herausgegeben und vor nicht gar langer Zeit (1846) das bekannte Buch Fact and fiction geschrieben hat. Außer einer Sammlung von Briefen, verschiedenen biographischen Arbeiten (Lives of Mad. de Stael and Mad. Roland) haben wir von ihr noch eine der besten americanischen Jugendschriften, The Girl's book (1832), welche reichen Stoff zur Unterhaltung und Belehrung enthält; und in dem Gegenstücke zu dem obengenannten Buche, The Mother's book (1831), welches unzählige Male neu aufgelegt worden ist, giebt sie den Müttern treffliche Winke für die Erziehung ihrer Kinder. Daß sie indessen ungeachtet ihrer nicht unbedeutenden literarischen Thätigkeit nicht aufgehört, als gute Hausfrau auch für ihre Wirthschaft zu sorgen, das hat sie endlich noch durch ihre weitverbreitete Schrift „The frugal Housewife" hinlänglich bewiesen.

Caroline M. Kirkland (geborene Stansbury) aus New-York verdient ferner noch unsere Beachtung wegen der feinen Schilderungen, welche sie in ihren Romanen von den Reizen des Waldlebens und einfachen Scenen des gewöhnlichen Lebens gegeben hat. Sie schrieb eine Reihe von anmuthigen Novellen unter dem Pseudonamen Mrs. Mary Clavers, und die Munterkeit ihres Witzes, die Schärfe der Beobachtung von Gewohnheiten und Sitten, die Zartheit, mit welcher sie selbst die Härten des Lebens zu behandeln wußte, verschafften der unbekannten Verfasserin viele aufrichtige Bewunderer. Ihren Schriften A new Home: Who 'll follow (1839), Forest Life (1842), Western Clearings (1846), welche höchst beifällig aufgenommen wurden, folgte im J. 1846 eine besondere Ausgabe der Fairy Queen, welche sie mit einem Essay on the Life and Writings of Spenser einführte. Seit dem Tode ihres Gatten, welcher in demselben Jahre erfolgte, widmete sie ihre ganze Kraft dem Union Magazine, welches viele sehr anziehende Aufsätze aus der Feder dieser reichbegabten Frau gebracht hat. — Keine der ebengenannten Schriftstellerinnen hat sich indessen so schnell und in solcher

Ausdehnung einen Namen in der Literatur erworben, als die Verfasserin von Uncle Tom's Cabin.

Harriet Beecher Stowe ist die Tochter des Geistlichen Lyman Beecher und wurde am 15. Juni 1812 in Litchfield (Connecticut) geboren. Sie erhielt eine sehr gute Erziehung, zog mit den Ihrigen im J. 1832 nach Cincinnati und heirathete dort (1836) den Professor Calvin E. Stowe, welcher am theologischen Seminare einen Lehrstuhl inne hatte und später einem Rufe an das Bowdoin College (Brunswick Maine) folgte. Ihre Schriften sind nicht zahlreich, aber sie zeichnen sich durch Kraft und Klarheit, tiefe Religiosität und eine scharfe Logik in der Beweisführung aus. 1843 erschien unter dem Titel Mayflower eine Sammlung kleinerer Erzählungen von ihr, 1852 erschien die vielgelesene Novelle Uncle Toms' Cabin, welche das Scheusliche der Sclaverei in den grellsten Farben schilderte, und in Folge der vielfachen Verketzerungen, welche dieser warmen Apologie für die Emancipation der Sclaven folgten, bewies sie zu Anfange dieses Jahres durch die Veröffentlichung eines besonderen Schlüssels (Key to Uncle Tom's Cabin), daß der Stoff zu ihren Erzählungen wirklichen Thatsachen aus dem Leben entlehnt sei.

Wenngleich ihrem Hauptwerke vom kritischen Standpunkte aus kein eben sehr hoher Werth zuerkannt werden kann, so erklärt sich doch der ungeheure Beifall, welchen es überall fand, theils aus dem tiefen sittlichen Ernste und dem ächt christlichen Geiste, welcher in dem Werke weht und den Leser zu Folgerungen und Schlüssen mit hinzieht, denen sich gar nicht widersprechen läßt. Anderntheils mußte es aber auch durch seine Tendenz anziehen, indem es in wahrheitsgetreuen Bildern die gräßlichen Scenen eines Instituts darlegte, welches in dem Süden leider noch immer für ein „nothwendiges Uebel" angesehen wird, während der Norden mit Entsetzen vor den weit klaffenden und gräßlich blutenden Wunden jener Länder zurückschreckt und ihren Bewohnern die furchtbare Sünde der Sclaverei nicht verzeihen kann. Es liegt hierin die Frage über das fernere Fortbestehen der Union, und das Buch der Mad. Stowe ist insofern auch von politischer Wichtigkeit, als es die gegenseitige Erbitterung der Gemüther bedeutend verschlimmert, die Bande zwischen dem Norden und Süden gelockert und den Yankee seinem Bruder entfremdet hat, welcher in dem großen Freiheitskampfe an seiner Seite stritt und mit ihm für das Vaterland blutete.

Wenngleich auch noch viele Schriftstellerinnen aus neuester Zeit aufgeführt werden könnten, die sogar theilweise, wie Mrs. Wetherell mit ihrer neuesten Schrift „The wide, wide world," bedeutenden Erfolg gehabt haben, so ist dieses doch absichtlich unterlassen, weil der poetische Werth dieser literarischen Erzeugnisse nicht eben erheblich ist und ihnen mehr die kirchliche Gesinnung als die Kunst der Darstellung Anklang zu verschaffen vermocht hat. **Hg.**

Etwas über den Zusammenhang des deutschen Unterrichts mit andern Unterrichtsfächern.

Es möchte zwar nicht leicht Jemand leugnen, daß der deutsche Unterricht an unsern Mittelschulen bei der Stundenzahl, die ihm noch immer, namentlich im Gymnasium, so knapp zugemessen wird, nur mit Hülfe der übrigen Fächer sehr Ersprießliches leisten könne; daß sowohl die Einsicht in den grammatischen Bau der Muttersprache zum guten Theile durch die Unterweisung in den fremden Sprachen, als auch die Fertigkeit, sich in derselben bestimmt, klar, schön und leicht auszudrücken, außer jeder anderweitigen und mehr zufälligen Uebung, besonders durch die Anwendung, welche in allen Lehrstunden von derselben gemacht wird, zu erzielen sei; daß der deutsche Aufsatz insbesondere als das Gesammtergebniß und die gemeinsame Frucht alles Unterrichtes betrachtet werden müsse. Aber, was mißlicher ist, im Einzelnen fehlt es zu sehr an Uebereinstimmung und Verständigung über die Mittel, wodurch solche Zwecke auf so vielen und verschiedenen Wegen erreicht werden können, um die gegenwärtige Stellung jenes bedeutendsten aller Unterrichtsfächer an unsern Schulen für eine genügende und gesicherte halten zu dürfen. Von unberechtigten und zu weit greifenden Ansprüchen desselben ist dabei so wenig die Rede, daß wir selbst von manchen, die es nach ziemlich verbreiteter Ansicht weiterhin zu machen vollkommen berechtigt wäre, vorläufig gänzlich absehen wollen. Es möge uns daher gestattet sein, auf einige Punkte, welche in diesem Augenblicke der Beachtung vor allen werth und bedürftig erscheinen, zum Behufe jener Verständigung hinzuweisen, wenn wir auch keinen Anspruch darauf machen, etwas durchaus Neues oder von Andern weniger tief Gefühltes vorzubringen. Die wahren Bedürfnisse der Schule sind ja eben nur solche, die von jedem mit der Sache Betrauten und Vertrauten empfunden und anerkannt werden.

Ueber die Frage, ob eine specielle Unterweisung im Grammatischen der Muttersprache an den Mittelschulen nothwendig sei, gehen wir diesmal hinweg, da sie einer ganz besondern und ausführlichen Besprechung bedarf, die zugleich eventuell das Wieviel oder Wiewenig genau festzustellen hat. Wie bedeutend und wichtig schon in dieser Hinsicht für den deutschen Unterricht der in den fremden alten und neuen Sprachen sei, kann überhaupt gar Niemand verkennen, der irgend etwas vom Sprachunterrichte weiß. Doch hat erst in neuerer Zeit diejenige Richtung des Sprachstudiums, welche jene Einwirkung zu einer so zu sagen unumgänglichen und vollends ersprießlichen macht, sich in der Schule Bahn gebrochen, ich meine die sprachvergleichende, ohne welche die Fremdsprache entweder keinen oder nur geringen Nutzen für die Entwickelung der Muttersprache im jugendlichen Geiste schafft. Bei zweckmäßiger Anregung und Anwendung der Sprachvergleichung, welche gleichsam die Seele alles sprachlichen Lehrens und Lernens ist, kann es kaum fehlen, daß jede Lection in der einen den Schüler auch in der andern fördert, daß jede deutliche Erkenntniß grammatischer Regeln und selbst Eigenthümlichkeiten jener den Blick auf diese zurücklenkt, daß jeder gelesene, gesprochene, geschriebene Satz des fremden Idioms eine mit vollem oder doch halbem Bewußtsein operirte Reflexion und somit eine fortschreitende Wirkung auf den Gebrauch der Muttersprache in ihm zu Wege bringt. Dem Erstreben der Richtigkeit, Reinheit, Bestimmtheit der Sprache und überhaupt der Sicherheit in derselben folgt aber das der Uebung und Gewandtheit auf dem Fuße, womit wir nicht die beliebte möglichste Kürze der Lehrzeit bezeichnet haben wollen. Das Uebersetzen nämlich aus der einen in die andere Sprache ist vollends, und zwar je sorgfältiger betrieben, desto vollkommner, eine factische Durchführung der Sprachvergleichung mit Abwägen und Anwenden derjenigen Mittel, welche zum Ausdruck desselben Gedankens in dieser, wie in jener, vorhanden sind. Dieses Ringen mit der Sprache, um weder vom Inhalte und der Bedeutsamkeit der Sache, noch von der Schönheit der Form des andern Idioms etwas aufzugeben, die bei richtiger Anleitung sich einprägende Rücksicht auf Angemessenheit des Ausdrucks, auf Wohllaut in Wahl und Stellung der Wörter, die Nachahmung des Klassischen und Schönsten aus den Literaturen anderer Völker, mitunter die Vergleichung einer deutschen Musterübersetzung mit der eignen und dem Original, — diese und manche andre

Uebungen sind unübertrefflich und unersetzlich zur Erwerbung und Vermehrung der Fertigkeit und alles gründlichen Könnens in der Muttersprache, sei es in mündlicher oder schriftlicher Darstellung. Man sage nicht, daß dieselben auf die obern Klassen der Mittelschulen beschränkt seien, weil sie dort vorzugsweise betrieben werden. Der Erfolg wird hier den Erwartungen viel weniger entsprechen, wenn sie von den Unterklassen ausgeschlossen sind, und es ist sogar wesentlich und unumgänglich nöthig zur Erreichung desselben, daß auch in diesen ganz besonderes Gewicht auf jene Uebungen gelegt werde, wie ja alle Kunst auf den ersten Fundamenten vorzugsweise ruht. Jenes möge indessen, da Maß und Weise hierin noch nicht allgemein genug anerkannt sein möchte, zunächst mit Wenigem erläutert werden.

Sicherlich ist die Zeit vorüber, wo man durch grammatische Systeme und Regeln Sprachen zu lehren, oder doch großentheils durch jene den Schüler in dieselben einzuführen wähnte. Sind nun auch mit dieser Richtung zur Zeit ihrer Herrschaft, wie immer, ihre eigentlichsten Extreme rauschend und lärmend genug aufgetreten; so haben diese doch in den alten Sprachen durchgehends, wenigstens im weitern Verlaufe, ein minder brauchbares und ergiebiges Feld gefunden, als in den neuern. Daher besonders ist es dann wohl gekommen, daß für den Unterricht in den letztern, welche dem Praktischen und Utilitarischen zudem größeren Vorschub leisten, seit Jacotot's und Hamilton's Vorgange eine unendliche Menge sogenannter Methoden hervortraten und sich noch täglich mehren, die oft mit wenig merklichem Unterschiede diese Extreme mundgerecht zu machen oder mit der alten und der rein grammatischen Lehrweise auszugleichen suchen. Im Gegensatze dazu mag das Fernbleiben von diesem Treiben zum Theile die Ursache sein, daß noch jetzt sehr viele philosophische Lehrer ihren Stolz darein setzen, grammatischen Schematismus in Formenlehre, Wortbildung, Syntax mit ihren Schülern, wie es heißt, am Schnürchen zu handhaben, und damit die Hauptsache des Unterrichts der untern und theilweise selbst mittlern Klassen abgemacht glauben. Freilich ist der bessere Theil dieses theoretischen Unterrichts einerseits nach dem unzweideutigen Zeugnisse der Erfahrung zum gründlichen Erlernen der Sprachen unentbehrlich, andererseits ist er grade in so fern und in dieser Verbindung (nicht aber für sich allein) als Vorschule alles philosophischen, ja überhaupt alles höhern Studiums zu betrachten. Und darum kann es nun wohl kaum bezweifelt werden, daß die Wegräumung jeder grammatischen Grundlage fortan zu den Unmöglichkeiten, und die Sicherung des Nothwendigen aus Formenlehre, Syntax und Wortbildung zu den bleibenden Bedürfnissen des Sprachunterrichts auf den untern und Mittelklassen gehöre. Doch haben auch längst auf dem Gebiete der alten Sprachen die Ansprüche, welche das Materielle, gleichsam Körperliche derselben an den Unterricht zu machen hat, ihre Geltung wiedergefunden, und es wächst namentlich in der letzten Zeit die Zahl der lateinischen und griechischen Schulbücher, welche entweder die Schemata und Regeln mit hinreichenden Uebungen begleiten oder zu einem brauchbaren grammatischen Lehrbuche solche in aufsteigender Folge und Schwierigkeit liefern, um von den ersten Anfängen an die Sprache im Schüler lebendig zu machen und als eigentlichen Organismus sich gestalten zu lassen. Mit dem Letztern ist es freilich bei manchen Erscheinungen der Art eben nicht weit her, und hat das auch seine besondern und großen Schwierigkeiten, da der Stoff dazu grade nicht vor den Füßen liegt und mit einer bunten Auswahl von Sätzchen und Satztheilchen selbst aus den besten Klassikern nichts gewonnen, mit unverständlichen, abgerissenen oder unnöthigen Regeln aber sehr viel geschadet wird. Das Anknüpfen an das Bekannte, der Fortschritt vom Leichten zum Schwerern und vor allem ein der Jugend weder uninteressantes noch unzugängliches Material müssen neben den Rücksichten auf die grammatischen Formen und Regeln Hauptgesichtspunkte für die Bearbeitung dieser Uebungsbücher sein, wovon der eine oder andere bei manchen derselben nur zu sehr außer Acht gelassen ist. Im weitern Fortgange läßt sich natürlich erst ein Zusammenhang der Sätze und allmälig ein Complex kleiner und immer größerer Lesestücke gewinnen, durch welche das Uebergehen zur Lectüre der Klassiker selbst erleichtert wird; und es fehlt sowohl zu diesem Behufe, als auch in der Bearbeitung von klassischen Schriften der alten und neuern Sprachen für Unter- und Mittelklassen schon jetzt nicht an einzelnen erfreulichen Erscheinungen in der neuern Schulliteratur.

Was nun die Verwendung der Uebertragungen aus fremden Sprachen in die Muttersprache und umgekehrt für den Unterricht in der letztern betrifft, so darf bei dem angedeuteten Fortschritt der Methode dieselbe gegenwärtig um so mehr als eine höchst wirksame und bedeutende angesprochen werden, als sie eben, wie gesagt, von den untern Klassen der Mittelschulen an schon betrieben werden, und in stätigem Aufsteigen alle Seiten des Sprachunterrichtes nach einander nachdrücklich berücksichtigen und umfassen kann. Für den ersten Anfang bei einfachen Sätzen geht mit der Formenlehre der fremden Sprache Hand in Hand die festere Einprägung der deutschen Formen, der Redetheile, der Flexion, der Wortbildung, und bei den schriftlichen Uebertragungen ins Deutsche namentlich die der Zeichensetzung und Orthographie. Da jene Uebungen diejenigen, welche in den speciell deutschen Stunden stattfinden, an Menge weit übertreffen, so ist das Vernachlässigen, geschweige denn Abweisen einer sorgfältigen Rücksicht auf die Muttersprache, als eine Versündigung an dieser und dem ganzen Lehrerberufe, wohl nie und nirgend vorauszusetzen. Doch muß eingestanden werden, daß die Liebe zur Sache gar manches Hinderniß dort zu überwinden hat, wo der Sprachunterricht in derselben Klasse zwischen verschiedene Lehrer vertheilt ist. Daß wenigstens eine gewisse Uebereinkunft, eine Verständigung über die nothwendigsten Dinge hier getroffen werden müsse, wenn nicht der wichtigste Unterrichtszweig großen Schaden nehmen soll, ist einleuchtend; eine Uebereinstimmung der Lehr- und Uebungsbücher in der Orthographie und andern wesentlichern formellen Dingen muß natürlich ebenfalls vorhanden sein. Auf den folgenden Stufen, welche wir im Einzelnen durchzugehen unterlassen, wird nun in derselben Weise die Befestigung des Schülers theils in dem Vorgenannten, theils in der Syntax, in der Wort- und Satzstellung der Muttersprache mit allem, was sich daran knüpft, dann in den Synonymen und feineren Eigenthümlichkeiten derselben, überhaupt in der Wahl des Ausdrucks je nach den verschiedenen Stylarten, bei den Uebersetzungen aus fremden Sprachen mehr und eindringlicher erzielt, als es auf sonst irgend welche Weise zu erreichen wäre. Jede folgende Klasse nimmt in allen jenen Rücksichten die Arbeit der vorhergehenden wieder auf, gründet sie tiefer oder befestigt sie mehr und mehr, und führt sie weiter. Die Summe des Errungenen, der allgemeine Fortschritt in den angedeuteten Dingen zeigt sich von Stufe zu Stufe, innerhalb jeder derselben von Woche zu Woche oder wenigstens von Monat zu Monat namentlich in den deutschen Aufsätzen, und zwar sowohl in der Form als auch im Stoffe, wenn dieser gut und öfters mit Rücksicht auf dies oder jenes in der Fremdsprache zuvor Gelesene gewählt und angegeben ist. Ja der deutsche Unterricht dient auf diese Art zur Verkettung und innigen Verbindung aller sprachlichen Stunden, während er selbst aus allen die reichste

Nahrung für das allmählige Wachsthum des jugendlichen Geistes in Beziehung auf Verständniß und Gebrauch der Muttersprache zieht, wodurch in die fremdsprachlichen Stunden zugleich ein ächt nationales Element kommt, das der Erziehung des Deutschen besonders und überall noth thut.

Eine etwas von jener verschiedene Verbindung geht der deutsche Unterricht mit den sogenannten Realfächern ein. Sämmtlichen Schuldisciplinen dient die Muttersprache weithin als Organ des Lehrens und Lernens, und erhält somit, wie sie um alle ein gleiches Band schlingt und sie zu einer formellen Gemeinschaft des Geistes und der Mittheilungsweise einigt, als Gegengabe von ihnen allen in gewissem Verhältnisse Förderung des Verständnisses, Bereicherung des Wissens, Erleichterung und Verbesserung des Gebrauches und Uebung alles dessen, was der Lernende sich in ihr zu erwerben hat. Daß dieses bei jeder derselben in andrer Weise und in anderm Maße geschieht, versteht sich von selbst. Von dieser Berührung der Realfächer mit dem deutschen Unterrichte, welche gleichwohl nicht immer eine so ganz allgemeine ist, sondern oft, z. B. beim Definiren und Distinguiren, eine recht specielle und genaue wird, kann hier weniger die Rede sein. Dagegen ist für einige derselben eine ganz besondere Wechselwirkung zwischen ihnen und dem letztern zu beanspruchen, welche auf den pädagogischen Werth und Erfolg des einen wie des andern bedeutenden Einfluß hat. Die Naturwissenschaften, die Geographie und die Geschichte bieten nächst den fremden Sprachen die meiste Gelegenheit, die Ausbildung des Schülers in seiner Muttersprache wesentlich zu fördern, und sie selbst werden ohne eine gewisse Gewandtheit in dieser nur ein todtes oder doch wenig nutzbares und wenig erfreuliches Wissen in seinem Geiste hervorbringen. Die Mittheilungsfähigkeit, die Sprech- und Schreibfertigkeit, welche sie erfordern, um in einer genügenden Weise, in einer ihrem Inhalte entsprechenden Form beim Menschen sich lebendig und wirksam zu erweisen, muß daher durch den Unterricht in diesen Wissenschaften an den Mittelschulen mit erzielt, und zwar im Verein mit dem deutschen zusammen erstrebt werden. Namentlich ist der mündliche Vortrag und was mit ihm zusammenhängt, — eine zweite gemeinsame Frucht des gesammten Schulunterrichtes, — nicht minder auf die Stunden in jenen Realfächern, als auf die wenigen deutschen Lectionen angewiesen, in welchen nur zum kleinen Theile Anleitung und Uebung dafür neben so vielem Andern gewährt werden kann. Es ist das denn auch längst als richtig und nothwendig erkannt, von Einsichtigen viel empfohlen und eindringlich gelehrt, ja fast allgemein oder doch vieler Orten mit dem besten Erfolge angewandt und geübt worden. Eine Hauptschwierigkeit dabei ist aber, daß die genannten Fächer jetzt in der Regel aus den Händen des Klassenlehrers, der früher so ziemlich alle zusammen mit den sprachlichen Stunden vereinigte, in die von verschiedenen Fachlehrern übergegangen sind. Die andere nicht weniger bedeutende Schwierigkeit bietet ein mit jenem verbundener, an sich selbst so höchst erfreulicher Umstand dar, der von jener Seite wohl seltener betrachtet zu werden pflegt. Ich meine den, daß grade in den drei genannten Wissenschaften, namentlich seit den letzten Decennien die Masse des wichtigen Stoffes sich so gemehrt hat, daß große Uebelstände für die Schule und besonders für den oben angeregten Zweck einer innigern Verbindung derselben mit dem deutschen Unterrichte daraus entstehen. Um desungeachtet diesen, wie er in der That verdient, geltend zu machen, müssen wir über die Beseitigung jener Hindernisse Einiges vorausschicken.

Der Unterricht in der Geschichte, und mehr noch der in der Geographie und Naturgeschichte, resp. Physik, bestand in frühern Zeiten, wenn er wirklich ertheilt wurde, höchstens in Aggregaten von leicht faßlichen und leicht zu behaltenden, dabei angenehmen und meist nützlichen Einzelheiten aus jenen Gebieten des Wissens, die der Klassenlehrer nach Umständen mehr oder weniger reichlich mittheilte. Jetzt werden nicht nur die Elemente dieser Wissenschaften, sondern auch ziemlich vollständige Uebersichten derselben, eine Menge von Datis und nach allen Seiten ausreichende Begründung für diese gefordert und eingeprägt. Denn mit dem ungeheuern Fortschritte derselben, besonders im letzten Vierteljahrhundert, ist der Umfang des Materials in allen und noch mehr die Tiefe ihres Verständnisses und ihrer Begründung ganz verändert. Eine solche Umgestaltung in Stoff und Form konnte daher auch auf die Mittelschulen nicht ohne bedeutende Folgen bleiben; und zwar wird es neben den guten und heilsamen, deren wir uns erfreuen, auch wohl nicht an nachtheiligen fehlen, wenngleich hier nicht davon die Rede ist, sie an allen oder an bestimmten Anstalten zu suchen. Daß jene Lehrfächer, wie auch die Mathematik vielfach über Maß und Ziel, welches die Mittelschule erheischt, hinausgehen, daß sie in der Ausdehnung, wie in Gang und Methode oft zu rasch dem Aufschwunge der betreffenden Wissenschaften selbst gefolgt sind, daß sie die Zeit und die Kräfte der Jugend leicht zu viel in Anspruch nehmen, ja daß eins und das andere sich zuweilen gebärdet, als hinge das Heil der Schule von ihm allein oder vorzugsweise ab, darf wohl nicht zu den unbegründeten oder übertriebenen Behauptungen gerechnet werden. Doch wird jedenfalls gegen solche Abweichungen, als welche sie immerhin angesehen werden mögen, die allgemein geltende Regel endlich Schutz bringen, daß die Mittelschule nur Vorbereitung für die wissenschaftliche Bildung und harmonische Entfaltung aller Seelenkräfte bezweckt. Nach dem richtigen Verhältnisse also, wie jede der aufgenommenen Disciplinen hierzu beizutragen vermag, muß sie, ohne sich auf Kosten der andern zu brüsten oder einen gesonderten und vollständigen Grundbau aufführen zu wollen, ihre soliden und passenden Bausteine stufenmäßig und wohlgeordnet in den Gesammtbau der jugendlichen Geistes- und Gemüthsbildung einfügen. In dieser Weise wird sich, je höher der Stand der einzelnen Wissenschaften ist, desto besser und sicherer ein beschränktes und für die betreffende Altersstufe durchaus geeignetes Material herausfinden lassen. Und die Bestrebungen tüchtiger Fachmänner in diesem Sinne sind auch weber so neu, noch der Anerkennung und Ermunterung so ungewiß, daß sich nicht das Beste davon erwarten ließe. Freilich thut es aber auch noth, daß alle Auswüchse, welche erst das zur Wissenschaft erhobene philologische und historische, dann die realen Fächer an unsern Anstalten hervorgetrieben haben, gründlich beseitigt und jedes Zuviel in der ohnedies großen Masse des zu Lernenden weggeschnitten werde. Die Ueberladung und Uebersättigung der Jugend, worüber so viel geklagt wird, trifft mit vollem Rechte vorzugsweise das Quantum des W i s s e n s, dessen Grenzen allerdings schwer, aber deshalb eben um so nothwendiger in jenen Fächern abzustecken und zu verengen sind. Denn es ist bei unsrer Jugend sowohl hierin dem K ö n n e n schon wesentlich dadurch geschadet, als auch ihre kräftige Entwickelung und geistige Productivität fortan dadurch sicher sehr gefährdet, daß jene Beschränkung nicht schon eingetreten ist. Von der Mittheilung der Systeme dieser oder jener Disciplin, ja selbst von übersichtlichen Darstellungen und Betrachtungen derselben in wissenschaftlicher Weise muß eben so wohl Abstand genommen werden, wie von aller und jeder Aus- oder Einübung irgend einer dem Berufsfach als solchem angehörigen Fertigkeit und Specialkenntniß, da die bloße Einprägung der Elemente der Wissenschaften und das Aufschließen des jugendlichen Sinnes für dieselben allein die Sache der Mittelschulen ist. Also gehören dahin zwar auch Detailkenntnisse und eine gewisse Begründung derselben, aber grade nur solche, aus denen das Verständniß des Allgemeinen sich am leichtesten und sichersten ergiebt und die Elemente am besten auf concretem Wege gewinnen und sich befestigen lassen.

Daß es dringende Pflicht der betreffenden Fachlehrer ist, jene Aussonderung des Materials ihrer Wissenschaften nach Quantität und Qualität immer sorgfältiger und zweckmäßiger zu betreiben, lehrt einen Jeden schon die tägliche Erfahrung, welche man mit so vielen selbst allgemein eingeführten Schulbüchern macht. Und da diese nicht zu den kleinsten Hindernissen eines wirksamen, harmonischen, wohlthätigen Ineinandergreifens der verschiedenen Disciplinen, namentlich des deutschen Unterrichts mit den übrigen, zu gehören scheinen; so wird ein solches wohl ohne gründliche Verbesserung der Mängel an den bezeichneten Büchern nicht leicht von Statten gehen. Abgesehen nun von allen sonstigen Einzelheiten in denselben, von Anordnung und Vertheilung des Stoffes, von Ansichten über diesen und jenen Gegenstand, worin ja Uebereinstimmung unter Vielen schon schwer zu erreichen ist, scheint im Großen und Ganzen die Behandlung des Stoffes darin nicht in der für unsre Schulen geeigneten Weise fortgeschritten und vervollkommnet zu sein. Ja durch sie möchte wohl zum guten Theile die viel beklagte Arroganz, All- oder Vielwisserei, System- und Räsonnirsucht unserer Jugend gehegt und gepflegt werden, da diese Fehler an den beliebten wissenschaftlichen Uebersichten, an eingepaukten halbverstandenen Urtheilen und allem andern falschen Scheine des Wissens ja grade ihre Stützen und Hebel finden. Nur zu oft sehen nämlich unsre Schulbücher für Realfächer, und auch gar manche Grammatik, den Auszügen oder Handbüchern der Universitätsprofessoren ähnlich, worin für Ein- und Abtheilungen und für möglichste Vollständigkeit der Hauptnotizen gewissenhaft gesorgt ist. Sie unterscheiden sich davon freilich hie und da durch manches ungehörige Detail, kleine Trivialitäten, Definitiönchen und Distinctiönchen eigner Fabrik. Aber ihr wesentlichster Mangel ist der, daß sie sowohl in Beschaffung des passenden Stoffes, als auch in stylistischer Hinsicht vielfach selbst den mäßigsten Anforderungen nicht entsprechen. Den Titel Leitfaden könnten manche derselben zur Hälfte dem Anspruche, daß sie durch die ganze respective Wissenschaft hindurch leiten wollen, zur Hälfte grade ihrer eminenten Fleisch- und Saftlosigkeit zu verdanken scheinen. Nun sagt man dagegen, es müsse eben der mündlichen Unterweisung des Lehrers überlassen bleiben, das Material hinzuzufügen, nach Bedürfniß zu erweitern oder in die Enge zu ziehen, überhaupt das Handbuch, welches nur den Ueberblick über das ganze Gebiet gewähren solle, nach seiner Weise zu verwenden. Leider ist diese Meinung, welche im schreienden Widerspruche gegen den Geist des elementarischen Unterrichtes steht, jetzt sehr verbreitet, und droht selbst die Volksschule mit Universitätscompendien in nuce zu beglücken. Wenn nämlich irgend etwas, so muß ein Elementarbuch in jedem Fache den für die Altersstufe, der es bestimmt ist, passenden Stoff in entsprechender Form so verarbeitet enthalten, daß durch Beides eben sowohl beim eignen Gebrauch des Schülers wie beim Unterrichte die Anschauung, der Verstand, das Gedächtniß, das Gemüth angeregt und in solche Thätigkeit gesetzt werden, welche ihrer gleichmäßigen Entwickelung und Kräftigung förderlich und heilsam ist. Ja es muß selbst Muster der Darstellung von Gegenständen der betreffenden Wissenschaft für jenes Alter sein, und ihm stufenweise zur Einführung und Einweihung in dieselbe und in die Kunst ihrer Mittheilung behülflich sein. Nichts von allem dem läßt sich von Büchern sagen, welche ihren Stoff in der angedeuteten Weise behandeln und dabei fast alle Schönheit, Kraft, Natürlichkeit und Innigkeit der Muttersprache abgestreift zu haben scheinen, um nur ja das Knochengerüst ihrer Wissenschaft mit allen Hauptbändern ohne zu große Ausführlichkeit fertig zu bauen. Davon, daß auch dieser Uebelstand gehoben und solche Schulbücher durch bessere ersetzt werden, hängt gewiß das Gedeihen jener Unterrichtsfächer selbst eben so, wie das des deutschen an unseren Mittelschulen zum Theile ab. Die Möglichkeit und die Hoffnung dazu liegt aber um so näher, als es weder an wirklich brauchbaren Büchern der Art, noch auch — Dank dem deutschen Genius! — an ganz vollkommenen Mustern der Darstellung in den verschiedenen Fächern mangelt.

Wie nun das Deutsche und die Realien in den getrennten Stunden und selbst in den Händen verschiedener Lehrer zu einheitlicher Beziehung und Wechselwirkung gelangen mögen und immer mehr gelangen sollen, mag zum Schlusse in einigen Zügen angegeben werden, welche man hoffentlich zu wohl in der allgemeinen und täglichen Erfahrung, wie auch in der Natur des Unterrichts begründet finden wird, als daß wir für sie irgendwie die Ansprüche der neuen Methoden und Erfindungen erheben wollten. Als sprachliche und selbst geistige Form, worin das Wissen aller Fächer sich offenbart und mittheilt, muß natürlich bei gehörigem Fortschritte in jedem derselben auch die Muttersprache im Knaben sich höher und reicher entfalten. Sie muß ja bei allem Unterrichte nothwendiger Weise eine theils unbewußte und absichtslose, theils bewußte und ihr Wesen aufschließende Pflege erhalten. Diese wird ihr denn auch mehr oder minder von den Lehrern der Realfächer gewiß mit Liebe und Eifer zu Theile. Hier wird eine schlechte Aussprache oder Betonung, dort ein Provinzialismus oder andere Fehler gegen Form, Rection, Wort- und Satz-Verbindung und Stellung, Wohllaut, Angemessenheit des Ausdrucks und so viele andere sprachliche Mängel verbessert und dagegen der richtige, reine, edle, vollkommene deutsche Typus in den verschiedensten Fällen und Verhältnissen unseres reichen Sprachgebietes immerfort vorgehalten und eingeprägt. Da kommen neue oder noch nicht geläufige oder in ungewohnten Beziehungen stehende Vorstellungen und Begriffe, Wortstämme und Wortbildungen, Wortbedeutungen und ihre Schattirungen vor, die entweder förmlich zu erklären sind, oder sich oft noch besser aus dem wissenschaftlichen oder sachlichen Zusammenhange, worin sie mit andern stehen, so aufklären, daß sie beim Knaben zugleich die Selbstthätigkeit überhaupt und das Sprachgefühl insbesondere mächtig anregen. Unzählige Berührungspunkte giebt es hier zwischen dem deutschen Unterrichte und allem übrigen, namentlich dem der Realien, welcher ja für jedes Fach dem Schüler den ersten Zutritt in ein andres, durchaus neues und unermeßliches Gebiet des Wissens eröffnet, und ihm ein ganzes Reich fremder Ideen aufschließt. Je vollkommener die Uebereinstimmung zwischen den verschiedenen Lehrern einer Anstalt ist, je mehr Fächer in derselben Klasse in einer und derselben Hand liegen, je besser auch die Schulbücher in Orthographie und sonstiger formeller Hinsicht in Einklang unter einander stehen, desto bedeutender und erfolgreicher wird auch das Ineinandergreifen und die Wechselwirkung der Realfächer und des deutschen Unterrichtes in allen jenen Beziehungen sein können. Die Unterschiede, welche sich nun noch zwischen dem einen und andern herausstellen, und wodurch die Art und der Grad ihrer Einwirkung auf die Entfaltung der Muttersprache im Menschen sehr modificirt wird, wollen wir übergehen, um einen zweiten höchst wichtigen Punkt zu erörtern, der hier gebührend berücksichtigt werden muß.

Das eigentliche Leben alles Unterrichtes liegt, zumal für das jüngere Alter, im Stoffe desselben: daraus erhellet die Nothwendigkeit, den deutschen mit dem der Realfächer so viel als möglich auch in stofflichen Zusammenhang zu setzen, wenn der angegebene Zweck vollständig erreicht werden soll. Denn jene mehr formelle Verbindung, wie heilsam und wichtig sie auch an sich ist, bleibt doch mehr eine allgemeine und dem Zufalle anheimgegebene, ähnlich der Einwirkung, welche das Leben und jede Lectüre und Unterhaltung auf das Entwickeln des Geistes und der Sprache in ihm äußert. Viel bedeutsamer, unumgänglicher und sichtbarer wird nun in der That dieselbe werden, wenn auch, wo und so weit es möglich ist, die Materialien des deutschen Unterrichtes denen der Realfächer genähert und beide im Großen und Ganzen, wie im Einzelnen, mit einander in Wechselwirkung gebracht werden. Daß dies bei der Geschichte, Geographie und den Naturwissenschaften nicht so fern liege, ist leicht einzusehen. Denn wiewohl die materielle Ausdehnung des deutschen Unterrichtes weit über jene Gebiete des Wissens hinausgeht und dasjenige der ganzen nationalen Literatur und Sprache umfaßt; so wird er doch schon durch pädagogische und manche andere Rücksichten, ja selbst durch die Wichtigkeit und Natur jener Disciplinen zur Annäherung an sie vorzugsweise getrieben. Die innern Gründe einer solchen werden noch vermehrt durch die formellen Vorzüge, welche die genannten Fächer für den beschreibenden, schildernden, erzählenden Styl haben. Wie hoch überhaupt die Bedeutung des deutschen Unterrichts für die intuitive, die sittliche, die religiöse, die nationale Richtung, welche er neben der sprachlichen Ausbildung dem jugendlichen Geiste zu geben hat, immerhin angeschlagen werden muß: er kann auch diese Zwecke nur im Vereine mit jenem andern und dem Religionsunterrichte erreichen. Auf den letztern, für dessen Inhalt und Gang freilich höhere Standpunkte und Betrachtungsweisen erforderlich sind, wird sich doch ebenfalls manches, was wir mit Uebergehung desselben von den übrigen Fächern beigebracht haben und noch hinzufügen wollen, cum grano salis anwenden lassen. Es findet sich nun zwar in den deutschen Lesebüchern zum Behufe einer materiellen Verbindung mit denselben meistens ein guter Stoff für die Betrachtung und Erkenntniß der Natur, welche der naturwissenschaftliche Unterricht zu vermitteln hat; sie bieten auch manchen Stoff für die Weltanschauung, die Charakterbildung, das nationale Gefühl, selbst für die Kenntniß der Erdoberfläche, welche alle der geschichtliche, resp. der geographische Unterricht vermitteln und pflegen soll. Allein damit ist doch die Sache nicht abgethan und der angegebene Zweck bei weitem noch nicht erreicht, um so weniger, als in einem guten Lesebuche ein solches Material im Verhältniß zu den übrigen prosaischen und zu den poetischen Stücken nicht zu reichhaltig vorhanden sein darf. Die bezeichneten Musterstücke, welche darin vorkommen, müssen unbedingt in jeder Rücksicht der Art sein, daß durch Inhalt und Form derselben der Verstand, die Phantasie und das Gemüth des Knaben gleich sehr angesprochen und befruchtet werden, und daß sie von anerkannt literarhistorischem Werthe sind. Kann es nun in diesem Falle nicht fehlen, daß durch eine solche in den deutschen Stunden gut geleitete Lectüre sein Geist zugleich an Erkenntnissen, an Sinn und Empfänglichkeit für die betreffende Realwissenschaft bedeutend gewinnt: so wird um so leichter und nachdrücklicher auch beim Unterrichte der letztern, nicht nur durch gewählten Ausdruck und wohlgesetzte Rede, sondern noch mehr durch einen der schönen Form entsprechenden Stoff seine Ausbildung in der Muttersprache gefördert werden können. Wenngleich nicht jede Partie der genannten Disciplinen in derselben Weise beschaffen und behandelt sein kann, wie ein hübsches Lesestück; so stehen in jeder doch deren sehr viele und reiche zu Gebote, durch welche die beim deutschen Unterricht berührte Saite in der Seele des Knaben leicht wieder anklingt. Durch diese übereinstimmende Anregung wird in ihr sowohl jenen Realien ein erneutes, ein doppeltes Interesse zugewandt, als ein gleiches auch noch der sprachlichen Entwickelung in derselben zu Gute kommt. Zu diesem Behufe nun wird z. B. bei einer biographischen Darstellung der Geschichte, wie sie auf den untern Klassen der Mittelschule durchaus vorherrschen soll, der in jeder Weise geeignete Stoff, wodurch die erste Einführung in diese Wissenschaft am besten besorgt, aber auch ein Anknüpfen an das Lesebuch von selbst gegeben ist, leicht zu beschaffen sein. Und ein solcher ist es eben, welcher dem Schüler an sich selbst und durch Anknüpfen an Bekanntes, oft sogar Selbsterlebtes stets anziehend und nützlich bleiben wird, und den man doch vergebens zu jenem Zwecke, ja selbst zum nächsten des

Geschichtsunterrichts in den meisten Schulbüchern sucht. Auch beim weitern Fortschreiten in diesem Fache muß, fern von dem sich so oft breit machenden nivellirenden Massenkram, die Auswahl des historischen Materials in demselben Sinne vorangehen; es müssen der Jugend vorzugsweise die leuchtenden, hervorstechenden Partien in der Ausdehnung und Gestalt vorgeführt werden, welche dem geist- und gemüthbildenden Inhalte derselben entspricht und sich bei stufenmäßiger Erhebung doch dem vorhergehenden Unterrichte passend anschließt. Frische Lebensbilder, Charaktere, die zu innerer Erhebung und künftiger Nacheiferung sich eignen, deutliche Anschauung von jedem der früheren Zeitalter und von ihren Zuständen und Sitten, vermittelt durch lebendige Darstellung der Thatsachen selbst, jedoch für das jüngere Alter noch immer auf wenige Hauptvölker und Hauptheldenbeschränkt, kurze, aber treffende und scharfe ethnographische Umrisse, Weckung und Stärkung des sittlichen, religiösen und nationalen Gefühls durch die Wahl und Verknüpfung der einzelnen Ereignisse, — dies und so manches Andere ist für die Entscheidung über die Zweckmäßigkeit des historischen Materiales gewiß viel maßgebender, als die sogenannte wissenschaftliche Vollständigkeit, mit der es doch, wie jeder Kundige weiß, selbst da noch sehr oft mißlich bestellt ist, wo die Geschichtsquellen am reichlichsten fließen. Geht aber bei den von uns gemachten Voraussetzungen in der That dieser Unterricht durch alle Klassen mit dem deutschen, wenn ihm wahrhaft gute Lesebücher zu Grunde gelegt werden, auf jene Weise Hand in Hand; so wird das wesentlich dazu beitragen, daß mit Beihülfe des übrigen Unterrichts der ganzen Bildung und Erziehung der Schule das vaterländische und ächt christliche Gepräge aufgedrückt und ihre besten Blüthen und Früchte, wahre Religiosität, Patriotismus und edle Charakterfestigkeit sicherer gezeitigt werden; es wird namentlich in dem, was man den Abdruck des ganzen innern Menschen nennen kann, im Styl der Muttersprache, ein merklicher Fortschritt von Stufe zu Stufe mehr hervortreten.

Ebenso ist nun für Geographie und Naturwissenschaften in ihren meisten Theilen an den Mittelschulen ein Stoff auszuwählen, welcher am leichtesten und vollständigsten jene Verbindung mit dem Deutschen eingeht, ein Stoff, welcher im eigentlichen Sinne beschreibend ist und nicht im Aufzählen von Einzeldingen oder Eigenschaften besteht, die sich nicht zu einem schönen Ganzen runden, ein concreter und allem trocknen Schematismus widerstrebender Stoff, dessen Darstellung jede Häufung von Fremdwörtern und, soviel deren entbehrlich sind, selbst die von fremden Kunstausdrücken verschmäht. Die den Realfächern entsprechenden Stylmuster des deutschen Lesebuches müßten, wenngleich nicht überall wahre Seitenstücke, doch an mancher Stelle in dem Unterrichte, wie in den Schulbüchern derselben eine sich in mannigfaltiger Weise erneuernde Auffrischung und Ergänzung erhalten. Weitere Parallelen und Gegensätze innerhalb dieses Unterrichts der Mittelschule würden das Interesse noch mehr erhöhen und darauf fixiren, was für die feinste Blüthe dieser Disciplinen viel richtiger zu halten ist, als die dort beanspruchten wissenschaftlichen Resultate es in Gegenwart und Zukunft, für Schule und Leben je sein können. Je treuer und lebhafter das Gemälde ist, welches darin von der Erdoberfläche und ihren wichtigsten Theilen, sowie das, welches von der organischen und unorganischen Natur und ihren für's Jugendalter bemerkenswerthesten Gegenständen ausgeführt wird und sich der Seele des Schülers eindrückt, je besser die einzelnen Partien jenes Materiales, gleichsam wieder kleine Bilder darstellend, mit einander zu einem ganzen und großen Bilde sich verbinden: desto gelungener ist die Auswahl desselben nicht nur für die bezüglichen Realfächer, sondern auch für die Förderung des deutschen Unterrichts. Denn wie es bei gehöriger Verarbeitung und Klärung die Anfänge und das Fortschreiten in jenen leichter, anziehender, lebendiger und mit dem innern Leben und mit dem übrigen Unterrichte übereinstimmender macht; so wird es zu einer stufenmäßigen Entfaltung der geistigen Reife überhaupt, und als ergiebige Quelle des Gedankenstoffes und des Aufsatzstoffes insbesondere sich so erst als wahrhaft brauchbar erweisen, während es zugleich eine bedeutend größere Fertigkeit in den verschiedenen dabei vorkommenden Arten sprachlicher Darstellung ermöglichen wird. Das Vorhergehende beweiset zur Genüge, daß wir nicht einem Zurückgehen zu Naturgeschichten à la Raff und ähnlichen Behandlungen der Realfächer das Wort reden wollen, aber in der grade entgegengesetzten Behandlungsweise finden wir auch kein Mittel zur Erreichung jener Zwecke gegeben, vielmehr die Bestimmung und das Wesen der Mittelschule durchaus verkannt. Wie verschieden nun im Einzelnen die Gesichtspunkte bei der Auswahl des Materiales auch in jener Weise noch sein können, so wird dabei doch dasjenige sich stets einer besondern Rücksicht empfehlen, was in unserer reichen Litteratur die vollkommenste Bearbeitung gefunden hat, wenngleich sie nicht leitend und allein maßgebend sein soll. Aber mit Beschränkung im Ganzen, mit Entfernung alles Ueberflüssigen und Schädlichen muß das Rechte zu Tage kommen, und das Gute und Schöne bewährt sich als solches gleich sehr in Inhalt und Form. In dieser Ueberzeugung halten wir ein Annähern der Realfächer, wenn sie hier nicht rein wissenschaftliche, sondern vielmehr die angegebenen andern Zwecke zu verfolgen haben, an den deutschen Unterricht selbst in materieller Beziehung für nützlich und nothwendig, so nämlich, daß in ihnen ein reichlicherer Theil des Stoffes, als das deutsche Lesebuch aus ihnen darbieten kann, eben in ähnlicher Auswahl und Gestalt der Jugend mitgetheilt werde.

Endlich möge noch eine Seite unseres Gegenstandes besprochen werden, welche nicht weniger laut, als die schon berührten, eine engere Verbindung des deutschen Unterrichts mit dem der Realfächer erheischt. Das ist der mündliche Vortrag, welcher vorzugsweise durch jenen gepflegt werden soll, für den aber in den deutschen Stunden die Zeit bei Weitem nicht ausreicht und kaum eine Möglichkeit des guten Erfolgs im Allgemeinen gewährt werden mag. Die freien Vorträge, welche man hie und da an den obern Klassen von Gymnasien und Realschulen versucht hat und noch versucht, scheinen durchgehends, wie viel Berechtigung und Nutzen ihnen auch wohl zugesprochen werden müßte, höherer Anerkennung und weiterer Verbreitung sich bisher nicht zu erfreuen. Vielleicht besteht ihr Hauptmangel darin, daß meistens vom Declamiren zum Vortrage eigner Composition und selbst zum Extemporiren eines solchen vorgeschritten wird, da doch zwischen Beidem eine ungeheure Kluft besteht, die nothwendig ausgefüllt werden muß. Hierzu sind nun eben die Realfächer vorzüglich geeignet, indem sie dafür Stoff genug und, wenn gehörig geleitet, auch theilweise die grade am besten passende Form darbieten. Die Reproduction, wie sie beim sogenannten Declamiren auftritt, die strenge an Inhalt und Form zugleich gebundene, muß in den deutschen Unterrichtsstunden der untern und mittlern Klassen durchaus vorwalten und auch in denen der obern gar nicht zurücktreten: darin werden Lehrer und Freunde unserer Literatur und Jugendbildung sämmtlich übereinstimmen. Aber eine zweite Art der Reproduction mit ihren zahlreichen Abstufungen, welche an den Stoff gebunden die Form nach und nach immer freier behandelt, dann auch jenen selbst innerhalb gewisser Grenzen umgestaltet und endlich mehr productiv mit demselben verfährt, bedarf von unten auf einer viel ausgedehnteren und mannigfaltigeren Uebung, als der deutsche Unterricht allein sie liefern kann. Was dieser darin, so viel die Zeit es erlaubt, in mündlicher und schriftlicher Rede leistet, bleibe immerhin die Grundlage und Norm für diese wichtigen Stylübungen und in ersterer Hinsicht besonders für den Vortrag. In den naturwissenschaftlichen, geographischen und vorzüglich den geschichtlichen Stunden aber findet sich die beste Gelegenheit, dieselben fortzusetzen, zu ergänzen und zu erweitern, zumal wenn bei der Wahl des Stoffes und seiner Einkleidung endlich überall das Ziel, welches diese Fächer mit dem deutschen gemein haben, im Auge gehalten wird. Anfangs müssen die Lectionen in denselben, wo der Inhalt es gestattet, auf formell und materiell genaues Wiedergeben des Erlernten berechnet sein. Dann, beim allmäligen Fortschreiten in der Muttersprache und in dem betreffenden Fache, kann die Form freier gehandhabt werden, und das geschieht nun um so besser, je mehr eigentliche Muster dieses Styles zur Anschauung gebracht und je besser daran durch strenge Reproduction die Fähigkeit zur Nachahmung derselben vorgeübt ist. Diese nach oben hin immer mehr zu erweiternde Freiheit in der formellen Gestaltung des Unterrichtsstoffes wird nun, wofern dieser in der oben angegebenen Weise ausgewählt ist, neben den Hauptübungen in den deutschen Stunden die wahre Palästra für die Bildung des Vortrages. Und wie diese in Verbindung mit jenen in der That die Gewandtheit überhaupt beim Schüler ungemein fördern müssen, so wird auch die Sicherheit in den verschiedenen Realkenntnissen selbst und deren Nutzen für die ganze Geistes- und Gemüthsbildung durch dieselbe bedeutend vermehrt werden. Da für diese der Stoff im Ganzen mehr ein gegebener, feststehender bleibt, so liegt natürlich die Durchführung des freien Gestaltens des letztern in allmäliger Stufenfolge bis zur völlig freien Production den Hauptübungen des deutschen Unterrichtes vorzugsweise ob, und kann hier dann auch um so nachdrücklicher und umfassender betrieben werden, je mehr jene Fächer in der gegebenen Norm die nothwendig zahlreicheren anderen Reproductionsübungen übereinstimmend mit ihm vetreten.

So wird der deutsche Unterricht in formeller und materieller Hinsicht durch den gesammten übrigen an unsern Schulen gestützt und gehoben: und zwar von seiner sprachlichen, logischen und ästhetischen Seite durch den der fremden Sprachen vor allem Andern; von der intuitiven, sittlichen, religiösen und nationalen aber besonders durch die sogenannten wissenschaftlichen Lehrgegenstände. Dazu wird in allen Fächern gleichmäßig eine gesunde, kräftige, wohleingerichtete und den Altersstufen angemessene geistige Nahrung verwendet, und die Kunst des Vortrages und aller richtigen und schönen Mittheilung des Gedachten gepflegt. Die Formen, die Wort- und Satzverbindung, der ganze Bau und die abweichenden Eigenthümlichkeiten der verschiedenen Sprachen werden mit einem geeigneten, sprachlichen belebenden Material und Behufs fortschreitender Gewandtheit in Verwendung desselben, wie der Redefertigkeit insbesondere eingeübt. Die Naturbetrachtung, Erdkunde, Weltanschauung, Charakterbildung, das religiöse und Nationalgefühl in der rechten Weise mächtig angeregt und entfaltet, und so die festeste und gediegenste Grundlage für höhere Bildung gegeben, wie es durchaus die Bestimmung der Mittelschule ist. Von dem Unterschiede in dieser, je nachdem die alten oder neuen Sprachen darin vorherrschen, ließ sich hier, wo wir das Detail des sprachlichen und andern Unterrichtes noch bei Seite gelassen, ganz absehen. Die Hauptsache war uns, für beide Arten von Anstalten die Stellung des deutschen Unterrichts ohne alle Neuerungen in seiner Bedeutsamkeit und Verbindung mit den übrigen Fächern zu erörtern und so zu sichern, daß bei seiner geringen Stundenzahl doch das hohe Ziel desselben nach allen Seiten erreicht werden könne. Ein wichtiger Gesichtspunkt, der dabei wohl zu beachten ist, hat uns nicht minder inmitten jener Auseinandersetzung beschäftigt. Wie sehr nämlich die Einrichtung unserer Anstalten in allen ihren Theilen auch als trefflich anzuerkennen ist, so muß doch der Zusammenhang und die gegenseitige Durchdringung ihrer Disciplinen darin als der Hebel harmonischer, einheitlicher Bildung und geistiger Gesammtentwickelung sich größere Geltung verschaffen. Der deutsche Unterricht aber vermag allein, alle anderen Unterrichtszweige mit sich und unter einander formell und materiell zu verbinden, und er hat das Recht, welches sein Gegenstand und sein Zweck ihm giebt, sie alle aufzufordern, daß sie nicht zum Schaden der ganzen Jugendbildung unvermittelt und unvereint neben einander stehen bleiben.

Bedburg. **Becker.**

Schottelius.

Bild eines Grammatikers aus dem 17. Jahrhundert.

Unter denen, die im 17. Jahrhundert zuerst nach unbedeutenden Vorgängen aus früherer Zeit die deutsche Sprache wissenschaftlich zu behandeln anfingen, nimmt Schottel die erste Stelle ein. Sein Werk, das den Titel führt „Ausführliche Arbeit von der deutschen Haubtsprache" und im Jahr 1663 zu Braunschweig erschien, galt unter seinen Zeitgenossen, wie die vorgedruckten lateinischen Verse und Briefe der berühmtesten Schriftsteller damaliger Zeit, wie Dilherr, Buchholz, Riß, Siegmund von Birken, Harsdörfer, Conring, beweisen, für das erste und beste seiner Art und trug ihm den Namen eines deutschen Varro ein, das größte Compliment, was ihm zu der Zeit gesagt werden konnte. Schottel, der Sohn eines Predigers in Einbeck, ward 1612 geboren. „Nach seines Vaters Tode, als er ein Knabe von 14 Jahren gewesen, hat man ihn vom Studiren wollen abnehmen, anfangs gar bei ein Handwerk thun, auch endlich bei einem Kramer gebracht. Weil ihm aber Alles solches zuwider, auch immer Lust und Beliebung zum Studiren bei sich empfunden, hat er sich wieder in die Schule gemacht und ist 1627 nach Hildesheimb in die Schule gezogen und hat bei Handwerksleuten 3 Jahr und zwar ohne Mutirung in einem Hause die Kinder mühsam informiret und dadurch ein fein Stipendium erhalten." Von 1629 an besuchte er das Hamburger Gymnasium, wo er ebenfalls durch Information seinen Lebensunterhalt gewann. In seinem 21. Jahr bezog er die Universität Leiden, fing daselbst das studium juris an, hörte „sonderlich in humanioribus und in jure die berümbte Leute D. Heinsium und Cunaeum fleißig und gerieth in gute Kundschaft mit ihnen. Weil aber des Herrn doctoris liebe seelige Mutter nicht gern gesehen, daß er zu Leiden, als auf einer calvinischen Akademie länger bleiben sollte," ging er von da weg und begab sich nach Wittenberg 1636. „Weil aber die schwedische Armada 1638 fast ganz Meißen jämmerlich ruiniret und eingeäschert und daher der Zufuhr nach Wittenberg gehemmt und keine Tische wollten noch konnten gehalten werden, hat er sich sammt vielen Anderen wegbegeben." Als er auf seiner Reise nach Hause sich einige Tage in Braunschweig aufhalten mußte, ward ihm eine Informatorstelle in einem adligen Hause angeboten, die er sofort annahm. Dann, „als er mit etzlichen vornehmen Bedienten am Hofe bekannt wurde", übernahm er die Erziehung des jungen Prinzen Anton Ulrich, der durch seine geistlichen Lieder, besonders aber durch seine Romane „der durchlauchtigsten Syrerin Aramena Liebesgeschichte" und die Octavia, so wie durch seinen im höchsten Alter erfolgten Uebertritt zur katholischen Kirche bekannt geworden ist. Auch unterrichtete er die Prinzessinnen Sibilla Ursula und Clara Augusta, die später ebenfalls geschriftstellert haben. Nach vollendeter Erziehung wurde Schottel zu andern Hof- und Staatsdiensten gebraucht und starb 1676. Seine grammatischen Schriften verschafften ihm die Aufnahme in die fruchtbringende Gesellschaft, in der er den Namen des Suchenden führte.

Dieses Mannes Hauptwerk, worin er alle seine einzelnen grammatischen Schriften zusammengefaßt hat, liegt mir vor, ein stattlicher Quartband in Schweinsleder, 1466 Seiten groß, dem noch ein horrendum bellum grammaticale Teutonum antiquissimorum (in deutscher Prosa) von höchst mäßiger, ja alberner poetischer Erfindung 94 Seiten groß angefügt ist. Wollten wir dieses dickleibige Buch mit irgend einer unsrer jetzigen Grammatiken vergleichen, so würde die Vergleichung natürlich sehr zu Schottel's Ungunsten ausfallen; es ist indeß unbillig, von dem heutigen Standpunkt aus auf ein fast 200 Jahr altes Werk herabzuschauen; betrachten wir es darum für sich. Diese Hauptarbeit „von der deutschen Haubtsprache" ist nicht bloß eine Grammatik, sondern enthält Alles, was in den Kreis der Sprachwissenschaft gehören kann. Nachdem zehn Lobreden auf die deutsche Sprache voraufgegangen sind, die aber nichts weniger als Reden, sondern paragraphenweise zusammengestellte Notizen allerlei Art sind, fängt die eigentliche Grammatik an. Das erste Buch enthält die Etymologie oder Wortforschung, „sammt vielen merk- und denkwürdigen Sachen, so die teutschen Wörter und sonst der alten Teutschen Wesen und Sitten betrifft" und behandelt die Orthographie, den

Artikel, das Geschlecht, den Numerus, die Casus der Substantive, die Comparation, die Ableitung, die Composition, das Pronomen, Verbum, Particip, Präpositionen, Conjunctionen, Interjectionen und die Interpunction. — Dann folgt ein zweites Buch über die Syntax nach den verschiedenen Redetheilen „sammt unterschiedlichen Anmerkungen und Anführungen, auch andern das Sprachwesen mitbetreffenden Sachen." — Das dritte Buch umfaßt die deutsche Verskunst oder Reimkunst. Das vierte Buch enthält sieben Tractate, 1) Eine Einleitung in die deutsche Sprache, der personificirten deutschen Sprache in den Mund gelegt, in Alexandrinern. 2) Eine Erklärung der alten deutschen celtischen Namen oder Namwörter. 3) Sprichwörter der Deutschen. 4) Von denen Authoren, welche von deutschem Wesen, was Geschichte, Landart und Sprache betrifft, geschrieben. 5) Anleitung und Nachricht recht zu verteutschen. 6) Die Stammwörter der deutschen Sprache nebst deren Erklärung. 7) Die Folge und Inhalt des Werkes in lateinischer Sprache. — Sonach haben wir in diesem Werke Grammatik, Metrik, Lexikographie, etymologische Forschungen, Literaturgeschichte bis zum Rothwelsch herunter beisammen, eine wahre Encyklopädie. Schottel sieht sein Hauptverdienst darin, daß er die deutsche Sprache „in eine Kunstform" gebracht habe; die systematische Behandlung indeß besteht nur in einer äußerlichen Zusammenstellung des Gleichartigen, was allerdings für seine Zeit schon ein bedeutender Fortschritt war; und tritt gar häufig eine Unterbrechung durch allerlei Dinge ein. Der Theil, der die nach den neuen Grundsätzen der accentuirten Quantität behandelte Metrik enthält, kann noch am meisten auf das Lob der „Kunstform" Anspruch machen. Von einem grammatischen leitenden Principe ist natürlich nichts zu finden, kaum daß hie und da eine grammatische Ansicht geäußert wird.

Ein Charakterzug der schreibenden und dichtenden Welt damaliger Zeit — ungemessener Dünkel und Hochmuth auf eigne Vortrefflichkeit bei großer Armseligkeit und unsäglicher Geschmacklosigkeit — tritt auch an Schottel hervor. Nur hat seine Eitelkeit nicht das Widerwärtige und Lächerliche an sich, wie dies bei den Andern der Fall ist, indem seine Eitelkeit, wenn er auch sich viel auf die Kunstmäßigkeit seines Werkes zu gute thut, doch weniger Selbstgefälligkeit ist als vielmehr Stolz auf die „uhralte reine, welträumige, zierliche Sprache," oder wie die rühmlichen Prädikate weiter heißen, „deren Glanz ihm natürlich am meisten in den Dichtern seiner Zeit, besonders seiner lieben Freunde, der Pegnitzschäfer erscheint. Dieser Stolz ist an sich edel, und wird nur durch die Begründung lächerlich. Seine Ansicht über den historischen Ursprung der deutschen Sprache ist nämlich folgende, die dadurch, daß sie aus der Uebereinstimmung göttlicher und weltlicher Historien, auch fast allgemeinen Haltung der Gelehrten geschöpft ist, ein näheres Interesse erhält. Seine Ansicht ist somit die allgemeine Ansicht seiner Zeit.

Als im Jahre 1780 nach Erschaffung der Welt, 124 Jahre nach der Sündfluth die Kinder und Kindeskinder des Altvaters Noa sich durch göttlichen Segen häufig vermehreten, also daß das Landstück in Asien, jenseits des Tygerflusses gelegen, einer solchen Menge zu enge ward, ist der Erdboden unter die Söhne Noa's vertheilt. Nachdem diese junge und kecke Welt vernommen, daß sie aus göttlichem Befehle sich trennen mußte, ist sie des Sinnes geworden, ein ewiges Andenken bei den Völkern zu hinterlassen und darum eine große Stadt und einen hohen Thurm zu bauen. Gott aber verwirrete ihnen daselbst die Sprachen; die Stadt aber und der Ort dieser geschehenen Verwirrung ist Babel genannt, daher die Deutschen, als Japhets Kinder, das Wort babbelen, Gebabbel bis auf diese Zeit behalten haben. Diese Verwirrung war aber keine Erschaffung neuer Sprachen, sondern die allervollkommenste Erzsprache, welche dem Adam gegeben und seine Nachfolger bewahrt hatten; diese Weltsprache wurde durch göttliche Allmacht also zerworren, verdorben und vertheilet, wie die französische, spanische, wälsche aus der lateinischen. Nachdem diese allgemeine Sprache nach ungenauer Rechnung in 72, nach genauer Rechnung in 69 einzelnen Sprachen zertheilt war, zog Ascenas*) (Enkel Japhets) als Oberhausvater seines Geschlechtes nach Europa und ist so ein Vater aller keltischen Völkerschaften geworden und hat die alte keltische oder deutsche Sprache von Babel mitgebracht, denn alle Völker, welche die Griechen und Lateiner Kelten nennen, haben deutsch geredet. Diese Sprache hat ihren Namen von den Teutschen, als dem vornehmsten Hauptgeschlechte der Kelten hernachmals behalten. Die Teutschen aber heißen so von Teut, dem allgemeinen Worte (*Δεὺς*, *Ζεὺς*, Deus) womit sie Gott, Schöpfer Himmels und der Erden bezeichneten; sie heißen also nach dem Namen des wahren Gottes selbst, daß also teutsch so viel heißet als

*) Mit Aschkenas wird in der jüdischen Tradition Deutschland bezeichnet.

göttisch oder göttlich. Ja, es wird selbst gesagt, daß die lateinische oder tusceische Sprache nur eine Mundart der keltischen oder teutschen gewesen sei. Wer aber meinen würde, es wäre die uralte teutsche Sprache in Abgang und aus ihr selbst gerathen, der wird sich erinnern lassen, daß dem im Grunde nicht also; denn unsre sowohl alte als jetzige Sprache hat allemal geruht und ruht noch festiglich in ihren einlautigen Stammwörtern, Ableitungen, Zusammensetzungen; tiefer oder weiter kann man in die deutsche Sprache nicht gelangen, als auf die einlautenden Wurzeln oder grundfesten Stammwörter. Gleichwie das jetzige Teutschland noch dasselbe Teutschland ist, welches es vor etzlichen tausend Jahren gewesen, ob es schon jetzt besser bebaut, herrlicher ausgeschmückt, mit den besten Städten geziert, von den Gelahrtesten bewohnt und von dem Haupte der Christenheit beherrscht wird, also ist gleichfalls unsre jetzige teutsche Sprache eben dieselbe uralte, weltweite Sprache, ob sie schon durch mildesten Segen des Himmels zu einer mehr prächtigen Zier und Vollkommenheit gerathen ist. Was wir jetzt bei der teutschen Sprache thun, eben dasselbe hätte vor lieben langen Jahren geschehen können, wenn die Sprache wäre recht untersucht, auf festen kunstmäßigen Grund gestellt und durch Hülfe der Schrift der Nachwelt hinterlassen worden. Man kann derowegen einige Denkzeiten oder Epochen setzen. Die erste könnte mit der ersten Ankunft und anfänglichen Bildung der teutschen Wörter anfahen und gleichständig sein. Die andere könnte um die Regierung Carls des Großen einfallen, weil bekannt, daß der Kaiser sich der Muttersprache angenommen. Die dritte ist zu setzen in die Regierung Kaisers Rudolph I., welcher einen eignen Reichstag wegen der deutschen Sprache zu Nürnberg gehalten, darin verabschiedet, daß hinführo die deutsche Sprache statt der lateinischen sollte gebraucht werden in Gerichten ꝛc. Die vierte Epoche wird mit Herrn Luthero einfallen, der zugleich alle Lieblichkeit, Zier, Ungestüm und bewegenden Donner in die deutsche Sprache gepflanzet und den Teutschen gezeiget, was ihre Sprache vermögen könnte. Die fünfte und letzte Denkzeit möchte auf die Jahre einfallen, darin das ausländische verderbende Lapp- und Flickwesen könnte von der deutschen Sprache abgekehret und sie in ihrem reinlichen angeborenen Schmucke und Keuschheit erhalten, auch darin zugleich die rechten durchgehenden Gründe und Kunstwege also könnten gelegt und beliebet, auch ein völliges Wörterbuch verfertigt werden, daß man gemählich die Künste und

Wissenschaften in der Muttersprache lesen, verstehen und hören möchte.

Indem Schottel nach dieser kurzen Mittheilung seiner Ansicht so großen Werth auf das Uralter der Sprache legt, sollte man eine nähere Kenntniß und ein tieferes Eingehen auf die uralten Zeiten erwarten, zumal da er so gern etymologisirt. Aber er theilt doch die oberflächliche Kenntniß und Verachtung der Vergangenheit mit seiner ganzen hochmüthigen, sich selbst genügenden Zeit, obwohl einzugestehen ist, daß er zu den Wenigen gehört, die etwas von den früheren Zeiten wissen oder wissen wollen. Ulphilas Bibelübersetzung, diese erste und älteste Grundlage der jetzigen historischen Grammatik, kennt er nur von Hörensagen („Lange Zeit vor Carl dem Großen soll dieses, die Bibelübersetzung, Uphilas, ein gothischer Bischof gethan haben"). Dagegen hat er Otfrieds Evangelienharmonie in der Ausgabe des Flacius Illyricus gelesen. Aber die lateinische Vorrede, die Otfried seiner Evangelienharmonie vorgesetzt hat, war ihm wichtiger, als das Werk selbst, aus dem er zwar einige Stellen anführt, aber mehr aus Curiosität, als wissenschaftlicher Beweisführung halber. Denn von einem Studium der altdeutschen Sprache kann bei ihm keine Rede sein. Außerdem kennt er Williams Uebersetzung und Paraphrase des hohen Liedes nach einem Londoner Druck von 1598 und die alten Gesetze nach Lindenbrogs Thesaurus legum antiquarum. Von mittelhochdeutschen Schriften sind ihm bekannt, der Winsbeke und die Winsbekin, Königs Tyrol kluge Vermahnungsrede mit seinem Sohne Friedebrant, nach Goldasts Ausgabe von 1603, das Heldenbuch („sind sehr alte deutsche Reime)", nach der Frankfurter Ausgabe von 1560, und der „hürne Seufried". Merkwürdigerweise führt er eine Strophe aus dem Nibelungenliede an, zum Beweise, daß das ch zwischen den Buchstaben w, l, m bei den Alten ausgelassen sei, in folgender Fassung:

Da slug Ortliben das Kind Hagen der Held guht,
Daß ihm gegen der Hand am Swert floß das Blut,
Und daß der Königinn das Haubt sprang in den Schoß,
Da hub sich unter Degen ein Mord, Grimm und Haß.
Darnach slug er dem Mainzogen ein swinden Slag,
Daß ihm das Haubt nieder vor dem Tische lag.

Diese Stelle steht in Lachmann's Ausgabe Strophe 1898 und 1899. Woher Schottel sie hat, sagt er weiter nicht. „Man lieset also unter andern alten teutschen Reimen vom Blutbade in des Attile Hochzeit" sind seine Einführungsworte. Stehen diese Strophen in der Geschichte der Völkerwanderung von dem Oesterreicher Wolfgang Lazius (um 1600), der das Nibelungenlied als historische Quelle benutzte, und der ein Schriftsteller ist, den Schottel häufig „allegiret"? — Bei der Erklärung eines Sprüchwortes „Es gehet zu wie an König Artus Hofe" giebt er eine kurze Notiz über Artus Hofhalt, ohne irgend eines deutschen Buches zu erwähnen, das die Artussagen behandelt. Sonst spricht er noch von alten Geschriften und Reimen, ohne sie näher zu bezeichnen und giebt dadurch schon seine Mißachtung derselben kund, die er aber an einer andern Stelle deutlich ausspricht. Denn er sagt so: die alte Reimerei und das uralte Reimmachen der Teutschen, deren man noch eine und andere Nachricht und überbliebene Brocken, so ein, anderthalb, ja zwei tausend (!) Jahre alt, behalten und aufzuweisen hat, solches ist meistentheils von unsrer heutigen und richtigen Poesie weit entfernt und rechter Kunst und Gleichrichtigkeit unfähig; ist derowegen eine Unnoht, deren Vieles aufzuklauben und anzuführen; denn es ist nunmehr außer Gewohnheit, außer Kunst und vermögender Zierlichkeit der Sprache. Es ist aber dieses nicht zu leugnen, ob schon keine gründliche, richtige, kunstmäßige Wortordnung, sondern nur bloß die also beliebte Reimung, oder vielmehr Reimerei, den alten Teutschen bekannt gewesen, daß dennoch ohne Zweifel aus dem kräftigen, sich anbietenden Vermögen der unausgeübten uneingerichteten Teutschen Sprache zuweilen recht untadelhafte Reime mit untergelaufen seien. Wie deren unterschiedlich viele, so es der Heblichkeit, wären einzuführen. Wir setzen demnach nunmehr das alte Tichten und Reimmacherei bei Seite und nachdem unserer, so uralten, hochherrlichen Haubtsprache ein ander Glückstern zu diesen letzten Zeiten erschienen, die Kunstbahn darin von vielen gelehrten und verständigen Leuten eröffnet und auf eine andre Ehrenstaffel der Gewißheit dieselbe erhoben ist, von welcher sie viel andre mit ihrem lieblichen, trotzenden und unvergleichlichen Vermögen überschauen und übertönen kann, so erwählet man billig die rechte Zier und die liebliche gewisse Art des Reimens und ist bemühet auch in diesem kunstvollen Stücke, nemlich der Poesie, unsre Sprache in eine Kunstform gebürlicher einzuschließen."

Sonst aber kennt Schottel eine Masse Schriften damaliger Zeit, die, meist lateinisch geschrieben, über deutsches Wesen handeln, wie die Schriften von Beatus Rhenanus, Goldast, Spedelius, Besoldus, Sterinus u. s. w. und sein Buch strotzt von Anfang bis zu Ende von „Allegationen" aus diesen Werken, denn er will nicht bloß gelehrt sein, was ihm gar nicht zu verargen ist, sondern auch gelehrt erscheinen.

Daß nun unter solchen Umständen und solcher Zurückweisung der früheren literarischen Denkmäler seine Etymologie fast immer fehl geht und uns theils durch ihre Kindlichkeit und Naivetät, theils durch ihre Absurdität unwiderstehlich zum Lachen nöthigt, liegt auf der Hand. Seine Erklärung der alten Namen ist besonders spaßhafter Natur, aber auch in der Erklärung anderer Wörter wird er unfreiwillig komisch. Uhrlag (urlac, Grundgesetz, Schicksal, fatum, spez. das Kampfesschicksal, Kampf) erklärt er so: Die uhralten Teutschen, ehe sie Städte und Festungen gehabt, haben ihren Sitz und Bleibungsort ihr Lager genannt; der jedesmalige König oder die Fürsten hatten ihr Hoflager, die Hausväter mit den Ihrigen hatten ihr Hauslager, insgesammt wo man sich niederließ, war das Ablager; gings zur Hochzeit, so war es das Beilager, mußte man wach und versammelt sein, war es das Feldlager; da die ganze Heermacht sich aufhielt, war das Heerlager; also wenn ein Krieg anging und es wider den Feind galt, so ward vorhanden ein Uhrlager (Uhrlag) gleichsam ein Haubtlager, da niemand davon befreit war, sondern dem Uhrlag, Uhrlager (Ohrlag) folgen mußte; daher annoch das alte teutsche Wort Ohrlag, Uhrlag so viel als Krieg bedeutet. Chindaswinthus i. e. Kindswinder, superstes liberis. Cnivida i. e. cultro efficax. Knief est culter, Saxonice, potest etiam explicari ferociter prehendens, ein Kniver, knifen und knipen saxonice dicitur pro kneifen und pflegt man noch zu sagen: der Frost will knipen, he will es knipen, wenn es heftig und mit Macht hergehen soll. Combolemarius i. e. cito adveniens dominus Kom-bole-mair bole saxonice est bold q. d. kombaldmair u. s. w.

Sein Stolz auf die Originalität und das Alter der deutschen Sprache, sowie seine Mitgliedschaft des Palmordens empörten ihn gegen die „Verschandfleckung" der deutschen Sprache durch Fremdländerei. Mit Eifer und Zorn schilt er auf die, welche den Fremden fuchsschwänzen, die deutschen Worte verbastarden und die eigne Muttersprache zu einem öffentlichen Allmannshurkinde machen wollen. Er hat es darum versucht, gleich vielen Grammatikern der neueren Zeit, die aus dem Lateinischen stammenden grammatischen Kunstausdrücke deutsch wiederzugeben, und sein Versuch ist nicht glücklicher, oder wenn man will, unglücklicher ausgefallen, als alle Versuche dieser Art. Allein „der Zopf der hängt ihm hinten", denn trotz seines Purismus steckt er noch tief in der Fremdländerei, und ein Drittel seines Buches ist lateinisch. Er hat zwar allerlei Entschuldigungen bei der Hand, — so will er denen „so keinen Lust sonderlich haben teutsch zu lesen oder das Hochteutsche nicht verstehen" Gelegenheit geben, sich in seinem Buche zu orientiren — allein der wahre Grund liegt wohl darin, daß er den deutschen Gelehrten, der von Gott und Rechtswegen doch eigentlich nur lateinisch schreiben sollte, nicht verleugnen kann. Ein Beispiel mag es erläutern. „Folgende regula ist wohl zu merken. Es wird das Geschlechtswort ofttermals also übergangen, daß die Endung oder letzter Buchstab desselben, hinten an (a) sein folgendes Haubtwort gesetzet werde, und wird also das Nennwort oder Mittelwort verändert in die Endung des ausgelassenen Geschlechtswortes.

(a) illud adjectivum vel participum, cui articulus inservit.

Singulariter notandum in lingua germanica, Articulos saepissime ita annullari, ut ultima litera tantum retineatur et ea ipsa litera Nomini aut Participio (cui Articulus erat praeponendus) postponatur eo modo, ut in hanc articuli literam ipsum nomen aut participium aut nominascens verbum terminetur et propriam suam literam ultimam amittat, ex. gr. sich starker Gegenwehr gebrauchen, starker est masculinum et apponitur tamen Nomini feminino Gegenwehr, sequitur ergo ultimam literam r in starker esse ultimam literam omissi et annullati articuli der vel einer, sich der starken vel einer starken Gegenwehr gebrauchen."

Giebt uns dieses Beispiel auch einen Beweis von der Wunderlichkeit und Seltsamkeit seiner grammatischen Auffassung, so ist er doch nicht überall so sonderbar und er hat doch manchmal ein Auge für die eigenthümlichen Vorzüge der deutschen Sprache. So findet er, und mit vollkommenem Rechte, einen Vorzug derselben in der Leichtigkeit und Freiheit der Composition oder wie er es nennt, Doppelung und der Auseinandersetzung und Darlegung dieses „allervornehmsten Kunststückes" ist der größte Theil seines Werkes gewidmet.

Besonders aber erglänzt ihm die Herrlichkeit unsrer Sprache in der Poesie, so daß die gepriesenen Römer und Griechen weit überglänzt werden. Seine Aussprüche sind wahrhaft rührend, wenn man bedenkt, daß die Nachwelt die ganze Poesie seiner Zeit, mit einziger Ausnahme des Kirchenliedes, verworfen und vergessen hat. „Man wird teutsches Gold, sagt er, nirgends anders als aus teutschen Bergen graben können. Zier, Wolstand, Reichthum teutscher Rede muß nur aus teutscher Rede entsprossen und nach rechter Kraft entlehnet sein. Das Nachsinnen eines sinnreichen Geistes wird ein vergnügliches Begehren daselbst wol finden, wird bei Eröffnung der teutschen Kunstquellen sich fröhlich abkühlen, seine Gedanken mit Wollust ruhen und mit Hochmuth steigen lassen und oftmaligen Ekel alsdann bei sich selbst empfinden gegen der unteutschen Unvermögenheit. — Weil unsre Haubtsprache nichts Gemeines mit den Griechen und Römern hat, so können wir dieselbe nicht nach den fremden Lehrsätzen meistern und bilden; wir müssen sie aus ihr selbst erheben, nicht den Griechen und Römern nachsprechen lassen. Die Arten der Trauer- und Freudenspiele, wie sie ehemals von den Griechen und Römern so schön und künstlich beschrieben, sind nunmehr veraltet. Wir haben so mancherlei liebliche, lustige, traurige, erschreckliche &c. Geschichte, so wunderbarliche Veränderungen in dem Weltwesen, so vielerlei Lermen und grausames Wüten des leidigen Krieges; wir haben ja unsre christliche Religion und die schuldige Pflicht unseren Gott aufs Höchste zu loben, also, daß das alte Latium, das abgöttische Griechenland, die trojanischen Mährlein und derogleichen lauter Affenwerk, Kinderspiel und nichts hergegen zu halten sein. Ja, wir haben unsre so herrliche Sprache, reich an Milde, reich an Güte, vol Donner, vol Blitzens, vol Lachens, vol Weinens, vol Grausens und Brausens, vol lieblicher Härte, männliches Geläutes, fließender Süssigkeit. — Da die Welt sich fast nunmehr umgekehret und ein fast anderer Geist die Menschen eingenommen hat, so muß auch die Kunst, die Nachäffin der Natur, sich nach der itzigen Natur der Welt richten. Wenn demnach ein Teutscher, der den Verstand in seiner Muttersprache ein wenig ausgeschärffet, etwa ein Probestück zu beweisen Willens werden möchte, selbiger hat gar nicht zu hoffen auf das Handgeklöpper der Griechen und Römer.“

Der hinkende Bote kommt aber, wie es im Sprichwort heißt, nach. Denn „es muß aber ein jeder Geck nicht sofort ihm einbilden, er sei ein Himmel Gelehrter und göttlicher Poet, wolle große Sprünge ohne Bewegung große Künste ohne kunstrichtige Kundigkeit beweisen, nein, es gehöret mehr zum Tanze, als ein paar Schu, man muß zuvor die benötigte Wissenschaft und Erudition eines Poeten haben, ehe man hoffen darf einen Namen unter den Poeten zu verdienen, non solum ingenio sed arte et doctrina nitendum. Sonst bleibt man ein kunstarmer Stümpeler.“ Da haben wir mit einemmale das leibhaftige 17. Jahrhundert wieder vor uns, das in „kunstmäßiger Gebühr“, in Vermeidung des Alltäglichen, in Gelehrsamkeit den Werth und die Würde der Poesie sicht und sucht.

Und obgleich die ganze Zeit hohe Intentionen hatte und es oft ausgesprochen wird, daß diejenigen, so ihnen einbilden, die deutsche Poeterei bestehe blos in Vers- und Reimmachen, gar zu schändlich betrogen werden, so bleibt es doch immer nur bei Intentionen und die Poesie bleibt trotz aller Anstrengung und trotz aller Künstelei im Versmaß, niedrig und gemein. So ist auch der gute Schottel, obgleich er mit Nachdruck ausspricht, daß die Verskunst noch keinen Poeten mache, doch recht in seinem Elemente und voll Behaglichkeit, wenn er die künstlichen Maße seiner lieben Freunde, der Pegnitzschäfer, auseinandersetzt. Da hören wir außer der Heldenart (Alexandriner), der Wechselart (genus elegiacum) und den Klingreimen (Sonneten) von dem Wiederkehr, wenn das ganze Gedicht sich reimt oder nur ein Reim ist, dem Wiedertritt, wo zwei Reimwörter Gegentritt halten, von endschallenden Reimen, vom Wiederschall (Echo), von Ringelreimen, die gleichen Anfang und Ausgang haben, von Bilderreimen (Bild eines Eies, einer Säule, Pyramide, eines Kreuzes, Pokals), von Trittreimen, wo die Reimung wechselsweise umtritt, von gleichsetzenden Liedern, Wechselliedern, Vornlaufe (Acrostichon) Irr-Reimen oder Wandelreimen oder Reim-Reimen, von Schiller-Reimen, wo allemal eine Reimzeile übrig ist, welche sich mit keiner andern reimt, also gleichsam allein die Mache versehn und schillern muß, vom Letterwechsel (Anagramm), von Klappreimen, Reimwetzler, wenn aufeinander folgende Reimwörter nicht reimrichtig sind, sondern so lange wandern, bis ein guter Reim daraus gewetzet und geschliffen wird, welcher sich zu Ende finden muß, von Schlagreimen, Stachelreimen und wie sie weiter heißen.

Schottel hat sich auch selber in Poesie versucht, aber er bleibt trotzdem, daß er nichts mehr als Alltäglichkeit verwirft, so alltäglich wie möglich. Einige Reime der Rede, die er der deutschen Sprache in den Mund legt, mögen das Bild schließen:

Was sol ein Baur verstehn die Flucht, die zarten Fälle,
Das sanfte Bebelen, den Tritt zur Gegenstelle
In rechter Singekunst? Die Sackpfeif gib ihm hin,
Die kann nach ihrer Art ihm füllen seinen Sinn.

Die Sprache, welche muß ohn Zaum und Zügel schweben
Nach rauher Pöbelmaß, hat gar unstetes Leben
Nach dem ein Baur ausrülzt, ihr Wiege wird ihr Grab,
Verhoffte Kunst darin sich endigt auf Schabab.

Welch aber Lehrsatzweis nach Kunstwol eingeschrenket
Sich auf Grundmäßigkeit gelahrter Leute lenket,
Bricht das Verstören durch; verjunget ihr die Jahr
Und bringt sich durch den Fleiß noch hoher immerdar.

Muß ich allein denn sein so sclavenweis verachtet?
Bleibt meine Reinlichkeit und Wortmacht unbetrachtet?
Ja, spricht man, es ist jetzt die à la mode Manier
Die Damen brauchens so und mancher Cavalier.

Was Brauchs! begehrt man, daß ein fremdes Pferd und Ziege
Der Teutschen Ehr und Zucht dem Wort nach überwiege?
Was macht man für Gestank und setzet ihren Dreck
Als teutscher Schaam ganz bloß hier und dort an den Weg!

Ich will mich hier zur Ruh und auch zur Lausche legen,
Vernehmen wie man wird, was wolgemeint, befegen;
Der Besem bleibt mir auch, doch fürcht ich, daß hie sei
Vielleicht Catonis Rath, Cassandrae Prophezei.

Oldenburg. **A. Lübben.**

Genien der deutschen Poesie.

I. Klopstock.

Der Dichter des Glaubens, der das irdische Dasein mit dem Lichte der himmlischen Verklärung durchdringen sollte, wurde schon als Knabe zu Christus, als dem unzerstörbaren Grunde seines Lebens und Wirkens, hingeleitet. Er dankte diese Richtung hauptsächlich seiner Großmutter Julia, die nachher den Beruf des Jünglings, da sie schon fast die Schwelle des Todes erreicht hatte, wie eine Seherin verkündigte,*) und seinem Vater, einem Musterbilde deutscher Biederkeit und christlichen Heldensinnes. Von ihm lernte der Knabe die unbedingte Gottergebenheit, die Erstarkung im Gebet; von ihm erbte er den männlichen Muth, der ihn machtvoll aufrecht erhielt, wenn er in der Weichlichkeit seiner Empfindungen hinschmelzen wollte. Wie man von dem Vater des Dichters erzählt, daß er einst eine Schaar von frechen Spöttern vor die Klinge gefordert habe, um die Ehre Gottes mit seinem Blute zu vertheidigen, so trat auch der Sohn als geistiger Kämpfer für das Gottesreich auf. Ein Mann, wie der alte Klopstock war, konnte seinem Sohne keine sclavische oder trübselige Erziehung geben. Frei und offen durfte der Knabe sein Haupt erheben. Sein Vater war ihm selbst eine erquickende Gestalt der Freiheit, deren Gegenwart ihm die Brust zu frohem Selbstbewußtsein schwellte. Er durfte sich in freudigen, oft verwegenen Spielen austoben und seinen Körper stählen, den die Natur klein und nicht sehr rüstig gebildet hatte. Dadurch gewann er das unschätzbare Gut der Gesundheit, von dem er bis in sein höchstes Alter zehrte. Daher finden wir ihn noch als Greis an der Spitze der Schlittschuhläufer und auf dem feurigen Rosse, das er mit Verwegenheit bändigte. Aus der Gesundheit und aus der Religion erwuchs wie aus einem heiligen, gesegneten Boden die Sittenreinheit und Bravheit des Knaben. Obgleich ihn frühzeitig die Hoheit der Gegenstände, mit denen er sich beschäftigte, über seine Jahre ernst und feierlich stimmte,

*) Ode „der Segen.“

so war doch sein Gemüth zu frei und zu männlich, um die Schwermuth über sich herrschen zu lassen. Auch lernte er schon in Jünglingsjahren, da die Eltern in ihren Vermögensverhältnissen herunterkamen, dem Wechsel des Schicksals fest in's Auge blicken. Dabei stand sein Glaube so felsenfest, daß es ihn schauerte, beim Gedanken an die Vorsehung noch von Unglück zu reden. Die Mönchszucht auf der Schulpforte (1739 — 1745) konnte einen solchen Geist nicht beugen. Wohl aber eignete er sich durch den Eifer, mit dem er dort die Alten studirte, eine Fülle von großartigen Anschauungen und den feinsten Sinn für die Formen der Dichtkunst an, mit dem er schon als Jüngling wie eine Wundererscheinung in die barbarische Zeit hineintrat. An dem Busen griechischer Schönheit sog er sich groß, und wie mit der Milch der Löwin nährte ihn das Römerthum.

Aber die Sehnsucht nach Ruhm und die Liebe zum Vaterlande machten es ihm unerträglich, daß die deutsche Dichtung so weit hinter der des Alterthums zurückstand, und er wußte sich vor gänzlicher Verstimmung darüber nur durch den Gedanken zu retten, daß der Gehalt unsere Dichtung höher stelle, daß den Alten die höchste Muse, das Christenthum gefehlt habe. Vaterlandsliebe und Religion drängten ihn schon damals, den innersten Gehalt der neueren Weltansicht in's Auge zu fassen und für Deutschland eine Dichtung vorzubereiten, die aus dem ewigen Urgrunde der Bibel ihre geheimsten Nahrungsquellen söge. Der Gedanke, in einem Epos nicht den Genius eines besonderen Volkes und seiner staatlichen Verhältnisse, sondern das Vaterland des Menschengeschlechtes, die ewige Heimath der Seelen erscheinen zu lassen, nicht die Helden der Erde, sondern die des Himmels und der Hölle in kühnen Gesängen zu schildern, arbeitete mit immer steigender Kraft in ihm. Nur durch diese Erweiterung und Erhebung des irdischen Gestaltenkreises zum ewigen und absoluten schien es ihm vergönnt zu sein, die glühende Sehnsucht nach dem Morgenroth der deutschen Dichtergröße und nach dem eigenen Lorbeer zu stillen; denn in weltlichen Gesängen konnte er die Alten nicht zu erreichen oder zu überflügeln hoffen. Bei diesen Entwürfen knüpfte sich das Band, das ihn schon frühzeitig mit der heiligen Poesie des alten Testamentes verbunden hatte, immer fester. Um so leichter ist es zu erklären, daß er später das Lied Sion's auch in künstlerischer Beziehung über den Hämus und den castalischen Quell erhob, daß ihm Pindar gegen David zurücktrat. Bei der gediegenen Festigkeit seines Charakters, bei der Hoheit der Gegenstände, die ihn beschäftigten, bei der Größe des Zieles, das er sich setzte, und bei seinem entschiedenen Dichterberufe darf es uns nicht wundern, daß er das Bewußtsein des geistigen Fürstenthums schon in Jünglingsjahren empfand, und daß ihn die Idee des Nachruhms aus dem Schlummer der Mitternacht weckte. Der erste Gegenstand, den er im Feuer der Begeisterung ergriff, um ihn und sich in einer großen Schöpfung zu erewigen, war Heinrich der Vogler, den er als Deutschlands Befreier darzustellen gedachte. Aber ein ängstliches Grübeln über die wahre Schönheit der Dichtkunst lähmte den Flug seiner Phantasie und warf ihn muthlos in sich selbst zurück. Kein Wunder, da sich seine Kraft an keinem Werke der vaterländischen Literatur aufrichten konnte, da er sich die Form für den neuen Geist, der in ihm arbeitete, selbst zu erringen hatte. Nur der höchste Gegenstand — so schien es — war im Stande, die Schwerfälligkeit seines Verstandes und die Grillenhaftigkeit seiner Zweifel zu bewältigen und wie auf den Schwingen des Adlers in Wolkenhöhen mit sich fortzureißen. Wie mit Donnerschlägen traf ihn der ungeheure Gedanke, ein Sänger des Messias zu werden. Er war von diesem Augenblicke an über die Aufgabe seines ferneren Lebens entschieden, und noch als Schüler*) entwarf er den Grundriß der Messiade. Er wollte nur das heilige Werk nicht mit ungereinigten Händen beginnen, sondern vorher die Herrschaft der frommen Empfindung über die sinnlichen Bilder gewonnen haben. Der wahre Dichtergenius jedoch versenkt sich liebevoll und ohne Furcht, hierdurch seine ideale Freiheit zu gefährden, in die ganze Fülle des sinnlichen Daseins, entzaubert die darin schlummernde Gestalt der Ewigkeit und reinigt die Dinge und sich selbst durch die Darstellung. Glücklicher Weise hatte sich Klopstocks Begeisterung an seinem großen Stoffe schon so mächtig entzündet, daß er durch keine Verstandesbetrachtung sie zu dämpfen vermochte. Er übertrat also das unnatürliche Gelübde und begann. Am liebsten flüchtete sich der Dichter mit der neuen Welt, die sein Geist beherbergte, in die Einsamkeit und wob sich mit seinen träumerischen Empfindungen in die Natur hinein, die ihm allenthalben die Größe des Schöpfers vergegenwärtigte. Obgleich ihn jedoch das Landleben frühzeitig in einen innigen Verkehr

*) Vgl. Klopstocks Brief an Heimbach 1800.

mit der Natur gesetzt hatte, so zeigte er doch wenig Sinn für die frische und unmittelbare Aufnahme ihrer Gestaltungen. Sein Auge war durch die überirdischen Anschauungen, die seine Seele erfüllten, wie geblendet und gestattete ihm nur, die allgemeinsten und hervorleuchtendsten Umrisse der Dinge zu erblicken. Die Natur bebte in seinen Empfindungen nach und erfrischte sein Gemüth; aber sie umschlang ihn nicht mit Liebesarmen, um die unendliche Fülle der Bilder in ihm zu erwecken, die dem Dichter die Farbenstoffe zu einer wahren und ganzen Schöpfung der Schönheit leihen müssen. Den dauerndsten Eindruck scheinen noch die furchtbaren Naturerscheinungen in ihm zurückgelassen zu haben, und namentlich lernen wir ihn als einen Vertrauten des Donners kennen, der seiner Messiade die anschaulichsten Stellen gewährte. Im Umgange mit den Menschen finden wir ihn angenehm, liebenswürdig, klug und offen; aber die beständige Beobachtung, die er ihnen widmete, kann sich nur in verständiger Weise auf Einzelheiten bezogen haben, denn seine Dichtungen beweisen es, daß er niemals im Stande war, eine individuelle Gestalt in ihrer gesammten Lebensfülle zu ergreifen und anschaulich zu entfalten. Auch hier fehlte ihm die Genialität des Blickes, die wir als erstes Erforderniß an den Epiker zu stellen haben.

Dagegen erkennen wir den geborenen Lyriker daran, daß er frühzeitig, noch ehe die Liebe ihr heiliges Recht bei ihm geltend machte, sein Herz durch eine ebenso erhabene, als zärtliche Freundschaft auszufüllen suchte. Während er in den Bündnissen, die er als Student in Leipzig (1746 — 1748) schloß, nicht ohne einen Anhauch von süßer Melancholie, die Vermählung mit einer weiblichen Natur durch die Innigkeit der Bruderliebe zu ersetzen suchte, durchschauerte ihn die Sehnsucht nach irdischer Unsterblichkeit mächtiger und kühner im Zusammenwirken mit ausgezeichneten Menschen, die gleich ihm die Literatur der herrschenden Barbarei zu entreißen strebten, und die sich um ihn wie um ihren geistigen Feldherrn schaarten. Man fing an, den jungen Dichter als den Orakelmund seiner Zeit zu betrachten und sich ihm als dem Perikles der Zeit zu fügen. Die imperatorische Macht, die bahnbrechende Stärke des Jünglings beruhte aber hauptsächlich darauf, daß er sich nicht mit kalter Ueberzeugung dichterische Aufgaben setzte, *) nicht die Leiche eines mühsam

*) An Bodmer 1748. „Ich habe mir niemals vorgenommen, Oden zu schreiben, und gleichwohl ist es so weit gekommen, daß ich welche gemacht habe.“

aufgesuchten Stoffes künstlich beseelte, sondern, jede kleinliche Scheu ablegend, die geheimsten Tiefen seiner Empfindungen singend herauskehrte und mit seinem Herzblute schrieb. Das Gestirn seines Dichtens war von dem seines Lebens nicht zu trennen. Darum war sein Ringen nach Allem, was die Unsterblichkeit in das Erdendasein zaubert, nach Gott, Liebe, Freundschaft, Freiheit und Vaterland, zugleich ein Kampf um seine Poesie. Er hätte nicht dichten können ohne die Heiligkeit und den Adel seiner Gesinnung, ohne die Zärtlichkeit seiner Empfindungen, ohne die Leidenschaft in seinen Adern, ohne die Seligkeit und die Wunden seiner Liebe.*) Seine wahre Vollendung hing aber von der weiblichen Seele ab, die ihm wie der Blumenduft seiner eigenen Seele entgegenathmete; von den Stürmen erhabenen Thatendranges konnte er nur in den Armen der ruhigen Schönheit genesen.

Aus trüben Nebeln sehnsuchtsvoller Ahnung dämmerte ihm das Licht, als er die Geliebte seiner Kindheit, die unwiderstehliche Fanny, im Jünglingsalter wiedersah. Sie erschien ihm schön wie ein festlicher Tag, frei wie die heitere Luft, voller Einfalt wie die Natur, heilig und still wie der Sabbath Gottes; sie erinnerte ihn an jene Laura, deren Seele so heiß nach der Unsterblichkeit gedürstet hatte. Ihr großes, göttliches Herz war ganz zur Liebe gebildet; ihre Schönheit wurde durch heilige Unschuld über den irdischen Staub erhöht. Ihre silberne Stimme, ihr seelenvolles, mildleuchtendes Auge, ihr stillheiteres Lächeln weckte Empfindungen in ihm, die rein wie die Unschuld waren und edel wie Thaten des Weisen. Durch die Liebe zu ihr lernte er den erhabenen Wink jeder Tugend verstehen. Wie ein unschuldiges Kind folgte er mit biegsamem Herzen der Stimme, die ihm sanft gebot, den Besitz der göttlichen Freundin durch keinen Fehl zu entweihen. Er übertrug ihr das oberste Richteramt über den Werth seiner Dichtungen, die Entscheidung über seinen Ruhm, seine Unsterblichkeit. Seine Liebe zu ihr war so bescheiden, so keusch, so überirdisch, daß er nichts als heilige Zärtlichkeit von ihr verlangte. Bald aber rang er qualvoll in finsteren Stunden der Einsamkeit mit dem Kummer der Verschmähung, und nur das Bewußt-

*) Klopstock brachte sich diese Richtung seiner Dichternatur einigermaßen zum theoretischen Bewußtsein, wofür sich die Belege in seinen Abhandlungen von der Darstellung, von der Natur der Poesie und von der heiligen Poesie leicht entdecken lassen.

sein, so edel und heilig zu lieben, nur die Hoffnung auf das Wiedersehen nach dem Tode, das die verwandten Herzen zusammenführt, nur der Gehorsam gegen den unabänderlichen Rathschluß des Allmächtigen schützten ihn vor der Verzweiflung.*) Er sagte sich von einer Neigung los, die ihn doch nicht zum Ziele führen konnte; er warf sich mit männlicher Entschlossenheit und Heiterkeit dem wirklichen Leben in die Arme; er genas am Busen der Natur und der Freundschaft. Er zechte mit Gleim so munter, daß die Freude wie ein junger Proteus bei ihnen weilte. Fröhlich und liebenswürdig, ja ausgelassen scherzte und kosete er mit den Frauen, als er, schon in Jünglingsjahren (1750) ein Abgott der Gesellschaft und des Vaterlandes, die Lustfahrt auf dem Zürcher See machte, die er in einer erhabenen und gedankenreichen Ode verherrlicht hat.

Als er endlich die geistvoll-schwärmerische Meta in Hamburg kennen lernte, wurde ihm die süße Beute fast ohne Eroberung zu Theil. Nun stand er in der Glorie des irdischen Daseins, die Siegespalme schwebte in seiner Hand, er sang Jehova Jubellieder. An ihrer Seite wandelte er kindlich froh in das Paradies zurück, in das die Liebe nur den führt, dem sie die höchste unter den Tugenden ist. Meta, die ihm in ihrer reinen Weiblichkeit als die bessere Gespielin der Blumen Edens erschien, war so ganz für ihn geschaffen, daß es ihm schien, sie sei als seine Zwillingsschwester mit ihm zugleich im Paradiese geboren. Sie war dazu geschaffen, mit der Arria zu sagen: Pätus, es schmerzt nicht. Gemeinschaftlich mit Klopstock erkannte sie es als den Zweck des Lebens, sich für die unaussprechliche Seligkeit des Himmels vorzubereiten. Er wollte durch sie immer besser, immer heiliger werden, und sie fand in ihm ihren Engel auf den Pfaden der irdischen Wallfahrt. Die Glückseligkeit dieses Bundes konnte den Dichter nicht von Gott zerstreuen, sie näherte ihn dem Höchsten vielmehr. Denn die größte irdische Glückseligkeit, die er jetzt empfand, was war sie ihm gegen die künftigen Entzückungen des Himmels? Völlige Unterwerfung unter den Willen Gottes war ihm und Meta das erste Gebot, und der Liebe zu Gott setzten sie ihre gegenseitige weit nach. Einst brach Klopstock als Bräutigam einen Brief an die Geliebte ab, weil ihn eine sanfte,

---

*) Messias IV, v. 674 und die Liebesoden, die wir weiter unten anführen werden.

schauervolle Empfindung zurückhielt, noch etwas mit irgend einer Erschaffenen zu reden. Ihre glückselige Ehe (seit 10. Juni 1754) verlebten sie in der Verborgenheit; nur wenige Freunde wußten es mit ihnen, wie sie sich liebten. Aber die Wonne der Ewigkeit, die sie voraus empfanden, war eine frühzeitige Blüthe, zum baldigen Welken bestimmt*). Das Glück, wie Philemon und Baucis, Hand in Hand hinüber zu wallen, war ihnen nicht beschieden. Den Dichter traf das Loos, die Gattin zum Eingange des dunkeln Thores zu geleiten. Wie ein Engel duldend, lächelte sie im Schmerz der Krankheit. Bei der Nähe des Todes blickte sie den Himmel und ihn an, wie er es niemals gesehen, wie man es ihm niemals beschrieben hatte, mit Blicken voll feierlichen Ernstes, voll innigster Wehmuth, voll mächtiger Ueberzeugung jenes Lebens. Wunderbar von Gott gestärkt, legte der Dichter die Hand auf ihre Stirne und segnete sie. Ihre Seelen unterwarfen sich Gott in unbegränzter Hingebung. Lächelnd schied sie von ihm (28. November 1758)**). Er trug es still und ergeben, mit frommem Hinblick auf das Glanzheer der Gestirne, wo sie, den unschuldigen Sohn im Arme, ihm zuwinkte. Er begrub sie unter dem Denkstein, der sie als von Gott gestreute Saat für den Tag der Garben bezeichnete***).

Im elften Gesange des Messias ergoß der Dichter seine Wehmuth in folgende Zeilen, die bei ihrer großen Einfachheit das Herz im Innersten erschüttern:

„Einst, da weiß zu werden begann das Gebein des Propheten,
Trugen sie einen Todten hinaus, und legten ihn nieder
In sein Grab, ein jugendlich Weib, die Wonne des Mannes,
Welchem sie einen Sohn der Schmerzen sterbend geboren.
Lange hatten sie sich geliebt, und besaßen sich endlich;
Doch sie starb! Er weint' ihr nicht nach. In stummer Betäubung
Ging er voran in dem Todtengefolge. Der Klagenden Eine
Trug, der Gebärerin Tod, den Knaben, der, schön, wie der Rosen
Frühe Knospe, zu blühen begann.“

Im fünfzehnten Gesange, vierzehn Jahre nach Meta's Tode, fiel er sodann in die Saiten, um den Namen der Geliebten, seine

*) Vgl. Messias XVII, v. 202 ff.

**) Vgl. Klopstock's Briefwechsel mit Meta und Einleitung zu ihren hinterlassenen Schriften. Messias XV, v. 419 ff. Vgl. XI, v. 1085 ff.

***) Vgl. Messias XI, v. 845. Vgl. XII, v. 623 ff.

Seligkeit und seinen Schmerz zu verewigen; aber die Hand sank ihm, er vermochte es nicht, die Geschichte der Wehmuth zu beendigen. *) In seinen Oden werden wir erst vierundzwanzig Jahre nach Meta's Tode wieder an sie erinnert; ihr Bild schwebt aber dort nur flüchtig vorüber und hinterläßt in uns eine tiefe, fast bittere Wehmuth [1]). War keine Saite mehr auf der Laier des Dichters zu einem ganzen, volltönenden Liede auf den Engel gestimmt, der ihn mit namenloser Treue bis zum Tode umschwebt hatte? Sie war so himmlisch rein und gut, daß sie es wohl verdient hatte, das Gedicht seines ganzen Lebens zu bleiben. Wie konnte er nur eines großen Momentes der Begeisterung, nur einer stillen Dichterseligkeit genießen, ohne sich ihrer und immer wieder ihrer zu erinnern? Immer trauriger wird uns zu Muthe, wenn wir die folgenden Oden durchblättern! Wie selten ist hier der Name der frommen Dulderin zu lesen, und wie karg, wie frostig sind die Worte, die ihr gewidmet werden! [2]) In einem Augenblicke, wo die geliebten Menschen aus der Nacht der Vergangenheit vor ihm auferstehen und sich zusammenreihen, spricht er das eisige Wort: „Kiesen soll ich daraus, singen mit trunk'nem Ton eine der Sonnen, die einst mir erschien. Kann ich es? Wer sich im Strom frischet, bemerkt die Kühlung einzelner Wellen nicht." [3]) Noch einmal taucht ihr Bild in einem altersschwachen Liede [4]) auf, um dann völlig zu verschwinden. Die Abneigung des Dichters gegen eine zweite Verbindung, deren Göthe in Wahrheit und Dichtung gedenkt, wurde schon im vierten Jahre nach dem Heimgange des einzigen Weibes überwunden, er gestand einem Mädchen, daß er es wie Meta liebe, fand aber keine Erhörung. Auch in der Nähe des sechszigsten Lebensjahres war sein Herz gegen die Pfeile des Liebesgottes noch nicht gepanzert; sie trafen ihn damals aus den Augen eines zwölfjährigen Kindes [5]). Als Greis vermählte er sich mit seiner vieljährigen Freundin Windeme, einer Nichte Meta's **).

---

*) Messias XV, v. 468.

[1]) „Die Verwandelten" 1786.

[2]) „Der Schooßhund" 1794. „Erinnerungen" 1794. „Das Grab. An Meta" 1795.

[3]) „Das verlängerte Leben" 1796. — [4]) „Das Wiedersehen" 1797.

[5]) „Aus der Vorzeit" 1796.

**) Vielleicht ist sie in Klopstock's Debora wiederzuerkennen, von der es Messias

Es war für unsern Dichter vielleicht nicht die günstigste Fügung, daß er schon im beginnenden Mannesalter in eine ziemlich sorgenfreie Lage versetzt und der Nothwendigkeit überhoben wurde, sich in einer amtlichen Stellung durchzukämpfen. Er wurde hierdurch dem epischen Rhythmus des Daseins entzogen und in der idyllischen Verborgenheit seines Empfindungslebens zurückgehalten. Er gewöhnte sich nicht an Widersprüche und Gegensätze und lernte die Menschen fast nur von ihrer abstract-geistigen Seite kennen. Er schloß sich gemüthlich in Lebenskreise ab, die ihm vollkommen zusagten und sich bereitwillig in jede seiner Stimmungen und Launen hineinfanden. Hierbei legte er auf sich und seine persönlichen Zustände nothwendig ein übertriebenes Gewicht und erstarrte in einer Art zu denken und zu leben, wobei er allmälig hinter dem Fortgange der Zeit zurückbleiben mußte.

Er hatte sich in Leipzig auf das Predigtamt vorbereitet, fühlte aber nicht die rednerischen Fähigkeiten in sich, um demselben mit dem rechten Erfolge vorzustehen, und übernahm einstweilen eine Hauslehrerstelle in Langensalza, in der Hoffnung, von da auf eine Professur versetzt zu werden. Seine unglückliche Liebe veranlaßte ihn, den Aufenthalt in Langensalza abzukürzen und sich auf einige Zeit nach Zürich zu begeben. Nirgends bot man dem gefeierten Manne die Hand, um ihm eine gesicherte Lebensstellung auszuwirken. Er befand sich deßhalb in einer gedrückten und peinlichen Lage, als ihm der dänische König Friedrich V. (1750) auf Betrieb des trefflichen Ministers Bernstorff eine Pension zusicherte, die ihn zu nichts weiter, als zur Fortsetzung des Messias verpflichtete. Dieser Gehalt, der ihn wenigstens vor Nahrungssorgen schützte, wurde später durch den Edelsinn des Markgrafen Friedrich von Baden erhöht, und außerdem konnten dem Dichter seine schriftstellerischen Arbeiten das Fehlende ersetzen. So war es ihm denn allerdings vergönnt, seinen Messias in sorgloser Muße zu beendigen; doch dauerte es nach dem Erscheinen der drei ersten Gesänge (1748) noch beinah ein Menschenalter, bis er „die furchtbare Bahn durchlaufen“ hatte und Freudenthränen über die gelungene Arbeit weinen konnte*).

XV, v. 405 ff. heißt: „Und sanftlispelnder Laut, und unsterbliche Stimmen entflossen ihrer fliegenden Hand, und ihrem lächelnden Antlitz.“

*) Ode „an den Erlöser“ am Schlusse der Messiade.

Klopstock war und blieb die Sonne, um die sich die deutschen Dichter seiner Zeit verehrend schaarten; aber tiefer und inniger, als Alle, liebten ihn die Jünglinge des Hainbundes.

In Hamburg, in Holstein und Kopenhagen sammelte er reiche Schätze der Liebe ein, und noch steht er dort in gesegnetem Andenken. Männer aus den höchsten Kreisen der Gesellschaft fühlten sich geehrt, im nächsten Verkehre mit ihm zu leben.

Er empfing (1792) die Ernennung zum französischen Bürger; nachdem er aber die Revolution mit dem Jubel eines Jünglingsherzens begrüßt hatte, so wendete er sich mit Entsetzen von ihrer Entartung ab. Er wurde in Hamburg (14. März 1803) mit königlichen Ehren begraben und ruht in Ottensen neben der Geliebten seiner Jugend.

Der Persönlichkeit und dem Leben unseres Dichters war das Siegel einer schroffen Erhabenheit, wie seinen Dichtungen aufgeprägt. Er begegnet uns als eine keusche, hehre, feierliche Gestalt, die sich von den Berührungen mit der gemeinen, treulosen Welt möglichst rein zu erhalten sucht und sich alsbald in ein Schattenreich von Ideen zurückzieht. Ueberall umgiebt er sich mit idyllischen Kreisen des Daseins, mit ausgewählten Freunden, mit feinsinnigen Frauen oder schlittschuhlaufenden Jünglingen. Die Betrachtung der Natur, die ihm nur ihre großen Linien zeigte, die Schönheit der bildenden Kunst, die „Melodieen, der süßesten Wonne Gespielinnen" *), der Ernst des wissenschaftlichen Studiums, vor Allem die Religion, die Liebe und Dichtkunst füllten sein Leben aus. Er hatte den höchsten Begriff von der Ehre des deutschen Schriftstellers und legte frühzeitig einen großen Werth auf sich und sein Thun. Daher entsprang die strenge Aufmerksamkeit, womit er handelte und sich darstellte. Seine Rede war im Verkehre mit Fremden meistens abgemessen und lakonisch; tiefere Empfindungen, die er seinen Dichtungen ohne Rückhalt anvertraute, äußerte er auch bei den nächsten Freunden nur selten. Wohin er kam, da flößte er seinen Umgebungen eine tiefe Ehrfurcht ein. In der geselligen Unterhaltung zeigte er sich heiter, witzig und einfach, stritt bescheiden und hörte den Widerspruch gelassen an. Er war zu gerade und selbstbewußt, um die Bekanntschaft mit Vornehmen aufzusuchen, und als Beschimpfung fürchtete

*) Messias XVI, v. 320.

er die kalte, beschützende Herablassung der Großen. Von Friedrich V. geschützt und geliebt, behauptete er diesem wackern Fürsten gegenüber auf's strengste die Würde eines freien Mannes. Seine Geistesaristokratie erklärt sich aus den großen Gegenständen, die ihn von frühester Jugend an beschäftigten; seine Erhabenheit war mehr die der Seelengröße als des Stolzes *). Doch fehlte es bei ihm nicht an starken Aeußerungen des Selbstvertrauens. Er war in sittlicher Beziehung zu rein, um den Ehrgeiz der Tugend zu haben; ja es erschien ihm als die höchste Freude der Menschen und Engel, bei edlen Thaten nur von dem Seher des Himmels beobachtet zu werden **). Aber in der Stille seines Innern brach das Bewußtsein, edler, zarter und größer, als Andere zu empfinden, oft mächtig hervor ***). Daher schloß er sich meistens mit einer Schaar der „Edeln" vom Leben ab, daher liebte er seine Freunde, „wie sich die wenigen Edeln liebten", daher sang er den Messias vorzüglich für die „wenigen Edeln". Als Dichter finden wir ihn, wie Dante, von stolzem Selbstgefühle und glühender Ehrbegierde durchdrungen. Oft staunte er das von Bodmer aufgestellte Bild des epischen Dichters weinend an, wie Cäsar das Bild Alexanders, und die Begierde des Lobes wurde dann auf's Höchste in ihm gespannt. Aber in männlichen Jahren wurde sein Ehrgeiz gehaltener; er folgte nun dem besseren Pfade, geführt durch den Spruch: „Ist etwa ein Lob, ist etwa eine Tugend, dem trachtet nach" †). Ja, so reizvoll ihm auch in den Zeiten feurigster Jugend der lockende Silberton des Ruhmes an das schlagende Herz geklungen hatte, und so groß ihm der Gedanke der Unsterblichkeit, so würdig des Schweißes der Edeln gewesen war, so setzte er doch die Unsterblichkeit auch damals weniger in die äußerliche Fortdauer und Verherrlichung seines Namens, als in die innerliche Nachwirkung seines Geistes unter den spätesten Geschlechtern. Er wünschte sich, durch seine Lieder das Herz der Enkel mit Liebe und Tugend zu durchdringen. Auch erschien es ihm schöner und reizender, als dieses künftige Glück, in dem Arme des Freundes ein Leben zu genießen, das der Ewigkeit nicht unwürdig sei ††).

*) Messias XIV, v. 642 ff.

**) Messias XIX, v. 78 ff.

***) Messias IV, v. 674 ff.

†) Ode „an den Erlöser" am Schlusse der Messiade.

††) Ode „der Zürchersee".

Klopstocks Gemüth war ebenso weich und verletzlich, als es zur kühnsten Energie sich aufschwingen konnte. Wie Gedor, den er in der Messiade *) schildert, war er ein Mann „von sanftem Herzen, und gleich empfindlich der Freude und der Traurigkeit". Aber eine unverwüstliche Heldenkraft gab ihm die männliche Fassung wieder, wenn er in weichlichen Gefühlen zerfließen, wenn der Schmerz und die Wehmuth ihn ganz entwaffnen wollten. Mitten im Drange der irdischen Leiden behauptete er sich immer wieder als die „Eiche, die dem Orkan steht". Er scheute sich nicht, von den Thränen zu singen, mit denen er die langen Nächte durchweinte, als ihm Fanny, mit deren Liebe sich alle Heiligthümer seines Innern vermählt hatten, nur mit dem Wohlwollen einer Freundin begegnete. Aber die gediegene Festigkeit seines Christenthumes ließ ihn weder in trostloser Empfindsamkeit untergehen, noch den Weg eines verzweifelten Leichtsinnes einschlagen. Er gehörte nicht zu den unglücklichen Seelen, die das empfangene Gute schnell vergessen und mit grübelndem Ernst sich in ihr Elend vertiefen, es vergrößern oder gar selbst erschaffen **). Wie Gedor, war er fest entschlossen, dem himmlischen Geber, möge er ihm nun Ruhe oder Schmerz verhängen, sich demuthsvoll zu unterwerfen. Er baute mit fester Zuversicht auf die Erlösung und Ausgleichung im künftigen Leben, auf die entzückende Herrlichkeit des Wiedersehens, und oft erfüllte ihn dieser Glaube mit sanfter Wehmuth und mit den heiligen Schauern großer Erwartungen ***). Der Name Tod ertönte ihm „wie ein Jubel", „den ein Gerechter singt" †). Nur von diesem religiösen Gesichtspunkte aus betrachtete er die Kreise des menschlichen Lebens, den Gang der Weltgeschichte, die Entwickelung der politischen Zeitereignisse. Die Weihe der Gottesfurcht heiligte alle Empfindungen, die ihm von den Genien des irdischen Daseins eingehaucht wurden, und hütete die Flammen der Liebe, die in seinem Herzen unauslöschlich brannten, die ihm eine unverwelkliche Jugend einhauchten. Diese zarte, heilige Liebe, die ihm in der „Frühlingsfeier" die besorgte Frage in den Mund legte, ob das Würmchen, das mit dem Golde der Flügel vor ihm spielt,

*) Messias XV, v. 419 ff.
**) Messias XV, v. 863 ff.
***) Messias XV, v. 1 ff.
†) An Young 1752.

nicht auch eine Seele habe, nicht auch unsterblich sei *), die ihm den Eroberer als einen Feind des menschlichen Geschlechts darstellt, die ihn blutige Thränen um Rochefoucault's und Corday's erfolglosen Tod für die Freiheit und Menschlichkeit weinen läßt, — diese reinste Liebe quoll aus seinem herzlichen Christenthume, das ihm über alle Gebiete des Lebens das Licht eines himmlischen Erbarmens ausströmte. Nur wo er, dem großen Dante ähnlich, das poetische Weltgericht verkündigt, kann seine Strenge sich bis zur Unerbittlichkeit steigern, obgleich er die Thränen des Mitleids auch für den reuigen Teufel Abbadona erweckt. Der Grund- und Hauptton seiner Glaubensrichtung und seine eigenste Lebensaufgabe war aber die Verherrlichung Gottes und Christi; daher die gottesdienstliche und priesterliche Feierlichkeit, die sein ganzes Leben und Dichten bezeichnet.

Obgleich er durch den kühnen Entschluß, die Poesie aus der Quelle des innersten Gemüthes zu schöpfen, den neueren Dichtern das Ei des Columbus aufgestellt hat, so ging doch, bei seiner vorwaltenden Neigung, das bewegte Leben von sich entfernt zu halten, die Richtung seines Genius wesentlich von der Gelehrsamkeit aus. Besonders aber entfremdete ihn die einseitige Bildung durch die Alten, die er auf der Schulpforte empfing, den Entwickelungen der Gegenwart, und zudem fehlte es ihm zwischen beiden Endpunkten an der geschichtlichen Verbindungsbrücke. Daher trägt seine Anschauungsweise den Charakter der Zeitlosigkeit an sich, und selbst seinen Erinnerungen an die französische Revolution, die noch von dem frischesten Hauche der Unmittelbarkeit durchweht sind, gebricht es an der Bestimmtheit des individuellen Profiles. Während ihn das gegenwärtige Leben Deutschlands fast gar nicht berührte, entwarf er sich ein nebelhaftes Bilde von unserer Vergangenheit, in dem sich seine edle, aber farb- und stofflose Schwärmerei ohne Schranken ergehen konnte. Bei einer solchen Richtung konnte er denn auch nur selten ein Sänger für das Volk werden, von dem er sich durch seine gelehrten Ausdrücke und Wendungen wie durch eine undurchdringliche Mauer abschied. Auch war es eine nothwendige Folge seiner idealen Vereinsamung, daß er hinter dem Zeitalter, das im

*) In gleicher Zärtlichkeit der Mitempfindung mit der Thierwelt versetzt der Dichter Messias XVI, v. 333 ff. die Seele eines treuen Hundes in die Gefilde der ewigen Ruhe.

Anfang voll staunender Ehrfurcht zu ihm hinaufblickte, späterhin zurückblieb, daß er den jüngeren Bestrebungen der Literatur keinen Einfluß auf seine Entwickelung vergönnte, daß er in sich selbst dem geschichtlichen Fortgange verschlossen blieb, daß er wie ein Standbild der göttlichen Komödie, unveränderlich, angezaubert, wie zur Erinnerung des irdischen Daseins aufgehoben und verklärt, sich selbst überdauerte. Wie den Mond, sehen wir ihn, farblos, keusch, fremdartigheimlich, unter dem Wehen heiliger Schauerlüfte, über dem Gräbermoose des wirklichen Lebens am Himmel unserer späteren Literatur dahinwallen. Von den Betrachtungen der Unendlichkeit und des künftigen Lebens entkörpert, zeigt er sich wie ein hoher, abgeschiedener Geist, wie des Königs Geist in Waffen, der im Hamlet seinen Mahnungsruf ertönen läßt.

Bei der Fülle von sprachlichen und geschichtlichen Kenntnissen, die er sich aneignete, fehlte ihm doch die gedankenstrenge und folgerichtige Wissenschaftlichkeit, sowie er keinen Anstand nahm, die Kansche Philosophie als Barbarei zu bezeichnen *). Ein trockener Verstand, und ein unendlich bewegtes Empfindungsleben waren die beiden Hälften seiner Natur, die niemals durch die Einheit seines Genius zur vollendeten Lebensgestalt verschmolzen wurden. Seine Beobachtungen blieben der wissenschaftlichen Idee ebenso äußerlich und geistlos gegenüber stehen, als er mit seinen Empfindungen um die Dinge und über ihnen schwebte, ohne im Blute und Marke derselben zu wohnen **).

Dieser Mangel an allseitiger, tiefer und lebendiger Auffassung des Gedankens macht sich bei ihm um so fühlbarer, als er durch die Erhabenheit seiner Stimmungen beständig in die Regionen der Metaphysik hinangedrängt wurde. In einem Zeitalter, das die philosophische Idee bereits zum Gemeingute der wissenschaftlich Gebildeten herausgearbeitet hat, wird die Phantasie des Dichters durch diesen Aether, der sie umfließt, dazu erweckt, das in ihr eingehüllte höhere Denken zu entwickeln. Aber die wissenschaftliche Barbarei jener Zeit hatte eine solche Vorbereitung noch durchaus nicht getroffen und

---

*) Brief an Wieland 1797.

**) Doch fehlt es seinen ästhetischen Abhandlungen nicht ganz an treffenden Gedanken, wie er z. B. in der Schrift „von der Darstellung" (1779) sagt: „Ueberhaupt wandelt das Wortlose in einem guten Gedichte umher, wie in Homer's Schlachten die nur von Wenigen gesehenen Götter."

überließ es also dem Einzelnen, die Anstrengung des philosophischen Forschens in ihrem ganzen Umfange selbst auf sich zu nehmen. Näher hätte es dem erhabenen Dichter gelegen, die lebendige Gegenwart der Idee, die ihm in der Liebe ganz unmittelbar geboten wurde, in seine Gedankenwelt aufzunehmen und auf diesem Grunde eine genialere Weltansicht zu gewinnen. Aber hieran verhinderte ihn die geistige Starrheit des Jahrhundertes, die sich erst allmählig daran gewöhnte, das wirkliche Dasein in der Beziehung zur ewigen Idee zu denken und die Göttlichkeit der Lebensgenien anzuerkennen.

Die schroffe Erhabenheit, die wir schon eben als den Grundzug der Klopstockschen Dichtung bezeichneten, entspringt theils aus der Einseitigkeit, womit seine Anschauungen in einer vergangenen, mit der Gegenwart nicht vermittelten Welt lebten, theils und vorzüglich aus der Zuflucht, die er in Vorstellungen des jenseitigen Lebens vor der irdischen Wirklichkeit suchte. Es ist aber die wesentliche Aufgabe des Dichters, sich in die Gegenwart hineinzuleben und auch, wo er sich einen Stoff aus der Vergangenheit wählt, die gegenwärtigen Zustände darin abzuspiegeln. Ebenso liegt es im Wesen der Poesie, das Göttliche zunächst, wenn auch im gläubigen Hinblicke auf eine jenseitige Verklärung, in dieses Leben hineinzulegen, es darin aufzusuchen, die Gegenwart der Idee in der Natur und in den sittlichen Lebenskreisen als die Gegenwart Gottes anzuschauen, die Treue gegen Gott in der Treue gegen die Lebensgenien zu bewähren. Das unnatürliche Uebersliegen der irdischen Verhältnisse, die abstracte, farblose Geistigkeit kann leicht zur völligen Zerstörung der Poesie führen. Bei Klopstock finden wir nun, daß ihm durch die beständige, angespannte Betrachtung des Jenseits, namentlich in der Messiade, das gegenwärtige Dasein oft geradezu verzehrt wurde, daß er alsdann den Boden der Phantasie verließ und die reine Innerlichkeit als solche darstellte. Im Allgemeinen verweilte er bei den irdischen Dingen fast nur insofern, als sie dazu dienen sollten, die Herrlichkeit Gottes zu offenbaren. Deßhalb erscheinen sie bei ihm, wo sie erscheinen, auch nur in ihren allgemeinsten, hervorleuchtendsten Umrissen. Sie verschwinden entweder vor dem strafenden Angesichte des Herrn in ihr Nichts, oder spielen als ein verbleichendes Licht am Saume seines strahlenden Gewandes hin. Auch bei den Sängern des alten Testaments waltet der Grundgedanke vor, daß alle Dinge im Verhältnisse zu Gott für Nichts zu achten seien, und daß ihr Bestehen vom Hauche seines Mundes abhänge. Aber dieß hindert sie nicht, sich mit liebevoller Gegenständlichkeit in das weite, sinnliche Bereich der Schöpfung zu vertiefen und ein warmes, anschauliches Gemälde derselben auszuführen. Die hebräische Lyrik prangt in 'der reichsten Farbenfülle, wie ein Blumenfeld im schimmernden Thauglanze des Morgens. Sie verweilt mit besonderer Vorliebe bei den Schöpfungen der Natur, in denen sich die Herrlichkeit Gottes offenbart, und ist unermüdlich im Ausmalen der einzelnen Gegenstände, die sie nicht reichlich genug zusammenstellen kann, um der Bewunderung des Urhebers die befriedigende Nahrung zu geben. Bei Klopstock dagegen ist das vom Lichte der geistigen Herrlichkeit Gottes geblendete Auge für die sinnlichen Einzelheiten der Schöpfung fast unempfänglich geworden. Er ist mit seinem aus dem Glanze der Sonnen und Gestirne gewebten, von Harmonien künftiger Seligkeit durchtönten Idealreiche fast immer über den Dingen hinaus. Seine Bilder sind selten, knapp und kurz, wie die irdische Welt, die der Adler im Vorüberfluge aus den Wolken erblickt. Zwar in einzelnen Gedichten, wo er bei dem Sinnlichen verweilt, gelingt ihm die Ausmalung desselben vortrefflich, besonders in den Oden, die den Rheinwein und den Johannisberger verherrlichen. Auch das Rauschen der Blätter im Walde, die frische Kälte des Winters und das im Sonnenlichte blinkende Eis begeisterten ihn nicht selten zur dichterischen Darstellung. Aber solche Bilder stehen bei ihm vereinzelt und bleiben zugleich in den allgemeinsten Umrissen gehalten. Die Erhabenheit selbst, der unser Dichter die sinnliche Welt zum Opfer brachte, mußte durch den Mangel dieser Grundlage nothwendig leiden. Denn sie ergiebt sich als lebendige Erscheinung doch immer nur da, wo ihr die einfache, unmittelbare Schönheit vorausgeht und, indem dieselbe als ungenügende Darstellung der Idee erkannt wird, ihre organische Gestalt vor unsern Blicken auflöst, um aus ihren Trümmern die Idee in ursprünglichster, schrankenloser Göttlichkeit aufgehen zu lassen. Auch ist die krampfhafte Anspannung, mit welcher Klopstock sich selbst und uns auf den Höhen des Göttlichen zu erhalten sucht, als der wahre Gegensatz der ächten Erhabenheit zu betrachten, die gerade darin besteht, daß die göttliche Idee mit olympischer Leichtigkeit und Heiterkeit hervortritt, daß aber jene beständige Anstrengung des Denkens, zu der wir durch Klopstock genöthigt werden, die lieblichere Schwester des Erhabenen, die Anmuth verdrängen muß, bedarf keiner Auseinanderseßung, und doch verlangen wir auch von der erhabensten Poesie, daß uns die Idee bezaubernd aus ihr anlächle und uns ihr Verständniß abschmeichle, daß sie mit trunkenem Entzücken uns in ihre Arme reiße.

Da im Allgemeinen die einzige Gegenständlichkeit, an welcher sich der Geist unseres Dichters zu seiner Verkörperung festhält, in den Formen der poetischen Empfindung liegt, da er sich hiermit von dem Boden der Poesie auf den der Musik verirrt, so ist es für ihn meistens unmöglich, die künstlerische Gestaltung seiner Ideen zu erreichen. Die Musik ist zwar nicht an einen besonderen Gegenstand gebunden, spricht aber einen bestimmten Zustand des Gemüthes aus, und nöthigt den Zuhörer, seine Gegenstände, die er beim Anhören sich selbst schafft, auf einen bestimmten Kreis einzuschränken, ohne daß jedoch die Grenzen dieses Kreises von dem begreifenden Denken bezeichnet werden können *). Der Poesie dagegen ist diese geheimnißvolle Kraft des Tones versagt; er ist in ihr zum bloßen, an sich todten Zeichen und Träger des Geistes heruntergesetzt. Daher kann sich die musikalische Dichtung nur in's Unbestimmte und Nebelhafte verlieren.

Ohne Zweifel besteht der höchste Werth der Klopstockischen Poesie in dem, was nicht das Werk seiner schöpferischen Kunst ist, was aber wie ein leiser, feiner Duft über seinem Rhythmen schwebt, nämlich in der Vergegenwärtigung seines persönlichen Genius, in der Dichtung einer menschlichen Gestalt, in seiner „reizenden Naivität“. Am stärksten wirkt dieser Reiz auf uns, wo wir ihn seiner tragischen, seiner „hohen, geistreichen Wehmuth“ hingegeben finden. In der That war auch diese Wehmuth vorzugsweise die Gedankenamme des Dichters; das Hinsterben der Dinge weckte ihn mächtiger, als ihr Leben, und die eigentliche Poesie der Messiade ist Poesie des Todes. Klopstock fand die Thräne der Wehmuth mit männlicher Tugend vereinbar; **) es kann seine Heldengestalt nicht herabziehen, wenn wir sie in zärtlicher und frommer Rührung hinschmelzen sehen. Als das Extrem dieser Weichheit, die so tief in Klopstock's Natur lag, und nur durch seine männliche Selbstbeherrschung in den Schranken

*) Man sieht leicht, daß diese Erklärung, zu der uns Schiller angeregt hat, die wichtigsten Momente der Kantischen Schönheitsidee auf die Musik einschränkt.

**) Ode „an Giseke.“

gehalten wurde, kann die Persönlichkeit des Lebbäus in der Messiade *) angesehen werden. So zärtlich und fühlend, heißt es dort, als die Seele des stillen Lebbäus, sind wenige Seelen erschaffen. Da sein Schutzgeist ihn aus jenen Gefilden rief, wo die Seelen der Menschen, sich selber nicht kennend, vor der Geburt des Leibes schweben, fand er ihn im Trüben an einer rinnenden Quelle, die, gleich fernherweinenden Stimmen, klagend in's Thal floß. Er weinte schon als Knabe mehr, als Sterbliche weinen, wenn sie mit dunkler Empfindung den Tod von ferne schon fühlen. So brachte er, bei jeder Thräne, die Freunde vergossen, innig gerührt, bei jedem Schmerze der Menschen empfindlich, seine Jugend voll Traurigkeit hin. So ist er bei Jesus immer gewesen.

Die musikalische Richtung flößte unserm Dichter ein besonderes Interesse für die Sprache als solche ein. Er übte seine Kraft an neuen, oft geistreichen, oft verschobenen Wortbildungen und Wendungen. Auch hier wird die freie Entwickelung seines Genius durch den Mangel an poetischer Sinnlichkeit gehemmt. Selten gelingt es ihm, durch überraschende Blitze die geheimnißvollen Tiefen unserer Sprache aufzuschließen, und da er nur mit dem einseitigen Gefühle und Verstande erfindet und bildet, so weckt er auch nicht leicht die Zeugungskraft der Sprache in Anderen. Es ist mehr die Erhabenheit des Grundtones, wodurch er unsere Sprache gehoben hat, als die Gestaltung des Individuellen und Einzelnen, die namentlich durch seine gesuchte Kürze und gelehrte Dunkelheit oft ganz unerträglich wird. Seine Abneigung gegen den Reim, den er im Zustande tiefster Erniedrigung antraf, entsprang aus dem feierlichen Ernste seines Wesens, aus seinem Mangel an Vielseitigkeit und Beweglichkeit. Denn das Reimgedicht gelingt nur der unendlichen Beweglichkeit des Dichtergeistes, der eine Ueberfülle von Anschauungen und Beziehungen in Bild und Ton zu legen vermag.

Da wir Klopstock in allen seinen Dichtungen, selbst in seinem Epos, wesentlich als Lyriker zu betrachten haben, und da er in dieser poetischen Hauptrichtung die Bahn der neueren Kunst gebrochen hat, so ist es angemessen, den Begriff des lyrischen Gedichtes hier in kurzen Zügen anzudeuten.

Die Lyrik spiegelt das Weltall in dem einzelnen Bewußtsein,

*) Messias III, v. 299 ff.

in der dunkeln Kammer des Gemüthes ab. Die wirklichen Dinge erscheinen hier nicht in selbstständiger Gegenwärtigkeit, sondern wie Sternbilder, die an den Himmel des Gemüthes versetzt sind. Im Feuer der Liebe umgeschmolzen, als der feinste Auszug ihres Wesens und ihrer Gestalt, blinken sie uns im hellsten Goldglanze entgegen. Der Lyriker ruht am klopfenden Busen der Dinge, um daran zu genesen; er nimmt ihnen das Herz, um es mit dem seinigen zu verschmelzen; er will sich in den Dingen und die Dinge in sich abbilden. Seine Kunst ist die unmittelbarste, hörbarste Sprache der Liebe, die nicht in sich selbst, sondern in dem Anderen lebt. Daher ist die wahre Lyrik, was dem gemeinen Bewußtsein widerstreitet, durchaus objectiv, und selbst im ächten Liede haucht das Gemüth nur seine Gegenstände aus. Auf dem Gipfel des dichterischen Entzückens wird die lyrische Sprache ganz ruhig, darstellend und plastisch. Der Geist steht hier vollkommen auf dem Boden der Phantasie und vollendet in ihr die ideale Reinigung seiner Empfindungen. Unbewußt enthüllt der lyrische Dichter seinen innersten Genius, der aus der opfernden Hingabe an seinen Gegenstand frei zu sich selbst zurückkehrt und in reinster Seligkeit bei sich selbst ist.

Die beiden Endpunkte der Lyrik, das Lied und die Ode, und ihre verbindende Mitte, die Elegie, weckten in Klopstock's Zeit einen großen Wetteifer unter den emporstrebenden Talenten und müssen deßhalb in ihren unterschiedlichen Beziehungen hier wenigstens angedeutet werden. In dem Liede, das dem Boden der Musik entwachsen ist, gibt sich das Gemüth, wenig bekümmert um die kunstvolle Darstellung, den Fluthen des Gesangstromes hin und läßt die Eindrücke, die es empfangen hat, in Tönen verschweben, wie die Memnonssäule, die von der Morgenröthe erbebt, wie der Vogel, der von den Sonnenstrahlen geweckt wird. Die Ode dagegen geht anbetend in ihrem Gegenstande unter und folgt dem heiligen, priesterlichen Triebe, ihn mit Dädalushänden zur Götterstatue zu formen. Nur diesem einen himmlischen Bilde huldigend, verschließt sich hier der Dichter anfangs der übrigen Welt, bis der Glanz des gelungenen Bildes auch die kleineren Dinge durchleuchten darf. Auch hier ist das Letzte und Eigenste, was der Dichter in seinen Gegenstand hineinbildet, seine zum Genius gereinigte Persönlichkeit; er stellte uns unbewußt sein eigenes Götterbild auf. Indem er das Seelenauge seines Gegenstandes mit den Farben der Verklärung malt, leuchtet uns der

Raphaelische Himmel aus seinem eigenen Auge entgegen. Der Elegie, deren Gebiet zwischen der göttlichen Sculptur der Ode und dem innigen Gesange des Liedes in der Mitte liegt, eignet die sinnvolle, verknüpfende Betrachtung und die Ausmalung seelenvoller Lebensbilder, nicht ohne Verwandtschaft mit dem Epos. Aus dem Boden des Liedes erhebt sich in die Nähe der Ode eine Mittelgattung, um der Statue des Gottes den Tempel zu bauen, der Hymnus. Wie sich diese Gattung in der jüdischen und christlichen Poesie darstellt, so nähert sie sich theils der Architektur, theils der Musik. In der ersteren Richtung, die uns namentlich bei den Psalmendichtern begegnet, erschafft sie ein prachtvolles Gotteshaus, indem sie die hervorragendsten Naturreiche wie im Auszuge darstellt. Der Psalm ist meistens eine Schöpfung im Kleinen, nach architektonischen Verhältnissen geordnet. In der musikalischen Richtung dagegen läßt der Hymnus die vom göttlichen Inhalte überschwellende, von der Unendlichkeit, wie von einem Taumelbecher berauschte Seele aufjauchzen. Wie in den Opferrauch Abels zergangen, wallt hier die Seele zum Himmel empor. Ihrer selbst nicht mächtig, wird sie über das Maaß und die Grenzen der Phantasie hinausgerissen, sieht die Wirklichkeit nur noch in wenigen großen Zügen und hält sich in den schwindelnden Wolkenhöhen des Jenseits an Tönen fest.

Bei der seltsamen Scheu, welche Klopstock's idealer Aristokratismus vor der festen Berührung irdischer Dinge empfand, und bei der jungfräulichen Verschämtheit, womit er der Natur gewissermaßen nur gezwungen ihren Zoll entrichtete, fehlte es ihm an der wahren Objectivität der Ode, während ihn der feierliche Kothurnschritt seiner Erhabenheit hinderte, auf den leichten Flügeln des Liedes dahin zu schweben. Dagegen wies ihm die seelenvolle Wehmuth seiner Betrachtungen das Gebiet der Elegie an, und mehr noch gefiel er sich darin, die Seele in form- und fessellosen Hymnen zu ergießen. Es erscheint an ihm als ein entschiedener Mangel, daß die Offenbarungen seines Gemüthes sich über alle geschichtlichen Entwickelungen hinaussetzen, daß er die Gestalten, die sein Leben bewegten und bildeten, kaum in Nebelbildern auftreten läßt, daß auch die geliebtesten Wesen bei ihm in geistiger Allgemeinheit verschweben. Während der vollendete Lyriker die Erscheinungen seines irdischen Lebens nicht austilgt, sondern durch das Ideal befestigt und verewigt, zog Klopstock aus Allem, was in sein Leben fiel, nur die rein durchsichtige Idee oder den Logos heraus. Er verwandelte alle seine Erlebnisse in die Metaphysik seiner Empfindungen. Den Gipfel dieser Versteigung erkennen wir in den eigentlich theologischen Oden, wo sich der Dichter in Regionen erhebt, die ihm keinen sinnlichen Anhaltspunkt mehr gewähren und ihm bei dem Aussterben aller Farben nur noch das Bild darbieten, um die Ideen in abstracter Geistigkeit zu offenbaren. Nur selten tauchen hier einzelne wirklich lebendige Bilder auf, denen man oft eine erhabene Energie und geniale Ursprünglichkeit nicht abstreiten kann. Im Allgemeinen bleibt er aber auf sein Herz, auf die bebenden Tiefen seiner Empfindungen eingeschränkt. Er ist hier weniger der schaffende Dichter, als die Harfe, welcher der Geist Gottes die ahnungsvollen Töne eines geheiligten Seelenlebens entlockt. Er waltet nicht sowohl mit stoffbeherrschender Kraft, als daß er selbst zum Stoffe wird, den Gott für die Unsterblichkeit bildet. Rührend ist sein frommes Stammeln, sein inniges Aufjauchzen, sein Suchen nach Worten, um die Anbetung dessen auszudrücken, zu dem er schon als Kind die Hände voll frommer Zuversicht emporhob. Und gemahnt es uns auch oft, als wenn er sein Instrument blos stimmte, und gerade da aufhörte, wo wir die Musik erwarten, so hören wir dabei doch Striche und Accorde, die das Tongebäude manches Meisters aufwiegen. Selbst in seiner Rhetorik ist noch poetisches Löwenmark, und seine leersten Rhythmen wehen uns noch Schauer des Genius zu, die nur ein Ausgewählter zaubern kann. Seine Handschrift hat, wo er zitternd schreibt, immer noch einen Zug von Unsterblichkeit, den ihm Niemand nachahmen wird.

Die Oden und Elegien, in welchen er noch am meisten der Objectivität sich annähert, sind der Freundschaft, der Liebe, der höheren Geselligkeit, der Freiheit und dem Vaterlande gewidmet und verdienen hier eine nähere Betrachtung. Unter den Freundschaftsoden begrüßen uns die schönsten beim ersten Auftreten des Dichters, z. B. die kraftvoll-erhabenen und doch so zart-empfundenen Verse an Ebert (1748), aus denen uns namentlich die trefflichsten Gleichnisse entgegenleuchten. Auch im „Rheinwein" (1753) waltet der Genius der Freundschaft, der sich vorzüglich in folgenden Zeilen ausspricht:

„Von allem Kummer, welcher des Sterblichen
Kurzsichtig Leben nervenlos niederwirft,
Wärst Du, des Freundes Tod, der trübste,
Wär' sie nicht auch, die Geliebte sterblich.“ *)

Aber auch den Greis verließen die heiligen Schauer der Empfindung nicht, die das Herz des feurigen Jünglings zur zärtlich-erhabenen Freundschaft gerührt hatten, und er sang noch im 71. Lebensjahre (1795) das wundervolle Klagelied:

„Die Erinnerung. An Ebert nach seinem Tode:“

„Grau'n der Mitternacht schließt mich nicht ein,
Ihr Verstummen nicht; auch ist in dem Namen der heiligen
Freiheit jüngst kein Mord gescheh'n; dennoch ist mir
Ernst die ganze Seele.

Liebliches Weh'n umsäuselt mich;
Wenig ist nur des Laubes, das fiel; noch blüh'n der Blumen;
Dem Herbste gelingt Nachbildung des Sommers;
Aber meine ganze Seele ist Ernst.

Ach, mich reißt die Erinnerung fort, ich kann nicht widersteh'n!
Muß hinschau'n nach Grabstätten, muß bluten lassen
Die tiefe Wund', aussprechen der Wehmuth Wort:
Todte Freunde, seid gegrüßt!“

Tiefer noch, als diese Gesänge der Freundschaft, enthüllen uns die erotischen Gedichte das geheimere Seelenleben des Dichters. Zunächst erkennen wir in dem Bilde, das er von der künftigen Geliebten entwirft, die ganze Uebermacht, die seine Empfindungen über ihn ausüben und keine feste, sinnliche Gestaltung in ihm aufkommen lassen. Das einsame, verlassene Herz erleichtert er bald durch Thränen, bald ergeht er sich in Betrachtungen über die ideale Hoheit des ersehnten Gegenstandes. Wir sehen den Schatten eines Schattens vor uns, wenn er das vor Empfindung bebende sanfte Herz, den Ausdruck des Guten und Edeln in der Miene der künftigen Geliebten, ihren hellen Ernst, ihren Flug zu denken, besingt **). Der eigentliche Gehalt, der aus diesen Gedichten übrig bleibt, ist die ge-

---

*) Vgl. außer den oben erwähnten Oden noch die „an Giseke“, „Wingolf“, „die Verhängnisse“ (1747).

**) „Wingolf“ 1747.

diegene Sittlichkeit, die sich als ein Gegengewicht der Empfindsamkeit behauptet. Den gefährlichen Gedanken, die Natur habe ihm zwar Empfindung zur Tugend, aber eine stärkere zur Liebe gegeben, berichtigt er durch die edle Wendung, daß die Liebe die schönste unter den Tugenden sei*), und darin liegt denn auch das eigentliche Princip seiner Liebe, das er im Leben und Dichten beharrlich durchgeführt hat. In den Gedichten, die seine Liebe zu Fanny ausdrücken, erhebt er sich, so lange er auf ihre Erhörung hoffen darf, zu einer ihm sonst nicht eigenen sinnlichen Bestimmtheit. Das stillheitere Lächeln der Geliebten, die Frühlinge ihrer lächelnden Mienen sind süße Knospen der Poesie, die der warme Aether allgemeiner Vergleichungen, wenn er sagt: schön sei sie wie ein festlicher Tag, frei wie die heitere Luft, voller Einfalt wie die Natur, in der Verherrlichung ihres Auges zur vollen Blume aufschließt. Ihr Auge erscheint ihm wie Bläue der Luft, wenn sich der Abendstern sanft mit Golde beschimmert, und wie der Bach, der eben seiner Quelle entfloß. Schöner erblickte der Busch niemals seine Rosen, heller der Dichter seine eigene Gestalt nicht in einem der Bäche, wenn er am Frühlingssproß herniederschwankte. Weit unbestimmter lautet es schon, wenn er sagt, ihre Bewegungen alle drückten die Göttlichkeit ihres Herzens aus, und der Unsterblichkeit würdig, trete sie hoch im Triumph daher, wenn er in ihren Blicken zärtliche Liebe, himmlische Tugend und Freude Walhalla's zu lesen glaubt. Je mehr ihm nun im weiteren Fortgange seiner verklärenden Darstellung die Farben der Malerei ausgingen, desto mehr mußte er, zumal durch die unbeugsame Sprödigkeit der Geliebten in sich selbst zurückgeworfen, sich seinem eigentlichen Elemente, der Empfindung und Betrachtung anvertrauen. Zunächst spricht sich die Empfindung selbst noch malerisch aus, sie bildet sich in den liebeberauschten Tönen Bardale's ab. Wenn die Stimme der Nachtigall, ruft er aus, diesen Blick aussprechen könnte, so würde sie süßer lauten, als der gefühlteste Ton der Sängerin, die durch die junge Lust von dem Zweige des Strauches in die Wipfel des Hains entzückt wird. Aber bald wirft auch die Musik die Hülle der Sinnlichkeit ab und tritt in dem Schattengewande überirdischer Geistigkeit auf. Schwindelnd folgen wir dem Dichter auf die steilen, einsamen Alpenhöhen, wo die Seele nichts

*) „Die künftige Geliebte" 1747.

weiter, als sich selbst und ihre Ideale zum Stoffe hat. Das innerliche Wesen der Geliebten, ihre schöne Unschuld, die Größe und Göttlichkeit ihres Herzens, das sich nach einer höheren Befriedigung sehnt, flößen ihm eine fast demüthige Verehrung ein. Wie Dante auf Beatrice hinschaute, um das Ewige zu erkennen, so betrachtet unser Dichter das Urtheil der Geliebten als Orakel, das über die Ewigkeit oder Vergänglichkeit seiner Schöpfungen entscheide. Seine Liebe kann er durchaus nur unter dem Gesichtspunkte des Göttlichen auffassen, und nur heilige Zärtlichkeit ist es, die sein Gebet von der Geliebten erfleht. Er hebt es nachdrücklich hervor, daß die Seele eine Tochter des ewigen Hauches, daß der in ihr wohnende Liebestrieb ein göttlicher sei, und so zerrinnt die sinnliche Lebendigkeit vor seinem verzückten Auge wie ein herbstliches Nebelgebilde. Dieser Spiritualismus der Liebe wird durch die wachsende Hoffnungslosigkeit immer höher hinaufgetrieben und wirft sich als thränenvolle Schwärmerei und namenlose Wehmuth auf das Gemüth zurück, das endlich im Mitleid mit sich selbst vergehen möchte. Bald fleht er einen verklärten Geist an, seine Thränen zu solchen Himmlischen zu bringen, deren Herz einst auch von Zärtlichkeit geschlagen habe; bald ruht er, vom Weinen der langen Nächte ermattet, am Herzen des geliebten Freundes aus und löst sich in wehmüthige Ahnungen des baldigen Heimganges auf, dem für seine Frömmigkeit und für die Verherrlichung des Erlösers ein seliges Leben folgen werde. Doch aus der drohenden Gefahr, in unmännlicher Weichlichkeit der Empfindungen unterzugehen und einer thatlosen Verzweiflung anheimzufallen, errettete ihn auch hier die gediegene Sittlichkeit und das felsenfeste Gottvertrauen. Eine Liebe, die sich ihr Glück durch Tugend verdienen wollte, kann nicht zu Schanden werden; sie findet den tröstlichen Ausgang aus allen Irrsalen in der Religion und in der Zuversicht, daß sie ihres Gegenstandes würdig gewesen wäre. Der Dichter ermannt sich endlich, er richtet sich an dem erhabenen Gedanken empor, daß die Seelen, die von der Natur für einander bestimmt seien, im Lande der Seligen durch kein Schicksal mehr getrennt werden. Es durchdringt ihn die Ueberzeugung, daß sein irdisches Leben noch nicht zur Verklärung bestimmt sei, und daß seine unendliche Liebe deßhalb noch keine Erwiederung finden solle. Er fügt sich demuthsvoll in den Willen Gottes, dessen absolute Schönheit Alles überstrahle und für die versagte Schönheit geschaffener

Wesen den reichsten Ersatz biete *). Unter den erotischen Dichtungen dieser Periode müssen wir die Ode „Bardale", eine Ausströmung des reinsten dichterischen Entzückens, ganz besonders hervorheben. Das Bild der Geliebten strahlt hier in den keuschesten, morgenthaulichsten Frühlingsfarben wieder, und wir empfinden darin den frischen, jugendlichen Athem der Naturseele. Einzelne steife Stellen dieser Ode ziehen sich wie ein Rahmen vornehmen Rokokos um ein verklärtes Madonnenbild. Eine zarte, milde Sehnsucht und himmlisch-reine Freudigkeit athmen die Gedichte an Cidli oder Meta, die der beglückte Bräutigam und Gatte in den nächstfolgenden Jahren schrieb, und in welchen er die Schwerfälligkeit der Reflexion zum Theil so glücklich überwand, daß sich einige dieser Gesänge auf den leichten Flügeln des Liedes erheben. Die Schnelligkeit, mit der ihm dieses Glück zu Theil wurde, macht es erklärlich, daß er ein Wesen, dessen Besitz ihm ohne große Schwierigkeiten zufiel, nur selten zum Gegenstande der dichterischen Verherrlichung wählte. Seiner Seligkeit völlig gewiß, im Genusse derselben keusch und heilig, verstummte der Dichter allmählig. Unter den Dichtungen, die er der Geliebten zwischen den Jahren 1751 und 1754, meistens noch als Bräutigam, widmete, hallt uns „die todte Clarissa" wie frommes Orgelspiel entgegen; ein zarter, lieblicher Hauch der sorgenden Liebe ist das vierte Gedicht „an Cidli", bei Cramer III. S. 392 ff., musikalisch rein, weich und tiefsinnig das sechste, S. 443., und das siebente, S. 448.

Derselben Lebensperiode, in welcher die Gesänge der Freundschaft und Liebe entstanden, gehören auch die schönsten Dichtungen der höhern Geselligkeit und der weisheitsvollen Lebensbetrachtung an. Sie tragen den Charakter des Gnomischen an sich; aber diese Sprüche, die wir als goldene bezeichnen dürfen, sind nicht das Product kalter Reflexion, sondern entquellen der begeisterten Dichterseele. Sie sind die Vorgänger der Schiller'schen socialen und philosophischen Dichtungen und stehen zwischen der Ode und Elegie in der Mitte. Sie betrachten die Dinge im Licht der geselligen Freude, die Klopstock so schön als die Schwester der Menschlichkeit feiert, und jener allgemeinen Humanität, die ihren größten Segen darin findet, dem lei-

*) „Petrarca und Laura", „Bardale", „Salem", „die Stunden der Weihe", die Oden „an Fanny", „Selmar und Selma", „An Gott" (1748), „Verwandlung" (1749).

denden Bruder die heilende Hand zu bieten, den Zagenden und Irrenden auf den rechten Weg zu leiten. Der Frühling, der Wein, der Ruhm, die Unsterblichkeit, die Freundschaft und die Tugend werden in aufsteigender Linie als die Genien des Daseins verherrlicht und gepriesen. Zartfühlender kann sich die Menschenliebe, ehrlicher die Treue und reiner die Frömmigkeit nicht aussprechen, als in dem Gedichte „der Rheinwein" (1753). Ich halte dieß für Klopstock's Meisterwerk, auch was die begeisterte Verklärung des sinnlichen Naturlebens betrifft. Der Wein der Dichtung blinkt hier wie der Sohn der Traube, den er als würdiges Bild des deutschen Geistes aufstellt, im reinsten Golde der Sprache, „taumellos, stark und von leichterm Schaum leer". „Der Zürchersee" (1750) ist ein Kanon alles Edeln, ein Orakel der größten Dichterweisheit, überall durchherrscht von sinnvoller Klarheit und sonniger, freudiger, hoher Lebensbetrachtung. Unter den Gedichten, welche sich mit genialer Phantasie in das Geheimniß des Naturlebens versenken, ist keines bedeutender, als „der Capwein und der Johannisberger", den Klopstock im 71. Lebensjahre (1795) dichtete, und der an glänzender Verklärung der Sinnlichkeit noch den Eingang des „Rheinweins" überflügelt. Konstanzia „blinkt einladend, wenn sie Farbe des Goldes schmückt. Doch wenn die des erwachten Tags, blinkt sie lockender, glüht, glüht wie die Braut, die sich nun doch zu gewaltig schämt". Ihr Duft „gleichet des Rosenöls, nein, gleicht dem der durchwürzten Luft, welche trinkt der Pilot, wenn ihm der Wimpel weht nach den Inseln der Seligen". Das ganze Gedicht ist vom sinnvollen Schwunge des ächten Elegiengeistes getragen und nähert sich hafizischem Humor. —

Die politischen Oden, deren er sehr viele gedichtet hat, lassen uns seinen Charakter im ehrwürdigsten und großartigsten Lichte erscheinen. Begeisterte Liebe zum Vaterlande begleitete ihn als eine getreue Lebensgefährtin bis an's Grab. Es war ihm Bedürfniß, alle großen und edeln Züge unserer Nation sich zu vergegenwärtigen und besonders stärkte er sich — in schöner Selbsttäuschung — durch das Bild unserer ältesten Vorzeit. Er suchte sogar unsere längst verschollene Mythologie zurückzurufen, ohne zu bedenken, daß sie uns noch fremder geworden ist und bleiben wird, als die griechische und römische. Manches daraus entlehnte Bild, z. B. in der feierlich erhabenen Freundschaftsode „Wingolf", weht uns zwar mit jenen Schauern der Hoheit an, durch die besonders das jugendliche Gemüth so leicht begeistert wird; aber die Mehrzahl dieser Bilder besteht doch nur in frostigen Verzierungen und gelehrtem Beiwerk. Ebenso fehlt auch der Erinnerung an die Persönlichkeiten und Ereignisse jener Zeiten alle Anschaulichkeit und lebendige Färbung. Aehnlich verhält es sich mit den würdigen Dichtungen, in denen der Dichter voll heiliger Entrüstung das deutsche Volk auffordert, seinen Werth nicht länger zu verkennen und sich der sclavischen Bewunderung und Nachahmung des Auslandes zu entraffen. Oft, wenn er auf diesen Lieblingsgegenstand zu sprechen kommt, verliert er sich sogar in prosaisches Räsonnement und giebt uns politische Abhandlungen in Versen. Einzelnen seiner patriotischen Oden kann man jedoch eine hohe Schönheit und einen gründlichen Gehalt nicht absprechen. Vor allen übrigen leuchten „die beiden Musen“ (1752) durch feurige Begeisterung, reiche Gedankenfülle, markige Kürze und hochpoetische Einzelbilder heraus. „Thuiskon“ (1764) imponirt durch prachtvolle Sprache und stolzen Versbau. „Mein Vaterland“ (1768) athmet die innige, ehrliche Vaterlandsliebe des Dichters in mächtig gehobener Sprache, voll energischer, schlagender Wendungen und edler erhabener Redeblumen. Der feste, kriegerische Tritt des Rhythmus läßt uns die in Stahl gerüstete Heldenseele empfinden. Freiheit war die Luft, die er einathmete, um leben zu können. In seinen Adern glühte ein heiliges Feuer für die Menschenrechte, und furchtbar konnte er in Empörung auflodern gegen die Unterdrücker und Peiniger der Völker. Mit unerbittlichem Hasse verfolgte er namentlich die Eroberer, die in ihrem maßlosen Ehrgeize „das scheußlichste Ungethüm der Erde, den Krieg“, zum abscheulichen Handwerke machten. Seine Gedanken gehören einem Gottesreiche an, worin die Macht des Geistes an die Stelle der rohen Gewalt treten sollte; „ein Jahrhundert nur noch“, rief er seinem Vaterlande zu, „so ist es geschehen, so herrscht der Vernunft Recht vor dem Schwertrecht“ *)! und als ein Reich der freien Menschheit, das den Eroberungskrieg mit Verachtung von sich wies, im Nachbarlande sich zu begründen schien, da durchbebte es das Herz des greisen Dichters, „wie-Schauer der kommenden Liebe“. Obgleich er aber die Berechtigung des Nationalwillens für unveräußerlich hielt, so war er doch dem Fürstenthume nicht abgeneigt, wenn es nur gewissenhaft seine Aufgabe zu erfüllen

*) „Weissagung“, 1773.

strebte. Ein König, der seinen Stolz, der seine Seligkeit darin sucht, der Vater des Vaterlandes und die Liebe und Wonne des menschlichen Geschlechts zu sein, war ihm ein Gegenstand kindlicher, frommer Verehrung. —

Wir theilen seine hierher gehörigen Gedichte in zwei Perioden ab, in die vor der französischen Revolution entstandenen und in die, welche diese Erscheinung begleiteten. In den Gedichten der ersten Periode und im Messias, den wir zu ihrer Ergänzung vergleichen müssen, spricht sich folgendes politische Glaubensbekenntniß aus: „Nicht blos der Demokrat kennt die Freiheit, auch der glückliche Sohn des guten Königs kennt sie. Nicht allein für ein Vaterland, wo das Gesetz und Hunderte herrschen, auch für ein Vaterland, wo das Gesetz und Einer herrscht, ersteigt der, dessen großes Herz eines solchen Todes würdig ist, ein hohes Thermopylä oder einen anderen Altar des Ruhmes und lockt sein Haar und stirbt*). Das Königthum, die heiligste Würde der Menschheit, würden Engel mit Jauchzen und mit weinendem Danke von dem König der Könige empfangen. Um den Thron der Könige versammelt, steht das Menschengeschlecht. Weit ist dieser Schauplatz, groß ist der Lohn, menschlich und edel zu sein**). Aber die Königskrone als solche gibt noch kein Recht auf Anerkennung und Achtung der Menschen, auf Ruhm bei der Nachwelt. Geburtsrecht zur Unsterblichkeit ist vielmehr Unrecht bei der Nachwelt. Sobald einst die Geschichte das thut, was ihre Pflicht ist, so begräbt sie den Namen der Könige durch Schweigen und stellt sie dann selbst nicht mehr als Mumien auf, wofern sie nicht durch ihr Verdienst sich erhalten***). Sehr wenige Könige nun weihen ihr erhabenes Amt durch ein gottnachahmendes Wohlthun, durch welches sterbliche Menschen über die Menschheit erhöht werden†), und suchen den wahren Ruhm, den Ruhm, von einem glückseligen Volke geliebt zu sein††). Um so weniger reicht selbst der Zuruf eines Engels hin, einen König, der Gott sein Herz geweiht hat, ganz zu belohnen. Kaum geboren, wird ihm das Kind schon lallen; der Seraph, der vor Eden geschaffen ist, sieht ihn und nennt ihn vor Gott. Vieles sah ich, ich weiß, was groß und schön

*) „Das neue Jahrhundert" 1760.

**) Messias XVIII, v. 799 ff.

***) „An Freund und Feind" 1781.

†) „Verhängnisse" 1747. ††) „Friedrich der Fünfte" 1750.

ist im Leben. Allein das ist das Höchste, was des Sterblichen Auge sehen kann: ein König, der Glückliche macht*). Darum wird auch beim Weltgerichte der gerechte König sein selig lächelndes Auge erheben und rufen: „Wie kann ich mit Namen sie nennen, diese Ruhe, die jetzo mein Herz mit Seligkeit füllet? Wie aussprechen den festlichen Lohn, der mir dafür zu Theil wird, nur dafür, daß ich ein Mensch geblieben bin?" **) Den meisten Königen aber gab der Olympier Stolz und sclavischen Pöbel um den gefürchteten Thron und versagte ihnen die Weisheit. Ihre Hauptschuld laden sie dadurch auf sich, daß sie in den Eroberungskriegen schnöder Herrschsucht die Menschen wie das Vieh abschlachten***). Der Krieg, in welchem der erhabene Mensch, den Bruder tödtend, zum Ungeheuer werden muß, ist überhaupt das zischendste, tiefste Brandmahl der Menschheit, der untersten Hölle lautestes, schrecklichstes Hohngelächter †). Nur der Krieger ist gerechtfertigt, der Ehre werth und selig, der für Freiheit und Vaterland, für die Rettung der Menschen sein Blut vergießt; und wenn er dann, mitten im Würgen, noch Mensch bleibt, so wollen wir ihn vor dem Ewigen singen. Aber dem bloßen Eroberer, dem Hochverräther der Menschlichkeit gehören nicht Lorbeeren, sondern Schandsäulen ††). Wenn der Eroberer zur Schlacht eilt, so schaut ihm der Erste der Mörder, welcher den Helden gesetzte Grausamkeit lehrte, mit Spott und Triumph nach. Um sein Auge flattert der Traum des ewigen Ruhmes. Nur Menschen, die, den Unsterblichen nachzuahmen, Thiere wie er sind, schätzt er. Ein Löwe fliegt er dahin, um Tod zu gebieten. Er hört unerweicht das Winseln des Sterbenden. Aber so tief auch seine Lorbeeren wuchsen, so fand sie des Donnerers Auge doch auf†††). Wer um Land spielt mit dem Leben des Bürgers, dem wäscht der Ruhm das Blut nicht von dem Würfel ab, nein, er verewigt es. Lorbeer des Führers dorret nicht weg, wenn ein Krieg auch vor dem Gerichte der Aurele, sich zur Schmach, steht; doch die strahlendste Feldherrngröße schaffet

---

*) „Für den König" 1753.

**) Messias XVIII, v. 767 ff.

***) „Verhängnisse" 1747.

†) „Der jetzige Krieg" 1781. Messias XVIII, v. 806 ff.

††) „Die Kriege" 1778. Messias III, v. 281 ff. XVI, v. 313, 354 ff. 570 f.

†††) Messias IV, v. 605 ff. V, v. 315 f. „Für den König" 1753.

das Scheusal nicht um *). Wehe den Königen! Sie streuten das Mörderblei wie Saat aus, und es erwuchs daraus ein tausendfältiges Verderben. Sie brachten, obgleich selbst auch Menschen, dem Tode schäumende Schaalen voll heißen Blutes zum Opfer dar **).

Die bösen Könige, jene unmenschlichen, lächelnden Männer, sind die entehrtesten aller Gefallenen, der kriechenden Menschheit erste Schande. Darum werden sie ewig vom untersten Pöbel der Seelen mit den wildesten Flüchen der Hölle genannt werden [1]). Ein König, der in verruchtem Stolze seinem Volke mit Schlangenentwürfen und Löwenklauen die heiligen Rechte der Freiheit entreißt, der dann über dem verrauchten Blute der Unterjochung schwelgt und den Verstummten Spott zischt, wird dazu verdammt werden, des Abgrunds niedrigstem Sclaven zu dienen, der tief an die untersten Stufen seines Thrones sich stürzte, von dort wegschlich und mit Wuth auf den Nacken der Unterjochten, der leidenden Guten trat [2]).

Von diesem Standpunkte aus hielt unser Dichter mit der Strenge Dante's das Gericht über die Fürsten seiner Zeit, namentlich über den Abgott des Jahrhunderts, über Friedrich den Großen. „Sah er", so ruft Klopstock über ihn aus, „sah er vielleicht allein nicht vorher, was vor Aller Auge in der Ferne unverhüllt lag, der Eroberung Jammererndte? Nicht hundertfältig sprossen Gebein aus Gebein? Himmel! Er sah's und that doch, er that, was Entsetzen den Herrschenden ist, die des Volkes und die eigene Majestät nicht entweihen, er that es und streute die schreckliche Saat!" Außerdem wirft er ihm das Verspotten und Verkennen seiner Deutschen und des Glaubens vor, seine Verachtung der vaterländischen Dichtkunst, sein Nachstammeln fremder Sprache. ***).

Als Ludwig XVI. die französischen Reichsstände (auf den 1. Mai 1789) zusammenberief, da begrüßte der deutsche Dichter, dem die Erwartung des großen Ereignisses wie Morgenschauer das Herz durchdrang, die neue Sonne, wovon er sich nichts geträumt hatte.

---

*) „Delphi" 1782.

**) „Mehr Unterricht" 7781. Vgl. Messias XI, v. 1073 ff.

1) Messias XVIII, v. 722 ff. 2) Messias XVI, v. 435 ff.

***) „An Gleim" 1752. „Die Roßtrappe" 1771. „Die Verkennung" 1779. „Delphi", „der Traum", „die Rache" 1782.

Er segnete sein graues Haar und die erhaltene Kraft, die ihn so weit gebracht hatte, daß er dieß noch habe erleben dürfen *).

Er sah in der Berufung der Männer des Volkes von Seiten des Königs die Absicht desselben, durch sie die Lasten des Volkes zu erleichtern und einen weisen Bund zwischen dem Vater und seinen Kindern zu stiften, ein Verhältniß, das wie in Göttermusik gestimmt sei. Er sah aus der Saat, welche die Reichsstände streuen würden, schon im Geiste die goldene Aehre sich hoch erheben. Er hörte die wogenden Felder rauschen, die Erndte winkte ihm; der König trug den lieblichen blauen Kranz **). Das Manifest des Herzogs von Braunschweig empfing Klopstock mit dem tiefsten Unwillen und rief in der Ueberzeugung, daß in Staaten, wo die Fürsten statt der Nationen handeln, kein Gesetz herrsche und die Gewalthaber „zu Wilden und Löwen ausarteten", den deutschen Fürsten zu: „Ihr wollt das Blut eines Volkes, das dem letzten Ziele vor allen Völkern sich naht, das die Abschaffung des Eroberungskrieges, dieser belorbeerten Furie, als Gesetz aussprach, ihr wollt das Volk, das sich selbst errettete und den Gipfel der Freiheit erstieg, mit Gewalt von seiner furchtbaren Höhe herabstürzen und es zwingen, von neuem Wilden dienstbar zu sein? Ihr wollt es durch Mord erweisen, daß Gott dem Menschen kein Recht gegeben habe? Denn was sind sie anders, die Kriege, als Mord? In ihnen werden Menschenopfer vergötzten Herrschern dargebracht ***). Die gräßliche Wendung, welche die französische Revolution seit der Erscheinung dieses Manifestes nahm, hat kaum ein menschliches Herz tiefer erschüttert, als das Herz des deutschen Dichters. Jetzt begann er, das Alter zu empfinden, jetzt fühlte er, daß alle seine Wonne dahin sei. Als die Freiheit im fränkischen Volke auflebte, da umwob ihm der goldene Traum wie mit Zaubern gehoffter Liebe den trunkenen Geist. Aber seine Hoffnung wurde zu Schanden; das Reich der Freiheit baute sich nicht auf, ihre Seele, das Gesetz, wurde gemordet, und die „Alekto Ungesetz" trat an dessen Stelle. Gallien wagte es, „Republikanerin ohne Gehorsam, sie wagte es, Künstlerin ohne Genie zu sein". Im er-

*) „Die Etats-Généraux" 1788.
**) „Ludwig XVI." 1789.
***) „Der Freiheitskrieg" 1792.

logenen Namen der Freiheit traf die Guten das verruchte Schwert. Die Wonne des goldenen Traumes war zerronnen, sein Morgenglanz umschwebte den Dichter nicht mehr, und ein Kummer, wie verschmähter Liebe, kümmerte sein Herz. Er weinte blutige Thränen, daß Rochefaucault und Arria Corday umsonst für das Vaterland gestorben seien. Er wendete sich mit Abscheu von der Vergötterung des Scheusals Marat weg. Er sah mit tiefster Empörung, wie Gallien aus den Menschenrechten die Rechte eines Kamul gemacht hatte, der nach Menschenopfern dürstet, und nannte dieses Republikengeripp einen Henker- und Sclavenstaat. Wahrheit und Geschichte, rief er aus, rächet die Menschheit jetzt an Frankreichs Oligokratie. Zu schonend rügt der Tod der Verbrecher; Europa will das warnende Schandmal, will die ewige Pyramide sehen. Jünglinge ertragen es wohl, dieß abzuwarten; aber wir Greise verabscheuen es. Auf denn! rächet die Menschheit und rächet sie bald! Nicht süß nur, auch edel ist die Rache, um die wir flehen. O reicht den Labetrunk aus voller kühlender Schaale. Und wenn ich es noch erlebe, dieß zu sehen und zu hören, dann: „fei'r ich ein Fest, bekränze mit Eichenlaube das Haupt mir, lade Freunde ein, spüle den hellsten Krystall im reinsten Bache, füll' ihn mit Wein, der Greis wurde, wie ich". „Das Waldhorn hallet; wer singen kann, singt. Wir freuen uns innig! Ich werde hundert Monde verjüngt! Wenn Rache, wie die, vollbracht ist, darf sich taumelnd die Freude freun*)".

Als die französische Nation bei der Wiedergeburt ihrer Freiheit den Krieg, „das gräßlichste aller Ungeheuer", an die Kette legte**), als sie das heilige Wort aussprach, sie würde niemals einen Eroberungskrieg führen, und als sie hiermit „die belorbeerte Furie" aus ihrer Mitte verbannte, da jauchzte die Seele des Dichters, da schien ihm das Angesicht der Gallier heller zu leuchten, schöner ihr Blick zu strahlen, da dünkte ihm ihr neues Ansehen beinahe nicht das der Sterblichen zu sein***). Um so tiefer schmerzte es ihn, als sie

*) „Die Erscheinung", „An la Rochefaucault's Schatten", „Das Neue", „Mein Irrthum". „Die beiden Gräber", „Die Denkzeiten", — „Der Schooßhund", „Das Denkmal", „Die Trümmer" — 1794.

**) „Sie und nicht wir" 1790.

***) „Der Freiheitskrieg" 1792. „Mein Gram" 1796. „Die zweite Höhe" 1797.

schon im Jahre 1792 anfingen, das heilige Wort zu brechen und den Namen der Freiheit als Vorwand für Eroberungen zu gebrauchen *), die sie mit immer schamloserer Verhöhnung des Völkerrechtes und der Menschheit betrieben. Fortan erwachte der ihm so eigenthümliche Abscheu gegen den Krieg in immer stärkerem Grade. Die Worte, durch die er ihn brandmarkte, waren furchtbar, wie die, mit welchen er die Hölle schilderte. Er nannte ihn ein thierisches Scheusal **), ein bleiches, grauses, würfelndes, kaltes Scheusal, die Schande der Menschheit ***) und den Eroberungskrieg ihre äußerste Schande, die ihr ein Maal aufbrenne, wogegen das Maal des gefangenen Ruderers Röthe der Rosen sei †). — Die Art, wie diese Kriege, die jedem Rechte fluchten, und deren Beschönigung der Dichter nur mit Hohn aufnehmen konnte, geführt wurden, drückte nach seinem Urtheile dem Frankenvolke den Stempel ewiger Schande auf; die Unterjochung, die sie dem Menschen brächten, sagt er, dorre ihre Lorbeeren. Scham, fährt er fort, kann euch nicht mehr röthen. So zeichne euch denn die Bleichheit der Schande und wandle euch in schreckende Gestalten um, die der Starke fliehe, wie vor Gespenstern der Schwache wegbebt ††). Roms auch eisernes Joch, bemerkt er an einer anderen Stelle, war leichter, als das des Galliers †††). Einst wüthete, sagt er wieder anderwärts, eine Pest durch Europa's Nord, genannt der schwarze Tod. Wenn der schwärzere Tod, die sittliche Pest, mit der ihr heimsucht, sich nur nicht auch zu dem Norden hinwölkt! Geschaudert hat vor euch mich, ihr Raubenden und dennoch Stolzen, die ihr die Freiheit nennt und Alles dann, was Menschenwohl ist, stürzet, zermalmt und zu Elend umschafft [1].)

So mußte denn Klopstock von einem Volke, das ihn zu seinem Bürger gewählt, aber seine warnende Stimme überhört hatte [2]), und von seinen „entstirnten Freiheitsvertilgern" mit Verachtung und Abscheu sich wegwenden [3]). Habt ihr Thränen, rief er über die Fran-

*) „Mein Irrthum" 1793. „Der Eroberungskrieg" 1793.

**) „Hermann und Walhalla" 1794.

***) „Die zweite Höhe" 1797.

†) „Der Sieger und die Besiegten".

††) „Die Aufschriften" Julius 1800.

†††) „Der Sieger und die Besiegten".

[1]) „Auch die Nachwelt" Januar 1799.

[2]) „Die zwelte Höhe" 1797.

[3]) „Auch die Nachwelt" Januar 1799.

zosen aus, habt ihr Thränen, die ganz des Guten Innerstes rühren, Thränen des tiefsten Grams, blutige Thränen, so weint! Könige, Schaaren von Völkern vollführten viele, nicht kleine Gräuel in Jahrhunderten. Frankreichs Freie, die Herrscher, das Volk zu Schaaren vollführten größ're, mehr, eh' ein Mondhundert entflohen war *). Saat sä'n sie, deren Erndte Verwilderung ist! Des Menschen Rechte läugnen sie, läugnen Gott **). Wer an dem Frühlingsmorgen der neugeborenen Freiheit meine Freuden empfand, der allein und kein Anderer fühlt den innigen Schmerz auch, welcher jetzo die Seele mir trübt. O, vergäß' ich auf immer! denn Linderung wird mir nur, so lange mich ein Trunk der Lethe kühlt! ***).

Nicht wundern darf es uns, wenn diese schauderhafte Entmenschung eines Volkes, zu dem der Dichter mit trunkenen Erwartungen emporgeschaut hatte, noch im Blüthenhaare ihn mit dem bedrohte, was er bis dahin immer siegreich von sich abgewendet hatte, mit der Menschenfeindschaft. Er war fest entschlossen, sie über sein Gemüth nicht Herr werden zu lassen, er wollte sich mit Thränen, nicht im Zorne von seinen fränkischen Brüdern trennen †). Aber heiß war der Kampf, den er mit ihr zu bestehen hatte, und die Ruhe seines Lebens stand dabei auf dem Spiele. Hätte er sich ergeben müssen, so würde ihm jede Freude erloschen sein, so würde sich ihm die Welt in eine stumme Oede, der Tag in Nacht verwandelt haben. Um so größer war die Wonne seines liebevollen Herzens, als es den Sieg davon trug ††).

Die Messiade wird von Vielen deßhalb als ein völlig mißlungenes Werk angesehen, weil man gewohnt ist, sie nach dem Maßstabe des Epos zu beurtheilen, den sie doch mit ihrer gewaltigen Lyrik so ganz und gar überschreitet. Will man dieses Werk in dem Sinne genießen, worin es gedichtet ist, so muß man es als ein weit ausgedehntes lyrisches Oratorium oder als eine Reihe von Messen und Chorälen auffassen. Wie sich der Begriff des Epos von Homer an bis auf die Gegenwart gestaltet hat, so lassen sich in der Messiade

*) „Nantes" 1795.
**) „Wißbegierde" Januar 1799.
***) „Zwei Nordamerikaner" 1795.
†) „Die Denkzeiten" 1793.
††) „Der Sieger" 1795. „Auch die Nachwelt" 1799.

nur wenige Spuren desselben entdecken, zu denen wir namentlich eine Reihe von Gleichnissen rechnen. Wenn in einem Epos, wie in einer Volksbibel, die ganze Weltansicht eines Volkes zusammengefaßt wird, und wenn es hiermit alle idealen Keime der nach ihm sich entwickelnden Dichtgattungen in sich trägt, so stellt sich in dieser Beziehung die Messiade allerdings als Epos an die Pforte unserer neuen Literatur, so wie die italienische Kunstpoesie durch Dante's göttliche Komödie eröffnet wurde. Denn das Christenthum ist in der That als der Mittelpunkt unseres neueren Volksbewußtsein's zu betrachten, und die Art, wie es Klopstock auffaßte, war wenigstens für die Protestanten ganz volksthümlich. Auch deutete er in der Messiade die Beziehungen des Christenthums zu den Lebenskreisen des Staates, der Gesellschaft, der Freundschaft, der Liebe und der Familie wenigstens an und schöpfte hierzu, wie Dante, eine Menge von Anregungen aus seinem eigenen Leben, dessen Denkstein die Messiade wie in den Grüften eines Domes aufnimmt. Er wurde aber zu solchen Beziehungen vorzugsweise dadurch hingedrängt, daß er Christus als Weltrichter darstellte. Wenn es freilich die weitere Aufgabe des Epikers ist, ein anschauliches Rundgemälde der gegenwärtigen Volkszustände im Spiegel der Vergangenheit, wie auf einem Schilde des Achilleus vorzuführen, so wurde Klopstock hieran durch die Zeit- und Körperlosigkeit seiner Poesie gehindert. Während Dante die Grundzüge seines Zeitalters wenigstens in repräsentativen Gestalten vergegenwärtigte, deren sinnliche Lebendigkeit er zwar mit erhabenem Geize nur andeutete, aber nicht auslöschte, sondern wie vom Blitz des Weltgerichtes getroffene, schön verewigte, so läßt Klopstock nur ganz dünne Schattenbilder an uns vorüberziehen, die uns kaum an ihr Dasein auf Erden erinnern. Nun ist aber das eigentliche Gefäß, in welches der Epiker die Weltansicht hineinlegt, irgend eine Geschichte der Vergangenheit, welche wie durch das Feuer der von ihr aus fortentwickelten Nationalgeschichte gezogen ist und in diesem Feuer sich zur Gegenwärtigkeit der Idee verewigt und verklärt hat, so daß hier die Wirklichkeit der vergangenen Geschichte als unmittelbar durch die Idee erzeugt, als ganz ideenlicht auftritt und die gegenwärtige Wirklichkeit durch die Spiegelung in einer absolut gestalteten Vergangenheit vergöttlicht wird. Klopstock hatte hier zwar den Vorzug vor Dante, daß die Geschichte Christi, welche uns in idealster Verklärung entgegen leuchtet, auf der Erde, in einem bestimmten Volke und Lande, unter bestimmten politischen und kirchlichen Verhältnissen sich entwickelte und zugleich eine Jahrhunderte lange Auffassung und Auslegung des christlichen, insbesondere des deutschen Volksbewußtseins erfuhr. Ja, die Geschichte der Kirche hätte ihm, namentlich in der Darstellung des Weltgerichtes, die schönste Gelegenheit geboten, eine großartige Entwickelungsreihe zwischen dem Urchristenthume und dem gegenwärtigen Christenthume aufzustellen. Die Universalität, welche schon im jüdischen Charakter lag, hätte ihn nicht gehindert, in dem Bilde des jüdischen Nationallebens, das deutsche, gegenwärtige abzuspiegeln und auch hierin der Idee des Epos glänzend zu genügen. Zugleich bot es ihm einen großen epischen Vortheil, daß unter den Juden trotz der vertieften Subjectivität des Einzelnen doch die Uebereinstimmung desselben mit der Gesammtheit erhalten wurde, daß in der Idee der Theokratie der in der neuern Welt hervorgetretene Widerspruch zwischen der unendlichen Einzelheit und der herrschenden Allgemeinheit aufgehoben war. Es zeigte sich unter diesen Umständen der schönste Anlaß, eine Gestaltenreihe vorzuführen, die sich zugleich in das Einzelste der Individualität ausbreiten, den besondern Volksgeist in sich aufnehmen und in diesem Volksgeist den allgemeinen Menschengeist vergegenwärtigen, die in ihrer ganzen sinnlichen Erscheinung erhalten werden und doch allenthalben auf die Idee der Religion, auf die Geschichte der Kirche, auf unsere christliche Gegenwart vorahnend hindeuten konnte. Nach dem Bisherigen aber bedarf es kaum der Versicherung, daß Klopstock nicht entfernt daran dachte, diese herrlichen Anregungen benutzen zu wollen. Betrachten wir vielmehr die Messiade aus dem Gesichtspunkte der epischen Objectivität, so erscheint uns dieselbe als eine weite, öde Wüste. Nirgends zeigt sich darin die Freude an der festen, gediegenen Darstellung des wirklichen Lebens. Vielmehr wird der Poesie, deren Eigenthümlichkeit es ist, das Göttliche mit seliger Miene aus der warmen Fülle des unmittelbaren Daseins lächeln zu sehen, jede Brücke zu demselben abgebrochen und der Leib der Idee aus Licht und Wolken geformt, oder Geist durch Geist verkörpert: blutlos wandeln die Gestalten der Wirklichkeit wie Scheinen vor uns dahin, das von lauter Lichtglanz geblendete Auge erblickt zuletzt nichts mehr, als die rothen Funken, die vor ihm hertanzen. Wenn sich die Dichtkunst die Gabe beilegt, mit dem magischen Stabe des Albertus Magnus den Frühling hervorzuzaubern, so scheint sie bei Klopstock die andere Gabe jenes Meisters zu bewähren, indem er den Frühling der Welt in den Winter der Abstraction umschafft *).

*) Die meiste sinnliche Anschauung finden wir noch in den Gleichnissen der Messiade, die jedoch in den späteren Gesängen mehr und mehr verbleichen. So werden im ersten Gesange die Bücher des Weltgerichtes, die sich öffnen, mit den „wehenden Fahnen kriegender Seraphimen" verglichen. So fließt im zweiten Gesange Abbadona's Auge von der jammernden Thräne über, wie „von Bethlehem's Bergen rinnendes Blut" floß, „da die Säuglinge starben". Er steht auf einer erhabenen Sonne und schaut von da in die Tiefen hinab, wo Gestirne sich drängen „wie glühende Seen"; er stürzt sich auf einen Erdkreis, um mit ihm zu vergehen, senkt sich aber von da aus langsam auf die Erde nieder, „wie ein Gebirge, weiß von Gebein, wo Menschen sich würgten, im Erdbeben versinkt". So fließt im dritten Gesange die liebliche Rede von des Philippus Munde „wie vom Hermon der Thau, wenn der Morgen erwacht ist, träufelt, und wie wohlriechende Lüfte vom Oelbaum fließen". Ebendaselbst werden der Seele des Johannes aus ihrer „heitern Fülle, wie aus der Morgenröthe der Thau, die Gedanken geboren". In demselben Gesange umstehen die Engel den Johannes „voll süßer Zärtlichkeit", wie drei Brüder um eine geliebte Schwester stehen, „wenn sie auf weichverbreiteten Blumen sorglos schläft und in blühender Jugend Unsterblichen gleichet". Die Brüder kamen, um ihr den Tod ihres redlichen Vaters zu melden. „Allein sie sehen sie schlummern und schweigen". Auch finden wir dort ein furchtbar-erhabenes Gemälde der Pest, das zur Veranschaulichung Satan's dient, wie er voll verderbenbringender Gedanken sich über Ischariot niederläßt.

In mitternächtlicher Stunde naht die Pest den schlummernden Städten. Auf ihren Flügeln, die sich an den Mauern ausbreiten, liegt der Tod und haucht verderbenbringende Dünste. „Jetzo liegen die Städte noch ruhig; bei nächtlicher Lampe wacht noch der Weise; noch unterreden sich edlere Freunde bei unentheiligtem Wein, in dem Schatten duftender Lauben". „Aber bald wird der furchtbare Tod sich am Tage des Jammers über sie breiten", „wenn mit tiefem verfalln'eren Auge die Todtengräber durch die Leichname wandeln, bis hoch aus der Donnerwolke mit tiefsinniger Stirn der Todesengel herabsteigt, weit umherschaut, Alles still und einsam und öde sieht und auf den Gräbern in ernsten Betrachtungen steh'n bleibt". Bekannt ist das vortreffliche Gleichniß, welches den vierten Gesang eröffnet: Kaiphas, dem Satan im Traume erschienen ist, wirft sich auf dem Lager herum, „wie tief in der Feldschlacht sterbend ein Gotteslängner sich wälzt; der kommende Sieger und das bäumende Roß, der rauschenden Panzer Getöse und das Geschrei und der Tödtenden Wuth und der donnernde Himmelstürmer auf ihn; er liegt und sinkt mit gespaltenem Haupte dumm und gedankenlos unter die Todten und glaubt zu vergehen; dann erhebt er sich wieder und ist noch, denket nach, fluchet, daß er noch ist, und sprützt mit bleichen, zuckenden Händen himmelan Blut; Gott fluchet er, wollt ihn gern noch läugnen". Ein ähnliches ebenso vortreffliches Gleichniß folgt in demselben Gesange: Die Sadducäer erheben sich mit Ungestüm gegen Kaiphas: „Wie tief in der Feldschlacht krieg'rische Rosse vor eisernen Wagen sich zügellos heben, wenn die klingende Lanze daher bebt, fliegend dem Feldherrn,

So finden wir denn auch die geschichtlichen Stoffe in der Messiade ganz und gar entkörpert und das Leben derselben wie her=

---

den sie zogen, den Tod trägt, dann blutathmend zur Erd' ihn stürzt. Sie wiehern empor und droh'n mit funkelndem Auge, stampfen die Erde, die bebt, und hauchen dem Sturm entgegen."

Wahrhaft genial ist ebendaselbst das Gleichniß von Philo und Ischariot (v. 605 ff.), das wir oben in den Auszug aus den politischen Oden eingeflochten haben. Im siebenten Gesange sendet Philo Pharisäer unter das Volk aus, wie von dem Becher des Todfeindes Gift fleußt, das mit jedem Tropfen den Tod entzündet. Im zwölften Gesange gebraucht der Dichter (v. 255 ff.) ein treffendes Bild, wenn er sagt: „Wie Israels Wehmuth auf den blutigen Rock des Sohnes Rahel, auf Joseph's, Joseph's floß, so fließe mein Lied voll Empfindung und Einfalt."

Im vierzehnten Gesange, v. 92 ff. wird Magdalene, die nach Jesus sich umschaut und deßhalb kaum die Erscheinung der Engel im Grabe bemerkt, mit dem schreienden Rehe verglichen, das mit lechzender Zunge nur die Quelle aufsucht und dabei die aufgehende Sonne nicht sieht, und die wehenden Schatten des Waldes nicht fühlt. Im fünfzehnten Gesange, v. 351 ff. erklingt es in den Saiten der Harfe um die sinkende Hand der grabverlangenden Freundin, wie ein fernherweinender Bach, wenn vor dem Gewitter Todesstille den Wald beherrscht. v. 860 erhebt sich Portia leicht wie ein Laub, das Athmen der Luft hebt. v. 1474 f. eilen Semida und der Pilger dahin, wie der kühlenden Frühe Athem. Im sechszehnten Gesange kommen die Seelen v. 37 ff. nach Tabor zum Gerichte: wie der Gewitterregen, in Sonnenstrahlen hier heller, trüber dort, wo es mehr sich wölkt, von dem Himmel herabfällt, oder, v. 204 ff. und v. 358 ff. wie wechselnde Regenschauer, itzt dicht aus der Wolke stürzend, itzt träufelnd; trocknen weg in dürren Gefilden, oder entfließen Silberquellen blumigen Hügeln. v. 321 ff. kommen erdlose Seelen der Kinder an dem Haine Tabor's einher: wie gesondert von vielen und großen Heerden, an einem langen Hügel hinab, genährt vom Frühlinge, Lämmer weiden. Wir fügen aus demselben Gesange noch zwei Gleichnisse hinzu: v. 446 f. „Ein wenig Feuer, wie uns der Sirius funkelt, schimmert ihm von der Wange" v. 450 f. Der todte Tyrann folgt dem Seraph: „als rissen Stürme dahin, als wirbelten ihn Orkane wie Meerschaum".

Auch sonst fehlt es nicht an einzelnen Stellen von großer Anschaulichkeit. Hierher gehört z. B. die Beschreibung des Landes, welches ein höllisch=verblendendes Traumgesicht dem Ischariot als Antheil am Reiche Jesu verheißt, Messias III, v. 613 ff. „Aber erblickst Du, Ischariot, in jener Entfernung dort das kleine gebirgige Land? Da liegt es verödet, wild, unbewohnt und steinig, mit dürrem Gehölz durchwachsen. Ueber ihm ruhet die Nacht in der kalten, weinenden Wolke, unter ihr Eis und nordischer Schnee in unfruchtbaren Tiefen, wo, verdammt zu der Klage, zur Oed' und Deiner Gesellschaft, nächtliche Vögel die donnergesplitterten Wälder durchirren". Ebenso die erhabenen Zeilen IV, v. 52 ff. „Daß tief in dem Thore des Todes Könige Dir von dem eisernen Stuhl aufstünden, die Kronen niederlegten, mit bitterem Spott Hosianna Dir riefen!" Mitunter

ausgezapft. Selbst seine politische Weltansicht, die ihm so manches Wort erhabener Begeisterung entlockte, wählte sich keine bestimmten Personen, keine individuellen Gestalten, um ihr Gericht daran zu üben. Hierin tritt er so weit hinter Dante zurück, der die Kaiser, Könige und Päpste, selbst unter seinen Zeitgenossen, in Hölle, Fegefeuer und Himmel versetzte und mit ihrem ganzen irdischen Thun, als von der Ewigkeit beleuchtet und gerichtet, anzauberte, wie Menschen, die der Vesuv verschüttet hat, beim Herausgraben sich noch in ihrer ganzen irdischen Gegenwart zeigen. Ueberhaupt fehlt es der Messiade durchaus an lebendigen Charakterzeichnungen, und Schiller hat es bereits ausgesprochen, daß die hier auftretenden Personen zwar gute Exempel zu Begriffen, aber keine Individuen seien, daß uns der Dichter zwar einen Umriß gebe, innerhalb dessen sie der Verstand nothwendig denken müsse, aber der Phantasie nirgend eine feste Grenze anweise, um sie innerhalb derselben sich vorzustellen. Indem das Leiden der Grundton des Ganzen ist, und das Handeln fast nur in den Seelen vorgeht, so verlieren sich die Charaktere in der beschaulichen Ruhe erhabener Empfindsamkeit *). Die Seelen sind auf abstracte Weise mit dem Göttlichen vermählt, sie haben etwas Nonnenhaftes. Selbst die Gemälde augenblicklicher Seelenzustände verblassen in farbloser Allgemeinheit, weil die Personen fast mit gar keiner Wirklichkeit zu thun haben, und erhalten sich nur durch rhetorische Mittel künstlich aufrecht, wie denn Klopstock in der Messiade, namentlich im vierten Gesange **), bedeutende Rednergaben entwickelt. Wenn es schließlich zu dem Wesen des Epos gehört, daß alle irdischen Ereignisse von dem Thun der Götter durchflochten werden, in deren Gestalten das Ideal sich fest und anschaulich zusammenzieht, so bot der Stoff der Messiade unmittelbar die beste Gelegenheit, eine Reihe von himmlischen und höllischen Gestalten vorzuführen, in welchen die Götter und Dämonen der einzelnen Volksgeister aufgehoben und verklärt in dem Lichte des absoluten Gottesbegriffes ihre Auferstehung feiern konnten. Dieß wäre zugleich eine großartige Vermittlung aller Volksgeister und ihrer Epopöen

---

liegt die Poesie der Anschaulichkeit schon in einem einzigen, kurzen Striche, z. B. VIII, v. 608. „Die Wunden, noch schauern sie Blut aus!"

*) Zu den Auswüchsen der Dichtung gehört es in dieser Hinsicht, daß, Messias VI, v. 606, XIV, v. 414 Märtyrerkrone und Vergebung „erweint" werden.

**) Vgl. Messias IV, v. 25 ff., 112 ff., 302 ff.

geworben; das Epos der Bibel hätte als Weltbibel das Epos aller Volksbibeln in sich aufgenommen und ihre Räthsel gelöst. Da aber der feste Grund der irdischen Lebensanschauung bei Klopstock fehlte, so mangelte auch dem Lichtglanze solcher Gestalten der feste Körper, um ihre Strahlen davon zurückzuwerfen. Klopstock's Engel sind völlig gestaltlos und von seinen vergeistigten Menschen wenig verschieden, seine Teufel bloße Namen, die er an die Spitze erhabener Reden stellt.

Was die Lyrik der Messiade betrifft, so entspricht sie im Wesentlichen dem Geiste des Klopstockischen Hymnus, den wir oben bezeichnet haben, nur daß sie hier mehr noch, wie dort in die Beredtsamkeit übergeht, in bebenden Empfindungslauten verhallt, oder der starren Abstraction anheimfällt.

Worms. **Dr. Georg Zimmermann.**

Bemerkungen über den Télémaque,

mit besonderer Rücksicht auf den Gebrauch desselben als Schulbuch.

Mit Ausnahme der alten Klassiker haben sich wohl wenig Schulbücher auf unseren Gymnasien so lange in Ansehen und Ehren erhalten wie der Télémaque, der nun schon seit länger als einem Jahrhundert in unzähligen Abdrücken unter der Jugend der europäischen Völker verbreitet ist und noch immer eine ehrenvolle Stelle unter den französischen Schulautoren einnimmt. Es gab eine Zeit, wo man ihn weit über Homer und Virgil setzte und wo er besonders seiner Moral wegen sich einer unbegrenzten Bewunderung zu erfreuen hatte. Il unit la vivacité d'Homère et la noblesse de Virgile. Il a toute l'abondance d'Homère sans avoir son intempérance de paroles. Diese und ähnliche Aussprüche finden wir in dem discours sur le poëme épique, welcher den älteren Ausgaben des Tél. vorangeschikt ist. So weit geht man nun zwar heutzutage in seiner Bewunderung für den Tél. nicht mehr, allein Viele stellen ihn doch immer noch sehr hoch, und wenn man die Schul-Programme durchblättert, findet man ihn immer noch sehr häufig als Lectüre für Tertia oder auch wohl Secunda. Es ist eine gewisse Pietät und Anhänglichkeit, die sich von Geschlecht zu Geschlecht fortpflanzt und sich von dem Buche nicht trennen kann. Schon als Knabe hat mancher sich gern versenkt in die Betrachtung der alterthümlichen Holzschnitte, mit denen die älteren Ausgaben geschmückt zu sein pflegen, und hat mit Sehnsucht die Zeit herbeigewünscht, wo er selbst im Stande sein werde, alle die durch das Gewand der fremden Sprache ihm noch verborgenen Herrlichkeiten der griechischen Zauberwelt zu verstehen und in ihrem Genusse zu schwelgen. Indeß ist nicht Alles Gold was glänzt, und die nähere Bekanntschaft mit dem Buche hat gewiß bei Vielen den Zauber nicht wenig verringert. In der That wird man bei einer genaueren Prüfung des Buches zugeben müssen, daß es trotz aller seiner Vorzüge im Einzelnen doch die Bewunderung, deren es sich sonst erfreute, nicht verdient, und daß es sich namentlich auch zu einer feststehenden Schul-Lectüre nicht ganz eignen möchte.

Fordre ich freilich von einem Buche dieser Art weiter nichts, als daß es mich in die Sprache einführe und mir bei deren Erlernung als Muster diene, so würde sich gegen den Tél. nichts einwenden lassen. Denn in Beziehung auf Correctheit, Klarheit und Schönheit der Sprache gehört er zu den anerkannt klassischen Werken, und mit Recht heißt es in dieser Hinsicht in der oben angeführten Abhandlung: le style de Tél. est poli, net, coulant, magnifique. Legt man dagegen an das Buch einen andern Maßstab, indem man vorzüglich auf den Inhalt und auf die Beschaffenheit des darin dargebotenen geistigen Nahrungsstoffes Rücksicht nimmt — und dieser Gesichtspunkt ist bei einem Schulbuche gewiß nicht weniger wichtig —, so wird unser Urtheil über den Tél. wahrscheinlich nicht eben günstig ausfallen, und wir werden ihm für die Schule nur eine beschränkte Geltung zugestehen können.

I. Die materielle Seite des Buchs.

1. Ursprung und Bestimmung desselben.

Gehen wir zuerst auf den Ursprung des Werks zurück, so sehen wir, daß dasselbe seine Entstehung einem ganz speziellen Zwecke zu verdanken hatte, indem der Autor bei der Abfassung desselben einzig und allein das Bedürfniß der ihm zur Erziehung anvertrauten königlichen Prinzen vor Augen hatte. Auf diesen speziellen Zweck ist denn auch das Ganze berechnet, und zwar sollte das Buch weniger zur Ausbildung der intellectuellen Kräfte und zur Erweiterung der Kenntnisse der jungen Fürsten, als zu ihrer sittlichen Veredlung dienen. Es sollte ihnen die Pflichten zukünftiger Gebieter und Herrscher in lebendigen und ansprechenden Bildern und Zügen vor Augen stellen und ihnen die Grundsätze der Moral nicht in abstracten Lehrsätzen, sondern in dem bunten und bezaubernden Gewande eines antiken Epos darbieten. Diese besondere Absicht des Verfassers blickt mit unverkennbarer Deutlichkeit aus jeder Seite hervor und hat dem Werke seinen eigenthümlichen Charakter aufgeprägt. In der Verfolgung dieses Zweckes hat er eine bewunderungswürdige Kunst und einen unerschöpflichen Reichthum der Erfindung und Darstellung entfaltet: die ganze alte Götter- und Heroenwelt hat er aus ihrem Grabe zu neuem Leben hervorgezaubert und sie seinem Zwecke dienstbar gemacht, indem er auf dem reichen Hintergrunde des antiken Lebens die Lehren der Weisheit und Tugend gleichsam verkörpert den Blicken seiner jungen Leser erscheinen läßt. Also nicht um ihrer selbst willen wird diese wechselvolle und bunte Welt vor uns entfaltet, sondern nur als Träger von Gedanken und Ideen, die auf solche Weise den Seelen und zwar bestimmter den Seelen der fürstlichen Zöglinge unauslöschlich eingeprägt werden sollen. Das hat man denn auch von Anfang an erkannt und hat überall die Moral als den eigentlich werthvollen Kern des Buchs angesehen, und zwar mit der eben bezeichneten speziellen Beziehung: On y apprend les devoirs d'un prince qui est tout ensemble roi, guerrier, philosophe et législateur. On y voit l'art de conduire des nations différentes, la manière de conserver la paix au-dehors avec ses voisins, d'enrichir ses états sans tomber dans le luxe, de trouver le milieu entre les excès d'un pouvoir despotique et les désordres de l'anarchie. — Die Gedanken und Ideen aber, die uns auf solche Weise geboten werden, sind, wie sich dies aus dem Gesagten im Voraus vermuthen läßt, zum großen Theil der Art, daß sie mehr auf das moderne Leben, die modernen Verhältnisse und Zustände passen, als auf diejenigen, worauf der Verfasser sie scheinbar angewandt wissen will. Wenn an einer Stelle des discours behauptet wird, die Moral des Tél. passe für alle Zeiten, alle Nationen und für alle Verhältnisse, so ist eben damit zugegeben, daß sie sich über die Zeit erhebt, in welche sie vom Verfasser verlegt ist. Hierdurch nun aber hat das Ganze einen eigenthümlichen Doppel-Charakter erhalten: auf der einen Seite als handelnde Personen die Heroen und Götter des alten Griechenland, auf der andern aber in den Reden und Gesprächen derselben unverkennbare Beziehungen auf moderne christliche Verhältnisse. Zwar versichert der erwähnte Lobredner des Tél., der Verfasser habe nichts gesagt, was die Heiden nicht auch hätten sagen können und er habe ihnen dennoch in den Mund gelegt ce qu'il y a de plus sublime dans la morale chrétienne, allein diese Behauptung trägt, wie leicht zu sehen ist, den Widerspruch in sich selber. Denn wie kann ein heidnischer Heros auf dem Standpunkte christlicher Moral stehen? Und wenn man ihn dennoch dahin stellt, so läßt man sich einen Anachronismus zu Schulden kommen.

2. Verkennung und Entstellung antiker Verhältnisse durch Einmischung moderner Vorstellungen. — Widerspruch zwischen den handelnden Personen und ihren Reden.

Anachronismen dieser Art finden wir namentlich in den Reden des Mentor, den der Verfasser gleichsam zum Erzieher und Gouverneur des Telemach und somit zum Träger seiner eigenen Ansichten über Moral, Staatsweisheit u. s. w. gemacht hat. Mentor spricht nicht selten ganz wie ein moderner Sittenprediger, und seine Worte erinnern manchmal lebhaft an Bibelstellen und Aussprüche der christlichen Sitten- oder Glaubenslehre, nur daß in ihnen der Name des Christen-Gottes etwa mit dem des Jupiter vertauscht oder sonst ein alterthümlicher Anstrich beibehalten ist. Croyez-vous, Tél., sagt er z. B. am Ende des 8. Buchs, que votre vie soit abandonnée aux vents et aux flots? Croyez-vous, qu'ils puissent vous faire périr sans l'ordre des dieux? Non, non, les dieux décident de tout. C'est donc les dieux et non pas la mer qu'il faut craindre. Fussiez-vous au fond des abîmes, la main de Jupiter pourrait vous en tirer. Fussiez-vous dans l'Olympe, voyant les astres sous vos pieds, Jupiter pourrait vous plonger au fond de l'abîme. Oder wenn er im 11. Buche die rohen und kampflustigen Gegner des Idomeneus dadurch zum Frieden zu stimmen sucht, daß er ihnen vorstellt, alle Menschen seien Brüder, also zu gegenseitiger Liebe verpflichtet — Tout le genre humain n'est qu'une famille dispersée sur la face de toute la terre. Tous les peuples sont frères et doivent s'aimer comme tels. Malheur à ces impies qui cherchent une gloire cruelle dans le sang de leurs frères qui est leur propre sang... La vraie gloire ne se trouve point hors de l'humanité. Quiconque préfère sa propre gloire aux sentimens de l'humanité, est un monstre d'orgueil et non pas un homme — so paßt das Alles recht schön für die Ohren christlicher Fürstensöhne und in eine Zeit, wo die humanité auf dem Gebiet der Moral und Politik eine

Hauptrolle spielte, den Anführern der Mandurier aber und ihrer Verbündeten mußten diese Sätze nothwendiger Weise unverständlich bleiben. Solcher und ähnlicher Stellen giebt es aber im Tél. sehr viele. So haben z. B. auch die moralisirenden Betrachtungen, mit denen Telemach bei seinem Besuche in der Unterwelt von seinem Urgroßvater unterhalten wird, oft eine biblische Färbung: Ainsi les hommes passent comme les fleurs, qui s'épanouissent le matin et qui le soir sont flétries et foulées aux pieds. Les générations des hommes s'écoulent comme les ondes d'un fleuve rapide. Rien ne peut arrêter le temps qui entraîne après lui tout ce qui paraît le plus immobile... Ne compte donc jamais, mon fils, sur le présent, mais soutiens-toi dans le sentier rude et âpre de la vertu....

Noch mehr als die moralischen Betrachtungen tragen die politischen und socialen das Gepräge ihres modernen Ursprungs. Hierher gehört unter Anderem ein großer Theil des 12. Buchs, wo Mentor seine Staatsweisheit entwickelt und dem Idomeneus die Gesetze und Einrichtungen vorschreibt, durch die er seinen neugegründeten Staat mächtig, blühend und glücklich machen könne. Man glaubt sich manchmal plötzlich aus der griechischen Heroenzeit in eine moderne Ständekammer versetzt, wenn man den Mentor über Handelsfreiheit, Handelsgesellschaften, über zweckmäßige oder unzweckmäßige Abgaben, über die Strafbarkeit oder Verhütung von Bankerotten oder an einer anderen Stelle von den Pflichten der Regierung sprechen hört, nützliche Künste durch Belohnungen zu ermuntern, weil das Talent sich stets dem zuwende, was Gewinn bringe. — Einen etwas sonderbaren Eindruck macht es (nebenbei bemerkt) auch, wenn wir den Telemach in den Einöden Aegyptens mit der Lectüre von Büchern beschäftigt finden, in denen er Unterhaltung und Trost sucht, oder wenn wir im 3. B. sehen, wie er sich alles Merkwürdige sorgfältig aufzeichnet, um die Einzelheiten nicht zu vergessen. Pour mieux supporter l'ennui de la captivité et de la solitude je cherchai des livres, sagt Tel. an der ersten Stelle von sich und preist darauf Diejenigen glücklich, welche ihr Vergnügen darin suchen, ihren Geist durch die Wissenschaften auszubilden. Heureux ceux qui se divertissent en s'instruisant et qui se plaisent à cultiver leur esprit par les sciences. Heureux ceux qui aiment à lire et qui ne sont point comme moi privés de la lecture —

ein Uebelstand, dem bald darauf von dem greisen Thermosyris abgeholfen wird, der ihn mit Büchern versieht. Je demandais le détail des moindres choses, sagt Tel., wo er von seinem Aufenthalt in Tyrus spricht, et j'écrivis tout ce que j'avais appris de peur d'oublier quelque circonstance utile.... In dieselbe Kategorie gehört die Stelle im 4. B., wo er von der guten Erziehung (la bonne éducation) spricht, die er erhalten und die ihn im Kampfe gegen die ihn umringenden Versuchungen auf der Insel Cypern lange vor dem Unterliegen bewahrt habe.

Dieselbe moderne Anschauungsweise kommt fast überall da zum Vorschein, wo von den Pflichten der Könige, von dem Verhältniß derselben zu ihren Völkern und von der schweren Verantwortlichkeit derselben, sowie von den Schwierigkeiten und Hindernissen, mit denen sie zu kämpfen haben, oder von den Gefahren und Verlockungen die Rede ist, denen sie mehr als andre Menschen ausgesetzt seien. Dazwischen finden sich dann freilich wieder Schilderungen patriarchalischer Einfachheit, und bei ihnen verweilt der Verfasser mit besonderer Vorliebe, aber grade dadurch verräth er am deutlichsten die Beziehung auf sein eignes Zeitalter. Denn jene Schilderungen patriarchalischer Einfachheit und idyllischen Naturlebens haben keinen andern Zweck als den, durch ihren Gegensatz die künstliche Verderbtheit, Naturwidrigkeit und das durch den überhandnehmenden Luxus hervorgerufene Unglück des modernen Lebens um so fühlbarer zu machen und dadurch eine Sehnsucht nach jenen früheren besseren Zuständen zu erwecken. Man vergleiche z. B. im 8. B. die Beschreibung Bätika's und seiner Bewohner. La fraude, la violence, le parjure, les procès, les guerres ne font jamais entendre leur voix cruelle dans ce pays chéri des dieux. Jamais le sang humain n'a rougi cette terre; à peine y voit-on couler celui des agneaux. Quand on parle à ces peuples des batailles sanglantes, des rapides conquêtes, des renversemens d'état qu'on voit dans les autres nations, ils ne peuvent assez s'étonner. Quoi, disent-ils, les hommes ne sont-ils pas assez mortels, sans se donner encore les uns aux autres une mort précipitée? La vie est si courte et il semble qu'elle leur paraisse trop longue. Dem Luxus und allen eiteln Künsten sind diese glücklichen Völker natürlich feind und betrachten sie als die Quelle der meisten Leiden unter den Menschen: ils les détestent comme des inventions de la vanité et de la mollesse. Und wenn man ihnen von den prächtigen Gebäuden, den silbernen und goldenen Hausgeräthen und andern Herrlichkeiten der sogenannten gebildeten Völker erzählt, so antworten sie: Ces peuples sont bien malheureux d'avoir employé tant de travail et d'industrie à se corrompre eux-mêmes. Ce superflu amollit, enivre, tourmente ceux qui le possèdent; il tente ceux qui en sont privés de vouloir l'acquérir par l'injustice et par la violence. Les hommes de ces pays sont-ils plus sains et plus robustes que nous? Vivent-ils plus long-temps? Sont-ils plus unis entr'eux? Mènent-ils une vie plus libre, plus tranquille, plus gaie? Au contraire...... Die unbewußte Einfachheit und Kunstlosigkeit im Leben und in den Zuständen solcher Völker wird überall dargestelt als bewußt und absichtlich, als Folge besserer Erkenntniß und höherer Weisheit. Nicht Unbekanntschaft mit den Künsten des Luxus und eines verfeinerten Lebens ist es, was sie vor denselben bewahrt hat, sondern sie halten dieselben absichtlich und mit Bewußtsein von sich fern, weil sie deren Verderblichkeit erkannt haben. Diese Auffassung ist, wie ich wohl kaum zu bemerken nöthig habe, eine unwahre, der Geschichte widersprechende, sie hat aber im vorliegenden Falle darin ihren guten Grund, weil es dem Verfasser darauf ankam zu zeigen, daß jene Völker, die er offenbar seiner eignen Zeit als Muster hinstellen will, freiwillig die lockenden Gaben der Kultur von sich gewiesen hätten. Dadurch erst bekam ihre Enthaltsamkeit den rechten Werth und die rechte Bedeutung für die Absicht des Verfassers. Denn zu entbehren, was man nicht kennt oder nicht haben kann, ist kein Verdienst, noch liegt darin ein Beweis für die Werthlosigkeit der entbehrten Sache.

Wir werden später noch ein Mal auf die moralisirenden, wie auf die politisch-socialen Betrachtungen des Tél. zurückkommen müssen; hier erwähnten wir dieselben bloß deshalb, um auf den Widerspruch hinzudeuten, der zwischen den handelnden Personen und ihren Reden stattfindet.

Diese Einmischung moderner Anschauungen nun, die in dem speziellen Zwecke des Buchs begründet und in sofern auch gerechtfertigt ist, hat doch in anderer Beziehung demselben nicht zum Vortheil gereichen können, indem dadurch das antike Leben in einem schillernden oder geradezu falschen und verkehrten Lichte erscheint. Wir sehen vor uns lauter bekannte griechische Helden-

und Götter-Gestalten in antikem Kostüm, ihre Reden und Betrachtungen aber verweisen uns in eine ganz andere Zeit, versetzen uns in eine ganz andere Welt und erinnern uns an Verhältnisse und Zustände, die den handelnden Personen vollständig fremd sein müssen. Wir sehen vor uns einen griechischen Heros, hören aber sprechen einen Prinzen-Erzieher des 17. oder 18. Jahrhunderts der christl. Zeitrechnung.

Hierzu kommt noch, daß die französische Sprache schon an sich bei der Darstellung antiken Lebens mit großen Schwierigkeiten zu kämpfen hat, da sie eine durchaus moderne Sprache ist und uns schon durch den Klang ihrer Wörter unwillkürlich an die moderne Welt und namentlich an die Verhältnisse des gewöhnlichen geselligen Lebens erinnert. Wir werden dadurch gewissermaßen aus der Illusion gerissen und im Genusse des Antiken gestört. Ich erinnere hier nur an einzelne Wörter wie plaisir, s'amuser, charmant, adieu, jeune homme (Jüngling), cher père, chère fille, cousin, wo von Göttern oder Heroen die Rede ist, ferner solche Ausdrücke wie meubles, fête, liqueur, parfum, malheur, courage, délicat und délicatesse, maître und maitresse und viele andere Wörter, die an sich ganz schön sind, durch den Gebrauch des gewöhnlichen Lebens aber, wenigstens für ein deutsches Ohr, an Adel verloren haben*). Selbst Wörter wie gouverneur, gouvernement, prince, officier, (Beamter), commerce, police, chef, capitaine, die an sich durchaus nichts Unedles haben, stören doch durch ihren modernen Beigeschmack in den Schilderungen antiken Lebens. Nehmen wir hierzu noch die für ein klassisch gebildetes Ohr oft unerträgliche Verstümmelung oder fremdartige Aussprache mancher griechischer Namen, so möchte dies genügen zur Rechtfertigung unsrer Behauptung, daß die französische Sprache schon an sich zur Darstellung antiken Lebens nicht eben geeignet sei.

Im Télémaque nun aber ist es nicht bloß diese Eigenthümlich-

*) Ma chère fille, quelle est votre peine? redet Jupiter die trauernde Venus an. — C'est Ajax, fils de Télamon et cousin d'Achille, sagt Arces in der Unterwelt, indem er auf den Schatten des Telamoniers deutet. — On offre (aux dieux) aussi toutes sortes de liqueurs parfumées. — Un vin plus doux que le nectar coulait... dans les tasses d'or couronnées de fleurs...

keit der franz. Sprache überhaupt, was uns bei der Lectüre stört, sondern es kommt hier vielerlei zusammen, um uns den Genuß des Buches zu verleiden.

Hierher gehören nun zunächst die das Ganze durchziehenden moralisirenden und die politisch-socialen Betrachtungen, über die wir hier noch einige Bemerkungen hinzuzufügen haben.

3. Die moralisirenden Betrachtungen im Télémaque.

Es möchte wenig Werke erzählenden Inhalts geben, in denen die vertu und die sagesse eine so große Rolle spielten und so häufig vorkämen wie im Tél. Sie sind es, die dem Telemach bei jeder Gelegenheit als Ziel seines Strebens vorgehalten werden, und doch sind grade diese Begriffe in ihrer Allgemeinheit und Abstraction so wenig geeignet, das Herz zu erwärmen und zu thatkräftiger Nacheiferung anzuspornen. Nicht die vertu im Allgemeinen ist es, wofür wir uns begeistern lassen, sondern bestimmte Tugenden müssen uns in lebendigen Beispielen vorgeführt werden, um Begeisterung in uns zu erwecken. Es reicht auch nicht hin, auf einzelne bestimmte Helden als Vorbilder zu verweisen, wenn ich es immer nur im Allgemeinen thue, wie Mentor gewöhnlich dem Telemach das Beispiel seines Vaters vorhält, ohne bestimmte Fälle anzuführen. Hält man sich bei seinen Ermahnungen zu sehr in allgemeinen Ausdrücken, so verfällt man gar zu leicht in ein hohles Pathos, wie dies ebenfalls dem Mentor in seinen Sittenpredigten sehr häufig widerfährt. Indigne fils du sage Ulysse oder lâche fils d'un père si sage et si généreux — diese und ähnliche Anreden sind es, mit denen er seine tadelnden oder aufmunternden Bemerkungen einzuleiten pflegt, und daran knüpfen sich dann oft seitenlange moralisirende Betrachtungen. Allein vieles Predigen macht den Leib müde, sagt Luther, und man könnte sich nicht wundern, wenn Telemach und mit ihm der Leser des vielen Moralisirens endlich müde würde, und ersterer die langen Reden seines weisen Freundes zuletzt ganz unbeachtet ließe, letzterer aber das Buch selbst zuschlüge und bei Seite legte. — Dem Verfasser aber sind grade diese moralischen Betrachtungen offenbar die Hauptsache, und er bringt seinen Helden oft bloß deshalb in eine bestimmte Lage, oder läßt ihn diesen oder jenen Fehler begehen, in diese oder jene Thorheit verfallen, damit Mentor Gelegenheit erhält, sich darüber auszulassen und seine Lehren und Ermahnungen daran zu knüpfen. Mit sichtbarer Berechnung strebt der Verfasser danach, auf solche Weise allmälig die verschiedenen Fehler, Irrthümer und Gefahren des jugendlichen Alters, immer jedoch mit der oben bezeichneten speziellen Rücksicht, zur Sprache zu bringen, und so seinen fürstlichen Zöglingen in dem Buche gleichsam einen praktischen Moral-Katechismus darzubieten — eine Behauptung, die wir durch einige einzelne Beispiele näher begründen wollen.

Kaum hat Telemach im 1. B. nach der Rettung aus dem Schiffbruche das von der Kalypso ihm geschenkte neue Gewand angelegt, als auch Mentor schon Gelegenheit nimmt, sich über die Untugend der Eitelkeit bei jungen Männern auszusprechen. Mentor lui dit d'un ton grave: Est-ce donc là, o T., les pensées qui doivent occuper le coeur du fils d'Ulysse? Songez plutôt à soutenir la réputation de votre père et à vaincre la fortune qui vous persécute. Un jeune homme qui aime à se parer vainement comme une femme est indigne de la sagesse et de la gloire. Und als Tel. am Abend des ersten Tags sich ermüdet zum Einschlafen anschickt, hält ihm M. erst noch eine Strafpredigt über die Selbstgefälligkeit, womit er der Kal. seine bisherigen Irrfahrten erzählt habe. Le plaisir de raconter vos histoires vous a entraîné: vous avez charmé la déesse en lui expliquant les dangers, dont votre courage et votre industrie vous ont tiré: par là vous n'avez fait qu'enflammer davantage son coeur et de vous préparer une plus dangereuse captivité... L'amour d'une vaine gloire vous a fait parler sans prudence... Quand est-ce, o T., so schließt er dann, que vous serez assez sage, pour ne parler jamais par vanité et que vous saurez taire ce qui vous est avantageux quand il n'est pas utile à dire? Les autres admirent votre sagesse dans un âge où il est pardonnable d'en manquer, pour moi je ne puis vous pardonner rien; je suis le seul qui vous connais et je vous aime assez pour vous avertir de toutes vos fautes. Combien êtes-vous encore éloigné de la sagesse de votre père! Und als Tel. ihm sehr bescheiden und schüchtern einwendet, daß er der Göttin ihre Bitte doch nicht füglich habe abschlagen können, antwortet ihm M., das habe er allerdings nicht thun dürfen, allein er hätte sich bei der Erzählung bloß an die nackten Thatsachen halten und sich viel kürzer fassen sollen, um nicht die Theilnahme der Kal. in so hohem Grade zu erwecken. Vous pouviez lui dire que vous aviez été tantôt errant, tantôt captif en Sicile, puis en Egypte. C'était lui dire assez ect. Uebrigens solle er am nächsten Tage die einmal angefangene Erzählung nur fortsetzen, aber — fügt er hinzu — apprenez une autre fois à parler plus sobrement de tout ce qui peut vous attirer quelque louange. Télémaque (so schließt der Verfasser seinen Bericht) reçut avec amitié un si bon conseil et ils se couchèrent.

Am häufigsten hat M. zu kämpfen gegen die Verzagtheit, die sich seines jungen Freundes in Unglück und Gefahren zu bemächtigen pflegt, und er sucht ihn dann gewöhnlich durch das Beispiel seines Vaters zu ermuthigen und aufzurichten. Indigne fils du sage Ulysse! Quoi donc? Vous vous laissez vaincre à votre malheur? Sachez, que vous reverrez un jour l'île d'Ithaque et Pénélope: vous verrez même dans sa première gloire celui que vous n'avez jamais connu, l'invincible Ulysse, que la fortune ne peut abattre et qui dans ses malheurs encore plus grands que les vôtres vous apprend à ne vous décourager jamais. O s'il pouvait apprendre dans les terres éloignées, où la tempête l'a jeté que son fils ne sait imiter ni sa patience ni son courage, cette nouvelle l'accablerait de honte et lui serait plus rude que tous les malheurs qu'il souffre depuis si long-temps. — Soyez donc — in dieser Weise schließt M. gewöhnlich seine ermuthigenden und tröstenden Anreden — soyez donc le digne fils d'Ulysse, montrez un coeur plus grand que tous les maux qui vous menacent.

Als unnatürlich und verfehlt ist hierbei auch noch dies zu erwähnen, daß wir die meisten dieser langen Gespräche und Ermahnungen nicht etwa aus Mentors eigenem Munde hören, sondern daß Tel. sie in die Erzählung seiner Irrfahrten mit einflicht, indem er berichtet, was M. bei dieser oder jener Gelegenheit zu ihm gesprochen, wie er ihn belehrt und ermahnt, ermuthigt oder durch Tadel gebessert habe. So wiederholt Tel. in Mentors Beisein ganze lange Dialoge, die er bei verschiedenen Gelegenheiten mit M. gehabt habe, ja er giebt sogar manchmal weitläufige Schilderungen der Persönlichkeit des Letzteren und des Eindrucks, den seine Erscheinung gemacht habe. So im 6. B., wo Tel. erzählt, wie er in Kreta die ihm angetragene Krone zurückgewiesen und die Aufmerksamkeit der Kretenser auf seinen Begleiter gelenkt habe, den sie anfangs wegen seiner einfachen und nachlässigen Kleidung, seiner bescheidenen Haltung, seiner Schweigsamkeit und seiner kalten, zurückhaltenden Miene gar nicht beachtet hätten. Aber, fährt er fort, quand on s'appliqua à le regarder, on découvrit dans son visage je ne sais quoi de ferme et d'élevé; on remarqua la vivacité de ses yeux et la vigueur avec laquelle il faisait jusqu'aux moindres actions. On le questionna, il fut admiré, on résolut de le faire roi.... So ehrenvoll diese Personalbeschreibung für Mentor ist, so war sie in Gegenwart des Geschilderten doch wohl nicht an ihrer Stelle. Aehnliches wiederholt sich aber öfter, und es war dies bei der vom Verf. gewählten Darstellungsweise auch nicht zu vermeiden. Denn da in den ersten 6 Büchern — mit Ausnahme weniger Stellen — nicht der Verfasser, sondern Tel. selbst das Wort führt, so mußten uns natürlich auch Mentors Handlungen, Reden und Zwiegespräche mit seinem jungen Freunde bis zur Ankunft auf der Insel der Kal. durch Telemachs Mund mitgetheilt werden.

Wir lassen nach dieser mehr gelegentlichen Bemerkung noch einige Beispiele der oben bezeichneten Art folgen, um zu zeigen, daß es dem Verf. hauptsächlich darauf angekommen sei, Gelegenheiten zu moralischen Betrachtungen und zur Behandlung moralischer Fragen herbeizuführen. Eine in der Sittenlehre vielfach behandelte und grade für das jugendliche Alter sehr wichtige Frage ist die über die Zulässigkeit oder Verwerflichkeit der sogenannten Nothlüge. Unser Verf. versäumt daher nicht, den Tel. in eine Lage zu bringen, wo er sich über diese Frage thatsächlich entscheiden muß. Tel. ist in Tyrus, und sein Leben sowohl wie das seines edlen Beschützers Narbal steht auf dem Spiele, wenn der tyrannische König Pygmalion entdeckt, daß er ein Grieche ist. Narbal beschwört ihn, seine wahre Herkunft zu verbergen und sich für einen Cyprier auszugeben, allein Tel. kann sich zu keiner Lüge entschließen und will lieber sterben, als sein Leben auf solche Weise retten. Les dieux voient ma sincérité, sagt er, c'est à eux à conserver ma vie par leur puissance, s'ils le veulent, mais je ne veux point la sauver par un mensonge. Narbal wendet ein, daß eine solche Lüge durchaus nicht strafbar sein könne, da sie Niemandem schade, wohl aber zweien unschuldigen Menschen das Leben retten könne. Ce mensonge, Tel., n'a rien qui ne soit innocent; les dieux mêmes ne peuvent le condamner: il ne fait aucun mal à personne, il sauve la vie à deux innocens; il ne trompe le roi que pour l'empêcher de faire un grand crime. Vous poussez trop loin l'amour de la vertu et la crainte de blesser la réligion. Tel. aber weist alle diese Einwendungen siegreich zurück, indem er sagt, eine Lüge sei eine Lüge und könne als solche den Göttern niemals wohlgefallen. Diese aber hätten die Macht, ihn selbst wie den Narbal zu retten, wenn sie wollten; wenn aber nicht, so sei es ihre Pflicht, als Opfer der Wahrheit zu sterben und den Menschen ein Beispiel zu geben, wie sie die Tugend einem langen Leben vorziehen müßten. Il suffit, lui dis-je, que le mensonge, soit mensonge, pour n'être pas digne d'un homme qui parle en présence des dieux — man bemerke die christliche Anschauung! — et qui doit tout à la vérité. Celui qui blesse la vérité offense les dieux et se blesse lui-même, car il parle contre sa conscience. Cessez, N., de me proposer ce qui est indigne de vous et de moi. Si les dieux ont pitié de nous, ils sauront bien nous délivrer. S'ils veulent nous laisser périr, nous serons en mourant les victimes de la vérité et nous laisserons aux hommes l'exemple de préférer la vertu sans tâche à une longue vie....

Man sieht an diesem Beispiele recht deutlich, in welcher Weise der Verf. Fragen aus der Moral gleichsam in Scene zu setzen sich bestrebt. Narbal ist hier offenbar zum Vertheidiger der Nothlüge ausersehen, Tel. aber muß die Gründe widerlegen, mit denen man gewöhnlich die Nothlüge zu rechtfertigen sucht, und seine Widerlegung mußte natürlich um so mehr Gewicht haben, da er durch dieselbe sich selbst in die augenscheinlichste Lebensgefahr bringt, also zu seinem eigenen Verderben spricht. Zugleich hat der Verf. es so einzurichten gewußt, daß auf Narbals Seite sich Alles vereinigt, was geeignet war, den Tel. in seinem Entschlusse wankend zu machen, und die Frage selbst vor dem Richterstuhle eines strengen Moralisten zu Gunsten der Nothlüge zu entscheiden — dennoch darf Telemach keinen

Augenblick zaudern, sein und seines unschuldigen Freundes Leben preiszugeben, nur um der Wahrheit in einem an sich ganz gleichgültigen und unwesentlichen Falle treu zu bleiben. Allein grade dies erhöht den Effect, und auf den Effect kommt es dem Verf. zumeist an. Dem Effect wird auch hier die Wahrscheinlichkeit, die gesunde Natürlichkeit und praktische Lebensanschauung zum Opfer gebracht. Daher hat die in dem Buche entwickelte Moral etwas Gesuchtes, Geschraubtes, Uebertriebenes, Unnatürliches und wirkt oft gar nichts, weil sie zu viel wirken will. — Tel. rühmt sich übrigens auch bei einer andern Gelegenheit, daß er schon als Knabe den arglistigen Freiern gegenüber, die ihn über manche Dinge hätten ausforschen wollen, zwar die größte Vorsicht und Verschwiegenheit bewiesen, sie aber doch niemals belogen habe. Je savais bien leur répondre sans mentir et sans leur apprendre ce que je ne devais point leur dire.

Ganz besonders richtet der Verf., wie sich erwarten läßt, seine Aufmerksamkeit auf die Zügelung der Sinnlichkeit als der gefährlichsten Feindin der Jugend. Darum verabsäumt er denn auch nicht, eine Gelegenheit herbeizuführen, um sich recht eingehend über diesen Gegenstand auszusprechen und einerseits auf das Verlockende, Einschmeichelnde, Verführerische, andrerseits aber auf die verderblichen, Leib und Seele zerstörenden Wirkungen der Wollust aufmerksam zu machen. Der Held des Epos wird zu diesem Zwecke nach Cypern, dem Mittelpunkte des Cultus der Cythere, geführt, um dort unter den ungünstigsten Verhältnissen den Kampf gegen jene Versuchungen zu beginnen. Mentor steht ihm nicht mehr schützend zur Seite: er ist bereits in Aegypten von ihm getrennt worden und längst — so fürchtet Tel. — in fremder Sclaverei gestorben. Tel. kämpft lange muthig gegen die von allen Seiten auf ihn eindringenden Versuchungen, von denen er sich Anfangs sogar mit tiefem Abscheu abgewendet hatte, allein sein Widerstand wird immer schwächer, und er würde endlich erlegen sein, wenn nicht Mentor, der als Sclav mit seinem Herrn durch einen wunderbaren Zufall ebenfalls nach Cypern gekommen war, unerwartet erschienen wäre, ihn zu retten. Er wußte nämlich seinen Herrn zu bewegen, auch den Tel. als Sclaven mit sich zu nehmen, und die Sclaverei, die dem Tel. sonst verhaßter gewesen war als der Tod, erschien ihm jetzt als eine

Wohlthat. Denn Flucht, die schleunigste Flucht, sagt M., sei das Einzige, was aus dieser Gefahr retten könne. Fuyez, me dit-il, d'un ton terrible, fuyez, hâtez-vous de fuir. Ici la terre ne porte pour fruit que du poison, l'air qu'on respire est empesté; les hommes contagieux ne se parlent que pour se communiquer le venin mortel.... Man erkennt leicht, weshalb der Verf. seinen Helden diesem Feinde gegenüber so ohnmächtig sein läßt. Denn wie konnte er die Furchtbarkeit desselben anschaulicher machen als dadurch, daß er sogar den besonnenen und sittlich festen Tel. endlich ermatten und nur durch fremde Hilfe seine Rettung herbeiführen ließ! In ähnlicher Weise muß ihn Mentor späterhin auf der Insel der Kalypso den Fesseln des Liebesgottes entreißen, indem er ihn fast gegen seinen Willen mit sich fortzieht und ins Meer hinabstürzt. On ne peut vaincre l'Amour qu'en fuyant, sagt er. Contre un tel ennemi le vrai courage consiste à craindre et à fuir, mais à fuir sans délibérer et sans se donner à soi-même le temps de regarder jamais derrière soi. Der größte Theil des 7. Buches bewegt sich in der Betrachtung und Erörterung dieses Gegenstandes, und Mentor wird nicht müde, alle Kunstgriffe und Scheingründe aufzudecken, durch welche die Leidenschaft sich zu rechtfertigen oder hinter denen sie sich zu verstecken sucht. „Warum wollen wir nicht auf dieser schönen Insel bleiben? Ulysses ist gewiß längst in den Wellen begraben, und Penelope wird wohl zuletzt auch dem Drängen der Freier nachgegeben und sich von Neuem vermählt haben. Die Rückkehr nach Ithaka würde uns also einem sicheren Tode von den Händen der Freier entgegenführen.“ So spricht aus Telemachs Munde die Leidenschaft. Mentor antwortet ihm: Voilà l'effet d'une aveugle passion. On cherche avec subtilité toutes les raisons qui la favorisent et on se détourne de peur de voir celles qui la condamnent. On n'est plus ingénieux que pour se tromper et pour étouffer ses remords. Zum Schluß faßt er den Tel., wie gewöhnlich, beim Ehrgeiz: Lâche fils d'un père si sage et si généreux, menez ici une vie molle et sans honneur au milieu des femmes: faites malgré les dieux ce que votre père crut indigne de lui... Als aber Tel. im Schmerz über seine Schwäche und die Gewalt seiner Leidenschaft sich der Verzweiflung in die Arme werfen will, da ist Mentor es, der ihn zu trösten und aufzurichten sucht, indem er ihm darthut, wie heilsam und nothwendig es für den Menschen sei, an sich selbst die Macht der Leidenschaft und seine eigne Ohnmacht zu erfahren. Celui qui n'a point senti sa faiblesse et la violence de ses passions, n'est point encore sage; car il ne se connaît point encore et ne sait point se défier de soi.... On vous aurait parlé en vain des trahisons de l'Amour qui flatte pour perdre et qui sous une apparence de douceur cache les plus affreuses amertumes. Il est venu cet enfant plein de charmes parmi les ris, les jeux et les grâces. Vous l'avez vu, il a enlevé votre coeur et vous avez pris plaisir à le lui laisser enlever. — Doch mit der blinden sinnlichen Leidenschaft ist nicht zu verwechseln die wahre Liebe, und diese letztere weiß denn auch der Verf. zu ihrem Rechte zu bringen. Die Gelegenheit dazu bietet sich ihm im 22. B., wo Tel. dem Mentor seine Liebe zur Antiope, der Tochter des Idomeneus, entdeckt, sich aber zugleich beeilt, ihn darauf aufmerksam zu machen, wie verschieden seine jetzigen Empfindungen von denen seien, die einst auf der Insel der Kal. seinen Geist beherrscht hätten. Non, mon cher M., ce n'est point une passion aveugle comme celle dont vous m'avez guéri dans l'île de Calypso... Ce n'est point un amour passionné, c'est goût, c'est estime, c'est persuasion... Que je serais heureux, si je passais ma vie avec elle!... Ce qui me touche en elle, c'est son silence, sa modestie, sa retraite, son travail assidu, son industrie pour les ouvrages de laine et de broderie, son application à conduire toute la maison de son père(!!) depuis que sa mère est morte, son mépris des vaines parures — doch wozu die lange Reihe von Vorzügen, Tugenden und liebenswürdigen Eigenschaften aufzählen, die Tel. an seiner Geliebten bemerkt hat und die ihn zu der Erklärung veranlassen, daß er sie lieben werde, so lange er lebe, und daß ihr Besitz allein ihn beglücken könne*). Mentor nimmt denn auch keinen Anstand, diese Liebe als eine berechtigte anzuerkennen, und nachdem er alles Gute, was Tel. an der Antiope fand, bestätigt und noch manches neue Lob hinzugefügt hat, fährt er also fort: Vous avez raison, T., Antiope est un trésor digne d'être recherché dans les terres les plus éloignées. Votre amour pour

*) Klingt die ganze Stelle nicht, wie entlehnt aus einem modernen Familien-Roman?

elle, setzt er später hinzu, est juste, les dieux vous la destinent, vous l'aimez d'un amour raisonnable.

Nicht minder eifrig als gegen die oben bezeichneten Jugendfehler oder Laster läßt der Verf. den Mentor bei jeder Gelegenheit gegen Ueppigkeit, Verweichlichung und Luxus zu Felde ziehen, und auch hier erkennen wir wieder recht deutlich die Beziehung auf die Zeit des Schriftstellers, wo man, wie bereits oben bemerkt wurde, im Gegensatz zu der überhand nehmenden Ueberfeinerung das Zurückkehren zur einfachen Natur und zur Unschuld des Hirtenlebens als das einzige Mittel darstellte, um das verlorene Glück wiederzufinden und das goldne Zeitalter auf die verderbte Erde zurückzuführen. Daher das sichtliche Wohlgefallen an der Schilderung einfacher Naturvölker und idyllischen Hirtenlebens — Schilderungen, die in ihrer sentimentalen, ja oft ekelhaft weichlichen Färbung zum Charakter der Heroenzeit freilich durchaus nicht passen wollen, worüber später noch einige Worte zu sagen sind. — Verweichlichung und Genußsucht sind also als die Quellen der Sittenverderbniß im jugendlichen Alter auf alle Weise zu bekämpfen, doch auch hier sorgt der Verf. dafür, daß man die Strenge und den moralischen Rigorismus nicht zu weit treibe. Denn als Tel. nach der Flucht von der Insel der Kal. in seinem Mißtrauen gegen alle sinnlichen Genüsse so weit geht, daß er selbst die unschuldigsten Vergnügungen und Zerstreuungen verschmäht und während ihn auf dem phönizischen Schiffe rings Heiterkeit und Freude, Tanz und Gesang umgiebt, theilnahmlos und in sich verschlossen bleibt: — da muß der sonst so ernste und strenge Mentor es übernehmen, ihn aufzuheitern und ihm zu zeigen, daß unschuldige Vergnügungen dem Menschen nicht bloß erlaubt, sondern sogar nothwendig seien. Je comprends ce que vous craignez; vous êtes louable de cette crainte, mais il ne faut pas la pousser trop loin. Personne ne souhaitera jamais plus que moi que vous goûtiez des plaisirs, mais des plaisirs qui ne vous passionnent ni ne vous amollissent point. Il vous faut des plaisirs qui vous délassent et que vous goûtiez en vous possédant, mais non pas des plaisirs qui vous entraînent... Maintenant il est à propos de vous délasser de toutes vos peines. Goûtez avec complaisance pour Adoam les plaisirs qu'il vous offre. Réjouissez-vous, o T., réjouissez-vous! La sagesse n'a rien d'austère ni d'affecté. C'est elle qui donne les vrais plaisirs....

Ein andrer Fehler, in den die Jugend leicht verfällt, ist die Selbstüberschätzung und die Neigung, über Andre leichtfertig abzuurtheilen. Daher wird im 12. B. die Tadelsucht einer scharfen Kritik unterworfen. Telemach erlaubt sich nämlich einige ungünstige Bemerkungen über den Charakter und die Handlungsweise des Idomeneus, wird aber deshalb von Mentor in strengem Tone zurecht gewiesen. M. l'en réprit d'un ton sévère. Etes-vous étonné, lui dit-il, de ce que les hommes les plus estimables sont encore hommes et montrent encore quelques restes des faiblesses de l'humanité parmi les pièges innombrables et les embarras inséparables de la royauté. Er verbreitet sich darauf sehr ausführlich über die Schwierigkeiten und Hindernisse, mit denen selbst die besten Könige zu kämpfen haben und weist den Tel. auf das Beispiel seines eigenen Vaters hin, der trotz seiner Weisheit sich doch nicht von allen Schwächen und Fehlern habe frei halten können*). Pensez-vous, qu'Ulysse, le grand Ul., votre père, qui est le modèle des rois de la Grèce n'ait pas aussi ses faiblesses et ses défauts? Si Minerve ne l'eût conduit pas-à-pas, combien de fois aurait-il succombé dans les périls et dans les embarras où la fortune s'est jouée de lui... Combien de fois Minerve l'a-t-elle retenu ou redressé pour le conduire toujours par le chemin de la vertu?... Nachdem er dies weiter durchgeführt hat, fährt er also fort: Accoûtumez-vous, o T., à n'attendre des plus grands hommes que ce que l'humanité est capable de faire. La jeunesse sans expérience se livre à une critique présomptueuse qui la dégoûte de tous les modèles qu'elle a besoin de suivre et qui la jette dans une indocilité incurable (moderne Blasirtheit!). Non seulement vous devez aimer, respecter, imiter votre père, quoiqu'il ne soit point parfait, mais encore vous devez avoir une haute estime pour Idomenée — eine Behauptung, die er im Folgenden näher zu begründen sucht. Der Verf. schließt diesen Abschnitt mit folgenden Worten: Mentor fit sentir à Tél. par ce discours combien il

*) Diese Hinweisung auf das Beispiel seines Vaters Ulysses ist in dem Buche bis zum Mißbrauche getrieben.

est dangereux d'être injuste en se laissant aller à une critique rigoureuse contre les autres hommes et surtout contre ceux qui sont chargés des embarras et des difficultés du gouvernement...

Diese moralisirende Tendenz des Buches, die wir durch die angeführten Beispiele hinlänglich charakterisirt zu haben glauben, könnte indeß für Viele vielleicht grade ein Grund sein, dasselbe als Lectüre für das angehende Jünglingsalter zu empfehlen, und in der That wurde der Tél. früher grade seiner Moral wegen besonders hoch gestellt. Le don le plus utile que les Muses aient fait aux hommes c'est le Télémaque; car si le bonheur du genre humain pouvait naître d'un poème il naîtrait de celui-là, heißt es in dem mehrfach erwähnten discours. Auch läßt es sich nicht läugnen, daß in den hierher gehörenden Betrachtungen und Schilderungen die menschlichen Fehler und Leidenschaften oft mit außerordentlicher Lebendigkeit und Wahrheit gezeichnet sind, und daß der Verf. darin eine tiefe Kenntniß des menschlichen Herzens verräth, allein die Betrachtungen selbst sind hier nur größtentheils nicht am rechten Orte und werden deshalb auf den Leser fast ohne Ausnahme störend und ermüdend wirken. Selbst die oben bezeichneten Vorzüge werden für das Alter, in welchem der Tel. gelesen zu werden pflegt, ziemlich verloren sein, weil sie ihm unverständlich sind.

4. Die politisch-socialen Betrachtungen im Télémaque.

Indeß zugegeben, daß man über diesen Punkt noch verschiedener Meinung sein könnte, so möchte das Urtheil über eine andere Klasse von eingeflochtenen Betrachtungen, die eine nicht minder wichtige Rolle spielen — ich meine die politisch-socialen — weniger schwankend sein. Während nämlich ein Theil von ihnen dem jugendlichen Alter mindestens ziemlich fern liegt, ist ein anderer von der Beschaffenheit, daß er gradezu schädlich wirken kann, wie wir dies weiter unten an einzelnen Beispielen nachweisen werden. — Fern liegen diese Betrachtungen unsrer Schuljugend schon deshalb, weil sie, wie oben gezeigt, ganz speziell auf das Bedürfniß der dem Verf. zur Erziehung anvertrauten königlichen Prinzen berechnet sind. Dieser Zweck des Ganzen tritt natürlich in den politischen Reflexionen und Belehrungen noch weit entschiedener hervor als in den moralischen.

Ueberall hat der Verf. den zukünftigen Herrscher vor Augen, und dazu gab ihm die Wahl seines Helden, der ja auch einst das königlich Scepter tragen sollte, die passendste Gelegenheit. Wie ein König denken und handeln, wie er sich selbst und sein Volk glücklich machen soll — das ist es, was der Verf. zeigen will, und der Erreichung dieses Zweckes hat er manche andre wichtige Rücksichten freiwillig aufgeopfert. Daher ziehen sich durch das ganze Werk hindurch einerseits die Schilderungen des bon roi und des Glückes, das er selbst genießt und das er um sich her über sein ganzes Volk verbreitet, andrerseits aber die abschreckenden und gewöhnlich mit den grauenhaftesten Farben gezeichneten Bilder des mauvais roi und des Unheils, das er über Tausende verhängt, das aber zuletzt jedes Mal auf sein eignes Haupt zurückfällt. Von der ersten Art ist die Schilderung des Sesostris im 2. B., der als ein Muster von Weisheit und Gerechtigkeit dargestellt wird, qui ne croyait être roi que pour faire du bien à ses sujets qu'il aimait comme ses enfans. Ferner gehört hierher Baleazar, König von Tyrus und Nachfolger des feigen und blutdürstigen Pygmalion, die uns beide im 8. Buch vorgeführt werden. Der Verf. benutzt besonders den Besuch des Tel. in der Unterwelt, um uns mit einer ganzen Reihe von guten und schlechten Königen, mit den Belohnungen der einen und den Strafen der andern bekannt zu machen, und, wie sich seinem Zwecke gemäß erwarten ließ, hat er hier Alles aufgeboten, um die Glückseligkeit der guten Könige nach dem Tode mit den glänzendsten und reizendsten, die ewige Verdammniß der schlechten aber mit den schrecklichsten und schwärzesten Farben zu zeichnen. Der weise und gerechte Sesostris muß sich übrigens bei dieser Gelegenheit doch einen kleinen Seitenhieb wegen seiner Eroberungszüge gefallen lassen. Denn Kriege und Eroberungen sind es, gegen die der Verf. ganz besonders ankämpfen zu müssen glaubt, weil die Versuchung dazu bei den Fürsten am stärksten zu sein pflegt. — Noch mehr Sorgfalt als den guten wird in unserm Buche den schlechten und gottlosen Königen zugewendet, und um den Gegensatz zwischen den ersteren und den letzteren recht scharf hervorzuheben, läßt er gern auf einen König der ersten Art unmittelbar ein recht abschreckendes Beispiel der andern Art folgen, oder auch umgekehrt. So folgt im 2. B.

auf den trefflichen Sesostris sein unwürdiger Sohn, der in allen Stücken als das Gegenbild seines Vaters geschildert wird. Il avait été nourri dans la mollese et dans une fierté brutale. Il comptait pour rien les hommes, croyant qu'ils n'étaient faits que pour lui et qu'il était d'une autre nature qu'eux. Il ne songeait qu'à contenter ses passions, qu'à dissiper les trésors immenses que son père avait menagés avec tant de soin, qu'à tourmenter les peuples et qu'à sucer le sang des malheureux, enfin qu'à suivre le conseil flatteur des jeunes insensés qui l'environnaient, pendant qu'il écartait avec mépris les sages vieillards qui avaint eu la confiance de son père. C'était un monstre et non pas un roi; toute l'Egypte gémissait cet. Er nimmt aber auch ein entsetzliches Ende, und Tel. versichert, daß ihm das Bild seines blutigen Hauptes ewig vor Augen schweben werde. Toute ma vie il sera peint devant mes yeux, et si jamais les dieux me faisaient régner, je n'oublierais point après un si funeste exemple, qu'un roi n'est digne de commander et n'est heureux dans sa puissance qu'autant qu'il la soumet à la raison. — Weit abschreckender noch ist das Bild, welches uns im folgenden und im 8. B. von dem Leben und Ende des phöniz. Königs Pygmalion entworfen wird — eine Erzählung, die zu bekannt ist, als daß ich nöthig hätte, hier näher darauf einzugehen. Wie auf den Sesostris einen schlechten, so läßt der Verf. auf den tyrannischen Pygmalion unmittelbar einen weisen und gerechten Herrscher folgen und zeigt, welch eine glückliche Umwandlung dieser Wechsel sofort in allen Verhältnissen des Staats hervorgebracht habe.

Uebrigens wird den Lesern bei jeder Gelegenheit die Lehre auf das Nachdrücklichste eingeschärft, daß die Königskrone für den, der sie trägt, kein leichtes Spielwerk, sondern eine schwere Last sei und daß man das Loos eines Herrschers trotz des äußeren Glanzes und Schimmers, der ihn umgiebt, keineswegs für ein beneidenswerthes zu halten habe. Hélas, o mon fils, que la royauté est trompeuse! Quand on la voit de loin, on ne voit que grandeur, éclat et délices, mais de prés tout est épineux. Nachdem diese Behauptung durch Aufzählung aller Dornen, die an der Krone haften, begründet ist, ermahnt M. den Tel. schließlich also: Crains donc, mon fils, crains donc une condition si périlleuse, arme-toi de courage contre toi-même, contre les passions et contre les flatteurs! — Schmeichler und selbstsüchtige Menschen täuschen auch die besten Fürsten und verleiten sie zum Bösen. Hélas, à quoi les rois sont-ils exposés! Les plus sages même sont souvent surpris. Des hommes artificieux et intéressés les environnent, les bons se retirent, parce qu'ils ne sont ni empressés ni flatteurs: les bons attendent qu'on les cherche et les princes ne savent guère les aller chercher. Au contraire les méchans sont hardis, trompeurs, empressés à s'insinuer et à plaire, adroits à dissimuler, prêts à tout faire contre l'honneur et la conscience, pour contenter les passions de celui qui règne. — Chacun (heißt es an einer andern Stelle) est intéressé à tromper le roi, chacun sous une apparence de zèle cache son ambition. On fait semblant d'aimer le roi et on n'aime que les richesses qu'il donne. Alle Welt, sagt M. im 12. B., sei beschäftigt, den einen Mann zu jeder Stunde zu beobachten und mit aller Strenge über ihn zu richten, ohne zu bedenken, mit welchen Schwierigkeiten er zu kämpfen habe und daß auch er nothwendiger Weise menschlichen Schwächen und Irrthümern unterworfen sei. Un roi quelque bon et sage qu'il soit est encore homme; son esprit a des bornes et sa vertu en a aussi. Il a de l'humeur, des passions, des habitudes, dont il n'est pas tout-à-fait le maître. Il est obsédé par des gens intéressés et artificieux cet... Die Völker seien zu beklagen, daß ihre Könige nur Menschen sein könnten, nicht weniger aber seien die Könige zu beklagen, daß sie über eine Menge so verderbter, hinterlistiger und selbstsüchtiger Menschen herrschen müßten.

Während sich indeß gegen diese Klasse politischer Reflexionen nichts weiter einwenden läßt, als daß sie in ihrer häufigen Wiederkehr ermüden, giebt es eine andre Art politischer Betrachtungen im Tél., die man gradezu als schädlich bezeichnen kann. Ich meine diejenigen Stellen, wo der Verf. als Gesetzgeber auftritt und es sich zur Aufgabe macht, Belehrungen über die beste Staats-Verfassung zu geben. Der Franzose ist an sich zum Gesetzgeber nicht geschaffen: er verfällt dabei gar zu leicht in Phantastereien und Lächerlichkeiten. Er glaubt Gesetze und Staatsverfassungen nach einem gewissen Schematismus frei aus sich heraus schaffen oder abändern zu können, wie man etwa dem Grundrisse zu einem Hause nach Belieben heute diese, morgen jene Gestalt geben und sich dabei ganz seiner Phantasie überlassen kann. Alles glaubt er nach einem abstracten Ideal machen zu können; von einer nothwendigen und stetig fortschreitenden Entwicklung will er nicht viel wissen oder will ihr wenigstens keine Berechtigung zugestehen. Diesen Charakter tragen denn auch im Tél. die meisten Stellen, wo Muster zu Staatsverfassungen aufgestellt werden sollen. Ich verweise hier namentlich auf das 12. B., wo Mentor seinen politischen Idealen in dem neugegründeten Staate des Idomeneus Leben und Wirklichkeit zu geben unternimmt. Nachdem er den Handel durch Gesetze geordnet, den Luxus in Kleidung, Nahrung, wie in der Einrichtung und dem Schmucke der Häuser und in den Hausgeräthen beschränkt hat, giebt er dem Könige Vorschriften über die Abzeichen, durch die allein er seine königliche Macht äußerlich kenntlich zu machen habe und über die Eintheilung des Volks in 7 Klassen, welche sich ebenfalls äußerlich durch die Farbe und gewisse andre unbedeutende Abzeichen in der Kleidung unterscheiden sollen. Il est nécessaire que vous ayez une certaine majesté dans votre extérieur, mais votre autorité sera assez marquée par vos gardes et par les principaux officiers qui vous environnent. Contentez-vous d'un habit de laine très-fine teinte en pourpre. Que les principaux de l'état après vous soient vêtus de la même laine et que toute la différence ne consiste que dans la couleur et dans une legère broderie d'or que vous aurez sur le bord de votre habit. L e s d i f f é r e n t e s c o u l e u r s s e r v i r o n t à d i s t i n g u e r l e s d i f f é r e n t e s c o n d i t i o n s, sans avoir besoin ni d'or, ni d'argent, ni de pierreries. Diese verschiedenen Klassen sollen nach der Geburt geordnet werden. In die erste Klasse sollen Diejenigen kommen, die von einem höheren und glänzenderen Adel sind. Nach diesen sollen erst die höchsten Staatsbeamten folgen, die sich jenen gern unterordnen würden. Denn, sagt M., la distinction la moins exposée à l'envie est celle qui vient d'une longue suite d'ancêtres. Außerordentliche Tugenden und Verdienste sollen aber durch Erhebung in den Adel belohnt werden. Nun wird weiter angeordnet, wie die sieben Klassen in der Kleidung sich unterscheiden sollen. Les personnes du premier rang après vous seront vêtues de blanc avec une frange d'or au bas de leurs habits. Ils auront au doigt un anneau d'or et au col une médaille d'or avec votre portrait (die modernen Orden!). Ceux du second rang seront vêtus de bleu, ils porteront une frange d'argent avec l'anneau et point de médaille. Les troisièmes de vert sans anneau et sans frange, mais avec la médaille; les quatrièmes d'un jaune d'aurore; les cinquièmes d'un rouge pâle ou de roses; les sixièmes d'un gris de lin, les septièmes qui seront les derniers du peuple d'une couleur mêlée de jaune et de blanc. Die Sclaven aber sollen graubraune Kleider tragen. In dieser ganzen Anordnung aber soll durchaus nicht die geringste Abänderung geduldet werden, um den Kleider-Luxus nicht aufkommen zu lassen. Auch in allen andern Beziehungen ist der Luxus verbannt, und jedem Stande werden genau die Grenzen bezeichnet, innerhalb deren er sich zu halten hat. Alle unnöthigen, auf die Befriedigung eingebildeter Bedürfnisse gerichteten Künste werden beseitigt, und die Bürger, die sie bisher betrieben haben, werden gezwungen, sich einem andern nützlichen Gewerbe, namentlich dem Ackerbau, zuzuwenden. Selbst die Nahrung der Bürger, wie der Sclaven wird durch Gesetze geregelt und dem Könige wird es zur Pflicht gemacht, darin seinem Volke mit dem besten Beispiele voranzugehen — eine Vorschrift, der Idomeneus sogleich nachzukommen sich beeilt. Il réglà aussitôt sa table où il n'admit que du pain excellent, du vin du pays qui est fort et agréable, mais en fort petite quantité, avec des viandes simples telles qu'il en mangeait avec les autres Grecs au siège de Troie. Die Musik darf nur bei heiligen Festen zur Verherrlichung der Götter und Heroen angewandt werden, und ebenso ist die höhere Baukunst auf den Schmuck der Tempel beschränkt, während die Wohnhäuser der Bürger einfach und nach einer bestimmten Vorschrift eingerichtet sein müssen. Die Maler- und Bildhauerkunst sind zwar nicht verbannt, aber auch auf ein sehr enges Gebiet verwiesen; sie sollen dazu dienen, das Andenken großer Männer und großer Thaten zu verewigen. Il ne faut employer les sculpteurs et les peintres que pour conserver la mémoire des grands hommes et des grandes actions. Zur Bildung der Maler und Bildhauer errichtet Mentor eine Schule, où présidaient des maîtres d'un goût exquis qui examinaient les jeunes élèves. Nur solche Jünglinge, die entschiedenes Talent zeigen, sollen darin Aufnahme finden.

In dieser Weise geht es dann noch weiter fort. Es ist ein seltsames Gemisch von Reminiscenzen aus leicht erkennbaren griechischen Quellen und aus modernen Reflexionen und idealistischen Träumereien. Solche phantastische Gebilde des politisirenden Verstandes aber, wenn sie, wie dies hier geschieht, in völligem Ernste als Producte tiefer Staatsweisheit hingestellt werden, sind gewiß wenig geeignet, richtige Anschauungen und Ideen von diesen Dingen in der Jugend zu erwecken, so sehr sie auch dem französischen Geschmacke zusagen mögen. Denn der Franzose liebt nun einmal das spielende Experimentiren mit Staatsverfassungen. Ein Engländer würde es sich nicht im Traume einfallen lassen, uns solche phantastische Gebilde mit so pathetischem Ernste als wahre Staatsweisheit darzubieten.

Durchaus phantastisch und in ihren Einzelheiten gradezu lächerlich ist im 5. Buche die Erzählung von der kretensischen Königswahl und von der allgemeinen Concurrenz, die von den Kretensern zu diesem Zwecke eröffnet wird, nachdem sie ihren König Idomeneus verloren haben. Telemach, der mit Mentor zufällig grade um diese Zeit nach der Insel kommt, tritt bekanntlich ebenfalls als Bewerber um die Königskrone auf und erficht natürlich sowohl in den körperlichen Kämpfen als auch in der Lösung der vorgelegten Fragen einen so glänzenden Sieg, daß die Kretenser sich beeilen, ihn jubelnd zu ihrem Könige auszurufen, — eine Ehre, die Telemach, wie sich von selbst versteht, von sich ab und auf den Mentor hinlenkt, der sich ihr aber ebenfalls zu entziehen weiß, jedoch auf Verlangen der Kretenser sich bereit erklärt, ihnen einen würdigen Candidaten vorzuschlagen *). Seine Wahl fällt auf Aristodemus, einen schlichten und wenig bekannten Mann, dem dann die Kretenser auch sogleich die Krone anbieten, die er indeß nur mit Widerstreben und unter gewissen Bedingungen sich aufnöthigen läßt. Tout le peuple s'écria: il est vrai, Aristodème est tel que vous le dites, c'est lui qui est digne de régner. Les vieillards le firent ap-

*) Enfin les Crétois s'écrièrent parlant à Mentor: Dites-nous, ô le plus sage et le plus grand de tous les mortels, dites-nous donc qui est-ce que nous pouvons choisir pour notre roi! Nous ne vous laisserons point aller, que vous ne nous ayez appris le choix que nous devons faire.

peler: on le chercha dans la foule, où il était confondu avec les derniers du peuple. Il parut tranquille; on lui déclara qu'on le faisait roi. Il repondit: je n'y puis consentir qu'à trois conditions. La première que je quitterai la royauté dans deux ans, si je ne vous rends meilleurs que vous n'êtes et si vous résistez aux lois. La seconde, que je serai libre de continuer une vie simple et frugale. La troisième que mes enfans n'auront aucun rang et qu'après ma mort on les traitera sans distinction selon leur mérite comme le reste des citoyens.

II. Die formale Seite des Buches.

Wir schließen hiermit unsre Bemerkungen über die materielle Seite des Buchs, obwohl sich darüber noch gar Manches sagen ließe, und fügen bloß noch einige Worte über die Darstellung hinzu. In Beziehung auf Klarheit der Gedanken, künstlerische Abrundung und Glätte der Perioden läßt dieselbe nichts zu wünschen übrig. Was dagegen an ihr mißfällt, ist das rhetorische Pathos, wodurch die innere Wärme ersetzt werden soll, woran es den moralischen und anderen Declamationen meistentheils fehlt und fehlen muß, weil die darin ausgesprochenen Empfindungen und Reflexionen sich nicht mit innerer Nothwendigkeit aus den dargestellten Verhältnissen ergeben, sondern von dem Verf. oft erst künstlich hineingetragen sind, so daß sie in dem Munde der handelnden Personen als etwas ihnen Fremdartiges und Aufgedrungenes erscheinen müssen. Wir finden in diesen Declamationen viel Kunst, aber wenig innere Wahrheit. Man fühlt es ihnen an, daß sie nicht vom Herzen kommen, mithin auch nicht zum Herzen gehen können. Der Leser wird mehr geblendet als überzeugt; sein Herz wird durch den rhetorischen Glanz nicht erwärmt; er nimmt keinen innigen Antheil an den handelnden Personen, an ihren Schicksalen und Gesprächen, weil eben in Allem zu wenig innere Wahrheit liegt — ein Mangel, dem durch Pathos nicht abgeholfen werden kann. Das Pathetische in der Darstellung ist indeß etwas, was mehr im Ganzen empfunden werden muß, als daß es sich an einzelnen Beispielen klar nachweisen ließe. Indeß erkennt man es doch auch im Einzelnen an den Uebertreibungen im Ausdrucke, und solche finden sich im Tél. sehr häufig, namentlich auch in den Vergleichen und Bildern, die der Verf.

anwendet, um der Darstellung Leben zu verleihen. Nicht bloß sind diese Vergleiche und Bilder allzusehr gehäuft und verlieren dadurch an Kraft, sondern sie tragen auch oft an sich selbst den Charakter des Uebertriebenen und Pomphaften. Löwen und Tiger und Bären nebst den Schrecknissen großartiger Naturerscheinungen spielen in ihnen keine geringe Rolle und wo sich irgend Gelegenheit bietet, muß nebenbei auch das Blut in Strömen fließen. Semblable à un lion de Numidie que la cruelle faim dévore et qui entre dans le troupeau des faibles brebis, il déchire, il égorge, il nage dans le sang et les bergers loin de sécourir le troupeau, fuient tremblans pour se dérober à sa fureur — so wird uns Mentor geschildert, als er die Krieger des Acestes zum Kampfe führt, Mentor, der doch sonst so friedlicher Natur ist, der gegen nichts mehr eifert als gegen Krieg und Blutvergießen und der uns an einer andern, oben bereits erwähnten Stelle belehrt, daß das ganze Menschengeschlecht eine große Familie und alle Menschen Brüder seien. Das Löwen-Gleichniß kommt aber im Tél. ziemlich häufig vor, so z. B. im Anfange des 18. B. vom Adrast: Semblable à un lion affamé qui ayant été répoussé d'une bergerie s'en rétourne dans les sombres forêts et rentre dans sa caverne où il aiguisse ses dents et ses griffes, attendant le moment favorable pour égorger tous (!) les troupeaux. Auch Telemach, als er in Cypern den Versuchungen zu erliegen im Begriff ist, brüllt wie ein Löwe in seinem Schmerz: Je rugissais comme un lion dans ma fureur, sagt er von sich selbst. Als Calypso sich von Telemach verschmäht sieht, rennt sie wüthender als eine Löwin, der man ihre Jungen geraubt hat, durch den Wald. Calypso plus furieuse qu'une lionne à qui on a enlevé ses petits, courait au travers de la forêt, sans suivre aucun chemin et ne sachant où elle allait. Und ihre Nymphen sehen wir aus einem ähnlichen Grunde errantes et dispersées comme un troupeau de moutons, que la rage des loups affamés a mis en fuite loin du berger. Auch Philoktet vergleicht sich selbst im 15. B. mit einer Löwin, der man die Jungen entrissen hat und welche die Wälder mit ihrem Gebrüll erfüllt. Als Tel. im 4. B. mit Mentor wieder zusammentrifft, aber fürchten muß, bald wieder von seiner Seite gerissen zu werden, da es zweifelhaft ist, ob Hasael ihn als Sclaven annehmen wird, ruft Tel. in Beziehung auf den Letzteren aus: Ce maître Syrien est-il impitoyable? Est-ce une tigresse dont il a sucé les mamelles dans son enfance? Voudra-t-il vous arracher d'entre mes bras?...

Diese Neigung zum Pathos ist allerdings eine Eigenheit, die der Verf. mit vielen seiner Landsleute theilt und die im französischen National-Charakter begründet ist, allein sie tritt doch nicht in allen Gattungen literarischer Erzeugnisse so stark hervor, und grade in die Schilderung des einfachen antiken Lebens will sie am wenigsten passen. Man wird dies recht deutlich empfinden, wenn man den französischen Autor neben den Homer stellt und namentlich die Vergleiche und Bilder Beider gegen einander hält. Homers Vergleiche tragen den Stempel der Wahrheit und Naturtreue, weil sie auf eigner Anschauung beruhen, während die des Tél. durch Uebertreibung und Pomphaftigkeit den Eindruck selbst schwächen oder vernichten, den sie hervorbringen sollen.

Fassen wir das bisher Gesagte kurz zusammen, so sind es also besonders die moralisirenden und politisch-socialen Betrachtungen in ihrer modernen sentimental-weichlichen, dem antiken Leben widersprechenden Färbung, welche nicht bloß dem gereiften Manne, sondern auch dem Jünglingsalter die Lectüre des Télémaque verleiden müssen und welche ihn zu einem stehenden Schulbuche nicht empfehlen können.

Luckau. **Fr. A. Wagler.**

Materialien zur Geschichte deutscher Mundarten.

(Schluß.)

K'rüd (lang ü) — eingekochter Fruchtsaft; z. B. Fleidek'rüd, Saft aus Holunderbeeren; K'espekrüd, Kirschsaft; Plumek'rüd (kurz u), Pflaumensaft; Gelmoirek'rüd, Mohrrübensaft, u. s. w.

knap (kurz a) — karg — auch adverb. kaum; davon wird ein eigenthümliches Deminut. gebildet: knapk'e z. B. so knapk'e, so kaum.

Kluge (kurz u) — Knäuel. — Knåke — Knochen — fries. knaak. Kn'aket (kurz a) — Storch; auch Knaknåbe genannt.

Kude (kurz u) plur. kudere — Lumpen; davon das Verb. vekudere — zerlumpen; adj. kudeg — zerlumpt.

K'ack' — Kirche; sprichwörtl.: dat is so wiss, as amen i de K'aek', das ist so gewiß, wie Amen in der Kirche.

k'âve (lang a) — kerben; davon ik'âve, utk'âve u. a. K'âv — die Kerbe.

k'rüsele (lang ü) — sich schnell im Kreise drehen; davon Brumk'rüsel (kurz u) — Brummkreisel; K'rüsel — der Haarwirbel auf dem Hinterkopfe.

k'lik'e (kurz i) — kleben; davon utk'lik'e mit Lehm bewerfen; āk'lik'e, ankleben; upk'lik'e, aufkleben u. s. w.

Kraug — Wirthshaus; davon Kroige, der Besitzer eines Wirthshauses, Krüger.

Kraus — der Krug, die Krause, fries. kruas.

K'ringel — Prätzel — auch provinz. nhd.

Kum — (kurz u) — Krippe.

K'noevel — Knebel — auch die Knöchel an den Fingern; davon k'noevele — knebeln.

k'eive — zanken — Reineke V. kyven; das ebenfalls im Reineke V. vorkommende Subst. kyv, Zank, hat sich nicht erhalten.

Kôv — Korb sprüchwörtlich: hei is Hân im Kôv, er ist Hahn im Korbe. Ein kleines Körbchen heißt: K'iep.

k'ülke (lang ü) — sich erbrechen, vomitare, — im verächtlichen Sinne.

Kôt (lang o, wie in Brod) — der Huf, nur von Zweihufern gebraucht. Kut (kurz u) die weiblichen Geschlechtstheile, im verächtlichen Sinne; ol Kut nennt man auch wohl ein altes Weib.

Kumst (kurz u) — Weißkraut, besonders wenn es gesäuert ist.

Kâvel — ein kleiner Strich Landes, eine Parzelle; aus dem Poln. Kawal, das Stück.

K'ingelbeie — Kindtaufe — provinz. nhd. Kindelbier. K'raevt — Krebs. K'eie — Kien.

Klat (kurz a) — der Weichselzopf — der Plural: Klatere — Lumpen, zerlumpte Kleider.

K'ik'e (kurz i) — sehen — neben seie.

Knûst — ein großes Stück Brod.

Kauvt — der Milcheimer, immer mit einer aufrechtstehenden Handhabe versehen.

klam (kurz a) — vor Kälte, Nässe schlaff — davon: veklâme, vor Kälte halb erstarren.

Knoke (kurz o) — eine Puppe, gereinigten, ausgehechelten Flachses.

K'inte — das Endstück eines Brotes; provinziell nhd. Käntchen (schlesisch: Ränftel).

klâre — eine dickflüssige Substanz verschmieren; davon wohl mittelst des bekannten Lautwechsels klaseg — schmierig.

kabele (kurz a und e) — einen lauten Wortwechsel führen; davon kabelg — streitlustig.

Käsche — ein Handnetz; — provinziell nhd. Käscher.

Kobel (kurz o) — Stute — aus dem Polnischen: kobyla, eine Stute. Krak (kurz a) — Gaul.

Kole (kurz o) — der Kragen.

kladere (kurz a) — sagt man von Kindern, die Alles anfassen (schlesisch: begratschen).

Kavk' (kurz a) — Dohle — aus dem Polnischen: kawka, die Dohle.

Kalink' (lang i) — Hambutte, rosa canina.

Kadik' (kurz a) — Wachholder.

Knubel (kurz u) — eine Verdickung an einem schlanken Gegenstande.

knabere (kurz a) — an einem harten Gegenstande (Knochen) nagen.

K'iwit — der Kibitz — schon im Reineke V.

K'reik' — eine kleine Pflaume — nhd. krieche.

Kolte — das Pflugmesser.

Kasel (lang a) — der Rückstand von ausgebratenen Speckstückchen.

k'loetere — rasseln, wie etwa Nüsse in einem Beutel.

Kosmatke (kurz o) — Stachelbeeren — aus dem Polnischen: agrest kosmatka; auch Rugelbaere (kurz u) genannt.

lêre heißt sowohl lehren, als auch lernen; selbst intransf. wird es gebraucht, z. B. hei lêet gaud, er lernt gut. Davon: ûtlêre, auslernen, die Lehre beendigen, velêre, verlernen u. a.

Lüchting — ein Wort des Fluches, z. B. dat di d' Lüchting, daß Dich das Wetter — oft auch für Satan, Teufel gebraucht, wie: di sa d' Lüchting hâle, dich soll der T. holen.

lek' (kurz e) wird von vertrockneten hölzernen Gefäßen gesagt, wenn sie Wasser durchsickern lassen (S. unten spak); das Verb. lek'e (beide e kurz) heißt tropfen. Ein anderes Adj. lêk' heißt flach, von Flüssen oder Seen. Das Verb. lêk'e heißt laichen. Pogelêk' (kurz o) — Froschlaich.

loime — das Wasser trüben, lehmig machen. Davon loimg — trübe (nur vom Wasser).

Lâd — ein großer Kasten zum Aufbewahren von Wäsche, Kleidern u. a. mhd. lade.

Les (kurz e) — das Wagengeleise. Lüs (lang ü wie in Bürger) — die Linse vor dem Wagenrade.

Laum — eine in das Eis gehauene Oeffnung, Wuhne; provinziell auch Luhme.

Lâke — ein großes leinenes Tuch; Reineke V. laken; auch noch bei Goethe Laken. Davon: Bedlâke (das erste e kurz) Betttuch, Krûtlâke, Krautlaken, Saeglâke das (Goethe: der) Laken, in welchem der Säemann das Korn trägt.

Leme (kurz e) — die Messerklinge. Log (kurz o) — Löwe.

Lâf — Lab — Laff soll im Danziger Dialekt frischer Käse heißen. S. Neue Preuß. Provinz. Blätter II, Bd. I. Hft. I. p. 28.

Lisch (kurz i) — eine aus Schienen oder Kiefernwurzeln geflochtene, mit einem desgl. Deckel versehene Kiste, besonders von Fischern zum Transport der Fische gebraucht. Davon das Deminut. Lischk'e. Auch provinziell nhd. Lischke.

lange — reichen, in allen seinen Bedeutungen; z. B. dat langt ni, das reicht nicht; heraflange, herabreichen; haelange, herreichen, hergeben u. a.

lâte — lassen und aussehen; z. B. wu let (kurz e) dat, wie sieht das aus? wu let mi dig (kurz i) Haut, wie steht mir dieser Hut?

lütk' (kurz ü) — klein — Reinike V. luttik.

lik' (kurz i, aber hell wie in „sie") — gerade. Davon: lik'ût, geradeaus.

Liwaek' (kurz i) — die Lerche. — Laepe — Löffel. Davon: Laepestael — Löffelstiel.

Lûsangel (lang u) — Lausekerl; provinz. nhd. Lausangel.

Möl (kurz ö, aber hell wie in „Röthe") — Staub, Auskehricht; provinziell nhd. Gemülle — ahd. molta; Reineke V. mul; nnl. mull (spr. müll).

Mol (kurz o) — Maulwurf — fries. moll. Davon ûtmole auswühlen.

Moll (kurz o, aber hell wie in „roth") — Mulde.

Maedel — der dünne Halm des Grases, auch d. Schwingel.

Moig — Gram, Kummer — ahd. müeje, Reineke V. moje. Davon sik' moige, sich grämen, Reineke V. mojen.

Moide — Mieder — mhd. muoder.

Molt (kurz o, aber hell wie in „roth") — Malz — sprichwörtlich:

hei mök't (kurz ö) e Gsicht, as we d' Kâte i 't Molt schit, er macht ein Gesicht, als wenn der Kaier ins Malz sch —, sagt man von einem sauertöpfischen Menschen.

Maus — eine breiartige Mehlsuppe — (nicht Brei, welcher Brig heißt) ahd. muos.

Meie, Plur. Meiere — Ameise — die gelbe heißt auch Pismeie (kurz i).

Maude (alterthümlich) — Mutter — sprichwörtlich: wae ni Vâde u Maude wi fôlge (lang o), mut (kurz u) dem Kâlvlaede fôlge, wer nicht Vater und Mutter will folgen, muß dem Kalbfell folgen, d. h. wird beim Militair folgen lernen.

Moin — Muhme. — Mat. (kurz a) — Metze.

marache — schwer arbeiten — davon: sik' afmarache, sich abarbeiten.

mânk — zwischen — sprichwörtlich: wae mânk de Wülfe is, mut met hüle (lang ü), wer unter den Wölfen ist, muß mit heulen — oder: wae sik' mank de Traevel mingt, de fraete d' Swin, wer sich unter den Träber mengt, den fressen die Schweine.

Mode (kurz o) — Morast — provinziell nhd. Modder. Davon: modeg, morastig.

mulsch — eigentlich morsch — wird nur von weichgewordenem Obst gesagt, das noch nicht in Fäulniß übergegangen ist.

Mutk' — ein geheimes Plätzchen, gewöhnlich im Heu oder Stroh, in welchem man eine kleine Quantität Obst aufbewahrt, damit es weich (mulsch) werde — (schlesisch: Mauke).

möchele (lang ö) — verwandt mit „meucheln“, Jungvieh durch übermäßige Liebkosungen martern.

madere (kurz a) — etwas meistern, wovon man nichts versteht; auch: smadere (kurz a.)

moe — mürbe, zerbrechlich — Mit (kurz i, aber hell wie in „sie“) — die Motte.

Mog (kurz o, aber hell wie in „roth“) Aermel — Reineke V. mouwe.

muchelg — dumpfig — besonders von verdorbenem Getreide, Mehl und dergl.

Magel (kurz a und e, Oxytonon) — Frauenzimmer — provinziell nhd. Margelle — aus dem Litthauischen — mergá, Jungfrau. —

Nilk' (lang i) — wahrscheinlich „Ilk'“ mit apokopirtem unbestimmten Artikel — Iltis.

Nük'e (lang ü) boshafte Launen — Reineke V. im Koker.

Naet — Nisse — die Eier der Kopflaus; verwandt mit Noet — Nüsse.

Nitfak (i und a kurz) — in der Scheune die Ueberdachung über der Tenne.

Naevge (das g weich, wie j) — der Bohrer — bohren heißt dagegen bâre.

neiwedeg (beide e kurz) — unfolgsam, widerspenstig — besonders von kranken Kindern, eigensinnig; im Danziger Dialekt soll es newedrig lauten (Seidel a. a. O.).

Nâbe — Nachbar —

nip (kurz i) adverb. scharf, genau — nur vom Sehen und Hören; z. B. hei k'êk' nip hen, er sah genau hin Demin. nipk'e.

nötelg (lang ö) — schnurrig, drollig.

neden (kurz e) — unten — Reineke V. nedden.

nân — nichts — verwandt mit dem agſ. nan, kein — kommt nur in der Verbindung nan voe, für nichts, zu nichts, vor. z. B. sprüchwörtlich: hastg Spaud is nân voe gaud, wörtlich: hastige Eile ist für nichts gut. (S. unten: Spaud.)

noime — nennen — davon: der Name.

Olm (lang o) faules Holz — davon: ôlmg — faul — nur vom Holze.

ôvetüge — wider Jemanden zeugen; Reineke V. overtügen.

Ovelast — Ueberlast — z. B. Ovelast daue, zu viel auferlegen, überbürden; Reineke V. overlast.

Oet — Ort — sprichwörtlich: e gaud Wôet fingt gaude Oet, ein gutes Wort findet gute Statt. Oft heißt es so viel als „Gegend"; z. B. im Slochogsche Oet, in der Schlochauer Gegend. — Ost — Ernte. —

Pas (kurz a) — gelegene Zeit — z. B. hei quam recht 't pas, er kam recht zur gelegenen Zeit; auch im Reineke V.

Pas (kurz a) — der Gürtel — aus dem Polnischen.

Pâmel — Semmel. — Pog (kurz o) — der Frosch — Reineke V. pogge; davon Pogestauel — der ungenießbare Pilz, während der genießbare Pülz heißt.

pede (beide e kurz) — treten — auch vom Begatten der Vögel gebraucht.

Paede — Queckenwurzeln. — Pedk' — das Innerste des Baumstammes, auch das Mark im Holunderstamme.

Puch auch Püch — das Oberbett — soll im Danziger Dialekt Plüch (?) lauten (Seidel a. a. O.)

pâre — faulen — besonders vom Dünger; davon: Paedâmp, dichter übelriechender Nebel.

plire (lang i) — greinen — (pleurer) nur tadelnd von Kindern.

pölle — schälen — davon; afpölle, abschälen; utpölle, ausschälen.

pröte (kurz ö) — schmollen — davon: Frötwink'el, Schmollwinkel.

prik' (kurz i) — von Kleidern, glattanliegend, nett.

Pulsch — geronnene Milch, in der sich der Molken klar abgesondert hat.

Pus (kurz u) — der Kuß — davon: puse (kurz u) — küssen.

Proek'el — der Stecher — prock'ele, stechern. —

pladere (kurz a) — plappern — ebenso; quakele (kurz a) und quasele (kurz a.)

puze (kurz e) — rasiren — davon: Puzmezze (u und e kurz) Rasirmesser. — Das Subst. Puze nebst dem Deminut. Pützk'e heißt ein Schabernack, z. B. e Pützk'e spaele, einen Schabernack spielen.

prûste — niesen — Reineke V. — auch provinz. nhd. prusten.

sik' prâce — schwer arbeiten — aus dem Polnischen: pracowac' (arbeiten).

Frache (kurz a) — der Bettler — provinz. nhd. Pracher. Sprichwörtlich: Frache hest ok Dak? (kurz a), Bettler hast auch Obdach? so fragt man mit ironischem Mitleid einen Prahler. Davon: prachere — betteln.

Pröchel (kurz ö) — das vollgegessene Bäuchlein eines Kindes. —

Pluz (kurz u) — die Lunge — aus dem Polnischen: pluca (Lunge) — auch provinz. nhd. Plauze. Dagegen heißt: up'm Pluz (kurz u) auf der Stelle.

Püt (kurz ü) — Pfütze — Reineke V. putte.

Firâz (i kurz, perispomenon) — der Regenwurm — auch provinz. nhd. Piraz (i lang, a kurz, paroxytonon).

Papôn (a kurz, perispomenon) — der Kürbis. — Pun (u kurz) — die weiblichen Schamtheile.

prime (i lang) — Tabak kauen; davon Primk'e, Deminut. die zum Kauen bestimmte Quantität Tabak.

prudele (kurz u) — Falten werfen.— auch gleich dem Folgenden:

prûne (lang u) — schlecht nähen — davon: tôpprûne, auch tôpprudele, schlecht zusammennähen.

Pûdel — Schachtel — provinz. nhd. Paudel; aus dem Polnischen: pudlo, die Schachtel. Davon: Pûdelk'e, ein Schächtelchen; ipûdele, das provinzielle: einschustern, bei einem Geschäft Verlust haben.

Poel — das Kopfkissen. — Püngel — das Bündel.

Pusch (das u rein wie in „Fluth", das sch weich, wie das französ. j ausgesprochen) — ein Liebkosungswort für Katze, auch Puschkat (kurz a) — soll nach Seidel a. a. O. im Danziger Dialekt Pug lauten, was mir nicht wahrscheinlich ist. Das Wort kommt offenbar aus dem Polnischen her: puzia (puziak) (das zia fast wie das französ. ja, nur weicher ausgesprochen), ein Liebkosungswort. Davon puschkâtere — liebkosen.

Quik' (kurz i) — Gesammtausdruck für „Vieh", ahd. quëkkh, das Lebende.

quine (lang i) — kränkeln — davon: henquine — hinkränkeln, allmählig absterben.

vequiste — noch bei Lessing verquisten (Hamb. Dram.) — verderben, goth. fraqistjan.

quakele (kurz a) — plappern — davon sik' vequakele, sich

versprechen, unbedachtsam sprechen, z. B. bei Heirathen. Aehnlich: quasele (kurz a) ungewaschenes Zeug schwatzen — S. oben: pladere (kurz a.)

Quâdel — der Quirl. — Quispel — der Wedel — davon: Wigquispel, der Wedel, mit welchem in der kath. Kirche das Weihwasser gesprengt wird.

quebe (kurz e) — sich mit großer Mühe durch einen Morast durcharbeiten.

quudere (kurz u) — bezeichnet den eigenthümlichen Laut, der sich hören läßt, wenn man eine halbflüssige Substanz etwa in einem Beutel knetet.

râre — brüllen, auch vom unmäßigen Weinen gebraucht; z. B. sprüchwörtlich: sei râet, as 'n ol Haue, sie heult (brüllt), wie eine alte Hure (engl. rore).

raschele (kurz a) — leise rauschen. — Oldenb. ruscheln; mhd. rûsche. Davon rösch (lang ö) — trocken, daß es rauscht, z. B. vom reifen, trockenen Getreide.

Raepel — die Flachsraufe, vermittelst derer die Saamenknoten vom Flachs getrennt werden. Davon: raepele, dies Geschäft vollziehen.

rüte (kurz ü) — durchweicht werden — wird vom Flachs gesagt, den man vor der eigentlichen Bearbeitung ins Wasser gelegt hat; dies Hineinlegen selbst heißt: irüte, und der Haufen Flachs: rüt (kurz ü).

rote (kurz o) faulen — z. B. in der Redensart verote u vefûle.

Rut (kurz u) — die Fensterscheibe — provinz. nhd. Raute.

Raps — Wahnsinn — z. B. in der Redensart: hest de Raps? bist du verrückt?

râpe — raffen — davon: uprâpe, tôprâpe, werape u. s. w.

sik' rek'e (kurz e) — sich dehnen — sprichwörtlich: wae sik' na de Mâltid rek't, givt dem Düvel d' Macht, wer sich nach der Mahlzeit dehnt, giebt dem Teufel die Macht.

Rik' (kurz i) — ein langes schmales Brett.

rîp — reif — davon: rîpe, reifen.

Rake (kurz a) — der Schinder — davon: sik' afrakere, sich abarbeiten, wie: sik' afmarache. S. oben.

râke, nur in Compositis: irake, einscharren, ûtrâke, ausscharren. Reineke V. raken.

Roiv — die Rüben. — Rauz — der Ruß. — Rüge (kurz ü) — ein Beet.

Raek — ein Stück Leinwand von 24 Ellen.

Reiste — ein Lederfleck zum Ausbessern der Stiefeln.

rüfele (kurz ü) — sich auflösen (von einem Gewebe), auch: ụtrüfele (intrans.), davon: uprüfele (trans.), dies thun.

Ruerief — der an den Bäumen festgefrorne Reif.

Regefâe (beide e kurz) — das Farrnkraut.

Rupeschite (u und i kurz) — der Schmetterling.

Rung — die aufrechtstehende Stange am Wagen, durch welche die Leitern gehalten werden.

rüsch (kurz ü) — früh — sprichwörtlich: we d' Hinne so rüsch kâkele, lege s' (kurz e) gaen i d' Naetel u vebâne sik' de Aes, wenn die Hühner so früh gakeln, legen sie gern (d. h. gewöhnlich) in die Nesseln und verbrennen sich den A. — aus dem Polnischen: rychlo, frühzeitig.

spâd — spät — ist wirklich in dieser Bedeutung ganz allgemein im Gebrauch, während das sonst gebräuchliche lât gar nicht vorkommt. (Vergl. Arch. VII, 2, 3, S. 279). Ebensowohl sagt man nhd. in Preußen ganz allgemein „sich sputen" für „sich beeilen".

sik' spaude — sich beeilen — davon: Spaud, die Eile; sprichwörtlich: hastg Spaud is nân voe gaud, hastige Eile ist zu nichts gut. (S. oben: nân).

Swâk' — eine kleine Wolke — von dem altſ. giswërcan; mhd. swarc.

Sleif — ein großer hölzerner Schöpflöffel — (S. oben Kel); im Danziger Dialekt: Schleef.

Schotel (kurz o) auch Schötel (kurz ö) — die Schüssel — fries. szetel (Kochgeschirr). Sprichwörtlich: baete, dat en Dâm plazt, as dat wat i de Schotel blivt, besser, daß ein Darm springt, als daß etwas in der Schüssel bleibt. — Sete (beide e kurz) — ein großer Milchnapf.

Swalwk' — die Schwalbe — fries. swâlk.

stüre (lang ü) — steuern, Ordnung halten — Reineke V. storen.

strâke streicheln — neben: strik'e (kurz i) — streichen — sprichwörtlich: 't is e Waede, dat sik' d' Kat (kurz a) am Dak (kurz a) strâkt, es ist ein Wetter, daß sich die Katze auf dem Dache streichelt, d. h. es ist sehr schönes Wetter; oder: we sik' d' Kat strâkt, b'düdt Gest, wenn sich die Katze streichelt (wäscht), bedeutet es Gäste; oder: jo me dat m' d' Kat strâkt, jo höge hòvt s' de Stât, jemehr man die Katze streichelt, desto höher hebt sie den Schwanz.

Slip (kurz i) — der Schooß — besonders bei Frauen.

upslipe (kurz i) — aufschlitzen — wird nur vom Aufschlitzen der Haut, des Bauches u. s. w. gebraucht; sonst: upschlize (kurz i).

Slink' — die Schleuder — davon: slink'e schleudern.

Spik'e (i kurz und rein wie in „sie") — der Speicher — Reineke V. Spyker.

spik'e (i kurz wie in „dicke") — nur in Compos.: ispik'e (S. oben), upspik'e, aufspießen; davon wohl: Speik' — die Speiche am Rade.

Speit — der Spieß — Reineke V. spêt. — Spet (kurz e) ein kleiner Spieß, Bratspieß. — Spae — der Speer.

ströpe (ö lang) eigentlich „streifen", wird als Simplex nur in der Verbindung: Faedere ströpe — Federn schleißen — gebraucht. Davon; afströpe, abstreifen, upströpe, aufstreifen, utströpe, z. B. die Erbsen aus den Schoten, u. s. w. Davon auch:

Strûve — die mit dem Obst abgerissenen (abgestreiften) Blätter und Zweige. — Strûvnägel — der Niednagel an den Fingern.

schûle — zögern, besonders aus Arbeitsscheu — Reineke V. schulen, lauern; holl. schuilen.

Schüt (ü kurz) — das Schiffchen der Weber.

Saev — Sieb — dagegen heißt das Verb. gleich dem nhd. sichte.

Stôp — ein Quart — provinz. nhd. Stóf; vom mhd. stouf, poculum.

Schôf (das o rein, wie in „todt") — ein Bund ausgedroschenes Roggenstroh — mhd. schoup, manipulus. Dagegen Schöf mit dumpfem o, wie in „folgen", der Schorf.

Snüvk'e (lang i) Deminut. von Snûv (Priese) nur in der Verbindung: e Snüvk'e gaeve, eine Nase (einen Verweis) geben.

Schâvel — Scherbe — Schaev — Abfall des Flachses. — schâve, nur in Compos. wie tôpschâve, mit der Hand zusammenscharren, weschâve, u. a.

spaene — Säuglinge von der Milch entwöhnen — nur von Kindern; von Lämmern, Füllen und dergl. afsete (kurz e) d. h. absetzen.

Stüpel (kurz ü) — der Milcheimer — S. oben: Kauvt.

stukere (kurz u) — schüttern — von einem Wagen, der auf holprigem Wege fährt.

Schöt (ö lang und dumpf wie in „Löffel") — das vom Oberkleide getrennte Unterkleid der Frauen (S. oben Einleit.); davon das Deminut. Schödel — Schürze; — schöte, schürzen, u. a.

Schaf (kurz a) ein verschließbarer Schrank.

Schimpe (kurz i) — Dünnbier — provinz. nhd. Schimper.

Sugel (kurz u) — die Schusterahle.

sîd (lang i) — niedrig — strak (kurz a) — sogleich, stracks; — schie — glatt, schön.

Spliz (kurz i) — ein Kiensplitter zum Brennen; (fries. splita, findere) — Splint — ein Splitter, den man sich in den Fuß tritt; Splet (kurz e) — Spließ, Schindel zum Dachdecken.

Stôk'e (lang o) von Stok (Stock) — der Stocher am Pfluge — davon: stôk'ere — stochern; — stâke, nur im Compos. afstâke, mit einer Stange herunterstochern; Stik'e (kurz i) — ein Stock, den man hinter die Thür steckt, um sie zu verschließen; dies Verschließen selbst heißt: taustik'e; auch stike (kurz i) — ersticken — hängt damit zusammen.

Straemel — ein Streif, z. B. Brod, Speck u. dergl.; mhd. strymel.

Strael von Strâl (Strahl) — die Strehle — davon wohl: strüle (kurz ü) — den Urin in einem Strahle lassen, wird nur von kleinen Knaben gesagt.

schube (kurz u) — mit der Hand reiben, wenn die Haut juckt; davon: Schubjak — ein schäbiger Kerl, auch nhd. bei H. v. Kleist.

schräpe — schaben, kratzen — Reineke V. schraven, auch scraven, holl. schrapen.

streme (kurz e) nur reflexiv — sich beeilen; — davon stram (kurz a) — fest, straff — auch in der Redensart: e stram Bingel, ein strammer Bursche.

Schacht — eine lange Stange. — Dackschacht, die Stange, mit welcher man das Stroh auf dem Dache befestigt.

spötele (lang ö) — mit den Füßen zappeln.

schûve — schieben. — Davon Schüp (kurz ü), die Schaufel, und schüpe nebst seinen Compositis, schaufeln.

Schräge — ein mit vier Füßen versehenes Gestell, auf welches der Backtrog gestellt wird.

swîme, nur als Compos. b'swime, ohnmächtig werden; davon swimele, halb ohnmächtig, schwindelig sein; swîmelg, schwindelig.

sêche — Urin lassen — mit tadelnder Nebenbedeutung; Reineke V. seiken; sprichwörtlich: hei het sik' a de Sak' (kurz a) sêcht, er hat sich selbst einen Streich gespielt; in ähnlichem Sinne sagt man auch: hei het sik en gaud Ofig (Ohrfeige) gaevt. Das Subst. heißt: Sêch, ebenfalls tadelnd.

smite (kurz i) nur als Compos.: b'smite — mit Ruß beschmutzen.

stöte (lang ö, wie in „tödten") — stoßen und stürzen — den Acker stürzen, d. h. zum ersten Mal pflügen, heißt auch stöte, aber mit dumpfem ö, wie in „Hörner".

sacht — leise — als Adverb. vielleicht, wohl u. a. — Reineke V. sachte Demin. sachtke.

slidere (i kurz) — glitschen — vielleicht aus dem Polnischen: s'lisgac' (glitschen).

schrine (i kurz) intrans. bezeichnet das brennende Schmerzen der Haut, wenn man sich an der Nessel oder an der Sonne verbrannt hat.

schmake (kurz a) beim Essen einen klatschenden Laut mit dem Munde hören lassen.

snôk'e — schnarchen — Reineke V. snorken.

slachte — arten — nur als Compos. naslachte; davon das nhd. Geschlecht. Reineke V. slachten, arten.

schumere (kurz u) impers. — dämmern; — davon: schumme, auch schumeg (kurz u), halbdunkel (am Morgen oder Abend).

slim (kurz i) — außer „schlimm", auch „krank" — z. B. mi wât slim, mir wird übel; sprichwörtlich: hei get herüm, as e slim Swie, er schleicht herum, wie ein krankes Schwein, von trägen Leuten, die unthätig umherschleichen.

ströre (lang ö) nur als Compos.: sik' ûtströre, sich herausputzen; wohl aus dem Polnischen: stroic', schmücken.

sleme (kurz e) — ein grober Ausdruck für cacare. Sloime — der Schlemmer.

swaele — glimmen, schwehlen — davon: Taeswaele, wörtlich: Theerschwehler, Kohlenbrenner.

Schuvut — der Uhu — Reineke V. schuffut.

Snode (kurz o) — Rotz — fries. snotte.

spâke — modern, faulen; — davon: spâkg, moderig, vermodert; ähnlich: stoke (kurz o) — stocken, d. h. modern.

stipe (kurz i) nur als Compos. istipe — eintunken.

Schete (kurz e) — der Durchfall, besonders von Thieren.

Süste — Schwester — mel. süster; Reineke V. suster; doch ist auch schweste schon im Gebrauch.

Schabel (kurz a) — ein breiter krummer Säbel; aus dem Polnischen: szabla (sz spr. sch), der Säbel.

spak (kurz a) — vertrocknet, von hölzernen Gefäßen gebraucht; davon: vespake (kurz a), vertrocknen.

Spauk — der Spuk — Reineke V. spôk. Davon spoik'ene, spuken.

Sluk (kurz u) — die Kehle. — Spie, Plur. Spiere, ein Halm. — Stât — der Schwanz.

slute (kurz u) — schließen — nebst Compositis; davon Slot (kurz o) — das Schloß; — Sloete, der Schlüssel.

Schlûre — alte Pantoffeln. — Stâv — die Stube. — Swân — die Schwarte. — Swat (kurz a) — der Schwaden. — Spret (kurz e) — die Sproße.

Stülp — der Deckel — von: stülpe, provinz. nhd. stülpen, auf etwas decken.

Stôm — der Sturm — davon stöme (lang ö), die Sturmglocke leuten, stürmen; stüme (lang ü) impers. vom Sturm mit Schneegestöber.

strampele — mit den Füßen zappeln, von eigensinnigen Kindern gebraucht.

Stube (kurz u) — der in der Erde stehende Stumpf eines abgehauenen Baumes; provinz. nhd. Stubben. — Sês — die Sense.

schauraegele — provinz. nhd. schuhriegeln, d. h. Jemanden durch Schelten, Tadeln u. dergl. quälen.

sige (kurz i) — die Milch durch Filtriren reinigen, seichen; davon Sig (kurz i), das Gefäß, dessen man sich dazu bedient.

swinge — den gebrochenen Flachs durch Klopfen von dem Abfall (Schaev, s. oben) reinigen. Davon Swing, das breite Holz, dessen man sich dazu bedient.

schaere — das aufgespulte Garn zum Aufziehen auf den Webestuhl einrichten. Davon Schaehâme, das drehbare Gerüst, dessen man sich dazu bedient, der Zettelrahmen (Goethe).

Schâewaek — provinz. nhd. Scharwerk, der Hofedienst.

Schêpe (das lange e rein wie in „See") — der Schäfer.

sabere (kurz a) und als Compos. sik' b'sabere — beschmieren, sich beschmieren; von Kindern, die sich beim Essen oder Trinken beschmutzen.

Struz (kurz u) — ein Blumenstrauß. — Sôg die Sau; davon: Müesôg — der Kelleresel.

Strempel — vertrocknete Ranken.

Strüzel (kurz ü) — eine Art Gebäck — provinz. nhd. Striezel.

süfte — seufzen — auch als Compos. upsüfte, tief aufseufzen.

sûre — säuern — davon: sik' ûtsûre, sich klären, vom trüben Wetter gebraucht.

toive — warten — holl. toeven; fries. tewen; Reineke V. toven *).

trâmpe — mit dem Fuße aufstampfen — das Stammwort zu dem nhd. trampeln.

Tog (o kurz, aber rein wie in „loben") — der Webestuhl.

Têlg — ein starker Ast. — Twael — der Zweig.

Taek — die Schlaflaus. — Tramit (a und i kurz, Oxytonon) — die Schalmei der Hirten; davon tramite (kurz i), auf der Schalmei blasen.

Twaeg — ein kleiner, walzenförmiger Kuhkäse.

tul (kurz u) — links — hauptsächlich als Lenkungswort des Rindviehes beim Ackern; sprichwörtlich: hei wet ni tul u ni hod (kurz o), er weiß weder links noch rechts.

Taems — ein feines Haarsieb. — Traems — die blaue Kornblume.

Tass — die Bansen in der Scheune.

Tal (kurz a) — ein Stück Garn von funfzehn Gebinden.

Tiv (kurz i) — die Hündin — auch Spottname für ein liederliches Frauenzimmer; Reineke V. teve; fries. tew.

twatsch — thöricht — med. twâs; nhd. noch bei H. v. Kleist.

tüe (lang ü) — steif, besonders von der steifen Haltung des Hochmüthigen.

Tschipe (kurz i) — der Schopf — (auch Tschupe, kurz u) aus dem Polnischen: czub (cz spr. tsch), der Schopf; davon tschiped, mit einem Schopf versehen, besonders vom Federvieh.

tôp — zusammen — nur in zusammengesetzten Wörtern.

unôd, gleichbedeutend mit nôd, — ungern.

Unôsel — ein unansehnliches Ding; Reineke V. v. 6339 übersetzt es Hoffmann durch „unschuldig", doch macht der Dichter dort einen Unterschied zwischen unschuldig und unosel; letzteres heißt wohl eher „unbescholten". — Davon das adj. unôselg, unansehnlich, auch wohl unbescholten; fast nur von jungen Mädchen gebraucht.

ûvefrâre — eigentlich unerfroren — einer Sache fähig, als Vorwurf; auch ungeschlacht.

*) Es ist also Archiv X, 1. Seite 118. Töf (wohl Töv?) nicht zu übersetzen: Topp! was gar nicht in den Sinn paßt, sondern: Wart! Grumfeld ruft nämlich Alken: Alke kummi geist du mit! (?) Alke antwortet: Wart! (kann auch als Drohung genommen werden) den einen Schuh — u. s. w. Ebendaselbst ist „antück ick" unrichtig durch „anzieh' ich" übersetzt; tücken ist das Frequentativ von teihen, wie „zucken" zu „ziehen"; also: „einen Schuh anzuck' ich, den andern anruck' ich".

Vôlk' hat die Bedeutung „Gesinde" in dem Compos. Volk'-stav — Gesindestube.

vehedere (alle e kurz) — verwirren — nur vom Verwirren des Garnes, Zwirnes u. dergl. gebraucht; ähnlich: vezodele (kurz o).

Voejâe — eigentlich Vorjahr — Frühjahr, Frühling — davon: voejâesch bisweilen gleichbedeutend mit ôvejâesch, vorjährig, jährig.

veschroije — verbrühen, besonders von der Butter; Reineke V. 6640 vorschrojen, wo es Hoffmann unrichtig durch „versengen" übersetzt, da es nur vom Verbrühen mit einer heißen Flüssigkeit gebraucht wird.

Wedâg (das e rein wie in „See", Paroxytonon) — Schmerzen — Reineke V. wêdage; im Danziger Dialekt lautet es Wehtage (Seidel a. a. O.)

vewâpe — etwas verwirken, auch verbrauchen.

veraupe — provinz. nhd. verrufen — berufen, beschreien.

vegaeve — eigentlich vergeben, dann auch vergiften.

vesete (e kurz) — fehlgebähren, nur vom Großvieh; von Schafen: velame (kurz a); von Hunden und Katzen: vejunge.

vepire (kurz i) — Jemandem etwas unmöglich machen, indem man ihm Hindernisse in den Weg legt; provinz. nhd. verpirren.

vevên (das lange e rein, wie in „See") — eigentlich von ferne — von einem langsam schüchternen Annähern.

vek'rüme (kurz ü) — krumm werden — besonders in der Verbindung: vek'rüme u velâme, krumm und lahm werden, als Verwünschung.

vulbrödg (u kurz, ö lang) — übermüthig, wählerisch beim Essen.

Wulbere — der 1. Mai — wahrscheinlich eine Corruption von Walburga, Walpurgis.

Wing — die Winde, sowohl Garnwinde als auch Ackerwinde (convolvulus arvensis.)

wir (kurz i) — irre — in der Redensart: ik' bi ganz wir, ich bin ganz irre, verwirrt.

wipe (kurz i) — drückt eigentlich eine schnelle Bewegung nach obenhin aus; dann schaukeln auf einem quer gelegten Brette; fries. wüpin. Davon Wipstât (kurz i), die Bachstelze.

wuk'e (kurz u) — eine eigenthümliche Zusammenziehung aus wu, wie und e, einer — wie einer d. h. was für einer, welcher.

Wîpe — ein auf eine Stange gesteckter Strohwisch. (S. oben).

weide — jäten — das nhd. „weiden" heißt: hoide, hüten.

Wâtk' — der Molken. — Waek' — leere Honigwaben.

Wând — das Tuch — davon wanjen, aus Tuch gefertigt.

Woke (kurz o) — der Spinnrocken — davon: upwoke, Flachs, Wolle u. dergl. an den Rocken binden.

wige (kurz i) — weihen — davon: Wigwâte, Weihwasser, Wigquispel (S. oben.)

Waed — geschmeidige Baum-, gewöhnlich Weiden-Gerten, mit denen man etwas festbindet.

Wâp — sehr dickes Tuch, auch Halbtuch.

Wiekôp — ist aus der Sitte zu erklären, nach welcher man nach einem abgeschlossenen Kauf eine Flasche Wein u. dergl. trinkt; dieser Trunk heißt: Wiekôp. Die Kassuben haben dafür das Wort: lidkup, welches wahrscheinlich nur eine halbwörtliche Uebersetzung des obigen ist: lid, Obstwein, kup von dem polnischen kupic', kaufen.

woideg — übermüthig, ausgelassen — von jugendlichem Uebermuth der Kinder.

wededaeg (kurz e) — ähnlich wie neiwedeg, krankhaft, eigensinnig; aber nur von kränklichen Kindern.

wabelg (kurz a) — weichlich, widerlich weich.

wâtestrîmg — wasserstreifig — nur vom Brote.

wâmpe — prügeln. — Witfrug (kurz i) — Wittwe.

Zipol (i und o kurz, Oxytonon) — die Zwiebel.

Zusatz: sik' fringe — ringen — Frang — Kurbel — knap (k. a) — enge; kaum; in letzter Bedeutung auch Demin. knapke. —

Noch einige sprichwörtliche Redensarten.

Hei luet, as d' Düvel up en gaud Seil, er lauert, wie der Teufel auf eine gute Seele; d. h. auf die Schwächen derselben.

Nüscht (Nichts, als ein Gericht gedacht) is gaud ve d' Ogen, ma (aber) slim (schlecht) ve de Buk.

Lach ni, Gott let sik' ni spote (kurz o) ruft man dem Schadenfrohen zu; desgleichen: Spötesch (Spötters) Hûs brint ok af.

Hei laevt, as d' Mâd im Spek (kurz e), oder: as Gott i Frankreich.

Hei lügt, dat't em ut 'm Nake (kurz a) rókt, daß es ihm aus dem Nacken raucht.

Du wetst, wôrût d' Gâs pist. — Hei het Humele im Lív.

Tauseie (zusehen) is gaud Abed (Arbeit) — bim Abed, d. h. bei der Arbeit, nicht beim Essen.

Ni so vael, as d' Swât ünje'm Nâgel, oder: as 'm im Og lide ka, sagt man, um den gänzlichen Mangel an einer Sache auszudrücken.

Dat is we, as we 'm ne Stê i 't Wâte smit, das ist fort, als wenn man einen Stein in's Wasser wirft.

Wae 't ni im Kop het, mut 't i de Foite hebe, ruft man einem Vergeßlichen zu.

Gott velet (verläßt) kêne truge (treuen) Beiedrink'e ni, eine Ermunterung zur Consequenz und Standhaftigkeit.

Ên Kraj (Krähe) hakt de anjede ni d' Ogen ut, d. h. Clericus Clericum non decimat.

Pâpesak (Pfaffensack) wât nüme sat, wird nimmer satt.

Ni e Nâr, dei 't segt, e Nâr, dei 't lövt.

Wae ni kümt tu rechte Tid, get d' Mâltid quit, (wer nicht kommt zur rechten Zeit, der bekommt, was übrig bleibt).

Hei tüt (zieht), as d' düe Tid, sagt man von einem äußerst trägen Menschen.

Jo scheive, jo leive, je verkehrter, desto lieber, ein Stich auf die Modesucht.

Posen, Juli 1852. **J. Schweminski.**

Rabelais und Fischart.

I. Rabelais.

Es liegt in dem Wesen der Satire und des Humors, daß beide nicht in den ersten Stadien einer sich entwickelnden Literatur vorgefunden werden können. Beide können erst das Resultat einer vorangegangenen Opposition gegen das Bestehende sein, die sich entweder direct oder indirect, durch einen bestimmten Angriff oder in der vielleicht unschuldigsten Form, in der Allegorie, geltend macht. Spuren eines solchen vorbereitenden Verfahrens finden sich in der älteren französischen Literatur sehr häufig. Die Fabliaux und Volkslieder des 12. und 13. Jahrhunderts verspotten und necken Priester und Fürsten, das Dogma und die Kirche, ohne darum irgend wie ein ernstliches Auflehnen gegen die einen oder die andern zu beabsichtigen. (Vgl. Kreyssig, Geschichte der franz. Nationalliteratur S. 34 u. ff.) In einem der berühmtesten Fabliaux, das beiläufig von Platen zu dem Drama „Treue um Treue" benutzt ist, im Aucassin und Nicolette, sagt der Held des Ganzen, als ihm mit dem Verlust des Paradieses und der ewigen Verdammniß gedroht wird, wenn er die Liebe zu Nicolette nicht aufgäbe: Was habe ich im Paradiese zu thun? Ich mag dort nicht hineinkommen, wenn ich nicht Nicolette habe, meine sehr süße Freundin, welche ich so sehr liebe. Dort kommen hinein diese alten Priester und die Lahmen und die Einarmigen, welche den ganzen Tag und die ganze Nacht vor den Altären herumkriechen und sterben vor Hunger, Durst, Kälte und Unbehagen; eben in die Hölle will ich gehen. Dort kommen hinein die guten Priester und die tapfern Ritter, welche in Turnieren und großen Kriegen gestorben sind. (Vgl. Ideler, Geschichte der alten franz. Nationalliteratur p. 321 ff.) Nicht minder herrschend wie die oben bezeichnete Art der Opposition war die Allegorie. Um einige Beispiele aus dem 14. und 15. Jahrhundert zu wählen, so schrieb

René d'Anjou „la danse aux aveugles“; in diesem Werke wird das menschliche Leben als ein Ball dargestellt, zu dessen Musik drei Blinde, l'Amour, la Fortune und la Mort den Takt schlagen. Ein anderes Werk desselben Verfassers ist l'Abusé en Cour, in dem der Hof als eine mit ihren Anbetern spottreibende Dame personificirt wurde. Vor allen Dingen gehört aber der bekannte Roman de la Rose hieher, in welchem die Allegorie in ermüdendem Maaße angewendet wird.

Auch schon nach diesen wenigen Werken zu schließen, die indeß keineswegs vereinzelt dastehen, mußten in der früheren französischen Literatur eine große Anzahl von Elementen vorhanden sein, die der Erweiterung uud Ausbildung fähig waren. Das Verdienst aber, dies gethan zu haben und zwar in einer Weise gethan zu haben, daß er das gesammte französische Leben seiner Zeit nach politischer, religiöser, moralischer und wissenschaftlicher Seite hin geschildert hat, dies Verdienst gebührt allein F. Rabelais, dem Verfasser des Gargantua und Pantagruel. Das Studium dieses Autors ist in neuerer Zeit wesentlich erleichtert worden einmal durch die in Breslau erschienene Uebersetzung von Regis, dann aber auch durch die 1843 herausgekommene neue Ausgabe von Jacob le bibliophile; aber das erste Werk dürfte nur in wenigen Händen sein, und auch das zweite nimmt die vorhandenen Schwierigkeiten bei Weitem nicht in der Weise fort, daß Rabelais dadurch zu einer bequemen und leicht verständlichen Lectüre würde. Es ist deshalb erforderlich, eine genauere Darstellung wenn auch nur von einem Theil seines Werkes zu geben, und zwar um so mehr, als die spätere Beurtheilung Fischarts es erforderlich macht, wenigstens einige feste Punkte zu gewinnen, von denen sich ausgehen läßt.

Mit Uebergehung der weitläuftigen Geschichte des „Gargantua und Pantagruel“, der vielfältigen Einmischung der Päpste Clemens VII. und Paul IV., des Königs Franz I., der Sorbonne, der Cardinäle und mancher anderer berühmter Persönlichkeiten, wenden wir uns sogleich zu dem Inhalte desselben. Nur die beiden Namen, welche den Titel desselben bilden, bedürfen noch einer kurzen Erwähnung. Sie scheinen nicht von allzugroßer, aber doch von einiger Bedeutung für die Sache selbst zu sein; wenigstens läßt sich mit Sicherheit annehmen, daß der Franzose des 16. Jahrhunderts eine bestimmte Anschauung mit denselben verbunden haben wird. Allerdings gab es auch in der Heimath des Dichters der Tourraine eine alte Legende über einen mysteriösen Riesen Gargantua. Philarète Châsles bezeichnet dieselbe mit dem Epitheton grossier, so daß wir vielleicht durch ihre Nichtmittheilung keinen Verlust erleiden. Auch, fährt der obenerwähnte Schriftsteller in seiner Kritik fort, zeigt sich bald, daß Rabelais auf die Riesen-Qualität seiner Helden nicht allzubedeutendes Gewicht legt: und sobald er es für zweckmäßig findet, sind die Riesen nicht größer als gewöhnliche Menschen; ja in dem Maaße, wie in den späteren Partieen seines Werkes die Allegorie der Satire weicht, treten andere Personen ganz und gar in den Vordergrund und die Riesen sind so zu sagen nur honoris causa vorhanden.

Das erste der fünf Bücher des Rabelais'schen Werkes und zugleich dasjenige, das für uns in Beziehung auf Fischart das überwiegendste Interesse hat, beginnt nach einem Prologe mit der Heirath des Riesen Grandgousier. Seine Wahl war auf Gargamelle gefallen, der Tochter des Königs der Parpaitto's (später ein Spottname der Protestanten); aber erst nach 11 Monaten wie Alcmene den Herkules oder Calyce den Cycnus, gebar sie ihm einen Sohn. Uebrigens hatte sich Grandgousier durch das Bevorstehen dieses Ereignisses nicht im Mindesten in seiner gewohnten Lebensweise stören lassen. Wie Gargamelle dann selbst noch kurz zuvor seize muiz, deux bussars et six potées, Kutteln, nach Fischart 16 Seifkessel voll gegessen hatte, so gab Grandgousier während derselben ein großes Fest. Bei diesem werden kurzweilige Gespräche geführt. Es genüge davon einige hervorzuheben: Was ist älter, Durst oder Trinken? Durst; denn wer hätte in der Zeit der Unschuld ohne Durst getrunken? Das Trinken; denn privatio presupponit habitum. Der Appetit kömmt, indem man ißt; aber der Durst geht weg, indem man trinkt. — Giebt es ein Mittel gegen den Durst? Ja, es ist entgegengesetzt dem gegen den Biß eines Hundes. Lauft immer hinter dem Hunde, er wird euch niemals beißen: trinkt immer vor dem Durste, er wird euch niemals ankommen. Auch auf den eben geborenen Sohn schien die Neigung zum Trinken schon übergegangen zu sein: denn die ersten Worte die derselbe in die Welt hineinrief, waren: à boyre, à boyre, und als der besorgte Vater hinzukam, schrie er laut: que grand tu as. Man supplirte „den Becher" und alle Umstehenden stimmten darin überein, daß er Gargantua heißen müßte. Wir übergehen die ersten Jahre Gargantua's da dieselben mit Ausnahme der Kleidung, die viel Schwierigkeiten machte, denen anderer Kinder sehr ähnlich waren, wie denn Rabelais nicht weniger als 90 meistens nicht sehr lobenswerthe Eigenschaften aufzählt, die er mit ihnen theilte; wenden wir uns sogleich zu der Zeit, da seine wissenschaftliche Ausbildung beginnt. Diese wurde anfangs geleitet durch maistre Thebal Holoferne, ung grand docteur sophiste, und ging aus von der Charte oder dem A B C, an das sich sogleich Donat anschloß, eine im Mittelalter viel gelesene Grammatik. Andere Werke, die der junge Gargantua noch studiren mußte, waren das Doctrinal, eine in lateinischen Versen geschriebene Grammatik von Villedieu aus dem Jahre 1242. — Liber Faceti morosi docens mores hominum — der Tractat des Jean Sulpice de Veroli de moribus in mensa servandis, aus dem 15. Jahrhundert. Das Quid est, von Jacob, dem Herausgeber des Rabelais, als ein Rudiment par demandes et réponses bezeichnet, ein Werk also vielleicht ähnlich denen, wie es unsre die Methodik des Unterrichtes mit so vielem Erfolge ausbildenden Elementarlehrer heut zu Tage zu Dutzenden zu schreiben pflegen. Aber was war der Erfolg aller dieser Studien? Gargantua wurde von ihnen ganz närrisch, nichtsnutzig, verdreht und bethört oder wie Fischart übersetzt, ein Stockfisch, Blateysel, Tölpel und Fantast. Grandgousier klagte daher eines Tages sein Leid seinem Nachbar Philippe des Marais, dem Vicekönig von Papeligosse, und dieser führte einen jungen Pagen Eudemon bei ihm ein, der von einem ausgezeichneten Lehrer Ponokrates auf das Sorgfältigste unterrichtet war. Eudemon war, obgleich erst 12 Jahre alt, doch in allen Wissenschaften orientirt, sprach Latein wie Cicero oder Gracchus, und hatte eine solche Eleganz und Bescheidenheit der Manieren und des Auftretens, daß Gargantua aus Schaam über seine eigene Unvollkommenheit anfing zu weinen wie eine Kuh, sein Gesicht unter seiner Mütze verbarg, und es so unmöglich war, aus ihm den mindesten Laut herauszubringen, als wäre er ung petd'un asne mort gewesen. Grandgousier aber beschloß, Eudemon und Ponokrates in seine Dienste zu nehmen, um sie mit seinem Sohne nach Paris zu schicken. Diese Reise wird dann auch baldigst ausgeführt. Gargantua reitet auf einer gewaltigen Stute, die sein Vater von Fayoles, dem Könige von Numidien, zum Geschenk bekommen hatte. Das Pferd war so groß als sechs

Oriſtans, hatte Finger ſtatt der Zehen, wie das Pferd von Julius Cäſar, lange herabhängende Ohren, wie die Ziegen von Languedoc, und hinten ein kleines Horn; vor allen Dingen aber einen erſchrecklich großen Schweif, wenig kleiner wie der Pfeiler zu St. Mars bei Langes. Die Geſellſchaft ſetzt nun ihre Reiſe fort, bis ſie in die Gegend von Orleans kömmt. Vor dieſer Stadt lag damals noch ein großer Wald, 35 Meilen lang und 17 Meilen breit oder wenigſtens beinahe ſo. Dieſer Wald wimmelte von allerhand Bremſen und Kuhfliegen, ſo daß es eine wahre Plage für die Pferde war; aber die Stute Gargantua's fuhr mit ihrem Schweife ſo heftig unter dieſelben, daß nicht allein die Bremſen zerſtreut wurden, ſondern auch der ganze Wald mit Allem, was darin war, der Vernichtung nicht entging. Dem Herrn gefielen die Streiche ſeines Roſſes ſo, daß er ausrief: je trouve beau ce, wovon die ganze Gegend noch heutigen Tages la Beauce genannt wird. Von dort kamen ſie ſchließlich nach Paris. Aber hier bringt ſchon der erſte Ausgang Gargantua's eine große Bewegung hervor. Das neugierige Volk verfolgt und drängt ihn ſo, daß er ſich ſchließlich nur zu retten weiß, indem er ſich auf die Thürme der Kirche Notredame ſetzt. Dort fällt ihm ein zwar unangenehmes aber nicht gefährliches Mittel ein, ſich an der unten verſammelten Volksmenge zu rächen. Er führt es aus und 260,408 Menſchen, Frauen und Kinder ungerechnet, ſtieben in Folge des unvermutheten Ereigniſſes par ris auseinander: in Folge dieſes Gelächters wurde die Stadt, welche früher pour les blanches cuisses ſeiner Damen Leucèse gehießen hatte, Paris genannt. Gargantua aber war damit noch nicht zufrieden. Es fällt ihm ein, wie ſchön ſich die Glocken am Halſe ſeiner Stute ausnehmen würden, wenn er dieſelbe ſeinem Vater mit friſchen Häringen und Bryer Käſe beladen zurückſchickte, und er nimmt ſie zu dieſem Zwecke in ſeine Wohnung mit. Die ganze Stadt kömmt in Aufregung und es wird zunächſt von dem akademiſchen Senat berathen, was zu thun ſei, um die Glocken wieder zu gewinnen. Endlich kömmt man durch den Schluß Baralipton dazu, den Sophiſten Janotus de Bragmardo als Redner abzuſchicken. Dieſer ſpricht vor Gargantua und ſeinem verſammeltem Gefolge alſo: Ehen, hen, hen, mnadies, mein Herr, mnadies. Et vobis, meine Herren. Es würde nur gut ſein, wenn Ihr uns unſre Glocken zurückgebt; denn ſie ſind uns ſehr nöthig. Wir haben ſie früher für gutes Geld abgeschlagen den Leuten von London und denen von Bordeaux, welche sie kaufen wollten und zwar wegen der substantificischen Qualität der elementaren Complexion, welche intracificirt ist in die Innerstrität ihrer quidditativischen Natur. Wenn ihr sie uns wiedergebt, auf meine Aufforderung, so werde ich dabei sechs Reihen Würste gewinnen und ein Paar Schuhe, die meinen Füßen gut thun werden, oder man wird mir nicht die gemachten Versprechungen halten. Ha, bei Gott, Domine, ein Paar Schuhe ist gut, et vir sapiens non abhorrebit eam. Achtet darauf, Domine, 18 Tage war ich damit beschäftigt, um diese schöne Rede zu matragabolisiren. Reddite, que sunt Caesaris Caesari, et que sunt Dei Deo. Ibi jacet lepus. Meiner Treue, Domine, wenn ihr mit mir zu Abend essen wollt, in camera, bei dem Leibe Gottes, charitatis, nos faciemus bonum cherubin. Ego occidi unum porcum et ego habet bonum viño. Aber bei gutem Wein, spricht man kein schlecht Latein. O, Monsieur Domine, clochidonnaminor nobis. Dea! est bonum urbis. Jedermann braucht die Glocken. Wenn eure Stute sie gern haben möchte, so möchte es auch unsre Facultät, quae comparata est jumentis insipientibus et similis facta est eis. Ego sic argumentor.. Omnis clocha clochabilis in clocherio clochando, clochans clochativo clochare facit clochabiliter clochantes. Parisius habet clochas. Ergo gluc. Ha, das heißt gesprochen. Verum enim verum, quandoquidem, dubio procul, edepol, quoniam, ita, certe, medius fidius, eine Stadt ohne Glocken ist wie ein Blinder ohne Stock, ein Esel ohne Schwanzriemen und eine Kuh ohne Schellen. Bis ihr uns unsre Glocken wiedergegeben habt, werden wir nicht aufhören vor Euch zu schreien, wie ein Blinder, der seinen Stock verloren hat, uns zu schütteln wie ein Esel ohne Schwanzriemen und zu brüllen wie eine Kuh ohne Schellen. Valete et plaudite.

Ich breche mit dieser Stelle, die etwa bisher die erste Hälfte des ersten Buchs von Gargantua und Pantagruel enthält, die Inhaltsangabe ab, obwohl ich befürchten muß, nur ein unvollkommenes Bild von Rabelais' Styl und Manier gegeben zu haben. Es sei deshalb nur noch kurz erwähnt, daß die folgenden Kapitel die Studien Gargantua's beschreiben, die derselbe unter der Leitung seines Lehrers Ponokrates vornimmt. Diese werden unterbrochen durch einen großen Krieg, in den sein Vater mit Pikrochol von

Lerne geräth. Der Vater läßt den Sohn zu Hülfe kommen und nach mancherlei Kämpfen gelingt es endlich Pikrochol zu besiegen. Besonders thätig ist hiebei ein Mönch, den Gargantua später eine Abtei nach seinen eigenen Wünschen erbauen läßt, die Abtei der Thelemiten, deren ganze Ordensregel in dem Spruche Fay ce que vouldras zusammengefaßt ist. Hiemit schließt das erste Buch und überhaupt auch derjenige Theil, dem wir mit Rücksicht auf Fischart vorzugsweise unsre Betrachtung zuzuwenden haben.

Der erste Punkt, mit dem wir uns bei der Beurtheilung Rabelais' beschäftigen müssen, ist die Feststellung des Verhältnisses, in dem sein Werk zu den Begebenheiten und Zuständen seines Zeitalters steht. Es kann freilich diese Frage hier nur ganz im Allgemeinen behandelt werden, da sie vollständig erschöpfend lösen zu wollen gleichbedeutend mit einem fortlaufenden Commentare des ganzen Werkes sein würde. Aber die Ansichten der verschiedenen Kritiker, die sich über Rabelais ausgesprochen haben, stimmen auch nicht in den allgemeinsten Punkten überein. So war es schon während seines Lebens: während er bei vielen und bedeutenden Personen die größte Anerkennung fand, rechnet ihn Montaigne, der berühmte Verfasser der „Essais“ unter les auteurs simplement plaisants, in Beziehung auf welches absprechende Urtheil Nisard allerdings die Frage stellt, ob er hinter demselben Alles habe verstecken wollen, was er selbst von Rabelais entlehnt habe. Auch die Grabschrift, die Pierre Ronsard auf ihn gemacht hat, deutet nicht auf große Anerkennung, was indeß bei der bekannten Aufgeblasenheit und Selbstüberschätzung dieses Dichters nicht wunderbar erscheint. Aber auch in neuerer Zeit ist man weit entfernt, über ihn einig zu sein, und zwar vorzüglich deshalb, weil viele Kritiker durchaus nicht von der allegorischen Erklärung des Ganzen wie des Einzelnen abgehen wollen. Dies Streben, das schon während Rabelais' Leben hervortrat, hatte zunächst das Resultat, daß man sogenannte „Schlüssel“ anfertigte, in denen jede bei ihm vorkommende Figur auf eine historische Person zurückgeführt wurde. Die beiden ältesten Commentare, die des Arztes Copus und des Dichters Passerat, sind nach der Angabe von Jacob durch verschiedene Zufälligkeiten verloren gegangen; aber Manches aus ihnen hat sich durch Tradition erhalten und manche neue Commentare sind geschrieben worden. Begnügen wir uns mit einem Beispiele dieser allegorischen Interpretation. Gargantua ist Franz I., Grandgousier Ludwig XII., Gargamelle Marie von England, Pantagruel Heinrich II., Pikrochol der Fürst von Piemont; Panurge der Cardinal d'Amboise; die Stute Gargantua's wird von Vielen übereistimmend als die Herzogin d'Etampes, die Favoritin Franz des Ersten, bezeichnet. Wie wenig aber innere Nothwendigkeit zu einer solchen Art der Erklärung zwingt, läßt sich am Einfachsten daraus erkennen, daß es mehrere andere Schlüssel giebt, in denen nicht die mindeste Uebereinstimmung mit dem eben mitgetheilten vorhanden ist. Gleichwohl hat die Ansicht, der diese ganze Art der Interpretation entspringt, auch noch jetzt ihre Vertreter und selbst der neuste Herausgeber Rabelais' spricht den Wunsch aus, daß endlich ein neuer Schlüssel gefunden werden möge, der das vollständige Verständniß des Dichters erschließen könne.

In ganz entgegengesetztem Sinne haben sich namentlich Philarète Châsles, St. Marc, Girardin und im Allgemeinen auch Nisard ausgesprochen. „In den Schriften Rabelais heißt es in dem Tableau de la litérature Française au XVIe siècle", in den Schriften Rabelais' mischt sich Wahrheit, Dichtung, Willkür, Allegorie und Satire, dunkle Anspielungen, Volkssagen, glückliche, unverständliche auch unsinnige Erfindungen. Berührt von der Verwirrung und den Contrasten seiner Zeit, stellt er alle Thorheiten derselben dar, indem er ihr désordre vermehrt; und da er der Rache der Angegriffenen entgehen will, so nimmt er als Aegide Styl und Gestalten in so grotesker Weise, als die Trunkenheit selbst deren Reden zu dictiren und deren Gang zu leiten versteht. Vergeblich haben die Commentatoren versucht, dieses Chaos aufzuklären und zu entwirren, aus dem gleichwohl zahlreiche Lichtstrahlen hervorspringen. Rabelais hat nur Einrichtungen, Sitten, Ideen angreifen wollen; in seinen Spöttereien ist nichts Persönliches. Je mehr man die Sitten dieses Zeitalters studirt, um so mehr erkennt man bei ihm diese Kühnheit, die nicht die Individuen, sondern die Massen angegriffen und über die gesammte Gesellschaft gespottet hat."

Auch dieses Urtheil läßt sich nicht wörtlich unterschreiben, es dürfte den Vertretern desselben schwer werden, die offenbaren Angriffe auf bestimmte zu Rabelais' Zeit lebende Persönlichkeiten wegzudisputiren. Gleichwohl steht dasselbe der Wahrheit näher als das vorher mitgetheilte, denn der Zweck des ganzen Werkes besteht keinenfalls darin, daß der Verfasser eine Anzahl bestimmter Personen hat angreifen wollen, sondern, wenn es geschieht, so ist es eine Eingebung des Augenblicks und durch den inneren Zusammenhang mit der zu besprechenden Materie hervorgerufen.

Daß aber Rabelais wirklich überwiegend in allgemeinem Sinne geschrieben hat, bestätigt sich noch mehr, wenn man den Versuch macht, auch nur einigermaßen den Umfang zu bestimmen und die vorzüglichsten Objecte zu ordnen, auf die er seine Satire gerichtet hat. Da ist nichts, was in seinem Einflusse auf die Gesammtheit eine Bedeutung habe, das verschont werde. Beginnen wir mit der Geistlichkeit. Ihre Unwissenheit und Sinnlichkeit wird repräsentirt durch jenen Sophisten, der im Auftrage des Pariser Klerus die Glocken von Notredame zurückfordert. In einem späteren Theile des Werkes tritt noch eine Figur auf, Jean des Entommeures, der ganz einfach sagt: ein gelehrter Mönch wäre ein unerhörtes Wunder und um nach seinem Gefallen zu leben und seine Seele zu retten, sei nichts nöthig als gut zu essen, ebensoviel zu trinken und immer Gutes von dem Herrn Prior zu sagen. Endlich ist auch die Thelemiten-Abtei mit der Regel: Fay ce que vouldras ein deutlicher Angriff auf alle vorhandenen geistlichen Orden. Man hätte glauben können, daß Rabelais bei seiner Erkenntniß der Irrthümer der katholischen Kirche ein Interesse für die Protestanten habe gewinnen müssen, aber die französischen Literatoren geben uns gleichfalls darüber Auskunft, wie es damit beschaffen gewesen ist. Wahrscheinlich ist Rabelais mit Calvin sogar persönlich bekannt gewesen und Gelegenheit, ihn und seine Tendenzen kennen zu lernen, hatte er jedenfalls. Auch scheint der Letztere sich viel von ihm versprochen zu haben, wenigstens citirt Giobert Voetius eine Stelle aus Calvin's Tractat de Scandalis in folgender Weise: Celebrem illum Franciscum Rabelaisium et cum eo Deperium ex multis nominat Calvinus, quos gustu veritatis antea imbutos caecitate percussos dicit quod sacrum illud aeternae vitae pignus sacrilega ridendi audacia profanassent. Aber Rabelais ist von religiösen Reformen weit entfernt. Seine Angriffe gegen die katholische Kirche richteten sich nie gegen das Dogma, sondern nur gegen anerkannte Mißbräuche. Auch geschahen um diese Zeit einige Angriffe gegen das katholische Dogma, die für ihre Urheber ein trauriges Ende nahmen. So wurden in einer Nacht Schmähschriften gegen die Messe in Paris angeschlagen und ein Bild der heiligen Jungfrau profanirt: eine

That, die sechs Unglückliche auf den Scheiterhaufen brachte. Auch der Dichter Manot floh in Folge dieser Gelegenheit aus Frankreich: Dolet, der Herausgeber Rabelais' wurde ins Gefängniß geworfen und Rabelais selbst hielt sich nach seinen Antecedentien nicht für sicher genug, sondern ging nach Italien. Man ist allgemein der Ansicht, daß solche und ähnliche Begebenheiten wie die oben mitgetheilte ihn in Beziehung auf eine offenbare Begünstigung der protestantischen Kirche vorsichtig gemacht haben mögen.

Wenden wir uns von den Theologen auf die Philologen, so kommen auch diese nicht viel besser weg. Es gab in der That nicht wenig gelehrte Männer in der damaligen Zeit, die durch ein gewaltsames Einführen von lateinischen Wörtern ihrer eigenen Sprache Gewalt anthaten. Als solche werden namentlich Buddaeus, dann Dorat erwähnt: auch tritt dieses Streben bekanntlich in Frankreich später noch einmal bei Ronsard und anderen Dichtern der sogenannten „Plejade" mit großer Heftigkeit hervor. Diese gelehrte Thorheit wird nun von Rabelais anschaulich gemacht durch einen Studenten aus Limoges, der im sechsten Kapitel des zweiten Buches auftritt. Gefragt, von wo er komme, antwortet er: De l'alme inclyte et célèbre académie que l'on vocite Lutece; und als er sagen soll, womit er seine Zeit hinbringe, heißt es: Nous deambulons par les compites et quadrivies de l'urbe, nous despumons la verbocination latiale et comme verisimiles amorabonds, captons la benivolence de l'omnijuge, omniforme et omnigene sexe feminin.

Und, da wir einmal den Weg der Facultäten eingeschlagen haben, so lassen sich auch Juristen und Mediziner nicht übergehen. Als Repräsentant der ersten tritt im 39. Capitel des 3. Buches der alten Richter Bridoye auf, der die Processe nach dem Loose der Würfel entscheidet und gleichwohl nach allgemeiner Uebereinstimmung darum nicht schlechter urtheilt als die übrigen. Um die Weitläufigkeit des damaligen Verfahrens anschaulich zu machen, dient die Aufzählung der ajournements, comparutions, commissions, informations, productions, allegations, contredits, requêtes, repliques, dupliques. Das Parlament, die Glossen, die zu den Gesetzen gemacht werden, Alles bekömmt seinen Antheil.

Auch von der Medizin der damaligen Zeit muß Rabelais nicht viel gehalten haben, obgleich er selbst viele Jahre als praktischer

Arzt gewirkt hat. Wenigstens muß Pantagruel, (livre II, chap. 33.), als er einmal krank wird, 13 große pillules de cuivre verschlucken, in deren jede einer von seinen Leuten hineingeht und die dann durch eine Feder wieder geschlossen wird. Der erste von ihnen hat eine Laterne und eine Fackel mit: er und die Uebrigen öffnen den Verschluß und ziehen nun in Procession im Magen herum, um diese unterirdischen Orte genau zu sondiren und kennen zu lernen, die der Medizin noch eine terra incognita sind. Ueber das Schicksal beiläufig der betreffenden Leute im Magen des Pantagruel brauchen wir uns nicht zu beunruhigen, denn Rabelais ist nicht im Mindesten verlegen, sie auf eine einfache Weise wieder an die frische Luft zu bringen.

Angriffe, wie sie hier an einzelnen Beispielen gezeigt wurden, finden sich in dem ganzen Werke an verschiedenen Stellen zerstreut. Hiebei ist indeß noch zu beachten, daß sie sich nicht auf die gelehrten Stände beschränken, obwohl dieselben vorzüglich reichlich bedacht sind, sondern sie umfassen alle Phasen und möglichen Verhältnisse des Lebens.

Wenn im Vorigen mehr eine sachliche Kritik des Werkes von Rabelais enthalten war, so werden wir schließlich noch einige Worte über ihn hinzufügen müssen, die sich mehr auf seine ästhetische Beurtheilung beziehen. Die Franzosen erkennen die hohen Verdienste, die Rabelais hat, zur Genüge an, namentlich wird der große Einfluß, den er auf die Entwickelung und Ausbildung der französischen Sprache gehabt hat, so hervorgehoben, daß Pasquier ihn und Calvin als les pères de notre idiôme bezeichnet. Auch unter les hommes de génie wird er gerechnet; „aber“, sagt z. B. Nisard (Vol. II, p. 248), „wenn es eine Ungleichheit giebt in den Reihen, zu denen Männer von Geist zugelassen werden, so würde Rabelais nicht in der ersten Reihe sein. Große Fehler halten ihn von dieser fern in den Augen eines Jeden, der die geistige Superiorität nicht von der moralischen trennen mag, und der das Schöne nicht anerkennen will, wo es sich nicht unter den Zügen de l'honnête zeigt. Die beiden Fehler, die gegen ihn sprechen, sind, wie sich aus späteren Stellen zeigt la partie immonde seiner Werke, die nicht einmal durch die Rohheit der Sitten seines Zeitalters gerechtfertigt werden; dann aber der Umstand, daß er keinen wohlthätigen Eindruck macht; er spottet über unsre Leiden, und schlägt keine Heilmittel vor. Dieses ewige Lachen des Demokrit ist unsinnig, er gewährt nach unserm Sinne keine poetische Befriedigung."

Wir müssen dem französischen Kritiker vollständig Recht geben, daß er Rabelais nicht au premier rang gesetzt wissen will; aber obgleich die Ausstellungen, die er macht, als richtig anzuerkennen sind, so sind sie doch weit entfernt, erschöpfend zu sein. Sie beruhen in Wirklichkeit noch auf vielen andern und in sich verschiedenen Dingen: auf dem Stoffe, den der Verfasser wählte, der Denkweise, die er sein ganzes Leben beobachtet hat, und auf der Satire überhaupt, die einseitig festgehalten einen Schriftsteller nie auf die höchste Staffel literarischen Ruhmes führen wird.

So viel über Rabelais; es sei schließlich noch erwähnt, daß es dem Verfasser weniger darauf ankam, viel Neues über ihn zu sagen, als einige feste Punkte zu gewinnen, an die sich eine später folgende Vergleichung Fischarts anschließen könnte. Dieser Standpunkt wurde noch außerdem dadurch zu einem um so natürlicheren, als es bedenklich schien, sich allzuweit von dem Urtheile der Franzosen selbst zu entfernen, von denen doch vorauszusetzen ist, daß sie gewiß die besten Kenner ihres eigenen Autors sind.

Danzig. **Fr. Strehlke.**

Beurtheilungen und kurze Anzeigen.

Praktische französische Grammatik von Caspar Hirzel. Sechszehnte verbesserte Ausgabe von Conrad von Orelli, Prof. in Zürich. Aarau, 1851.

Ein Schulbuch, das in 30 Jahren 16 Auflagen erlebt, hat jedenfalls eine gewisse praktische Brauchbarkeit. Für die Hirzelsche Grammatik beruht diese auf einer, wenn auch nur äußerlichen, durch das alphabetische „Register über die Regeln“ bedeutend erhöhte Uebersichtlichkeit, dann aber auch auf einer — freilich wieder nur äußerlichen — Vollständigkeit, indem das genannte Buch neben dem eigentlich grammatischen Theil, wohin wir außer den sprachlichen Regeln auch die zur Einübung derselben bestimmten Exercitien rechnen, noch französische Lesestücke mit beigefügten Vokabeln, recueil de mots fait pour exercer la mémoire u. s. w. enthält. — Der eigenlich grammatischen Entwicklung dagegen, der Anordnung des Stoffs und der ganzen innern Einrichtung des Werks überhaupt können wir auf keine Weise unsern Beifall zollen. Vielmehr müssen wir, um es empfehlen zu können, von Herrn Prof. Orelli, der von 1824 an die dritte Ausgabe und alle folgenden besorgt und das Hirzelsche Werk mehrfach „umgearbeitet“ hat, eine umfassende, gründliche Umarbeitung verlangen. In ihrer jetzigen Gestalt ist die Hirzelsche Grammatik eine vollständige Eselsbrücke, welche, statt die Selbstthätigkeit des Schülers anzuregen, sie erstickt. So findet der Schüler in tausend und aber tausend Fällen bei den Exercitien den ganzen von ihm zu übersetzenden Satz bis auf 1 oder 2 Wörter vollständig französisch unter dem Text, z. B. p. 125: [1]) Haben Sie die Zeitung schon gelesen? [2]) Wir haben sie noch nicht gelesen; [3]) Wir erhalten sie erst um 12 Uhr. [4]) Wir werden Ihnen die Neuigkeiten mittheilen, welche sie enthält u. s. w. — wozu dem Schüler Folgendes suppeditirt wird: 1) Avez-vous déjà lu la gazette? 2) nous ... avons ... encore lue. 3) nous ne ... recevons qu'à. 4) nous ... communiquerons les nouvelles qu' ... contient u. s. f. — Ein gut Theil dieses Uebelstandes kommt auf die verkehrte Anordnung. Statt nämlich von dem Verb als dem Träger des Satzes auszugehen, wird nach einem alten Schlendrian 1) der Artikel abgehandelt, dann 2) das Hauptwort, dann 3) das Beiwort, Zahlwort, Fürwort u. s. w., nachdem als würdige Ouvertüre zu der durchaus äußerlichen Auffassungsweise der ganzen Grammatik ein — für die damit bekannten Schüler überflüssiger, für andere aber durchaus ungenügender — „Ueberblick über die Redetheile oder die verschiedenen Arten der Wörter“ p. 20 — 27 und p. 31 ff. eine „Einleitung zu den Redetheilen, welche in unsrer Sprache declinirbar heißen“ voraufgeschickt ist. — Schwerlich kann übrigens Herr Prof. Orelli selbst daran glauben, daß man z. B. p. 121 ff. die Regeln über die „Stellung der construirten Fürwörter in verneinenden Sätzen“ u. s. w. durchnehmen werde, ehe man die Conjugationen eingeübt. Was soll dem Schüler die Regel: Statt me und te wird beim Impératif moi und toi gesetzt u. s. w., wenn er noch nichts vom Impératif gehabt hat? Und soll man ihn wirklich die gegebenen Exercitien machen lassen, Sätze wie: „Wenn ein rechtschaffener Mann euch [12]) um einen Dienst anspricht, [13]) so schlaget ihn ihm nicht ab [l. ihm denselben nicht ab]. [14]) Verweigert ihn ihm [ihm denselben], [15]) wenn ihr ihm denselben nicht erweisen könnt. [16]) Anvertrauet eure Geheimnisse nicht Leuten [l. Vertrauet ... Leuten an], [17]) die sie [wieder] ausschwatzen u. s. w., wenn man noch, wie dies von Orelli geschieht, Folgendes suppeditiren muß: 12) vous demande un service. 13) ... refusez ... 14) refusez ... 15) si vous ne pouvez ... rendre. 16) ... confiez ... vos secrets, m. 17) qui ... divulguent. — — Jedes Wort über ein solches Verfahren weiter erscheint überflüssig, nur ist noch zu bemerken, daß das Zuviel nach durchgenommener Conjugation nicht aufhört und auch nicht auf die Exercitia allein beschränkt ist. Für das Erste mögen einige untergelegte Vocabeln aus dem letzten Exercitium zeugen, p. 440: au commencement; le bruit de l'artillerie et de la fusillade; mettre l'alarme au camp de qn.; brûlant du desir de combattre; s'arrêter devant son bivouac (rél.); dans l'épaisseur du brouillard et au milieu des cris confus qui s'élevaient de toutes parts u. s. w. — Für das Zweite führen wir als Beispiel an, daß von den unregelmäßigen Zeitwörtern — obgleich die Ableitung der Zeien vorher wiederholt durchgenommen ist, s. p. 189 — 191 und dazu die Tabelle und p. 214, — doch nicht bloß die unregelmäßigen Formen, sondern auch eine Masse durchaus regelmäßiger aufgeführt sind, wodurch sowohl die Selbstthätigkeit des Schülers als auch der Ueberblick über das wirklich Unregelmäßige gehemmt ist.

Was nun aber die Darstellung der Regeln betrifft, so ist diese, wie gesagt, durchaus äußerlich, fast nirgend eine wirklich logische Begründung der Sprachgesetze, auch wo eine solche mit Rücksicht auf den Standpunkt des Schülers gegeben werden konnte. Und dazu herrscht überall statt prägnanter Kürze eine verschwimmende Breite, eine laxe, ungenaue, sich auf ein glückliches Divinationstalent des Schülers verlassende Ausdrucksweise! Dies wird sich deutlich in der folgenden Besprechung zeigen, so Vieles wir auch mit Rücksicht auf die Grenzen einer Rezension übergehen oder nur kurz andeuten. Wir fügen uns darin der einmal vom Verf. getroffenen Anordnung; unsere Citate beziehen sich auf die 16te Ausgabe, welche sich übrigens von der 14ten kaum unterscheidet; nur daß auf p. 488 noch einige Gallicismes beigefügt sind und hier und da eine Anmerkung, z. B. p. 111 über die Bedeutung von Billion; sonst sind selbst einzelne Druckfehler wieder abgedruckt z. B. p. 407. III. 4) indi*qu*er si fort st. indi*gn*er si fort; p. 290. II. 7) inv*it*er st. inv*ent*er (erfinden) u. s. w.

P. 9—20. Von der Aussprache. In diesem lückenreichen Abschnitte wird nur — und auch höchst mangelhaft — von der Lautlehre gehandelt; von der Tonlehre (s. die vortreffliche französische Orthoëpie von A. Steffenhagen, Parchim 1841. p. 418 ff.), d. h. von der Prosodik (Zeitverhalt) und von der Tonstellung (Accent) ist so gut wie gar nicht die Rede, ebenso wenig ist der Unterschied der Aussprache erwähnt in der Conversation, im sogenannten style soutenu und in der Poesie — welche letztere überhaupt durchaus gar nicht beachtet ist. — Unter den Homonymes (p. 450 ff.), deren Name übrigens von den gleichlautenden auf die ähnlichlautenden Wörter ausgedehnt ist, wodurch ihr Nutzen für die Lehre von der Aussprache fast ganz verloren geht (des mots qui se prononcent de la même manière, ou du moins d'une manière *assez semblable*), ist auf die Quantität gar keine Rücksicht genommen, ja es sind darum selbst Wörter wie amener und emmener; anoblir und ennoblir ohne weitere Bemerkung zusammengestellt. — Auch in der Lautlehre erfährt man über manche und zwar ganz gewöhnliche Wörter das Nöthige nicht, z. B. daß je *sais*, tu *sais*, il *sait*, und il *ait* mit é fermé zu sprechen sind, über second (dans ce mot et dans ses dérivés, le C se prononce comme un G, surtout dans la conversation. Acad.), über gangrène (on prononce cangrène. Acad.) u. s. w. Wir beschränken uns hier auf Berichtigung offenbarer Fehler; dahin gehören die Bezeichnung „scheh" für g; „jod oder i consonne" statt: *ji* (suivant l'appellation ancienne et usuelle; et *je* suivant la méthode moderne, d. i. nach der Lautirmethode) p. 9; ferner p. 11. die durch die Bezeichnung h aspirée veranlaßte Behauptung: „Doch giebt es auch Wörter, in denen *h* nicht unterdrückt, sondern ausgesprochen wird, doch weit sanfter als das deutsche h." — Diese sanfte Aussprache ist ein Hirngespinnst, da man eben nur hauchen oder nicht hauchen kann; die Bezeichnung soll aber auch nur sagen, daß vor den so beginnenden Wörtern weder élision noch liaison eintritt: so heißt der Academie auch das y aspiré in yacht, yole, yucca, ebenso das u in uhlan und man vergleiche die Bemerkung zu oui, subst. se prononce comme s'il était aspiré, *Le oui et le non*, und zu onze. Diese sogenannten aspirirten Buchstaben sind im Hirzel aber nirgend weiter beachtet, während doch p. 33 ebenso wie le héros auch le yategan, du yategan etc. zu erwähnen war (vgl. p. 111 le un, le onzième), wie ferner p. 144 neben ce héros auch ce uhlan u. s. f. — P. 10. „Meist wird auch Europe diesen Ausnahmen von der Hauptregel beigezählt," s. Steffenhagen l. l. p. 79: Europe und andere Wörter mit eu zu sprechen wie ü also U-ro-pe ist fehlerhaft. — Ebenda: Eu lautet aber wie ü, wo es als einzelnes Wort vorkommt, und ebenso in eu[s], eu[t], eusse etc." statt: in allen Formen von avoir, denn Eu als nom propre (Stadt in der Normandie) lautet ö. — Auf derselben Seite heißt es auch: „Die französischen Grammatiker fordern, daß ai als Endung der Zeitwörter (in der künftigen Zeit und in der vergangenen, die Défini heißt) wie é ausgesprochen werde." Diese Ausdrucksweise muß den Schüler zu den Wahn verleiten, der Gebrauch füge sich dieser Forderung der Grammatiker nicht. Es sollte heißen: ai ohne nachfolgenden Consonannten lautet vollkommen gleich é fermé in der Flexionssylbe der Verba (z. B. auch j'ai) u. s. f. Um aber mit diesem Abschnitt zu Ende zu kommen, erwähnen wir nur noch als Einzelheit, daß p. 12 Z. 13 es statt ambig*üe* und cig*üe* vielmehr heißen muß ambig*uë* und cig*uë*, ferner p. 17 unter 5 statt rebus und ant*é*christ — r*é*bus und antechrist. Aehnliche Accentfehler finden sich viele, z. B. p. 577 siège, 578 manège, 584 orfèvre, wo überall *é* stehen sollie u. s. w., év*é*nement statt év*é*nement, auch p. 14 I. Z. 2 v. u. — L'aigle tromp*ette* statt tromp*ète* p. 505.

P. 33. II. Cap. Von der Biegung der Artikel und der Hauptwörter. Daß es im Französischen außer für die Pronoms keine eigentliche Declination giebt, gesteht Hirzel selbst zu; die Darstellung ist nur „mit Rücksicht auf die Muttersprache" gewählt, — dabei bleibt die Annahme eines sogenannten Ablativ unbegreiflich! — und weil durch dieselbe „anstatt der verworrenen Vorstellung, die der Lernende vorher (??) von der Sache gehabt habe, Licht und Ordnung in seine Begriffe komme." — Aber jedenfalls ist z. B. die Darstellung in der französischen Grammatik von Dr. Bernh. Schmitz 1847 — auf welche wir überhaupt der Kürze halber öfter verweisen werden — bei weitem lichtvoller und weniger verworren. — Gar zu schwach und irreleitend für den Schüler ist §. 3 von dem Theilungsartikel (vgl. Schmitz p. 221) Er holt Brot ist nicht soviel wie: er holt von dem Brote (jenes heißt du pain, dies de ce pain-ci, de ce pain-là) und der Schüler soll doch nicht etwa glauben, des hêtres verhalte sich zu du hêtre, des honneurs zu de l'honneur wie im Deutschen Buchen zu Buchenholz, Ehrenstellen zu Ehre. Zu vergleichen waren im Deutschen z. B. Göthe (Ausg. in 40 Bnd.) V. 127: warf von den Fischen herunter; hätte um Alles gern von der Waare gegessen; p. 142: trank des Wassers; XVI. 251: genoß man des leiblichen Weines; p. 114: daß sie von den kargen Näschern waren; XV. 78: die Frauen säumten nicht von ihren kleinen Haarkämmen hineinzulegen; p. 189: meist nur von seinen Liedern vortrug u. s. w., im Lateinischen vescor *pane* u. s. w., vor Allem aber im Französischen selbst Sätze wie Le génie de Charles XII formait *de ces entreprises* que le vulgaire croit téméraires (Hirzel 146) u. s. w. Il y a *du* poison, *de ce* terrible poison que Malaspina fit prendre au pape. (V. Hugo, Angelo I. Sc. VI.) Je ne veux pas *de* cette clef. (ib. Sc. VI.) u. s. f. — P. 42. „Das Beiwort hat ebenfalls *de* vor sich, wenn es allein steht, sich aber auf ein vorhergehendes Subst. bezieht, z. B. Mon ami a reçu de mauvaises nouvelles, moi j'en ai reçu *de* bonnes." Hier ist ganz übersehen, daß es auf die Stellung des Adj. vor oder nach dem Subst. ankommt, daß es also z. B. heißen müßte: Mon ami a reçu des rubans bleus, moi j'en ai reçu *des* jaunes (vollständig des rubans jaunes), wie z. B. die Acad. sagt: Il a changé sa vieille vaisselle pour *de la* neuve.

P. 44. Zweiter Curs §. 6. 1. vgl. p. 55. §. 8. und Schmitz p. 226—228. Im Hirzel fehlt Manches, z. B. daß Länder, die nach der Hauptstadt benannt sind, und kleinere Inseln im Allgemeinen ohne Art. stehen; die Ausnahme wie le Hanovre, le Salzbourg, le Luxembourg s. bei Schmitz. — lieber die Fluß- und Bergnamen s. p. 60. f.; doch fehlt auch da, daß sie ohne ein vorhergehendes montagne, mont, rivière, fleuve, den Art. haben, ihn aber in Zusammensetzungen, die durch Tiret bezeichnet sind, verlieren, man vergl. z. B. Francfort sur *le* Mein (p. 579 *Main* Druckf.) mit Châlons-sur-Marne. lieber die Himmelsgegenden s. p. 61 f. vergl. Schmitz 229 § 11 u. s. w. z. B. über die Namen der Planeten, welche ohne Artikel stehen (Schmitz 229 § 11.).

P. 44. 2. „Während wir u. s. w. . . ., setzen die Franzosen den Art. nach tout" u. s. w. Abgesehen von der ganz äußerlichen Auffassung, fehlt Manches; denn nicht bloß Tout, dans la signification de chaque n'est point suivi de l'article (Acad.), sondern man sagt auch (ebenda) aller, courir à *toutes jambes*, *à toute bride*; être *à toutes mains*; prendre *de toutes mains*; prendre *de tous côtés*, acquérir *par toutes sortes* de voie, justes ou injustes. — Ce sont *toutes fables* que ce que vous contez là (lauter Fabeln), s. p. 174. So auch A la longue *tous hommes* deviennent semblabes (Rousseau); *Toutes parties* qui n'ont pas cet assortiment, d'où resulte *un tout* bien symétrisé, ne peuvent aboutir à la même fin (Destouches). Auch das hier vorkommende Subst. un tout hätte Beachtung verdient.

P. 44. 3. Der Art. bei Monsieur im Vocatif soll „ziemlich selten" sein, da man meistens Monsieur ohne Titel zur Anrede gebrauche. Dies Letztere ist richtig; aber monsieur steht auch nicht bloß bei eigentlichen Titeln; sehr häufig zumal im Lustspiel findet man Fälle wie: Je suis un brutal? *Monsieur le marousle!* — Je suis bien aise de vous trouver ici, *Monsieur le coquin.* — Oh, oh, *Monsieur le paresseux*, vous croyez donc que vous n'êtes ici que pour avoir les bras croisés etc.

P. 44. 4. „Die Franzosen setzen meistens . . . u. s w." vergl. Schmitz p. 231. §. 18. Die Auffassung ist durchaus äußerlich. Man sagt avoir une belle maison, aber les yeux grands, weil nicht Jeder ein Haus, wohl aber Augen hat und die Frage also nur ist, wie sie beschaffen sind; im ersten, nicht aber im zweiten Fall könnte auch das Adj. wegbleiben und avoir mit dem art. déf. entspricht dem Deutschen: Seine Augen sind groß. Vergl. Aurait-elle *le* coeur prévenu pour quelque autre? Sollte ihr Herz für Jemand anders eingenommen sein? Qu'il a l'air agité! Il a la tête tranchée. Ihm wird der Kopf abgehauen. Avoir les bras croisés u. s. f.

P. 45. 5. a. Der sogenannte Datif findet sich bei mal nur in der Verbindung mit avoir (z. B. auch quel mal y-a-t-il à cela?). —

„5. b. Die sogenannte Ausnahme un verre *de* vin findet sich p. 59. d. ganz richtig als Regel. Der angegebene Unterschied zwischen à ohne den art. déf. und mit demselben wird übrigens nicht immer beobachtet. Man s. sac in dem Dict. de l'Acad., wo sich findet sac *à* blé, *à* charbon, Sac *à* mettre du blé, du charbon. Sac *de* blé, *de* charbon, Sac plein de blé, de charbon etc. Sac *de* ble, *de* farine se disent aussi d'une certaine mesure de blé, de farine. — Sac à poudre ist nicht immer gerade ein leerer Puderbeutel, vergl. sac à ouvrage, sac à terre, Sac *plein* de terre dont on se sert en faisant les tranchées etc. Wer Jemand sac *à* vin schimpft, will damit gewiß keinen leeren Weinschlauch bezeichnen.

P. 46. 6. s. Schmitz 225. §. 6. Der art. déf. steht vor dem Namen berühmter Künstlerinnen: La Lemaure, la Dévrient (weil ohne denselben das Geschlecht nicht bezeichnet wäre, vergl. Devrient und die Devrient), ferner sagt man Jésus-Christ, aber *le* Christ; la venue, la religion *du* Christ. On le fait plus ordinairment précéder du nom de Jésus, et alors il ne prend point l'article (Acad.). — „Es versteht sich, daß auch diejenigen Namen, die durch irgend einen Zusatz näher bestimmt sind, den best. Art. erhalten." (??!)

S. p. 49. Xanthus, philosophe assez renommé. Ist die Apposition nicht „irgend ein Zusatz"?

7. Il n'a pas *le* sou. Er hat keinen Heller; hier steht im Deutschen doch weder „der unbestimmte," noch „gar kein" Artikel, noch ein „Nebenwort." In der neuesten Ausgabe ist hinzugefügt: mettre *la* puce à l'oreille de qn., doch sind noch viele andere Redensarten nachzutragen, z. B. avoir *la* puce à l'oreille; jouer, représenter, donner [voir] *la* comedie, Komödie spielen; laisser à qn. *le* champ libre, avoir *le* champ libre [donner *un* champ libre à sa colère], freies Feld, freien Lauf lassen. Est-ce que vous donnez *le* bal ce soir (Destouches) = *un* bal [donner le bal à qn. = le maltraiter] u. s. w. s. Schmitz p. 232 §. 19. — Zu bemerken war neben faire *la* révérence à qn. das p. 482. unter den Gallicismen aufgeführte (p. 482.): Otez le chapeau et faites *une* révérence. vergl. Ils sortent en faisant *des* révérences — ohne einen Dativ der Person.

P. 47. 8., Anm. Auch im Französischen bleibt der Artikel fort, wenn Begriffe gleichsam personificirt sind. Autrefois il y avait un monde où l'on marchait à pas lents . . . où *superstition* et *férocité* se donnaient la main. (V. Hugo.)

P. 49. §. 7. l. a. vergl. p. 65. §. 10. Die Apposition ist nicht immer „Erklärung eines Hauptworts," z. B. p. 530. qui alla même jusqu'à *cent, nombre* qu'elle ne put outrepasser; besonders hätte auch die Satzapposition erwähnt werden müssen, z. B. Ce fut dans le temps de cette entrevue que le roi Auguste renouvela l'ordre de l'aigle blanc, *faible ressource* alors pour lui attacher quelques seigneurs polonais. Charles XII vit cette cérénomie incognito, *unique fruit* qu'il retirait de ses conquêtes. Ferner war die sogenannte unächte Apposition zu betrachten. Z. B. J'ai le bonheur d'orner aujourd'hui *de votre nom*, Monseigneur, *de ce nom* qui m'est et me sera toujours si précieux un ouvrage etc. (Destouches). — Im folgenden Satz könnte der Art. in der Apposition nicht fehlen: Vismar, *la* seule ville qui restât encore aux Suédois sur les côtes *d'* (s. p. 55. §. 8) Allemagne u. s. w. Vergl. Schmitz p. 260—262.

P. 50. b. Ganz unnöthig ist der Fall unter g. gesondert. Nach der äußerlichen Auffassung im Hirzel (vergl. Schmitz p. 234. §. 21.) müßte der Schüler folgende Sätze für falsch halten! Vous êtes *un* menteur. Sieyes était plus *un* métaphysicien politique qu'*un* homme d'état. Dieu est *un* esprit etc. Entreprendre *c'est folie* (s. die erste s. g. Ausnahme). — Daß es sich nicht bloß darum handeln darf, „welches Standes oder welcher Nation einer ist," bedarf kaum der Bemerkung: Le mensonge est bassesse. La Savoie était France (französisch), et il fallait des proscrits; ebenso, daß die Regel nicht auf être und devenir beschränkt ist, z. B. Il me *paraît* fort honnête homme. Cet apprenti venait d'être *reçu maître*. — Un de ces hommes qui, lorsqu'ils se dressent debout sur la tribune, la *sentent* sous eux trépied (V. Hugo); bei sembler, rester u. s. w. (s. p. 52 b.). — Die 2te s. g. Ausnahme ist zu enge gefaßt; der Art. steht, wo ein Individuum hervorgehoben werden soll, also wo das Subst., das ohne ihn adject. Natur hat, durch einen attributiven Zusatz als Subst. bestimmt wird. — Zu erwähnen waren auch wohl noch Sätze wie il *devient des* plus grossiers et des plus mal appris.

P. 50. c. Der unbest. Art. wird weggelassen [vielmehr: steht im Franz. nicht] manchmal nach jamais, wenn es einen Satz anfängt. Die Auffassung kann nicht äußerlicher sein: mit demselben Recht könnte es auch heißen: manchmal auch vor jamais, wenn es den Satz auch nicht anfängt, z. B. Je venais à bout de mon dessein, le plus grand peut-être que *mortel* ait *jamais* conçu (Schmitz p. 236. §. 29). Vergl. ferner ohne jamais: Y a-t-il *homme* de trente ans qui paraisse plus frais et plus vigoureux que vous me voyez? (Molière).

e. Die Redensarten (s. p. 66) sind sehr unvollständig. Es fehlen z. B. Tu veux me *donner mauvaise opinion* de lui. Il a bonne opinion de lui-même; porter perruque; baisser pavillon u. s. w. Daß von einem Weglassen des Art. nicht die Rede sein kann, ist schon bemerkt; die Redensart paßt übrigens nicht einmal beim Vergleich mit dem Deutschen: avoir sujet, Grund haben; chercher fortune, sein Glück suchen; donner atteinte, Abbruch thun u. s. f.

P. 50. f. gehört zu P. 52. b. Uebrigens steht auch beim Factitiv zuweilen der Art.: On trouve ce médecin miraculeux, mais je le crois *un* charlatan. Elles proclamaient l'homme libre et l'obéissance envers un clergé *une* servitude. (On me croyait *le* père de cet enfant; ils se proclamaient *les* réformateurs du goût). Schmitz p. 234. §. 22.

P. 51. b. vergl. a. bei Erwähnung der Tage u. s. w. und Schmitz p. 229. §§. 11 und 12. auch über (la) Noël, Pâques. — Es heißt natürlich mit dem Art. Le variable avril; le janvier de cette année.

P. 51. c. Schmitz 223. §. 20. In der Redensart de part et d'autre (vergl. je serai vengé de façon *ou* d'autre; sans qu'il y eut un blessé de part *ni* d'autre u. s. f. fehlt im Vergleich mit dem Deutschen nicht bloß der bestimmte Art.: von ein und der andern Seite. Wir erwähnen hier gleich noch *autre* est promettre, *autre* est donner (ein Andres), ferner chose und même ohne Art. (Schmitz 236. §. 30 und 31; Hirzel 163. Anm.) Ce n'est pas chose facile u. s. f.

P. 52. c. Ohne Art. stehen rue, faubourg etc., wenn auch die Präp. fortbleibt, z. B. De nombreux citoyens ont été tués de cette manière, *rue* du Sentier, *rue* Rougemont et *rue* du Faubourg Poissonnière. — Un marchand de coco, nommé Robert, et demeurant *faubourg* Poissonnière n° 97, s'enfuyait *rue* Montmartre. — *Place* de la Madeleine les deux représentants Fabrier et Crestin se rencontraient (V. Hugo), aber Au coin *de la* rue du Sentier; la maison qui fait l'angle *de la* rue Notre Dame de la Recouvrance et *de la* rue Poissonière. *Depuis la* rue Saint-Dénis *jusqu'à la* rue Richelieu (idem) u. s. w.

P. 52. 3. und P. 53. 4. s. Schmitz 223. § 20 und 235. §. 25. Wir vermissen Sätze wie: Il y a *fagots et fagots*. Il y a *gens et gens*. Il y a *serment et serment* (V. Hugo), dagegen Pourquoi cette différence? Un serment est *un* serment (s. p. 50 b.).

P. 54. Anm. Anfänger (?!) sind oft versucht, vor divers, différents, verschiedene, certains, gewisse, plusieurs, mehrere noch de zu setzen. Allein u. s. w." — Also wären folgende Sätze von V. Hugo vielleicht falsch, Herr Orelli? A *de* certaines heures, en *de* certaines lieux, à *de* certaines ombres dormir, c'est mourir. — A *de* certains moments de l'histoire humaine, aux choses qui se trament, aux choses qui se font, il semble que tous les vieux démons de l'humanité ... sont quelque part là etc.*) — Man beachte auch divers motifs, verschiedene (d. i. mehrere) Beweggründe; de div. m. verschiedene (d. i. andre) u. s. f. Ferner Sätze wie: Il (le public) est pour l'ordinaire assez nonchalant pour en laisser la direction *à gens* qui en ont de tout opposés (sc. interêts).

P. 55. §. 8. Nach dem Hirzel müßte man folgende Sätze Voltaire's für falsch halten: deux cartes géographiques, l'une d'une ville *de* Hongrie (nachher heißt es la ville hongroise); toutes les villes *de* Pologne sont à celui qui se présente à leurs porte avec des troupes. — Les provinces *d'*Asie u. s. w. vergl. p. 60. f. l'empire *d'*Allemagne u. s. w. (Schmitz 226 — 229).

P. 58. c. Der Theilungsart. steht, wenn die Adverbien folgen: Il a *du* bien considérablement (Destouches); doch L'aube du jour arrive; et *d'*amis *point* du tout (La Fontaine). Das *de* nach der in sans steckenden Verneinung ist nicht auf die angeführten Redensarten beschränkt z. B. sans aller chercher *d'*exemple loin de nous (Marmontel) u. s. w. Ergänzungen und Erweiterungen bei Schmitz p. 249—257.

P. 67 ff. Von der Mehrzahl. Lorrain (dict. selon l'Acad.) hat noch vitrail, pl. vitraux; ferner les narva*ls* u. s. f.

---

*) Plur. von *un* certain moment, vergl. *de* telles raisons, plur. von *une* telle raison.

P. 69. §. 2. Die Form oeils gilt wie bei oeils-de-boeuf bei allen derartigen durch Tiret als ein Wort bezeichneten Verbindungen wie oeil-de-bouc; oeil-de-chèvre, oeil-d'or, oeil-de-chat, oeil-de-serpent u. s. w.

P. 69. d. Ausn. les après-*midi* (Schmitz 43); e. In der Composs., wo die zweite Hälfte ein von einem Impératif abhängiges Object ist, bleibt dies, wenn es ein Abstractum oder ein Stoffname ist, auch im Plural unverändert (Schmitz l. l.). — P. 71 f. Wie les oui-dire waren auch die Plur. les oui, les si u. s. w. zu erwähnen, des fa-sol-ré, des ré u. s. f. — §. 4. Namentlich bleiben die aus mehreren Wörten zusammengesetzten Fremdwörter im pluriel unverändert, z. B. les auto-da-fé; des forte-piano u. s w. — Doch schwankt hier der Gebrauch, je nachdem ein Wort mehr oder minder eingebürgert ist.

P. 73. §. 7. Der vom Deutschen abweichende Plur. von Abstracten und Stoffnamen war zu erwähnen. Dieu est le maitre de *nos vies* (God is the master of our lives); les neiges (the snows engl.) Schmitz p. 44.

P. 75. Les richesses wird nicht „ausschließend oder doch besser in der Mehrheit gebraucht"; die Acad. sagt: Richesse au plur., il signifie toujours de grands biens. — Tablettes ist nur im Sinn von Schreibtafel oder wie in tablettes chronologiques u s. w. Plurale tantum, sonst sagt man z. B. tablette de chocolat, de bouillon u. s. f.

P. 75. Vom Geschlecht der Hauptwörter. Wir geben hier mit Hinweis auf Schmitz 44—54 nur die nothwendigsten Bestimmungen und Beschränkungen der Hirzelschen Regeln. b. Außer l'yeuse sind weiblich vigne, bourdaine, épine, aubépine, ronce, hièble und réglisse. — c. Ausn. Männlich *le* Bengale, le Hanovre, le Maine, le Mexique, le Peloponnèse, le Perche; weiblich Albion, la Franche-Comté. — d. weiblich auch Sion und Babel. Bei Personification werden alle Städte weiblich, wie Moscou, wie in dem Beispiel im Hirzel (Schmitz 49). — e. La Néva und überhaupt alle russ. Flüsse auf a außer le Volga sind weiblich, l'Aar f.; le Borysthène, l'Ebre, l'Euphrate, le Gange, le Nècre, le Tage, le Tigre. — Man beachte auch noch *le* Sahara. — Zu f. merke man: Von den Buchstabennamen sind alle Consonanten mit anlautendem Vokal außer x weiblich, z. B. une f (effe), nach der Lautirmethode sind alle Buchstaben m., un f (fe).

P. 78. §. 3. a. *Quelque chose* que je lui ai dite u. s. w. — b. Zu enfant (Mirabeau schreibt an seine Geliebte mon tendre enfant) gehört noch esclave, subst. des deux genres (Acad.), élève, camarade, pupille, garde. (Schmitz 53). — c. Umgekehrt *la* nuit, *le* minuit; ferner la mi-carême. — f. „Couple, Paar, ist männlich, wenn es ein Ehepaar (?) oder auch ein Thierpaar bezeichnet"; — aber es heißt ja auch *un* couple d'amis, de fripons, was weder Thiere noch Gatten sind, u. s. w. (s. die Acad.). — g. s. Schmitz p. 50. Es fehlt *un* de mes gens; *une* de ces *vieilles* gens.

P. 81. Solche Wörter, die jetzt ein anderes Geschlecht haben als bei ältern Schriftstellern. Schmitz, 51 und 52. Unter die gleichlautenden Wörter mit verschiedenem Geschlecht gehört le foret (von forare, mit kurzem e) und la forêt (vom deutschen Forst, mit ausgefallnem s, wie der acc. circonfl. anzeigt, und mit langem e) nicht.

P. 84. Die Anm. über das stumme e ist an dieser Stelle jedenfalls ungehörig.

P. 86. Vom Geschlecht der Beiwörter. Daß cher, amer etc. im fem. den acc. grave annehmen, beruht auf derselben orthographischen Regel wie 86. 2. brève, 87. 3. die Verdopplung der Endconsonanten bei cruel, net u. s. w. und 197. 1. je lève, jette, renouvelle. S. Steffenhagen l. l. p. 24.

„Eine höchst breite und schief ausgedrückte Anm. statt der einfachen Worte: Das Adj. congruirt als Prädicat mit dem Subj. in Zahl und Geschlecht. — 1. Das stumme x (préfix, e also keine Ausn.) geht im fém. in *se* über. Ausn. doux, ce; roux, faux, -sse. — 2. vergl. neu*f*, neu*v*ième Im Franz. endet kein Wort auf *v*.

P. 87. 3. „Viele Beiwörter auf l, n, s, t verdoppeln diese Consonanten." S. Schmitz 57. 3., wo nur statt der Endung *il*, eil zu schreiben und gentil (- tille) als Einzelheit aufzuführen wäre, da puéril, vil, civil etc. die Regel bilden.

Wailly führt noch *an* auf, doch ist z. B. paysan, -nne kein Adj. (Hirzel 582) und außerdem hat man auch partisan, (s. Bescherelle).

4. Auch jumeau f. jumelle. — Vieux. Quand il précède le subst., et que ce subst. commence par une voyelle ou par une H non aspirée, on di: plus ordinairement Vieil.

P. 88. 5. Die Adj. auf *c* gehen im fém. aus orthogr. Gründen, wie die auf g (oblong und long) in gue, so in que über (vergl. vuincre, vain*quis*); Das fém. von grec müßte entweder è annehmen oder den Consonannten verdoppeln: cque, unserm deutschen ck entsprechend, findet sich als diese Verdopplung noch in dem alten avecque. — Ausn. sec, sèche; blanc, blanche; franc, frei, franche, aber franc, que (z. B. langue franque).

P. 88. 6. Adj. sind nur die aus lat. Compar. auf ior gebildeten Wörter auf ieur (auch meilleur), die andern auf eur sind Subst. mobilia, die H. unter dieser Rubrik p. 583. c. noch einmal durchspricht.

P. 89. 7. Es fehlt coi, coite; dissous, te (p. 497.). lieber die im fém. ungebräuchl. Adj. s. Bescherelle.

P. 90. §. 2. Fou und mou nehmen nicht „statt *x*," sondern regelmäßig (p. 67. 2 Anm.) im Plur. ein s an. — §. 3. Auch im Deutschen wird der Compar. durch mehr ausgedrückt, wenn einem Gegenstand 2 Eigenschaften in verschledenem Grade beigelegt werden, ähnlich Ce livre est *plus bon* (nicht meilleur, mehr, eher gut) que mauvais. — P. 91. sollte es heißen:

mauvais, schlimm — pire, le pire; (mauvais, schlecht, plus m., le plus m.)
petit, gering, — moindre, le m. (petit, klein, plus p., le plus p.)

Die in der Umgangssprache vorkommenden absol. Superl. auf issime sind gar nicht erwähnt (Schmitz 60). Als wird nicht bloß nach dem Compar. durch que übersetzt, vergl. p. 104 ff. aussi riche que etc. Nicht bloß d'autant tritt oft vor den Compar., sondern daß Maaß überhaupt, um wieviel etwas das Andere übertrifft, hat, dem lat. Abl. entsprechend, de vor sich (p. 376. 8. augmenter *de* la moitié; il est plus grande *de* la tête). Von beaucoup sagt die Acad. Quand il est mis après le comparatif, il doit toujours être précédé de la prép. *de*. Vous êtes plus savant *de* beaucoup. Lorsqu'il est mis avant le comp., on peut également dire, Vous êtes *beaucoup* plus savant et Vous ête *de beaucoup* plus savant. — [Il est *par trop* importun].

P. 93. ff. §. 5. Von der Stellung der Beiwörter. Für dies schwierige und wichtige Kapitel müssen wir der oft gar zu äußerlichen Auffassung Orelli's gegenüber die Darstellung bei Schmitz 268. ff. hervorheben. Hier beschränken wir uns auf Berichtigung einiger Irrthümer. — P. 95. Bon etc. sollen immer vor das Subst. zu setzen sein; doch hat der Schüler selbst im Hirzel schon Sätze gehabt, wie Il a la tête *grosse* (grande), la bouche *petite* etc. und man sagt Un remède *bon contre* la fièvre, un homme *bon à* tout, grand dans ses projets; au dessus de moi, voyez-vous, Tisbe, il y a une chose *grande et* terrible et pleine de ténèbres, il y a Venise; Une autre porte *petite et* très-ornée. (Schmitz 277. 9.), ferner nach dem überhaupt gar nicht erwähnten Chiasmus (ib. 219.) On voit *de grands effets* nés de *causes petites*. — Ferner Dis-moi si un homme *beau* pourrait aimer une femme laide (ib. 274. §. 7.).

P. 103. §. 6. 2. Das Gesagte gilt auch theilweise vom Positiv, z. B. Tous ses actes... depuis *ce qui est hideux* jusqu'à *ce qui est risible* sont empreints de ce double jeu (V. Hugo). Es beruht dies darauf, daß im Franz. das Neutrum keine bestimmt ausgeprägte Form hat, sondern der Form nach mit dem Masc. zusammenfällt (z. B. quelque chose. — Doch ceci, cela, quoi u. s. f.). Wo keine Verwechslung zu befürchten ist, wendet der Franz. auch die Umschreibung nicht an: C'est un homme qui a *du bon et du mauvais*. *Le bon* de l'affaire est que ... *Le bon* de l'histoire, d'un conte = Ce qu'il y a de plaisant dans un conte. — *Le curieux* c'est qu'ils veulent qu'on les respecte. *Le curieux* de l'affaire est que ... Vergl. le meilleur m. und n. le mieux (neutr.). *Du profond* des enfers und im Superl. jusqu'*au plus profond* de mon coeur. S. Schmitz 247. §. 9 und 10.

3. „Wenn nach dem auf einen Comparatif folgenden que ein Zeitwort vorkommt, so wird ne vor dieses gesetzt“ (??) Nach dieser ganz äußerlichen Auffassung müßte z. B. p. 92. der Satz Il est d'autant plus respectable qu'il a fait cela de son propre mouvement für falsch gelten! Auch hier kommt ja nach dem auf einen Compar. folgenden que ein Zeitwort vor, muß es denn nun hier heißen qu'il *n*'a fait?!

P. 105. 5. Combien auch in unabhängigen Sätzen, Combien je l'amais! was auch als Zusatz zu 388. 2. dienen mag.

P. 106. Von feu sagt die Acad. Cet adj. n'a point de pluriel, doch findet sich ein Beispiel bei Schmitz 245. §. 1. les *feus* rois Louis XVI et Louis XVII. — Bei demi, oder jedenfalls p. 111, wo unter den Brüchen *un demi* angegeben ist, mußte erwähnt werden: Demie, en arithmét., s'emploi comme subst. fém. invariable, pour désigner une moitié d'unité. Deux tiers et *une demie.* — Semi se joint toujours à un autre mot. Fleur semi-double etc.

P. 109. Ueber den *Superlatif.* Zu on ne peut plus war auch zu erwähnen *Ivrogne s'il en fut,* ein Trunkenbold, wenn's je einen gab, im höchsten Grad (Schmitz 246. §. 7); La puissance des Normands était une puissance exterminatrice *s'il en fut jamais.* — Tous deux sont empêchés *si jamais on le fut.* (La Fontaine). Ferner: Vous le prierez de sortir d'ici *le plutôt qu'il pourra,* sobald als möglich, u. ä. m. Je lui ai les *dernières* obligations, ich bin ihm äußerst verpflichtet. On l'a traité avec la *dernière* indignité. Je suis dans le dernier étonnement; cela me reduit au dernier désespoir. — Endlich vermissen wir superlative Bildungen wie Les plus pauvres et *les plus gens de bien. Le plus esclave* de tous les hommes. *Les plus à craindre*; *le plus en usage* (Schmitz 247. §. 11 und 12).

P. 110. Zahlwörter. Neben vingt-un, trente-un, quarante-un, cinquante-un findet sich auch vingt et un etc., ebenso cent et un und cent-un (s. p. 115. 3. Les mille *et* une Nuits); für die Zahlen von 60—70 hat man auch Doppelformen soixante-un und soixante *et* un bis soixante-dix und soixante *et* dix. *Huitante* hat die Acad. nicht, wohl aber octante. — Ueber une demie s. o. — Vom Deutschen abweichend ist es, daß bei gemischten Zahlen (Ganzen mit Brüchen) die Benennung gleich nach der ganzen Zahl steht, cinq *livres* et trois quarts, $5\frac{3}{4}$ Pfund. — Es fehlen die s. g. Distributivzahlen: Ils entrèrent *deux à deux* vers Noé dans l'arche; il y en entrera de tous *par paires* avec toi. — Im Bezug auf die Aussprache war mehr als bloß von onze zu bemerken, z. B. *Sur les une heure.* On prononce *les* comme si la première syllabe d'*une* était aspirée. (Acad.), also ohne liaison. Ueber cinq, sept, huit, neuf s. Steffenhagen l. l. p. 324; 314—316; 375, 380; 288. — Ueber vingt ib. 380. Wenn es im Hirzel p. 18 heißt: „Vingt läßt das t nur dann hören, wenn eine andre Zahl darauf folgt, wenn man also [l. also wenn man] von 20 bis auf [bis] 30 zählt,“ so ist das nicht bloß nicht ausreichend, sondern geradezu falsch, denn 1) folgt auch z. B. in quatre-vingt-un, wo das t stumm ist, eine Zahl, dann ist aber auch 2) t in vingt écus lautend.

P. 112. 1. Auch *quelques* cents soldats; ferner deux cents d'épingles subst. = centaines. P. 113 steht fälschlich Charles Quint und Sixte Quint st. Charles-Quint, Sixte-Quint mit Tiret.

P. 113. 3. Vierzehn Tage heißt *quinze* jours, weil der Franz., wie wir es bei einer Woche thun (8 Tage), Anfangs- und Endtag mitrechnet. — 4. Es fehlt Une fois un *fait* un (le livret, das Einmaleins). Zu le premier venu halte man: Un homme vient un beau matin — et quel homme? *le premier venu, le dernier venu,* sans passé, sans avenir etc. (der erste beste, der erste schlechteste).

P. 114. „Wenn wir die Worte: ein zweiter vor den Namen eines berühmten Menschen [?! Cette ville est un *autre Paris*] setzen, um eine Vergleichung zu machen (?!), so gebrauchen die Franz. un autre.“ — Es sollte heißen: sie können es statt second gebrauchen; so sagt die Acad. Autre, *dans le sens de*

Second (!!) exprime la ressemblance etc. und Destouches sagt von Louis XIV: Il eut celle (l'ambition) d'être *un second Titus*. Es wäre noch Manches hinzuzufügen z. B. zu casser en deux auch plier en deux; der Gebrauch von quelque; Il y a quelque soixante ans (S. 172); von un als Adj. La république *une* et indivisible; il faut que dans un poème l'action soit *une*; ferner C'est tout un, das ist alles eins.

P. 116 Von den Fürwörtern. I. Persönliche. Diese Bezeichnung paßt streng genommen im Deutschen nur für die Pron. der s. g. 1 und 2ten Person, da er, sie, es auch sachlich sind, im Franz. auch für die pron. dijoints; aber il und elle sind persönlich und sachlich; il est grand kann ebenso wohl von un chateau als von Charles gelten u. s. w. Diese Betrachtung gewinnt Bedeutung für S. 133. — Der Unterschied zwischen pron. conjoints und dijoints (S. 118) ist breit und ungenügend in 8 Nummern angegeben. Offenbar gehören zusammen 1. wo das Fürw. von Vorwörtern abhängt u. s. w. und 6. wo es als Gén. erscheint, wenigstens bei den beiden ersten Personen. — Ebenso 2. wo es in Fragen oder nach Fragen allein steht; 3. wie theils mehrere Fürw., theils ein Fürw. und ein Hauptw. durch und, oder verknüpft sind [Hier fehlt (weder), noch, z. B. ne voyant revenir *ni lui ni moi*] und 4. wo das Fürw. nach dem Bindew. als, wie steht. Es konnte ganz kurz heißen: die Pron. pers. werden nur als Subject, als näheres und ferneres Object unmittelbar beim Verb durch die conjoints ausgedrückt; aber auch in diesen Fällen können nachdrücklich noch die dijoints beigefügt werden: *moi*, je le dis oder je le dis, *moi*. — Il croit aux serments qu'on lui prête, *à lui*. Im frühern Franz. blieben die Pron. pers. conj. als Subj. oft fort (vergl. Ihr Geehrtes vom 27sten d. M. habe erhalten; bist untreu, Wilhelm, oder todt? und namentlich oft bei Göthe) Schmitz p. 97. §. 2. Diese Auslassung kann in der heutigen Sprache stattaben bei nachdrücklicher Hervorhebung der Person durch ein Pron. dijoint (ib. §. 3. und p. 89. §. 17) Moi seul à votre amour *ai* su la conserver. Die Behauptung im Hirzel p. 135, daß nach lui und eux die Pron. conj. unterdrückt werden müßten, ist falsch. So sagt z. B. V. Hugo: Diogène les cherchait (les hommes) tenant une lanterne, *lui il* les cherche un billet de banque à la main; — Et alors, *lui*, cet homme qui a passé sa vie à se pénétrer de la pure et sainte lumière, cet homme qui n'est rien s'il n'est pas le contempteur du succès injuste, cet homme lettré, cet homme scrupuleux, cet homme religieux, ce juge auquel on a confié la garde de la loi et en quelque sorte de la conscience universelle, *il* se tourne vers le parjure triomphant etc. S. auch bei Schmitz Qu'*elle*, *elle* connaissait la France u. s. f. — Neben dem durch das Pron. relatif ausgedrückten Subject darf dasselbe im Allgemeinen nicht noch einmal durch ein Pron. pers. conj. ausgedrückt werden, z. B. Notre père *qui es* aux cieux; toi *qui es* u. s. w., wie wir in der dritten Pers. auch sagen: Euer Vater, der im Himmel wohnt. S. p. 118. 5. und 129; doch beachte man Sätze wie: Il espère ainsi donner la change à la France *qui*, *elle aussi*, est une conscience vivante et un tribunal attentif. — Daß, wie es 118. 8. heißt, das Pron. dij. stehen muß, wo es als Dat. bei einem zurückkehrenden Zeitw. vorkommt, ist nicht ausreichend, vergl. je suis *à vous*, j'accours, je recours, je pense *à vous* u. a. m. S. Schmitz 142. §. 3.

Nachzutragen wäre mancherlei, z. B. über die Anrede einer Person mit vous und das Verhältniß dieser Weise zu dem Duzen (tutoyer). S. Schmitz 62. 5. — Man beachte être à tu et à toi avec qu., auf Du und Du mit Jem. stehen, was nur scheinbar gegen die Regeln verstößt, daß im Franz. kein pron. conj. und im Deutschen kein Nomen nach Präp. stehen dürfe; tu und „Du" sind hier eben gar nicht declinirbar. — Ferner war zu erwähnen die höfliche Anrede: Monseigneur souhaite-t-il que u. s. f., ferner der Plur. majest. (s. Acad. unter nous und notre), ferner das familiäre nous für il, elle, z. B. On *l'*a fait apercevoir de sa faute; mais *nous* sommes opiniâtre [natürlich ohne Pluralzeichen, vergl. S. 175. on mit dem Fém. und dem Plur. Schmitz 87. §. 12]; dann der Plur. im Selbstgespräch beim Impér. der 1sten Pers., z. B. Béranger: Dans ce fossé *cessons* de vivre. *Je* finis vieux. — Vieux vagabond, *mourons* où *je* suis né. — La Fontaine: *Je* vous reprends: *Sortons* de ces riches palais, u. s. w.; weiter: *Je*, soussigné, conservateur des hypothèques, déclare etc., die zwischengeschobene Apposition zu je, dagegen: Est-ce pour rire ou si *tous deux vous* extravaguez de vouloir que je sois médecin (Seid ihr Beide verrückt) u. ä. m., vor Allem aber der Dat. ethicus, z. B. Il tordit le cou au petit chartre de Bengale et *vous* l'aila cacher sous le lit de P. — Crac! il plia la chemise en tampon et *vous* la mit dans la poche. — Prends-*moi* le bon conseil, laisse là tous les trônes. On lui lia les pieds, on *vous* le suspendit (l'âne) u. s. f. S. Schmitz p. 143. §. 7.

P. 120. Erklärung von en und y S. Schmitz, wo richtig die Correlativa en und dont, y und où zusammen behandelt sind. Ganz fehlt hier die Regel von der Fortlassung des y beim Fut. und Condit. von aller. Fälschlich heißt es p. 490: Lorsque *dans cette signification* on se sert du conditionnel, on supprime la particule *y*, p. ex. Quand il irait de ma vie. Es ist ganz übersehen, daß die Acad. hinzufügt: Et en général, *dans tous les sens* du verbe aller, la particule y se supprime devant les temps *irai* et *irais*. S. auch im Hirzel selbst die 11te Anekd. Où est le couvent? *J'irai* à trois heures. — Y von Personen (p. 121) findet sich wohl nur bei penser und se fier. Wenn die Brüder Bescherelle z. B. aus Pascal citiren: Plus on approfondit *l'homme*, plus on *y* démêle de faiblesse et de grandeur, so ist hier l'homme eben sachlich als Gegenstand des tiefen Studiums aufgefaßt.

P. 121. Die Regeln über die „Stellung der construirten Fürw." nicht bloß „in fragenden und verneinenden Sätzen" sind ungemein weitschichtig und ohne alle Schärfe und Bestimmtheit; doch sind sie im Ganzen richtig, nur mußte, da im Hirzel Formen wie qu'il donne überall als Impér. aufgeführt sind, bemerkt werden (p. 122), daß man sagt qu'il *me* donne. — Die Stellung dites-le-lui ou le lui écrivez beruht auf dem beliebten Chiasmus; die Stellung prends-le et rends-le-moi (p. 123) ist die modernere. — Die Acad. sagt: La particule *y*, unie au pronom *me*, ne se met jamais après le verbe: *Vous m'y attendrez.* On ne dit pas Attendez-m'y. und Grammaticalement, il ne serait pas incorrect de dire Attendez-y-moi, mais on évite ces façons de parler bizarres. — Als Einzelheit heben wir die auffallende Stellung aus Mignet's hist. de la révol. française hervor, wo er die Eroberung der Bastille erzählt: *Livrez-nous-les, livrez-nous-les*, ils ont fait feu sur leur concitoyens.

P. 129. Ueber *soi.* Hier war auch zu erwähnen *être soi* (vergl. das subst. moi: L'animal n'a qu'une espèce de *moi* obscur que n'éclaire aucune lueur morale. V. Hugo.), ferner als Analogon zu soi-même nach on das Proverbe: Il n'est point de meilleur messager que *soi-même.* Il n'est meilleur ami ni parent que *soi-même* (La Font.); dann der Unterschied zwischen: Il s'est sauvé lui-même und soi-même = Er selbst kein Andrer, hat ihn gerettet; und er hat sich selbst, keinen Andern, gerettet. — Ueber même s. S. 160, 165, 383, 490; doch fehlt noch Manches, z. B. même, dem engl. very, deutsch gerade, eben entsprechend: La rançon *même* de la paix devient l'aliment de la guerre; ferner Il a fait cela de lui-même, von selbst, aus eigenem Antriebe. Vous aller en juger *par vous-même.* Sie sollen gleich selbst darüber urtheilen.

P. 131 ff. Regeln über le. Die höchst auffallende Erscheinung, daß im Franz. das Prädicat im Accusativ steht, der bei dem Subst. sich eben nur durch die Stellung vom Nominativ, bei den Pron. jedoch auch durch die Form unterscheidet, bespricht Orelli nicht. Z. B. Mon père était *marchand,* je ne *le* suis pas; mon frère n'est pas savant, il *le* deviendra. *Qu'* (nicht qui) était ton père? *Qu'est-ce que* c'était ton père? Wir kommen auf diese Erscheinung, die wir in einem eigenen Aufsatz besprochen, wenigstens kurz bei den verbes impers. zurück. — Das Prädicat wird, wenn es ein Adj. oder ein adjectivisch gebrauchtes Subst. ist, das also keinen Art. hat, durch das Neutrum *le* ersetzt; ist es ein wirkliches Subst. (mit Art. oder bestimmendem Fürw.), so congruirt das ersetzende Pron. damit in Zahl und Geschlecht. —

P. 132. „Est-ce là votre montre à répétition? *Oui, ce l'est* (nicht *c'est elle*)" u. s. w. Jedenfalls mußte, wie das von der Acad. geschieht, bemerkt werden: Ces réponses sont grammaticalement correctes; mais on évite de les employer, parce qu'elles ont quelque chose d'affecté, de bizarre, um so mehr als die Beispiele zur Begründung der Regel dienen sollen, daß lui (elle), eux (elles) von Sachen zu gebrauchen gegen den Geist der franz. Sprache und den Gebrauch der guten Schriftsteller sei. Diese Regel, für die wir im Deutschen den vollständigen Pendant haben, beruht aber darauf, daß die Pron. dijoints wirklich persönlich sind (s. o.), wie denn selbst im Deutschen, wo er, sie, es (wie il, elle) auch sachlich gebraucht, diese Pron. doch nur als Subj. oder Obj. (auch wohl noch als Dativ obj.), nicht aber nach Präpos. von Sachen gebraucht werden, was dem Gebrauch von qui (que) im Franz. entspricht. Wie nun im Deutschen die Sätze: ich habe für ihn, für sie 20 Thaler geboten; ich entsinne mich seiner, ihrer sehr wohl u. s. f. sogleich die Idee an Personen erwecken und wie man von einem Garten, einer Wiese sprechend, vielmehr sagen müßte: Ich habe dafür, (für denselben, für dieselbe) 20 Thlr. geboten; ich entsinne mich desselben, derselben, so kann der Franz. wohl sagen: Laubergiste *chez qui*, aber nicht la maison dans qui [sondern où, dans laquelle] je loge; wohl von einer Dame, aber nicht von einer Feder C'est *avec elle* que j'ai écrit tout le cahier u. s. w., ja selbst der Dat. des Pron. conj. (lui, leur) wird schwerlich von Sachen gebraucht, da man dafür eben y hat; doch kann der Franz., da ihm Pron. wie unser derselbe fehlen, die Anwendung von lui u. s. w. von Sachen nicht immer vermeiden.

P. 134. S. Schmitz 142. §. 6 — Die Pron. werden nicht wie im Deutschen angewandt, das Verhältniß eines folgenden (abhängigen) Satzes anzudeuten. Also wohl: Il quittera cet endroit, il *y* a consenti, aber ohne y, Il a consenti à quitter cet endroit. Doch Je vais veiller *à ce qu*'on ne vienne pas vous troubler (Schmitz 266. §. 6.) und Ils se plaignent *de ce que* les affaires vont si mal. (Hirzel 301.)

P. 135. „Man sagt: Il *me* verra oder il nous verra, moi et mon frère (nicht il verra moi et mon frère)." — Vielmehr wohl: mon frère et moi, denn wie die Acad. sagt: Moi, joint à un nom ou à un autre pronom, ne doit, d'après les convenances de notre politesse, être placé qu'en second, *Vous et moi*, *un tel et moi;* à moins que le nom auquel il est joint ne soit celui d'une personne très-inférieure u. s. f. Diese Rücksicht geht selbst so weit, daß es gewöhnlich nicht wie im Deutschen heißt, das Mein und Dein sondern umgekehrt Le tien et le mien engendrent beaucoup de procès.

P. 136. Pron. possessifs. Mit Rücksicht auf den Raum heben wir nur kurz das Fehlende hervor: Verstärkung durch den Dat. der pron. pers. C'est *mon* caractère *à moi* que de parler naturellement; — Durch propre (p. 141). — Vor dem pron. conj. kann außer tout keine andere determ. Bestimmung stehen (tout son bien); cette votre chèvre bei V. Hugo ist ungewöhnlich für votre chèvre que voici. — Zu p. 139. Die Pron. poss. dijoints stehen auch sachlich, wie das eben erwähnte Le tien et le mien, ferner Il y a mis *du sien*. Qu'ils gardent ce qu'ils ont, je ne veux rien *du leur*; ferner absolut Je m'intéresse à eux et *aux leurs* (die Ihrigen, leurs amis, leurs parents). J'ai bien fait *des miennes* dans ma jeunesse; faire *des siennes* (vergl. Il n'en fait point d'autres); recevant comme *siens* l'encens et les cantiques (La Fontaine). — ferner un mien frère, un sien neveu.

P. 141. Wie breit! Statt des Pron. poss. der 3ten Pers., das auf einen in dem Satz selbst nicht genannten Sachnamen zurückweist, beim Subj. und Obj. steht gewöhnlich en. — Ausn. s. Schmitz 147. —

P. 142. „Changer hat de nach sich, ohne daß son folgt." So ohne Weiteres gilt die Regel doch nicht, z. B. sagt die Acad. Changer *sa* manière de vivre; il a changé *sa* vieille vaisselle pour de la neuve. Changer *son* cheval borgne contre un aveugle. — Les rivières s'extravasaient à droite ou à gauche, *changeaient leurs* directions et leurs cours, se partageaient etc.

(Rousseau). — Die s. g. 2te Abweichung beruht darauf, daß eine doppelte Auffassung möglich ist, die des Besitzes (Possessiv, Genitiv) oder die der persönlichen Beziehung (Dativ), z. B. beide, wie gesagt, in C'est *mon* caractère, *à moi*. Im Deutschen ist die letztere, im Franz. (und Engl.) die erstere die gewöhnlichere: Il se jeta dans les bras *du sénat*, das *ses* bras (er warf sich ihm, dem Senat in die Arme). — Umgekehrt übrigens L'air de Paris *m'*a formé le goût (meinen Geschmack), S. Schmitz 142. §. 5.

P. 144. Es fehlen (s. o.) *ce* uhlan (l'u est aspiré) u. s. w. Ce zuweilen im Datum, A Paris *ce* 7 janvier 1669. — Il avait dessein d'attaquer et *pour ce (pour ce faire)*, il commanda . . . Je lui ai dit telle et telle chose et *ce* (und das, und zwar) pour le persuader de . . . — P. 146. „Cela bildet übrigens gar nicht immer einen Gegensatz 2c." Dies gilt auch von ceci, z. B. *Ceci* n'est pas un jeu d'enfants. Que veut dire *ceci*? Retenez bien *ceci*. — Ceci und cela wie unser das familiär von Personen, zumal Kindern. Voyez ces enfants; *cela* est heureux, *cela* ne fait que jouer (das spielt den ganzen Tag). — *Cela*, Homodei, c'est un homme, comme *ceci*, la Tisbe, c'est une femme (V. Hugo). — — Derjenige vor einem Subst. wird durch den Art. déf. ausgedrückt, Schmitz p. 63. §. 4.

P. 148 ff. §. 4. Von den fragenden Fürw. Quoi ist Neutrum; à quoi bon . . .? wozu nützt? Comme quoi, fam. = comment, z. B. Prouvez-lui *comme quoi* il se trompe. — Quel auch vom Hauptw. getrennt: *Quel* est notre avis là-dessus? (fehlt auch p. 151 bei den „verschiedenen Arten" wie das Fürw. Was übersetzt wird). Ueber *que* bei den unpers. Zeitw. s. u.

P. 152. Qui *de vous ou de moi* gagnera sa confiance? erklärt sich: Wer von uns Beiden.

P. 153. Lequel als pron. rél. bezieht sich auf Pron. (vergl. im Deutschen: Du, der — nicht: welcher — du es selbst gesehen) und Eigennamen; selten steht es adj. wie in folgender Erklärung der Acad.: En terme de palais, Quoi faisant, en quoi faisant, En faisant *laquelle* chose, aus welchem Satz zugleich erhellt, daß die Behauptung p. 154 falsch ist, quoi kommt immer nur mit einem Vorw. vor. — Quoi auf Sachen bezogen s. Schmitz p. 264. §. 3. — Ferner fehlt je ne sais quoi, un je ne sais quoi, avoir de quoi etc.

P. 155. Où, d'où, par où waren auch als Pron. interrog. aufzuführen, wie denn diese überhaupt mit den Relativen zusammen zu behandeln waren. Vergl. là, de là, par là Schmitz 150 und 151.

Was wird auch, wenn es nicht fragendes Fürw. ist, nicht immer durch ce qui, ce que übersetzt, z. B. Il n'y a *rien qui* presse (das ce steckt in dem *Neutr.*). On m'a dit *quelque chose qui* est fort *plaisant* (nicht — e). Il y a dans cette affaire *je ne sais quoi que* je n'entends pas.

P. 156. 2. „Nach dont, dessen, deren wird immer der best. Art. . . . gesetzt." Falsch, weil ganz äußerlich; dont hat auf die Anwendung des Art. wie auf die Stellung vielmehr gar keinen Einfluß, also heißt es, wie man sagt: Il était général, z. B. bei Voltaire: Patkul avait passé au service du czar *dont* il était alors *général et ambassadeur* auprès du roi Auguste; ebenso: la barbarie *dont* ils sont *victimes* u. s. w. oder Le boa est beaucoup moins dangereux que le serpent à sonnettes *dont une* seule piqûre peut causer la mort.

P. 159. Von den unbestimmten Fürw. Darunter fehlen manche z. B. *Combien* voudraient être à votre place! u. s. w. Schmitz p. 66. — Zu certain gehört auch *un* certain, z. B. J'ai oui dire à [un] certain homme; daher auch im Plur. à [de] certaines hommes. s. o. zu Seite 54, vergl. divers, différents. Wie l'autre war auch un autre aufzuführen, (auch *autre* est promettre, *autre* est donner), pl. d'autres (S. 175 und 491). Namentlich waren auch die Sing. tantum hervorzuheben: Chaque, chacun, quiconque, on (S. 175), personne, rien u. s. w. (Plusieurs ist Plur. tant.) — *On* entspricht als Subj. auch unserm Jemand; on frappe, on vient, aber j'entends *quelqu'un*. Ueber die Declin. von on s. S. 133 über soi; ferner Cela *vous* désespère, das bringt

Einen zur Verzweiflung. Für on auch *chacun* en parle (Acad.) und comme dit *l'autre*, *cet autre* (ib. aber als pop. bezeichnet). — Un chacun veraltet; chacun zur Bildung der Distributivzahlen, les vases coûtent *douze* francs *chacun*. — *Chacun* avait sa *chacune*; Chacun le sien (n'est pas trop). — P. 160. rien verstärkt, ne savoir (dire) rien de rien; rien du tout. — L'un l'autre reciprok (S. p. 165). — L'autrui im Kanzleistil, Sauf en autres choses notre droit et *l'autrui* en toutes = le droit d'autrui. — Unterschied zwischen aucun und nul s. Schmitz 242; — P. 161. Anm. die Acad. sagt von aucun: il se met quelquefois au plur. Il n'a fait aucunes dispositions, aucuns préparatifs. Man beachte ferner dans le style naïf ou badin = quelques-uns: *Aucuns* (d'aucuns) croiront que etc., ferner die Stellung être sans ressource *aucune*. — P. 162. tel auch verdoppelt, Je lui ai dit telle et telle chose; ferner *une telle* conduite; Plur. *de telles raisons*. — So wie Une vigne fort haute et *telle qu*'on (so wie man) en voit en *de* (s. P. 54.) certains lieux (La Fontaine). — C'est un avocat *tel quel*. — Solcher wird auch anders ausgedrückt, z. B. Comment avez-vous pu vous résoudre à faire chez vous *un semblable* appareil? Tu me donnes un conseil *comme celui-là?* (solchen Rath). — P. 165. waren auch die Verbes réciproques zu erwähnen: s'entr'aider, s'aider réciproquement, mutuellement = s'aider l'un l'autre.

Doch wir eilen zum folgenden Kapitel. P. 175. Von dem Zeitwort. Die Einleitung enthält eine müßige und breite Ausführung der Frage, ob das Conditionel als Indic. oder Conjonct. aufzuführen sei und ferner über die Entstehung der heutigen franz. Conjugation einen Abriß, der gegen die sonstige Weise im Hirzel, wonach bei dem Schüler fast gar keine Vorkenntnisse vorausgesetzt werden, grell absticht. — Die Verba auf oir oder vielmehr auf evoir (cevoir und devoir) hätten nicht als eigene Conjug., sondern unter den verb. irrég. als eine Klasse (wie die auf enir, oder die auf frir und vrir) aufgeführt werden sollen. Wir verweisen auf die in „strenger Dürftigkeit" aufgeführten Formen bei Schmitz 27. —

P. 188. Beachtung verdienen neben c'est und il est auch *ils sont*, z. B. Anekd. 15: Vois-tu là-bas ces géants terribles? *Ils* (Es) sont plus de trente.

P. 197. Nicht bloß je protégerai, sondern céderai, réglerai etc. haben é. S. Steffenhagen p. 24 und 28 und Schmitz p. 2. 2. und p. 33. — S. auch ib. zu p. 198. 7. nous fuyons, ils fuient und zu p. 198. 8. nous tuïons, aber prodiguions u. s. f.

P. 204 lieber de und par beim Passif s. Schmitz p. 130. §. 4.

P. 208. Der Deutsche sagt: ich habe mich gelobt, der Franz. je me *suis* loué. Ich bin nämlich in diesem Fall sowohl der, welcher gelobt hat, als der, welcher gelobt ist, Subject und Object. Erklärt sich hiernach die Anwendung von être bei den verbes réfléchis, so kann man die Wahl dieses Hülfsverbs in dem Fall, wo das Pron. nicht Accusativ-, sondern Dativobject ist, nur durch die Analogie erklären. M. vergl. Elle s'est lav*ée* und elle s'est lav*é* les mains. Der Unterschied in der Variabilität des Partic. hätte hier wenigstens erwähnt werden müssen. — Ganz fehlt der Fortfall des Pron. réfl. im Infin. nach laisser, faire, envoyer, voir, sentir u. s. w., z. B. Cela me ferait *donner* au diable. Dieu fait *lever* son soleil sur les méchants et sur les gens de bien (Schmitz 91), ferner zu p. 211: Umgekehrt entspricht dem deutschen Reflexiv sich ändern changer. Tout *change*; le temps va *changer*. Son visage a bien *changé*. Vos sentiments ont bien changé (vergl. Cet homme *est changé* à ne pas le reconnaître). Je suis rentré chez moi pour *changer* (um mich umzukleiden) Schmitz 91. §. 5 — und §. 6 zu p. 213.

P. 214 ff. Verbes irrég. — Die Annahme von 8 Stammzeiten ist unnöthig und störend, da außer sachant (ayant, und étant) und — échéant etc. das Part. prés. überall mit der 1. pers. pl. du Prés. stimmt, allant, allons. Beachtung verdienten also wie échéant nur die verb. impers., von denen keine 1. pers. pl. vorkommt. — P. 216. Die Conj. von s'en aller bejahend fragend, verneinend, und fragend verneinend, konnte dem Schüler überlassen bleiben, s. se réjouir, wozu der Schüler s'en réjouir fügen mag. — Die — bei den einsilbigen

Präsensformen im Allgemeinen nothwendige — Umschreibung der Frage hätte dagegen wohl schon hier erwähnt werden müssen; im Hirzel ist erst p. 391 davon die Rede, während doch bereits p. 151 über qu'est-ce qui u. s. w. gesprochen ist. — Tissu kann nicht zu tisser gerechnet werden oder sonst muß dies (wie benir) unter die verbes mit doppeltem Part. passé gerechnet werden (tissé und tissu). — P. 218. Haïr, benir, fleurir verdienten nicht mehr als vaincre, battre, rompre eine ausführliche Conjugation (s. p. 236). Das Déf. von haïr führt die Acad. nicht mit auf. — Alle andere unregelm. verbes der s. g. 2. Conj. bilden die 1. pers. pl. du Prés. nicht auf issons, sondern auf ons. Vielleicht wäre es gut gewesen, in den für die verb. irrég. gegebenen Exercitien auf die Gallicismes Rücksicht zu nehmen; jedenfalls aber mußten die Bedeutungen vollständiger gegeben werden. So z. B. steht p. 224 sentir, fühlen; doch fehlt riechen, stinken, schmecken, ferner se sentir, se ressentir, nachspüren, Nachwehen haben (s. S. 345); ausstehen, je ne puis sentir cet homme-là, u. s. w.

P. 228. Beisp. von féru „s. in den Dictionaires." Sie könnten füglich aus diesen gegeben werden. Es fehlt auch sonst Manches, z. B. p. 238 éteindre; p. 244 das seltne parfaire; 237 das simplex soudre, wovon freilich nur der Infin., und auch der nur in der alten Sprache vorkam; p. 249 reclure (Inf. und temps composés), intrus von dem ungebräuchlichen *intrure*, die veralteten chaloir (il ne m'en chaut), condouloir, souloir. — P. 220. fehlt avenir (il avient que, s'il avenait que, il en aviendra ce qu'il pourra und avenu, avenant, z. B. le cas avenant que ... wenn sich der Fall ereignet daß u. s. w.), p. 231 das veraltete démouvoir u. a. m. Unter den défect. der 1. Conj. war auch das regelm. puer aufzuführen, das nur im Prés., Impf., Fut., Cond. und Infin. vorkommt: Parole ne pue point. Cet homme pue le vin (vergl. 343. sentir).

P. 254. Verbes impers. — Wie s'ensuivre kommt auch pleuvoir in der 3 pers. pl. vor: Les coups me pleuvaient de tous les côtés etc. P. 255. Il faut voir als Ausruf = gehörig. On le battit, il faut voir! Die auf p. 327 fehlende Ausdrucksweise für beinahe war zu erwähnen. *Il s'en est peu fallu qu'*il *n'*ait été tué. Beinah wär er getödtet worden. *Il s'en fallut peu que* la Pologne *n'*eût alors trois rois. Vergl. Il s'en faut de beaucoup que. Tout s'en faut qu'au contraire. — Für il y a müssen wegen des zu vermeidenden Hiatus die Dichter immer das auch in der Prosa vorkommende il est anwenden. *Il était* un roi d'Yvetot etc.

Verschieden vom Deutschen giebt es im Franz. nur echte unpers. Verba, während im Deutschen es im Anfang des Satzes oft nur auf das folgende (nicht unbekannte) Subject hinweist und daher fortfallen muß, wenn ein Adverb (d. h. im weitern Sinne jede adverbielle Bestimmung, also z. B auch das Object oder adverb. Sätze) an die Spitze treten oder wenn das Verbum (im Nachsatz) an's Ende treten muß Es kommt ein Reiter; aber: vom Berg herab (wo der Weg sich wendet) kommt ein Reiter; ich sehe, daß ein Reiter kommt u. s. f. Auf den ersten Anblick mag: Il croit un arbre dans notre jardin und das deutsche: es wächst ein Baum in unserm Garten ganz gleichgebaut erscheinen; in der That ist aber das franz. Verb factitiv (= faire croître, vergl. z. B. das Wasser kocht, die Köchin kocht) und *un arbre* Object, während ein Baum Subject ist. Il aber ist das Subject als Bezeichnung der unbekannten erst aus ihrer Wirkung zu erkennenden Kraft, welche den Baum wachsen macht. Subject und Object ist bekanntlich im Franz. eben nur durch die Stellung zu erkennen; aber daß der Satz wirklich zu erklären ist: Es (die unbekannte treibende Kraft) läßt wachsen — wen oder was? — einen Baum zeigt sich, wenn man den Plur. setzt Il croit beaucoup d'arbres. M. vergl. dazu als Pendant im Deutschen: Es hungert mich dem Sinn nach gleich ich hungere, der Construction nach aber verschieden. Es (die unbekannte nur aus der Wirkung zu erkennende Kraft) macht hungern mich; Plur. Es hungert uns (vergl. wir hungern). Ebenso es durstet, friert, schwitzt mich u. s. w. Ferner franz. Il fait froid = Es (die unbekannte Kraft) macht Kälte. Der Deutsche drückt dagegen nur die Wirkung aus: Es ist kalt u. s. w. Endlich mag auch im Deutschen auf flüchtigen Blick gleichgebaut erscheinen; Es ist und es giebt eine Fürstin in diesem Lande, und doch ist im letzten Fall Fürstin offenbar Object, während es im erstern Subject ist: Es (das Unbekannte, hier etwa das Schicksal) giebt eine F., also der Wirkung nach: die Fürstin ist als eine Gegebene da. (vergl. Es giebt einen König und es ist ein König in diesem Lande). Ebenso Il y a un roi = Es, das Schicksal, hat, hält sich, dort einen König ꝛc. Die weitere Ausführung geben wir in einem besondern Aufsatz; hier müssen wir uns auf diese Andeutungen beschränken, indem wir nur noch hervorheben, daß die factitive Kraft des Verbs (vergl. *sortir* les orangers de la serre = faire sortir u. a. m.) selbst bei être das Prädicat in den Accusativ bringt. (s. o.) Je *le* suis; *que* deviendra-t-il? Fou *qu*'il est. *Qu*'est-ce, was giebts? (dem Sinn, aber nicht der Construktion nach was ist's?) Qu'est-ce qui l'afflige? S. p. 151 — C'est *un roi* (un roi Object wie in: es giebt einen K.). —

P. 258. Zu réussir halte man tu ne *parviendras* pas à m'alarmer u. s. w. — P. 260 ff. s. Schmitz p. 91. §. 7 ff. Außer sortir (s. o.) kommen auch andere meist als neutres gebrauchte Verbes doch actif vor, z. B. descender, monter etc.

P. 264. Cap. XVII. s. Schmitz 96 ff. Der wichtige Unterschied zwischen Défini und Rélatif und Indéfini ist breit und nicht scharf genug angegeben; doch müssen wir mit Rücksicht auf den Raum dies wie manches Andre übergehn.

P. 297. 5. Wie das Cond. kommt auch das Subjonct. Plusqueparf. vor: Mr. Ch. eût triomphé au lieu de Mr. B., qu'il en eût fait; H. reviendrait, qu'il en ferait. — Im Deutschen wird der franz. Hauptsatz Nebensatz und umgekehrt; doch auch: L'infamie de ces siècles eût été réelle, d'ailleurs ces hommes forts auraient eu tort de se plaindre.

P. 286. Die Regeln über die indirecte Rede sind weder vollständig noch klar (s. Schmitz 105) und wie sie in das Kap. über die Folge der Zeiten hineingehörten, so mußten jedenfalls als Pendant zu Nous croyions qu'il demeurait à Paris, Sätze erwähnt werden wie Nous croyons qu'il demeura à P.

P. 293. Beisp. vom Condit. suscomposé in Perraults bekanntem Mährchen vom gestiefelten Kater: Ni le notaire ni le procureur n'y furent appelés; ils *auraient eu bientôt mangé* le patrimoine. — Il mit du son et des lacerons dans son sac et s'étendant comme s'il *eût été mort* (wo mort freilich fast Adj. ist).

Cap. XIV. Die Lehre von der Folge der Zeiten hätte füglich der vom Gebrauch des Subjonctif vorangehen sollen; diese aber konnte übersichtlicher und schärfer angegeben werden. In einer ganz kurzen Gramm. fand ich das Kap. so zusammengedrängt: Der Subj. steht nach den Ausdrücken 1. des Wollens (ich befehle) und der Gemüthsbewegungen (ich bin froh). 2. Des Zweifels, der Frage und der Verneinung. 3. nach dem *Superlat.* und unpers. Redensarten (es ist gut). 4. nach den *Conjunctionen* (supposé que etc.). — Dies ist freilich nicht erschöpfend, aber es mag doch als Beispiel einer übersichtlichen, gedrängten Darstellung dienen. Wir verweisen hier auf Schmitz 107 ff. und erwähnen nur noch Einzelnes. Z. B. p. 294 hätten in den Beispielen statt bloßer Nebensätze wohl vollständige Sätze gegeben werden müssen und dabei waren Fügungen zu erwähnen wie: il mourra *avant qu'il soit peu, un an*, binnen Kurzem, Jahresfrist u. s. w. Zu 295 war die Wendung für unser sollen zu erwähnen: Que *voulez-vous* que je fasse? Was soll ich thun? Je veux que tu sois appliqué; je prétends que vous fassiez ceia etc. — P. 296. s. Schmitz 110. §. 10; während im Hirzel (p. 301.) nur se plaindre de ce que mit dem Indic. erwähnt ist, findet sich doch ebenso se réjouir, être affligé, fâché de ce que u. s. w. (S. auch 382. 5.) und die Wendung mit si und dem Indic. nach étonner, die auch p. 478 als Germanisme aufgeführt wird, ist auch bei guten franz. Schriftstellern nicht allzu selten, z. B. V. Hugo, Angelo II. Sc. 6: Vois-tu il ne faut pas t'étonner *si* je n'ai pas tout de suit sauté à ton cou; c'est que j'ai été saisie.

P. 303. lieber die Folge der Zeiten, die nicht bloß für den Conj. zu beachten ist, s. Schmitz 105.

P. 305. Der Gebrauch der verkürzten Nebensätze (des Infin.) ist nicht bloß auf den angegebenen Fall beschränkt, daß das Subj. des Nebensatzes als Nomin. oder Dativ des Hauptsatzes vorangegangen, s. Schmitz 200. §. 20, z. B. Il *la* força de signer. In der Gramm. nationale heißt es: Employez l'infinitif de préférence à tout autre mode, nur mit der Beschränkung, daß es nicht auf Kosten der Klarheit geschehe; vergl. Noël et Chapsal: Lorsque l'emploi de l'infin. ne présente rien de louche, on doit préférer ce mode à l'indic. et au subjonctif, qui rendent le style diffus et languissant. Hieraus erhellt auch, daß zuweilen der unverkürzte Nebensatz steht, S. Hirzel 310; il me semble que je le vois. Beisp. bei Schmitz. Besondere Beachtung hätten neben den Fällen, wo wir „den Infin. ebenso gut anwenden können," wohl die verdient, wo dies — wenigstens nicht in derselben Art — angeht, z. B. L'imprimeur le plus habile et le plus renommé ne saura jamais l'art de fasciner les yeux des lecteurs *jusqu'à les aveugler* (so sehr bezaubert, daß . . .) sur les défauts de son auteur. J'ai porté même la correction *jusqu'à faire* des actes nouveaux (die Verbesserung so weit getrieben, neue Acte zu machen). *Avant de songer* à vivre heureux, il fallait songer à vivre. u. s. w. S 315, 316, 318, 319 Anm.

P. 309. Wir vermissen den unabhängigen Subj., je ne sache personne u. s. w. (p. 233) und im bedingten Hauptsatz statt des Condit. composé den Conj. des Plusquepf., z. B. p. 289: Si *Hannibal* (? l. Annibal) se fût avancé sur Rome, *il eût forcé* etc. = il aurait forcé. — Der s. g. „von nichts abhängige" Subj. ist durch eine Ellipse zu erklären: [Soit] que j'additionne u. s. w.

In Bezug auf den Impératif ist schon Manches erwähnt, z. B. *Mourons* où je suis né u. s. f. Der s. g. Impér. der 3. Pers. ist nur der Subj. prés., der sich so auch für die 1. Pers. findet: *Que je meure*, si cela n'est pas vrai. S. Schmitz 107. §. 2., wo auch Imp. parf. erwähnt wird: Ayez abandonné la ville quand l'ennemi y entrera (vergl. engl. Have done! Be gone! — Iacta aiea esto. — Gegangen! Rosen auf den Weg gestreut und des Harms vergessen!). Daß für den Impér. das Fut. steht, ist 275. 6. erwähnt, doch gehören auch viele Beispiele unter 3. hierher: *Ira* voir qui voudra de mauvaises tragédies! *Rira* qui voudra, vergl. hier *écrive* qui voudra. — Einen Fall, in welchem das Fut. stehen muß, haben wir schon erwähnt: Vous m'y menerez, da das p. 126. angegebene menez-y-moi als eine façon de parler bizarre vermieden wird.

P. 310. XV. Infinitif, vergl. Schmitz 188 ff. Wir beschränken uns auf Einzelnes. Zu a. gehört auch Il mourra plutôt *que de* trahir son ami = Il aimerait mieux mourir que de etc. S. p. 315, wo zu der Bem., daß die Acad. kein Beispiel von aimer ohne à anführt, zu bemerken ist, daß bei aimer mieux der erste Inf. immer ohne à steht. — Die Ellipse le moyen = quel est le moyen? p. 312 sucht hier gewiß Niemand; doch fehlt im Hirzel freilich überhaupt ein Abschnitt für dergl., z. B. Oui. Après? Ja und nun weiter? Vous arrivâtes malade; *après?* u. a. m. — P. 313. d. s. Schmitz §. 17. —

P. 315. g. Finir und commencer par entsprechen unsern Adverbien anfangs (zuerst), zuletzt, wie denn überhaupt deutsche Adverbia oft durch franz. Verba ausgedrückt werden, z. B. *achever* de ruiner, vollends verderben; les langues du midi *durent être* (sind noch) vives, u. s. w. Dahin gehören auch die in der Note angegebenen Redensarten mit à force de, wofür sich aber auch andre Wendungen finden, z. B. bloßes *de* in der 15. Anecd. Sancho qui se tuait *de* lui crier, und die Acad. hat il se tue *à force de* travail, il se tue *de* travail, und se tuer *à* travailler. — P. 314. „Tarder hat à nach sich, wenn es zögern bedeutet." — On peut dire *tarder de*, mais l'usage préfère *tarder à*. (Acad.)

Die Bem. unter h. und i. gehören unter die verkürzten Nebensätze, von denen wir gesprochen. Wir vermissen Sätze: il est trop franc pour vous tromper, u. s. w. — Unter k. wird sehr ungenügend vom subst. Inf. gesprochen. Ganz subst. sind z. B. le coucher, lever, diner, déjeûner, souper u. s. w. au pis *aller*, au long *aller* petit fardeau pèse; l'*aller* et le *venir*; je reviens à mon *dire*. Il a confronté *les dires* et au besoin les personnes, u. a. m.

P. 318. nochmals von den verkürzten Nebens. — Die angegebene Stellung gilt auch für's Part. prés. Ayant pris quelques moments de repos, *il* continua son discours; l'*orateur*, ayant etc.

P. 319. lieber den Infin. in [directen und indir.] Fragesätzen; denn so müßte es heißen, nicht: Man kann auch außer der Frage sagen: Je saurai bien à qui m'en tenir. — Zu erwähnen war noch der elliptische Inf. im Ausruf: Me *jouer* de la sorte! Me *débiter* avec affronterie une pareille histoire! *Avoir* l'audace de soutenir que etc. — Moi, Mr., révéler un secret! Vous me prenez pour un autre. S. Schmitz 191.

P. 320. Von den Participes, s. Schmitz 201 ff. 1. Nicht bloß appartenant, descendant, und dépendant sind — als *Adj.*, auch mit einem Complement variable, sondern noch viele andre, z. B. Sa figure rayonnante de joie, freudestrahlend; une épée fumante de sang; des marchands coulants en affaires, une figure ruisselante de sueur (aber la sueur *ruisselant* du visage) u. s. f. — P. 321. oben sollte in dem Beisp. statt bureau lieber das gebräuchlichere comptoir stehen. [ebenso p. 573. im Récueil de mots statt apothicaire, Apotheker, lieber pharmacien]. — In der Note sind bloß humainement, familièrement parlant aufgeführt; nun kommt freilich als absol. Part. ohne Subj. nur parlant vor (Schmitz 204. §. 6), aber es finden sich verschiedene Adverbia dabei, z. B. généralement parlant, matériellement parlant je n'avais pas à me plaindre. — Es fehlt daß, wo die Deutlichkeit nicht leidet, die Verkürzung durch das Part. ebenso wie durch den Inf. dem vollständigen Nebens. immer vorgezogen wird. (Schmitz 203. §. 4); ferner hätte die verschiedene Stellung der Adverbia beim Part. und beim Verbaladj Beachtung verdient (ib. §. 5) des villes florissa*nt* *naguères* und des villes *naguères* florissan*tes*; ferner das Part. mit comme (§. 7), Vermeidung des doppelten en beim Gérondif, z. B. Il était transporté de joie, *en* respirant *leur* parfum (d. i. des fleurs) et en admirant *leur* fraîcheur et *leur* éclat (gegen p. 141) und des en als Pron. überhaupt beim Part. prés. (Schmitz §. 10); doch kommen allerdings Sätze vor, wie z. B. bei Bern. de St. Pierre: Virgile a privé ses églogues de leur plus grande charme *en* bannissant les femmes, u. a. m. Nicht alle adnominale und adverbiale Nebens. lassen die Verwandlung ins Part. zu (Schmitz §. 11).

P. 324. A porte ouvrante etc., wo übrigens, wie die Veränderung des fém. zeigt, kein Partic., sondern ein Adj. verb. vorliegt, erklärt sich, wie das vielgetadelte: eine wohlschlafende Nacht wünschen, die fallende Sucht und Aehnliches namentlich im Engl. durch den medialen Gebrauch des Part. (wie des Infin.), z. B. ein bäumendes Pferd = das sich bäumt, vergl. ne tirez pas la bride à ce cheval, vous le ferez cabrer.

Für das Part. passé, das noch einmal ausführlich im franz. Theile behandelt wird, empfiehlt sich als besonders kurz folgende Fassung der wichtigen Regel:

Das Part. passé richtet sich in Zahl und Geschlecht nach seinem ihm vorangehenden Accusativ-Object: in Ermangelung eines solchen aber, wenn es mit einer Form von être verbunden ist, nach seinem Subject.

Ueber das absolute Particip sollen 2 Zeilen genügen!! S. Schmitz p. 204 und 209 ff. Wir erwähnen hier nur noch ein Pron. pers. als Subj. bei La Fontaine: *Eux repus* tout s'endort, nachdem sie gegessen (von repaître); ferner die dem lat. post urbem conditam entsprechende Wendung: Certes, après la journée du vingt décembre 1848 et la journée du deux décembre 1851, *après l'assemblée dissoute* à main armée, *après les représentants inviolables arrêtés et traqués, après la république confisquée*, après le coup d'état on devait s'attendre etc.

Cap. XVII. p. 327. Beinahe, s. p. 365. 2. — P. 329. §. 2. lassen auch *Souffrez que je* reçoive ce titre précieux. *Permettez-moi* (*vous me permettrez*) de vous dire, laß mich Dir sagen u. s. w. — P. 332. §. 3. Verba, deren Regime im Franz. von dem entsprechenden Deutschen (nach der gewöhnlichen)

Uebersetzung abweichen." Imiter qn., einem nachahmen (einen nachahmen). — Es sollte vielmehr heißen etwas nachahmen, da jetzt dies Verb mit dem Dat. der Person und dem Acc. der Sache verbunden zu werden pflegt. P. 333. Z. 4. v. u. sollte es, wie p. 449. selbst gelehrt wird, nicht thême, sondern thème heißen, ebenso p. 205. Z. 8. u. a. — Zu égaler qn. war zu fügen égaler qn. à qn., il veut s'égaler à un tel. — Hierher gehört auch lire (lesen in) un auteur, un volume etc., dagegen *dans* la pensée, le coeur, les yeux de qn., dans les astres, dans l'avenir. — P. 334. Einen erben st. beerben; er hat seinen Onkel geerbt (l. beerbt) ist wohl schweizerisch wie Manches im Hirzel, z. B. es hat = es giebt, u. s. f. —

P. 336. war neben jouer *d'*un instrument (auch de queue, du battoir, des gobelets, de la prunelle u. s. w., wo das Genannte das Instrument ist, womit man spielt) zu erwähnen donner (sonner) *du* cor; battre *du* tambour u. s. w., neben jouer aux cartes auch J'aime mieux jouer *à* la diligence et que tu sois le cheval. Elle jouait *à* la madame u. s. f. Ferner faites jouer *les* violons; on fit jouer *les* eaux, u. s. w. (Acc. c. Inf.), jouer une carte, u. s. w.

P. 337. Bei défier waren Sätze zu erwähnen wie je le défie bien de se tirer de là. Ich wette, daß er sich nicht herausziehen kann, u. ä. — Hierher gehört auch Ils se plaindront *à* lui, sans se plaindre *de* lui. u. a. m. Einzelheiten wären viele nachzutragen, z. B. 345. sentir nicht bloß sinnlich, la caque sent toujours le hareng (vergl. Cet homme *pue* le vin), sondern auch Cette proposition sent l'hérésie, u. s. w., dagegen sentir *des* pieds, *de* la bouche. — Nicht bloß siffler un chien, sondern auch z. B. un oiseau, einen Vogel abrichten, ihm Melodien zum Nachsingen vorpfeifen, siffler un homme, Jem. instruiren, was er zu sagen, zu thun hat. — Tenir à qch., auch an etwas liegen. A quoi tient-il que ... S'il ne tient qu'à cela, wenn's weiter nichts ist; Qu'à cela ne tienne, darauf soll's nicht ankommen. Je ne tiens à rien, mich hindert nichts, u. s. w.

P. 346. §. 4. S. Schmitz 121. §. 5. Namentlich fehlt, daß der doppelte Acc. bei den Réfl. stehen muß: Laissez-*le s'*égarer etc.

Cap. XVIII. P. 350. Note. naturellement, von Natur. Wurde einmal solche Einzelheit erwähnt, so mußte jedenfalls auch die Bed. offen bemerkt werden: Parlez-moi naturellement. — P. 351. 2 und 3. So schnell als möglich, Retirez-vous et *tout au plus vite;* le plus vite que vous pourrez; le plus tôt possible. — Faire *son possible* pour qu'une chose soit; il a fait *du mieux, le mieux qu'il a pu;* je ferai *de mon mieux* pour que etc. — Zu bien fehlt bonnement = de bonne foi, naïvement, avec simplicité.

P. 353. 1. „Daher (?! d. h. wie rester fidèle à son maitre) auch rester (demeurer) court". — ?! S. arrêter tout *court* le procès des lettres et des beaux arts; L'orateur a tourné *court;* il me répondit un Non tout *court;* couper *court* (à qn., Einen kurz abfertigen).

P. 354. fehlt Manches, z. B. parler *net* (offen, rund heraus) à qn.; cela s'est cassé *net*, trancher *net* la difficulté. — Cette porte, *tout grande ouverte* (sperrweit offen), u. s. w.

P. 355. §. 2. Manche Umstandsw. fehlen, z. B. ci (ci-joint, ci-devant u. s. f., par-ci, par-là). De là oft wie hinc illae lacrymae und das englische hence elliptisch ohne Verb. De là le règne de Totilas et nos malheurs en Italie. — Daneben vermissen wir jusque là nicht bloß örtlich und zeitlich, sondern auch au sens moral: Quoi! il a pu vous insulter jusque là. Ferner fehlt céans; unter den Umstandsw. der Zeit jà, jadis, cependant, onc (onques) u. s. f. — Zu der Note †) merke man, daß tôt auch sonst vorkommt: le plus tôt possible; vite et tôt; il faut finir plus tôt que plus tard; le plus tôt sera le mieux. — Namentlich die locutions adv. p. 357. sind unvollständig; es fehlen z. B. de point en point = ausführlich, genau; de (en) tout point, ganz; au dernier point, äußerst; à point = à propos, gelegen, gehörig (= comme il faut); à point nommé; — à ravir; à contrepoil, u. s. w. Wir erwähnen

z. B. für unser so außer dem obigen jusque là noch Est-il possible que vous ayez pu vous contrefaire *à ce point?* Quel droit avez-vous pour parler *de la sorte;* de manière que, de façon que, u. s. w.

P. 359. Von den verneinenden Nebenw. s. Schmitz 170. — Vor Partic. wird die Negation oft durch peu ausgedrückt; peu complaisant; mon maitre peu accoûtumé a cela, u. s. w. — P. 360. Bei non-seulement war auch das folgende mais (encore) zu erwähnen. Es fehlt, daß vor Adv. pas (nicht point) steht: n'être pas *bien* riche, n'être point riche; n'avoir *pas beaucoup* (point) d'argent. — P. 361. Zu ne .. que beim Verbe war rien que ohne ein solches aufzuführen, z. B. *Rien que* (bloß) sur le boulevard Poissonnière on comptait onze pièces de canon. — Ils (les cadavres) étaient tellement pressés que *rien que* devant une seule boutique on en compta 33. — *Rien que* le spectacle (der bloße Anblick) d'une fortune comme celle de Mr. B. placé au sommet de l'état suffirait pour démoraliser un peuple. — Es fehlt Nenni = non. Man beachte ferner Je n'ai que faire de qch., ich brauche etwas nicht (que faire de cela? was soll ich damit thun). —

P. 369. Cap. XIX. Von den Prépositions s. Schmitz 151. — Aus der Masse des Nachzutragenden führen wir Einzelnes auf. — In der Note p. 369 wird bloß soupirer après qch. aufgeführt, als ob nicht après ebenso nach attendre, languir, bayer u. s. f. vorkäme. — Depuis heißt nicht bloß seit, sondern ist auch örtlich, Il est impossible de régner par la force *depuis* le Taurus jusqu'aux Alpes, *depuis* le Caucase jusqu'au pied de l'Atlas. — Es fehlt z. B. maître *ès* arts; *passé* cette époque; *jusqu'à*; *nonobstant* (380) u. s. w., ferner s. g. locutions prépositives, z. B. *à partir de* (*à dater de* = des) ce jour; *de* (*par*) *delà* les mers, *du delà des* mers, auch *delà* les monts; *en deçà de* la rivière; *en faveur de, à la faveur de,* u. s. w. In der 3. Note ist à part = excepté aufgeführt, in ähnlicher Bed. findet sich *à seule exception de;* je ne veux que personne ne gronde céans *si ce n'est* [= que] moi. — P. 370. Die Acad. sagt: Quoique la prép. *près* doive régulièrement être suivie de la prép. *de*, cependant il est usage de supprimer celle-ci dans plusieurs phrases. Ambassadeur de France *près* le saint siége. Von proche giebt sie kein Beispiel ohne de. — P. 373. 4. Man beachte entre bei mains, weil deren zwei sind: Ce malheureux enfant retombe *entre* ses mains et meurt presque en naissant; le compte est *entre* les mains des magistrats de F. — déposer une somme *entre* (dans) les mains d'un tiers, *en* main tierce; — Dagegen j'ai une moitié de ma vengeance *sous* ma main, u. s. f. P. 375. Das dans bei manger etc. (z. B. auch Il avait volé — wie pris — l'argent *dans* ma poche, vergl. prendre qn. la main *dans* la poche) entspricht seiner Auffassung nach unserm in bei lesen: in (d. h. auch aus) einem Buch lesen, vergl. im Engl. The devil speaks *in* him, der Teufel spricht aus ihm. — P. 376. Von à und de werden aufs Gerathewohl einzelne Bed. herausgerissen, andre ebenso wichtige übergangen. Wir erwähnen hier nur, als besonders vom Deutschen abweichend, Je ne comprends rien *à* vous, *à* ce que vous me demandez; que voulez-vous *à* cet homme? wo wir statt des Dativs der persönlichen Beziehung von setzen, und umgekehrt un secret qui n'est connu que *de* moi (nur mir bekannt); über de beim Pass. überhaupt s. p. 203; — ferner crier *au* feu, *au* voleur etc. — Zu 7. c. mußte erwähnt werden deux *à* trois aunes, aber deux *ou* trois personnes, doch deux *à* trois cent personnes, weil wohl zwischen 2 und 3 Ellen, zwischen 200 und 300 Personen, aber nicht zwischen 2 und 3 Personen etwas Zwischenliegendes gedacht wird. — P. 377. 10. Par und sur. Es fehlt z. B. Nous étions *par* 30 degrés de latitude; couper *par* morceaux; ce paquet est venu *par* la poste; *par* conséquent, u. s. f. Une maison *sur* le grand chemin. Cet hôtel ouvre *sur* deux rues. *Sur* dix, il n'y en avait pas un de bon. Il fait folies *sur* folies. *Sur* mon honneur; faire des paroles *sur* un air, u. a. — P. 379. 4. Cette femme est belle *à cela près qu'*elle est fort pâle (nur daß). — Gebrauch der Präp. ohne ein nachfolgendes abhängiges Wort, z. B. das familiäre Il a pris mon manteau, et s'en est allé *avec*. — Parler pour et contre. J'aurais voté dans un jour dix fois *contre* et dix fois *pour*, u. s. w.

P. 380. Cap. XX. Von den Conjunctionen. Auch hier müssen wir uns, so reichliche Nachträge sich liefern ließen, auf Einzelheiten beschränken. — „3 Einen Zweck [Absicht] zeigen an afin que, pour que." — Verneinte Absichtssätze mit de peur (crainte) que (vergl. 362) Fermons la porte *de peur qu'*on ne nous surprenne, *de peur de* surprise. S'il me contredit, c'est *de peur de* m'ennuyer; auch *crainte de* malheur, d'accident. — „5. eine Vergleichung zeigen an comme u. s. w."; es fehlt comme zur Angabe der Zeit (als), des Grundes (da, weil), des hohen Grades der Intensität (wie sehr. Vous voyez *comme* il travaille) u. s. f.: — Doch derartiges Detail führt zu weit. —

P. 381. „Si drückt immer (?!) eine Bedingung aus." Als ob es nicht auch in indir. Frage vorkäme = ob, und zuweilen = wie sehr, combien: Vous savez *si* je vous aime. Besondere Beachtung verdient dies si in unabhängigen (ellipt.) Sätzen; z. B Ainsi vous restez. — *Si* je reste! *Si* je reste! (ob ich bleibe! sc. fragst Du) je me fie à toi, te dis-je. — Je ne puis croire que vous ayez un intérêt dans tout ceci ... *Si* j'ai un intérêt à tout ceci! Je le crois bien que (gegen p. 306 keine Verkürzung!) j'en ai! — *Si* vous croyez que (ebenfalls gegen p. 306) vous êtes beau, quand vous regardez comme cela! (ob Ihr wohl glaubt ... sc. möchte ich wissen). — Es findet sich übrigens auch quand (mit und ohne même) als Bedingungspartikel = selbst wenn, z. B. Anecd. 15. *Quand* vous remueriez plus de bras que le géant Briarée, vous n'en serez pas moins punis. *Quand* je le voudrais, je ne le pourrais pas. —

P. 383. 7. Die gegebenen Beisp. beweisen gegen p. 316, daß die Verkürzung des abhängigen Satzes, auch wenn das Subj. des Hauptsatzes bleibt, nicht immer erfolgt. Beachtung verdient hier übrigens die Verkürzung mit pour und Inf. passé in bejahenden Sätzen (p. 316. i.) und mit faute de in verneinenden, z. B. Jeté sur cette boule | Laid, chétif et souffrant, | Etouffé dans la foule | *Faute d'*être assez grand (weil ich nicht groß genug bin). — C'était *faute de* savoir toucher qu'ils voulaient surprendre, u. a. m.

P. 383. 8. „Wenn ein Vordersatz mit de même que oder ainsi que anfängt, so muß (?!) der Nachsatz ebenfalls mit de même oder ainsi anfangen." Die Acad. sagt nur: Lorsqu'on emploie *de même que*, au commencement du premier membre d'une comparaison, on met *assez souvent de même* au commencement du second. —

P. 385. Der s. g. 3. Curs enthält unter 14 Nummern allerlei abgerissene Bemerkungen, welche der Berichtigung und Vervollständigung bedürfen, z. B. 1. „Als daß wird nach Verneinungen und Fragen durch sinon que oder si ce n'est que übersetzt, nach trop aber durch pour que." — Hiernach müßte ein Schüler z. B. sinon que anwenden bei der Uebertragung des Satzes: Hast Du nicht lieber Gesellschaft bei Dir als daß Du ausgehst? N'aimez-vous pas mieux avoir société chez vous que de sortir? Wer würde nicht lieber sterben als daß er das thäte? Qui ne mourrait pas plutôt que de faire cela? u. s. w. Man beachte das einfache que: Il vaut mieux tuer le diable *que* le diable nous tue. es ist besser den Teufel tödten als daß der Teufel uns tödte; ferner pour que, wie nach trop, auch nach assez, und die Verkürzung: Il est trop franc *pour vous tromper*, u. s. f. — 2. „Ueberhaupt sollte [?! muß] in verneinenden Sätzen ni gebraucht werden, gesetzt auch, daß wir im Deutschen nach einer Verneinung und folgen ließen." — 3. 4. 5. Pleonastisch que, z. B. auch si j'étais (*que*) de vous. Etre toujours sur le *que* si, *que* non, u. s. w. — 13. Unter die unserm doch entsprechenden Wendungen gehört auch ne pas laisser (que) de, s. p. 491. z. B. Anecd. 32. Tout d'honneur ne laisser pas d'être à charge. — 14. Bei lorsque war wohl zu erwähnen, daß es, wie das lat. quum, engl. when und unser als, zuweilen den logischen Hauptsatz beginnt, z. B. Anecd. 16: Il se retirait tristement, lorsqu'il aperçut une feuille de rose à ses pieds. Er zog sich traurig zurück, da bemerkte er ... Schließlich bemerken wir noch zu p. 384. 9. über que „als Stellvertreter aller Bindewörter", daß in solchen parallelen

Sätzen, wenn sie (wenigstens der letzte) nicht durch et, ou, ni verbunden sind, die Conjunction wiederholt wird, z. B. p. 406. *Puisque* le prince, dit-il, m'accuse si publiquement de mensonge, *puisqu*'il [nicht qu'il) est si sûr de son innocence, qu'il défende sa vie; je donne un libre cours à la justice. So sagt z. B. Rousseau: Cependant, *quand* on sera instruit du temps où ils (mes articles de l'Encyclopédie) ont été faits, de celui que j'eus pour les faire, et de l'impuissance où j'ai toujours été de reprendre un travail une fois fini, *quand* on saura, de plus, que je n'eus point la présomption de me proposer pour celui-ci, mais que ce fut pour ainsi dire, une tâche imposée pour l'amitié: on lira peut-être, etc. und einige Zeilen weiter: *Si* les Lecteurs veulent bien jeter les yeux sur les articles qu'il attaque, tels que Chiffrer ... etc., *s*'ils distinguent les vrais éloges que l'équité mesure aux talents, du vil encens que l'adulation prodigue à tout le monde; enfin *s*'ils sont instruits etc.

P. 388. Cap. XXI. Von den Interjectionen. Wir sehen davon ab, daß viele fehlen, z. B. ahi! bah! eh! eh bien! tarare u. a. m.; als Interj. des Spottes werden aufgeführt he! zest! die letztere dient aber auch, wie wutsch! zur Bezeichnung der Schnelligkeit: à ces mots zest il s'échappa; die erstere aber hauptsächlich zum Rufen, dann auch zur Warnung, als Zeichen des Mitleids, des Schmerzes, des Erstaunens, verdoppelt als Zeichen des Beifalls u. s. w. — 2. „das Wörtchen wie wird meistens, es mag ein Ausrufwort vorangehen oder nicht, durch que übersetzt". — Solche vage Bem. kann nur irre leiten. M. s. z. B. *Comme* il est changé! (Acad.). *Comme* il ment! tu es un homme payé! — Zu 3. bemerke man Fi! *le* vilain! neben fi *du* plaisir que quelque crainte accompagne! ebenso zu 1. Malheur *sur* eux et *sur* leurs enfants!

P. 389. Cap. XXII. §. 1. Von der Wortfolge. Unter a. fehlt, daß die angegebene Nachstellung des Subj. auch in abhängigen Sätzen bewahrt wird. z. B. L'expérience ne m'a que trop prouvé que mes voeux devaient se borner à faire sentir aux lecteurs *que* s'il m'est impossible de leur offrir des ouvrages parfaits, *du moins n'ai-je* épargné ni soins, ni travaux, ni veilles, pour y laisser un peu moins d'imperfection. Ferner mußte hier die Nachstellung des Subj. erwähnt werden in Sätzen wie: toutes savantes que sont ces dames; quelque prétentieux que soient ces messieurs etc. (S. 166.), ferner Grande fut la joie des vainqueurs etc. (Schmitz 116. §. 3, 4, 5).

P. 390. Man beachte unter den „eingeschobenen Sätzchen" besonders solche, die nicht „wie im Deutschen behandelt werden". Je deviens sombre et, *faut-il avouer*, presque méchant. —Im Nachsatz wird unser so nicht übersetzt, doch beachte man das veraltete si faut il que = encore faut-il = il est nécessaire, malgré tout, que. Sonstige Umstellung beim Impér., Vive la liberté! Sois-je du ciel écrasé, si je mens (Schmitz §. 9), in indir. Fragen (§. 12) und in Adverbialsätzen (§. 13), Tant que dura la tyrannie etc.

P. 392. II. Vom Acc. und Adverbe s. Schmitz p. 215 ff., wonach sich leicht das Fehlende ergänzen lassen wird. Z. B. §. 12 über die Stellung des Acc. beim Infin., Il faut laisser parler le monde etc. — Die Inversion bei Dichtern ist im Hirzel, wie überhaupt die Dichtersprache ganz und gar, mit keiner Silbe erwähnt.

P. 399. §. 2. Von den nöthigen Wiederholungen. C. „Was die pers. Fürw. betrifft, so werden ohne Ausnahme (?!) diejenigen, welche im Régime stehen, wiederholt". — Doch nur in den temps simples, aber man sagt z. B. Il nous a flattés et loués. — „Die Fürw. der 1. und 2. pers. werden meistens wiederholt" (als Subj. nämlich); — unerläßlich ist die Wiederholung beim Uebergang aus dem negat. in den affirmativen Sinn; bei wechselndem Obj. ist die Wiederholung des Pron. [und des Hilfsverbs] gewöhnlich, z. B. Dans plusieurs de mes comédies, *j'ai* purifié les expressions, *j'ai* réformé la versification, *j'ai* corrigé le dialogue, *j'ai ajouté*, *retranché ou refondu* des scènes entières, *j'ai* porté même la correction jusqu'à faire des actes nouveaux etc. s. D. — Zu E halte man auch Sätze wie: Ce grand ministre, dont le vaste génie embrassait *tout*, saisissait *tout*, prévoyait *tout*, apprit etc.

P. 402. Das 23. Kap. endlich enthält Uebungsstücke, an denen die Masse der untergelegten Vocabeln zu tadeln ist. Wenn ein Schüler die Grammatik durchgemacht hat, wird man ihm schwerlich Vocabeln wie la vache, die Kuh, zu suppeditiren brauchen p. 403. 20. — Die beiden letzten Vocabeln (§) in diesem Uebungsstück lauten: 33. C'est ainsi que (rester en mouvement) und 34. jusqu'au moment où, l'enfant étant endormi, on *venir* détacher! Die ganze Thätigkeit des Schülers beschränkt sich also auf die Verwandlung des Inf. ins Tempus finitum!!! —

P. 442. beginnt ein zweiter (franz. Theil), über den wir uns kürzer fassen. Das 24. Kap. handelt von der Orthographie. Bei schwankender Schreibweise (p. 449) hätte die der Acad. Beachtung verdient. Im Hirzel heißt es: Ecrivez *cuiller* ou *cuillère*. Die Acad. sagt: On prononce et *quelques-uns* écrivent cuillère. — Ferner lehrt Hirzel Ecrivez *shal* ou *châle*. Das erstere findet sich aber nicht, sondern vielmehr *shall* und die Acad. zieht mit Recht die andere Weise vor, da die s. g. à l'anglaise nicht einmal der englischen (shawl) entspricht. Ueber die Homonymes haben wir andeutend schon gesprochen; wir verweisen auf die mehrgenannte Orthoëpie von Steffenhagen p. 465 ff. —

P. 474 ff. Des Germanismes; darunter z. B. 475. Pour vous dire la vérité, je dois avouer etc. mit der Verbesserung à vous dire la v. etc., doch führt die Acad. an als Beispiel zu *pour*, joint avec l'infin. des verbes, = afin de, en vue de, dans le dessein de: *Pour dire le vrai*, und so sagt z. B. Destouches, le Triple Mariage Sc. XI. Or donc, pour vous dire la vérité ... und so oft. — So gehört auch der Gebrauch von si nach étonner statt que (p. 478) nicht unter die Germanismes, da Hirzel selbst p. 296. ein Beispiel dieses Gebrauchs aus Fénélon citirt; wir haben a. a. O. eins aus V. Hugo gegeben und fügen hier aus dem Album Litéraire par Fränkel VI. p. 38. bei Il faut donc moins s'étonner *si* les anciens habitants de Nuremberg pour oublier leur chagrins s'étaient faits de francs buveurs. — P. 477. Quand le verbe machen se trouve joint à un *adjectif* qui désigne une qualité (dieser Zusatz erscheint bei adj. ziemlich müßig), il ne se traduit point en français par *faire* mais par *rendre*. Dergleichen äußerliche Regeln fallen freilich im Hirzel kaum noch auf; doch s. z. B. p. 403. Il pria l'abbé de lui composer un discours, mais surtout de le *faire* très-court; hier soll nämlich nicht eine bereits fertige Rede kurz gemacht d. h. abgekürzt werden (abréger = *rendre* plus court), sondern es soll eine kurze Rede gemacht werden. Man vergl. rendre riche = enrichir; und on le *fait riche*, mais il ne l'est pas, d. h. man giebt ihn für reich aus; il se *fait* beaucoup plus malade qu'il ne l'est: er macht (stellt) sich kränker als er ist; ferner ne *faites* semblant de rien, sich nichts wissen(d) machen; se *faire* fort, sich anheischig machen, u. s. w., auch *faire* ses choux *gras* de qch. u. s. w. — P. 478. heißt es Dites: *à bon marché*. On ne peut omettre *à* que dans ces phrases: C'est bon marché u. s. f. Aber man sagt auch avoir bon marché de qn. = avoir facilement sur lui l'avantage. — P. 478. Kurzsichtig sein heißt auch avoir la vue *courte* (s. Acad. unter myope). — M. s. ferner Schmitz 351 ff. z. B. 357. rezensiren, vergl. Destouches: Ce n'est pas que j'aie la témérité de présumer que cette pièce soit à l'abri de toute censure; je ne sais que trop qu'on en peut *faire une très-bonne critique* (daß man es mit Recht tadeln kann), ebenso faire les critiques des actes du gouvernement, u. a. m. — Vielleicht ebenso nothwendig wie eine Sammlung von Germanismen wäre eine andre von Redensarten, die einander im Deutschen und im Franz. mehr oder minder entsprechen und die der Anfänger nur zu geneigt ist für Germanismen zu halten. Z. B. Eines schönen Morgens, un beau matin; nächster Tage, un de ces jours; ein für allemal, une fois pour toutes; das ist mir egal, cela m'est égal; das ist alleins, c'est tout un; Sie hat im kleinen Finger mehr Verstand als der Herr Baron in Leib und Leben: Elle a plus d'esprit *dans son petit doigt* que Mr. le Baron *dans tout son corps*. — Mein kleiner Finger hat mir's gesagt, *Mon petit doigt* me l'a dit. Sie sehn sich ähnlich wie zwei Tropfen Wasser, Ils se ressemblent *comme deux gouttes d'eau.* Es läßt sich hundert gegen eins wetten, Il y a *cent contre un* à parier. Ich hätte es zehnmal für einmal gethan, Je l'aurais fait *dix fois pour une.* Hundehaare auflegen, Reprendre *du poil de la bête.* Es ist ein Wetter, daß man keinen Hund hinausjagt, Il fait un temps *à ne pas mettre un chien dehors.* Sie leben wie Hund und Katze, Ils vivent *comme chien et chat.* Scherz bei Seite, Raillerie à part. Im Handumdrehen, en un tour de main. Das hält wie alle Teufel, Cela tient comme tous les diables. Das ist der Teufel (die Schwierigkeit), C'est (voilà) le diable Er hat das Pulver nicht erfunden, Il n'a pas inventé la poudre. Selbst zur Rückgabe einer Beschimpfung: „Je connais ce visage-là". Visage, oh! visage *vous-même!* „Pour qui me prenez-vous?" Pour ce que vous êtes, pour un grand médecin. „Médecin *vous-même;* je ne le suis point u. s. f. — In eine Grammatik gehört freilich, streng genommen, Derartiges nicht, so nützlich eine solche Sammlung auch werden kann, wenn sie wohl geordnet und praktisch brauchbar für's Nachschlagen eingerichtet ist. Gerade die bequeme Anordnung aber vermisse ich hier, wie in dem folgenden Kap. der Gallicismen (vergl. Schmitz 321 ff.), die sich mit leichter Mühe vermehren ließen. —

P. 489. Ueber die Gallic. mit en s. Schmitz 148. §. 10. und viele Redensarten, Il a couru un grand danger, mais il *en* a été quitté pour la peur; il *en* est quitte pour une bosse à la tête et deux ou trois écorchures. — Quoiqu'il m'échappe quelquefois, il *en* revient toujours à ce que je veux. Pour *en* revenir à ce que nous disions. J'en reviens toujours là qu'il faut ... Il m'*en* a donné d'une = il m'a attrappé, il m'a dit un mensonge etc. — Ueber die Fortlassung des y beim Fut. und Condit. von aller, nicht bloß in der Bed. „es handelt sich um etwas" s. o. — P. 491. Gallicismes mit autre (vergl. faire des siennes): Il en faut avoir *d'autres* dans la tête; c'est une autre paire des manches. —

P. 498. §. 4. Sprichwörter, von denen einige, da hier doch nicht auf Vollständigkeit gesehen ist, für eine Schulgrammatik wenigstens, füglicher weggeblieben wären. Auffallenderweise fehlt gerade hier die Uebersetzung, die doch sonst sehr überflüssig allen, auch den leichtesten Sätzen, beigefügt ist.

P. 502. Recueil de quelques mots que les Allemands sont sujets à confondre. Dies Kap. enthält vielfach Falsches, z. B. „Plier signifie mettre en double, par plis, et à plat. Ployer c'est fléchir, courber. Plier c'est falten, zusammenlegen; ployer beugen, biegen". = Die Acad. sagt dagegen: Ployer s'emploie ... dans presque toutes les acceptions du verbe Plier, mais *seulement en poésie et dans le style élevé. Dans le langage ordinaire on se sert de Plier.* Z. B. sagt man *plier* les genoux, *plier* son esprit aux désir d'autrui; se *plier* à la volonté de qn.; la planche *pliait* sous lui; *plier* sous le poids des affaires, des années, wo doch unmöglich im Deutschen „falten, zusammenlegen" entspricht. — Von ver heißt es im Hirzel:

„*Ver*, insecte reptile [,] qui a son domicile ou dans la terre, ou dans la viande, ou dans le bois (Wurm).

Chenille; insecte reptile qui ronge les feuilles (Raupe)."

Dagegen die Acad. Ver, Animal à sang blanc, long, rempant, et qui n'a ni enveloppe cornée, ni membres articulés. Les vers naissent dans la terre, dans le corps des animaux, dans *les fruits*, dans le bois *etc.* — Chenille, Nom générique des larves de tous les papillons.

P. 503. heißt es von opprimer: il „ne se rapporte qu'au corps politique", als ob man nicht z. B. auch sagte opprimer l'innocence.

Gleich darauf wird erklärt: Etre engoué c'est être sottement passionné, entêté *pour* une personne, *pour* un ouvrage. Aber man sagt wohl passionné *pour,* doch entêté *de* qch. wie être fou, se coiffer de qn. —

„Entendre raillerie, c'est non-seulement savoir souffrir les railleries, mais aussi les détourner avec adresse et les repousser avec esprit", dagegen die Acad.

„Entendre raillerie, ne point s'offenser des railleries dont on est l'objet".

Statt ganz kurz zu sagen: Sectateur Anhänger, sectaire Sectirer, verballhornisirt Orelli die Erklärung der Acad., indem er das in ( ) hinzufügt, das in [ ] wegläßt: Sectateur est celui qui fait profession de suivre l'opinion de quelque philosophe, de quelque docteur (en réputation), [de quelque hérésiarque]. Wenn es dann weiter heißt: Sectaire est la dénomination que toute religion dominante donne à quiconque est d'une croyance opposée (?) à la sienne, während die Acad. sagt: Celui qui est d'une secte religieuse condamnée par la communion principale dont elle s'est détachée. Il se dit surtout en parlant d'une secte encore nouvelle, qui s'efforce, par des prédications ou autrement, de faire prévaloir ses opinions, sa doctrine, so müßte nach dem Hirzel z. B. ein Katholik einen Juden sectaire nennen!

Académiste. Es hätte bemerkt werden müssen, daß dies Wort veraltet ist.

Consumer, c'est détruire, user, réduire *en* rien — vielmehr *à* rien.

Wird p. 501 der Deutsche besonders auf das Wort buffet aufmerksam gemacht, um Verwechslungen mit armoire zu verhüten, so mußte, wenn der Schüler nicht irre geleitet werden soll, doch erwähnt werden, daß es, wie im Deutschen, auch bezeichnet: Dans les bals et dans quelques autres assemblées, table où sont des mets, des vins, des liqueurs rafraîchissantes, et dont s'approchent ceux qui veulent boire ou manger.

P. 504. Les verbes qui expriment le cri des animaux. Wenn es darin heißt: La cigogne claquette, craquette (l'Academie cite seulement le dernier mot) — ferner Gir. Duvivier dit encore: „Le tigre rauque"; mais comme ce mot ne se trouve point dans le Dict. de l'Acad., etc., so sollte man fast glauben, daß sich die andern aufgeführten Verba in dem Wörterbuch der Akademie fänden; aber es fehlt darin auch tirelirer, carcailler, margotter u. s. w. — Die Acad. schreibt auch l'aigle trompète (nicht -ette); sie sagt nicht le coq coqueline, sondern chante, welches verbe sie auch von der Zikade braucht; von der Henne gilt nicht bloß glousser, sondern auch closser; bourdonner gilt nicht bloß von der Biene, der Hummel und dem Maikäfer, sondern von vielen Insekten und auch von einzelnen kleinen Vögeln. Einzelne Ausdrücke wären aus dem Dict. de l'Acad. wohl noch nachzutragen, wie das seltne clatir, terme de chasse. Il se dit d'un chien qui redouble son cri en poursuivant le gibier. — Wenn es im Hirzel heißt: le buffle *souffle*, beugle, so gilt das erste verbe nicht eigentlich von dem „cri" de cet animal, wie denn freilich auch das Klappern des Storches, das Summen der Insekten nicht eigentlich als solches zu bezeichnen ist; aber darauf würden wir kein Gewicht legen, wenn nicht die Bemerkung im Hirzel irre führte. Man vergl. die Acad. Souffler se dit aussi de l'homme et des animaux quand ils respirent avec effort. Ce cheval est poussif, voyez comme il souffle.

Das 28. Kap. enthält — natürlich durchaus nicht vollständig — des Synonymes, die füglich alphabetisch hätten geordnet werden sollen; das 29. Anecdotes et descriptions. Dann ein Recueil de mots fait pour exercer la mémoire, worin gegen die Subst. die andern Redetheile etwas zu sehr in den Hintergrund treten, namentlich die Verba. Falsche Accente kommen mehrfach vor wie siège 577, manège 578, orfèvre 574 u. s. f.

Den Schluß bildet ein Abschnitt über die Wortbildung, leider in einem höchst konfusen Stil. Z. B. heißt es darin:

> „Wer vollends die ausgeartete lat. Sprache des Mittelalters studirt, findet Aufschluß über den Ursprung einer großen Menge franz. Wörter. Dieses Alles darf uns gleichwohl nicht — abschrecken (!!), die Spuren der Wortbildung, so weit es möglich ist, [etwas weiter wäre es denn doch wohl noch möglich] zu verfolgen, besonders da — — die Ableitungssilben doch anders lauten als im Lateinischen".

Eine Hindeutung auf die dem Deutschen entlehnten Wörter (die oft — durch franz. Umformung unkenntlich geworden — wieder zu uns zurückgekehrt sind) wäre statt der schwerlich genügenden Notiz p. 479 vielleicht erwünscht gewesen, z. B. *aurochs* = ure; bouteille von Buttel, Dimin. von Butte (Botte, Bütte, Bottich, vergl. Bottich), flacon (vergl. das alte flasque, ursprünglich flascon) von Fläschschen (plattd. Flaschken); mannequin von Männchen (plattd. Männeken); galop von laufen (plattd. lopen), laquais vom alten läcken d. i. springen (z. B. gegen den Stachel läcken, vergl. froh-locken); traban von traben; trot, trotter, -eur, l-oir u. s. w. von trotten (Vermehrungsform von treten); jambe ital. gamba und das von der Acad. allerdings nicht aufgeführte gamache von einem alten Hamme (Gambe) = Fuß, Schenkel (engl. ham Schinken); gaz von Gas (vergl. Gäscht, Gischt); jardin von Garten (vergl. hortus, *χόρτος*); crampon von Krampe; crampe von Krampf; paquet von packen; blanc von blank (blinken); bleu von blau; blond von blond (von blenden, engl. blend, also zunächst gemischt); brun von braun (brennen), gris von greis (grau plattd. gris), hêtre von Hester, Heister, Hägster d. i. Hagebuche; haie von Hecke; hair von hassen; haire von Haar (hären); hache, er von Hacke, hacken; haler von holen (plattd. hålen); halle von Halle; hallebarde von Hellebarde; halte von halt!; hanse Hansa; hanter hantiren; happer happen (schnappen); hardi von hart; hâte Hast; havre-sac von Habersack und andere mit dem s. h asp. anfangende Wörter mehr. — Garant, -ie, ir von wahren, Gewähr. Unser w geht in g, gu über, z. B. Guillaume, vergl. engl. warrant; ebenso guerre, engl. war, Wehr; auch garde u. s. w. garde-robe, gare, garnir, garnison hangen mit wahren zusammen u. s. w., gallerie mit wallen, woraus galler und dann aller entstanden ist u. s. f. — Ferner éperon von Sporn, (vergl. Speer); épure Spur; épargner sparen (parco lat.). épervier, Sperber; écume Schaum; écaille Schale; étonner staunen; étoffe Stoff; étouffer stopfen; étuve Stube; émail Schmelz; épeler (engl. spell) von einem spillen = zerspalten u. s. w. Zu diesem aus s entstandenen Vorschlags-é halte man école schola; écrire scribere; écu scutum; écureuil sciurus; épais spissus; épars sparsus; épée spatha (ital. spada, span. espada, Spaten und vergl. im Bezug auf die Endung am*atus* aim*é*; don*atus* donn*é*; n*atus* n*é*, ferner fée ital. fata, fem. von fatum Schicksalsgöttin; dé ital. dado von datum; pré ital. prato von pratum u. s. w.); épi spica; épice species; épier spicere (espion Spion); épine spina; (épingle spinula), étable stabulum; étaim stamen; étain von stannum; étang von stagnum; état status (Staat); éternuer sternuo; étincelle scintilla; étoile stella (engl. voile velum und velamen); étourneau sturnus; étrangler *στραγγάλω, -ίζω* (vergl. stringo, Strang, Strick) étrille strigilis; étroit strictus (vergl. directus droit; lex loi; rex roi; niger noir u. s. w.), étude studium u. a. m. Ferner estamper, étamper stampfen (Stempel). —

Wir hätten uns hier kürzer fassen können; aber wir bezweckten mit diesen Beispielen auch eine Andeutung, wie Schüler durch Zusammenstellung eines Verwandten in die franz Etymologie eingeführt werden können. Wir fügen noch ein Beispiel zu: jocus, jeu, focus feu; locus lieu; paucus peu; — oculus (dim. eines nicht vorhandenen ocus vergl. Auge) yeux.

Recapituliren wir schließlich das Ganze! Die Hirzel-Orellische Grammatik leidet, abgesehen von den mancherlei geringern oder bedeutenderen Ungenauigkeiten, Irrthümern und Fehlern, einerseits an einem schädlichen Zuviel, während andrerseits manches Nothwendige fehlt (wir nennen als solches namentlich die Lehre von der Aussprache und über die poetische Sprache); dann aber müßte aus dem zusammengebrachten, theilweise noch zu vervollständigenden Stoff nach einem ganz andern Plan ein vollkommen neues Gebäude aufgeführt werden; die Anordnung müßte logisch, die Fassung klar und präcis sein und überall die Selbstthätigkeit des Schülers angeregt werden. Namentlich müßten auch vollständig andere Exercitien gegeben werden, schon weil man schwerlich wird verhüten können, daß die bekannte franz. Uebersetzung derselben den Schülern in die Hände falle.

Eine in diesem Sinn umgearbeitete Ausgabe der Hirzel'schen Grammatik würden wir mit Freuden willkommen heißen.

Strelitz. **Dr. Sanders.**

L'Honneur et l'Argent, Comédie en cinq actes et en vers par F. Ponsard, Paris 1853, deuxième Édition Michel Lévy Frères, représentée pour la première fois à Paris sur le second Théâtre Français le 11. mars 1853. Bruxelles et Leipzig, 1853, Kiessling et Co., Liège, Librairie de J. Desoet.

Vor ungefähr Jahresfrist berichteten wir in diesen Blättern über den Ulysse von Ponsard. Auch unsere diesmalige Besprechung gilt einem, inzwischen erschienenen, Stücke dieses Autors, das sich aber von dem vorhergehenden nach Stoff und Ausführung bedeutend unterscheidet. In der That hat es Ponsard von seinem ersten Auftreten an geliebt, wenigstens hinsichtlich der Stoffe sich in sehr verschiedenartigen Sphären zu bewegen. Er begann in der Lucrèce mit der römischen Geschichte, ging von da mit der Agnès de Méranie zum französischen Mittelalter, von da endlich mit der Charlotte Corday zur neueren französischen Geschichte über, und kehrte dann mit dem Ulysse wieder in das früheste griechische Alterthum zurück. Doch war er bisher wenigstens (wenn man die kleine, nur als Studie zu betrachtende und einer horazischen Ode nachgebildete einactige Comödie Horace et Lydie ausnimmt) einer und derselben Muse, der Melpomene, treu geblieben. Mit seiner neuesten Dichtung dagegen, der fünfactigen Comödie l'Amour et l'Honneur, die übrigens schon im Laufe des vergangenen Jahres von den Blättern unter dem Titel George ou l'épreuve als bevorstehend angekündigt wurde, hat er sich der Thalia zugewandt. Es möchte schwer sein, zwei größere Gegensätze in einem und demselben Kunstgebiete zu finden, als dem Stoffe nach die beiden letzten dramatischen Werke Ponsards darbieten.

Die kleine felsigte Insel des jonischen Meeres und die Weltstadt an der Seine; die ländlichen Behausungen des göttlichen Sauhirten „Eumäos" und ein Pariser Salon, das dreizehnte Jahrhundert vor Christo und die Mitte des neunzehnten Jahrhunderts nach Christo (denn das Stück ist ausdrücklich als in den Jahren **1848 — 1851** spielend bezeichnet); die Göttin Athene und der spekulative Pariser Geschäftsmann, Herr Mercier — größere Extreme sind wohl kaum aufzufinden. Und doch, wie diese beiden Dichtungen da vor uns liegen, in der fast auf ein Haar gleichen Ausstattung der Michel Levyschen Verlagshandlung, wie es dieselben Alexandriner sind, in denen sich die Personen der antiken Tragödie und der modernen Comödie aussprechen, so ist auch, trotz aller so eben hervorgehobener Verschiedenartigkeit, in der ganzen Behandlungsweise der vorliegenden Comödie eine nicht geringe geistige Verwandtschaft mit dem Ulysse zu erkennen. Den Höhenpunkt seiner Dichtung kann Ponsard aber auch mit diesem Stücke noch nicht erreicht haben, es ist ebensowenig, oder wohl noch viel weniger, eine vollendete Comödie, wie, um gar nicht vom Ulysse zu reden, Charlotte Corday oder Lucrèce vollendete Tragödien waren. Mangel an Vollendung, — das wäre ein Fehler, den Ponsard mit dem Aeltervater des französischen Theaters, Corneille, von dessen Nachahmung er ja in seinem ersten Stücke ausging, theilte, mit dem also in gleicher Verdammniß sich zu befinden, fast für ehrenvoll gelten könnte. Wenn nur dieser gemeinsame Mangel nicht auf so ganz verschiedenen Ursachen beruhte! Corneille verstand es nicht immer, die Mannigfaltigkeit seiner Gesichtspunkte und Anschauungen zu einem einheitlichen Gemälde zu vereinigen, und damit das Auseinandergehen der Theile zu verhindern —, die Ursache der Ponsard'schen Mangelhaftigkeit ist die gerade entgegengesetzte. Er scheint sich seit seinen homerischen Studien einen Begriff von Simplicität gebildet zu haben, der jede Durchkreuzung der Handlung durch andere Motive, als die von vorn herein angelegten, ausschließt, und die ganze dramatische Dichtung, so zu sagen, auf ein Rechenexempel mit Probe reducirt. — Ein anderer, in allen seinen bisherigen Dichtungen bemerkbarer, Mangel dagegen stellt Ponsard in einem nachtheiligen Contraste zu dem zweiten Coryphäen der französischen Tragödie, Racine, dar. Die Seele macht den Dichter, und darum war Racine Dichter im vollen Sinne des Wortes. An dieser Seele fehlt es allen Ponsard'schen Dichtungen entschieden. Ponsard empfindet ruhig, klar und mit jenem edlen

Feuer, das die Liebe zum Guten und Schönen einflößt, aber alle seine Empfindungen bleiben in einer gewissen mittleren Stärke, wie sie für die thätige und kräftige Bewährung im praktischen Leben gerade recht angemessen ist, sich aber unfähig erweis't, Andere zu ergreifen, und lebhaft zu interessiren. Erst Empfindungen, die eine ungewöhnliche Höhe und Stärke erreicht haben, vermögen solche Wirkung auf die Menschen auszuüben, und nicht umsonst ist der Gott, der die Pythia in heftigen Convulsionen die Zukunft vorherverkünden läßt, zugleich auch der Gott der Poesie und aller Musenkunst, sowie der Gott, der den feurigen Wein den Sterblichen spendete, und den die Mänaden in ihren wilden Tänzen loben, der Gott der dramatischen Dichtkunst.. Die starken, gewaltigen Empfindungen gelangen in den Ponsard'schen Dichtungen zu wenig zum Ausdrucke, und wenn auch nicht gerade die des alten Classikers Corneille, wie des neuen Romantikers Victor Hugo Bühnenwerke so oft entstellenden froids raisonnements, welche Boileau in seiner Poetik mit Recht als den Feind aller dramatischen Poesie schildert, an ihre Stelle treten, so ist die von der Vernunft beherrschte, und in einer mäßigen Temperatur erhaltene Gefühlswärme, welche sich statt ihrer findet, zu einer lebhaften Ergreifung der Menschen nicht geeignet. Es ist daher auch begreiflich, daß keiner der Ponsard'schen Charaktere, nicht die tugendhafte Lucrèce, noch die gefühlvolle Agnes, noch die chimärische Patriotin Charlotte Corday, noch die treue Hausfrau Penelope, in dem Maaße die Herzen des französischen Volkes ergreifen konnten, wie eine um ihr verkanntes Herz und zerstörtes Vaterland zu gleicher Zeit trauernde Racinesche Eriphile, eine von Liebesraserei und von dem Anblicke der triumphirenden Gegnerin, auf's Aeußerste gequälte Hermione, eine von verbotener Liebesgluth, wie von einer bösen Krankheit, heimgesuchte, und an ihr dahinsterbende Phädra. Feuer und Leidenschaft, dichterisch abgeklärt, sind unerläßliche Eigenschaften für beide Gattungen der dramatischen Poesie, wenn auch für die Comödie nur ein geringerer Grad derselben erforderlich sein sollte. Desto mehr aber bedarf die Comödie der lebhaften Handlung, der Fülle komischer Verwickelungen, der Drastik der Situationen. Molières großes Talent besteht eben darin, daß er Stoffe, die an und für sich von der ernstesten sittlichen Bedeutung waren, wie das fromme Heuchlerthum im Tartuffe, und die irregeleiteten Bildungsbestrebungen der Frauenwelt in den Femmes savantes, auf eine so echt komische Weise zur Darstellung zu bringen wußte und des ridendo dicere verum so trefflich zu üben verstand. Auch von dieser vis comica ist in der Ponsard'schen Comödie nur wenig zu finden. Seine Hauptperson, George, ist in einem zu ernsthaften Conflicte beschäftigt, um komisch sein zu können, die ihr zunächst kommende, der Hausfreund Rodolphe, die in dem Stück am meisten redet, könnte höchstens durch ihren zu großen Lehreifer, ganz gewiß wider den Willen des Autors, komisch werden, ebensowenig ist es der Notar, und nur in der Schilderung des Herrn Mercier und der Nebenpersonen finden sich einige Züge, welche wenigstens an Komik, dann aber freilich glücklicherweise an die feinere Komik streifen. Auch der sententiösen Breite in den Darlegungen des George und Rodolphe's, der rhetorischen Ausführlichkeit ihrer von Gemeinplätzen strotzenden langen Tiraden würden wir mit demselben scharfen Tadel gedenken, wie es eine jüngst erschienene Kritik der Gränzboten, von der wir noch ausführlicher reden werden, gethan hat, bedächten wir nicht, daß dieser Tadel, vom französischen Standpunkte aus betrachtet, sich eher in ein Lob verkehrte. Wir würden auch nicht mit derselben Kritik den schädlichen Einfluß der Tragödien des Théâtre français für diesen Fehler verantwortlich machen, da ja bekanntlich dasselbe Theater auch Comödien aufführt, und gerade die gefeiertsten der französischen Comödien, die größern Molièreschen Stücke, ein Avare, Ecole des femmes u. des maris, die Femmes savantes und vor allen Dingen das von dem französischen Publikum am höchsten gestellte Stück Molières, der Misanthrope, besonders reich an solchen Tiraden sind. Lehrern der sogenannten praktischen Philosophie, mit Feuer und Lebhaftigkeit vorgetragen, ein klarer, heller Verstand (le bon sens) durchwärmt von einem lebhaft empfindenden Herzen, — das sind die Eigenschaften, welche diese Nation am Liebsten für sich in Anspruch nimmt, und in ihren Schriftstellern wiederzufinden wünscht. Von dieser Seite ist Ponsard ganz Franzose, und kann darauf rechnen, von seinen

Landsleuten begriffen und geschätzt zu werden. Freilich aber muß dagegen bemerkt werden, daß seine Tiraden sich hinsichtlich der Fülle concreter Anschauungen, pikanter Einzelheiten und Raschheit des Gedankenganges mit den Molièreschen durchaus nicht messen können. Man vergleiche z. B. einmal die Tiraden Alceste's im ersten Akte des Misanthrope mit denen, die Rodolphe gleichfalls im ersten Akte des Ponsard'schen Stückes im Salon George's debitirt, und man wird den großen Unterschied merken! — Auch an anderen größeren und kleineren Mängeln fehlt es nicht, dahin gehört ohne Zweifel die Unbestimmtheit in den Namen fast aller auftretenden Personen. Der Held des Stückes heißt schlechtweg George, sein Freund Rodolphe, der in dem Ganze der Handlung eine bedeutende Stelle einnehmende Notar, wird uns nur als le Notaire bekannt, und noch unbestimmter werden die Nebenpersonen als le Capitaliste, l'Homme d'Etat, la vieille Fille, le vieux Monsieur, und gar als premier, deuxième, troisième Ami, und premier, deuxième, troisième Créancier bezeichnet. Nur dem Geschäftsmanne, Herrn Mercier, ist ein wirklicher Eigenname geworden, in dem dann eine Beziehung auf seinen Stand liegt (mercier, Krämer). Es könnte das geringfügig scheinen, allein durch die Bestimmtheit der Namen enthält ohne Zweifel das Stück ein weit concreteres Aussehen, dessen die neuere Comödie, und vor Allem eine solche, die gegenwärtige Zustände schildern will, durchaus nicht entbehren kann. Der Einwurf der Willkürlichkeit der auf diese Weise vom Dichter creirten Namen verschlägt dagegen Nichts, denn auch die Namen, die uns im wirklichen Leben begegnen, nehmen wir an, ohne nach ihrer Berechtigung zu fragen. Wenn überdieß in dem Personenverzeichniß jeder auftretenden Person, mit einer eines Polizeibeamten würdigen, Genauigkeit ihr Lebensalter auf Jahr und Tag hinzugefügt wird, so ist hier die Bestimmtheit gerade übel angebracht. Weit bedeutsamer aber, als diese Dinge, ist ein Versehen, das durch die detaillirte Skizze des Stückes, die wir alsbald geben werden, klar genug hervortreten wird, — der mangelhafte Schluß der Comödie, durch welche dieselbe wie ein mit Sorgfalt aufgeführtes Bauwerk erscheint, dem man aber in aller Eile ein viel zu niedriges, und gänzlich undauerhaftes Dach aufgesetzt hat.

Indeß hat das Stück auch bedeutende Schönheiten, ohne deren Vorhandensein der Name des Autors allein diesem Stücke wohl noch kein Recht geben würde, die Aufmerksamkeit der Leser dieser Zeitschrift in Anspruch zu nehmen. Wir rechnen dahin vor allen Dingen die Grundtendenz des Stückes, die *sittliche Idee*, die durch dasselbe zur Anschauung gebracht werden soll. Wie nämlich jener griechische Weise dem lydischen Könige, der auf seine Reichthümer stolz war, die beherzigenswerthe Mahnung gab, daß Niemand vor seinem Tode glücklich zu nennen sei, so giebt hier der philosophische Rodolphe seinem reichen Freunde George, der aber, eine wohl ziemlich seltene Erscheinung, nicht auf seine Reichthümer, sondern auf seine Ehrenhaftigkeit stolz ist, die gewiß ebenso beherzigenswerthe Mahnung, daß Niemand vor der Prüfungsstunde das Recht habe, sich einen wahren Ehrenmann zu nennen. Indem der Dichter einen im besten Stufe stehenden, und von den hochherzigsten Gesinnungen belebten Menschen beim ersten Eintreten einer wahrhaft fühlbaren Noth vor jenen hohen Grundsätzen, die er selbst vorher mit so viel feierlichem Pathos verkündet hatte, weichen, und nahe daran sein läßt, eine von entschiedener Gesinnungslosigkeit zeugende Handlung, die Vermählung mit einer reichen alten Jungfer, zu vollziehen, zeigt er uns, daß, um mit Schiller zu reden, „jede sich're Tugend“ nahe daran ist, zu fallen, und daher auf ihrer Hut sein muß. Zugleich giebt die Schilderung der allgemeinen Hofirung des reichen, und der gänzlichen Verlassenheit des durch eine höchst ehrenwerthe Handlung arm gewordenen George ein treffliches Bild von dem sittlichen Zustande der gegenwärtigen Gesellschaft, das zwar zunächst die Pariser Welt reflectiren soll, wohl aber auf jede menschliche Gesellschaft, in der es Reichthum und Armuth giebt, seine Anwendung findet. Diese sittliche Tendenz seines Stückes ist Ponsard wohl um so höher anzurechnen, da es den neueren französischen Autoren daran bekanntlich nur allzuhäufig fehlt, und noch eine Comödie, die ungefähr zur selben Zeit, wo die Ponsard'sche auf der Odeonbühne erschien, die Bretter des Théâtre français beschritt, Lady Tartuffe von Madame de Girardin*), wenn auch scheinbar selbst eine sittenrichtende Tendenz an der Spitze tragend, doch in der Ausführung an einigen Stellen an die Unsittlichkeit wenigstens bedeutend anstreift.

Dazu kommen nun manche Schönheiten des Details. Ponsard versteht es vortrefflich, einen Charakter mit wenigen Worten so zu zeichnen, daß er uns wenigstens eine helle und faßbare Seite darbietet, und wendet dieses Talent besonders bei den Nebenpersonen, deren es in diesem Stücke so viele giebt, mit großem Geschicke an. Seine Schilderungen haben in diesem Falle eine Bestimmtheit und Abrundung, wie sie unter den deutschen Schriftstellern in ähnlicher Weise wohl nur Göthe erreicht hat. Die Kunst, gut zu beobachten und die, das Beobachtete gut auszudrücken, treffen bei ihm in höchst glücklicher Weise zusammen.

Diese Klarheit und Durchsichtigkeit der Sprache, diese Präcision des Ausdruckes überträgt er auch auf seine allgemeinen Schilderungen, deren satirische Tendenz dadurch oft eine sarkastische Schärfe erlangt.

Endlich ist die Reinheit und Harmonie des Versbaues zu loben, welche nur ganz selten einmal durch einzelne schwächere Verse getrübt werden.

Das sind die Schönheiten, welche Ponsard's l'Honneur et l'Argent aufzuweisen hat, und die das Stück einer detaillirten Darlegung werth machen, die wir sogleich beginnen wollen, nachdem wir nur vorher noch eines Passus von unserem Schiller Erwähnung gethan, in welchem sich der Grundgedanke des Ponsard'schen Stückes schon ausgesprochen findet. Ob Ponsard denselben gekannt hat, mag dahingestellt sein.

Diese Stelle ist in der Abhandlung Schillers **Ueber das Erhabene** enthalten, und lautet mit einigen Auslassungen folgendermaßen*):

„Ein Mensch soll alle die Tugenden besitzen, deren Vereinigung den schönen Charakter ausmacht. Er soll in der Ausübung der Gerechtigkeit, Wohlthätigkeit, Mäßigkeit, Standhaftigkeit und Treue seine Wollust finden; alle Pflichten, deren Befolgung ihm die Umstände nahe legen, sollen ihm zum leichten Spiele werden, und das Glück soll ihm keine Handlung schwer machen, wozu nur immer sein menschenfreundliches Herz ihn auffordern mag. Wem wird dieser schöne Einklang der natürlichen Triebe mit den Vorschriften der Vernunft nicht entzückend sein, und wer sich enthalten können, einen solchen Menschen zu lieben? Aber können wir uns wohl, bei aller Zuneigung zu demselben, versichert halten, daß er wirklich ein tugendhafter ist, und daß es überhaupt eine Tugend giebt? Wenn es dieser Mensch auch bloß auf angenehme Empfindungen angelegt hätte, so könnte er, ohne ein Thor zu sein, schlechterdings nicht anders handeln, und er müßte seinen eigenen Vortheil hassen, wenn er lasterhaft sein wollte. Es kann sein, daß die Quelle seiner Handlungen rein ist; aber das muß er mit seinem eigenen Herzen ausmachen: wir sehen nichts davon. . . . . . Dieser nämliche Mensch soll aber plötzlich in ein großes Unglück gerathen. Man soll ihn seiner Güter berauben, man soll seinen guten Namen zu Grunde richten; Krankheiten sollen ihn auf ein schmerzhaftes Lager werfen; Alle, die er liebt, soll der Tod ihm entreißen, Alle, denen er vertraut, ihn in der Noth verlassen. In diesem Zustande suche man ihn wieder auf, und fordere von dem Unglücklichen die Ausübung der nämlichen Tugenden, zu denen der Glückliche einst so bereit gewesen war. Findet man ihn in diesem Stücke noch ganz als den Nämlichen, hat die Armuth seine Wohlthätigkeit, der Undank seine Dienstfertigkeit, der Schmerz seine Gleichmüthigkeit, eigenes Unglück seine Theilnehmung an fremdem Glücke nicht vermindert, bemerkt man die Verwandlung seiner Umstände in seiner

---

*) Lady Tartuffe, Comédie en 5 actes et en prose par Mme. Emile de Girardin, représentée pour la première fois à la Comédie Française le 10. Févr. 1853. (2te Ed. Paris, 1853 Michel Levy). Deutsch von Jerrmann, und auch schon auf mehreren deutschen Bühnen, unter anderen auf der Hamburger, gegeben.

*) Sämmtliche Werke Bd. 12 Seite 302 fgg. Stuttgart und Tübingen, Cotta, 1883.

Gestalt, aber nicht in seinem Betragen, in der Materie, aber nicht in der Form seines Handelns — dann freilich reicht man mit keiner Erklärung aus dem Naturbegriff mehr aus, ..."

Wir wenden uns jetzt zu dem Stücke selbst, und werden, bei der ausführlichen Skizze, die wir von demselben zu geben beabsichtigen, ausreichende Gelegenheit haben, die einzelnen Schönheiten sowohl, wie die Mängel desselben, deutlich hervortreten zu lassen.

Die Handlung beginnt in dem Salon eines jungen, allgemein für sehr reich geltenden Erben, George. Wir sind bei einem Garçonsouper gegenwärtig. Alles bemüht sich um den Hausherrn, lobt seine Küche, bewundert die auf einem Tische ausgelegten Originalzeichnungen desselben, und ein enthusiastischer Gast meint sogar, daß, wenn er dessen bedürfte, er sich mit solchem Talente 20,000 Francs jährlicher Einkünfte schaffen könnte. Ein „Staatsmann (homme d'Etat) glaubt indeß, daß George seine Zeit auf würdigere Weise anwenden könnte; er solle die politische Carrière betreten, und er schlägt ihm zu diesem Ende eine Sous-Préfecture, den Conseil d'Etat oder die Diplomatie vor. Da George indeß von dem Allen Nichts will, so entfernt dieser Herr sich, um dem „Capitalisten" Platz zu machen, der ihm eine convenable Heirath, die Tochter eines Maklers mit 500,000 Francs Mitgift und weiterer Aussicht, oder eine Pairstochter mit wenig Geld, aber berühmtem Namen, oder die Tochter eines reichen Schneidermeisters proponirt. Die Frivolität, mit der der Capitalist diese Dinge vorbringt, veranlaßt George, sich in einer langen, übrigens von Seiten der Moralität manches beherzigenswerthe Wort enthaltenden, Tirade gegen die aus materiellen Beweggründen geschlossenen Ehen zu erklären. Darüber kommt denn ein intimerer Freund George's, Rodolphe hinzu, und wird von George der Gesellschaft als ein

— — — — — — — — sage
Qui suit la raison pure et méprise l'usage

vorgestellt. In dem hierauf sich entspinnenden Gespräche nimmt Rodolphe Gelegenheit, eine lange Expectoration über die zu weit getriebenen Ansprüche zu halten, welche die sogenannten gesellschaftlichen Pflichten an die Menschen machen, und für Paris und andere große Städte ist da gewiß wieder manches wahre Wort gesagt. — Nachdem nun die Gäste, mit Ausnahme Rodolphe's, sich entfernt haben, bringt man einen ganzen Stoß Billets und Einladungsbriefe für George. Ein Herr Raymond läßt sich bald darauf anmelden, der Bediente aber empfängt den mit heftigem Tone gegebenen Auftrag, ihn abzuweisen. Nach dem Grunde dieser Härte gefragt, erklärt George, daß er unmöglich einen Menschen bei sich sehen könne, der gewissenlos genug sei, zu gleicher Zeit für und gegen einen Minister zu schreiben. Rodolphe dagegen glaubt den Armen mehr bedauern, als anklagen zu müssen, Raymond sei mittellos, und habe eine Familie zu ernähren. Ein solches Motiv kann aber der rigorose George niemals auch nur im Allerentferntesten gelten lassen. Rodolphe wünscht ihm, daß er nie an sich selbst erfahren möge, wie bitter die Noth sei, und behauptet, daß die meisten Menschen eben sowohl zu den Tugenden, wie zu den Lastern, die sie haben, nur durch die Umstände gekommen seien. In seiner Rede finden sich einige sehr treffliche Verse.

La fortune, selon qu'elle est meilleure ou pire,
Jusque sur la pensée-exerce son empire:
Tels sont amis de l'ordre, et se croient convaincus,
Qui sont conservateurs pour garder leurs écus;
Tels autres au progrès ont consacré leur vie,
Que l'orgueil fit tribuns, et novateurs l'envie;
Donne tout à ceux-ci, rien à ceux-là; — les uns
Seront conservateurs, et les autres tribuns.

Sein weiteres Raisonnement entspricht vollkommen der Schiller'schen Thesis. Nur Wenige gebe es, die in der That den Namen eines Ehrenmannes verdienten, und Niemandem könne er denselben zugestehen, der sich nicht in der Stunde der

Gefahr als solcher bewährt habe. So gestehe er ganz offen, daß er von der Rechtschaffenheit George's nicht vollkommen überzeugt sei, auch er habe noch keine Probe bestanden. Der „allzusichre" George ist begierig, seinen Freund von seiner Tugend zu überzeugen.

> Parbleu, ruft er hitzig aus, de tous mes voeux j'appelle le combat,
> Et je voudrais demain être sur le grabat.

Wenn nichts Anderes, meint er, so würden ihn das stolze Bewußtsein seines Innern und die öffentliche Achtung aufrecht erhalten. Diese letztere Bemerkung giebt Rodolphe wieder Gelegenheit, sich weitläuftig über den Werth der öffentlichen Meinung auszulassen; die circa 50 Verse, in denen er dies thut, sind im Geiste der horazischen Satire geschrieben. Daß die Ueberzeugung George's durch einen Sermon nicht erschüttert wird, ist begreiflich, zu gleicher Zeit aber zeigt derselbe sich bis zu einem solchen Grade des Ganges der Dinge dieser Welt unkundig, daß er dagegen zu behaupten wagt:

> Aux belles actions tout le monde applaudit
> — — — — — — — — — —
> L'art, la gloire, l'amour, mille choses encor,
> Brillent d'un pur éclat, qui ne doit rien à l'or.

So trennen sich die Freunde, und dieser erste, in seinem Verhältnisse zum Stücke dem Prolog zum Ulysse vergleichbare Akt, schließt.

Der zweite Akt führt uns in den Empfangssaal eines Notars. Herr Mercier, ein reicher Fabrikant, erscheint bei demselben mit seinen beiden Töchtern Laure und Lucile. Da die beiden Männer sich alsbald, um Geschäftsangelegenheiten zu besprechen, entfernen, so haben wir Gelegenheit, ein Zwiegespräch der beiden Mädchen zu belauschen. Die ältere von diesen Beiden zeigt sich uns bald als von schwachem, unselbstständigem Charakter, unfähig eine eigne Ansicht oder einen eignen Willen zu haben; die jüngere dagegen hat ein bestimmteres Wesen, und will mit eignen Augen sehen. Der Anfang der Scene hat einige Aehnlichkeit mit der Eingangsscene der Agnès de Méranie. Wie dort eine Dienerin die Herrin, so sucht hier die jüngere Schwester die ältere mit der Erzählung von Geschichten zu unterhalten. Das dauert indeß nicht lange, Lucile weiß bald auf Monsieur George zu kommen, und gar bald muß ihr Laure wider ihren Willen gestehen, daß sie eine Neigung zu demselben habe. Die Scene ist mit vieler Natürlichkeit behandelt, kann indeß doch kein stärkeres Interesse erregen, da die Liebe Laure's sich als eine ganz an den äußerlichen Eigenschaften George's hangende erweis't, und das Geständniß derselben auch sofort von der Erklärung begleitet wird, nur bei unbedingter Zustimmung des Vaters sich hingeben zu wollen. Der Dichter hat hier in dem Streben, den weiteren Gang des Stückes ja recht sorgfältig vorzubereiten, uns von vornherein das Interesse an diesem Liebesverhältnisse geraubt. —

Herr Mercier erscheint wieder mit dem Notar. — George ist der Gegenstand ihres Gespräches. Bereits erfahren wir, daß es mit dessen Vermögensumständen nicht ganz so brillant steht, wie es Anfangs geschienen; Herr Mercier hatte auf einen reicheren Schwiegersohn gerechnet, doch, genügsam, wie er ist, will er mit den 10,000 Thalern Renten, die George noch bleiben, zufrieden sein, und ist, nach wie vor, nicht abgeneigt ihm seine Tochter zu geben. Er unterläßt dabei nicht seine eigne Rechtlichkeit nach Kräften hervorzuheben, wie unbescholten er sich stets im Handel und Wandel gezeigt, und wie diese Loyalität auch seinen Mitbürgern so sehr eingeleuchtet habe, daß sie ihn zweimal zum Handelsrichter, das Nationalgardenbataillon seines Quartiers aber ihn zu seinem Chef ernannt hätte. Die beiden Verse, mit denen er dieses Encomium beendet,

> Et, par une faveur peut-être un peu trop grande,
> J'eus la croix d'officier, sans en faire demande.

haben eine, dem Autor, da er sie schrieb, wohl ungeahnte Anwendung auf ihn selbst erhalten*). Bald erscheint nun der von Herrn Mercier sehr freundschaftlich bewillkommnete George; dieser und der Notar bleiben allein. Die dann folgende Scene ist der Knotenpunkt des ganzen Stückes. George, der sich bisher wenig um seine Angelegenheiten gekümmert hat, erfährt sehr unbehagliche Dinge. Weit entfernt, von seinem Vater eine große Erbschaft zu überkommen, hinterläßt ihm dieser, dessen Vermögen in schlecht angelegten Geldunternehmungen darauf gegangen ist, nur 600,000 Francs Schulden. Der Notar macht ihn dabei zugleich mit der gesetzlichen Bestimmung bekannt, zufolge der er die väterliche Erbschaft nach Belieben acceptiren und nicht acceptiren könne, in welchem letzteren Falle ihm das Vermögen seiner Mutter bleiben würde.

Et comment paira-t-on les dettes de mon père? fragt George in seiner Unschuld. — On ne les paîra pas, antwortet natürlich der Notar.

Donc, pour s'être fié
A l'honneur de mon père, on sera spolié!

ruft George entrüstet aus. Und da ihm der Notar erklärt, daß dies gesetzlich erlaubt sei, erklärt George mit vielem Pathos:

Alors, la loi française,
Qui souffre un mauvais acte, est une loi mauvaise.

Diese Stelle erinnert sehr lebhaft an eine ähnliche im Victor Hugo'schen Hernani, wo Dona Sol mit gleichem Pathos ausruft: Roi Carlos, vous êtes un mauvais Roi!

Der Notar stellt ihm nun die Folgen des Schrittes vor, den er thun will; es werde ihm, wenn er acceptire, nicht ein Pfennig von der väterlichen Erbschaft übrig bleiben: er solle nicht so sehr auf sein Malertalent vertrauen, keine Laufbahn sei dornenvoller und gefährlicher, keine reicher an Kummer und Enttäuschungen als die Künstlerlaufbahn; er schließt mit dem gewichtigsten Bedenken, den Schwierigkeiten, welche sich seiner Heirath entgegensetzen werden. Bei dieser Gelegenheit erfahren wir zuerst, daß George verliebt ist, wovon während des ersten Aktes, weder in seinen Unterhaltungen mit seinen Gästen, — und doch war bei den Propositionen des Capitalisten eine natürliche Gelegenheit dazu — noch in dem Zwiegespräche mit Rodolphe das Geringste zum Vorschein gekommen war. Die Andeutung des Notars, daß der Vater jetzt schwierig werden könne, ist ihm fast eben so unbegreiflich, wie uns sein Erstaunen über dieselbe. Aber der Notar meint seine Dosis noch verschärfen zu müssen, und deutet ihm an, daß es auch wohl dahin kommen könne, daß er seine Braut in den Armen eines andern sehen müsse. Doch George beharrt dabei, zu acceptiren, und der Notar giebt seine unbedingte Zustimmung zu diesem Schritte zu erkennen. Die in dieser Annahme liegende Unwahrscheinlichkeit ist von der schon oben erwähnten Kritik der Gränzboten (Heft vom 22ten April 1853) treffend hervorgehoben worden. Dieselbe behauptet mit Recht, daß George, ein Mensch von sanguinischem Temperamente, und des Lebens völlig unkundig, von der anscheinenden Größe seiner That unvermerkt mehr angezogen, als er selbst weiß, wohl leicht einen solchen Entschluß aussprechen könne, daß es aber unbegreiflich sei, wie ein Notar, ein positiver Geschäftsmann, ihn nicht wenigstens zur Reservirung einer gewissen Summe, um die Möglichkeit eines ferneren Fortkommens zu begründen, auffordere. Dann wäre freilich die ganze folgende Entwickelung der Handlung unstatthaft geworden, allein unmöglich kann es auf die Zuschauer einen guten Eindruck machen, dieselbe durch eine Unwahrscheinlichkeit erkauft zu sehen. — George geht mit dem Notar ab in sein Cabinet, und die Gläubiger erscheinen. Wenn auch eine sogenannte Füllscene, wird dieselbe doch durch die gelungene Zeichnung einiger Miniaturporträts bemerkenswerth, die Ponsard's schon zu Anfange erwähntes Talent zum Vorschein kommen lassen. Natürlich medisiren die Gläubiger, die keiner Bezahlung gewärtig sind, über den Verstorbenen, der ih-

*) Ponsard ist bekanntlich vor Kurzem in Folge seines Stückes mit dem Offizierkreuz der Ehrenlegion dekorirt worden.

nen ihr Geld abgeschwindelt habe. Ein alter Herr verkündet mit vielem Pathos, daß die Gewissenlosigkeit der jetzigen Entlehner eine Folge der Revolutionen sei, die Alles, und folglich auch die Schulden, zu verläugnen gelehrt haben. Ein altes Fräulein hält sich über die Anderen auf, die um geringer Summen willen solch ein Aufhebens machen, während sie nicht minder als 300,000 Francs, die im 40ten Lebensjahre ihr endlich zu Theil gewordene Mitgift, verliere. — Nun erscheint George und verkündet den erstaunten Gläubigern, daß er acceptire.

C'est superbe, ruft der erste Gläubiger aus, Caton n'aurait pas agi mieux.

C'est digne, läßt sich ein anderer vernehmen, des beaux temps de la Grèce et de Rome.

Sicherlich würde man von deutschen Schuldnern, auch den enthusiasmirtesten, nicht leicht solche Ausrufe vernehmen, sie müßten denn gelehrte Pedanten sein. In Frankreich ist so Etwas schon eher möglich, die klassische Bildung ist dort weit allgemeiner verbreitet. Treffend ist auch die Exclamation des alten Herrn. In der frohen Aussicht, sein Geld wieder zu erlangen, ruft er aus: Ce trait me raccommode avec le genre humain! — Nachdem die hochbeglückten Gläubiger fort sind, erscheint Herr Mercier. In der Meinung, George wolle ihn nur davon benachrichtigen, daß sein väterliches Erbtheil auf Nichts reducirt sei, läßt er denselben Anfangs gar nicht zu Worte kommen, und macht in gleicher Weise den eigenen Lobredner seiner Uneigennützigkeit und Hochherzigkeit, wie er vorher seine Rechtlichkeit gepriesen hatte. Es ist dies ein trefflicher, dem Leben abgelauschter Zug, denn bekanntlich liebt es die Kaufmannswelt sehr, von ihren trefflichen Qualitäten in Handel und Wandel zu reden. Als Herr Mercier nun aber den wahren Stand der Dinge vernimmt, erschrickt er anfangs und wird dann sehr einsilbig. Der Notar stellt ihm vor, daß George als Ehrenmann gar nicht anders habe handeln können, und hält ihm die Worte vor, die er noch so eben selbst geäußert. Es ist aber natürlich, daß Herr Mercier die Anwendbarkeit derselben auf den vorliegenden Fall nicht zugiebt, vielmehr bleibt er, ohne gerade alle Hoffnung abzuschneiden, dabei, daß er sich die Sache erst noch näher überlegen müsse. Einige nach der Entfernung Merciers an George gerichtete tröstende Worte des Notars schließen den Akt.

Der dritte Akt führt uns zu Herrn Mercier. Dieser und Rodolphe treten auf, ein angefangenes Gespräch fortsetzend, in welchem Rodolphe versucht, den Fabrikanten für seinen Freund George günstiger zu stimmen. Der Anfang dieser Scene ist pikant, und beweis't wiederum Ponsard's Talent für die Ausmalung kleiner Züge. Wir setzen denselben hierher.

Rodolphe: Vous souvient-il des nuits où nous montions la garde,
Et comme on les passait d'une façon gaillarde?
M. Mercier: Je ne m'en souviens pas.
Rodolphe: Ces temps sont déjà loin. —
Nous soupâmes souvent au cabaret du coin;
On riait, on buvait, on chantait après boire.
— Vous chantiez Béranger.
M. Mercier: Je n'en ai pas mémoire.
Rodolphe: Et comme vous chantiez! Quelle voix de stentor!
Aussi nous vous avons nommé sergent-major.
Ah! vous avez bon air sous l'habit militaire.
— Vous étiez philosophe, et goûtiez fort Voltaire.
M. Mercier: Monsieur, ces souvenirs remontent à quinze ans,
Et vous m'excuserez s'ils me sont peu présents.
Je suis un homme d'ordre, et la philosophie
Est un mot dangereux et dont je me défie.

Rodolphe hat nichts dagegen, daß von diesen Dingen abgebrochen werde, um auf seinen Freund George zu kommen. Aber Herr Mercier hat auch für diesen kein Gedächtniß. Vielmehr hat er bereits einen andern Schwiegersohn im Sinne, den Herrn Richard, und es macht wenig Eindruck auf ihn, daß Rodolphe dagegen bemerkt, wie dessen Vater dreimal bankerott gemacht habe, und das Vermögen des Sohnes, nach der allgemeinen Ansicht, aus dieser unreinen Quelle herrühre. Rodolphe hält ihm ferner entgegen, daß seine Tochter Laure diesen Herrn ja gar nicht kenne. Sie habe ihn schon zwei- oder dreimal gesehen, ist die Antwort Merciers auf diese Einrede. Durch eine solche Aeußerung wird natürlich wieder die rhetorische Ader Rodolphe's in lebhafte Bewegung versetzt, und er ergeht sich in einer neuen Tirade über das Schmachvolle und Unheilbringende der Convenienz-Heirathen, — ein Passus, der wohl wiederum viel Wahres, aber wenig Neues, und noch weniger Poetisches enthält. Wir haben uns schon in dem Eingange zu dieser Abhandlung über die Verwandtschaft dieser rhetorischen Expectorationen mit der französischen Denk- und Sinnesweise ausgesprochen, aber auch zugleich bemerkt, was den Ponsardschen, selbst vom französischen Standpunkte betrachtet, an ihrer Vollendung fehlt. Die Klippe des Ridicüle liegt hier außerordentlich nahe, und Ponsard ist derselben nicht immer glücklich entgangen. So läßt er Rodolphe seine diesmalige Diatribe mit einem J'ai dit schließen, auf das, um das Maaß voll zu machen, der Gegenpart gar noch mit einem C'est bien-heureux antworten muß. Es ist freilich die Eigenthümlichkeit aller outrirenden dramatischen Schriftsteller, daß sie die übertriebenen Aeußerungen der einen Person durch die entgegenstehenden der anderen moderiren, und so das Gleichgewicht wiederherstellen lassen: auch der alte Corneille hat dieses Verfahren häufig eingeschlagen. Er verdient aber wohl nicht darum so sehr gelobt zu werden, wie es die französischen Literatoren zu thun pflegen, denn im Grunde ist es doch nur Selbstironie, was hier zum Vorschein kommt. Treffend ist dagegen das kurze Wort Merciers nach der Entfernung Rodolphes.

Ce monsieur-là n'est point moral dans ses propos. — C'est un socialiste.

Trotz Rodolphe's Declamationen ist indeß die Sache geblieben, wie sie war, und wir mögen uns wohl kaum darüber sehr verwundern, denn wenn auch George sein Vermögen auf eine für ihn höchst ehrenhafte Weise verloren hat, so muß doch für Herrn Mercier die Sache dadurch einen ganz anderen Anblick gewonnen haben. Er, als Geschäftsmann, kann seine Tochter unmöglich einem gänzlich mittellosen Manne, einem Bettler, geben wollen, er kann sich nicht berufen fühlen, ihm den Preis für seine Hochherzigkeit auszuzahlen. So wie Herr Mercier, würde und müßte vielleicht auch, jeder Geschäftsmann handeln. Sein Verfahren ist, wenn auch gerade nicht enthusiastisch zu loben, doch ebensowenig zu brandmarken, und wenn Ponsard dieses Letztere beabsichtigte, so hat er, unserer Ansicht nach, seine Wirkung verfehlt.

Wie es überdieß dem dramatischen Dichter häufig geht, so hat Ponsard selbst dafür gesorgt, uns in einzelnen Aeußerungen Mercier's Waffen gegen den Vorwurf der vermeintlichen Gesinnungsniedrigkeit desselben an die Hand zu geben.

C'est rabaisser l'hymen, sagt derselbe unter anderem sehr passend,

C'est rabaisser l'hymen au niveau d'un plaisir,
Que d'en faire le bruit d'un amoureux désir;
Ce saint engagement sur le devoir repose,
L'intérêt des enfans est la première chose,
Et leur donner le jour, sans assurer leur sort,
Est un acte égoiste et que je blâme fort.

. . . pour peu qu'il ait quelque noblesse d'âme,
Un homme ne veut pas devoir tout à sa femme,
Il est humilié de ce rôle à l'envers;
Son embarras secret éclate en mots amers;
Et dans un intérêt, que je crois réciproque,
J'épargne à votre ami cet état équivoque.

Nach Rodolphe's Entfernung erscheinen Lucile und Laure; Herr Mercier kündigt, zu seiner älteren Tochter gewendet, den Besuch des Herrn Richard an, den er auch bald als designirten Bräutigam bezeichnet, wohl wissend, daß er, bei Laure's bekanntem Charakter, kaum ein Wort des Widerstandes zu gewärtigen hat Wle ganz anders zeigi sich dagegen eine Molièresche Tochter, die Elise des Harpagon zum Beispiel. Wie kräftig protestirt dieselbe gegen den aufgedrungenen Bräutigam, und wie entschieden weiß sie ihre Rechte zu wahren! — — Je ne veux point me marier mon père, s'il vous plaît! — (Et moi, ma petite fille, ma vie, je veux que vous vous mariez, s'il vous plaît.) Je vous demande pardon, mon père. — Je suis très humble servante au seigneur Anselme; mais avec votre permission je ne l'épouserai point. — Cela ne sera pas, mon père. — C'est une chose, où vous ne me réduirez point. — Je me tuerai plutôt que d'épouser un tel mari. — Und so spricht die Tochter eines harten und eigenwilligen Vaters zu einer Zeit, wo, wie alle anderen Autoritäten, so auch die väterliche noch in ihrer ganzen Kraft und Geltung bestand, und die Klöster allerdings noch mit Mauern versehen waren, deren Zerstörung Herr Mercier sehr zu bedauern scheint. — Kaum ist der Vater fort, so macht Lucile ihrer älteren Schwester Vorwürfe über die Leichtigkeit, mit der sie George aufgebe. Wie aber noch nie ein schwacher Charakter durch die Worte eines Anderen zur Thatkraft angetrieben worden ist, so geschieht es auch bei Laure nicht. Wie soll auch ein Mädchen für seine Neigung lebhaft in die Schranken treten können, das über die Liebe selbst den Ausspruch thut:

L'amour est une ivresse, un désordre insensé.

Aber fragen mag man wohl, wie George zu einem so marmornen Geschöpfe Neigung fassen konnte.

Jetzt erscheint George, um von seiner Geliebten zu erfahren, was er ferner zu hoffen habe. Hier zum erstenmale im ganzen Verlaufe des Stückes spricht die Leidenschaft vernehmlicher, während wir bisher nur einzelne, gleichsam wider Willen entfahrene Aeußerungen derselben angehört hatten. Wenn es aber wahr ist, daß das Theater vornämlich auf der Leidenschaft beruhe, so müssen wir diese Scene jedenfalls als die dramatischste des ganzen Stückes betrachten. Nur sind es mancherlei kleine Umstände, welche die volle Wirkung derselben beeinträchtigen. Einmal sollte keine dritte Person, Lucile, bei derselben gegenwärtig sein. Wahre Leidenschaft entfaltet sich nur in einem Zwiegespräche, daher auch Racine in allen solchen Fällen die Vertrauten sich entfernen, und die beiden Hauptpersonen allein einander gegenüber läßt. — Ein zweiter hindernder Umstand ist, daß die Leidenschaft George's zu wenig vorbereitet worden, da wir nur einmal vorher, und bei einer ganz unpassenden Gelegenheit, wo uns vor allen Dingen die Erbschaftsfrage beschäftigte, von derselben gehört haben. Endlich, und das ist wohl das Schlimmste, ist in dieser leidenschaftlichen Liebesscene nur ein Liebender und ein Leidenschaftlicher, statt zweier. Laure scheint eines heftigen Ausdruckes von Schmerz gar nicht fähig zu sein, sie bringt es höchstens zu einem schwächlichen Bedauern, und da auch kein Kampf zweier entgegengesetzter Empfindungen stattfindet, so ist freilich auf ein tiefergehendes dramatisches Interesse nicht zu rechnen. Allerdings bietet Racine's Iphigenia in den Zwiegesprächen des Achill und der Iphigenie Scenen dar, die mit dieser Ponsard'schen einige Aehnlichkeit haben. Auch Iphigenie ist weit entfernt, in den leidenschaftlichen Ton einzustimmen, mit dem sich Achill über die Weigerung des Vaters, ihm ihre Hand zu geben, beklagt; auch sie erklärt, ihrem Vater gehorchen zu wollen. Allein es dauert eben nicht lange, daß Iphigenie in der Passivität verharrt. Sie hat Anderes zu thun, sie hat ihren Vater gegen die Feindseligkeit des Geliebten zu vertheidigen, und sie weiß ihren Gehorsam gegen den väterlichen Willen von jeder Zweideutigkeit zu befreien, da, nach Leistung desselben, nicht, wie bei Laure, eine andere glänzendere Vermählung, sondern der Tod, in der Blüthe der Jahre, der bittere Opfertod durch das Messer des Priesters, ihrer wartet. Des Dichters Streben nach Natürlichkeit im Ausdrucke, vielleicht auch das Studium der „simplicité homérique", dem Ponsard seit seinem Ulysse sehr obgelegen, hat denselben zu einem Passus verleitet, der wohl ebensowenig auf die Bühne gehört, wie das Fußwaschen in dem erstgenannten Stücke, und hier, einem jungen, unverheiratheten Mädchen gegenüber, doppelt unpassend ist. — Laure nimmt von George mit dem Worte Au revoir Abschied.

Au revoir! ruft George entrüstet aus,
Eh quoi! vous daignerez encor me recevoir?

J'observerai comment la chaste jeune fille
S'est changée en épouse et mère de famille,
Comment sa rougeur plait au mari triomphant,
Ou comme elle est touchante, allaitant son enfant!

Was indeß nach diesen großen und kleinen Mängeln an der Scene noch trefflich sein kann, ist es in vollem Maaße. — Auch die kleine Schlußscene des Aktes ist von ergreifender Wirkung. Rodolphe erscheint, um George dem Orte seiner Demüthigung zu entreißen. Dieser hat nur den einzigen, immer wiederkehrenden Gedanken: — Sie verläßt Dich für einen Anderen! — Vergebens mahnt ihn jetzt Rodolphe an die Hochgenüsse der Kunst. Die Triumphe der Kunst haben keinen Werth mehr für ihn.

Mon pauvre ami, sagt Rodolphe zu ihm, tu commences à vivre,
C'est ta première épreuve, et bien d'autres vont suivre.
Arme-toi de courage, athlète généreux!
Honnête, je la perds! — Fripon, j'étais heureux! ist dagegen der Schrei, der sich aus George's gepreßter Brust entwindet. — Warum muß man hier wieder durch die Frage gestört werden, wer doch Rodolphe die Schlüssel des Mercier'schen Hauses überliefert habe, daß er so ungestört in demselben aus- und eingehen kann.

Der vierte Akt führt uns wieder zum Notar, bei dem ein Ball stattfindet. Die ehemaligen Freunde George's sind auf diesem Balle, und auch die beiden Töchter des Herrn Mercier, von denen die älteste mittlerweile Madame Richard geworden, und schon schwere Zeiten durchgemacht hat. Auch George ist unter den Gästen. Ponsard's Talent für Detailmalerei offenbart sich hier wiederum. Wir geben einige Proben. Die Freunde reden von George, der schon bemerkt worden.

Deuxième Ami: Le pauvre diable
S'est mis dans un état tout-à-fait pitoyable.
Premier Ami: Comment cela?
Deux. Ami: Que sais-je? Il s'est conduit . . . fort bien; On parle . . . d'un beau trait. — En somme, il n'a plus rien.
Premier Ami: Et comment donc vit-il?
Deux. Ami: Diable, si je m'en doute!
Il barbouillait jadis quelque méchante croûte. . .

Deux. Ami: Eh, mais, c'est lui! — Sortons, car les gens sans ressource
Sont toujours dangereux, à l'endroit de la bourse.
Prem. Ami: Diantre! le pantalon date de l'an passé;
L'habit noir est étroit et fut souvent brossé.

In der nächsten Scene trifft nun George mit einigen seiner ehemaligen Freunde zusammen, die, am Spieltische festgehalten, ihm freilich nicht hatten ausweichen können. Dies Zusammentreffen ist eine Veranstaltung des Notars, der eigends um George's willen diese Soirée veranstaltet hatte. Er sollte dort Gelegenheit haben, alle diejenigen zu sprechen, die privatim für ihn unsichtbar waren. Der Erste, auf den er trifft, ist der Staatsmann. George wäre jetzt schon nicht ungeneigt, eine Sous-préfecture oder einen Sitz im Conseil d'Etat anzunehmen. Man kann sich aber wohl denken, mit welcher Miene der Staatsmann diesen Vorschlag zur Güte aufnimmt. Natürlich hat nie ein so großer Zudrang zu Stellen stattgefunden, wie jetzt, namentlich haben sich gerade um diese von George gewünschten Stellen noch viele Andere beworben; der wohlwollende Mann will indeß doch mit nächster Gelegenheit seiner gedenken, und bietet ihm einstweilen eine Stelle als . . . Expedient (expéditionnaire) an. In demselben Athem überfließt dieser würdige Mann von dem Lobe Raymonds, der sich in die Zeiten zu schicken gewußt, und nie den Sittenprediger gespielt habe, jener Raymond, dem George einst seiner niedrigen Gesinnungen wegen die Thüre gewiesen hatte. Dem wolle er ihn empfehlen, setzt er zum Uebermaaß der Kränkung für George hinzu, und entfernt sich mit den Worten: Bonsoir, comptez sur mon appui. — Die ehemaligen Gläubiger der George'schen Erbschaft erscheinen, aus dem Tanzsaale herauskommend. George redet dieselben an, und wird auch Anfangs freundlich angehört. Indeß rückt er bald mit dem Vorschlage heraus, ihm collective 25,000 Francs zum Ankaufe einer Papiermühle zu leihen, die sich unter den Liegenschaften des väterlichen Erbes befand, und jetzt zu geringem Preise verkauft werden soll. Allein unter den verschiedenartigsten Vorwänden macht sich Einer nach dem Anderen davon; einer der Letzten beklagt, all' sein Geld in Bauten gesteckt zu haben, und verläßt George mit der feierlichen Apostrophe:

Voulez-vous un conseil? — Ne bâtissez jamais.

George bleibt allein zurück, auf's Tiefste in seinem Innern verletzt, und jetzt kommen ihm schon andere Gedanken über die Bedeutung des Geldes in der Welt. — „Wahrhaftig, ich war ein Narr, euch zu bezahlen“, ruft er aus, und, sich seiner früheren Aussprüche erinnernd, fügt er hinzu: „Ich habe die Sache für so leicht gehalten, und war Einer von denjenigen, für die alle Dürftigen Träge sind. Man stirbt nicht so leicht vor Hunger, sagte ich, und ich vermuthe jetzt, daß mir dies widerfahren könnte, ohne daß irgend Jemand auch nur darauf achtete.“

Jetzt nähert sich ihm der Capitalist, der sich uns schon im ersten Akte als engagirter Partienmacher angekündigt hat. Nachdem er die Herzensergüsse George's geduldig mit angehört hat, proponirt er ihm eine Heirath, und zwar mit einer Dame, die sich unter seinen Schuldnern befand, dem alten Fräulein vom zweiten Akte. Vor einer solchen Eventualität schreckt George natürlich zurück, aber der Capitalist weiß ihm die drückende Dürftigkeit seiner Lage, die schon erfahrenen, und noch zu erfahrenden Kränkungen so lebhaft auszumalen, daß George kaum noch ein „Aber“ vorzubringen weiß, und der Capitalist forteilt, dieses „charmante Tête-à-tête“ einzuleiten. Zum Lobe seines Idols, des Geldes, stimmt der Capitalist folgenden Hymnus an:

L'argent, mon cher, l'argent, c'est la seule puissance.
On a quelque respect encor pour la naissance,
Pour le talent fort peu, point pour la probité;
Mais qui sait s'enrichir est vraiment respecté;
Les hommes sérieux le trouvent estimable,
Les savants érudits, et les femmes aimable.

Ein Wort George's ist bemerkenswerth wegen seiner epigrammatischen Wendung

On est mal dans cette humble défroque, sagt der Capitalist, auf George's abgetragenen Frack deutend, und ihm zugleich die jungen Leute zeigend, die sich in den Ballsaal begeben.

Gageons que leur luxe vous choque,
Et que vous enviez leur habits élégants.
George: Moi, qui n'ai pas diné pour acheter des gants!

Kaum ist der Capitalist fort, so zeigt sich der Ueberall und Nirgends dieses Stückes, Rodolphe, der, in ächter Comödienweise seit einiger Zeit gehorcht hat. Er macht seinem Freunde Vorwürfe über die sittliche Schwäche, die er in dem Gespräche mit dem Bankier gezeigt habe, und erinnert ihn an seine früher in Bezug auf Geldheirathen gethanen Aeußerungen. George versucht die Schuld auf das schlechte Jahrhundert zu werfen, in dem wir leben; unerträglich sei ihm die Vorstellung, seine treulose ehemalige Geliebte reich und glücklich zu wissen. Als er erfährt, daß das Glück derselben nur ein scheinbares sei, läßt er eine Schadenfreude blicken, deren Aeußerung der Dichter im Interesse des Antheils, den wir an seiner Hauptperson, als welche doch wohl George zu gelten hat, nehmen sollen, gern etwas weniger hätte können hervortreten lassen. Um ihn jedoch aus seiner trüben Stimmung zu reißen, verweis't Rodolphe den Freund an sein Genie, sein künstlerisches Schaffen; aber der läßt sich mit dem bittersten Hohne über dasselbe aus; — er bietet ihm seine Börse an, doch George will von Keinem entlehnen, der ebenso arm ist, wie er; endlich räth er ihm, Unterricht zu ertheilen. Dem pädagogisch gebildeten Leserkreise dieser Zeitschrift wird die Entrüstung höchst sonderbar vorkommen, mit der George diesen so harmlosen Vorschlag zurückweis't.

Des leçons au cachet, ruft er aus, ainsi qu'un maître d'armes!

Etre salarié, moi! Donner des leçons,
Respectueusement, à de petits garçons; —
Préparer les pinceaux des jeunes demoiselles,
— Dont je corrigerai les chastes aquarelles.

„Aha", erwiedert Rodolphe auf diese Apostrophe, „wir wollen die Arbeiten, auf welche die Bravos der Welt folgen, das stille, bescheidne Werk verachten wir. Dieser Stolz wird Dich zu Grunde richten." — „Warum habe ich mich in diese miserable Lage gebracht", ruft George dagegen aus. — „Bereust Du Deine ehrenhafte Handlung?" — Ha, wenn ich noch die Wahl hätte? Rodolphe sieht dagegen in der von George geleisteten Bezahlung der väterlichen Schulden nur eine einfache Pflichterfüllung; das Gespräch erhitzt sich nach und nach mehr, und George, der sich von vornherein in einer bittern Stimmung befunden hatte, erklärt endlich dem Freunde rund heraus, keines Hofmeisters mehr zu bedürfen. Rodolphe bleibt allein zurück mit dem Ausrufe: L'ingrat, le mauvais coeur! — Wir haben diesen Rodolphe bisher nur als ruhigen Verstandesmenschen, als kalten Raisonneur kennen gelernt. Hier sehen wir denselben zum Erstenmal mit Empfindungen hervortreten, und eine innere Bewegung bekunden. Er hat kaum jenen Ausruf des Unwillens gethan, als ihm einfällt, wie ungerechtfertigt doch derselbe sei, da sich George nothwendig in einer gereizten Stimmung befinden müsse. Ja, bald sieht er ein, daß das Unrecht vielmehr auf seiner Seite sei, und daß es unverantwortlich von ihm gewesen, ein krankes Gemüth durch Sermonpredigen noch mehr zu verwunden. Sein einziger Wunsch ist daher, das Geschehene wieder gut zu machen. Dieser kurze Monolog ist so trefflich, daß es nicht unpassend sein wird, denselben mitzutheilen:

L'ingrat, le mauvais coeur! — Mais non, il n'est qu'aigri;
C'est un état fiévreux, qui peut être guéri.
Et qui donc, parmi ceux qui parlent de courage,
Eût sans ployer un peu, souffert le même orage?
Le malheur, — c'est tout simple, étonne cet enfant;
Mais l'honneur est vivace et sera triomphant.
Il fallait lui parler comme on parle au malade,
Le flatter, et chercher le ton qui persuade;
Sans le lui laisser voir, il fallait le guider,
Si bien que par lui-meme il crut se décider.
Au lieu de me montrer doux et prudent, que fais-je?
Je le sermonne, ainsi qu'un enfant au collége;
Le sachant ombrageux, je le blesse d'abord,
Et semble me complaire à prouver qu'il a tort,
— Ah, c'est moi qui me tiens en estime trop haute!
L'orgueilleux, c'est moi seul; à moi seul est la faute;
Je suis mauvais ami, George a raison. — Ah, cieli
Quoi! comment réparer mon langage cruel!

Man könnte an diesem Monologe sprachlich höchstens den cacophonischen Vers: Sans *le lui laisser* voir, *il fallait le* guider, und die Wiederholung des enfant tadeln, wenn man es nicht im Uebrigen etwas anmaaßend finden will, daß Rodolphe, ein jüngerer Mann von 30 Jahren, seinen 25jährigen Freund als enfant bezeichnet.

Zu der gewünschten Reparation kommen Rodolphe aber Laure und Lucile gerade zu rechter Zeit, und zeigen sich auch bald als von den besten Gesinnungen hinsichtlich George's beseelt. Lucile geht daher auf den Vorschlag Rodolphe's, Ersteren zum Tanze einzuladen, auf das Bereitwilligste ein. George kommt auch bald, dem Freunde die Hand zur Versöhnung bietend, der ihn sofort den beiden Damen zuführt. Bald nähert sich ihm Lucile und fordert ihn, anfangs mit neckischen Worten, dann, da diese ihn noch nicht genug von ihrer wahren Gesinnung überzeugen, unter Aeußerung der lebhaftesten Bewunderung für seine Handlungsweise, auf, an ihrer Seite in den Ballsaal zu treten. Nachdem sich diese Personen entfernt haben, erscheinen nun der Capitalist und das alte Fräulein wieder. Ersterer redet derselben viel von dem Entzücken vor, welches George bei seinem Vorschlage empfunden habe, aber, da George nicht da ist und nicht kommt, so sieht Jene bald, woran sie ist. Sie verhehlt auch nicht, daß sie selbst im Grunde diese Verbindung nicht für passend halten könne, und weit eher daran denke, dem jungen Manne eine Mutter zu sein. Alsbald entfernen sich dann diese beiden Personen, um nicht wieder zu erscheinen und das kaum begonnene Interesse für ein Wesen von empfindsamem Herzen, dem das Schicksal so wenig zur rechten Zeit seine Sonnenblicke gesendet, geht sogleich wieder verloren. Die Motive der Handlungsweise des Capitalisten dagegen bleiben ganz unverständlich, und das sollte doch auch bei den Nebencharakteren des Stückes nicht der Fall sein. — Rodolphe und George treten jetzt wieder hervor, Letzterer in seinen Augen noch das Entzücken wiederstrahlend, das der rasche Flug durch den Ballsaal am Arme Lucile's in ihm angefacht hat; er begreift nicht, wie er so viel Liebenswürdigkeit einst hatte übersehen können:

C'en est fait: ruft er aus, je renais, je redeviens moi-même;
Amour, honneur, vertu, pardonnez mon blasphème!
Je suis à vous, toujours, et sans condition;
Je rougis maintenant de ma tentation;
Je saurai l'expier par un ferme courage,
J'accepterai gaîment la misère et l'outrage,
Et, pour bien débuter dans ce sage dessein,
Demain, je vais donner des leçons de dessin.

Allein George soll dies nicht einmal nöthig haben. Als wenn das Schicksal nur auf ein Zugeständniß von seiner Seite gewartet hätte, um sich ihm wieder günstig zu zeigen, erscheint alsbald der Notar, um ihm anzukündigen, daß er die Summe, deren George zu seinem Fabrikgeschäfte bedurfte, gefunden habe. Der Geber wird nicht genannt. Dürften wir annehmen, daß das alte Fräulein dieselbe gewesen, so wäre diese ganze Rolle weit mehr motivirt und mit dem Gange der Handlung verbunden, und es bleibt daher unbegreiflich, warum der Dichter dies die Lösung seines Stückes entscheidende Ereigniß nicht deutlicher hat hervortreten lassen.

Der fünfte Akt führt uns abermals zu Herrn Mercier, den wir jedoch in ganz anderen Umständen wieder finden, als wir ihn im dritten Akte verlassen hatten. Sein Schwiegersohn, Herr Richard, hat Bankerott gemacht, und nicht nur sein eigenes, sondern auch den größten Theil von des Schwiegervaters Vermögen, verhandelt. Mercier hat nicht genug Schmähungen für diesen sonst so gepriesenen Schwiegersohn, und auch die Gegenwart seiner älteren Tochter vermag ihn nicht zur Mäßigung zu bestimmen; denn was seinen Unmuth auf die Spitze treibt, ist der Gedanke, daß er, der kluge Geschäftsmann, dupirt worden sei.

C'est bien vrai! les plus fins auraient été dupés;
L'hypocrite qu'il est nous a tous attrapés.
Il possédait si bien la langue des affaires,
Etait si positif, riait tant des chimères,
Traitait la poésie avec tant de mépris,
Que j'ai cru qu'il serait le meilleur des maris.

Dabei will er von seiner Tochter noch das Geständniß haben, daß sie von ihm zu dieser Ehe nicht genöthigt worden sei, und liefert so in dieser Scene das jammervolle Bild des Geschäftsmanns in der Misere. — Auf einmal wird George gemeldet, und tritt auch alsbald mit Rodolphe und dem Notar ein. Die beiden Letzteren sind seine Freiwerber, Rodolphe führt das Wort. George hat mit seiner Papiermühle gute Geschäfte gemacht; schon trägt sie ihm 5000 Thaler, im nächsten Jahre wird sie das Doppelte ergeben. Er hält jetzt um Lucile's Hand an, die sein Schutzengel gewesen. Mais, c'est donc l'amoureux de toute ma famille! ruft Mercier sehr treffend aus, allein, sobald er hört, daß auf keine große Mitgift reflektirt werde, ist er natürlich mit diesem Antrage gar sehr zufrieden. Bald offen=

hat sich denn auch, daß Lucile schon längst eine geheime Neigung zu ihm hegte, und nur vor der älteren Schwester zurückgetreten war, und auch jetzt noch bittet sie sich mit edlem Zartgefühle die Einwilligung derselben zu dieser Verbindung aus.

Lucile: (elle va vers sa soeur et l'attire à l'écart)
Laure . . . .
Laure: Je te comprends, chère soeur; sois à lui.
Sauf la bonne amitié, tout s'est évanoui.
— Tu l'aimes, n'est-ce pas?
Lucile: Oui; — mais écoute, Laure:
Si d'anciens souvenirs sont . . . douloureux encore;
Si notre intimité, que tu verras de près,
Peut un jour, malgré toi, réveiller des . . . regrets;
Dis un mot. Cet hymen n'a plus rien que j'envie,
Dès qu'il faut le payer du repos de ta vie.
Laure: Sois à lui sans remords; paisible entre vous deux,
J'oublîrai mon malheur, en vous voyant heureux.
Lucile: Vrai? (Laure la baissant sur le front)
Vrai.

Nun reibt sich auch der Notar vergnügt die Hände und George ruft zu Rodolphe gewendet, und auf Lucile zeigend in feierlichem Tone aus:

Je maintiens
Qu'on est récompensé de se conduire bien.

J'aurais mauvaise grâce, sagt Rodolphe, sich gegen Lucile verneigend, à nier cette preuve — Heureux qui, comme toi, triomphe de l'épreuve! — Eh, Eh! meint George, etwas verlegen, c'est tout au plus, j'ai fait quelque faux pas. — Das Stück schließt endlich mit einer ächt epigrammatischen Wendung.

Allons diner, ruft Mercier aus, und zu Rodolphe: Monsieur, ne refusera pas. —

Rodolphe faisant le salut militaire:
J'obéis, mon sergent, par respect militaire
(prenant le bras de M. Mercier, en sortant:)
Eh bien! nous disions donc que cet affreux Voltaire. . .

Es ist nun wohl keine Frage, daß dieser letzte Akt unseren Erwartungen nicht entspricht, und die Entwickelung gar zu sehr, wie man zu sagen pflegt, übers Knie bricht. Woher kommt, fragen wir zuerst, dem unerfahrenen George, der einige Monate früher die Regeln des gewöhnlichsten gesunden Menschenverstandes so sehr außer Acht gelassen, aus einer großen Erbschaft, die er nach bestehenden Gesetzen mit vollem Rechte sein nennen durfte, sich nicht einmal einige Tausende zur Begründung eines späteren Fortkommens zu reserviren, während dies selbst nach den Gesetzen der strengsten Rechtlichkeit erlaubt gewesen wäre, einem Menschen, der sich bisher nie mit Geschäftssachen befaßt hatte, und der von dem Stande seiner eigenen Geldangelegenheiten nicht im entferntesten unterrichtet war, — wie kommt diesem gänzlichen Neuling in der praktischen Welt auf einmal der reiche Geschäftsverstand, der es, verbunden mit der äußersten Energie, allein möglich machen würde, in so kurzer Zeit auf reelle Weise solche Erträge zu erzielen, wie sie hier angegeben werden! — Ferner, George findet in der Hand der Lucile den Lohn für sein festes Beharren auf den Grundsätzen der Ehrlichkeit und Rechtschaffenheit. Aber, wenn es ihm nicht gelungen wäre, so gute Geschäfte zu machen, so würde er, trotz der so mißlich gewordenen Vermögensumstände des Herrn Mercier, die Hand Lucile's doch wohl schwerlich erlangt haben. Und so hat denn doch am Ende, gerade wie zuvor, das Geld und nicht die Ehre entschieden.

Aber jene Liebe selbst, welche George's Prüfungszeit beendet, ist sie so entfaltet, daß der Zuschauer ein bedeutenderes Interesse an derselben nehmen kann? — George selbst gesteht, daß die freundliche Aufmunterung, die ihm Lucile an jenem Ballabende zu Theil werden lassen, dieselbe zuerst in ihm angefacht habe, und so sieht diese Liebe denn einer dankbaren Neigung auf ein Haar ähnlich. Jedenfalls muß dieselbe dem Zuschauer so erscheinen, denn alle jene Zwischenstadien von dem ersten glimmenden Liebesfunken bis zum formellen Liebes- und Heirathsantrage sind in die dem Zuschauer entzogene Zeit eines Zwischenaktes verlegt worden. Wenn wir überdieß auch bei George's rechtlicher Gesinnung nicht befürchten, daß die Nähe der einst geliebten ältern Schwester seiner und ihrer Ruhe gefährlich werden könnte, so können wir doch keineswegs von derselben mit einer gewissen Beruhigung Abschied nehmen. Ihr kindlicher Gehorsam hat sie in's Unglück gebracht, und alle Erleichterung ihres Schicksals, die ihr am Ende wird, bestehl darin, dem Glücke ihrer jüngeren Schwester zuschauen zu dürfen, und sich zu sagen, daß sie auch so glücklich hätte werden können, wenn sie eine weniger gehorsame Tochter gewesen wäre? —

Ebensowenig kann George als ein genügender Repräsentant des Ehrenprinzips gelten. Wie sein, allerdings ehrenhafter, Entschluß der Erbschaftsannahme nicht sowohl das Resultat einer großen sittlichen Ueberzeugung, als vielmehr der rasch entzündeten Aufwallung eines nach honneten Prinzipien erzogenen jungen Mannes ist, haben wir schon gesehen. Er gesteht überdieß selbst ein, im Verlaufe seiner Prüfungszeit einige faux pas gemacht zu haben, und wir werden dies Geständniß wohl vervollständigen und hinzufügen müssen, daß er durch die Heirath mit dem alten Fräulein, — eine Interessen-Heirath, wenn es je eine gab, und dadurch im krassesten Widerspruche mit seinen vorher so feierlich proklamirten Grundsätzen stehend — nahe daran war, einen argen Fall zu thun. Sein Zurückschrecken vor dem Vorschlage, Zeichnenunterricht zu ertheilen, läßt ihn als einen sehr vorurtheilsvollen Menschen erkennen. Kaum verdiente er unter solchen Umständen die aufmunternde Anerkennung Lucile's und die Erlangung des gewünschten Capitals. Wir lassen uns indeß am Ende diese Vorgänge noch gefallen, indem wir im letzten Akte zu sehen hoffen, wie George die zurückgekehrte Gunst des Schicksals benutzen, und, mit dem Sonnenschein der Liebe im Herzen, sich nun durch Arbeit und Entsagung eine neue Existenz erringen werde. Allein diese Entwickelung ist es eben, die man vermißt. Der ganze fünfte Akt besteht aus zwei Scenen, die beide im Mercier'schen Hause vorgehen, und schon darum das Gewünschte nicht geben können. Gewiß war es keine leichte Aufgabe, das stille Wirken George's auf eine dramatische Weise zu veranschaulichen. Wo dieselbe aber dermaßen von dem Süjet erheischt wurde, wie das hier der Fall ist, durfte ihr in keiner Weise aus dem Wege gegangen werden. In dieser Beziehung hat nun die Kritik der Gränzboten ganz gewiß Recht, wenn sie dem Schlusse des Stückes große Flüchtigkeit und Uebereilung der Catastrophe vorwirft, und wenn sie behauptet, daß Ponsard sich seine Aufgabe zu leicht gemacht habe. Darum aber möchten wir noch gerade nicht in die daran geknüpfte Aeußerung derselben Kritik einstimmen, daß diese Unvollkommenheit des Stückes Folge eines dem Autor anhaftenden Mangels an sittlichem Ernste sei, oder gar so weit zu gehen, zu behaupten, daß dieselbe sich an allen Productionen des französischen Geistes bemerkbar mache. Derselbe Kritiker sieht in dem Beifalle, welchen das Ponsardsche Stück in Paris erlebte und noch gegenwärtig erlebt, nichts Anderes als eine schwächliches Oppositionsgelüste des den jetzigen höheren Kreisen der Politik und Gesellschaft fernerstehenden Theiles der Pariser Bevölkerung gegen die zur Zeit in ein bonapartistisches Gewand gehüllte Geld- und Stellenjägerei und das Alles wegen des mangelhaften Schlusses dieser Comödie, an dem doch das Publikum ganz gewiß unschuldig ist, und den es ohne Zweifel gern besser gehabt hätte. Sollte es aber zu einer Zeit, wo die Bühne gerade nicht sehr reich an guten dramatischen Producten ist, dieses Mangels wegen einem Stücke, das unstreitig manche poetische und dramatische Schönheiten hat, seinen Beifall versagen? — Wir verhehlen nicht, daß wir zu diesem Stücke Ponsard's eine andere Stellung einnehmen, als zu dem im vorigen Jahrr erschienenen Ulysse. Damals galt es, den übertriebenen Lobpreisungen, mit welchen die Kritik und wenigstens ein beträchtlicher Theil des Pariser Publikums Chorus machten, entgegenzutreten, und die Schwächen eines Stückes hervorzuheben, das sich durch die homerische Aegide hinreichend geschützt wähnte. Diesesmal steht die Sache anders. Ponsard's

Stück ward vom Théâtre français zurückgewiesen, und mußte sich mit der Bühne des Odéon, des Second Théâtre français (von dem man wohl spottweise gesagt hat, l'Odéon n'est jamais plus fermé, que quand il ouvre) begnügen. In dem dunkeln angeräucherten Saale dieses au delà des ponts im alten Paris gelegenen Theaters hatte es erst mühsam sich den Beifall zu erringen, der einem in der Comédie Française recipirten Stücke fast von selbst nachzufolgen pflegt, und dieser Beifall war weder im Publikum, noch in der Kritik ein unbedingter und widerspruchsloser.*) Auch die literarischen Freunde Ponsard's, Auguste Lireux vom Constitutionnel, Jules Janin von den Débats, sprachen nur von einem succès juste et légitime, und der Feuilletonist des imperialistischen Pays spendete nur ein sehr abgemessenes Lob. Er redete von einer comédie un peu chagrine, un peu morose, un peu grondeuse, machte darauf aufmerksam, wie manche Partien dieses Stückes so ganz moderner und zugleich prosaischer Natur seien, daß der cadencirte Alexandriner zu ihnen durchaus nicht passen wolle, und gebrauchte den treffenden Ausdruck: le vers jure avec la cravate blanche et l'habit noir. Wenn bei einem solchen Sachverhalt eine kritische Beleuchtung einer geachteten deutschen Zeitschrift so weit ging, einem strebenden Geiste, der bereits Beweise seiner moralischen Integrität gegeben hatte, — man erinnere sich, daß er im vorigen Jahre die ihm angetragene höchst einträgliche Bibliothekarstelle an der Bibliothèque du Louvre zurückwies, weil er sich dem Bonapartismus nicht verpflichten wollte — sogar eine durchgebildete Sittlichkeit abzusprechen, und zwar aus dem alleinigen Grunde, weil ein Werk, das erste, das er in dieser Gattung gab, nicht ohne Mängel war — so galt es, natürlich mit Besonnenheit und Mäßigung, sich auf die entgegengesetzte Seite zu begeben, und, ohne Verbergung der Schwächen des Stückes, doch den Schönheiten desselben ihr volles Recht angedeihen zu lassen. Ohne alle Berechtigung vergleicht dieser Kritiker auch das Ponsard'sche Lustspiel mit den auf ganz anderen Motiven beruhenden Scribeschen, um es dann unter dieselben zu stellen, und mit eben so wenigem Rechte behauptet er, daß in demselben nicht mehr Moralität zu finden sei, als in dem ersten besten Kotzebue'schen.

So hat sich denn, nach unserer Ansicht wenigstens, Ponsard durch dieses Stück auf eine nicht unwürdige Weise in den Tempel der Thalia eingeführt, und die Muse hat seinem Beginnen freundlich gelächelt. Auch die Anerkennung der Mächtigen der Erde ist hinzugekommen, und diesmal in einer Form, die nicht zurückgewiesen werden konnte. Der Dichter wird sich gewiß nicht allzulange mit dieser ersten Gunstbezeigung der komischen Muse begnügen. Sollte er aber darum dem Dienste der Melpomene für immer entsagt haben? Hoffentlich nicht; wünschen wir vielmehr, daß es ihm in derselben Weise gelingen möge, den Dienst beider Musen zu vereinen, wie seine großen dichterischen Vorfahren, Corneille, Racine, Voltaire, dies gethan haben. Am Allerwenigsten möchten wir uns der Befürchtung hingeben, daß es mit der französischen Tragödie überhaupt zu Ende sei. Nachdem diese Dichtungsform die Hugo'sche und Dumas'sche Anarchie in unseren Tagen glücklich überdauert hat, wie sie einst in alten Tagen durch die Wogen der Hardy'schen Brandung glücklich hindurchschiffte, ist ihr eher noch ein langer Bestand zu weissagen, und in der That ist diese Form der Tragödie neben der englisch-deutschen fast eine poetische und literarische Nothwendigkeit, und ihr Verschwinden wäre auf's Tiefste zu beklagen. Aber freilich ist das eine Frage, die nicht so im Vorbeigehen besprochen werden kann, und die wir uns vorsetzen, einmal zum Gegenstande einer besonderen Erörterung zu machen. Hier möge nur schließlich der Wunsch ausgesprochen werden, daß sich uns recht bald die Gelegenheit darbiete, wieder einmal einen großen Erfolg unseres Dichters auf dem tragischen Gebiete zu constatiren — einen Erfolg, wie er ihn mit seiner Lucrèce und im Wesentlichen auch mit seiner Charlotte Corday feierte.

---

*) Jetzt freilich scheint Ponsard so ziemlich durchgedrungen zu sein, das Stück hält sich noch fortwährend auf dem Repertoir, und das Odéon ist überglücklich wegen des unverhofften Fundes, den es gethan hat.

Hamburg, 22ten Mai 1853. **M. Maaß**, Dr. phil.

Die deutsche Nationallitteratur der Neuzeit in einer Reihe von Vorlesungen dargestellt von Carl Barthel. 3te Auflage. Braunschweig, Verlag der Hofbuchhandlung von Ed. Leibrock. 1853.

Bei der zerflossenen Lyrik, die großentheils die Literatur unserer Tage ausmacht, hat der Beurtheiler einen sehr schweren Stand; er findet nicht eine lichte Welt voll abgerundeter Gestalten, die er mit dem Maßstabe objectiver Kunstregeln messen könnte, sondern ein Chaos von Gefühlen und Regungen aller Art, die in ihrem eigenthümlichen Dämmern webend vermöge ihrer individuellen Natur sich so sehr dem Urtheile entziehen, daß selbst zu ihrem Verständniß schon eine gewisse besondere Stimmung erfordert wird. Es bleibt daher dem Kritiker nichts übrig, als selbst künstlerisch thätig die Masse jener Gefühle und Regungen als Einheit zu ahnen, das einzelne und viele als ein Ganzes, als Gestalt anzuschauen. Was kann aber diese Einheit, dieses Ganze anders sein, als der Dichter selbst, der die Kunstgestalt seines innern Wesens gleichsam in Splittern unter das Publicum streut. Aus dieser Stellung zur heutigen Literatur erwächst aber der Beurtheilung die Gefahr einer gewissen subjectiven Charaktercensur, einer persönlichen Parteinahme je nach der zufälligen Individualität des Kritikers und seiner unmittelbaren Zuneigung oder Abneigung gegen sein Object, das ja eben auch Subject ist.

Herr Barthel hält den christlich-religiösen Standpunkt, auf dem er als Theolog steht, auch hier in der Literatur streng inne und giebt so der Beurtheilung des inneren Menschen eine höhere objective Weihe. Bei dem Erscheinen der beiden früheren Ausgaben ist schon mehrfach für und gegen die Geltung dieses Standpunktes in der Literatur gestritten worden, und es liegt auf der Hand, daß derselbe nicht durch den Begriff der Literatur selbst gegeben ist, deren nächster Zweck immer das Schöne bleiben muß, während die veredelnde und heiligende Wirkung derselben der göttliche Segen ist, der von selbst und ungesucht auf den Schöpfungen des Schönen ruht. Doch gegenüber einer Literatur, wie unserer heutigen, wo die Dichter meist ihre eigene Innerlichkeit unmittelbar herausgestalten, können wir freilich von demselben verlangen und müssen es schon von ihrer Schamhaftigkeit erwarten, daß sie uns nur einen zur höchsten Sittlichkeit gewordenen christlichen Sinn und Glauben darzustellen wenigstens beabsichtigen. Aber es ist eben auch nur diese christliche Sittlichkeit, die wir von dem Dichter fordern und in seinen Werken suchen dürfen, nicht der christliche Glaube als Substanz; dieser Quell des christlichen Lebens ist der Poesie nur wenigen bevorrechteten Naturen selbst zugänglich, Lieblingen des Himmels, wie Novalis, die eben darum der Erde nicht lange gegönnt werden.

Herr Barthel scheint aber den christlichen Glauben als solchen in jeder Dichtung zu suchen, wenn er am Schluß der fünf Ostern in A. Grüns „Schutt" das Christenthum vermißt, während doch, so viel der Ref. sich der Stelle erinnert, daselbst von nichts anderem als von einem zum Leben und zur Wahrheit gewordenen Christenthum die Rede ist; von einer Zukunft, wo die Religion des Menschensohnes über alle anderen Gottesanschauungen triumphirt hat, die Waffen und Feldzeichen der verschiedenen Glaubensheere vergessen sind und die Religion der Liebe in alle Herzen Eingang und Frieden auf Erden gefunden hat. Wir müssen daher den Standpunkt des Hr. Verf. in vorliegendem Buche für einseitig und für zu beschränkt erklären, als daß sich von ihm aus das Gebiet der Literatur beherrschen ließe. Ohne die Erkenntniß, daß das Schöne als das Kunstprincip, und das Wahre, als das Princip des Glaubens, ihre Wahrheit und concrete Wirklichkeit im Guten, in der Sittlichkeit haben, kann man weder in der Literatur, noch in der Kunst überhaupt ein gerechter Richter sein. Dies zeigt sich auch bei unserm Buche. Denn bei allem Streben des Verf., die Vorzüge auch anders gesinnter Schriftsteller mit aller Gerechtigkeit zu würdigen, ist doch bei verwandten Geistern, wie Bitzius, Oertel, Stöber, Ahlfeld, Oeser, Lob und Preis mit einem Ungestüm bei der Hand, daß es sich bei jedem in den Superlativ verliert. Da ist Bitzius S. 224 der meisterlichste, ihm „am nächsten in der Meisterschaft" steht Oertel S. 227. Nächst Bitzius und Oertel muß denn S. 231 „vor allen andern" Karl Stöber genannt werden, und S. 233 ist dann wieder Ahlfeld „nicht minder meisterlich" als Stöber, Oertel und Bitzius, während S. 235 schon Oeser wieder die vorhergehenden an christlichem Geiste und durch „größere Kunst in der Anlage und Composition" übertrifft. Ein solcher Zank der Superlative, die eben keinen andern auf gleicher Stufe mit sich dulden, muß den unbefangensten Leser unruhig und irre machen an dem Urtheile des Hr. Verf., der bald das Schöne als solches, bald das Christliche als solches ansieht und in Anschlag bringt, den wahren Einheitspunkt beider aber nicht zu finden weiß.

Eben so wenig wie diese superlativische Ausdrucksweise in die Beurtheilung, eben so wenig fürwahr gehören Ausbrüche jenes subjectiven Bedauerns, die sich mit einem achselzuckenden „leider" oder „schade" einführen, in die Geschichte. So hat S. 45 Schiller es leider in seiner Braut von Messina versucht, die antike Weltanschauung zu regeneriren. S. 122 ist es schade, daß es ein junges Deutschland gegeben hat, obwohl Hr. Barthel am Schluß dieses Abschnittes S. 131 die historische Beurtheilung dieser jung deutschen Gruppe einigermaßen anzuerkennen und sich wegen der Schärfe des gefällten Urtheils zu entschuldigen für gut findet. Die schlimmste Tactlosigkeit dieser Art drängt sich aber vor in dem „schade," das über Uhland S. 83 ausgerufen wird. „Schade nur, heißt es da, daß dieser Dichter noch jetzt in der letzten Periode seines Lebens, vom Zeitgeiste verleitet, sich jener politischen Linken anschloß, zu der er sich freilich schon in seiner Blüthezeit neigte, und so in den Abgrund des mit Schimpf und Schande auseinandergejagten Rumpfparlaments gerieth. Aber man wird das bei seiner übrigens ehrenwerthen Haltung (!) vergessen lernen." 2c. Das gute Herz! wie es ihm leid thut, dem armen Uhland im Betragen eine schlechte Censur geben zu müssen! Doch wir lassen vom Spott, denn wir meinen es gut mit dem Buche und seinem Verf. und würden uns in der That freuen, wenn es uns gelänge, den letzteren von der Unstatthaftigkeit eines solchen Passus zu überzeugen. Wenn wir das vorbesprochene „schade" ganz übersehen, bleibt uns noch zweierlei zu sagen. Zuvörderst spricht man über Männer, die sich „Wie in den braunen Locken, so in den grauen auch" stets als ganze Männer gezeigt und bewährt haben, nicht wie über Schulbuben, denen man verspricht bei fortgesetzter ehrenhafter Haltung ein begangenes Delict zu vergessen. Das wäre unsere Ausstellung an der Form; unser zweites Bedenken trifft die Sache selbst. Es tritt nämlich an dieser Stelle vor allem deutlich hervor, wie wenig es dem Herrn Verf. gelungen ist, Poesie und Leben seines Dichters in Einklang zu bringen, deren inneren Zusammenhang zu begreifen und den Dichter selbst als handelnde Person in seinen Dichtungen zu erkennen. Gewollt aber hat dies Hr. Barthel, denn sonst wäre diese Beurtheilung von dem letzten politischen Auftreten Uhlands, hinter dem die literarische Epoche dieses Dichters so viele Jahre zurückliegt, völlig unnöthig und ungehörig. Herr Barthel steht auch auf der „Zinne der politischen Partei" und läßt seinen subjectiven Unwillen mit in sein Urtheil hinein reden; daher faßt er es nicht, wie ein Mann, der solche Lieder gedichtet hat, solchen politischen Glauben hegen und sogar öffentlich vertreten kann. Darum heißt es, „vom Geiste der Zeit verleitet" hätte Uhland also gehandelt, als ob nach seinem früheren Auftreten sich etwas anderes hätte erwarten lassen, als ob ein Dichter, dessen Muse der Geist des Vaterlandes ist, sich dieses Vaterland gutwillig zerreißen lassen könnte, als ob nicht von der Tribüne in der Paulskirche das Grundthema seiner ganzen Poesie erklungen wäre in den Worten: „Wenn ein Oesterreicher in dieser Versammlung spricht, ist mir's als hörte ich die Alpengesänge Tyrols oder das Rauschen des adriatischen Meeres."

Dies mag genügen um zu beweisen, wie wenig in diesem Buche die Eigenthümlichkeit der Dichtung aus der Individualität des Dichters erklärt ist; ein Mangel, der leicht erkennbar darin seinen Grund hat, daß der Hr. Verf. bei der Beurtheilung der Dichtung anderen Werken über die Literatur zu viel folgt, während er die Dichter von seinem eigenen mehrseitig beschränkten Standpunkte aus betrachtet.

Daneben empfiehlt sich das Buch durch eine Menge specieller Notizen über das Leben der einzelnen Schriftsteller, welche man in andern Werken dieser Art meist vergebens sucht, und durch Leichtigkeit der Darstellung und des Stils, so daß sich dasselbe auch fernerhin gewiß das Verdienst erwerben wird, eine gewisse literar. Bildung in weiten Kreisen zu verbreiten. Vorzugsweise möchten wir Frauen und Töchterschulen auf dies Buch verweisen, denen der reine und fromme Sinn desselben wahrhaft wohl zu thun verspricht. **A. Steudener.**

Nachschrift: So eben erfahre ich aus der Zeitung, daß der Verf. des vorbesprochenen Buches in jene bessere Welt hinübergegangen ist, wo Menschenlob und Tadel, wo auch mein schwaches Urtheil ihn nicht mehr berührt. Ich finde darin keinen Grund diese Zeilen zurückzuhalten, denn ich habe es nur mit dem Buche, nicht mit der Person des Verf. zu thun, der jetzt, als im Schauen wandelnd, mitleidig auf seine Arbeit, mitleidiger auf meine Kritik herablächeln mag. Ich aber darf hoffentlich mit Claudian sagen:

Nulla meos traxit petulans audacia sensus,
liberior insto nec mihi lingua fuit.

Oscar von Redwitz und seine Dichter-Aufgabe. Ein Wort zur Frage über die deutsche Poesie der Gegenwart. Mainz, Franz Kirchheim. 1853.

Der Verleger der Poesieen des Herrn v. R. giebt obiges Büchlein heraus, in welchem O. v. R. als der Herold einer neuen deutschen Dichtungsepoche, als der christliche Retter aus dem verkommenden, jüdischen Dichtungswesen unsrer Zeit gilt. Dabei hat er sich als frommer Katholik auch auf die Autorität des berüchtigten Mönchs von Lehnin gestützt, und ruft mit dem uns wohlbekannten Patriarchen aus: „Thut nichts, der Jude wird verbrannt." Amaranth hat 16 Auflagen, läßt der Verleger über seinen Verlagsartikel schreiben, ergo ist Amaranth vortrefflich. Uebrigens ist Hr. v. R. ein ganz wackerer Dichter, ein Mann von bester Gesinnung, frei von Gemeinheit und Unglauben, allein das genügt noch nicht, um ihn neben Göthe, Schiller, Uhland, Rückert, Heine zu stellen, wie hier auf S. 59 geschieht. Er ist nicht der St. Georg, welcher den Lindwurm des Antichristenthums überwinden wird, er schwenkt mehr einen Galadegen als eine Lanze, und der Harnisch dürfte ihm Engbrüstigkeit zuziehen. Emanuel Geibel ist unsers Erachtens mindestens ein eben so bedeutender Lyriker, und wollen wir katholische Dichter nennen, so stand der verstorbene Graf Moritz Strachwitz weit über ihm. O. v. R. schwärmt, wie er (S. 35) selbst gesteht, doch durch Schwärmerei wird nichts überwunden und sein ganzes Gedicht, das da abgedruckt steht, ist überdies falsch, mit acht durchaus unrichtigen Bildern, was der gute Thebaner in Ueberschwänglichkeit ganz übersehen hat. Der ästhetische Kunstrichter, welcher mit Logik versehen ist, wird ihm sagen, daß der Dichter nicht wie Sonnenstrahl, Frühlingswind, See, Lerche, Ritter, Kind, Braut und Greis schwärmen kann, eine Zusammenstellung von Naturerscheinungen und menschlichen Personen, die logisch falsch ist. Und jedes einzelne Bild ist wieder falsch. Schwärmt der Dichter wirklich

„Wie die Braut im Hochzeitkreis,
Wenn aus dem Mund das Jawort bebt —?"

das ist unmöglich — eine Braut schwärmt übrigens gar nicht, das Gefühl bei dem „Ja" ist ein ganz andres. Und der segnende Greis auf dem Sterbebett schwärmt auch nicht, jedenfalls nicht wie ein junger Minnedichter. Doch genug von diesem Büchlein, das durch seine Uebertreibungen dem wackeren Dichter höchstens schaden kann.

Die deutschen Personen-Namen, von H. F. O. Abel. Berlin, bei W. Hertz. 1853.

Schon im Jahre 1846 hat die Berliner Akademie eine Sammlung der alten deutschen Namen als Preisaufgabe gestellt. Man lese Förstemann in Aufrechts und

Kuhn's Zeitschrift 1, 97 und vergleiche denselben in derselben Ztschr. 2, 337. Sprachkunde, Mythologie und Geschichte würden durch eine solche Sammlung gewinnen. Hr. Abel (Privatdocent in Bonn) giebt nun einstweilen nicht allein eine Geschichte der männlichen und weiblichen Namen nach ihren Zusammensetzungen, sondern liefert zugleich eine auch für weitere Kreise sehr anmuthige Auseinandersetzung mit Beziehung auf manchen mythologischen Punkt. Es liest sich deshalb die Schrift recht gut und ist sie lehrreich ohne schwerfällig zu sein. Auch die Bildung von Namen wird erklärt und den meisten der neueren Frauennamen die Fehde geboten. Wir können das sehr correct gedruckte Buch überallhin nur empfehlen, weil es für die Sprachkenntniß nützlich ist und überhaupt gebildeten Lehrern nicht minder gefallen muß.

M. R.

Zur Beurtheilung des deutschen Wörterbuchs von J. und W. Grimm, zugleich ein Beitrag zur deutschen Lexicographie, von Professor Wurm. München, bei Franz. 1852.

Von dem Wörterbuche der Brüder Grimm liegen jetzt sechs Lieferungen vor. Es hat, wie wir erfahren, einen alle Erwartungen übertreffenden Absatz gefunden. Inzwischen war schon nach dem Erscheinen der ersten Lieferungen mancher Tadel laut geworden und so wie früher Sanders, so stimmt auch jetzt Wurm darin ein. Er findet in einer allerdings gründlich eingehenden Kritik, daß die für ein Wörterbuch überhaupt unerläßlichen Ordnungen in diesem nicht vorhanden sind, daß es für Deutschlernende, für Fremde und für Schulen, so wie für rathsuchende Geschäftsleute durchaus unpraktisch, und daß Adelung und Campe noch immer unentbehrliche Rathgeber bleiben, denen auch die Vorzüge an Ordnung, Planmäßigkeit und Vollständigkeit zu eigen wären. Grimm's Werk sei lediglich für Gelehrte bestimmt, und nehme unter ähnlichen (Oberlin, Wachter, Haltaus u. s. w.) die oberste Stelle ein: sein großes Verdienst bestehe in der Sammlung eines reichen Sprachschatzes der neuhochdeutschen Literatur bis auf Göthe. Es fragt sich nun, ob die beiden Grimm wirklich ein Werk beabsichtigt haben, wie Wurm es wünscht und ob ihr Plan nach Anlage und Inhalt nicht ein andrer gewesen. Es wäre wünschenswerth, daß sie sich in der versprochenen Vorrede zum ersten Bande darüber äußerten, um so mehr, als wir unsrerseits bei Benutzung des Grimm'schen Werks der Ansicht geworden, daß es doch ein in der Bibliothek keines gebildeten Mannes fehlen dürfender Sprachschatz sei, der eine reiche Fülle der mannigfaltigsten Belehrungen in sich aufgenommen habe. Trotzdem mag Wurm in seiner Kritik gegen Grimm oft recht haben. Die ganze Recension ist eine sehr interessante Flugschrift, welche sogar Partieen enthält, wie man sie mit wahrem Vergnügen lesen mag, z. B. S. 23 ff. über den Altweibersommer. Die Bemerkungen über Adel (S. 22) möchten wir nicht überall billigen, auch scheint die Ableitung dieser Worte von Ehe sehr unsicher; daß Ehe für Gesetz stehe, wie in der vorlutherischen Bibel von alter und neuer Ehe geredet wird, ist auch nicht bewiesen; alte und neue Ehe ist nichts als alter und neuer Bund, foedus, wie wir noch jetzt schreiben. Auf den weitern Inhalt des schätzenswerthen Beitrags zur deutschen Lexikographie können wir für jetzt nicht eingehen, behalten uns dies indessen für eine spätere Zeit vor.

M. R.

J. G. Kitz, Lehrer der franz. und engl. Sprache an der Bezirksschule zu Liestal, Methodisches Lehr- und Lesebuch zur gründlichen Einführung in die französische Sprache. 354 S. Braunschweig, Vieweg und Sohn.

Ein Buch, das in der Geschichte der Methodik Epoche machen wird, und nicht bloß in der des Elementarunterrichts im Französischen. Unser Büchermarkt wird von französischen und englischen Lehrbüchern, von denen jedes unter dem Aushängeschild einer ganz neuen und vielbewährten Methode sich empfiehlt, fortwährend überschwemmt: bei Lichte besehen, sind es immer nur Seidenstücker, Jacotot, u. s. w. redivivi. Der Plan jenes Lehr- und Lesebuches ist tief durchdacht, schon die Vorrede flößt Respect ein. Nicht einen einseitigen Praktiker mit seinen Ausfällen gegen Alles, was Grammatik oder Theorie heißt, nicht einen Aufputzer einer alten Methode, nicht den Entdecker einer alleinseligmachenden Methode bekommen wir da zu hören, noch merken wir in dem ganzen Buche irgendwie den Nachbeter und Nachtreter der französischen Grammatiker und ihrer ungenauen, oberflächlichen und unrichtigen Definitionen und Regeln.

Wir betrachten zuerst die Form des Lehrbuches, nämlich seine methodische Einrichtung, dann die Materie, den Inhalt der Sprachgesetze und der Lecture. Das Buch enthält folgende Haupttheile: Notions préparatoires (leçons de prononciation, exercices de lecture et essais de traduction à livre ouvert, principes orthographiques), Phraséologie comparée (différences de position, différences de locution), Formes et significations des Mots, Exercices d'élocution et de rédaction, Simples lectures. Das Verhältniß der drei letzten Abschnitte ist darin begründet, daß das Theoretische in drei Kategorien zerfällt, wovon die erste diejenigen Sprachformen umfaßt, welche, als die für den ersten Anfang nothwendigsten, mit besonderen Exercitien in Zusammenhang gebracht werden, und einer strengen Einübung bedürfen. Der sprachwissenschaftlich höher Gebildete bedarf oft nur der leisesten Anregung, eines Satzes, eines Wortes, einer der Sache scheinbar fern stehenden Regel, um eine neue Regel gleichsam von selbst in sich auftauchen zu sehen. Während man daher beim Anfänger alle didaktischen Künste zu Hülfe rufen muß, um ihm das Leichteste leicht zu machen, hat der vorgerücktere Schüler eine sowohl receptive als productive Befähigung erlangt, welche dem Lehrer oft auf halbem Wege entgegenkommt. Diesem Gesetze gemäß, ist die zweite Kategorie der theoretischen Partien nicht mehr an eigens zusammengestellte Exercitien, sondern an Lesestücke geknüpft, bei deren Auswahl und Abfassung jedoch Bedacht darauf genommen wurde, daß die jeweilige Sprachform an dem mit Paragraphennummer darauf hinweisenden Lesestücke oder in den nächstfolgenden eine genugende Anwendung finde. Die dritte Kategorie endlich bilden die an den gehörigen Stellen im Systeme eingerückten Lehrsätze, Ausnahmen und Bemerkungen, auf welche weder die Exercitien noch die Lesestücke ausdrücklich hinweisen, und welche in Verbindung mit den letzteren größeren Lesestücken einem zweiten Gange durch das Buch vorbehalten bleiben.

Das Verhältniß des Abstracten zum Concreten, oder der Synthesis zur Analysis, der Regel zum Lesestoff ist eigentlich das Räthsel, an dessen Lösung sich die Kräfte so vieler Sprachlehrer abreiben. Der Verf. vermittelt auf eine geistreiche Weise zwischen dem Abstracten und Concreten. Da der Schüler von diesem zu jenem gelangen soll, so versteht sich von selbst, daß, um ein unbekanntes Allgemeines aus dem Besondern herauszufinden, das Besondre durchaus bekannt sein muß. Dem betreffenden Lesestoff müßte also die Uebersetzung beigefügt sein; dann geht aber für den Schüler die Gelegenheit des Selbstübersetzens verloren. Ist hingegen die Uebersetzung weggelassen, so hat man eine Anzahl französischer Sätze, die der Schüler erst übersetzen, d. h. durchsichtig machen muß, um darin die noch unbekannte, ja sogar ungeahnte Regel erblicken zu können. Diese im dunkeln Sinne des Satzes vergraben liegende Regel ist aber grade der Schlüssel, mit dem jener in den meisten Fällen erst den Satz dem Einströmen des Lichts aufzuschließen vermag. Die Regel wäre nöthig, um den Satz aufzuklären, und der Satz sollte vorerst aufgeklärt sein zur richtigen Erfassung der Regel. Um diesen Cirkel zu vermeiden, nimmt der Verf. folgenden Gang, zuerst Anschauung des Concreten im einfachsten und zugleich durchsichtigen Ausdrucke, dem die Uebersetzung beigegeben wird, dann die abstrahirte Regel, dann aber Wiederfinden des Concreten in zusammengesetzteren Ausdrücken, zu dem Zwecke eines nähern Vertrautwerdens mit den Sprachformen in ihrer objectiven Anwendung und ihrem vielverzweigten Zusammentreffen mit früheren Formen, endlich subjective Anwendung und Einübung der Sprachformen in thèmes. Interessant ist ferner die Idee, die dem zweiten Haupttheil, der phraséologie comparée, zu Grunde liegt, welchen übrigens, trotz seiner Stellung im Buche, der Verf. nicht etwa vor den Wortformen behandelt wissen will. Was den ersten Theil betrifft, nämlich die Aussprache, so freut es uns, daß der Verf. hier, wenigstens im Prinzipe, mit van Dalen zusammentrifft, der endlich den allein vernünftigen und natürlichen Weg eingeschlagen hat, die Aussprache des Englischen zu lehren. Le livre restant encore fermé, sagt Kitz, le maitre leur (aux écoliers) dira l'un après l'autre les mots du §. 2 en même temps que la traduction; il les leur sera répéter, jusqu'à ce qu'ils les sachent prononcer correctement et nommer sans hésitation; ce n'est qu'alors qu'ils ouvriront le livre pour les lire. Eine wichtige Seite am ganzen Lesebuche ist auch die überall hervortretende planmäßige Berücksichtigung des Onomatischen. Was endlich die Regeln und den Lesestoff in materieller Beziehung betrifft, so ist letzterer frei von allem Faden und für den Ideenkreis des Schülers durchweg geeignet, besonders der des 4. und 5. Theils ist Lust und Liebe zur Sache erweckend. In Bezug auf Regeln ist der Verf. rationell, die rohe Empirie so mancher Sprachlehren taucht nirgends auf. Manche einzelne Auffassungen möchten wir freilich bekämpfen, z. B. daß der Casus, in dem Substantive und Pronomen nach Präpositionen stehen, der Nominativ sein soll. Das widerspricht dem logischen Begriff dieses Casus.

Nobolsky.

Aufgaben zur Uebung des französischen Stils für die obersten Gymnasialklassen von Dr. K. H. Graf. Zweite Abtheilung. Jena, bei Hochhausen.

Das vorliegende Werk ist die Fortsetzung der schon früher in dieser Zeitschrift, mit voller Anerkennung beurtheilten Aufgabensammlung des Herrn Graf. Diese zweite Abtheilung enthält historische Aufsätze von Schlosser, Raumer, Ranke, Luden und Ancillon, Beschreibungen von Schmidt, Grube und Schubert, Einzelnes aus dem Briefwechsel von Schiller und Körner, und zwei Abhandlungen von Schleiermacher und Fichte. Die beigefügten Noten sind sehr ausführlich, und obwohl die Schwierigkeiten des anziehenden Textes nicht ganz unbedeutend genannt werden können, so kann man doch ohne Zweifel auf der höchsten Lehrstufe mit dem Buche recht wohl durchkommen, und Ref. empfiehlt es deshalb der Beachtung.

Neuestes Comptoir-Lexicon der deutschen und franz. Sprache von Louis Reignier. Nürnberg, bei J. L. Lotzbeck.

Eine kurze Hinweisung auf diese verdienstliche Arbeit dürfte vielleicht manchem Lehrer willkommen sein, der sich durch äußere Verhältnisse genöthigt sieht, durch Privatunterricht seine Lage zu verbessern und auch in franz. Handels-Correspondenz und dergleichen zu unterrichten. Obiges Werk ist für solche Zwecke nämlich ein sehr brauchbares Hilfsmittel, indem es in beiden Sprachen eine ziemlich vollständige Terminologie des Handels, des Seewesens, der Zollverhältnisse u. s. w. enthält, und in wirklich reichhaltiger Weise dem Suchenden die erforderliche Phraseologie an die Hand giebt.

Vollständiges Lehrbuch der franz. Sprache von Fr. Bettinger. 4. Aufl. Mannheim, bei Bensheimer, 1852.

Die neue Ausgabe dieser Grammatik unterscheidet sich von der dritten, welche bereits in früherer Zeit ausführlich besprochen worden ist, nur in sehr unwesentlichen Punkten. Die ganze Anordnung ist dieselbe geblieben. Die Sprachformen werden nach der alten Methode memorirt und dann durch Uebungsbeispiele angewendet; die Regeln der Syntax sollen indessen nicht auswendig gelernt werden, sondern der Schüler hat nur die dabei vorkommenden Redensarten sorgfältig zu memoriren. Das Werk hat sich auf dem Standpunkte der Vermittelung zwischen der alten und neuen Methode erhalten und dürfte deshalb manchem Lehrer eine angenehme Erscheinung sein.

Leichte Lesestücke für den ersten Unterricht in der englischen Sprache zusammengestellt von Fischer. Breslau, bei Trewendt und Granier.

Dieses nette Büchlein ist von einer Dame herausgegeben, welche in Breslau einer sogenannten höheren Töchterschule vorsteht, und Ref. freut sich, daß er dasselbe empfehlen kann. Die Herausgeberin beabsichtigte, eine ganz kurze Sammlung zu veranstalten, die zugleich einen wirklich sehr leichten Lesestoff bieten sollte, und man muß zugeben, daß sie bei ihrer geschmackvollen Auswahl ihren Zweck nicht aus den Augen verloren hat. Es ist in den Lesestücken (23 Seiten) ein wirklicher Fortschritt bemerklich und zwar mit gutem Grunde weniger in Rücksicht des Verständnisses, als vielmehr in der zunehmenden Schwierigkeit der Sprache selbst. „Die Wörter häufen sich allmälig, die Sätze werden länger und abgerundeter und weichen immer mehr von dem Deutschen ab; aber immer bleibt es ein einfaches, klares Englisch. Das Buch ist zwar eigentlich nur für Kinder von 12 Jahren bestimmt, aber es dürfte sich auch bei dem Unterrichte von mehr erwachsenen Schülern mit gutem Erfolge benutzen lassen. Auf Seite 24 bis 31 findet man ein alphabetisch geordnetes kurzes Wörterbuch, dessen Berechtigung Ref. nicht wohl anzuerkennen vermag; es wäre ohne Zweifel weit zweckmäßiger gewesen, — besonders für einen ersten Unterricht! — wenn die Vocabeln nach den Stücken geordnet wären, und wenn die Verf. meint, daß die Kinder bei Zeiten mit dem Gebrauche des Wörterbuches bekannt gemacht werden müßten, so erwiedern wir nichts weiter als: Nur nicht vor der Zeit.

---

1. Die Werke der Troubadours in provenzalischer Sprache, nach den Handschriften der pariser Nationalbibliothek. Herausgegeben von Dr. C. A. F. Mahn. 4. Band. Berlin, Dümmler. 1853.
2. Abgedruckte provenzalische Lieder. Herausgegeben von Dr. Nicolaus Delius. Bonn, König. 1853.
3. Gedichte der Troubadours im Versmaß der Urschrift übertragen von Karl Ludwig Kannengießer. Tübingen, Osiander.

In neuester Zeit sind es wieder die Deutschen, die in ihrer Liebe zur Sprachforschung und Dichtung aller Zeiten und Völker der provenzalischen Poesie ihre Aufmerksamkeit gewidmet haben. In diesem Augenblicke durchforscht, wie wir erfahren haben, der talentvolle Paul Heyse die Handschriften der vaticanischen Bibliothek zu diesem Behufe. In Nr. 1. liegt ein genauer Abdruck der 99 Gedichte von Guiraut Riquier aus Narbonne (in der 2. Hälfte des 13. Jahrhunderts) aus zwei pariser Handschriften vor uns, die Dr. Pfaff aus Eßlingen verglichen hat, und deren Herausgabe dem Dr. Mahn überlassen worden ist, welcher jetzt auf den ersten Band seiner Troubadours den vierten hat folgen lassen, indem die dazwischen liegenden Dichter noch dazwischen gestellt werden sollen. Dr. Pfaff selbst wird eine eben so genaue Ausgabe von Bertram de Born nach pariser Handschriften veranstalten. Es ist zu bemerken, daß Riquier als derjenige betrachtet wird, welcher die eigentliche altprovenzalische Poesie abschließt, so wie er zu denen gehört, welche neue Formen erfunden und sich in den verschiedensten Weisen versucht haben. Zwei seiner Gedichte hat Kannengießer S. 424 ff. übersetzt.

Ferner bietet uns Dr. Delius in Nr. 2. aus einer bodleyanischen Handschrift zu Oxford 27 bisher ungedruckte Lieder von 4 Dichtern, Peire Vidal (Ende des 12. und Anfang des 13. Jahrhunderts), Bernhard von Ventadorn (12. Jahrhundert), Folquet von Marseille (Ende des 12. Jahrhunderts), und Peirol von Auvergne (12. Jahrhundert), deren Abdruck er einige kritische Bemerkungen beigefügt hat. Um das was so ausgebeutet wird, wovon Rom, Paris, Oxford so correcte Abdrücke und neue Auffindungen bietet, hat sich Kannengießer ein andres und sehr willkommenes Verdienst erworben.

Als Uebersetzer englischer und italienischer Schriftsteller (Chaucer, Beaumont, Fletcher, Byron, Dante, Silvio Pellico) ist Kannengießer schon seit lange geschätzt: selbst in hohem Alter hat er es noch versucht, Deutschland mit der Poesie der Troubadours bekannt zu machen, wobei er eine kurze Einleitung über diese Poesie und Lebensbeschreibungen der Dichter selbst vorausgeschickt hat. Er hat es sich zur Aufgabe gestellt, so streng als nur möglich sich an die Form der Gedichte zu halten, die dabei etwas Wesentliches ist, und trotz dieser schwierigen Ausführung lesen sich doch viele dieser Uebersetzungen sehr leicht. Wenn auch die poetische Bedeutung nicht überall sehr groß ist, so findet doch der Historiker manche Ausbeute darin, so daß die Uebersetzung dieser Lieder vielseitig nützen kann.

M. R.

Die Biographien der Troubadours in provenzalischer Sprache. Herausgegeben von Dr. C. A. F. Mahn. Berlin, 1853.

Von allen Troubadours (400 an der Zahl) giebt es wohl da und dort Notizen, allein Biographien nur von 104, die in vorliegendem Buche neu abgedruckt sind, und zwar 48 treu nach pariser Handschriften, welche der Herausgeber selbst verglichen hat, die übrigen nach Raynouard, dessen Orthographie in eine mehr handschriftliche umgeändert worden ist: einige kritische Anmerkungen sind beigefügt. Der um die provenzalische Literatur bekanntlich sehr verdiente Herausgeber hat damit einen neuen, wesentlichen Beitrag zur Kenntniß jener Zeiten geliefert, und überdies das Buch gewißermaßen zum Uebungsbuche für die ersten Studien in der provenzalischen Sprache gemacht, indem er S. 42 — 57 wörtliche Uebersetzungen von 16 Lebensbeschreibungen gegeben hat, so daß die Lectüre der übrigen dadurch erleichtert wird. Nächstens liefert der Verf. auch eine diplomatisch genaue, nach französischen und celtischen Handschriften gefertigte Sammlung von Gedichten der Troubadours, wodurch er allmählig den Weg zu einer kritischen Ausgabe der provenzalischen Poesien sicher gebahnt haben wird. **M. R.**

Programmenschau.

De quelle façon pourrait-on avantageusement modifier l'étude de la littérature Française dans nos colléges? Von G. Radowicz. Progr. der Realschule zu Krotoschin, 1852.

Geneigter Leser, vielleicht ist es Dir in Deinen Mußestunden einmal begegnet, des Marsilii Picini Uebersetzung vom Platon, oder eine wortgetreue deutsche Uebertragung von irgend einem Classiker des Alterthums zur Hand zu nehmen, um einmal, der Abwechslung halber, die Ideen des Autors in einem andern als dem ursprünglichen Idiome zu lesen. In diesem Falle hast Du gewiß gar manches liebe Mal den Originaltext zu Hülfe nehmen müssen, um den Sinn der Uebersetzung herauszubringen! Nicht wahr? Nun, dann hast Du just empfunden, was Du bei der Lectüre dieses Programms empfinden wirst. Du glaubst nämlich Französisch zu lesen, und was Du lies'st ist auch Französisch, aber ein Französisch von so eigenthümlicher Färbung, daß es Dich an jenes bon mot erinnert, welches in Paris, über die Elsasser cursirt: Wenn diese braven Leute französisch sprechen, so bedarf es eines Deutschen; und wenn sie ihre Gedanken in deutscher Zunge zu vernehmen geben, so ist ein Franzose nöthig um ihre Rede zu verdolmetschen. Obgleich der Name des Herrn R. mir polnisch vorkommt, so scheint Herr R. dennoch, wenn ich ihn recht verstanden, ein Deutscher zu sein, und ich glaube mich um so weniger zu irren, indem ich dies annehme, als seine Schrift — was den Styl wenigstens anbetrifft — durchaus nicht an das Sprichwort erinnert: Etre Polonais, c'est encore être Français.

Es ist von keinem Menschen zu verlangen, daß er in einer fremden Sprache eben so gut rede oder schreibe, als in der eigenen, und dies aus dem natürlichen Grunde, wie Schleiermacher in seiner Psychologie sagt, weil die menschliche Seele eine einheitliche ist. Schreiben ja doch nicht einmal alle Schriftsteller einer und derselben Zunge auf eine, dem guten Gebrauche gleich conforme Weise. Dem Livius warf das Alterthum eine gewisse Patavinität vor; Saurin, Beausobre, und Lenfant sind nicht frei zu sprechen von jenen Eigenthümlichkeiten des style réfugié, über welchen Voltaire zu Zeiten seinem Witze freien Lauf läßt, und was Victor Hugo von den Embarras d'expressions propres au style genevois sagt, ist nur allzusehr begründet. Wenige Leute haben eine Ahnung davon, welche peinliche Sorgfalt — wenn er außerhalb Frankreich lebt — selbst der auf seinen Styl zu verwenden hat, welcher von Jugend an französisch gesprochen, und wie tief ein Solcher das Bedürfniß fühlt, von Zeit zu Zeit nach Paris zu gehn, um au courant der Sprachmode zu bleiben.*) Eine billig denkende Critik wird also nicht von einem deutschen Schulmanne, wenn er Französisch schreibt, Unmöglichkeiten verlangen, sondern vielmehr seiner Nationalität die gebührende Rechnung tragen. Was man

---

*) Zwei junge Leute, welche sich dem Studium der neuern Sprachen widmeten, gingen, nachdem sie sechs Semester hindurch meine Collegia mit dem besten Erfolg besucht, auf meinen Rath nach Paris. Nach einem 2jährigen Aufenthalte daselbst drückten sie sich bei ihrer Rückkehr, sowohl schriftlich als mündlich, so vollkommen französisch aus, als man es billiger Weise nur fordern konnte. Die Werke von Beauzée, Laveaux, Roubaud, Lafaye, Diez, Fallot, Ampère, Mätzner, u. s. w. hatten sie, beiläufig gesagt, gründlich studirt. Beide waren überdies in den alten Sprachen gut bewandert, der Eine von ihnen verstand sogar d. Sanscrit. Nach

aber, wenn ich nicht irre, mit Recht von einem Lehrer der franz. Sprache und Literatur fordern kann, ist, daß wenn er es vorzieht, in französischer Sprache zu dem gebildeteren Theile des Publicums zu reden, er wenigstens solche Verstöße gegen den Geist und die Grammatik des fremden Idioms vermeide, die man allerhöchstens Schülern nachsehen kann.

Immerhin möge man in Deutschland die Sitte einführen, Abhandlungen und Schulprogramme in franz. Sprache erscheinen zu lassen. Diese Einrichtung ist, wenn ich mir ein Urtheil darüber erlauben darf, an und für sich vortrefflich, und würde die segensreichsten Folgen für den Unterricht im Französischen nach sich ziehen, wenn man zum Schreiben nur solche Leute animirte, die auch Französisch zu schreiben wirklich befähigt sind.*)

Wir geben hier zunächst einige Proben von dem Style des Herrn R. Um weitläufige Erörterungen zu vermeiden, welche nur den Leser ermüden dürften, heben wir, indem wir sie mit lettres italiques drucken lassen, die hauptsächlichsten Verstöße hervor. — Bei Constructionsfehlern, geht dies natürlich nicht gut an, und auch da nicht, wo das Ensemble vollständig umgearbeitet werden müßte, um einen französischen Anstrich zu bekommen.

1) En effet, pour la prononciation, toutes les autres langues du Nord de l'Europe *qui* ont quelque importance, c'est à dire qui prétendent avoir droit à notre attention par leurs littératures, nous donnent, surtout aux commençants, bien des difficultés, quelquefois *des* plus insurmontables. C'est *bientôt* un son tout-à-fait *inouï* qui choque nos oreilles, *bientôt* une articulation qui écrase la langue par l'accumulation *des consonnes*, *beaucoup étonnées de se trouver ensemble*. p. 1. et 2.

2) Certes la grave objection d'*un* docte auteur**) d'une grammaire scientifique de la langue Française doit paraître assez outrée, *s'il* avance dans son *épilogue* qu'il y a dans la langue Française trop de subjectivité, partant *d'arbitraire* et de *capricieux*, *qui* cause des calembours, des équivoques et tous les autres *manques* de précision et de clarté ... p. 2. Tout au contraire, ce que le même savant *débite de* formes réduites et brisées et de désinences détruites, *dans lesquelles* reviennent comme un sabat de spectres et de fantômes, les débris des langues originaires dont la fraicheur s'est fanée, et *toute vie* s'est éteinte, ce même phénomène m'a souvent semblé répandre une sorte de doux parfum de *souvenances* d'autrefois sur cet amas de mots quasi léthargiques qui se sont *arrondis* et polis à force de rouler par un long chemin avant d'arriver jusqu'à nos jours. p. 2.

3) Ainsi sans *faire injustice*, on pourrait affirmer que, seulement pour payer le tribut de reconnaissance, nous devrions étudier les admirables productions de cette nation intelligente, et quand même il n'y *eût* dans les annales de la France que la dernière soixantaine *d'ans* . p. 4.

1½jährigem Aufenthalt in Deutschland gestanden mir Beide mit tiefer Betrübniß, daß sie trotz einer fortwährenden Uebung, in welcher sie durch Unterrichtgeben geblieben, mit jedem Tage mehr fühlten, wie ihnen die Sprache abhanden käme.

*) Das Publicum legt in Frankreich bei Weitem nicht so großen Werth auf die Erlernung des Deutschen, wie auf die des Englischen. Wenn man indessen die Anforderungen bedenkt, welche im Pariser-Concours oder Examen an die Lehrer der deutschen Sprache und Literatur, von Selten der Prüfungscommission gestellt werden, und mit welcher rücksichtslosen Strenge von Seiten Letzterer mit Recht (!) darüber gewacht wird, daß dem Staate nur wirklich befähigte Candidaten zur Anstellung empfohlen werden, so kommt man zu ganz eigenen Ansichten über das, nach dem Urtheil vieler Leute, so niedrig stehende französische Schulwesen.

**) Der Grammatiker, auf welchen Herr R. anspielt, den er aber nicht nennen will, ist Städler p. 509, §. 105. seiner wissenschaftlichen Grammatik der französischen Sprache. Berlin 1843.

4) La *familiarité avec* les belles lettres d'une nation quelconque, *à part la possession de sa langue*, se manifeste . . . p. 4.

5) Quant au choix des auteurs et *pour* l'étendue des pièces qui devalent servir à la lecture, les professeurs de langue se sont divisés en deux camps opposés, *entre* lesquels (camps) on distinguerait encore *ceux* (camps) *du bon juste milieu* . . p. 4.

6) L'enseignement des langues *antiques* p. 5.

7) Pour le Latin, par exemple, on s'occupe tour à tour dans les classes moyennes de nos gymnases *à interpréter* les *descriptions* agréables et lumineuses *de* chefs politiques et *de* généraux illustres *par* Népos, Quinte-Curce, *Justine* (Justin) Velléjus-Paterculus et *semblables* ou les poésies de *Phédrus* (Phèdre) d'Ovide, etc. p. 5.

8) Sans cela les éléves n'auraient jamais q'une idée vague et incomplète d'une pièce détachée, ni ne sauraient rendre compte de la vie, de l'influence, de la *catégorie* d'un auteur *même* p. 5.

9) Ainsi les professeurs . . . . . ., tout en variant *avec* les traités philosophiques ou historiques p. 5.

10) Il ne peut cependant pas entrer dans *nos desseins* de faire passer en revue *critique* tous les cours de la littérature Française, plus ou moins complets et rédigés en partie par *les* Français de nation, en partie par nos compatriotes; encore moins tous *ces* compendiums *aux titres* de précis, d'abrégés etc. de cette même histoire littéraire. Il suffira, j'éspère, de relever les principaux inconvénients et qui nous ont le plus choqué dans leur *usage*. p. 6.

11) L'indulgence des lecteurs voudra bien, j'ose le *demander*, y suppléer en tout ce qui *fût* oublié ou erronné p. 6.

12) *Quoi que* l'on dise entre autres du lycée du Quintilien Français, La Harpe, *que* les raisonnements *en soient* souvent assez médiocres, *que* les arrêts manquent parfois *d'examen* . . . p. 7.

13) *Bientôt* c'est cette grace insinuante . . . *bientôt* c'est une nouveauté p. 7. statt tantôt.

14) Je viens *d'enoncer* par cela même la première *demande* (Anforderung) qui à mon avis *fût* indispensable pour les ouvrages . . . p. 7.

15) Nous pouvons retrancher de nos *Conpedium*. Seite 6 steht compendiums.

16) Cet auteur *secondé* de *sa* profonde connaissance qu'il possédait, *suivant* le témoignage de M. Mohl, des langues et des littératures des divers peuples qui ont exercé une influence quelconque sur la formation des idées modernes, nous a tracé un tableau si complet et si instructif de ce temps-là, qu'il est *bien douteux d'attraper sur ce sujet encore une autre réunion aussi frappante de talent et d'infatigable activité.* ! ! !

17) Cependant *visitons* encore les petits compendium qui, pour les frais du moins, ont l'air de suffire plutôt à nos *demandes*. Nous ferons notre *transition* par le livre de M. Motty . . . p. 8.

18) Quelle serait notre idée du style de César, de Virgile, si l'on *n'eût* jamais eu sous les yeux que quelque discours *contingent*, *qui se trouve intercalé au cours des événements*, ou bien *qu'il fallût* porter un jugement *d'après* quelques hexamètres *de l'Enéide?* Où *en* rencontrerions nous *des* semblables prétentions dans l'enseignement . . . p. 9.

19) Le même défaut . . . . . nous *désoblige* dans le précis de M. Dengel, livre dont plus *que* la moitié se constitue de ces fragmens infructeux p. 10.

20) Terminons enfin *avec* ces petits ouvrages pour passer p. 10.

21) Le livre de M. Wachler ne *s'égale* point au *complet* des autres historiens p. 10.

22) L'intelligence de cette classe qui ne se compose pas de membres également capables *par année* p. 11.

23) Penetré *du* (statt de la) plus sincère estime p. 15.

Diese Anführungen dürften zur Genüge beweisen, daß Herr R., abgesehen von seiner partiellen Unkenntniß der Grammatik, wenig mehr als eine Ahnung von dem hat, was man französischen Styl nennt. „Aber", wird man uns vielleicht von mancher Seite sagen, „was ist denn am Ende so viel daran gelegen, ob ein Lehrer der französischen Sprache an einem deutschen Institute ein correctes Französisch schreibe, wenn seine Schrift nur reich an Ideen, wenn er selbst nur Mannes genug ist, um seine Schüler in der so gepriesenen formellen Geistesbildung zu fördern*)." Was daran gelegen ist? Possierliche Frage das! über welche der große Pädagog des Eutyphron in gewohnter Weise lächeln würde, wenn er das Glück hätte, noch im Jahre der Gnade 1853 zu leben und es der Mühe für werth hielte, von ihr Notiz zu nehmen. „Wie ist es möglich, würde er sagen, über einen Gegenstand zu philosophiren und ihn als Medium zu formalen Geistesbildungsexercitien zu benutzen, wenn man von dem Gegenstande selbst nicht die geringste Kenntniß besitzt." Was die Weisen unsrer Tage dem Sohne des Sophroniscus auf ein derartiges Argument Gründliches antworten würden, weiß ich nicht; ich, meines Theiles, würde um eine Antwort sehr verlegen sein. Freilich hat uns die neueste Zeit zur Genüge bewiesen, daß man viel über den Staat und dessen bestmöglichste Gestaltung und Regierung schwatzen kann, ohne eine Idee von Nationalökonomie oder Politik zu haben, aber meinem, zweifelsohne, zu beschränkten Verstande ist es nicht zu begreifen gelungen, wie Jemand mit Nutzen die wissenschaftliche Grammatik einer Sprache dociren könne, ohne sich die Sprache selbst zuvor praktisch zu eigen gemacht zu haben. Der „maestro di color che sanno" hat schon gesagt: nihil est in intellectu quod non fuerit in sensu, (was ich in vorliegendem Falle so übersetzen möchte: Il faut avoir le sentiment de la Langue, avant que de raisonner sur les principes de la Grammaire) ein Satz, an welchen der geistreiche Villemain vielleicht gedacht hat, wenn er sagt: Avant que l'Académie eût fait son dictionnaire, tout le monde avait fait la langue. Es ist mir freilich nicht unbekannt, daß der große Philosoph von Heidelberg und Berlin, den ich zwar als einen der tiefsten Denker in aller Demuth verehre, dessen Wort- und Begriffskünsteleien indessen öfters an das Capitel vom Ewigkeitstrinken und der Trinkewigkeit des Rabelais erinnern, in ächt doctrinärer Weise die Behauptung aufgestellt, der Satz sei eben so wahr, wenn man ihn auf den Kopf stelle, und die Wissenschaft der Wissenschaften könne mit demselben Rechte sagen: nihil est in sensu quod non fuerit in intellectu. Den Leuten, welche auf diesen Orakelspruch des Meisters, wie auf einer ultima ratio fußen, habe ich Nichts zu erwiedern. In Wirklichkeit würde uns consequenter Weise diese Behauptung — wenn wir sie nicht etwa als einen bloßen Witz ansehen wollten, wie die bürleske Definition vom Schönen (le beau c'est le laid) welche eine maliciöse Carricatur einst dem genialen Verfasser von Notre Dame angedichtet hat — in die Zeiten der so erquicklichen Dispute zwischen Nominalisten und Realisten zurückführen. Mancher Schulmann sehnt sich nach einer solchen Umkehr in die alte gute Zeit, und es würde ihm, wenn sie sich realisiren ließe, ein still im Herzen gehegter Wunsch in Erfüllung gehen. In der That, ein derartiges Gelüste ist nicht die erste und einzige Enormität wegen welcher man so manche Leute vor dem Richterstuhl der gesunden Vernunft belangen könnte. Wozu es nöthig sei, daß ein Lehrer der französischen Sprache auch Französisch correct zu schreiben verstehen müsse? O wie lebhaft erinnert mich diese Frage an einen alten grundgelehrten Herrn, welchem ich vor 8—10 Jahren auf seine Bitte einen in den neueren Sprachen sehr befähigten Schulamtscandidaten zum Lehrer für seine Anstalt vorschlug. Herrlich! antwortete er mir! seien Sie tausend Mal bedankt! aber erlauben Sie mir noch eine Frage: ist der junge Mann auch ein guter Lateiner! — Der alte Herr wollte damit sagen, spricht und schreibt er auch ein elegantes Latein. Ich gestand ihm, ohne viel Gewicht auf diese Frage zu legen, daß der junge Mann das Lateinische weniger gut als das Französische spräche! Ach! versetzte der Brave mit einem Seufzer, dann werde ich ihn für unsere An-

---

*) historisch.

stalt nicht gebrauchen können. Du guter, würdiger alter Herr! Die Zeit, von welcher Dein Lieblingsautor in seiner Electra sagt, daß sie eine Gottheit sei, die Alles erleichtere, hat auch Dir die Bürde des Lebens leichter gemacht. Du ruhest jetzt in kühler Gruft von den Mühseligkeiten eines hochverdienten und thatenreichen Lebens aus, und mit stiller Wonne steigt gewiß oft Dein Geist aus den Gefilden des Empyräums in jene liebliche Oasis des Inferno, welche der Dichter der göttlichen Comödie den erhabensten Geistern des alten Heidenthum's als ewigen Wohnsitz zugetheilt und die er aus zarter Fürsorge gegen den Zudrang des profanum vulgus mit siebenfacher Mauer zu umschließen beliebt hat. Auch heutzutage, wenn es sich darum handelt, einen Schulamtscandidaten mit dem franz. Unterricht an einem Institut zu betrauen, ergeht zuweilen diese Frage: ist er ein guter Lateiner? aus dem Munde dieses oder jenes Deiner Nachfolger, welcher im Gefühle seiner wissenschaftlichen Ueberlegenheit mit einem Lächeln des Mitleids Deiner antiquirten Richtung gedenkt. Da bedeutet sie aber nichts mehr und nichts weniger als: Ist der junge Mann gehörig in der wissenschaftlichen Grammatik der lateinischen Sprache eingeschult. — Die Kenntniß des Französischen ist selbstverständlich ganz Nebensache. Kann der Candidat eine derartige Befähigung nachweisen, so macht er Carrière; sino — no! Ob er den Geist des Alterthums in sich aufgenommen, ob er die Alten mit Geschmack zu lesen und zu interpretiren verstehe, ob er ästhetischen Sinn besitze, und vor allem die Zaubergabe, das Herz des Schülers für sich und sein Lehrobject zu gewinnen — das sind allerdings ganz überflüssige Dinge für alle die, welche ohne Sinn für die Schönheit der leiblichen und geistigen Schöpfung nur nach Grammatik lechzen, welche in dem Worte „Grammatik“ wie Harpagon in seinem „Sans dot“ ein Argumentum zu besitzen wähnen, wogegen irgendwelche Replik unmöglich ist. Solchen Geistern ist die beseligende Logoslehre des Evangeliums mit der dürren Theorie von den grammaticalischen Kategorien identisch; die Feste der christlichen Kirche schrumpfen in ihren Augen zu bloßen Schul- oder allerhöchstens symbolisirten Naturfesten zusammen und außer den Dingen, von denen Quintilian sagt, daß ein Grammatiker sie geziemender Weise zu ignoriren haben, kümmern sie sich auch spottwenig um eine große Partie derer, deren Kenntniß der römische Rhetor von jedem wahren Grammatiker postulirt. Wenn solche Leute, denen das *μουσικὴν ποίει* synonym ist mit dem *γραμματικὴν ποίει* und die unbedenklich zu dem sinnigen Verse: *πᾶσαι τέχναι βροτοῖσιν ἐκ Προμηθέως* als allegorisirende Glosse setzen wurden: *Προμηθεύς*, scilic. Grammatica; wenn solche Leute die Frage aufwerfen: Was ist daran gelegen, ob ein Lehrer der französischen Sprache auch ein correctes Französisch schreiben könne, so haben sie sich als Schulmänner damit selbst gerichtet, denn ein eclatanteres Zeugniß von geistiger Armuth und Confusion könnte ihnen selbst ihr schlimmster Widersacher nicht ausstellen. Man vergegenwärtige sich nur gefälligst die Resultate, zu denen sie beim Unterricht mit ihren Schülern gelangen müßten, wenn jeder einzelne ihrer Lehrer in seiner Disciplin so Bescheid wüßte, wie Herr R. im Französischen, von welchem Letzteren ich gern annehmen will, daß er ein vortrefflicher Lateiner sei. Man wird uns diese Abschweifung von der Sache vielleicht um so eher nachsehen, da sie einen wunden Fleck in dem Organismus unserer heutigen Schulbildung berührt, welcher, wenn man ihn unbeachtet ließe, gar leicht gangränöser Natur werden und das Leben des Gesammtorganismus ernstlich bedrohen könnte. Es giebt so viele Leute, welche sich die Augen verbinden, um nur durchaus nicht die Quelle zu sehen, aus welcher der dégoût und die Blasirtheit ihrer Schüler für ältere und neuere Sprachen entspringt. — Der Inhalt der R.'schen Schrift ist vielleicht besser als die Form, in welcher sie abgefaßt. „Das Studium der französischen Literatur ist nothwendig bedingt durch das Bedürfniß der Zeit und den innern Werth dieser Literatur.“ Nach Abweisung einiger abgeschmackter und abgedroschener Vorurtheile, welche gegen diese Literatur in der Zeit der Gallophobie entstanden, und noch sporadisch vorkommen, stellt der Verfasser die Frage auf: Welche ist die geeignetste Weise, um die Schüler in die Kenntniß der französischen Literatur einzuweihen? — Die Lectüre, und zwar die Lectüre 1) der französischen Musterschriftsteller, 2) der französischen Literar-Historiker. „Manche Lehrer benutzen, um diesen Zweck zu erreichen, Anthologien, Chrestomathien u. s. w. Der Verfasser zieht es vor, ganze Werke einzelner Autoren mit den Schülern der beiden oberen Klassen zu lesen. Der Cursus der beiden oberen Classen daure an seinem Institute im Ganzen 4 Jahre. Bei 4 wöchentlichen Lehrstunden kämen 2 auf die Lectüre. In jeder Stunde könne man, in der einen Classe mehr, in der andern weniger, durchschnittlich 3 Seiten lesen und gehörig interpretiren; mache nach Abzug der ausfallenden Lehrstunden in 4 Jahren circiter 1000 Seiten. Ein gleiches Pensum sei von den Schülern zu Hause zu absolviren — mache weitere 1000 Seiten; demnach würde ein junger Mann, der Secunda und Prima secundum ordinem durchgemacht, bei seinem Abgange von der Anstalt gegen 2000 Seiten französisch gelesen haben. Von diesen 2000 Seiten verwende man zwei Drittel auf die Lectüre vom 8—10 Hauptwerken der Literatur als Hernani, Phèdre, Zaire, Cinna, Henri III. 2c; das letzte Drittel auf die Lectüre literarhistorischer Werke. Da die vorhandenen Motty, Schnabel (in französischer Sprache) antiquirt seien, und nicht bis auf die neueste Zeit gehen, andere wie, Wachler, Mundt, Ideler, Mager zu weitschichtig und überdies deutsch geschrieben, die französische Literatur aber trotz aller ausgezeichneten Werke über diesen Gegenstand nicht ein einziges*) für Schulen brauchbares Compendium enthalte — alle bekannten Werke, deutsche oder französische, seien überdies zu theuer — (??), so müsse, um dem vorhandenen Bedürfniß abzuhelfen, ein solches Werk eigends geschrieben werden. Der Herr Verfasser ist so gütig, uns seine Bereitwilligkeit zu diesem Behufe zu versichern; sein Werk ist sogar schon fertig und kann alle Tage in die Presse wandern. Er wird es, wie er sagt, aus den Werken von Fauriel, Villemain, Tissot, Sainte-Beuve und Planche compiliren. Es würde die 3—4 Culminationspunkte der französischen Literatur behandeln: 1) das Zeitalter der Troubadours und der Trouvères, 2) das Zeitalter Molière's, 3) das 18. Jahrhundert, 4) das 19., welches letztere ein Aparté bilden würde.

C'est sous Vos auspices, so beginnt er seine Conclusion, Messieurs les Collègues, que je voudrais publier un Essai d'une histoire de la littérature Française, suivant les principes que je viens d'émettre. Man wird die Eintheilung in diese 4 Epochen vielleicht ziemlich originell, und das Material, welches dazu benutzt werden soll, etwas dürftig finden. Warten wir indessen erst ab, was Herr R. uns bringen wird. Man kann nicht, ohne voreilig zu sein, einem Kinde einen Namen geben, ehe das Kind lebend zur Welt gekommen ist. Es soll uns von Herzen freuen, wenn es Herrn R. gelingen sollte, seinem Essai die nöthige Einheit zu geben, da die Schriftsteller, aus deren Werken er sein Compendium zu compiliren gedenkt, in ihren ästhetischen und critischen Principien weit auseinander gehen. Es gehört ein bedeutendes Talent dazu, um so Heterogenes zu vermitteln, mehr Talent, als ein eigenes selbständiges Werk der Art zu schreiben. Sein Compendium, wenn es ein gelungenes werden sollte mag immerhin von großem Nutzen sein; meiner individuellen Ueberzeugung nach halte ich indessen für zweckmäßiger, die Literaturgeschichte den Zuhörern frei vorzutragen, und das Vorgetragene mit Proben aus den Musterschriftstellern zu belegen. Solche Vorträge sind ungemein anregend, und befördern bei den Hörern auf eine unglaubliche Weise die Erlernung der Sprache. Ich bin jedoch weit entfernt, dieser Methode einen absoluten Vorzug vor der des Herrn R. vindiciren zu wollen. Ueber Methoden läßt sich viel streiten, und beider Frage nach dem Vorzug der einen vor der anderen fällt mir immer ein, was einer der geistreichsten Schriftsteller über die verschiedenen Dichtungsarten gesagt: Tous les genres sont bons, hors le genre ennuyeux.

Braunschweig. **Prof. Dr. Louis-Philippe Sy.**

---

*) Der Verfasser scheint außer anderen Werken auch den Cours de Littérature Française par Péschier, Stouttgart et Tubingue 1839, nicht zu kennen, so wie die höchst empfehlungswerthe: Histoire de la Littérature Française depuis ses origines jusqu'en 1830 par J. Demogeot agrégé de la Facueté des Lettres de Paris, et. c. Paris 1852.

Bemerkungen zur Satzlehre. Von Richard Peinlich: Progr. des k. k. kathol. Gymn. zu Ofen, 1852. 18 S. 4.

Der Verfasser hofft mit dieser Abhandlung über die Lehre vom Satze und über die Methode des Unterrichts etwas Gutes zu leisten; er giebt jedoch selbst zu, daß die Gesammtheit der Gedanken, welche in derselben niedergelegt sind, von ihm noch nicht in die Schule gebracht worden sei. Allerdings nun nimmt er auf eine Vergleichung mit der lateinischen Sprache Rücksicht, aber wie er mit seiner Methode in der Schule fertig wird, oder was er denn Gutes damit zu Wege fördert, das ist nicht einzusehen. Trotz des vornehmen Tones, dessen sich der Verfasser bedient, wird er schwerlich irgend einem Lehrer imponiren.

Pädagogische Wichtigkeit der Dichtkunst. Von Wenzel Menzel. Progr. des akad. Gymn. in Görz, 1852. 14 S. 8.

Den Werth der Poesie für die Bildung des Menschen hervorhebend, wünscht der Verfasser, weil derjenige in den Geist der Dichter besser eindringen würde, der sich selbst in der Dichtkunst geübt, daß dem Mangel an productiver Phantasie durch den Vorbereitungsunterricht vorgebeugt, daher auch die Kinder zum Auswendiglernen von Gedichten angehalten werden. Das seiner Dürftigkeit und der guten Absicht wegen interessante Programm schließt mit Versen „des großen Schiller, der durch sein Wirken als Dichter, Philosoph, Historiker, Aesthetiker, Lehrer, Arzt und besonders als Mensch bewies, zu welcher Höhe die Dichtkunst ihre getreuen Verehrer zu erheben vermag." Daß also die Poesie Schiller zum Arzte machte, ist wenigstens etwas, was man aus diesem Programm lernt, der Verfasser hätte noch hinzufügen können, daß sie ihn sogar zum Ehegatten gemacht.

Ueber die Zulässigkeit und Behandlung der Geschichte der deutschen Nationalliteratur an den Gymnasien. Von Pius Zingerle. Progr. von Meran, 1852. 10 S. 4.

Da man in Oesterreich schwankt, ob nicht die deutsche Literaturgeschichte als besonderer Unterrichtsgegenstand wieder abzuschaffen, so tritt der Verfasser für sie auf. Ohne sie sei schon die politische Geschichte nicht einmal recht verständlich. Wenn man sage, es werde durch sie Oberflächlichkeit und Dünkel genährt, so lasse sich derselbe Tadel gegen die Geschichte überhaupt erheben, die Schüler müßten sich da immer an Lehrer und Lehrbuch halten, die Einen glaubten den stereotypen Geschichtslügen über ehrfurchtgebietende Erscheinungen für Tilly und Gregor VII., Andere folgten dem richtigen Urtheil. Sie wecke Liebe zum Vaterland, pflege die deutsche Denk- und Anschauungsweise, warne vor manchen Zeitirrthümern, schütze vor schlechter Lectüre, könne auch dienen zur christlichen Erziehung, indem die Schüler den christlichen Geist der Dichter des Mittelalters lieben lernen, bei Lessing, Wieland, Herder, Göthe, Schiller aber mit Kummer darauf aufmerksam gemacht werden, wie diese größten Geister nur als gefallene Geister entweder dem Christenthum feindlich entgegenstanden, oder es wie Herder zur bloßen Humanitätsreligion verwässerten. Sie biete Gelegenheit, Verläumdungen gegen die katholische Kirche („daß von keiner Poesie und Kunst die Rede sein könne, wo das Joch der römischen Hierarchie drücke") durch Hinweis auf die ganze Blüthe des Mittelalter, die eben nur durch das katholische Christenthum möglich gewesen, u. a. zu widerlegen. Sie biete Gewinn für Sittlichkeit durch die großen Vorbilder. Lectüre sei zweckmäßig mit der Geschichte zu verbinden, althochdeutsche Proben in der Uebersetzung mitzutheilen; Billigkeit und Bescheidenheit im Urtheil sei zu empfehlen, die weniger bedeutenden Partieen kurz zu behandeln.

Ueber die Nothwendigkeit des Verstehens der älteren deutschen Sprache und Literatur für die studirende Jugend Oesterreichs. Von Rudolf Puff. Progr. des Gymnasiums zu Marburg (in Steiermark), 1852. 12 S. 4.

Mit Eifer für seine Sache tritt der Verfasser für die Ansicht in die Schranken, daß das Gymnasium die ältere deutsche Sprache soweit kennen lernen müsse, um die Entwicklung der jetzigen Schriftsprache zu begreifen. Die Gründe sind ihm einmal das Interesse für die Sprache selbst, dann für die Geschichte, die ohne die Kenntniß der Sprache nicht genau erfaßt werden könne, für die allseitige Bildung und für die Würdigung der österreichischen Heimath, da die Höfe der Babenberger und Habsburger sich wie nur irgend ein deutscher Hof der Pflege der deutschen Poesie angenommen; die älteste deutsche Dichterin sei eine Oesterreicherin, Mutter Ava, die 1120 zu Göttweih 81 Jahre alt starb, und die österreichischen Archive, wie Diemer nachgewiesen, gehörten zu den an alten Schätzen reichsten. Bekanntlich wird auf verschiedenen Gymnasien Oesterreichs schon in Secunda die althochdeutsche Grammatik gelehrt, wie auch Hiecke will.

Ueber den Zusammenhang der österreichischen Volkssprache mit den drei älteren deutschen Mundarten. Von Berthold Sengschmitt. Progr. des Gymn. zu den Schotten in Wien, 1852. 19 S. 4.

Der nun schon verstorbene Verfasser sucht hier den Beweis zu führen, daß die österreichische Volkssprache keine andere sei als die mündliche Festhaltung der hochdeutschen Schriftsprache des Mittelalters. Einzelnes sei in dieselbe aus fremden Sprachen hineingekommen; wie das Kinderliedchen: Haiderl pupaiderl, haiderl pupaiderl nichts sei als das griechische Εὗδε μου παιδίον, εὗδέ μου παῖ, welches die österreichischen Frauen von den griechischen Mägden der Babenbergischen Prinzenkinder gehört hätten (nur daß der Verfasser nicht angiebt, wie das Griechische damals ausgesprochen worden sei); doch sei das wenig, der Zusammenhang der österreichischen Volkssprache mit der alten Sprache erhelle aus der gleichen Aussprache einzelner Silben und Wörter, den gleichen Wortbedeutungen, den gleichen Redensarten. Des Verfassers Liebe zu seiner Heimathsprache ist etwas Schönes, aber sie hat ihn nicht beachten lassen, daß schon bei Peter Suchenwirt das Mittelhochdeutsch sich nicht mehr retten konnte vor der übermächtigen Mundart. Damit fällt mit einem Male die kühne Ansicht, daß die österreichische Volkssprache die Sprache Wolframs und Walthers sei. Daß sich an Formen manches der alten Zeit noch in den Mundarten erhalten, wer wird das leugnen? Hätte der Verfasser Grimm's Geschichte der deutschen Sprache gelesen, so würde er sich noch über manches andere freuen können, als über seinen Fund in Bezug der Casus des Plurals des Pronomens der 3. Person. Von Wörtern führt er viele als nur noch in der österreichischen Volkssprache erhalten an, die überall vorkommen.

Herford. **Hölscher.**

Die Schriftstellerinnen der europäischen Nationalliteratur. Siebentes Heft. Ethnographische Uebersicht. Die deutsche Literatur. Progr. der ersten städtischen höheren Töchterschule in Berlin, vom Prof. und Direktor Dr. Mätzner. 1851.

Nunmehr ist also der Herr Verfasser in seiner Reihe von Abhandlungen über den vorstehenden Gegenstand auch an die deutsche Literatur gelangt, in welcher er die Schriftstellerinnen und deren Werke von den ältesten Zeiten her mit einer Gelehrsamkeit aufführt, daß wir fast vergessen würden, das Programm einer Töchterschule vor uns zu haben, wenn nicht einerseits der Gegenstand selbst und andrerseits die Züchtigkeit daran erinnerte, mit welcher der Hr. Verf. einen Seitenblick wirft auf das Interesse, das schon in alter, vielgepriesener Zeit die Frauen auch an der weltlichen, besonders der Minnepoesie genommen haben. Nach einer kurzen Betrachtung der Stellung, welche die germanischen Frauen ehedem eingenommen, und des Einflusses, den auch in vorliterarischer Zeit Frauen wie Veleda, Aurinia, Ganna auf das Geistesleben ihres Stammes und Volkes gehabt haben, beginnt am Leitseil der geschichtlichen Aufeinanderfolge die Aufzählung der deutschen Dichterinnen und Schriftstellerinnen überhaupt von der Klausnerin Ava († 1127) bis zum Ende des 17. Jahrhunderts, wo die Abhandlung mit dem Versprechen einer Fortsetzung abbricht.

Dasjenige Verdienst, welches aus dem Fleiße des Verfassers entspringt, kann der Arbeit nicht abgesprochen werden.

Eine jener literarischen Frauen ist gleichzeitig an einer andern Stelle, doch auch in einem Programm, gewürdigt worden:

Otto der Große, ein Gedicht der Hroswitha, aus dem Lateinischen ins Deutsche metrisch übersetzt vom Rektor und Prof. Karl Fr. A. Nobbe. Osterprogr. der Nicolaischule zu Leipzig, 1851.

Der Herr Verfasser erklärt, vorzugsweise durch die Wichtigkeit dieses Gedichtes für die Geschichtsforschung, welche auch der Herr Prof. Ranke in Berlin in seinen Jahrbüchern des deutschen Reichs unter dem sächsischen Hause durch die That anerkannt habe, zu der vorliegenden Arbeit bestimmt worden zu sein. Nach einer kurzen, doch wegen ihrer Seltenheit dankenswerthen Notiz über die Dichterin, über die so verschiedene Schreibart ihres Namens, über ihre Werke und deren Schicksale, folgt die Uebersetzung selbst, zunächst der beiden Vorreden, mit welchen die Gandersheimer Nonne ihr Werk den beiden ersteren Ottonen empfahl, sodann von 11 Abschnitten des Gedichtes selbst. Das heroische Versmaß ist in der Uebersetzung beibehalten; Abweichungen von der wörtlichen Treue, zu denen der Herr Verfasser sich bekennt, können bei dem Nachdruck, der auf den sachlichen Gehalt gelegt ist, weder befremden, noch dem Verdienste der Arbeit irgend welchen Abbruch thun. Auch diese Arbeit gehört zu den erfreulichen Bestrebungen, die historischen Quellen allgemein zugänglich zu machen, die sich jetzt so vielfach erkennen lassen, und die gewiß dereinst den Geschichtsunterricht in ähnlicher Weise umgestalten werden, wie es das vortreffliche Buch von Peter (der Geschichtsunterricht auf Gymnasien, Halle 1849.) vorschlägt.

A. Steudener.

Ueber die phonetische Schrift und ihren Gebrauch in den Schulen v. Fr. Breier. Progr. der höheren Bürgerschule zu Oldenburg. 1853.

Der Verfasser bespricht die Aussprache des Deutschen und Französischen, wobei er bemerkt, die Regel: schreibe wie man spricht, gelte für erstere, sei für die andere völlig verloren. Die französische Orthographie sei sehr schwierig, meint er und bringt als Beweis dafür einen Brief des Marschalls von Sachsen vom Jahre 1745, in dem wir keinen Beweis für jene, sonst allerdings wohl wahre Behauptung finden möchten, da zu jener Zeil bedeutende deutsche Männer ihr Deutsch nicht correct schrieben und noch jetzt, trotz aller Schulbildung, fehlerhaft geschriebene deutsche Briefe in Menge vorkommen. Die Aussprache mag leicht sein und die Rechtschreibung wird überall in den Briefen schwierig sein, wo nichts gelesen und seltener geschrieben wird. Noch vor Kurzem haben wir ein amtliches Document erhalten, in welchem „Innland“ anstatt Inland vorkam. Bei dem Englischen steht die Sache, nach Versicherung des Verfassers, noch schlimmer und wer möchte das läugnen?

Er setzt deshalb das von Ellis erfundene „Phonetische Alphabet“ auseinander, und gesteht auf der einen Seite, dem Ausländer würde durch Einführung desselben die Erlernung der englischen Sprache sehr erschwert werden, empfiehlt indessen andererseits, daß in der Schule, wie er es selbst in Oldenburg in Secunda gethan, zur Uebung in der Aussprache wöchentlich einige Zeilen von der üblichen in die phonetische Schrift übertragen würden. Das Walker'sche orthoepische System reiche nicht aus und der Schüler achte nicht darauf beim Aufschlagen eines Wörterbuchs. Es ist möglich, daß etwas Derartiges nicht ohne Nutzen sei. Doch im Ganzen können wir dem Verfasser nicht beistimmen. Die englische Rechtschreibung ist nicht schwieriger als jede andere, da überhaupt in orthographischer Correctheit das Auge allein hilft; wer nicht viel liest und schreibt, lernt sie nicht. Die Aussprache dagegen wird durch Vorbild des Lehrers und durch das Wörterbuch gelernt, da wir allerdings den unermüdlichen Gebrauch des Wörterbuchs für die Hauptsache halten. Nicht was der Schüler thut, kümmert uns, was er thun solle und müsse, sagt ihm der Lehrer und daran halten wir fest. Eine Schreibweise, die weder existirt noch etymologisch anders als schädlich wirkt, dem ohnehin schon mit der Aussprache gequälten Schüler überdies einzuüben, dünkt uns Zeitverlust. Die Schwierigkeiten der Aussprache und Schreibweise sind ja auch weder im Französischen noch im Englischen aus Liebhaberei entstanden, sie sind es durch die Vermischung verschiedener Stämme und da wäre ein etymologischer Unterricht der Schüler am Ende weit rathsamer. **M. Runkel.**

Ueber die Dauer des böhmischen Zeitworts, von Hugo Barlitt. Jahresbericht des k. k. Gymnasiums zu Pilsen, 1851.

Ein neuer und dem Sprachforscher empfehlenswerther Versuch, die großen Schwierigkeiten des böhmischen Zeitworts klar zu überwinden und scharf zu distinguiren, wobei wir doch der Ansicht sind, daß von Nichtböhmen die richtige Anwendung des Zeitworts niemals zu erlernen sein wird, wie es der Verfasser auch gleich zu Anfang selbst einräumen zu wollen scheint. — Die Chronik des Gymnasiums enthält eine recht interessante Schilderung des verstorbenen Direktors Zauper, dessen Schriften über deutsche Poetik und über Goethe auch in weiteren Kreisen bekannt geworden sind. **M. R.**

Programm des k. k. Gymnasiums in Triest, 1851.

Auf eine kurze Skizze der Stadt Triest in geographisch-historischer Hinsicht folgen vom Prof. Picciola zwei Discorsi sulla studio linguistico, in denen der Nutzen des Sprachstudiums und die moralische Seite desselben, welche besonders durch die Lectüre der Fabel-Schriftsteller gefördert werden könne, auseinandergesetzt wird. Auf dem Gymnasium wird neben dem Deutschen nur Italienisch gelehrt, Französisch ist ein „nicht obligater“ Lehrgegenstand. Im Deutschen gebraucht man Weber's Literaturgeschichte und Wackernagel's Lesebuch. Es befanden sich 1851 auf dem Gymnasium 103 Katholiken, 8 Israeliten, 2 Protestanten, 1 Anglikaner und 1 Grieche, darunter 6 Schüler aus Italien, von denen 5 „von deutschen, slavischen oder gemischten Eltern zufällig in Italien geboren“. (sic!) Neu ist auch, daß die Namen der vorzüglichsten Schüler „ihnen selbst zur Auszeichnung, Andern zur Aneiferung“, aufgeführt werden, es waren ihrer 1851 unter 231 nur 17. **M. R.**

Ueber die Abstammung und Verwandtschaft der italienischen Sprache, nebst Bemerkungen über den indogermanischen Sprachstamm, von F. C. Mitterrutzner. Programm des Gymnasiums zu Brixen, 1851.

Der Verfasser, Chorherr zu Neustift, geht nach einer kurzen Uebersicht der einzelnen Zweige des indogermanischen Sprachstammes auf die italienische Sprache und deren Elemente über, die zu neun Zehntheilen lateinischen, zu einem Zehntheil griechischen, arabischen oder deutschen Ursprungs sind, wobei er offenbar nicht überall besonders kritisch zu Werke geht, namentlich wenn er auf griechische Grundlagen hindeutet, die in das Italienische natürlich zur Zeit des morgenländischen Reichs übergegangen sind, ohne eigentlich aus Griechenland gekommen zu sein. Ebenso mit den aus dem Arabischen hergeleiteten Wörtern, und nicht immer giebt es gründliche Nachweise für die Ableitungen, wie z. B. für die Ableitung von gazzetta Zeitung, von gaza, Schatz, Geld, indem die ältesten Zeitschriften eine gazzetta (venetianische Kupfermünze) gekostet hätten. Recht gut ist der zweite Abschnitt, in welchem gezeigt wird, nach welchen Regeln lateinische Formen italienisirt worden sind. Ueberhaupt ersieht man aus diesem Programme, daß die österreichischen Gymnasien sich zu heben anfangen und die allgemeinen, bisher im übrigen Deutschland verbreiteten Forschungen sich anzueignen bethätigt sind. So ist denn vorliegendes Programm aus Deutsch-Tirol das erste des Brixener Gymnasiums, an welchem fast ausschließlich Priester vom Augustiner-Chorherrn-Stifte Neustift lehren. Die deutsche Literatur wird auf demselben nach Vilmar gelehrt; von neueren Sprachen wird fast nur im Italienischen unterrichtet.

M. Runkel.

Miscellen.

Durch Apokope der Partikeln be und ge entstellte neuhochdeutsche Composita.

Vom Dr. Andresen in Wiesbaden.

Wenn die Composition im Allgemeinen in einem hohen Grade geeignet ist, vielfache Entstellungen hervorzurufen, eine Erscheinung, welche sich großentheils aus dem Bestreben der Sprache erklärt, eine vorher nicht bekannte Wortbildung zu gestalten und die Einheit des neu erzielten Begriffes auch formell möglichst charakteristisch darzustellen, was in der Regel auf Kosten des ursprünglichen Inhaltes geschieht: so ist dies ganz besonders in der deutschen Sprache bei der Composition mit untrennbaren Partikeln der Fall, welche vor allen übrigen Sprachgebilden schon an und für sich bei schwankender und schwebender Bedeutung meistens eine zweifelhafte Form aufweisen. Die folgende Mittheilung soll eine Sammlung derjenigen neuhochd. Composita enthalten, deren Ursprung durch Apokope der beiden Partikeln be und ge mehr oder minder verdunkelt worden ist.

Bange statt beange (vgl. eng Mhd. enge aus Ahd. angi, Goth. aggous, Lat. angustus). Zu dem spätmittelhochd. bange stimmt bangen (vereri), wie angen (angere) zu ange (ange tuon, weh thun).

Erbarmen, Ahd. arbarmên, v. Goth. arman, welches von arm stammt, wie misereri von miser; vgl. Goth. armaiô, Almosen. Das mittelhochd. barmen gilt demnach als bearmen; barmherzichkeit, Ahd. armiherzida, Goth. armahaírtitha, verhalten sich genau wie das lat. misericordia, ohne daß eine wörtliche Nachbildung, welche Püning im Recklinghaus. Progr. 1844, S. 13 behauptet, im Geringsten erwiesen ist. Die Bemerkung Heyse's, Gramm. I, 312, 357, barmherzig sei aus armherzic durch Vorsatz eines Consonanten vor einen anlautenden Vocal entstanden, trifft das Richtige bei Weitem nicht, da vielmehr die Zusammensetzung auf's Bestimmteste vorliegt.

Binnen (intra in temporaler Bedeutung), aus Ahd. innan, Goth. innana, im Plattdeutschen auch Localadverb (intus), wie buten (Ahd. bûzan und Mhd. bûzen sind selten; doch vgl. Erec 5537 bûzen und binnen: baußen ist im Nhd. ganz veraltet; s. Grimm, Gesch. d. d. Spr. II, 655), welches dem holl. buiten (extra und praeter) und dem deutungsreichen engl. but (vgl. Schott. but and ben, Archiv VI, 311) entspricht, ferner baben, Agf. beufan, Engl. above.

Beichte, Mhd. bîhte (später bychte), bîht, vollständig begiht, Ahd. pigiht, dessen Zusammenziehung in piiht, pîht (s. Grimm, Gramm. I³, 96) sich aus der Accentuation eben so erklärt, wie die spätere mittelhochd. Form bidere (bieder) aus bíderbe (statt bidérbe, vgl. Benecke z. Jwein, 3752). Pigiht leitet sich von bijehan (Präs. bigihu), vgl. Mhd. urgiht (Urgicht) von erjehen. Jehan (ajere?) heißt dicere, fateri.

Bleiben, Mhd. (und Niederd.) blîben, d. i. belîben, Ahd. bilîban (Agf. belîfan) von lîban (verwandt mit lëben), dessen Factitiv leibjan, Mhd. leiben, das englische leave ist. Die neunordischen Formen bieten ebenfalls b, Altnord. lifa; vgl. Grimm, Gramm. II, 805. Zum griech. λείπειν verhält sich lat. linquere buchstäblich, wie inquam zu εἶπον.

Block, Mhd. bloch, aus Ahd. piloh (claustrum; zi pilohhe des pehhes = ad claustra inferni), von loh, welches sowohl foramen als operculum bedeutet; s. Grimm Gr. II, 22. 80, vgl. Loch und Luke. Loh stammt aus lûkan (verlängert aus Goth. lukan: Gr. Gr. I³, 101), Engl. lock, Dän. lukke lautlich und sachlich = claudere, schließen; vgl. Franz. bloquer, bloquade, blocus (Blockhaus? s. Richter in N. Jahrb. f. Phil. u. Päd. 46, 216).

Prüfen, Mhd. prueven, brüeven, nach W. Wackernagel's Entdeckung st. berüeven, von Ahd. ruava, ruaba, Zahl. Prüfen heißt mithin eigentlich numerare (Ahd. ruabôn bei Graff Sprachsch. II, 361), z. B. ob i'z gepruevet rehte hân, hie sulen abzehen frouwen stên (Parciv.), vgl. Rosengart. 605. Gemeiniglich wird prüfen von probare abgeleitet (s. Grimm Gr. I², 397. 401); nicht ganz gut scheint dazu der Vocal zu stimmen, es müßte denn fremder Einfluß geltend gemacht werden; auch weicht die ursprüngliche Bedeutung ab, nicht gerechnet, daß sich probare in einem anderen Worte, proben, erhalten hat.

Glauben, Mhd. gelouben, Goth galáubjan, welches (mit usláubjan, erlauben) zu einem älteren liuban — wovon zunächst liubs, lieb — in demselben Ableitungsverhältnisse steht, wie láusjan (lösen) zu liusan (Mhd. verliesen, Engl. lose), káusjan (kosten) zu kiusan (Mhd. kiesen, Engl. choose). Ähnlich dem lat. fovere oder amplecti dürfte liuban den doppelten Begriff, sinnlichen Deckens und Hegens (Laub, Engl. leaf, Laube, Franz loge, vgl. Diez, Gramm. I, 309) und geistiger Zuneigung und Hingabe (glauben, erlauben, lieben, loben, geloben) in sich vereinigt haben. In dem engl. believe zeigt sich ein Wechsel der Partikel, wie in behave, Mhd. gehaben (vgl. Mhd. gederbe st. des gewöhnlichen biderbe); niederdeutsche Mundarten bieten das einfache Verb, z. B. löwen (Holstein), loiwen (Mühlheim), lowen (Paderborn), leeven (Helgoland); vgl. Firmenich, German. Völkerstimmen, S. 7. 302. 340.

Gleich, Mhd. glich und gelich, Agf. gelic, Holl. gelyk, Ahd. galih, Goth. galeiks, von einem Wurzelverb mit zweifelhafter Grundbedeutung (s. Grimm Gr. II, 16), bedeutet wahrscheinlich zunächst so viel als leiblich übereinstimmend (lih, Leich, Leib, vgl. Grimm, Gesch. d. d. Spr. I, 360). Im Nordischen (Altnord. lìks, Dän. lige), gleichwie im Engl. (like), großentheils auch im Niederd., gilt die einfache Form. Das Adjectiv ähnlich belegt lich in der Bedeutung von gleich; dem Ahd. anagalih würde angleich (dem Gleichen sich nähernd) besser entsprechen; aber aus Mhd. anelîch konnte, da die Gewohnheit, lich bis zu dem Werthe einer Ableitungssylbe abgeschwächt zu sehen, den Hauptbegriff in ane vermuthen ließ, die seltsame Form enlîch (Umlaut in einer Präposition!) endlich sogar im Nhd. ähneln entstehen. Auch das gegenwärtig veraltete Wort männiglich verdankt ohne Zweifel einer Unbekanntschaft mit dem ursprünglichen Ausdrucke Ahd. mannô gilih (Gr. Gr. II, 569), d. i. der Menschen Gesammtheit, jeglicher Mensch, schon vom Mhd. manneclîch her, welches unwillkürlich an das durchaus verschiedene manecvalt erinnert, seine sonderbare Gestalt. Das Subst. Gelichter stellt sich nach Form und Bedeutung zu gleich. Dahin gehört auch Gleisner, entstanden aus gleychsner, früher glîchsenaere, gelîchesaere, sogar gelisknare (vgl. Diemer, Deutsche Ged. 30, 1), von gelîchsen, heucheln, simulare. Die Schreibung Gleißner (bei Schwenck, Wörterb. S. 255) ist zwar lange üblich gewesen, aber nicht geeignet, die falsche Ableitung von gleißen, Mhd. glîzen (Engl. glitter), die sich sogar bei Radlof, Schreibungslehre S. 363 findet, zu beseitigen.

Begleiten ist aus begeleiten hervorgegangen (Mhd. geleiten und beleiten), wie begnügen aus begenügen.

Glied, Mhd. gelit und lit (grundverschieden von lit, Ahd. hlid, Augenlid, Engl. eyelid), Ahd. lid, Goth. lithus (uslitha, gichtbrüchig), von leithan = gehen, wörtlich = leiden, wovon leiten (s. Grimm, Gr. II, 15). Plattdeutsche Dialekte kennen das Wort Lêdsetter, d. i. Gliedsetzer (Chirurg niederen Grades).

Glimpf, Mhd. gelimpf (Nachsicht, Erlaubniß; ungelimpf, Verlästerung; s. Benecke's Wörterb. z. Boner (von Ahd. kalimfan = convenire, oportere, decere (in gelimfit wahsen, mih zi minnironne, er muß wachsen, ich aber abnehmen, Ev. Joh. 3, 30). Das Simplex limfan hat dieselbe Bedeutung.

Glück, Mhd. geluke, im Ahd. kaum nachzuweisen; vgl. Engl. luck, lucky und Dän. det lykker, Niederd. dat lyckt = es glückt. Darf locken, Ahd. lokôn, welches zu liochan (lacere, vellere) gehört (s. Grimm, Gesch. d. d. Spr. 909) verglichen werden? Oder verhält sich glücken zu gelingen (lingen), wie drücken und schlucken zu dringen und schlingen, wie das dialektische sprock zu springen? vgl. Viehoff im Archiv f. d. Unterr. im Deutsch. II, 1, 164.

Gnade, Mhd. genâde, Ahd. ginâda, Dän. naade, ungewissen Ursprungs, von Grimm, Gr. II, 53 nr. 559 mit Goth. nêhva (nahe) zusammengestellt (vgl. Gr. II, 235), richtiger vielleicht auf einerlei Wurzel mit Ahd. nidar (nieder) zurückzuführen; vgl. Goth. nithan, helfen, Phil. 4, 3. Genâde ist Neigung (s. Grimm, Mythol. 427. 410) zunächst in örtlichem Sinne; daher der Ausdruck diu sunne gienc ze gnâden, d. i. neigte sich, ging unter (genâde = Ruhe: Diemer, Deutsche Ged. 192, 22, ungenâde = Aufruhr in der Natur: Benecke z. Iwein, 646). Das Nhd. kennt bloß die geistige Bedeutung des Wortes.

Gnote oder Knote, der in den meisten Theilen Deutschlands, vorzüglich auch in der Studentensprache bekannte Ausdruck für einen Handwerksgesellen, ist augenscheinlich die niederdeutsche Form von Genoß, Mhd. genôz, Holl. genôt, Altnord. nautr, von Goth. niutan (capere), Ahd. niozan, genießen, Niederd. geneten. Genoß bedeutet conviva, ganz wie Mhd. gemaze (von maz, Speise, Engl. meat), Altnord. mâti, Niederd. mât (kocksmât auf Schiffen), zu Goth. matjan, essen (aus mitan, messen?) Barbieux hat Archiv XII, 235 bemerkt, daß der Name Hugenotten aus Eidgenossen entstanden sein soll.

Gönnen, Mhd. günnen, gunnen, Präs. gan, Prät. gunde (vgl. können, künnen, kunnen, kan, kunde), von Ahd. unnan (Präs. an, Prät. onda), Altnord. unna. Gunst heißt im Mhd. außer gunst auch anst, im Ahd. unst und anst, im Goth. ansts; vgl. Dän. ynde. Das neuhochd. Präs. gönne scheint aus dem Plur. gunnen entstanden (Grimm, Gesch. d. d. Spr. II, 892). Unvorsichtig stellt Weismann zu Alexander I, 442 beginnen als eine Nebenform von begunnen (?) zu gunnen, wahrscheinlich durch Formähnlichkeiten (Prät. began und begunde, begunst, Beginn) verleitet. Beginnen zeigt sich bereits im Goth., wo es duginnan (Prät. dugann) heißt; mit gönnen (Goth. unnan? Präs. ann?) hat es keine Verwandtschaft.

Grade, Mhd. gerade (Niederd. grad, nicht rad) giebt sich zwar nicht unschwer als componirt zu erkennen, aber die Ableitung ist unsicher. Das althochd. Adj. gerad bezieht sich, wie das lat. par, auf Zahlen; außerdem kommt bei Tat. zweimal das Adverb vor, nämlich in dem Nachsatze girado araughta sih (siehe), da zeigte sich. Ob der Grundbegriff des Wortes lieber im Goth. rathjan, woher Ahd. reda (ratio und Rede), oder im Ahd. hrado, Mhd. rade (hurtig) zu finden ist, sei dahingestellt: die Ansicht Schwenck's, Wörterb. S. 245, daß rade zunächst zu reiten (wozu ready, bereit) gehöre, scheint nicht sehr empfehlenswerth. Der neuhochd. Ausdruck nach gerade ist von Heyse, Gramm. I, 807, wohl richtig ganz von dem Adjectiv getrennt und mit Engl. by degrees verglichen worden. Auf's Gradewohl ist nachlässige (niederdeutsche?) Aussprache statt Gerathewohl.

Graf, Mhd. grâve, Ahd. grâvo (fränk. graphio, s. Grimm, Gr. I³, 171), nicht von grau, grâ, grâwo (Grimm, Rechtsalt. 753), sondern, wie aus Ags. gerefa (von Leo, Sprachprob. 212, freilich anders gedeutet), woraus das engl. reeve (Aufseher) entstanden ist, zu vermuthen, ein altes Compositum. Zum ahd. râvo, welches das engl. roof ist, verhält sich girâvo, apokopirt grâvo (vgl. grâvodi für girâvodi = contignatio, Graff II, 495), wie gistallo (Mhd. nôtgestalle), gisello (Geselle) zu stal (Stall), sal (Saal), nämlich alle drei drücken zunächst den speciellen Begriff Hausgenosse aus, sodann den allgemeinen Gefährte, Begleiter. Zu dieser eigentlichen Bedeutung des Namens Graf stimmt das lat. comes, von cum und ire, genau. Dem engl. reeve vergleichbar bedeutet in Norddeutschland Gräfe einen Administrativbeamten; ebendaselbst hat der Deichgräfe die Aufsicht über die Deiche. Gehört auch Franz. gruyer (Forstrichter) hierher? s. Rinke im Heiligenst. Progr. 1850, S. 10.

Grob, Mhd. grop und gerop (Engl. gruff, mürrisch, unhöflich), s. Grimm, Gramm. II, 746 (vgl. Graff II, 356), wo auf Ags. reofan (Gramm. II, 19, Gesch. d. d. Spr. I, 407) = rumpere verwiesen ist, mit der Bemerkung, grob habe wohl ursprünglich zerrissen, unglatt bedeutet. Damit vereinigen sich deutlich die englischen Wörter ruff und ruffle, in denen gerade der Begriff der Unebenheit vorherrschend ist (mehrere romanische Ableitungen können bei Diez I, 289 verglichen werden). Im Nhd. gelten, mindestens in sehr verbreiteten Dialekten, ruffeln, d. i. Hemdkrausen brennen, und Ruffeleisen, das Instrument dazu, Wörter, welche an die wurzelverwandten Rüffel und rüffeln erinnern, die sich zu rupfen, raufen, rauben buchstäblich verhalten, wie schnüffeln zu schnupfen, schnaufen, schnauben. Rapp hält grob für slawisch; s. Archiv V, 2, 288.

Knistern gehört, wenn es statt gnistern das mittelhochd. gneisten (scintillare), Altnord. gnesta (stridere) ist, unter der Voraussetzung hierher, daß gneiste (ganeiste, ganster), Ahd. gneisto (ganeistra), welche Funken bedeuten, aus Composition hervorgegangen sind. Grimm, Gr. II, 754, stellt als annehmlich hin, daß ganeistara von einer mit der Partikel gan (= gam, ga, ge) sich verbindenden Wurzel eista, welche den Begriff des Feuers enthalte, zu leiten sei (Graff, IV, 296 vergleicht Altnord. eisa, aestuare). Zu diesem eista würde sich Ahd. eit, Feuer, eitjan, Mhd. eiten, brennen (wovon eiter, zunächst Gift, das brennt), lautlich eben so verhalten, wie *αἴϑω* zu aestus. Die Partikel gan erkennt Grimm vorzüglich in dem Worte ganerbe (nach Anderen aus ge, an und erbe), d. i. Miterbe (vgl. Rechtsalt. 482); aus gam und ains ist nach W. Wackernagel's scharfsinniger Vermuthung das gothische gamains (gemein) entstanden (allerdings ist ga—mains schwer zu begreifen; vgl. die ungefällige Deutung bei Graff II, 779): aber die gleichzeitige Bemerkung, daß eben so lat. communis als com—unis zu verstehen sei, dürfte weniger einleuchten; communis scheint wie immunis auf munus ohne irgend einen Zwang zurückgeführt werden zu können. Man möchte versucht werden, die Partikeln gam, gan, ga genau mit den lateinischen com, con, co zu vergleichen, fänden sich für einen etwa unterschiedenen Gebrauch derselben Ergebnisse, wie sie im Lateinischen vorliegen.

Die mitgetheilten Wörter sind mit dem Streben nach einiger Vollständigkeit verzeichnet worden, womit sich zugleich die Richtung ausspricht, welche beobachtet worden ist. Nur auf mehr oder minder deutliche, historisch nachzuweisende Entstellungen und Verdunkelungen in der betreffenden Art der Composition sollte Rücksicht genommen werden: eine schwierigere Untersuchung über den Ursprung von Wörtern, deren Anlaut b oder g (p, k) oft nichts als die schwache Möglichkeit der Zusammensetzung bietet, lag völlig fern. Ob glau (Graff II, 35. IV, 294; vgl. Schmidt, Westerwäld. Idiotik), grunzen (W. Grimm über d. Runen, S. 70, Graff II, 526), Knauser (vgl. genau, Engl. niggard, Knicker), ursprünglicher Composition ihren Anlaut verdanken, dürfte bei der Unvollkommenheit historischer Beihülfe eher unerörtert bleiben; daß aber blicken nicht von einem älteren licken stamme (wie Götzinger, Gramm. II, 21, meint, vielleicht durch Engl. look, lugen, verführt?), gucken (Holl. u. Plattd. kiken) nicht (nach Wachter, dem auch Becker gefolgt ist) statt geucken auf Goth. augjan zurückzuführen sei, gleiten mit leiten (Götzinger, Gr. I, 616), bloß mit los (wie nach Schwenck's Angabe, Wörterb. S. 76, von Manchen geurtheilt wird) nichts gemein habe, scheint freilich ziemlich ausgemacht zu sein. Anziehend ist es, die Beobachtung auch auf das Romanische und Englische auszudehnen, wo sich mehrere Wörter germanischen Stammes finden lassen möchten, deren gegenwärtiges Lautverhältniß sich auf eine ursprüngliche Apokope einer der Partikeln be und ge gründet, wie im Franz. grêle und abri (s. Diez, Gramm. I, 276 u. 312), im Englischen außer den angeführten but und above wahrscheinlich glove (s. Grimm zu Andreas, S. 122).

Atlantis.

Unter diesem Titel erscheint seit dem Anfange d. J. eine Zeitschrift für Leben und Literatur in England und America bei Katz in Dessau, auf welche wir die Freunde der englischen Literatur mit Vergnügen aufmerksam machen. Der Herausgeber dieses Blattes, Hr. Dr. Karl Elze, wird den Lesern des Archivs bereits durch die von ihm veröffentlichte Englische Liedersammlung bestens bekannt sein, und die uns vorliegenden ersten Monatslieferungen der Atlantis rechtfertigen auf's Vollständigste das Vertrauen, welches wir von vornherein zu dem schönen Unternehmen hegten. Die erschienenen Hefte geben außer literarischen, kritischen Besprechungen und einer Reihe von interessanten Miscellen mehrere größere Aufsätze, z. B. Der angelsächsische Sprachstamm und seine Sprache; die öffentlichen Bibliotheken in England und America; das englische Weihnachtsfest und Richardson's Briefwechsel mit Meta Klopstock. Wir finden in allen diesen Arbeiten eine geistvolle Belehrung und wünschen der Zeitschrift gedeihlichen Fortgang.

Der Graf Xavier de Maistre, welcher am 12. Juni v. J. in einem Alter von 90 Jahren gestorben ist, stammte aus einer ursprünglich französischen Familie. Obwohl er **nie** in dem Lande seiner Ahnen gewesen ist, hat er sich daselbst dennoch durch seine schriftstellerischen Leistungen volle Anerkennung zu verschaffen gewußt. Sein Voyage autour de ma chambre, ein kleines Büchlein voll heiterer, gutmüthiger Philosophie; — Le Lépreux de la Cité d'Aoste, eine lebhafte und anschauliche Schilderung jener stummen Verzweiflung, welche den Unglücklichen befällt, der durch die grausamste Krankheit zur Einsamkeit verdammt ist; — La jeune Sibérienne, eine einfache und wahrhaft ergreifende Erzählung von kindlicher Liebe: alle diese Schriften sind in Frankreich vollständig eingebürgert und Jedermann hat sie mit Vergnügen gelesen. Dasselbe gilt auch von der Expédition nocturne autour de ma chambre und les Prisonniers du Caucase. — Xavier de Maistre war 1764 in Chambéry geboren: er trat in ein sardinisches Infanterie-Regiment, ging später in russische Dienste über und starb in Petersburg, wo er den größten Theil seines Lebens zugebracht hatte.

Gegen das Ende des vorigen Jahres wurden im Havre die beiden schönen Statuen enthüllt, welche man dem Andenken der beiden großen Schriftsteller Casimir Delavigne und Bernardin de Saint Pierre errichtet hatte. Zu der bei dieser Gelegenheit stattfindenden Festlichkeit hatte auch das Institut eine Deputation geschickt; Salvandy sollte im Namen der Academie reden, da er indessen unpäßlich war, so ergriff A. de Musset für ihn das Wort und sprach:

„Serait-ce à moi, pris au dépourvu, arrivé d'hier dans vos murs, d'essayer de prendre la place de M. de Salvandy?

Si elle m'eût appartenu, je ne sais ce que j'aurais pu dire en face de ces deux hommes illustres dont votre grande et noble cité est fiere à de si justes titres. Aurais-je pu assez admirer la poésie pleine de vérité, la grâce pleine de tendresse qu'on respire partout dans *Paul et Virginie?* Aurais-je su assez apprécier cette autre poésie et cet autre charme des *Vêpres Siciliennes* et de *l'Ecole des Vieillards?* cette fermeté, cette pureté de style que Casimir Delavigne possédait si bien, et qui a fait dire à Buffon: „Le génie, c'est la patience?“ Aurais-je osé vous dire qu'au milieu de sa gloire, il aima toujours son pays natal, qu'il n'en parlait qu'avec effusion, avec attendrissement? C'est ainsi que l'oiseau des mers, planant au loin dans l'azur des cieux, jette pourtant toujours un regard sur la vague où flotte son nid...“

Nach ihm trat Michel Chevalier auf und ergriff das Wort im Namen der

Académie des sciences morales et politiques. Seine Rede, welche den tiefsten Eindruck machte, kann Ref. leider nicht ganz wiedergeben, aber es möge doch wenigstens ein Gedanke aus derselben hier noch folgen:

„Laissez-moi vous rappeler ici un mot de l'empereur Napoléon qui me parait propre à expliquer la position que Bernardin de Saint-Pierre eut parmi ses contemporains.

„Un jour, à Saint-Hélène, le grand homme, dans un de ces entretiens où tous les chefs d'empire devraient puiser des enseignements, disait à M. de Las Cases, après beaucoup de paroles fort calmes: „Mon cher Las Cases, vous êtes un niais.“ Étonné de l'apostrophe que rien ne provoquait, M. de Las Cases se retourne vivement: „Qu'entendez-vous par cela, Sire?“ — „J'entends, reprit le noble captif, que vous êtes une de ces natures honnêtes et généreuses dont rien n'altère la candeur, qu'aucun désappointement ne guérit de leurs dispositions bienveillantes pour leurs semblables, de leur foi dans leurs principes, dans lesquelles il est impossible de faire passer une goutte de fiel. Vous êtes bon, vous êtes aimant, vous êtes dévoué; vous l'êtes par tempérament, vous le resterez jusqu'à la fin. Il est impossible de vous changer. Tels sont les hommes que les sceptiques, les corrompus et les faux grands esprits essayent de tourner en ridicule en les qualifiant de niais. Voilà, mon cher Las Cases, ce que j'ai voulu vous dire.“ Bernardin de Saint-Pierre fut exactement un niais dans le sens que le grand homme développait en ces paroles remarquables; l'abandon ou le dédain dont il fut si souvent l'objet prouvait contre ses contemporains, et j'ai cité ce mot de l'empereur parce que notre époque n'est pas absolument exempte de l'infatuation qui attira de si grandes calamités à nos pères, il y a soixante ans, et il est à désirer qu'elle s'inspire davantage de cette niaiserie qui est si magnifiquement étalée dans les écrits de Bernardin de Saint-Pierre, et qui est la substance de la doctrine morale et politique.“

Nach dieser Rede ward ein sehr gelungener Dithyrambus von Ancelot vorgetragen, und zuletzt redete noch Herr Leroy, der Präsident der Academie von Rouen.

Académie française.

Von den Mitgliedern dieses durch Richelieu im Jahr 1634 gestifteten Institutes, gehören gegenwärtig folgende zu der Commission des Dictionnaire hist. de la langue française: Villemain, de Pongerville, de Lacretelle, Cousin, Patin, Sainte-Beuve und Viennet. Die Academie besteht jetzt aus folgenden Mitgliedern, welche wir nach den Jahren ihrer Aufnahme ordnen wollen:

1811 — Lacretelle (Charles de).
1815 — Baour-Lormian (Pierre-Marie-François-Louis).
1821 — Villemain (Abel-François).
1826 — Briffaut (Charles).
1828 — Lebrun (Pierre-Antoine).
1828 — Le baron de Barante (Amable-Guillaume-Prosper Brugière).
1829 — Lamartine (Alphonse-Marie-Louis de).
1830 — Le comte de Ségur (Philippe-Paul).
1830 — Pongerville (Jean-Baptiste-Antoine-Aimé Sanson de).
1830 — Cousin (Victor).
1830 — Viennet (Jean-Pons-Guillaume).
1832 — Jay (Antoine).
1832 — Dupin (André-Marie-Jean-Jacques).
1833 — Tissot (Pierre-François).
1833 — Thiers (Adolphe).
1834 — Scribe (Augustin-Eugène).
1835 — Le comte de Salvandy (Narcisse-Achille).
1836 — Guizot (François-Pierre-Guillaume).
1836 — Mignet (François-Auguste-Alexis).
1840 — Flourens (Marie-Jean-Pierre).
1840 — Le comte Molé (Mathieu-Louis).
1841 — Le vicomte Hugo (Victor-Marie).

1841 — Le comte de Saint-Aulaire (Louis de Beaupoil).
1841 — Ancelot (Jacques-François-Arsène).
1841 — Tocqueville (Alexis-Charles-Henri Clérel de).
1842 — Le duc Pasquier (Étienne-Denis).
1842 — Patin (Henri-Joseph-Guillaume).
1844 — Saint-Marc-Girardin.
1844 — Sainte-Beuve (Charles-Augustin).
1844 — Mérimée (Prosper).
1845 — Le comte de Vigny (Alfred-Victor).
1845 — Vitet (Louis).
1846 — Rémusat (Charles-François-Marie de).
1847 — Empis (Adolphe-Dominique-Florent-Joseph-Simonis).
1847 — Ampère (Jean-Jacques-Antoine).
1849 — Le duc de Noailles (Paul).
1850 — Nisard (Jean-Marie-Napoléon-Désiré).
1851 — Le comte de Montalembert (Charles).
1852 — Musset (Louis-Charles-Alfred de).
1852 — Berryer (Pierre-Antoine).

Für das Jahr 1853 und 1854 hat die Academie folgende Preisaufgaben gestellt:

L'Académie propose pour sujet du prix de poésie à décerner en 1853: *l'Acropole d'Athènes.*

Le prix sera une médaille d'or de la valeur de deux mille francs.

L'Académie propose pour sujet du prix d'éloquence, à décerner en 1854: „Un Discours sur la vie et les écrits du duc de Saint-Simon.“

Le prix sera une médaille d'or de la valeur de deux mille francs.

L'Académie rappelle qu'elle a proposé, pour sujet de deux prix à décerner en 1853, les deux questions suivantes:

„1. Faire l'histoire de notre poésie narrative au moyen âge, en s'arrêtant particulièrement aux grands romans de chevalerie en vers.

En rechercher les origines, l'invention première et les développements successifs.

En faire connaître les caractères littéraires par des analyses, des citations traduites, des comparaisons empruntées à d'autres époques, et déterminer comment cette poésie se rapproche de quelqes-unes des conditions de l'épopée.“

„2. Décrire le travail des lettres et le progrès des esprits en France dans la première partie du dix-septième siècle, avant la tragédie du *Cid* et le *Discours* de Descartes *sur la méthode.*

Rechercher ce que, dans l'érudition, la controverse, l'éloquence, cette époque intermédiaire conservait de l'esprit et des passions du seizième siècle, et ce que dans le mouvement des idées et de la langue, elle annonçait de nouveau et produisit de mémorable, antérieurement à l'influence de ces deux génies créateurs.

Caractériser par des jugements étendus, et d'après des études précises sur la vie et les écrits, ceux des hommes célèbres dans les lettres en général, dans l'Église, dans la magistrature, la politique, qui, poursuivant ou achevant leur carrière à cette époque, soit par de beaux essais d'art, soit par des oeuvres savantes, soit par des monuments de la vie active, lettres, mémoires historiques, négociations, discours, ont contribué dès lors à l'avancement de la pensée et de la langue.“

Chacun des prix sera une médaille d'or de la valeur de trois mille francs.

L'Académie propose pour sujet d'un prix de trois mille francs, à décerner en 1853, la question suivante:

„Étude historique et littéraire sur la comédie de Ménandre; en faire bien connaître l'époque et le caractère, à l'aide des nombreux débris qui s'en sont conservés, des témoignages épars à ce sujet dans l'antiquité, des fragments de poëtes comiques de la même date et de la même école, des imitations latines, et des conjectures de la critique savante.

En appréciant le but moral, le génie et l'influence de ce grand poëte, insérer à propos, dans une exposition aussi complète qu'il sera possible, la traduction de tous les passages originaux qui nous restent de lui, et de tous ceux qui se rapportent utilement à l'histoire de son art."

Les ouvrages envoyés à ce concours ne seront reçus que jusqu'au 1er mai 1854. Ce terme est de rigueur.

L'Académie propose pour sujets de deux prix de trois mille francs, à décerner en 1854, les deux questions suivantes:

„1. Étude critique et oratoire sur le génie de Tite-Live; faire connaître, par quelques traits essentiels de la société romaine au siècle d'Auguste, dans quelles conditions de lumières et de liberté écrivit Tite-Live, et rechercher ce qu'on peut savoir des circonstances de sa vie.

Résumer les présomptions d'erreur et de vérité qu'on peut attacher à ses récits, d'après les sources qu'il a consultées et d'après sa Méthode de composition historique, et sous ce rapport apprécier surtout les jugements qu'ont portés de son ouvrage Machiavel, Montesquieu, de Beaufort et Niebuhr.

Faire ressortir, par des analyses, des exemples bien choisis et des fragments étendus de traductions, les principaux mérites et le grand caractère de sa narration, ses vues morales et politiques, et son génie d'expression, en marquant ainsi quel rang il occupe entre les grands modèles de l'antiquité, et quelle étude féconde il peut encore offrir à l'art historique de notre siècle."

Les ouvrages envoyés à ce concours ne seront reçus que jusqu'au 1er mars 1854. Ce terme est de rigueur.

„2. Étude historique et littéraire sur les écrits de Froissart. Le considérer comme le créateur principal, en vers et en prose, d'une époque nouvelle dans la vieille langue française. Rechercher les caractères de cette époque et l'influence qu'elle a eue sur les âges suivants de la langue.

Apprécier la grande chronique de Froissart sous le rapport de la vérité historique, de la peinture des moeurs et du génie de narration; en faire ressortir les divers mérites par un examen attentif de la composition et du style, et par quelques rapprochements, soit avec les chroniques italiennes et espagnoles du même siècle, soit même avec certaines formes des antiques récits d'Hérodote."

Les ouvrages envoyés à ce concours ne seront reçus que jusqu'au 1er avril 1854. Ce terme est de rigueur.

Der Almanach de la Littérature d. J. (Paris bei Pagnerre) enthält unter Anderem einen historischen Ueberblick über die französischen literarischen Leistungen des letzten Jahres von Jûles Janin, welchem wir einzelne Notizen entnehmen. Nach einer kurzen Einleitung, in welcher der Verfasser in seiner bekannten Weise die Gründe auseinandersetzt, weßhalb ungeachtet der vielen politischen Bewegungen die geistige Arbeit niemals ruhe und die Aufmerksamkeit des französischen Publicums auf die neuen Werke in der Literatur stets wach erhalten bleibe, beginnt er sein résumé des plus beaux livres de la célèbre année 1852 folgendermaßen:

Le premier de tous, le plus grand écrivain, le maitre infagitable, celui qui ne se repose jamais sur la brèche ardente où il a planté son drapeau, M. de Lamartine, — inspiré comme le premier jour, esprit et génie également inépuisables; — il a commencé cette année, avec une verve incroyable, un nouveau livre aussi grand que tous ses livres. Enfant de la Restauration, né avec elle, grandi avec elle, il a entrepris d'écrire son histoire, et, dans une suite de chapitres étincelants, il a raconté avec une émotion vraie et bien sentie les miracles dont il a été le témoin et les fautes dont il n'a pas voulu être le complice; en moins d'une année déjà, merveille incroyable, les six premiers tomes de ce livre ont vu le jour, et chaque tome a été un événement dans la vie et dans les souvenirs de cette nation. Ceci est l'oeuvre éminente d'un écrivain sympathique; on voit qu'il peut dire, lui aussi, qu'il a appartenu à cette histoire, *et quorum pars magna fui*. Il a vu tomber, non pas sans une douleur profonde et sans des larmes amères, la France des victoires et des batailles; il a vu grandir, à l'ombre du trône ressuscité, la liberté elle-même, à l'heure où la charte et le roi de France ne se séparaient pas dans l'obéissance et dans le respect des peuples. Cette émotion intime de l'écrivain, la vivacité de ses souvenirs, et la certitude où nous sommes qu'il a vu s'agiter sous ses yeux les hommes dont il parle, qu'il a suivi du commencement à la conclusion tous les faits qu'il raconte, ont donné au livre de M. de Lamartine un crédit énorme, et l'ont placé tout de suite à côté d'une autre histoire de la Restauration, composée non pas certes avec moins de zèle, de persévérance et d'attention, mais dans un accent moins sympathique et sur un ton moins humain. — Nous voulons parler de l'histoire de la Restauration par M. de Vaulabelle, livre plein de nerf, d'intérêt, de curiosité, de passion, et d'une justice voisine de la haine. — M. de la Vaulabelle a conquis par ce rude et cruel travail, qui se poursuit avec une lenteur acharnée, une très-belle place parmi les historiens de ce temps-ci; M. de Vaulabelle n'a pas, tant s'en faut, la grâce, l'éclat, le sourire et l'éloquence de M. de Lamartine; il se distingue par d'autres qualités: l'énergie et la force, la passion et la colère, la colère poussée jusqu'au mépris. Ce n'est pas seulement une histoire, c'est encore une vengeance ce livre de M. de Vaulabelle, et cette vengeance se poursuit toujors, même dans les temps les plus difficiles, et la lampe solitaire ne s'éteint jamais, et chaque année on voit s'avancer de plus en plus l'ombre funeste de cette histoire réservée à un avenir non moins grand que l'histoire de M. de Lamartine. — Ainsi l'histoire, dans sa majesté et dans sa grâce, dans son austérité et dans son charme, dans ses complaisances et dans ses rages, ne s'est pas arrêté un instant parmi nous; même on a vu des historiens émérites, des hommes d'État, arrivés à l'heure du repos solennel, prendre une dernière fois la plume de l'historien, et, d'une main ferme, accomplir une de ces grandes oeuvres qui exigent d'ordinaire la force et l'éclat de la jeunesse. Ainsi a fait M. de Barante, et nous ne saurions dire la reconnaissance et l'étonnement du public lorsque parut le premier volume de l'histoire de la Convention. Certes le sujet était riche et prêtait à l'éloquence, un grand feu était caché sous cette cendre trompeuse; tant de passions, tant de douleurs, tant d'accusations, tant de défenses! Oui, mais l'historien parlait de très-haut, mais il parlait dans le calme de sa conscience; il se retranchait sérieusement dans la limite difficile, entre le droit et le devoir; ajoutez qu'il tenait dans ses mains habiles une plume savante, que la langue française lui obéit comme l'esclave à son maitre, qu'il est la modération même et la sagesse en personne, et vous comprendrez la sensation que ce livre a produite parmi ces lecteurs choisis et trop rares, qui restent attentifs à ces suprêmes efforts de l'art, de la justice et du talent.

Von den mehr unterhaltenden Schriften nennt J. Janin die anziehende voyage en Orient von Gérard de Nerval, welche er eben so sehr rühmt, als die Illuminés und Lorély von demselben Verfasser. Die hübschen Erzählungen von Mérimée finden hierauf die verdiente Anerkennung, und es knüpft sich daran die Bemerkung, daß Mérimée gegenwärtig an der Spitze einer besonderen Schule von Schöngeistern stehe, welche mehr und mehr Einfluß zu gewinnen scheint. Sodann heißt es:

Le second nous montre dans ses plus douloureux détails l'agonie et la mort d'Arsène Guyot, et comment cette infortunée a servi de transition aux amours d'un jeune homme et d'une jeune femme du plus grand monde. On connait la grâce et l'esprit de M. Mérimée, et cette attention exquise sur lui-même, et cette brièveté délicieuse qu'il porte en toute chose, indiquant d'un mot, d'un geste, d'un rien, tout ce qu'il veut faire entendre à son lecteur. M. Mérimée est le maitre d'une école de beaux esprits, qui procèdent de lui-même; ils sont contents pour peu qu'ils approchent du maître et qu'ils obtiennent un de ses regards.

Un de ses meilleurs disciples, sans contredit, c'est M. Octave Feuillet, l'auteur d'un joli roman intitulé *Bellah;* malheureusement, et c'est un malheur qui n'arrive qu'à des gens heureux, le roman de M. Feuillet a été bien vite effacé par le succès toujours grandissant de ses proverbes; ces proverbes sont charmants; ils se passent dans le coeur même du monde parisien; ils en parlent la belle langue, ils en ont les moeurs élégantes, ils en reproduisent fidèlement, non pas les violences, mais les spasmes, pour ainsi dire; la fable en est vraisemblable, le dialogue en est très-vrai; seulement quand on a touché au bruit, au tumulte, au tapage, ou seulement à la Bohême, qui est une chose à la mode aujourd'hui, ces petits livres écrits avec tant d'âme, de goût et de réserve, perdent quelque peu de leur puissance; à qui la faute? La faute en est aux esprits violents, aux écrivains turbulents, aux héros des études nocturnes; à force de tremper ses lèvres dans le vin frelaté des barrières, à force de suivre en sa course vagabonde le chiffonnier armé du crochet, à force d'étudier les moeurs à part des guinguettes, des tavernes, des endroits où l'on danse, et des théâtres en plein vent, il arrive que ces livres charmants, bien faits, bien écrits, en pleine élégance, souffrent quelque peu du voisinage. Ainsi quand vous avez lu l'histoire des excentriques par M. Champfleury, le célèbre auteur de *Chien Caillou*, ou *l'Histoire du quartier latin* par M. Murger, l'historien de la Bohême, il n'est pas très-facile de trouver tout leur charme aux contes de M. Mérimée, aux proverbes de M. Octave Feuillet; autant vaudrait mettre du piment sur une pêche; autant vaudrait confire dans le poivre de Cayenne un beau raisin de la vigne royale de Fontainebleau.

Unter den Büchern du grand style lenkt J. Janin ferner unsere Aufmerksamkeit auf die Mémoires de Don Juan von Félicien Mallefille, eines noch ziemlich unbekannten Schriftstellers, der durch das Künstlerische und die Kraft der Darstellung seine Leser wahrhaft mit sich fortreißt. Die beiden anziehenden Schriften von Guizot: Corneille et son temps und Shakspeare et son temps werden nur im Vorbeigehen ganz kurz gewürdigt; Ref. macht indessen die Leser des Archivs ganz besonders darauf aufmerksam, und man kann sich schon a priori denken, daß es gewiß in hohem Grade interessant sein muß, einen Mann wie Guizot Parallelen ziehen zu sehen zwischen Cinna und Richard III., Rodogune und Romeo und Julie, dem Menteur und den lustigen Weibern von Windsor.

Von Thiers haben wir den IX. Band seiner Histoire de l'Empire, von Louis Blanc den III. Band seiner Histoire de la révolution française und von Géruscz ein sehr tüchtiges Werk in seiner Histoire de la littérature française erhalten. Der Graf von Saint Priest, welcher im Auslande starb, hat eine Histoire du royaume de Naples hinterlassen, leider aber sein längst erwartetes Werk: Vie de Voltaire, zu welchem er seit vielen Jahren das nöthige Material gesammelt hatte, nicht mehr vollenden können.

Von den vielen Gedichten, welche das letzte Jahr gebracht, finden nur zwei Bücher Gnade vor unserem strengen Kritiker. Er sagt darüber:

Parmi ces volumes de poésie, il en est deux qui vivent et d'une vie à coup sûr bien opposée et bien différente, à savoir, les nouvelles fables de M. Viennet et les vers nouveaux de M. Théophile Gautier. La fable de M. Viennet est une épigramme, une épigramme acérée et piquante, qui va parfois jusqu'à l'injure; c'est l'indignation qui fabrique ces fables-là, mais l'indignation d'un honnête homme et d'un écrivain à l'ancienne marque. En voilà un qui ne flatte pas son lecteur; en voilà un, tout d'une pièce, et qui rougirait de rien sacrifier aux grâces défendues; M. Viennet a fait un très-bon livre de ses deux recueils de fables, et, nous l'espérons, un livre qui restera.

Quant au vrai poëte des rayons et des ombres, M. Théophile Gautier, c'est l'antipode de M. Viennet; il recherche avant tout, même quand il devrait être quelque peu obscur et diffus, la forme, le son, le bruit, la couleur, l'aventure, le hasard; il aime tout ce qui flotte et tout ce qui souffle, et tout ce qui bruit ici-bas et là-haut; il aime le sommeil, le rêve, le songe, l'abime; il va où le poussent incessamment son génie un peu vagabond et sa verve prime-sautière: aussi pour cet homme-là pas de milieu; on l'exècre, on l'admire; on déchire ses vers, on les sait par coeur; il est le premier des poëtes ou le dernier des écrivains, François Ier ou Triboulet. Son livre de cette année intitulé *Perles et camées* nous représente une suite charmante d'extases, de bouderies et de passions à l'infini; mais admirez cependant la justice et le bon sens de ce même public, qui applaudit tout ensemble les fables de M. Viennet et les poëmes de M. Théophile Gautier.

Histoire de la formation de la langue française par J. — J. Ampère.

Wenn ich es mir erlaube, den Lesern dieser Zeitschrift folgende Bemerkungen über das eben namhaft gemachte Werk, wie sie mir bei der anregenden Lesung desselben sich aufgedrängt haben, mitzutheilen, so bitte ich, dreierlei dabei nicht zu übersehen.

Erstlich sind sie hervorgegangen aus dem Grunde der aufrichtigsten Verehrung für jene Schrift, wie für ihren Verfasser, der auf dem Gebiete neuerer Linguistik mit den gefeierten Namen eines Bernhardi, Grimm und Humboldt als ebenbürtig sich anreiht.

Zweitens, der vielleicht etwas apodiktische Ton, in dem diese oder jene der Bemerkungen sich vorträgt, möge für weiter nichts angesehen werden, als für den Ausdruck der warmen Ueberzeugung des Augenblicks, in dem sie entstanden sind; es ist mir lediglich um die Sache zu thun und begründete Aufklärung über die zur Sprache gebrachten Punkte würde mir als der schönste Erfolg ihrer anspruchslosen Mittheilung erscheinen.

Drittens bitte ich noch folgende Reflexion, die sich mir namentlich bei dem Abschnitt über die Dialekte (Chap. XV) aufgedrängt hat und mit der ich freilich nicht bloß dem Verfasser, sondern der Praxis, der üblichen Sprachbetrachtung überhaupt principiell gegenüber zu treten mir wohl bewußt bin, einer ernsteren Prüfung zu würdigen: Der Dialekt ist keine Corruption aus einer imaginären reinen Ursprache, sondern nur das, aber freilich noch ungeformte Ursprüngliche selber —, das zur Consequenz in Flexion und Syntax sich erst nach und nach mit der zunehmenden Gedankenschärfe der Redenden und — zuletzt — Schreibenden erhebt. Diese Consequenz aber ist ein Zustand, in den auch diesen Augenblick von den Millionen von Sprachgenossen verhältnißmäßig immer nur Wenige erst eingetreten sind. So groß aber ist die Gewalt eines wirklichen Gesetzes, wo es sich nun einmal in seiner Allmacht zu offenbaren begonnen hat, daß es auch den roheren Stoff unwiderstehlich ergreift und sich gemäß ausprägt.

Die Anwendung des Gesagten auch auf andere Gebiete des Lebens und der Wissenschaft läßt sich leicht machen; — das Interesse aber gerade der Linguistik möchte eben hauptsächlich darin liegen, daß wir auf keinem andern mit einem so subtilen und deßwegen das inwohnende Gesetz so fügsam ausdrückenden Stoffe zu thun haben.

Bedenklich erscheint mir die Scheidung in der Sprachbildung p. 2: „de ce qui tient à l'organisation, reconstitue l'idiome nouveau von dem „qui tient à l'altération, qui décompose l'idiome ancien.“ Bei einer Sprache, die überhaupt fortlebt — und nun auch immerhin auf eine Weise alterirt wird, daß man die spätere Bildung eine neue Sprache nennen kann, (was gerade von der französischen z. B. Fuchs in Abrede stellt) — kann man einen rein decomponirenden Proceß schlechterdings nicht statuiren; das ist eben der Charakter aller lebendigen Sprachentwicklung, wie ihn Verf. selbst nicht unglücklich bezeichnet „les langues commencent par être une musique et finissent par être une algèbre.“ —

P. 3. „Le hollandais“ est né „du frison.“ Stop a little! Ebenso ist auch das Verhältniß „du danois und du suédois“ zur „vieille langue de la Scandinavie, conservée en Islande“ keineswegs als ein so geradezu abgeleitetes zu bezeichnen.

P. 4. Der Gegensatz „le tems et le peuple“ ist schief. Als wenn man sich die Zeit könnte ihr Spiel mit einer Sprache treiben denken, auch ohne ein Volk, das dieselbe spricht.

In welche Zeit- und Culturfernen werden wir zurückgewiesen, wenn das starre deutsche „Gott“ auf dem Wege der Verwandtschaft mit dem Persischen khoda bei einem abstracten Compositum in der Zendsprache anlangt: quadâta — entsprechend dem Sanscrit svayamdata: (aus und durch sich selber geschaffen)! — p. 4.

P. 17. Man kann die im Vorhergehenden aufgezählten Beispiele nicht zusammenfassen unter einem bloßen: „employez un cas pour un autre.“ Der Lustspieldichter bedient sich der freien Mannigfaltigkeit der Vulgairsprache und weicht damit allerdings über die strenge Geschlossenheit des Schriftausdrucks hinaus; jede dieser ungewöhnlichen Wendungen drückt eine abweichende Beziehung in ihrer Art vollkommen berechtigt aus.

P. 18. „Dans un tel état il n'y a plus de cas, le sentiment de la différence des rélations, qu'ils étaient destinés à exprimer, est entièrement perdu“ — gewiß nicht! das ist unmöglich. Aber die Schreiber waren unwissende Leute und die Orthographie lag im Argen. — Jene Beziehung haftet in den Denkgesetzen, die Sprache kann ihre Ausdrücke wandeln, — aber „le sentiment“ wird schon bleiben, so lange eine Sprache sich nicht unter die Staare und die Papageien verirrt. Jene Unwissenheit aber können wir uns füglich nicht craß genug denken, wenn wir den „Allerheiligsten“ Gregor I. schreiben sehen: Non metacısmi(?) collisionem fugio, non barbarismi confusionem devito, hiatus motusque etiam et praepositionum casus servare contemno: quia indignum vehementer existimo ut verba caelestis oraculi restringam sub regulis Donati; neque enim haec ab ullis interpretibus in scripturae sanctae auctoritate servati sunt.“ Nach Bruce Wb. 1, p. 19/20. Ich beziehe mich auf die besonnene Aeußerung des Verf. selber weiter unten p. 35½.

P. 22. Auch im Französischen kann man wohl venir für ein v. auxil. halten.

P. 35. Etwas mehr ist nun der Artikel aller Declinationen als ein bloßer Ersatz für die fehlende Declinationsform; das ergiebt sich aus dem Vergleiche der mit diesem Sprachtheile ausgestatteten Sprache und der sorgfältigen Beleuchtung solcher Fälle, wo sie, nie ohne eine Modification des Sinnes, bald ihn setzen, bald ihn fallen lassen können. —

P. 37. Wenn wir als pr. 2 ps. f. li für la finden, so ist das eben unorthographisch, keineswegs kann oder hat man jemals la „remplaciren“ können durch li. Was man in einem unorthographischen Druck ganz unbefangen gelten lassen würde, das auf ein Manuscript anzuwenden, scheint noch immer unthunlich! Als ob die Leute damals orthographischer geschrieben hätten, als später. — Auf der andern Seite natürlich hat dieser Respect vor der litera scripta unendlich viel Anerkennungswerthes, und ich werde der Letzte sein, die heilsamen Folgen, die wir diesem diplomatischen Punctualismus verdanken, zu verkennen! —

P. 43. „Arbitrairement“? „la grammaire“? — „où le genre neutre n'existe pas.“ Das ist nur aber nirgends der Fall! Ja, seine Form kann mit der des masc. zusammen fallen; die Herrn Grammatiker können es hinaus dividiren; — aber zu existiren hört es keineswegs auf.

P. 46 oben. Ungerechter Vorwurf! das Geschlecht unseres „Mondes,“ wie unserer „Sonne“ und des „Weibes,“ dazu möchte sich unschwer rechtfertigen lassen. Gerade dieser Abschnitt über das Verfahren der Sprache bei der Verleihung eines Geschlechtes an Nomina ohne desgleichen natürliches, mit seiner leisen Beobachtung der bei derselben sich kundgebenden Thätigkeit einer personificirenden Imagination, ist vielleicht eine der schönsten Ausführungen in unserer Grimm'schen Grammatik.

P. 47. Weder bei der Annahme eines weiblichen outrage und exemple — noch eines männlichen étoile und blessure, wie auch Verf. sie beliebt, möchten wir uns beruhigen; vielmehr die erste der beiden Abnormitäten für eine rein unorthographische, die andere für eine desgleichen euphonische ansprechen. —

Den mit dem Uebertritt in die erste Declination verbundenen Numeralwechsel an den neutris finden wir dagegen in der Natur dieses Genus und seiner Abgestumpftheit für Numeralverhältnisse überhaupt zum Besten begründet; vgl. z. B. den Sing. des prädicirenden Verbs beim pluralen Subject im Griechischen — im Deutschen umgekehrt den Plur. des Prädicats beim unbestimmten (neutralen) Pronomen der dritten Person Sing. als Subject. — Eine Bemerkung, die auch auf die angeführte Stelle aus Diez rom. Gramm. II. 20 Anwendung erleidet.

P. 48. Ueber die Nothwendigkeit zum Wenigsten in den indoeuropäischen Sprachen auch nach geschwundener Form die Fortdauer eines Bewußtseins der Sprache für grammatische Kategorie anzunehmen, hat Wilhelm von Humboldt das entscheidende Wort gesprochen, sowohl in seiner Schrift Sur le génie de la langue chinoise an Ab. Rémusat, wie sonst noch. Und können wir dem Verf. darin nur beipflichten. Sein „moyen de l'action" ist freilich bei Weitem zu eng — ich würde vorschlagen ou un autre rapport quelconque (als Adverbialis in meiner Syntax), vgl. beim Verf. selbst weiter unten §. 2, p. 60.

P. 51 ff. Die Ausführung über das s finale des Nomin. Singul. ist durchaus genügend; vergleichend nur konnte etwa noch an das analoge gothische (fisks) erinnert werden.

P. 55. Das angezogene Beispiel aus dem Rom. du Rén. S. Pox für S. Paul ist entschieden zugleich komischer Bildung; ja ob nicht gar an jene bekannte ursprünglich wohl aus einem gewissen Pietätsgefühl hervorgegangene Corruption des Namen Gottes (Dieu in Bleu — Gotts in Potz), des Teufels (diable in diantre), wo ihre Anwendung in Flüchen zu sonst blasphemischer Wiederholung nöthigte, erinnert werden darf? —

P. 64/5. Diese Zurückführung der äußerst schwer zu erklärenden romanischen Nominalendung auf on auf den lateinischen acc. II. genügt doch wohl nicht; zumal scheint mir das italienische one dagegen zu sprechen. Eher möchte ich auf die analoge lateinische Bildung der casus obliqui jener Wörter auf o, onis nach der lateinischen III. verweisen; bei denen schon der sermo rusticus den casus directus von dem obliquus kaum mag unterschieden haben, vgl. meine Bemerkungen zu p. 315.

P. 69. Das deutsche Trott (erklärt durch einen supponirten casus obliquus „trobt" von einem wieder nicht vorhandenen trop) stellt sich in Wirklichkeit vielmehr als ein malender Ablaut zu Tritt heraus.

Ueberhaupt war für die Erklärung dieses t gewiß (s. p. 68—75) nicht bloß auf die Analogie jenes t in gewissen Worten der III. lat. Decl. hinzuweisen; auch das Participial-t (das act. und pass.), so wie das entsprechende gewisser Nominalbildungen (quercetum z. B.) spielt hier wohl mit hinein. — Weiteres geben vielleicht folgende Bemerkungen über einzelne der mitgetheilten Beispiele an die Hand.

1. p. 69. „Barnetz" aus baronagium, wo die Vergleichung des dentalen Lauts in dem italienischen Doppel-g so nahe liegt, und auch die schöne Entwicklung desselben in Fr. Raumer vortrefflicher kleiner Schrift „über Lautverschiebung" zu verweisen ist.

2. „Espiet" — wo das t vielmehr auf die niederdeutsche Form des Wortes: spent — Spaden hinweist, womit natürlich die Verwandtschaft mit dem lat. spatha nicht geläugnet werden soll.

3. „Ort," vergleiche meine allgemeinen Bemerkung zu p. 37.

4. „Matinet," analog der oben erwähnten lateinischen Nominalbildung.

5. „Belsagued," alte celtische Ortsendung — bei den Römern wieder etum lautend.

6. „Angot" für Ango (Anjou), in diesem Falle euphonisch zur Vermeidung des hiatus; der Zusammenhang ist:

„Cil ad Augot o lui": il a l'Anjou avec lui.

7. In „Allemant Normant Loherant" dagegen ist wieder an den im Dänischen noch lebenden, aus dem halb vocalischen aber palatinal gefärbten n sich organisch entwickelnden ganz palatinalen d-Laut zu erinnern, wand st. wann (schwed. wattn, aqua); ein Proceß, auf dem ja die ganze Formation des activen Particips im Griechischen, Lateinischen und den germanischen Sprachen beruht.

P. 76. Zu diesen Beispielen „rue S. Denis &c.," vergleiche das Deutsche: „zu Johannis, zu Michaelis," wo unsere Sprache die Erinnerung sogar an eine fremde Genitivform sich zu erhalten gewußt hat.

P. 78. „Le cousin à Moyse." Analog dem Griechischen und Lateinischen. „Fromont le Comte &c.," erweist nicht für den Ablativ — kann auch der Dativ sein.

P. 82. „Le cuer felon," ob da nicht f vielmehr für appositionelles Substantiv zu nehmen ist? — vergleiche dasselbe Beispiel (pluralisch) p. 91.

P. 98, Note 4. cf. *αὐτότατος*, ipsissima verba. Was den généralissime betrifft, so ist das Beispiel nicht glücklich gewählt; wäre dies Wort nicht ursprünglich adjectivischer Bildung, so möchte sich die Superlativendung auch nicht angefügt haben. Ich bezweifle übrigens das ganze Factum „que cette forme .... ait trouvé asile dans quelques substantifs."

P. 99. Was diese „4 Adjectiva" betrifft, so findet Grimm in seiner deutschen Grammatik dafür gewiß richtig den Grund in der Häufigkeit dieser Wörter und dem Bestreben der Sprache, auf diese Weise ermüdende Wiederholung desselben Wortstammes zu vermeiden.

P. 116. „Cesse-t-il d'être article." Ganz gewiß! Es wird aber, wie Verf. den Augenblick vorher in der Anmerkung richtig bemerkt, Demonstrativpronomen.

P. 120. Das attributive Plurale uns, für das Verf. sich hier erklärt, ist logisch unerträglich.

P. 131/2, Note. Wo auch das Deutsche „ich bin gewesen" anzuführen war, was man ebenfalls ohne die Verschiedenstämmigkeit von bin und gewesen nicht gewagt haben würde.

P. 152. „On ne rime jamais pour les yeux." Und doch scheinen die Engländer in ihrem talmudistischen Respect vor der litera scripta es zuweilen zu thun.

P. 153. „Sans aucune raison." Nämlich die Schreibung des y. Oder sollte nicht vielleicht, wie wohl auch im Deutschen, rein kalligraphische Rücksicht mit untergelaufen sein? Vorzugsweise am Ende scheint man mir das winzige i durch eine augenfälligere Finalis haben vermeiden wollen. Hebräisch כ und ך.

P. 159/61. Zur Bildung des Futur. — Raynouard, früher schon Ragnier und St. Palaye, Schlegel, Dietz und Orell führen es auf eine Zusammensetzung des v. aux. avoir mit dem inf. zurück; unser Verf. (wie es mir scheint,) glücklicher auf das lateinische fut. II. Und für dieses meine ich wieder (bei Grimm oder Fuchs) eine Verschmelzung mit dem Stamme von ire — was seiner Bedeutung nach ganz und gar hieher gehören würde — nachgewiesen gelesen zu haben — für die Verwendung aber des fut. II. statt des I. erinnere ich mich mit Bestimmtheit in meinen Collectaneen, die leider in der Ostsee begraben sind, Beweisstellen vorräthig zu haben, und zwar namentlich aus Plautus und andern Quellen, die recht eigentlich auf den sermo rusticus, als den Hauptschauplatz dieser Bedeutung des zweiten fut. hinweisen.

P. 164. Dieses ge wieder reine Anorthographie!

P. 169. „L'infinitif ayant la valeur de l'impératif." — So auch im Deutschen je zuweilen und wohl in allen Sprachen. Der Befehl fordert seiner Natur nach eine interjectionelle Behandlung heraus und dieser natürlich die absolute Form des Verbi — der Infinitiv — am Nächsten liegt.

P. 173. Als bloße Möglichkeit — behauptet kann meinerseits nichts werden, da mir der Text fehlt, — gebe ich zu folgendem Verse aus dem Chant de Roland (p. 92): „Ne poet muer n'en plurt ne suspirt," den Amp. neufranzösisch ausdrückt: „ne peut faire" (Wer? oder Was?) „qu'il ne pleure et ne soupire," den Uebersetzungsvers: Personne ne peut mourir, qu'il ne pleure &c.

P. 175. Wir sagen mesquin für geringfügig, unbeständig, trivial — „meschines," nfr. les jeunes filles — sollte die alte Sprache schon etwas von „dem trivialen Mädchenzustande" geahnt haben, den Göthe schon richtig erkannte, wie glücklich bezeichnete? *)

Das „remplacons" ist übrigens ungenau; (nämlich: le participe présent déclination par... le gérondif) beide drücken eben eine verschiedene Beziehung in der Bekleidung des Nomen aus, — das erste, eine congruirende an dasselbe anlehnende, während letzteres mehr dem Prädicatsverb zugeneigt ist.

P. 176. Redensarten wie die „argent comtant &c." (mit denen die deutschen „kraft meines tragenden Amtes, bei meiner vorhabenden Reise" verglichen werden müssen) können nur mit Grimm (vgl. die betreffende Stelle in seiner Syntax Gr. IV) und zwar dahin erledigt werden, daß eben in dieser gegenwärtig ausschließlich activen Form eine Erinnerung an ihre einstmalige Verwendung auch für das Passivum sich noch erhalten habe.

P. 177. „La forme réfléchie — employée dans des cas où la langue moderne ne l'emploie plus" — wo wieder der vortreffliche Abschnitt über den Gebrauch des Reflexivverbums in der eben angeführten Grimm'schen Syntax die genügendste Aufklärung geben wird. z. B. das se noyer, woran Verfasser gleich den französischer Seits begreiflichen Anstoß nimmt, würde sich nach Grimm ganz einfach aus der von ihm nachgewiesenen Analogie zwischen der Passiv- (Medial-) und Reflexivform erledigen; denn die Passivform ist für einen Begriff dieser Bedeutung die recht eigentlich geforderte; in einem leidentlicheren (und leidigeren) Zustande kann man sich nicht befinden, „qu'en se noyant."

P. 178. „S'en aller.. pas motivé"?! vgl. das Deutsche: er hob sich von dannen; wie viel malerischer, inniger u. s. w. als das bloße „er ging."

P. 182/3. Das Beispiel Tartarisch amouran: amoureux stellt sich völlig neben das, ich meine von Grimm schon so glücklich herausgerissene: gr. analog — und a. o. d. analichih: aehnlich.

P. 186. „Habitus dans le sens de vestis." Und wie bezeichnend! Was nach der modernen (nicht bloß französischen) Ansicht dem Menschen seine Fassung — Haltung — seinen Werth giebt: Kleider machen Leute.

P. 191. „Se calcher: se collocare" Culeitra — was eine immer vorzüglichere concretere Ableitung geben würde.

— „Letrin" mit der Amerkung „lectris, mot qui s'explique par legere, lectum, lector," — wo ich an den Hammonism „der Lector", „Lecter", für erhabener Platz in der Kirche, erinnert werde; „qui sert à chanter le missel."

P. 193. Für das astronomische „aire" verweise ich auf Forc. s. v. aura, worin ich den Ursprung des französischen Wortes zu erkennen glaube.

P. 194. Ich möchte dies „exhorter" — von dem wie es scheint dem Verf. entgangenen exhortari doch zu rechtfertigen suchen. Qui exhortatur: thut dies auf's Gründlichste, die Motive, die (in der Sache, wozu, oder) in der Person, welche ermahnt wird, selber liegen, gleichsam aus ihnen herausentwickelnd, hervorholend.

P. 201/3. Das Beispiel von déserter — das Verf. durchaus nicht von desero, sondern desessarter — essart: champ inculte — abgeleitet haben will, scheint mir nicht besonders glücklich gewählt; keine der angeführten Stellen beweist etwas.

P. 206/7. So scheint mir auch die Ableitung von rêver (delirare) — r — esver i. q. d—esver i. e. devier sehr bedenklich; gerade das englische to rave mit in Betracht gezogen. Freilich meint Verfasser „l'r si souvent insignifiant dans la composition des verbes," was aber doch vom anlautenden Wurzel-r

*) Anm. Bei Mary — Lafont. p. 71 seines tableau u. s. w. finde ich das provenc. mesleyn in der Bedeutung malheureux zusammengestellt mit dem heutigen vulgair Arabischen meskyn — eine Uebereinstimmung, die sich am einfachsten aus der lingua franca erklären möchte.

nicht gelten kann, und an ein re-eviare soll hier doch wohl im Ernst nicht gedacht werden.

P. 208. Ebenso wenig die der „Hugenots d'Eidgnoten — confédérés en bas allem. pour eidgenossen.“ Was hat das Nd. mit den französischen Hugenotten zu schaffen? Und nie hat es eine nd. Form der Art gegeben. Der „roi Hugon“ scheint mir noch gar nicht so verwerflich; in einem alten Gebäude, ich meine gerade in Tour, wo er spukte und das nach ihm genannt wurde, fanden heimliche Zusammenkünfte der verfolgten Calvinisten statt, und der locale Spottname ward wie häufig willig anerkannte Bezeichnung auch bei den Betroffenen.

P. 211. Noch weniger die Zurückführung von „exécrer“ auf „exereare“ — wo doch exsecrari (sacer) viel näher lag.

— „Geist“ ist das Gährende — der edlere Dipht. deutet den Tropus an; die ursprünglich sinnliche Bedeutung haftet an dem provinciellen Gest — zum Säuren und Gischt — gewaltsam schäumende Wassermasse. Seele goth. saivala — saivjan: sehen? —

P. 211. Zu der Zusammenstellung des Begriffs der „pureté“ bei den „peuples méridionaux“ mit dem Feuer erinnere man sich an den anziehenden Gebrauch, den dieselben bei einem gewissen Reinigungsproceß in der That noch von diesem Elemente machen.

Ibid. — Galant, ja vielleicht gar St. simonistisch diese Zusammenstellung von „amour“ und „liberté,“ aber Verf. würde selbst von einer „liberté,“ die nur gewährte quod „libet“ und ad quod „libido“ fert, nichts wissen wollen. Die deutsche „Freya“ mag die freimachende gewesen sein — aus der Dienstbarkeit des Aelternhauses, aber eben durch die Ehe, gewiß nicht durch „l'amour.“

P. 211/2. „volare — voler.“ Ich meine bei A. Gell. oder Appul. ein vola für hohle Hand gefunden zu haben.

P. 213. „Steigen“ — und auch wohl „scando“ drückt den Begriff der Fortbewegung von Vier- oder Zweifüßlern aus mit besonderer Hervorhebung der dabei stattfindenden Anwendung des natürlichen Locomotionsapparates, (respective ihrer Hände und Füße —), ob diese nun auf- oder abwärts geschieht — ist eine Sache für sich. Verf. führt sich selber irre durch die Nebenstellung von monter zu se; in jenem ist allerdings (das lat. mons und) die Richtung in die Höhe wesentlich. Ebenso mißlich steht es mit dem ersten Beispiele „haute montagne und haute mer,“ nämlich für den Beweis, daß „deux idées, opposées en apparence, mais qui se tiennent par un lieu secret, sont exprimées par des mots, dont la racine est la même.“ Die Bezeichnung das hohe Meer beruht auf der bekannten optischen Täuschung, wonach dem vom Strande auf die See Hinausschauenden dieselbe allerdings nach dem Horizonte zu sich zu erheben scheint. Etwas Anderes ist es mit dem mare altum bei den Römern in vielen Fällen, wo es geradezu unserm tief entspricht; dem römischen Betrachter kam aber eben der Punkt, von dem aus er der Tiefe unter sich nicht ohne Grauen sich bewußt wurde, als ein hoher — und somit die ganze Fläche, in welche derselbe fiel, deßgleichen vor. — Grimm allerdings weist auf eine analoge Erscheinung in der Sprache hin, bei gewissen Zeitadverbien, z. B. einst — für die fernste Vergangenheit wie Zukunft; auf die kaum merkliche Alteration ferner des Sinnes, man möge in gewissen abhängigen Sätzen die Negation verwenden oder nicht — in beiden Fällen aber auch, wie es mir scheint, mit unendlich mehr Begründung als unser Verf.

P. 213. „Souvent deux mots parfaitement semblables par le son ont une origine entièrement différente, comme son lui-même qui, selon ses différents acceptions, derive“ (? est influence) „de suns ou de sonus.“

P. 214. „Bonheur — le radical est heur — — — heur où eur vient d'augur“? — ce que l'auteur veut prouver par la phrase: „Il n'y a qu'heur et malheur.“ —

P. 215. Zu dem hübschen Beispiele von Wortbildung (—compositione rectius) — „par des jeux de mots involontaires —“ von „Tausendgüldenkraut“ aus „herba centauria,“ vgl. namentlich das Englische — renegado. Einer der seine Stellung und Nationalität aufgiebt — wird zum runagate — was dem

Engländer so klingen muß, wie: Einer der zum Thor hinausgelaufen ist; zusammenzustellen mit runaway.

Ibid. — „La Natolie" für „L'Anatolie," vgl. Sethines, wie die Griechen heute Athen nennen — aus ἐς Ἀθήνας.

P. 227. „Hilum pour"? filum — „hariolus pour"? „fariolus," vgl. hara, haruspex.

P. 234. Sollte diese Verdoppelung des n in donner — des l in aller (ambulare) nicht vielleicht auf einem Bewußtsein der Sprache von der (doch wohl ursprünglich frequentativ gemeinten) Abgeleitetheit dieser Wörter (dono von do) beruhen?

P. 237. „H." Dieses Kreuz bei der Aussprache von Fremdwörtern — sowohl mit wie ohne anlautendes h — für alle diejenigen Völker, bei denen sich in der Wirklichkeit ein Bewußtsein für den spiritus lenis vorfindet, mit dem natürlich jeder Anfang vocalisch introducirt wird. — Mich gemahnt es dabei immer an meinen unterrichtenden Freund aus Chaux de Fonds, der für die entsetzlichsten Vergehungen der Schüler wie der Schülerinnen in seinen Classen constant nur die eine gräßliche Strafe kannte: „Gehen Sie in die HEcke!"

P. 242. „L'italien a formée le substantif, au singulier, de l'ablatif et de l'accusatif," wenn nicht schon die alte Volkssprache auch bei den Römern diesen von der Grammatik allerdings nicht hervorzuhebenden Unterschied zwischen casus rectus und indirectus aus den Augen setzte. Haben doch nach einer vernünftigen Anschauung über Bildung und Ausbildung von Sprachen diese letzteren natürlich die Priorität für sich. Jener merkwürdige, noch jetzt aus dem Nd. nicht verschwundene Prädicatsaccusativ (der merkwürdiger Weise dem oberdeutschen und lateinischen Philologen Reißig nicht entgangen war — vgl. seine Vorlesung über lateinische Grammatik), z. B. „das ist 'n schlechten Menschen — he is 'n groten Slüngel" ist sehr bezeichnend für diese Behauptung.

P. 247. Nennt Verf. „le nominatif — la vraie forme du substantif" — ja für die Grammatiker, aber auch für die ächt wissenschaftliche Betrachtung der Sprache, die sich nicht scheut, sich vis à vis ihrer concreten Erscheinung im wirklichen Leben zu stellen? — Hatte unser Becker Unrecht, wenn er es wagte, unbewunden auszusprechen: Das Prädicat ist dasjenige, um dessen Willen der Satz sich bildet? —

P. 308. „Braccae," vgl. indessen auch das Nd. „bröken — broken — Schipperbröken" in Laurenbergs Spottgedichten.

P. 315. Auch diese Endung „in" können wir nicht sowohl auf den lateinischen acc. im mit dem Verf. zurückzuführen geneigt sein, als sie sich uns vielmehr durch ihren Anklang an den häufigen Nominalausgang inus empfohlen zu haben scheint. Vgl. oben Bemerkung zu 64/5.

P. 324 citirt Verf. eine Probe altdeutscher Sprache unter dem Titel „La prière de Cologne"; sollte darunter der „lobgesanc uf den heiligen Anno" verborgen sein? —

P. 336. Im Gegentheil! — „le verbe auxiliaire avoir" es ist viel eher wahrscheinlich zu machen, daß wir dies zweideutige Hülfsmitttel unserer Conjugation den romanischen Sprachen entlehnt haben.

Bibliographischer Anzeiger.

Allgemeine Schriften.

Louis Delattre. La langue française dans ses rapports avec le sanscrit et avec les autres langues indo-européennes. (Didot, Paris.) I. Livr. 3 Fr.

F. W. Poole. Index to Periodical Literature, being a complete key to the contents of all the Standard Periodicals of Great Britain & America. (Sampson Low, son & Co., London.)

Lexikographie.

Dictionnaire classique et élémentaire de la langue française, par Bescherelle aîné. (Fouraut, Paris.)

W. D. Cooper. A Glossary of the Provincialisms in use in the County of Sussex. 3 s. 6 d.

Brown & Martin. Pocket-Dictionary of the french and english languages with the accentuation and pronunciation adapted to the french and english idiom. — Dictionnaire de poche anglais et français avec l'accentuation et la prononciation adaptée à l'idiome anglais et français. (Westermann, Braunschweig.) 40 Bog. Velinp. geh. 26 Ngr.

Literatur.

Schiller in Briefen und Gesprächen. (Vereinsbuchhdlg., Berlin.) 1 Thlr.

Buch der Sinnsprüche. Eine Concordanz poetischer Sinnsprüche des Morgen- und Abendlandes, ges. v. W. K. (G. Mayer, Leipzig.) 1⅓ Thlr.

B. J. Simrock. Vaticinii Valae Eddici carminis antiquissimi vindiciae. (Marcus, Bonn.) 5 Ngr.

H. Prat. Etudes Littéraires, XIV. & XV. siècle. (Didot, Paris.)

E. Geruzez. Hist. de la lit. franç. depuis les origines. (Delalain, Paris.) 4 Fr.

Alf. Nettement. Hist. de la littérature franç. sous la restauration. T. I. (Lecoffre, Paris.)

G. H. F. de Castres, Grundriß der franz. Literaturgeschichte. (G. Mayer, Leipzig.) 10 Ngr.

Beiträge und Verbesserungen zu Shakspeare's Dramen, nach den handschriftl. Aenderungen von J. P. Collier, deutsch hrsgg. v. Dr. F. A. Leo. (Asher, Berlin.) 1 Thlr. 20 Sgr.

A. Dyce. A few notes on Shakspeare; with occasional remarks on the Emendations of the Manuscript Corrector in Mr. Collier's Copy of the Folio of 1632. 5 s.

J. Wright. The genius of Wordsworth harmonized with the wisdom and integrity of his reviewers. 5 s.

W. M. Thackeray. The English Humorists of the 18th cent. (Tauchnitz, Leipzig.) 15 Sgr.

Hilfsbücher.

J. Ch. Jahns Lehrbuch der deutschen Sprache f. Schulen auf der zweiten Stufe des deutschen Sprachunterrichtes. (Helwing, Hannover.) 15 Ngr.

J. F. W. Krüger. Grundbegriffe der deutschen Rechtschreibung. (Oertzen in Schwerin.) 5 Ngr.

Ideler & Nolte. Handb. der engl. Sprache u. Lit. 4. Thl. Neueste Literatur, hrsgg. v. Dr. Asher. (Nauck, Berlin.) 1⅓ Thlr.

Das Geheimniß des Wortes.

„Vernunft wird Unsinn, Wohlthat Plage!" so lautet die Lehre des Mephistopheles, die leider wahrer ist, als man von einem Ausspruch aus dem Munde des Vaters aller Lügen erwarten sollte; aber nicht minder wahr ist der umgekehrte Satz, daß sich etwas, was Jahrhunderte hindurch für Unsinn gegolten hat, plötzlich als tiefe Weisheit und unwiderlegliche Wahrheit ergiebt. Ich erinnere mich noch deutlich, in den dreißiger Jahren den strictesten, auf mathematische und physicalische Gesetze gegründeten Beweis gelesen zu haben, daß es ein Unsinn sei, die Dampfkraft zur Fortbewegung von Wagen auf Eisenbahnen benutzen zu wollen; und keine drei Jahre später hätte der gelehrte Autor dieses Beweises mit Dampf von Nürnberg nach Fürth, von Leipzig nach Dresden fahren können. Ein ähnlicher Umschwung der Meinung geht jetzt im Gebiete der Sprachforschung vor sich. Wie lange hat man die schon von Plato im Kratylos niedergelegte Idee, daß jeder einzelne Laut der menschlichen Sprache eine gewisse Grundbedeutung habe und daß die Entstehung der Ur- und Stammwörter nur aus diesen Grundbedeutungen der Laute erklärt werden könne, als ein poetisch-philosophisches Hirngespinst, auf das die Wissenschaft sich nicht einlassen dürfe, verspottet und verlacht, und alle von Zeit zu Zeit auftauchenden Versuche, jene Idee weiter zu verfolgen und neu zu begründen, als Ausgeburten eines radicalen Unsinns oder wenigstens einer nicht berücksichtigungswerthen Phantasterei bei Seite geschoben! Und jetzt, nachdem die Sprachwissenschaft in nüchternster, besonnenster Weise nur der historischen, empirischen Forschung gehuldigt hat, tritt uns auf einmal dieselbe Idee von allen Seiten und Enden wie etwas Selbstverständliches, gar nicht zu Bezweifelndes entgegen, sie wird von Männern wie Thiersch, Benfey, Grimm ausdrücklich oder thatsächlich anerkannt, und findet so eben auch in weiteren als den streng esoterischen Kreisen Anklang und Beifall, wie uns eine, zwar sehr umfangreiche Kenntnisse und

Studien voraussetzende, aber doch mehr vom Standpunkte des Dilettantismus als der strengen Wissenschaft abgefaßte und mehr für das allgemein-gebildete Publikum als für die eigentlichen Fachgelehrten berechnete Schrift von Ludolf Wienbarg: „das Geheimniß des Wortes" erkennen läßt. Möglich, daß ein großer Theil der Sprachgelehrten, im alten Vorurtheil befangen, dies Büchlein als einen neuen Beitrag zum alten Unsinn betrachtet; möglich auch, daß sogar diejenigen Sprachforscher, die zwar die ihm zum Grunde liegende Idee gut heißen, aber die Ausführung derselben für verfrüht oder mißlungen halten, vornehm darüber hinwegsehen; trotz alledem ist dasselbe von nicht zu verkennender Bedeutung, und wenn es nicht, wie so manches treffliche Erzeugniß der Neuzeit, an der Flauheit der gegenwärtigen Interessen seinen Einfluß verliert, kann es durch die Begeisterung, mit der es geschrieben, durch die Weite des Gesichtskreises, von der aus der Stoff behandelt, und durch die graziöse Nachlässigkeit der Form, in welcher das Ganze vorgetragen ist, mehr als manches weit gründlichere und gelehrtere Werk zur weiteren Fortpflanzung und siegreichen Ausbreitung der in ihr durchgeführten Idee beitragen. Worin diese Idee besteht und wie der Verfasser zur Conception und Production derselben gekommen, darüber unterrichtet er uns in einem Briefe, den er statt eines Vorworts dem Büchlein voranschickt. Er habe, schreibt er, während der letzten Zeiten sich in die tiefste Einsamkeit vergraben und letheisches Vergessen gesucht und theilweise gefunden in einem Studium, das stets eine gewisse Fascination auf ihn ausgeübt habe, nämlich im etymologischen. Doch verstehe er darunter etwas Anderes, als man gewöhnlich damit meine. Ihn hätten nie die Jahrmarkts-Ausstellungen von Wörtern und Wurzeln aus allen Sprachen geblendet; ihm sei es nie genug gewesen zu sagen: so lautet und das bedeutet das Wort im Sanskrit; sondern er habe auch gefragt, wie es zu deuten sei. Hiezu sei er schon vor Jahren durch ein längst vergessenes und vielleicht nie verstandenes Werk von Friedrich Carl Fulda aus dem J. 1776 angeregt, „dürr wie der Stock einer Rebe und doch eine Traubenmutter, wenn man ihm Erde und Sonne giebt". Darin werde die deutsche Sprache und eigentlich jede Menschensprache auf einige hundert Wurzellaute zurückgeführt und deren zunächst sinnlicher Begriff aus den Organlauten, vorzugsweise der Consonanten, nachgewiesen. Natürlich könne dies Werk, vom damaligen Standpunkte der Sprachwissenschaft abgefaßt, den jetzigen Ansprüchen nicht mehr genügen und mit den Forschungen Grimm's, Bopp's, Humboldt's &c. müsse man selbstverständlich über dasselbe hinauskommen. Seitdem habe er sich ab und zu, mitunter gar eifrig, mit den Elementen des Wortes beschäftigt, dem sylfenhaften Weben, Schweben und Flüstern der Buchstabengeister gelauscht, ihre Sippschaften geordnet, ihre bedeutungsvollen Verbindungen in den Urwurzeln angemerkt und vielfache Vergleiche durch die germanischen, romanischen, orientalischen und altklassischen Sprachen hindurchgeführt. Da habe er denn gefunden, daß die Grundwurzeln in allen diesen Sprachen sich gleich an Bedeutung, daß der allgemeine Begriff jeder Wurzel sich unwiderleglich in ihren Organlauten darstelle, und daß solch lebendiges Wurzelbewußtsein sich jedem Kinde einer Ursprache wie der deutschen mittheilen lasse. Schon damals habe er seine Studien in einem Werke niederlegen wollen; doch habe er plötzlich entdeckt, daß er bisher nur den Vorhof des Tempels betreten, und nun auf einmal auf der Schwelle des Innern stehe, zu dessen Durchforschung er eines ihm bisher fehlenden Ariadnefadens bedurft und ihn in der Erkenntniß des tiefen Zusammenhanges des Wortes mit dem schaffenden Geiste der Weltgeschichte und namentlich mit dem uralten Gewebe der Religionen und Mythen gefunden habe. Zwar habe er die Ahnung hieran schon längst gehabt, auch seien ihm die verschiedenartigen Forschungen und Vermuthungen hierüber nicht unbekannt geblieben; aber dennoch habe er, was ihm zu finden bestimmt gewesen sei, auf seinem eigenen Wege finden müssen, und zwar sei er völlig naiv, ohne vorgefaßte Ansichten, nicht von der Mythologie, sondern rein von der Wortforschung aus, zu Resultaten gelangt, welche, so umfassend und überraschend sie auch sein möchten, doch nur aus dem Ei, aus den Wurzeln der Sprache hervorgegangen seien. Die Summe dieser Resultate bestehe aber in der Gewißheit, daß dieselben Wurzeln in allen Sprachen nicht nur denselben natürlichen Verstand hätten, für welchen die Organlaute der Schlüssel seien, sondern daß sie auch die mythische Bedeutung, das wolle sagen, jene Einheit von Natur und Geist mit einander theilten, welche der Sprache ihren ursprünglichen dämonischen Charakter verleihe und das Wort zum Symbol einer Welt im Kleinen mache, ja mit der Kraft des ersten Schöpferhauches begabe. — Seine ersten Entdeckungen auf diesem Gebiete seien wie zufällig gewesen und er habe sie anfangs auch nur als

Spiele des Zufalls betrachtet. „Als mir aber — fährt er fort — bei fernerer Prüfung von allen Seiten die unerwartetsten Bestätigungen zuflossen, als meiner gespannteren Aufmerksamkeit die Mythenbilder aus den Wurzeln des Sprachbaumes entstiegen wie aufgescheuchte Dryaden oder als hätten sie nur auf mich geharrt um sich befreien zu lassen, als ich endlich nicht bloß einzelne Symbole und Bilder, sondern zusammenhängende Grundzüge des mythischen Alterthums, die Anschauungsweise der Urwelt, so einflußreich, so schicksalbestimmend bis auf den heutigen Tag, auf den Grund der Sprache gewebt, organisch mit ihren Urlauten verbunden sah — da glaubte ich und zweifelte nicht länger, da wußte ich — und es erfüllte mich mit Freude und fiel wie Gewitterregen auf einen lange dürren und lechzenden Boden — daß mir eine ungeahnt höhere culturgeschichtliche Aufgabe zugefallen sei“.

Getragen nun von dieser Zuversicht, zum Propheten und Apostel einer neuen Weisheit und Offenbarung auserkoren zu sein, wendet er sich mit diesem Büchlein in apostolischer Weise nicht an die Hohenpriester und Schriftgelehrten, die in der Regel den neuen Lehren taube Ohren und ungläubige Herzen entgegenbringen, sondern an die Kinder und Sünder, an die Völker und Heiden umher, um ihnen das „Geheimniß des Wortes“ zu offenbaren, nicht in dem Sinne, es aus seiner Tiefe auf die Oberfläche zu bringen: denn er ist, wie er selbst sagt, nicht der Affe oder der Wilde, der den Spiegel zerschlägt, um zu sehen, was dahinter; er ist nicht so thöricht, die See ablassen zu wollen, um die Fische auf dem Trocknen zu zeigen; — nein, seine Absicht geht nur dahin, uns klarer als bisher hinabsehen zu lassen in die tiefe Krystallfluth des mystischen Weltstromes, hie und da selbst bis auf den Grund, wo alles Wunder aufhört und von allen Geheimnissen nur das eine große noch bleibt, in dem wir leben, weben und sind. Es hat also seine Offenbarung etwas von dem Charakter der Johanneischen, er entschleiert uns das Götterbild des Wortes nur, um uns dahinter ein noch tieferes Mysterium, die Gottheit selbst, schauen zu lassen, es ist seine Enthüllung des Verborgenen keine Profanation, sondern nur eine tiefere Einweihung. Darum führt er uns denn auch Schritt vor Schritt erst in die Vorhalle, dann in den Tempel, endlich in das Allerheiligste. Er denkt sich den Leser zunächst als Lehrling, hierauf als losgesprochenen, aber noch unter den Augen des Meisters arbeitenden Gesellen, und dann erst als freien, der Meisterschaft entgegenpilgernden Wanderer, und demgemäß ertheilt er ihm nach und nach die verschiedenen Grade der Weihe und vertraut ihm aus der Geheimlehre des Wortes zunächst dessen sprachliche, dann seine mythologische und endlich seine allumfassende, kosmologische Bedeutung.

Begleiten wir ihn zunächst auf dem ersten dieser Stadien, so erfahren wir von ihm hier folgende Grund- und Lehrsätze. Die Sprache ist weder eine fix und fertig dem Menschen mitgetheilte Offenbarung noch auch das Erzeugniß einer willkührlichen Convention oder Schallnachahmung; um ihren ersten Ursprung, namentlich über die Frage, ob sie das Ei oder die Henne des menschlichen Gedankens sei, webt ein tiefes Mysterium; aber darüber sollte man sich klar werden, „daß die Organe der Sprache die Geburtsstätte des Wortes in seiner vollen sinnlich geistigen Naturbedeutung sind, daß also die Organlaute, diese zarten, aus Luft gewobenen Körper, auch die Elementargeister der Sprache und für den sinnlichen Urbegriff aller Wörter bestimmend sind". Der Hauptschlüssel für die elementare Spracherkenntniß besteht also in dem Satze: „daß jedes Wort jeder Sprache in seiner sinnlichen oder sinnbildlichen Bedeutung erkannt und verstanden werden kann durch die Organlaute, die seine Wurzel bilden". Die Grundbedingung der Spracherkenntniß ist also die Erkenntniß der Organlaute und ihrer Geltung je nach ihrer Stellung in den Wurzelwörtern. Die Organlaute lassen sich, abgesehen von ihren feineren Modificationen, auf die vier ersten Buchstaben des Alphabets: **a** als Vertreter der Vocale, **b** als Vertreter der Lippenlaute, **c** als Vertreter der Gaumenlaute und **d** als Vertreter der Zungen- und Zahnlaute, und außerdem auf die Laute **l**, **m**, **n**, **r** und **s** reduciren. Hinsichtlich ihrer Geltung aber nach ihrer Stellung gilt als allgemeinste Regel, „daß der Anfangsconsonant jedes Wurzelworts auch der Träger der Hauptbedeutung, der herrschende Charakterbuchstab des Wortes ist". Hierauf empfangen wir eine Charakteristik der einzelnen Organlaute, zunächst der Consonanten, die der Verfasser als vorzugsweise bedeutsam für den Sinn des Wortes betrachtet, dann der Vocale, denen er dem plastischen Charakter der Consonanten gegenüber nur eine mehr musikalische und demgemäß eine mehr variable, flexible, grammatische, als feste, begriffliche und lexicalische Bedeutung beilegt. Alsdann giebt er nähere Bestimmungen über die Geltung der einzelnen Laute, je nachdem sie das Wurzelwort anfangen oder schließen, und modificirt die oben mitgetheilte Hauptregel u. A. durch folgende Zusätze: daß zufolge einer Wurzelumdrehung, z. B. „Pot" in „Topf", der Charakterlaut zuweilen auch am Ende der Wurzel stehe; daß, wenn zwei oder mehr Consonanten das Wort beginnen, in der Regel der letzte, dagegen wenn zwei oder mehr Consonanten ein Wurzelwort schließen, durchschnittlich der erste der sinnbestimmende sei; daß die vorn antretenden Laute meist nur hülfleistende Hauch- und Zischlaute oder corrumpirte Vorsilben, die hinten antretenden dagegen gewöhnlich nur zum Ausschluß dienende, z. Th. verstümmelte Endungen seien; daß es sich ausnahmsweise aber auch umgekehrt verhalte und namentlich das **n** vor dem Auslaut, z. B. in „blink-en" im Vergleich mit „Blick", in „schlingen" im Vergleich mit „Schluck" rc. sehr häufig bloß dienendes Einschiebsel sei.

Betrachten wir diese Sätze und ihre überall sehr flüchtige und leichtfertige Ausführung und Belegung vom Innern der gegenwärtigen Sprachwissenschaft aus, so ist darin, die scharfe Hervorhebung des Hauptgrundsatzes ausgenommen, allerdings nur gar wenig Neues enthalten, ja es ist das, was uns in ihnen geboten wird, nur ein sehr dürftiger, willkürlicher Ausschnitt von dem, was die neuere Sprachforschung schon längst weit vollständiger erkannt und weit genauer behandelt hat. Wie leicht macht er sich z. B. die Aufstellung der Organlaute, wenn er sie mir nichts dir nichts auf neun reducirt, unter diese den acht Consonanten gegenüber nur einen Vocal aufnimmt, und unter den acht Consonanten nur drei, nämlich **b**, **c** und **d**, wirklich nach den Organen bestimmt, während er **l**, **m**, **n**, **r** und **s** schlechthin unbestimmt nebenher laufen läßt und gar nicht daran denkt, ihr Verhältniß zu jenen anzugeben, sie ebenfalls auf gewisse Organe zu reduciren und daraus ihre Bedeutung zu entwickeln. Allerdings hat eine wirklich systematische Zusammenstellung der Sprachlaute ihre sehr großen Schwierigkeiten und ist bis jetzt trotz der höchst verdienstlichen Arbeiten Grimm's, Bopp's, Rapp's, Bindseil's rc. ein noch keineswegs erledigtes Problem; aber eben darum hätte der Autor einer Schrift, die aus der Bedeutung der Organlaute die ganze Sache herzuleiten sucht, vor allem andern sich die Aufgabe stellen sollen, die Elemente, worauf er Alles basirt, selbst auf das Sorgfältigste und Genaueste in ihrem gegenseitigen

Verhältniß zu bestimmen und hiebei die Oertlichkeit ihrer Entstehung, die Art und Weise ihrer Bildung, ihren Eindruck auf das Ohr, den Grad ihrer Festigkeit und Stärke, die Variabilität ihres Klanges, das Maaß ihrer zeitlichen Ausdehnung u. s. w. nach allen Seiten in Erwägung zu ziehen: denn es bedarf wohl keiner Frage, daß nur in der Einheit und Concentration aller ihrer verschiedenen Eigenschaften die Urbedeutung der Laute ihren Grund haben kann. Wäre nicht der Mund als der eigentliche Sitz des Mikrokosmos gleichsam die Welt im Kleinen, weßhalb auch die Griechen und Holländer sehr passend das Gewölbe des Gaumens mit dem Gewölbe des Himmels vergleichen und den Gaumen als kleinen Himmel (ὀρανίσκος, „dat Hemeltke“) benennen; läge nicht in der Lage, dem Bau, den Bewegungen und Wechselbeziehungen der zu ihm gehörigen Organe gewissermaßen ein Miniaturbild aller der Elemente und Gegensätze, der Kräfte und Bewegungen, aus denen das Sein und Leben der Welt gewoben ist, und trügen also nicht die verschiedenen Laute, die in ihrer Entstehung und Wirkung die lebendigen Producte und Manifestationen jenes mikrokosmischen Lebens und Webens sind, in ihrem gegenseitigen Verhältnisse und Zusammenhange schon die Lineamente und Grundzüge zu einem wohlgeordneten Weltsystem in sich: dann hätte sich auch nicht die Sprache als die ewige Empfängerin, Trägerin und Wiedergebärerin des Universums und der Weltgeschichte aus ihnen entwickeln können; und der Verfasser hätte sich daher immerhin der Mühe unterziehen sollen, zu diesen Müttern aller Spracherscheinungen etwas tiefer hinabzusteigen und sie in den ihnen eigensten und ursprünglichsten Wechselverhältnissen zu belauschen. Hätte er dies gethan, hätte er, ehe er an die Deutung der Laute ging, sich vorerst ein nach logischen und natürlichen Gesetzen construirtes Lautsystem entworfen oder nur die gediegenen Arbeiten früherer Sprachforscher dabei zum Grunde gelegt: so würde er gefunden haben, daß die Vocale an der durch die Organe bedingten Grundbedeutung eben so wohl Antheil nehmen wie die von ihm als Gaumen-, Lippen- und Zahnlaute bezeichneten Consonanten; daß auch die liquiden Laute l, m, n, r denselben Gliederungsgesetzen unterliegen und, gehörig geordnet, die correspondirenden Gegensätze zu den allein von ihm organisch geordneten Muten bilden; daß die Unterschiede zwischen den harten und weichen, aspirirten und hauchlosen Muten trotz ihres leichten Wechsels und Uebergangs in einander doch nicht so ganz unwesentlich für die Bedeutung sind, als es sich nach seiner Behandlung darstellt, daß zwischen dem k, t und p, dem g, d und b, dem ch, ß und f, dem j, s und w Analogien und Verwandtschaften stattfinden, die für die Feststellung der Grundbedeutung oft von der größten Wichtigkeit sind, kurz, daß der Stammbaum der Laute eine viel gesetzmäßigere Construction und weit reichere Verzweigung besitzt, als ihm zum Bewußtsein gekommen ist. Wenn er aber vor der Deutung der Laute diese ihre gesetzmäßige Gliederung nach allen Seiten durchschaut hätte: dann würde auch die Deutung selbst nicht in solchem Maaße, wie es der Fall ist, den Charakter der Willkürlichkeit, Zufälligkeit, Planlosigkeit tragen; es würde in der Art und Weise, wie der Verfasser von einer Bedeutung zur andern fortschreitet, nicht so viel Hin- und Herschwankendes und Sprunghaftes liegen, und manche Bedeutung, die er als eine abgeleitete behandelt, würde ihm als die ursprüngliche, und umgekehrt manche als ursprünglich genommene als die abgeleitete erschienen sein.

Betrachten wir nur einmal einen der kürzesten seiner Artikel, über das **n**. Von diesem sagt er: „das **n** ist der in die Nase steigende Laut der spitzen an den Gaumen gelegten Zunge; seine nasal. Eigenschaft verkündigt sich schon durch Wörter wie Schnabel (s'Nab), Nase, (Näs), Schnautze, (niedersächs. Snut, das ist s'Nut), schnüffeln, (s'nüffeln), schnacken, schnattern, Schnupfen, niesen, schnarchen, schnappen, (niedersächs. snaken für schwatzen), wobei der Vogelschnabel, der zugleich Nase und Mund vorstellt, mit dem letzteren wechselt. Die Hauptbedeutung ist die der Verneinung, der Nergeli, des an an und in etwas Sein. Denn die Verneinung ist immer an der Bejahung, der Neid, (niedersächs. Nid) an dem Et-was, das Nichts dem Icht. Damit hängt zusammen: die Spitze, (Nabel, Nadel), das Kleine, Niedliche, die unmittelbare Nähe und engste Berührung, Neigung und Näherung, das „nun“ das „nau“ (genau), die Enge und Angst, die Noth, die Nath, das „nur“, das Nagen, Naschen, die Nahrung. Ein hübsches Bild des in etwas Seins ist der Nachen, von n (in) und Ache (Achna, aqua) Wasser; so auch das verwandte lat. navis, gr. naus (Schiff), natare schwimmen und niedersächs. nat, hochd. naß. Uebrigens ist das **n** mit dem **m** verwandt, wie der Schnabel mit dem Mund“. Daß hierin mit einem gewissen Takt mehrere derjenigen Wörter zusammengestellt sind, in denen das n mehr oder minder charakteristisch erscheint und das Wesentliche seiner

Bedeutung durchfühlen läßt, wird nicht geleugnet werden können. Aber — ist wirklich anzunehmen, daß die Nase, der Schnabel ꝛc. gerade deßhalb ein n zum Charakterlaut erhalten haben, weil dasselbe ein Nasallaut ist? Liegt nicht vielmehr die Vorstellung des Zugespitzten, Vorragenden zum Grunde, die der Verf. selbst unter den Bedeutungen des n mit aufführt, die aber freilich auch schon eine abgeleitete Bedeutung ist? — Und welchen Zusammenhang weist der Verf. nach zwischen dieser organischen Bedeutung und dem Begriff der Verneinung, den er als die Hauptbedeutung angiebt? Soll etwa der Begriff der Nergelei die Vermittlung bilden und denkt er dabei an die Naseweisheit, die allerdings krittelnd und verneinend ihre Nase in Alles steckt? Kann aber dann die Verneinung noch als Hauptbedeutung gelten? — Und wie gezwungen ist die Art und Weise, in der er den Begriff der Verneinung mit dem des „an und in etwas Seins“ zusammenbringt! Glaubt der Verf. wirklich, daß die urspründliche Sprachschöpfung auf so künstliche, reflectirende Weise verfahren sei? Nicht minder locker ist das Band, welches die folgenden Begriffe verbindet; und auf die allerdings höchst überraschende und witzige Erklärung des Nachens möchte doch auch das Prädicat „acutius quam verius“ anwendbar sein. Besonders anstößig aber erscheint es, daß er auch Wörter wie „Enge“ und „Angst“ mit hieher zieht, trotzdem daß das n in diesen Wörtern ein wesentlich anderes, nicht mit der Zungenspitze, sondern der Zungenwurzel gebildetes ist, wie er denn überhaupt von diesem palatalen Laut, den das Devanagari durch einen ganz besonderen Buchstaben, das Griechische durch γγ, das Deutsche gewöhnlich durch **ng** bezeichnet und welcher, wenn auch dem n verwandt, doch im Klang und in der Bedeutung, weil einem ganz anderen Hauptorgane angehörig, wesentlich von ihm verschieden und in seiner Eigenthümlichkeit auch längst von der Sprachwissenschaft anerkannt ist, durchweg keine Notiz nimmt. Wenn er aber in „Enge“ und „Angst“ das n hier als Charakterlaut faßt, so tritt er dadurch auch mit sich selbst in Widerspruch, da er es weiter unten (S. 45) in diesen Wörtern als bloß dem charakteristischen Gutturallaut vorgeschoben erklärt und dieß durch das gothische „Ag-is“ und angelsächsische „Agst“ zu erhärten sucht: was übrigens, beiläufig bemerkt, nicht stichhaltig ist, da gerade für die Begriffe des Engen und Beängstigenden das palatale n, das zum Unterschied vom gewöhnlichen am besten durch ñ bezeichnet wird, fast in allen Sprachen der vorherrschende Charakterlaut ist, wie aus dem sanskr. anga, nahe, gr. ἐγγύς, ἄγχι, ἄγκος, enge Schlucht, lat. angustus, goth. aggvus, ahd. angi, angels. ange, celt. ing, anc, lith. anksztas und aus dem griech. ἄγχειν, beängstigen, lat. angi, angor, anxius, ahd. angast, celt. angen, anken, angos, angar, nhd. angst, bange u. s. w. ganz unabweisbar hervorgeht.

Nach meinem Dafürhalten ist das eigentliche d. h. dental-linguale n, sofern es ursprünglich als Auslaut fungirt und nach dem vorausgehenden Vocal dadurch gebildet wird, daß sich die Zungenspitze bis an den Mittelpunkt des oberen Zahnkiefers vorstreckt, seiner Grundbedeutung nach als Begränzung durch einen **Punkt** aufzufassen, im Gegentheil zum palatalen n oder ñ, welches eine Begränzung durch Flächen (Zungenwurzel und Gaumen), und zum labialen **m**, welches eine Begränzung durch Linien (Ober- und Unterlippe) ausdrückt. Daher drückt das ñ vorzugsweise die Enge, das m den Begriff des „em“ und „um“, des Empfangens und Umfangens, das n hingegen das Ende aus, was im sansk. anta,- goth. andeis, slav. konjzj heißt und womit jedenfalls auch das griech. ἀνύω und ἀνύτω verwandt ist. Demzufolge bezeichnet dann das auslautende n vorzugsweise solche Begriffe, welche das Anlangen und Eintreffen, das Entschwinden, das Wenden und sich ändern rc. ausdrücken, z. B. das an, in, ent, hin, finden, schwinden, gewinnen, zerrinnen rc. und wird außerdem ganz besonders zu den eigentlichen Endungen verwandt. — Diese zunächst dem auslautenden n zukommende Bedeutung des sich bis zu einem Punkt Vorstreckens, in einem Punkt Berührens, und in einer Spitze Auslaufens wird dann auch auf das anlautende, seinem Vocal vorangehende n übertragen und findet sich als solche in Wörtern wie: neu (d. i. das Letzte, Aeußerste, novissimum agmen), neun (die letzte Zahl), nahe, nähen, Nadel, Nessel, nectere, Neige, neigen, nuere, nieder, niedlich, nippen, νίζειν, netzen rc., zu denen dann vielleicht auch die Nase, deren Bezeichnung in manchen Sprachen auch das Vorgebirge bedeutet, als das sich Vorstreckende und Zuspitzende gehört, wenn nicht das mit Schnabel, Schnauze rc. verwandte Wort erst von klangnachahmenden Verben wie: schnappen, schnieben, schnauben, schnüffeln (nüffeln), isl. hnysa, nausna, riechen, engl. to nose, spüren, wittern, holl. neuseln, forschen, womit vielleicht auch das sanskr. gnâ, cognoscere, exquirere zusammenhängt, abgeleitet, also das anlautende n in ihm ursprünglich noch mit einem onomatopoetischen Hauch= oder Zischlaut verbunden gewesen ist. Außer dieser übertragenen Bedeutung hat aber das anlautende n dann noch eine andere, ihm besonders angehörige. Sobald es nämlich mit einem ihm nachfolgenden Vocal ausgesprochen wird, ist die Zungenbewegung gerade eine umgekehrte, nicht Vorstreckung nach, sondern Zurückziehung von einem Punkte, es bezeichnet also die Wiederaufhebung auch der allergeringfügigsten, bloß punktualen Berührung, und dient insofern hauptsächlich zum Ausdruck der Verneinung, der Negation. Als solche ist es zunächst rein natürlicher Ausdruck der unmittelbaren Empfindung, Interjection, eben so unwillkürlich und auf denselben Vorstellungen beruhend wie die ablehnende Kopf= und Handbewegung. Sehr bald aber fixirt sich das bloße Empfindungswort, das fast in allen Sprachen ne lautet, zum Begriffswort, und aus diesem entwickeln sich dann wieder viele abgeleitete Bedeutungen, z. B. des Neckens, des Nörgelns, des Nehmens, des Naschens, Nagens, des Genießens, des Nährens, Genesens, Nützens zc. Hiemit sind aber die meisten der mit n anlautenden Wurzeln erschöpft, und die wenigen, welche etwa noch übrig sind, müssen größtentheils auf ursprünglich doppelconsonantische Wurzeln, z. B. nosco auf gnosco, natus auf gnatus zc. reducirt werden.

Mit gleicher Leichtfertigkeit sind nun auch alle übrigen Laute vom Verfasser charakterisirt, und die Wissenschaft, an ganz andere Darlegungen und Beweisführungen gewöhnt, wird daher, wenn sie an und für sich selbst ungläubig sein sollte, durch den Verfasser schwerlich zu seiner Idee bekehrt, ja vielleicht sogar aufs Neue mißtrauisch gegen sie gemacht werden. Trotzdem kann, wie ich schon oben angedeutet, die Schrift der Sache von großem Nutzen sein, wenn es ihr gelingt, gerade durch die flüchtige, leichtfertige, dabei aber geniale, ebensowohl von divinatorischem Tiefblick als üppig sprudelndem Witz und lebendiger Phantasie zeugende Behandlung des neuen Gegenstandes die Masse der Gebildeten für diese höchst interessante, eigentlich Jedem gleich nahe liegende und in ihren Folgen für die Wissenschaft, Kunst und Religion, ja selbst für das praktische Leben äußerst wichtige und bedeutsame Frage zu gewinnen.

Hiezu ist aber um so mehr Hoffnung vorhanden, als er in den beiden folgenden Abschnitten seiner Schrift auf den innigen Zusam=

daß in allen Sprachen der vorherrschende Cha[illegible]
dem sanskr. angu, nahe, gr. ἄγχι, ἄγχ[illegible]
angustus, goth. aggvus, alt. angi, angels. [illegible]
lich, enkeros und aus dem griech. ἄγχειν, [illegible]
angor, anxius, ahd. angust, celt. angen, [illegible]
ahd. angar, Lange u. s. w. [illegible] unabweisbar

Nach meinem Dafürhalten ist das eigen[illegible]
linguale n, sofern es ursprünglich als Aus[illegible]
dem vorausgehenden Vocal durch gebildet w[illegible]
genöthigt bis an den Mittelpunkt des oberen [illegible]
seiner Grundbedeutung nach als Begränz[illegible]
Punkt aufzufassen, im Gegentheil zum p[illegible]
welches eine Begränzung von Flächen (Zun[illegible]
men), und zum labialen m, welches eine Beg[illegible]
(Ober- und Unterlippe) ausdrückt. Daher b[illegible]
weise die Enge, das m den Begriff des „[illegible]
Empfangens und Umfangens, das n hingeg[illegible]
im sanskr. [illegible] goth. [illegible] konjz[illegible]
halte auch das griech. [illegible] ἀνέω ver[illegible]
bezeichnet dann das auslautende n vorzugsweise
das Anlangen und Hinreichen, das Entschwind[illegible]
sich ändern rc. ausdrücken. z. B. das an, hi[illegible]
schwinden, gewinnen, vernehmen, und wird au[illegible]
zu den eigentlichen Endungen verwandt. — Di[illegible]
lautenden n zukommende Bedeutung des sich
Berührens, in einem Punkte berührend, und
lautend wird dann auch auf das anlautende,
gehende n übertragen und findet sich als solche
(d. i. das begr. Accusativ, [illegible] agn[illegible]
Zahl), nahe, nähen, Nadel, [illegible], neotero, [illegible]
nieder, niedlich, nippen, [illegible]
leicht auch die Nase, deren [illegible] ma[illegible]
das Vorgebirge bedeutet [illegible] vorstreck[illegible]
gehört, wenn nicht [illegible] Schnauz[illegible]
erst von Nange[illegible] [illegible]ben wie: [illegible]
schnauben, [illegible] isl. hnysa, [illegible]
to nose, [illegible] neuseln, [illegible]
auch das [illegible]

geleitet, also das ...
onomatopoetischen ...
Außer dieser übertragenen ...
dann noch eine andere, ...
nämlich mit einem ihm ...
ist die Zungenbewegung ...
nach, sondern Zurückzie...
also die Wiederaufhebung ...
tualen Berührung, und ...
der Verneinung, der R...
natürlicher Ausdruck der
eben so unwillkürlich und
die ablehnende Kopf- un
sich das bloße Empfind...
lautet, zum Begriffswort
viele abgeleitete Bedeut
Nehmens, des Rasch

lautenden Wurzeln e
übrig sind, müssen
Wurzeln, z. B. n

... nur zum augenblicklichen
...ssen will. Daran werden
für gar Viele aber wird
...ngskraft liegen: denn das
Kind, das von den wun-
...er den Spielen einer tän-
...für eine Erweiterung seiner
...n wird, als von den regel-
seines Schulmeisters. Es
...ie, ungetrübte Sonnenlicht
...ese halten sich an die tau-
...ben und Schatten der dem
...ämmerung, und als eine
als wissenschaftliche Schrift
...llkommen zu heißen. Der
...ihen und compacten Massen
...n allen Gewaltmitteln des
...t die romantischen, neckenden,
der Tirailleurs, dem ordent-
...fe voran, und sie sind, wenn
geführt wurden, schon oft die
...n Siege geworden. An Be-
...nserem Promachos nicht, und
...ancher frühere, so auch dieser
...orbeeren tragen und der guten
verhelfen wird. Dem Kühnen
... pflegt auch der Glückliche zu
Die Sprache aber ist weiblichen
...ich von den Weibern:

...tgegen,
...n Wort!
...d verwegen,
...ser fort!

Geheimniß, bis Einer kommt,
Schleier zu lüften. Möge denn
Apokalypse der Sprache für die
uns das Geheimniß des Wortes,
...hüllen ist, doch wenigstens nicht
...eln sein!

Dr. Ad. Zeising.

menhang der Wurzelforschung mit der gesammten Mythologie selbst eingeht und hiebei wieder in und mit der Mythologie ein Bild des gesammten Natur- und Menschenlebens in seinen tiefsten, verborgensten Gründen und Anfängen vor uns aufrollt. Freilich ist auch dieses Bild wieder ein höchst willkürliches, wie im Uebermuth hingeworfenes Durcheinander von räthselhaften Lineamenten, kabbalistischen Zeichen und symbolischen Charakteren; wir müssen, wenn wir dem Verfasser auf seinen Kreuz- und Querzügen folgen wollen, wie Peter Schlemihl mit den Siebenmeilenstiefeln uns plötzlich vom äußersten Nordpol, wo eben die Götter Odin, Vili und We aus Eisblöcken das erste Menschenpaar bilden, in die südlichen Regionen des Paradieses schwingen, wo Gott der Herr den ersten Mann, Isch, aus einem Erdenkloß und sein Weib Ische, aus dessen Rippe gestaltet; dann wieder gilt es, uns nach Japan zu versetzen, wo der Stier (die Sonne) das Weltei, anfangs auf den Wassern schwimmend, dann auf dem Gipfel einer durch den Mond aus der Tiefe geholten Steinpyramide gleich der Arche Noah's festsitzend, mit seinen goldenen Hörnern aufstößt und seinen schnaubendem Athem in Pou (Kürbis, Feuerhauch) fahren und so den ersten Menschen, Purang, entstehen läßt. Von da müssen wir uns wieder zum hoch am Himmel Dahinwandelnden, dem Vater des Helios, dem Titanen Hyperion emporschwingen, um alsbald wieder mit den Wurzeln der Esche Ygdrasil zum unterirdischen Palast der Nornen Urd, Naranda und Skuld hinabzusteigen oder mit dem irrenden Odysseus an den Gestaden des Styx zu wandeln, von dem aus ein kühner Sprung zum Wischnu Indiens, zum Jehuda der Juden, zum Anubis Egyptens, zur Zauberin Thok in der Edda, kurz nach allen Enden und Richtungen der über Himmel und Hölle, Erde und Meer sich erstreckenden Mythenwelt hinzaubert. Und so buntschäckig der Stoff, so verschiedenartig und mannigfaltig ist auch die Darstellung. Hier von überschwenglicher Begeisterung, dort von nüchterner, fast pedantischer Bedächtigkeit; jetzt von tiefem Ernste, dann wieder von leichtfertigstem Scherz; einmal der Erguß einer constructiv-aufbauenden Phantasie, dann das muthwillige Spiel eines destructiv-vernichtenden Witzes: so daß man — ähnlich wie im platonischen Kratylos — oft nicht weiß, ob es dem Autor mit der ganzen Sache Ernst oder Spaß ist, ob er den Leser für seine Idee begeistern und gewinnen, oder ob er ihm dieselbe als ein lächerliches Phantasma, als eine hüpfende Seifenblase, als eine trügerische Fata Morgana nur zum augenblicklichen Amüsement vor den Augen herumtanzen lassen will. Daran werden allerdings nicht Wenige Anstoß nehmen; für gar Viele aber wird darin gerade eine ganz besondere Anziehungskraft liegen: denn das Volk ist dem größten Theile nach wie ein Kind, das von den wunderreichen Erzählungen der Großmutter oder den Spielen einer tändelnden Tante stets mehr angezogen und für eine Erweiterung seiner Vorstellungen und Anschauungen gewonnen wird, als von den regelrecht und methodisch vorgetragenen Lehren seines Schulmeisters. Es ist nicht Jedermanns Sache, in das reine, ungetrübte Sonnenlicht der Wissenschaft selbst hineinzuschauen; diese halten sich an die tausend bunten, schillernden, spielenden Farben und Schatten der dem Sonnenaufgang vorangehenden Morgendämmerung, und als eine solche haben wir die mehr poetische, als wissenschaftliche Schrift Ludolf Wienbarg's zu begrüßen und willkommen zu heißen. Der eigentlichen Schlacht, wo in geordneten Reihen und compacten Massen mit allen Kunstgriffen der Taktik und allen Gewaltmitteln des schweren Geschützes gekämpft wird, gehen die romantischen, neckenden, regellosen Plänkeleien und Vorgefechte der Tirailleurs, dem ordentlichen Kriege die poetischen Guerillakämpfe voran, und sie sind, wenn sie mit Begeisterung und Gewandtheit geführt wurden, schon oft die Vorboten und Vorarbeiter der künftigen Siege geworden. An Begeisterung und Gewandtheit fehlt es unserem Promachos nicht, und so steht zu hoffen, daß ihm, wie mancher frühere, so auch dieser Feld- oder vielmehr Streifzug seine Lorbeeren tragen und der guten Sache, für die er ficht, zum Siege verhelfen wird. Dem Kühnen gehört die Welt und der Verwegene pflegt auch der Glückliche zu sein, welcher die Braut heimführt. Die Sprache aber ist weiblichen Geschlechts, und Göthe sagt bekanntlich von den Weibern:

Geh' den Weibern zart entgegen,
Du gewinnst sie, auf mein Wort!
Doch, wer frech ist und verwegen,
Kommt vielleicht noch besser fort!

Sie hüllen sich so lange in ihr Geheimniß, bis Einer kommt, der keck genug ist, den jungfräulichen Schleier zu lüften. Möge denn auch die hier keck genug versuchte Apokalypse der Sprache für die Wissenschaft nicht ohne Folgen und uns das Geheimniß des Wortes, wenn es auch niemals ganz zu enthüllen ist, doch wenigstens nicht auf ewig ein Buch mit sieben Siegeln sein!

Leipzig. **Dr. Ad. Zeising.**

Ueber das Minnelied,

nebst Versuch zu einer Uebersetzung desselben.

Seit Bodmer zuerst auf die poetischen Schätze einer untergegangenen Welt aufmerksam machte, sind dieselben mit anhaltendem Fleiß dergestalt wieder ans Tageslicht befördert worden, daß es nun weltbekannt ist, daß wir schon einmal ein goldenes Zeitalter der Literatur gehabt haben [1]); zwar liegt dasselbe weit hinter uns, jedoch wir wissen nun, daß Heldenlieder und Minnelieder sein Inhalt ist, und sind mit jenen durch lesbar gemachte Urschriften und Uebersetzungen schon vertraut geworden. Die Minnelieder aber brachte erst 1838 Prof. v. d. Hagen in einer Gesammtausgabe an's Licht [2]), welche die Manessische Handschrift und die Ergänzungen aus andern Handschriften enthält, und zwar so hergestellt, daß sie die ältere Bodmersche (1758 und 1759) [3]) verdrängt, und eine treue Uebersetzung möglich macht, was Simrock und Weiske in ihren trefflichen Uebersetzungen der Gedichte Walters von der Vogelweide [4]) dargethan haben. Zwar sind Minnelieder früher auch übersetzt worden, aber sie sind in Zeitschriften zerstreut [5]), und die bedeutendste Sammlung, von Tiek (1820) [6]), leidet an Dunkelheit, theils da er sich nur des Bodmerschen Abdrucks bedienen konnte, theils weil er der alten Sprache zu viel Recht eingeräumt hat. Daher kam man in früherer Zeit zu keinem richtigen Urtheil über die Minnesinger; höchstens hielt man sie für nicht unglückliche Versuche [7]), für eine Morgenröthe der Dicht-

---

[1]) Vilmar, Gesch. d. d. Lit. 1850. Th. I, p. 10. — [2]) Minnesinger, deutsche Liederdichter des 12, 13 u. 14. Jahrh. 4 Th. Leipzig, Barth 1838. — [3]) Minnesinger aus dem schwäb. Zeitpunkt durch Rüdiger Manasse rc. 2 Thl. — [4]) Walter v. d. Vogelw. Ged. übers. v. C. Simrock, erl. v. Wackernagel, 2 Thl. Berl. 1833. und Ged. Walters v. d. Vogelw. übers. v. G. A. Weiske, Halle 1852. — [5]) Iduna (1813 — 1816) und Bragur (1792 — 1802). — [6]) Minnelieder aus dem schwäbischen Zeitalter. Wien. [7]) Schmits Gesch. d. Deutschen, Th. VII, p. 59.

kunst, oder für historische Fundgruben über die Sitten ihrer Zeit[8]); jedoch hat es sich nun herausgestellt, daß sie einen eigenthümlichen, dichterischen Werth haben, und der rege Antheil, den man jetzt daran nimmt, macht die Erscheinung einer übersetzten Auswahl von Minneliedern zum Bedürfniß; auch sind sie eine so außerordentliche Erscheinung in der Geschichte unserer poetischen Literatur, daß ich mir erlaube, über ihre Entstehung und ihr Wesen das Hauptsächlichste mitzutheilen, indem ich zugleich Proben meiner Uebersetzung einlege.

Begreifen wir jetzt unter Minnelieder alle lyrische Gedichte des 12., 13. und 14. Jahrh., so liegt das darin, daß sie in Einer Handschrift vereinigt sind, aber das eigentliche Minnelied hat noch eine besondere Bedeutung; es unterscheidet sich sogar vom heutigen Liebeslied dadurch, daß es sowohl die Huldigung der Frauen im Allgemeinen zum Gegenstand hat, als auch, an Eine gerichtet, meistentheils des Frühlings oder Winters erwähnt, und sich in den ehrerbietigsten, zartesten Schranken hält. Wenn daher die neuern Dichter auch wohlgelungne Liebeslieder gesungen haben, so bilden schon aus diesem Grunde die Minnesänger, die sich sehr bezeichnend Nachtigallen nannten, einen besondern Dichterkreis; aber noch mehr: sie sind, als die ersten, welche die Liebe auf so eigenthümliche Art behandelten, die Quelle unserer Anschauung des weiblichen Geschlechts. Daher kann man die Frage nicht umgehn: Wie kam es, daß ein Jahrhundert lang, in dem Zeitalter der Hohenstaufen, Berg, Wald und Thal von Liedern wiederhallten, welche nur die Huldigung der Frauen zum Gegenstand hatten, und einen unvergänglichen Eindruck hinterließen? Wie kam es, daß, nach den Ueberresten zu urtheilen, von mehr als 160 Dichtern (und wie viele Lieder mögen nicht verloren gegangen sein!), Tausende, möcht' ich sagen, von der einen Empfindung hingerissen wurden, da diese Begeisterung nicht nur unter den Deutschen, sondern auch unter den Provenzalen erwacht war? Was sag' ich, erwacht! es waren, nur in einer andern Richtung, dieselben schwärmerischen Flammen, welche einst Franzosen und Deutsche nach Asien getrieben hatten. Ich meine hiemit die Glaubenswuth, von welcher die Kreuzzüge entzündet wurden.

Mag man mit Herder die Kreuzzüge für eine Tollheit[9]), oder

[8]) Archiv d. Kirchengesch. v. Stäudlin u. Tzschirner, Bd. IV, St. 3, p. 466.
[9]) Ideen z. Phil. d. Gesch. d. Menschheit, Buch 20, Einl.

mit Heeren für die Heldenzeit des Christenthums halten [10]), mag man es beklagen, daß Millionen ihr Blut vergeblich in jenen wüthenden Kämpfen vergossen haben, so wirkten sie, die in ihren unermeßlichen Folgen nur der Reformationszeit vergleichbar sind, damals eben so wohlthätig, wie diese noch heute: zunächst auf den französischen Adel, dann auf den deutschen, indem sie seiner Tapferkeit, die sich in unzähligen Fehden zersplitterte, ein würdiges Ziel gaben, und dem aufkeimenden Ritterthum diejenigen Gefühle einflößten, von denen es fortan seine Weihe erhielt. Es war unmöglich, ein Ritter zu sein, ohne Großmuth zu üben, dem Unterdrückten beizustehn, und den Schwachen zu schützen. Wer aber war dieses Schutzes bedürftiger als die Frau, welche nicht im Alterthum vertreten war, die von dem mönchischen Begriffe, daß sie die Verführerin zur Sünde war, damals zu leiden hatte, und die noch im Morgenlande Sklavin ist? Aber mit dem ritterlichen Frauendienst ging ihr eine neue Sonne auf; sie konnte den ihr fremdesten Ritter um Beistand anrufen, und er kämpfte für die ihm Unbekannte auf Tod und Leben. Was man aber bis auf den Tod beschützt, muß dieser Ehre würdig sein. Die Frau an sich selbst konnte sich solche allgemeine Theilnahme nicht erwerben; noch ein andrer Umstand mußte dies bewirken: Wenn auch nach den ersten Kreuzzügen die Begeisterung für diese heiligen Kriege kühler ward, so war doch in den Herzen der schwärmerische Glaube geblieben, und erzeugte, sich vermischend mit den Wundern des Morgenlandes, in der Wirklichkeit die mönchischen Ritterorden, in der Dichtung die Gestalt des frommen Ritters Percival [11]), und in der Religion die Verehrung der Gottesmutter, seit dem 4. Jahrhundert schon die erste unter den Heiligen, als Königin des Himmels, wie Eberhard von Sar in der Mitte des 13. Jahrhunderts von ihr singt [v. d. Hg. Man. Saml. Th. I, p. 70, b.]:

Wer nun recht es ausgesponnen,	Swer nu rehte wil erkunnen,
Wer die ist, die sich in Sonnen	wer diu ist, diu mit der sunnen
Glänzend kleidet, reich an Wonnen,	ist bekleit, mit richen wunnen,
Zwölfgestirn als Krone klar,	gekroenet mit zwelf sternen klar,
Und den Mond zum Fußgestelle,	und ir schamel ist der mane,
So ist's reiner Wahrheit Helle,	das ist alles zwivels ane,
Schwankend nicht, wie Zweifelswelle:	in der warheit, niht nach wane,
Du die Magd, die Gott gebar,	diu maget, diu Got gebar;

[10]) Histor. Werke, Th. II, p. 42. — [11]) Von Wolfram von Eschenbach.

Der das Weltall Ehr' erzeiget,	elliu creatiure zeiget
Doch nicht deinen Ruhm ersteiget;	din lob, unt wirt doch erreiget
Bot sich Gott doch, dir geneiget,	niht, wan Got sich hat geneiget
Deiner Minne Wonne dar.	diner minne wunne var.

Was war natürlicher, als daß man in der Frau Maria's Spiegelbild erblickte, daß man der die höchste irdische Verehrung zollte, und die auf Erden als ein unantastbares Heiligthum ansah, welche im Himmel eine so hohe Vertreterin hatte? Schutz zu finden und endlich verehrt zu werden, mußte den Charakter der Frau wie von selbst heben, und ihr das Gefühl weiblicher Würde einflößen.

Von der Höhe des geistlichen Minneliedes floß daher der Alles mit sich fortreißende Strom des weltlichen auf das weibliche Geschlecht wohlthätig herab, und machte die Frau, entgegengesetzt den Begriffen des Alterthums und Morgenlandes, zur Genossin und Freundin des Mannes, welches Botenlauben sehr sinnig in seinem Abschied des Kreuzfahrers so ausdrückt [Th. I, p. 31, b.]:

Er:

Gäbe Christi Lohn nicht süß're Freude,	Waere Kristes Lon niht also sueze,
Ließ ich nicht die liebste Frau allein,	so enlieze ich niht der lieben vrouwen min,
Die ich grüße, da ich von ihr scheide;	die ich in minem herzen dikke grueze,
Ach, sie mag mein Himmelreich wohl sein,	si mak vil wol min himmelriche sin,
Wo die Gute weilet auch am Rhein.	swa diu guote wone alümbe den Rin.
Hilf mir Gott! O, möchtest du verleih'n,	herre Got, so tuo mir helfe schin,
Daß ich mir und ihr erwerbe	daz ich mir und ir erwerbe
deiner Gnade Schein!	noch die hulde din.

Sie:

Bin ich ihm gleich sel'gem Himmelreiche,	Sit er jiht, ich si sin himmelriche,
Hab' ich ihn zu meinem Gott gewählt,	so habe ich in zuo Gote mir erkorn,
Daß nie mehr sein Fuß von mir entweiche,	daz er nie mer vuoz von mir entwiche;
Sei's nicht meinen Sünden zugezählt!	herre Got, la dir'z niht wesen zorn!
Nicht ist er ein Dorn, der Augen quält,	er 'st mir in den ougen niht ein dorn,
Den zur Wonne Liebe mir vermählt.	der mir hie ze vroeuden ist geborn;
Kommt er zu mir nicht wieder,	kumt er mir niht herwider,
mir Freudeglanz für immer fehlt.	min spilnde vroeude ist gar verlorn.

So groß war die Wirkung dieser Lieder, daß es seitdem keine Dichtung ohne Liebe gab, und daß, wenn auch nach dem Erbleichen des Ritterthums und Mariendienstes die übertriebene Verehrung der Frau erlosch, ihr doch die häusliche Würde blieb; so war der ritterliche Minnegesang und Frauendienst die Blüthe, aus welcher die deutsche Weiblichkeit und Häuslichkeit als Frucht hervorging[12]), und das ist die geschichtliche Bedeutung dieser Lieder[13]).

Mag man ihren künstlerischen Werth beurtheilen, wie man will, — J. Grimm nennt sie frauenhaft[14]) und auch Gervinus[15]) findet etwas Unmännliches darin, — so könnte man mit jenem übereinstimmen, indem sie an Frauen gerichtet und in der That oft Sendschreiben waren, mit diesem, da jedes Minnelied so gedichtet ist, als wenn es nicht aus der Brust eines mannhaften, turnierfähigen Ritters, sondern aus der eines Jünglings gekommen wäre, in dem die ersten Keime der Liebe sich regen, und wer dieses Jugendgefühl, diesen Lebensmai, sich in der Erinnerung bewahrt hat, wird sich auch von der Natürlichkeit, von dem Adel der Gesinnung und jener Verschämtheit angezogen fühlen, die nicht wagt, den Namen der Verehrten durch Nennen zu entweihn, und die in der Gegenwart der Geliebten verstummt, worüber Otto zum Thurn sich so beklagt [Th. I, p. 344, b.]:

Find' ich ihr Herz mir gnadenreich,	Vind' ich genadenrichen muot,
So sprech' ich, „meinem Wunsch entstammt	so mag ich danne sprechen wol,
Ihr Bild," mit Einem Zuge;	si trag' des wunsches bilde.
Doch brennt mein Herz, Wildgluten gleich,	min herze brinnet als ein gluot;
Bin Huld zu suchen ich verdammt!	wan ich genaden suochen sol,
Mein Wort ist weg im Fluge!	so wirt mir sprechen wilde.
Gut, daß sie Etwas schon vernahm,	iedoch hat si ein teil vernommen,
Wie sie vor allen schönen Frau'n	daz si mir ist vuer ellin wip
Ins Aug' erst, dann ins Herz mir kam.	in ougen und in herzen komen.

Zugleich ist manchem Lied der Stempel des Ernstes und der Trauer aufgedrückt. Morungen ist empört, daß Einige glauben, die Schmerzen wären erdichtet, die er besingt, da er doch damals, als er in der Nähe der Geliebten war, dieselben nicht besungen hätte; als ob die damalige Freude Schmerz genannt werden könnte [Th. I, p. 125, b.]:

Blicke des Leides und Blicke der Reue	Leitliche blikke unt grozliche riuwe
Machen das Herz zum Sterben mir krank;	hat mir daz herz unt den lip nach verlorn;
Qualen, die alten, beklagt' ich für neue,	min alte not die klage ich vür niuwe,
Machte der Zorn nicht der Spötter mich bang;	wan daz ich vürhte der schimpfaere zorn;

[12]) Gervinus, Gesch. d. poet. Nat. Lit. Th. I, p. 303. — [13]) Erfolgte auch im 17. Jahrh. ein grausamer Rückschlag für die Frau, so erhielt sie als Ersatz im 18. die „Galanterie", welche wir, uns der alten Zeit erinnernd, mit „Ritterlichteil" übersetzen, und ihrer noch pflegen. — [14]) Altdeutscher Meistergesang, p. 8. — [15]) Gesch. d. poet. Nat. Lit. Th. I, p. 313.

Schallet jedoch um die, die mich freute, mein Klang,	singe aber ich durch die, diu mich vroeuwet hie bevorn,
Verleumde, bei Gott, mich Keiner um Treue,	so velsche dur Got nieman mine triuwe,
Kam ich zur Welt doch für Klang und Gesang.	wan ich dur sang bin ze der werlte geborn.
Manche wohl sprechen: „O, sehet, er singet!	Menger sprichet: „seht, wie der singet!
Andres wohl thät' er, empfing' er ein Leid.“	waer' ime iht leit, er taete anders, danne so.“
Sie nicht verstehen das Leid, was mich zwinget;	der mak niht wizzen, was mich leides twinget,
Aber recht thu' ich, so recht, wie zur Zeit,	nu tuon aber ich rehte, als ich tet do,
Da mich wenig die drängenden Schmerzen gereut;	do ich in leide stuont, do huob ich si gar unho;
Das ist nun die Noth, die zum Liede mich zwinget.	diz ist ein not, diu sanges mich twinget.
Leid ist dem Last, der der Freude sich weiht.	sorge ist unwert, da die liute sint vro.

Man suche aber nicht den Verstand befriedigende Betrachtungen in diesen Liedern. Liebe, Tapferkeit und Gottesfurcht, das eigentliche Wesen derselben, waren beim deutschen Ritter in Ein Gefühl zusammengeschmolzen, in welchem er seine Befriedigung finden mußte, da, nachdem sein größter Kaiser ihm auf einem unglücklichen Kreuzzug entrissen worden, der furchtbare Kampf zwischen der geistlichen und weltlichen Herrschaft Deutschlands Macht und Größe brach. Das trübt den deutschen Minnegesang, der, sich meist an Sommer und Winter, an Wonne und Schmerz, an Lust und Leid haltend, klagend oder spottend der unglücklichen Staatsverhältnisse gedenkt, wie Reinmar der Alte sie als eine verkehrte Welt schildert [Th. I, p. 197, b.]:

Wenn Platt' und Krone [16]) wollen kindisch sein,	Blatte unt krone wellent muotwillik sin,
So mögen kleine Kinder weise thun,	so waenent topf knaben wislichen tuon,
So fängt den Eber man mit Hasen ein,	so jaget unbilde mit hasen eberswin,
So stößt auf Falken kühn das schwache Huhn;	so ervliuget einen valken ein unmehtik huon;
Wenn dann der Wagen vor den Rindern geht,	wirt danne der wagen vür diu rinder gende,
Der Sack den Esel zu der Mühle trägt,	treit danne der sak den esel zuo der muln,
Der alte Gaul sich wie ein Füllen regt,	wirt danne ein eltiu gurre z' einem vüln,
Wißt, daß die Welt dann auf dem Kopfe steht.	so siht man'z in der werlte twerhes stende.

---

16) Papst und Kaiser.

Aber er kann nicht unterlassen, dieses verkehrte Deutschland auf seine Liebe anzuwenden, und fährt fort:

Wie wurden meine Augen liebersüllt,	Min ougen wurden liebes alse vol,
Als ich zuerst die Minnigliche sah;	do ich die minneklichen erst gesach,
Noch thut's mir wohl, macht mich noch immer mild;	daz ez mir hiute und iemer me tuot wol,
Doch hört, welch schönes Wunder da geschah:	ein minneklichez wunder da geschach:
Sie zog so sanft mir durch die Augen hin,	sie gie mir alse sanfte dur min ougen,
Daß sie sich nicht in solcher Enge stieß,	daz sie sich in der enge niene stiez,
Bis sie sich sacht' im Herzen niederließ,	in minem herzen si sich niederliez,
Und heimlich sitzt die Theure noch darin.	da trage ich noch die werden inne tougen.

Schärfer schwingt die Geißel Walter von der Vogelweide, wenn er auf das Verhältniß des Reiches zum Pabst zu sprechen kommt [Th. I, p. 261, b.]:

Aha, wie christlich lacht der Pabst, wie's ihm behaget,	Ahi, wie kristenliche nu der babest lachet,
Wenn er, „ich hab' es gut gemacht" zu seinen Wälschen saget;	swanne er sinen Walhen seit: „ich han'z also gemachet."
Was er noch sagt, nicht sollt' er's haben je gedacht,	daz er da seit, des solt' er nie mer han gedaht,
Er sprach: „Ich hab' zwei Deutsche unter eine Kron' gebracht;	er jihet: „ich han zwene Alman under eine krone braht;
Die wüthen nun im Reich und brennen sonder Rasten,	daz si daz riche storen, brennen unde wasten,
Indeß ich fülle meine Kasten.	al die wile vülle ich die kasten.
Zum Opferstock treib ich sie hin; ihr Gut ist alles mein,	ich han si an minen stock gement, ir guot ist allez min,
Ihr deutsches Silber fährt in meinen wälschen Schrein;	ir Tiutschez silber vert in minen Welschen schrin;
Drum, Pfaffen, Hühner esset, dazu trinket Wein,	ir, pfaffen, ezzet huener, unde trinket win,
Und laßt die Deutschen — fasten."	(.....) unde lat die Tiutschen fasten."

Doch blickt mitten im Spott ein ungeheurer Schmerz um die Zerrissenheit seines theuren Vaterlandes durch, von dem er geradezu sagt [Th. I, p. 224, b.]:

Verrath lauert in den Gassen,	untriuwe ist in der saze,
Gewalt fährt auf den Straßen.	gewalt vert uf der straze,
Wie Frieden, so ist Recht auch wund,	vride unde reht sint sere wunt;
Es fehlt den dreien [17]) an Geleit, sind diese beiden nicht gesund.	diu driu enhabent geleites niht, diu zwei enwerden e gesunt.

---

[17]) Dem zeitlichen Gut, der irdischen Ehre und der Gottesliebe, von denen er vorher gesagt hatte, daß sie nicht in ein Herz gingen.

Unter günstigern Verhältnissen blühte der Gesang bei den Provenzalen auf. Obwohl sie dieselbe Quelle mit den Deutschen theilten, so waren sie in ihren Unternehmungen glücklicher gewesen. Ruhmvoll kämpften sie im ersten Kreuzzug, siegreich fochten sie unter den castilischen Fahnen gegen die Mauren, und halfen das griechische Kaiserthum erobern (1204), wo französische Ritter Kaiser, Herzoge, Grafen und Barone wurden. Diese glänzenden Verhältnisse, und der Verkehr auf dem Meere, gaben ihnen eine lebensfrohere Weltansicht, und der gastfreie Hof der Grafen von Provenec Gelegenheit, die „heitere Kunst“ in poetischen Wettkämpfen zu üben, während die Frauen thätig eingriffen, die als Richterinnen auf den Liebeshöfen dem besten Liede den Ehrenkranz darreichten. Wohl fanden die deutschen Minnesinger ehrenvolle Aufnahme an dem Hofe der babenbergischen Herzoge von Oestreich, und beim Landgrafen Hermann von Thüringen, wo „der Becher nie leer an Wein stand,“ wohl deutet der in Sagen gehüllte Wartburgkrieg darauf hin, daß auch in Deutschland einmal ein dergleichen Sängerkampf gehalten worden, aber um so mehr erschallt die Klage über die Zurückgezogenheit der Frauen, und wie schwer es ist, einen Boten zu finden, der anständig ein Liebeslied überreichen und vorsingen kann, da den des Lesens und Schreibens unkundigen ritterlichen Dichtern Boten unumgänglich nöthig waren, wie Rothenburg sich darüber ausdrückt [Th. I, p. 88, a.]:

Wahrlich, meine Sinn' ich fast vergaß,	Miner sinne ich halber da vergaz,
Als ich Abschied von ihr nahm; sie saß	do ich urloup nam, unt si so saz
Leuchtend, wie die Sonne	si bran uf shone
In dem Abendroth;	sam der abent rot;
Hab' ich etwas Wonne,	wirt mir iht ze lone,
Ach, drein mischt sich baldigst Angst und Noth!	dast under sniten gar mit sender not.
Denn sie bat mich, da ich von ihr schied,	Si bat mich, do ich jüngest von ir shiet,
Ihr zu senden doch mein Liebeslied;	daz ich ir sande miniu send en liet;
Gerne wollt' ich's senden,	Diu wolte ich ir senden;
Wüßt' ich nur, wer's bringt	nu enweiz ich bi weme,
Recht zu ihren Händen,	der'z ir wizen henden
Da nicht jedem Boten das gelingt.	schone bringe, unt ir ze boten zeme.

Dagegen herrscht, wenn Weltlust und Ueppigkeit sich in den provenzalischen Sängern spiegeln, Sittenstrenge in den deutschen, wie

Walters Rügelieder das beweisen und das vortreffliche Lied des Markgrafen Heinrich von Meißen an die Zuchtentflieher, worin er die Wohlgezogenheit (Zucht) der Ungezogenheit (Unzucht) entgegenstellt [Th. I, p. 13, b.]:

Was hat zu geben mehr die Welt,
Davon der Harm von selbst zerfällt,
Als Frauenminn' alleine?
Ein Weib, das lieblich lächeln kann
Zu einem wohlgemuthen Mann,
Bringt Freuden ihm, nicht kleine;
Wenn sie mit Blicken zu ihm spricht,
Zumal vor seinem Angesicht,
Daß sie es redlich meine.
Wer feindlich diesen beiden sei,
Und wohn' mit Falschheit ihnen bei,
Der werde gleich zum Steine.

Waz hat diu welt ze gebene me,
davon ein sendiu not zerge,
dan wibes minne aleine?
ein wip, diu loslich lachen kan
gen einem wolgemuoten man,
der vröuden ist niht kleine,
swenne si stet gegen im ze angesiht,
unt si in mit ir ougen jiht,
daz si in von herzen meine:
swer diesen zwein gevaerik si,
unt wone mit valscher huote bi,
der werde z' einem steine.

Wer eine Frau, schön von Gestalt,
In der ein edler Muth auch wallt,
Auf seinem Wege finde,
Der halte sie in Lob und Ehr',
Sie ist ein Weib, so hoch und hehr,
Wie Wunsch es nur ergründe;
Ihr Leben, lauter, spiegelrein,
Kann trüben Herzen Wonne sein,
Wer feindlich drob entzünde,
Und wehrt den Frau'n die Freude gern,
Versink' in Meeresgrund, und fern
Von seinem Weib und Kinde.

An shoenem libe wol gevar,
in edelem muote reine gar,
swer daz an wiben vinde,
der lobe ir leben unt ere ir lip,
si ist gar eine reine saelik wip,
des wunsches ingesinde.
ir later spiegelvarwez leben
kan trüben herzen vröude geben;
swer sich des widerwinde,
der vrouwen rehte vröude wer,
versigelen mueze er uf daz mer,
von wibe unt ouch von kinde.

Euch, Zuchtentflieher, daß ihr's wißt,
Sag' ich, daß Zucht fern von euch ist,
Ich schwör's mit einem Eide!
Denn Zeug' ist Unzucht, die euch sieht,
Drum, Zuchtentflieher, flieht, o flieht!
Das Wort ist an euch, beide!
Stellt Wer sich nicht in Züchten dar,
Nehmt, Frauen, dessen wenig wahr,
Bis er von Unzucht scheide,
Und stehend auf der Sitte Fuß,
Darob gewinne Frauengruß,
Dann leb' er fern vom Leide.

Ir zuhtvlieher, iu si geseit,
daz zuht vil verre nach iu jeit,
des swer ich iu bi eide!
mit unzuht habt ir guten ziuch,
hei, zuhtvlieher, nu vliuch, nu vliuch,
so seit man von iu, beide;
ir, vrouwen, nemt sin kleine war,
ern' kom mit guoten zühten dar,
so daz er sich gescheide
von unzuht, als ein züchtik man;
swelch vrouwe im danne ir gruozes gan,
der lept gar sunder leide.

Hatte der deutsche Minnegesang die Folge, zarter den Umgang beider Geschlechte zu machen, so war der provenzalische Schöpfer neuer Dichtungsarten, jener Canzone, Pastorelle, Tenzone und Soneten, die Petrarca zur Vollendung brachte. Die so bereicherte italiänische Literatur machte unter Heinrich VIII. schnelle Fortschritte in England, und brachte auch das Sonet dorthin, in welchem sich Sir Philipp Sidney[18]) auszeichnete, der jedoch von Shakspeare übertroffen wurde; denn dieser besang, als ächter Minnesänger, und sich den Deutschen mehr nähernd als den Provenzalen, mit der ihm eignen feinen Beobachtung der Natur in 154 Soneten die Gefühle der Freundschaft und Liebe. Endlich wurden die von den Provenzalen ausgegangenen Weisen auch in die deutsche Dichtkunst aufgenommen, nachdem diese sich an dem griechischen Versbau versucht hatte; dagegen sind mit Ausnahme des Nibelungen-Verses und des Leiches, einer mit rasch abwechselnder Bewegung fortschreitender Liederart, die zur Cantate geworden, die kunstreichen Bildungen der deutschen Minnesänger nicht mehr erneuert worden, da sie durch das Streben, daß man immer sonderbarere schaffen wollte, überbildet wurden, und im 15. Jahrhundert, als schon längst die Höfe und Ritter aufgehört hatten, an der Dichtkunst Antheil zu nehmen, in den zunftmäßigen, städtischen Meistergesang ausarteten; hängt aber zuletzt Alles vom Aeußerlichen ab, so springt kein neuer Gedanke mehr auf, und Eintönigkeit ist die Folge davon; deßhalb gibt Gervinus gern hundert Minnelieder für ein provenzalisches, und wünscht eine geschmackvolle Auswahl derselben[19]), die denn wohl verdiente, übersetzt zu werden, wie wir schon mit einer Auswahl sinniger Troubadour-Lieder beschenkt worden sind[20]).

Wer diese Minnesinger nur recht übersetzen könnte! Zwar bietet die reiche v. d. Hagen-Manessische Sammlung, wohlgeordnet, mit Lesarten, Versmaaß, Bemerkungen und den Lebensbeschreibungen der Dichter versehen, das beste Hülfsmittel dar, aber es hat doch seine Schwierigkeiten. Man macht an einen Uebersetzer aus dem Altdeutschen strengere Forderungen, als an den aus fremden Sprachen; ja, oft sich widersprechende; ist man so glücklich, diese zu vereinigen, und doch die alte Sprache nicht mit der neuen immer zu verwechseln, so läuft man Gefahr, am Reim zu Grunde zu gehn, denn wer wird noch singen wie Teufen [Th. I, p. 108, b.]:

---

[18]) Shakspeare-Almanach v. Regis, p. 273, 282. — [19]) Poet. Nat. Lit. Th. I, p. 321. — [20]) Gedichte der Troub., übers. von C. L. Kannegießer 1852.

Kinder seht	Lieben kint,
Geht wonnefroh entgegen lieber Sommerzeit;	sint vroulik vro entgegen der lieben sumerzit,
Nachtigall-	Nahtegal
Schall ist so süß, daß er uns frohen Muth verleiht;	schal ist so sueze, daz er hohgemuete git.
Blicket an	schouwet an
Stolzen Mann	stolzen man
Und die schönen Frauen!	unde reine vrouwen,
Welch Gewand fand	welh ein kleit treit
Heid' und Anger, und wie glänzen rings die Auen!	heide unt anger, da bi schowent sumer ouwen.
Seid nun froh!	Nu sint vro,
So wär' ich gern, bekäm' ich Trost vom Liebchen fein,	so waer' ich gerne, troste mich diu vrouwe min,
Ich, der hofft,	der ich wol
Oft klagend, wie sie mich doch läßt in Sorgen sein.	sol sprechen, swi si mich doch lat in sorgen sin.
Minnegleich,	minneklich,
Tugendreich,	tügende rich
Ist sie Lieb' und Güle;	ist diu liebe, guote,
Und sie blieb lieb	si was ie hie
Immer mir vor allen Theuren im Gemüthe.	liep vor allem liebe mir in minem muote.
Lieblich blühn,	Lieplich var
Glühn meiner Liebsten Wangen, der mein Herz ich gab;	gar sint der lieben wängel, der min herze sank,
Wenn sie, gut,	si ist so guot,
Thut Gnad' an mir, so sinket schnell mein Leid hinab.	tuot si genade an mir, so wirt min truren krank.
Tadelfrei	wandels vri
Ist dabei	so ist si,
Sie, die Süß' und Reine;	diu vil sueze, reine,
Wünschet mir, hier	wünchent, daz baz
Tröste mich die Holde, die ich wahrhaft meine.	troeste mich diu liebe, die ich mit triuwen meine.

Das sind noch leichte, und in der That musikalische Inreime, wie denn überhaupt der ganze Minnegesang Musik, sogar zum Tanz für die fröhlichen Maifeste, war. Die Endreime steigern sich bis zu sechs Reimen, und endlich findet man jedes Wort gereimt. Ließe man auch diese unübersetzbaren Lieder aus, so fürchtet man zu ermatten an der mannigfaltigen, kunstreichen Abwechselung der Jamben und Trochäen in ein und derselben Strophe. Ich lobe mir daher die einfachern Lieder, zu deren Weisen sich der größte Minnesinger Walter von der Vogelweide bekennt, und schließe mit einem Lied von Hamle, welches das Lob der Frauen und deren Verehrung ganz so verkündigt, wie Eberhard von Sar das Lob und die Verehrung Maria's, und der Beleg von dem Verhältniß ist, in welchem beides zu einander stand [Th. I, p. 113, a.]:

Es kommt der Mai mit Schalle,	Der meie kumt mit schalle,
Die Vöglein singen alle,	die vogel' singent alle,
Reich schmückt mit Farben sich	von manger varwe rich
Die Heide wonniglich.	ist diu heide wonniglich.
Doch kann man's nicht vergleichen	sich mak niht gelichen
Den süßen, minnereichen,	den suezen minneklichen
Den Frauen, gut von Art,	reinen vrouwen guot,
Die sich vor Falsch bewahrt.	die vor valsche sint behuot.
Ein Kuß vom rothen Munde	ein kus von rotem munde
Erfreut aus Herzensgrunde	der vroeuwet von herzengrunde,
Mit freundlichem Umfang	darzuo ein umbe vank
Von zweien Armen, schön und blank.	von zwein schoenen armen blank.
Wer liebel Zucht und Ehre,	Swer zuht unt ere minne
Hat Sinn auch für die Lehre:	der hab in sime sinne,
Er spreche frohgemuth	daz er vrouwen sol
Von Frauen immer gut,	z' allen ziten sprechen wol;
Geb' ihnen holde Grüße,	er sol si lieplich gruezen,
Die schönes Wort versüße,	mit senften sprüchen suezen,
So wird ihm bald zu Theil	so beginnet sin pflegen
Ein segenreiches Heil.	manik wunneklicher segen.
Vom rothen Mund ein Lächeln	von rotem mund ein lachen
Wird weg die Trauer fächeln;	mag alles truren schwachen;
Sein Herz von ihrem Blick	ir spilnder ougen vunt
Verwundet, preist sein lieblich Glück.	machet ein herze lieplich wunt.
Mund, der Rubinen gleichet,	Wichent dem liehten schine:
Und keinem Glanze weichet,	münde, rot als die rubine,
Und Wangen, klar und fein,	wengel wol gevar,
Mit minniglichem Schein,	minnekliche und dabi klar
Das schmücket süße Frauen.	tragent sueze vrouwen.
Man soll sie gern anschauen,	man sol si gerne schouwen
Denn Alles, was da lebt,	vür allez, daz nun lebet
Nicht ihren Werth erstrebt.	ir lob in hohen werden swebet.
Nicht Worte sind zu finden,	mit hundert tusent münden
Die tief und voll ergründen	kan nie man volle gründen
Vom edlen Frauenthum	vrouwen werdekeit,
Ihr Lob und ihren hohen Ruhm.	ir lob unt ouch ir ere breit.

Indem ich einen Versuch über das Wesen des Minneliedes wagte, wollte ich in den Proben zugleich zeigen, daß die Uebersetzung keineswegs eine sogenannte freie sein soll, obgleich sie die alte Sprache umgeht. Denn schon Wieland rieth, „die Uebersetzung nicht wörtlich zu machen, wodurch aller Reiz verloren geht, sondern diese warmen, kräftigen, naiven Lieder unserer guten alten Schwaben in ähnlichem Versmaaß und in dem wahren Minnesängerton den heutigen Deutschen vorzupfeifen [21])".

---

[21]) Bragur IV, p. 76.

H. v. Rebenstock.

Bildung der Nebensätze.
Beitrag zur deutschen Grammatik.

Als ich vor einigen Jahren die Lehre von den Nebensätzen behandelte, schien es mir bedenklich, ihr die Gestalt zu geben, die eine strenge Beachtung der Resultate der historischen Schule bedingt. Die Verweisung der Conjunctionen aus der Reihe der Wortkategorien schien dem praktischen Zwecke des Buches nicht förderlich, die Zurückführung der Nebensätze auf zwei Classen schien mir die Uebersichtlichkeit zu erschweren, die Anordnung nach logischen Kategorien schien von dem Wesen der Satzlehre geboten, und so zog ich denn die logische Anordnung der historischen vor. Was ich dort (Grammatik für höhere Schulen) unterließ, versuche ich in den folgenden Zeiten. Die Kritik der bisherigen Behandlung berechtigt zu einem solchen Versuche.

1. Begriff.

Den ältern Grammatikern war es eigenthümlich, von der grammat. Form auszugehn und deren Bedeutung aufzuzeigen. Indem sie dabei aber den Blick nur auf die ihnen gegenwärtige Sprachperiode wandten, mußten sie, der historischen Entwicklung unkundig, Verwandtes trennen, Verschiedenes verbinden und so einer Form Bedeutungen beilegen, ohne nachweisen zu können, wie sie ihr zukamen. Auch bei den Nebensätzen gehen sie von einem äußern Momente aus: sie finden nämlich zwei unterscheidende Merkmale, die Conjunction und die Abhängigkeit des Satzes. Schärfer fassen zuerst die Grammatiker der logischen Schule den Begriff. Herling meint, der Nebensatz stehe in demselben Verhältniß zum Hauptsatze, wie ein Glied des einfachen Satzes zu diesem. Wie dieses seinen Träger neben sich finde, so habe der Nebensatz den seinigen im Hauptsatze. Der Form nach ist daher der Nebensatz dem Hauptsatze untergeordnet, der Bedeutung nach ist er nichts als ein Begriff. Dieselbe Ansicht hat auch Becker, mag er nun den Nebensatz ein Satzglied nennen, das sich zu einem ganzen Satze entwickelt habe, oder einen in der Form des Gedankens dargestellten Begriff. Den Logikern stimmt auch Götzinger im Wesentlichen bei, indem er den Nebensatz als einen regierten Satz bezeichnet, der an sich keine selbständige Mittheilung enthalte, sondern nur den Inhalt seines Hauptsatzes ergänze und der Bekleidung oder dem Zusatze des bekleideten Satzes entspreche. Die Grammatiker der historischen Schule haben nichts Eigenthümliches; sie folgen in der Begriffsbestimmung der ältern oder der logischen Schule.

Der Begriff des Nebensatzes läßt sich nicht kürzer und treffender geben, als dies von Becker und Herling geschehen ist: der Inhalt desselben ist ein Begriff, die Form ist die der Unselbständigkeit, er hat seinen vollständigen Organismus, aber — das läßt sich wenigstens von der jetzigen Form sagen — durch das ihn bildende Wort ist ihm, ich möchte sagen, die Kraft gebrochen und er existirt nur noch als ein Theil eines ihm vollkommen fremden Organismus. Conjunctionen, die Sätze regieren, giebt es eben so wenig als regierte Sätze.

2. Entwicklung.

Ueber die Entstehung der Nebensätze sind die Ansichten sehr verschieden. In der ersten Periode der Sprachentwicklung, sagen die ältern Grammatiker, habe nur eine einfache Aneinanderreihung von Sätzen stattgefunden, also nur Hauptsätze. Erst mit der steigenden Verstandesbildung habe man die logischen Verhältnisse genauer gefaßt und zur Bezeichnung logisch gesunkener Sätze die Conjunctionen erfunden. Die neuern Grammatiker dagegen meinen, der Nebensatz habe sich aus dem einzelnen Begriffsworte entwickelt. Wie sich ein Blatt am Stamm, sagt Herling, zu einem Zweige, zu einem Aste, zu einem Baume am Baume entwickeln kann, so kann ein einzelner Satztheil durch das verbale Leben, welches in ihm waltet, oder welches er im Zusammenhange mit dem Ganzen hat, den vollständigen Organismus eines Ganzen gewinnen, er kann selbst zum Satze werden. Freilich gibt Herling (Syntax II. §. 2) daneben auch zu, daß der Nebensatz sich auch aus einem Hauptsatze entwickle, der in seiner logischen Bedeutung gesunken sei, daß der abhängig gedachte Hauptsatz auch die grammatische Form der Unselbständigkeit erhalte, ja daß selbst der Nebensatz wieder zu einem flectirten Satzgliede herabsinke. (Synt. I. §. 76). Becker nimmt dieselbe Entwicklung an. Ebenso Götzinger, der sogar soweit geht, daß er in jedem liegenden Verb (Participiale) einen Nebensatz sieht (Gramm. II. S. 240), z. B. der Arme geht im Dorfe betteln; nicht jeder weiß öffentlich zu sprechen; die Bäche kommen vom Berge gerauscht ꝛc. Götz. findet daher auch die Benennung „verkürzte Sätze" ungeeignet, als gegen die historische Entwicklung verstoßend.

So stehen sich hier zwei Ansichten geradezu entgegen. Die Ansicht der ältern Grammatiker stützt sich auf das Gesetz, das für die Entwicklung alles Organischen gilt, daß das Einfache dem Zusammengesetzten zu Grunde liege, auf die Erfahrung, die an jedem sich entwickelnden Individuum zu machen ist, auf die Auffassung und Darstellung alter Schriftsteller (Homer ꝛc.), die oft da beigeordnete Sätze wählen, wo nach logisch strenger Fassung ein Satzgefüge stehen sollte. Die neuern Grammatiker stützen ihre Ansicht auf die Unzulänglichkeit der Participialien. Becker versichert zwar (Organ. S. 534), nicht diese habe die Nebensätze veranlaßt, sondern die logische Entwicklung der Sprache, im Grunde aber ist's doch dasselbe, wenn er S. 535 hinzufügt, die Flexion des Verbs gewähre der Darstellung größere Bestimmtheit und Deutlichkeit.

Gegen das Wesentliche in der Ansicht der frühern Grammatiker läßt sich in der That nichts sagen. Sie haben das Gesetz organischer Entwicklung, die tägliche Erfahrung, die Geschichte der Sprache für sich, und nur darin irren sie, daß sie meinen, die Conjunctionen seien erfunden worden. Die Sprache ist nicht erfunden und erfindet nichts. Wohl kann es geschehen, daß die Unterscheidung logischer Verhältnisse feiner und schärfer wird, dann aber schafft sich der Sprechende nicht neue Formen, — und thäte er es, er würde nicht verstanden, — sondern er benutzt nur vorräthige, indem er sie auf analoge Verhältnisse überträgt oder indem er sie, wenn sie verwandt oder gleichbedeutend sind, in ihrer Bedeutung präcisirt. Den Einwurf, daß Jemand in den Fall kommen könne, logische Verhältnisse bezeichnen zu wollen, für welche die Sprache keine Form habe und für welche er deshalb erst neue Formen schaffen müsse, wird Niemand im Ernste machen. Jeder Gedanke, jedes logische Verhältniß erhält erst für uns Existenz, wenn es sich in Worte kleiden läßt. — Was die Begründung der zweiten Ansicht betrifft, so muß man einen freiern und in mancher Beziehung häufigern Gebrauch der Participialien in der ältern Sprache zugeben. Diese hatte Mittel, den Infinitiv wenn auch nicht grade zu flectiren, doch des substantivischen Gebrauchs fähig zu machen, ohne ihm seine verbale Natur zu rauben; das Particip hatte, ohne daß Bedeutung und Rection beeinträchtigt wurde, adjectivische Form. Manche Formen und Flexionen haben sich jetzt verwischt und ihr Gebrauch ist dadurch beschränkter geworden. Ein Ersatz war nothwendig und die Umbildung der Participialien zu Nebensätzen unvermeidlich. Aber daraus folgt noch keineswegs, daß jenes die ersten Anfänge der Nebensätze sind, daß diese sich aus jenen haben entwickeln müssen; vielmehr setzt dies schon den Gebrauch der Nebensätze voraus. Diese müßten dasein, ehe man sich ihrer, die Unzulänglichkeit der Participialien fühlend, bedienen konnte. Und es finden sich ja auch Nebensätze in der Sprachperiode, in welcher die Participialien noch ungeschwächt in Form und Bedeutung waren. Ja, es finden sich da schon Nebensätze, die wir mit unsern geschwächten Participialien zu ersetzen vorziehen würden. Ich führe nur einige an. Manot unsih thisu fart, thaz wir es wesan anawart (darauf zu merken). Otfrid. — Nu ist cit, daz wir denken. — Diu ware gewizzede ist, daz du dich pecherest von den sunton, diu des tiuvels dienest sint; unde diu ware wisheit ist, daz du Got nobest nach der wahrheit siner gebote. Nortpert. de sapientia. — Wan ez engenouget neheineme, daz er daz ubil vermidet, er newelle daz guote tuon; noh enhilfet nicht, daz er daz guote tuot, er newelle daz ubele verlazen. Nortp. — Wir vergeben unseren vigenten die citlichun sculde, daz wir gewinnen mugin die ewigen Gotes hulde. Nortp. de miseric. — Got gibiutet uns, daz wir vergeben. Nortp. de indulg. — Die Nebensätze waren also schon da und die Vertretung der Participialien durch sie hat nur ihren Gebrauch erweitert. Wären die Participialien wirklich die Keime der Nebensätze, dann müßte man auch nachweisen können, daß die Form des Participiales die Form des Satzes bedinge. Becker (Organ. S. 543) behauptet das zwar, allein der Beweis dafür ist nicht gelungen, denn er selbst muß anerkennen, daß das den Nebensatz bildende Wort in die Gliederung dieses gehört, somit der Einwirkung des Hauptsatzes entzogen ist, seine Formen also durch seine Stellung im Nebensatz, nicht durch sein Verhältniß zum Hauptsatze bedingt sind. Wären die Participialien die Keime der Nebensätze, so wäre es überdies eine unbegreifliche Erscheinung, daß logisch geschwächte Hauptsätze gerade in die Form sich umbildeten, zu welcher das einfache Participiale sich erweiterte. Der Grund davon müßte dann nicht sowohl in dem Inhalte des Nebensatzes, als in seinem logischen Verhältnisse zum Hauptsatze gesucht werden. Und gerade das hat, wie wir weiter unten sehen, nicht den mindesten Einfluß auf die Form des Nebensatzes. — Die Ansicht der neuern Grammatiker ist in jeder Beziehung unhaltbar.

3. Bildungsmittel.

Die älteren Grammatiker betrachteten als die einzigen Bildungsmittel Conjunction und Wortstellung. Conjunctionen und Nebensätze theilten sie in gleicher Weise ein, die Benennungen entnahmen sie der lateinischen Grammatik. Herling hat das Verdienst, eine tiefer gehende Auffassung begonnen zu haben. Er geht von der Ansicht aus, daß im Nebensatz nur ein Begriff liege und zwar, da das Verb seinem Satze unentbehrlich ist und nicht umschrieben werden kann, der eines Substantivs, Adjectivs oder Adverbs. Daher nimmt er drei Arten von Nebensätzen an, die er nach jenen grammatischen Begriffen nennt, Substantiv-, Adjectiv- und Adverbialsätze. Als Bildungsmittel erscheinen ihm die Relation, der Satzartikei, die Wortfolge und die Betonung. Die Relation übernimmt die Beziehung des Nebensatzes auf den Hauptsatz, der Satzartikel substantivisirt den Nebensatz, die Wortstellung unterscheidet ihn vom Hauptsatze und der Ton bezeichnet, indem er gleichsam über dem Satze schwebt, ihn als etwas Zusammengehöriges und ordnet ihn, indem ihm der Ton dieses Satzgliedes zu Theil wird, als ein Glied in den Hauptsatz ein. Sieht man vorerst von Herlings Standpunkt ab, so läßt sich seiner scharfen Auffassung nur ein Einwurf machen. Herling irrt nämlich darin, daß er das Adverb neben Substantiv und Adjectiv stellt. Diese beiden sind grammatische Begriffe in eigenthümlichen Formen, jenes aber ist nur eine grammatische Form, der begriffliche Inhalt ist substantivisch oder adjectivisch. Will man die Nebensätze nach den in ihnen wohnenden Begriffen ordnen, so erhält man daher nur Substantiv- und Adjectivsätze; will man die Begriffe nur nach ihren grammatischen Formen ordnen, so erhält man Substantiv-, Adjectiv- und Adverbialsätze. Herling hat grammatische Formen und Begriffe coordinirt und damit das Theilungsprincip verletzt.

Becker geht von demselben Principe aus, vermeidet aber den von Herling begangenen Fehler und führt daher alle Nebensätze auf

Substantiv- und Adjectivsätze zurück. Indem er nun die Form der Begriffe beachtet, theilt er die Substantivsätze in Casus- und Adverbialsätze. Damit giebt er, wenn ich mich nicht irre, zu zwei Ausstellungen Veranlassung. Zunächst sind Casusformen und Adverbialformen nicht verschieden; sind wir auch jetzt nicht im Stande, die letztern alle auf jene zurückzuführen, das steht fest, daß die Adverbien verhärtete Casusformen sind, daß ihnen ursprünglich die gleiche Bedeutung zu Grunde liegt und daß erst in späterer Zeit die Bedeutungen auseinander gehen. Will man aber auch die Unterscheidung von lebendigen und abgestorbenen Casusformen gut heißen, so ist um so weniger der zweite Einwurf zu beseitigen. Will nämlich Becker die Unterabtheilungen nach den grammatischen Formen ordnen, so mußte er die Adjectivsätze in Adjectivsätze im engern Sinne und in Adverbialsätze eintheilen, da ja bekanntlich der syntaktische Gebrauch des Adjectivs ein substantivischer, ein adjectivischer und ein adverbialer ist. Ueberhaupt thut Becker nicht wohl daran, daß er die grammatische Eintheilung zum Theilungsgrunde macht, sie berührt den Nebensatz eigentlich nicht. — Dieser ersten Eintheilung stellt Becker selbst (Organ. S. 551) eine andere entgegen, die auf den Formen des Attributs und des Objects ruht, in Adjectivsätze, Casussätze und Adverbialsätze. Diese Unterscheidung ist noch weniger haltbar. Die erstern unterscheidet und nennt Becker nach ihrem grammatischen Inhalte, die an der zweiten Stelle nach der grammatischen Form und bei den letzten bleibt es ungewiß, ob Becker Inhalt oder Form derselben berücksichtigt hat. — Was die Bildungsmittel des Nebensatzes betrifft, so stimmt er Herling im Wesentlichen bei.

Götzinger geht auch von dem grammatischen Inhalte der Nebensätze aus und führt sie daher auf Nennsätze und Beisätze zurück; indem er aber diesen noch eine dritte Classe beiordnet, so fällt er mit Herling in einen Fehler. Als Bildungsmittel bezeichnet er die Conjunctionen, und versteht darunter, was Herling Relation und Satzartikel nennt; ferner Betonung, Biegung und Wortstellung. Auf Betonung legt Götz., aber mit Unrecht, geringen Werth. Biegung sieht er in den Formen des „liegenden Verbs", z. B. ich sehe den Feind von der Höhe herabsteigen rc. Besondern Werth aber legt er auf die Wortstellung. Diese erklärt Götz. aus der Entwicklung des Nebensatzes aus Participialien, da diese, wie er meint, gewöhnlich ihre Bekleidungen vor sich haben, z. B. die Heerde ins Gefilde treiben, dem Feinde eine Niederlage beibringen. Indem sie sich zu Nebensätzen entwickeln, bleibt ihre Wortfügung sichen, das Beziehungswort tritt vor und die Satzform ist gegeben. Dieser Erklärungsversuch überrascht auf den ersten Blick, er ist ganz einfach und natürlich; allein er ist, wie Götz. recht gut weiß, unhistorisch. In den älteren Dialekten haben die Participialien ihre Bekleidungen nicht regelmäßig vor sich. Ich nehme die ersten Sätze aus Tatian's Evangelienharmonie, die ich finde. Sie tho gisehente then sterron gifahun michilemo gifehen thrato, inti ingangante in hus fundun then kneht etc. Fundun man in themo temple, sizzentan untar mitten then lerarin, horentan thie inti fragentan. Smo stigantemo in scef, folgetun imo sine jungiron etc. Die Wortstellung beginnt allerdings schon im Ahd. sich zu scheiden, allein erst im Nhd. hat sie sich festgesetzt.

Was nun zuletzt den logischen Standpunkt selbst betrifft, so bedarf es nur wenig Worte, um nachzuweisen, daß von diesem aus die Entstehung der Satzformen nicht zu erklären ist. Unsere Grammatiker ordnen die Nebensätze entweder nach dem grammatischen Inhalte oder nach den logischen Beziehungen. Jenes hat Becker consequent gethan, dieses seine zahlreichen Nachfolger und nicht immer mit gleicher Consequenz. Das Letztere ist offenbar falsch. Sagen wir z. B.

Es ist bekannt, daß Columbus Amerika entdeckt hat;
Wir wissen, daß Columbus Amerika entdeckt hat;
Die Kunde, daß Columbus Amerika entdeckt hat, geht von Geschlecht zu Geschlecht;
Seit dem, daß Columbus Amerika entdeckt hat, haben sich die Angelegenheiten Europa's sehr verändert;
Dadurch, daß Columbus Amerika entdeckt hat, ist die Erdkunde sehr gefördert worden;
Darüber, daß Columbus Amerika entdeckt hat, streitet Niemand 2c.;

so ist in allen diesen Satzgefügen ein Nebensatz, der stets in derselben Form wiederkehrt. Betrachtet man aber sein logisches Verhältniß, so ist das fast in jedem Satze anders: er ist da Subjectiv-, Adjectiv-, Attributiv-, Temporal- und Causalsatz; er ist den grammatischen Formen nach Nominativ-, Accusativ-, Genitiv-, Dativ- (oder nach Becker'scher Weise Adverbial-) Satz. Trotz dieser verschiedenen

Verhältnisse und Beziehungen behält er seine Form, er ist ein Ganzes für sich, in seine Gliederung greift der Hauptsatz nicht herein. Das logische Verhältniß hat also nicht den mindesten Einfluß auf seine Form.

Nimmt man mit Becker die grammatischen Begriffe zum Ausgangspunkte, so läßt sich wohl recht gut nachweisen, wie sich das Substantiv und das Adjectiv in bestimmten Formen umschreiben läßt, allein für das Adverb oder vielmehr die adverbiale Form des erstern hat Becker kein durchgreifendes Gesetz gefunden. Wenn es ihm nicht gelungen ist, die organische Entwicklung des Nebensatzes nachzuweisen, so liegt der Grund darin, daß es von seinem Standpunkt nicht nachzuweisen ist. Satzformen, die in einer früheren Sprachperiode sich gesetzt haben, lassen sich nicht von dem Standpunkte unserer logischen Bildung erklären, und das um so weniger, als überhaupt das logische Princip nicht ausreicht, die Sprache zu erklären. (Vorrede zu meiner Grammatik). Logik und Sprache verhalten sich nicht wie Ursache und Wirkung, sondern es sind zwei Factoren, die neben einander stehen, hemmend und fördernd auf einander wirken und so in steter Wechselwirkung sich in ihrer Ausbildung gegenseitig bedingen. Die Logik schafft nicht, sondern sie verwendet nur vorhandene Sprach- und Satzformen.

In den folgenden Zeilen versuche ich die Lehre von den Nebensätzen in historischer Weise darzustellen. Der Versuch ist, so viel ich weiß, der erste. Die Grammatiker der historischen Schule haben sich entweder auf die Formenlehre beschränkt wie Vilmar, Diefenbach, Reimnitz rc., oder sie behalten in der Syntax die Form der alten Grammatik bei und ordnen darnach das historische Material, wie Hoffmann rc., oder sie legen eine logische Eintheilung zu Grunde, wie Horn rc. und nennen sie nach der alten Grammatik, wie Kehrein (Relativ-, Casus- und Adverbialsatz). Die folgende Darstellung macht keinen Anspruch auf Vollständigkeit, sie soll nur zeigen, welche Gestalt diese Lehre gewinnt, wenn sie historisch behandelt wird.

Alle Nebensätze in ihren vollständigen Formen lassen sich auf zwei Classen zurückführen.

1) Das Beziehungswort (Conjunction) ist Satzglied des Nebensatzes und durch seine Stellung in diesem ist seine Form bedingt.

2) Das Beziehungswort (Conjunction) ist dem für sich vollständigen Nebensatze vorgesetzt, es ist nicht Satzglied in demselben, es drückt nicht sein Verhältniß zum Hauptsatz aus, es ist das grammatische Zeichen syntaktischer Unselbständigkeit.

Der Kürze wegen nenne ich jene Pronominalsätze, diese Conjunctionalsätze. Auf die Namen lege ich keinen Werth; wer bessere, bezeichnendere weiß, mag sie mit ihnen nennen.

I. Pronominalsätze.

1) Die Sprache hat in der frühesten Periode kein Satzgefüge. Die einfache Behauptung fand im einfachen Satze ihren Ausdruck, mehrfache Behauptungen in Sätzen, die unverbunden oder wenigstens selbständig neben einander standen. Das Einzige, das die logische Zusammengehörigkeit bemerklich machte, war die Betonung.

Die erste sprachliche Beziehung eines Satzes auf einen andern oder ein Glied in demselben ist mit dem Wesen des Pronomens gegeben. Dieses an sich inhaltsleere Wort war dem Sprechenden ein bequemes Mittel das, was schon genannt war, anzudeuten, und die lästige Wiederholung von Begriffswörtern zu vermeiden. Damit war zugleich aber auch eine Beziehung ausgesprochen, die freilich weiter nichts ausdrückt, als daß beiden Sätzen ein Begriff gemeinsam sei. In „do irstarb ther kuning Herod“ (Tatian) weist do auf ein anderes Ereigniß hin, dem in der Zeit das hier ausgesagte sich anschließt. In „mithin her fasteta fiorzug tago inti fiorzug nahteo, after thin hungirita inan“ reihen die Pronomen nur Satz an Satz: er ward in die Wüste geführt; damit ist verbunden: er fastete ꝛc.; nach diesem tritt ein: er hungerte.

Eine solche Beziehung lag im Wesen des Pronomens, dieses schon führte zur Form des Nebensatzes und es bedurfte nicht erst des Mißbrauchs, zu der die sinnliche Anschauung, die mit dem Pronomen verbunden war, Veranlassung gab. Man begnügte sich nämlich nicht bloß mit der einfachen Angabe des Begriffs, man begnügte sich nicht mit dem vertretenden Demonstrativ, sondern man setzte dasselbe auch noch nachdrucksvoll nach: t h e r s u n t h e r ist guater; t h i u n a h t t h i u quimit; t h a z k i n d t h a z druag thaz witu mit;

thiu wort thiu wurtun mari. Wenn an einen solchen Satz ein zweiter trat, so hatte man damit schon unser Satzgefüge, z. B. ther sun ther ist guater ther gihorchit sinen eldiron. Allein auch abgesehen von diesem übermäßigen Gebrauche, führte schon die pronominale Verbindung zum Nebensatz. Hatte man z. B. die beiden Sätze ther habet brut und ther ist briutigamo, so standen der grammatischen Form nach zwei Behauptungen neben einander, die sich durch ihren Inhalt nur und durch die Betonung als zusammengehörig ausweisen. Der Sprechende konnte aber damit entweder beide Behauptungen aussprechen wollen, oder nur eine vorzugsweise und die andere fügte er erklärend hinzu. Wollte er letzteres, so konnte er das nur durch den Ton ausdrücken, die Sprache gab ihm keine besondere Form dafür. Daß ein solches Hervorheben geschah, liegt auf der Hand. Wenn der Eine dem Andern zuruft: thiu naht quimit, thiu birgit unsih, dann wollte er sicherlich seinen Gefährten nicht auf die hereinbrechende Dämmerung hinweisen, denn das sah jener auch, sondern darauf, daß diese Schutz gewähre. So also mag sich das Satzgefüge zuerst gestalten haben, das Unterscheidende zwischen Haupt- und Nebensatz lag nicht in der Form, es lag nur im Tone.

Mit der Betonung in engster Verbindung scheint die Wortstellung gestanden zu haben. Den starken Ton hat der Hauptsatz, in ihm wieder das logisch bedeutsamste Wort. Der Nebensatz tritt im Ton zurück, er im Ganzen, wie seine Glieder. Vorausstehend muß sich in ihm der Ton heben, gegen den Hauptsatz hin und um das zu erleichtern, scheint das Verb nachgestellt worden zu sein. Die Wortstellung erscheint daher nicht als eine nothwendige Folge der Betonung, sondern als eine bequeme, sie stützende Begleiterin.

2) Die erste Form des Satzgefüges bestand also aus zweien Sätzen, die nur im Tone und allenfalls in der Wortstellung verschieden waren, z. B.

Der mich minnot, der behaltet mine rede. Nortpert.

Thaz ih thir gebiete, thaz habe thu fasto in muate. Otfr.

Die ne wellent nicht werden gotes chint, die unvridesame sint. Nortp.

In beiden Sätzen steht das Demonstrativ, das natürlich einen und denselben Gegenstand andeutet, jedes gehört zu dem Satze, in dem es steht, und folgt dessen Rection. Eine Congruenz zwischen beiden muß insoweit stattfinden, als es die Hinweisung auf den gleichen Gegenstand, in Genus und Numerus verlangt.

Wie in obigen Sätzen Demonstrativ neben Demonstrativ steht, so kann auch statt des einen der Gegenstand selbst genannt werden.

Iwer himelesker vater ist genadec, ther rigenot uber rehte unte unrehte. Nortp.

Er ferit fora Christe mit selbomo geiste, then in alt worolti Helias ouh·was habenti. Otf.

3) Wie die Casusformen, so wurden auch die verhärteten Pronominalformen gebraucht; vielleicht waren sie noch lebendig, als diese Satzformen sich festsetzten.

a) thar da, von dem Demonstrativ ther (goth. sa),

thar — thar, — wo — da. Es hat ursprünglich räumliche Bedeutung und ist von da auf die Zeit übergetragen.

aa) Thar thin treso ist, thar ist thin herza. Tat.

In krippha man nan legita, thar man thaz fihu nerita. Otf.

Ich will iemer dahin, da ich ganze vröude vinde. Hartm.

Da ward bereitet in ein sarc, da man'z inlegen solde. Nibelungen.

Wohl dem, der nicht sitzet, da die Spötter sitzen. Luther.

Des Menschen Sohn hat nicht, da er sein Haupt hinlege. Luther.

bb) Er quam in inan, thar ther fater zimo sprah. Otf.

An jenem abende, da der kunic saz, vil der richen kleider wart von wine naz, da die schenken solden zua den tischen gan. Nibl.

Nhd. da kann ebenso gut von ahd. thar herrühren, als von tho; letzteres liegt näher.

b) Thanne, danne, thenne, denne, than, dan, den von dem Demonstr. ther: thanne — thanne, so — so thanne, so thanne — thanne, wenn — so. Ursprünglich bezeichnet es die Zeit; unbestimmte, angenommene Zeit wird zur Bedingung und diese Bedingung befähigt es, hinter den Comparativ zu treten.

aa) Thanne ir iz findet, thanne kundet ir iz mir. Tat.

Wann kumet der? danne diz lichamhaftiga an sih legit unlichamhaftiga. Notker.

Mhd. und Nhd. kenne ich kein Beispiel.

bb) Denne desiu (deisu?) tuet ir, augun miniu simblum ubar iwih. Kero.
Mhd. und Nhd. nicht.

cc) Thu imo liabara bist, thenne al gifugiles. Otf.
Deheine liute gehabten sich noch nie baz, dan sie sich gehabent. Nibl.
Daz ist in solcher hitze noch bezzer denne win. Nbl.
Was ist reicher, denn die Weisheit, die Alles schafft. L.

Die Negation, die in unsrer ältern Sprache bisweilen nach thanne steht, weiß ich nicht zu erklären.

c) Tho, do vom Demonstrativ ther, bezeichnet zuerst die Zeit, im Nhd. auch den Grund. tho — tho, so — tho, tho —.

aa) Do daz gihorta Herodes der kuning, ward gitruobit inti al Hierusalem mit imo. Tat.
Druhtin queman wolta, tho man alla worolt zalta. Otfr.
Si was ein kuniginne, do was er dan noch ein kneht. Gud.
Da noch Alles lag in weiter Ferne, der Weg sich noch unendlich vor Dir dehnte, da hattest Du Muth. Sch.

bb) Dir blüht gewiß das schönste Glück der Erde, da Du so fromm und heilig bist. Sch.

d) so vom Demonstr. sa. Es stellt zwei Handlungen nebeneinander in der Weise (Vergleichung) und der Zeit. Indem es so die lose und zufällig verbundenen bezeichnet, dient es auch zur Bezeichnung des nothwendig Verbundenen. so — so, also — so, so — also, also — also (al-so, verstärktes (so.

aa) Ze wihen zitin fuarun, so siu giwon warun. Otf.
Iz wird thoh irfullit, so Got gisazta thia zit. Otf.
Mi riwet niht so sere, so vron Kr. min wip. Nibl.
So liep dir si ze lebenne, so trit vil balde uz an den sant. Nibl.
So langsam sein Geist gebar, so vollendet waren seine Früchte; so spät sein Entschluß reifte, so standhaft und unerschütterlich ward er vollstreckt. Sch.

bb) So sie tho gibetotun, thia fira gientotun, so ilten sie heim. O.
Forahtun sie in tho gahun, so sinan anasahun. O.
Ez was in einen ziten, so diu loup enspringent. Gud.

So er spricht, so geschicht's; so er gebeut, steht's da. L.

cc) Thaz kleibt er imo, so (obgleich) er es ni bat, in thero ougono stat. Otf.

So groß auch das Vertrauen war, das man in sich selbst und in einen solchen Führer setzte, so machten doch die erfahrensten Generale kein Geheimniß daraus, daß sie an einem glücklichen Ausgange verzweifelten. Sch.

So (wenn) ie die kunige riten in ir lant, so muozen ouch die recken mit in al ze hant. Nibl.

e) thoh vom Demonstrativ ther, scheint ursprünglich nur die Sicherheit der Aussage verstärkt zu haben und wird dann zur Concessivpartikel. thoh — thoh, thoh — io thoh, thoh thoh —.

Thoh thaz herza bue innan mir, ist harto kundera thir. O.

Thoh sie in wizzen, sie ne furhtent in. Notk.

Thoh mir megi lidolih sprehan worto gilih, ni mag ih thoh mit worte thes lobes queman ze enti. O.

Ez n'was niht mit wine, doch ez im glich waere. Trist.

Schon Mhd. wird doch im Nebensatz seltner und im Nhd. verschwindet es ganz.

f) thanta, danta, schon ahd. selten, = weil, im Mhd. und Nhd. nicht.

Iz ist fargeban ze sprehanne, danta gescriban ist. Kero.

4) Die erste volle Form hat, wie schon aus vielen obigen Beispielen hervorgeht, mannigfache Veränderungen erlitten.

a) Bei einfachen Beziehungen fällt häufig das Demonstrativ des Hauptsatzes aus.

Then thu nu habes, nist thin gomman. Tat.

Thoh bin ich, then er suachet. O.

Mit arabeiten werbent, thie heiminges tharbent. O.

Der ni eret den sun, ni eret den vater. N.

Daz mit im wolde striten, dem si waren holt. Nibl.

tuot, dez ich in bit. Nibl.

Das ich gefürchtet habe, ist über mich gekommen, und das ich sorgte, hat mich betroffen. L.

Ebenso bei den verhärteten Pronominalformen.

Nist in erdrichi, thar er imo io intstriche. O.

Der engil imo zuo sprah, tho er inan sciuhan sah. O.

So thisu wort then kuning anaquamun, hinterquam er thero worto. O.

Thanne ir betot, wizzit thaz. O.

Sif liefen, da si funden gesatelt manic man. Nibl.

Der muoter begund er volgen sere, als man friunden soll. G.

Er sitzet, da die Spötter sitzen. L. ꝛc.

b) Die Demonstrativformen im Haupt- und Nebensatze hatten nach und nach verschiedene Bedeutung erlangt. Diese Verschiedenheit mußte mehr und mehr zum Bewußtsein kommen und veranlassen, dieselbe auch zu bezeichnen. Das geschah auf doppelte Weise.

aa) Im Gothischen ward das Demonstrativ des Nebensatzes verdoppelt: sa-ei, so-ei, that-ei; und nichts anders mögen auch die ahd. Formen der dar, der die, der dir, der de, ferner dar dar, do dar, danne dar sein. Diese Formen sind schon mhd. selten und verschwinden nhd.

Thrany man thiu menigi, thiu thar was tho ingegini. O.

Min ougen scowotun thaz lioht, thaz thar scinit. O.

bb) Unter dem Einflusse indirecter Fragesätze trat für das Demonstrativ des Nebensatzes das Interrogativ ein; hwer allein erscheint ahd. sehr selten relativ, desto häufiger mit so oder so — so. Der Bedeutung nach unterscheidet es sich von ther nur dadurch, daß es allgemeinere Bedeutung hat, während ther das einzelne Individuum und das ganze Geschlecht bezeichnen konnte.

Wer den andern verraten will, der ist selbo verraten. N.

Wer ingengit, der ist giheilot. N.

Nu frewen sih alle, so wer so wola wolle joh so wer si hold in muate frankono thiote. O.

So wemo ir geheizit, ir sunta mo bilazit. O.

Auch hwelih (qualis) mit so verbunden wird zum Relativ.

So weliche daz irkennent, dien genadet er. Notk.

Im Mhd. nimmt der relative Gebrauch beider Wörter zu; das verhärtete so lehnt sich an und verschmilzt mit wer und welch.

Swer ir minne gerte, der muoze ane wanc drin spil an gewinnen dar vrowen wol geborn. Gud.

Swen du sehest weinen, dem troste seinen lip. Nibl.

Swaz se ir kunden dienen, des was man ir bereit. Gud.

Swelher si unschuldec, der laze daz besehen. Nibl.

Swelhe da geritent, die habent den tot an der hant. Nibl.

Im Nhd haben wir: wer — der, wer —, derjenige — welcher, Substantiv — der und welcher. Das präfigierte s verschwindet wieder.

Wer besitzt, der lerne verlieren. Sch.

Wen das Schicksal drückt, den liebt es; wem's entzieht, dem will's vergelten; wer die Zeit erharret, siegt. Hdr.

Diejenigen, welche Frömmigkeit als Zweck und Ziel aufstecken, werden meistens Heuchler. Göthe.

Alles, was wir treiben und thun, ist ein Abmühen; wohl dem, der nicht müde wird. Göthe.

Das Betragen ist ein Spiegel, in welchem jeder sein Bild zeigt. Göthe.

Man kannte den Feind vollkommen, dem man gegenüberstand.

Auch für die verhärteten Demonstrativformen treten die Interrogativen ein.

Hwar kommt ahd. nur in indirecten Fragen vor, relativ aber steht so hwar. Mhd. wird das räumliche swa, das neben wa steht, auf Zeit und Causalverhältnisse angewandt.

Eis gota, war Christ giboran wari. T.

Warun fragenti, war er giboran wurti. O.

So war imo gebrast, dar half er imo. N.

So war so du bist, dar ist er. N.

Ich errinde rehte, wa die recken sint. Nibl.

Swa wir'z danne vinden, da legen uns an ein gras. Nibl.

Swâ si bi den frouwen kurzwile pflagen, da sah man ie vil gerne den helt von Niderlant. Nibl.

Swa man den mortmeilen bi dem toten sihet, so bluotent im die wunden. Nibl.

Im Nhd. behält es Anfangs seinen ausgedehnten Gebrauch, doch wird es als Bezeichnung des Grundes jetzt seltner und als Zeitbezeichnung ist es fast außer Gebrauch.

Sehe jeder, wo er bleibe. G.

Woher die Winde kommen, wohin die Winde gehen, hat Niemand noch vernommen. Rück.

Die größten Schwierigkeiten liegen da, wo wir sie nicht suchen. Göthe.

Noch ist es Tag, da rühre sich der Mann; die Nacht tritt ein, wo Niemand wirken kann. Göthe.

Ein solcher Schritt ist dreimal verderblich jetzt, wo die Aebte nichts unterlassen werden, das Ansehn der Bischöfe zu verringern. Sch.

Wo nun das Salz dumm wird, womit soll man salzen? L.

Sicherheit ist nicht für euch, wofern der Landvogt lebend diesem Sturm entkommt. Sch.

Hwanne, hwenne tritt für thanne ein. Im Ahd. scheint es nur in indirecten Fragen vorzukommen. Im Mhd. bezeichnet es Zeit und Grund; im Nhd. Zeit und Grund (Bedingung und Einräumung).

In Aegypto wis thu sar, unz ih thir zeigo thar, wanne thu beginnes thes thines heiminges. O.

Die fuoren mit im gerne, wan sie wol den jungen künic erkanden. Gud.

Swenner bi den helden uf dem hove stuont, so stuont so minnecliche daz Siglinde kint, daz in von herzeliebe trute manic vrowe sint. Nbl.

Wan wurden disin maere ze Rine geseit, dun dörftest nimmer geriten in Guntherlant. Nibl.

Gott hilft nur dann, wenn Menschen nicht mehr helfen. Sch.

Das Spiel des Lebens sieht sich heiter an, wenn man den sichern Schatz im Herzen trägt. Sch.

Wenn er es auch nicht war, der die Sachsen nach Prag lockte, so war es doch gewiß sein Betragen, was ihnen die Einnahme der Stadt erleichterte. Sch.

Hweo tritt für so, also ein. Im Ahd. bez. so wio Weise und Grund. Zusammensetzungen beginnen schon, wie wio wole — so — doh, wio drate — ie doh. Mhd. mehrt sich der Gebrauch und die Bedeutung erweitert sich.

Ih beginne redinon, wio er bigonda bredigon. O.

So er habet ketan, so will er wolta. N.

Swie du mir gebiutest, so will ich immer sin. Nbl.

Swie sueze si ir wise, doch singet aller beste min herre. Nbl.

Swie waetlich si din man, swie biderbe und swie schoene, so soltu vor im lat Gunther den recken. Nbl.

Swie er niht swimmen kunde, im half diu Gotes hant. Nbl.

Im Nhd. wird so durch das verstärkte also, als, und das Interrogativ vertreten. Als bezeichnet die Zeit und Vergleichung, wie außerdem noch, mit auch oder wohl verbunden, die Einräumung.

Wallenstein wußte längst den Inhalt ihrer Sendung, als die Abgesandten des Kaisers ihm vor die Augen traten. Sch.

Heinrich v. Brederode hatte mehr Mundwerk als Beredtsamkeit. Sch.

Wie der Hirsch schreit nach frischen Quellen, so sehnet meine Seele sich zu Dir.

Wie er winkt mit dem Finger, auf thut sich der Zwinger. Sch.

Es schaut nach Dir die Welt, wiewohl Dich Keiner schaut. Plat.

Wanda wanta tritt für thanta, aber nur ahd. ein.

Die sint vile salic, die vridesame sint, wanti sie geheizen werdent gotes chint. N.

Dem demonstrativen thoh entspricht kein Interrogativ, es ist daher aus dem Nebensatze ganz verschwunden und hat seine Bedeutung an zahlreiche Stellvertreter abgetreten.

cc) Die Beziehung des Relativs auf das Demonstrativ hat mehrere Verbindungen veranlaßt, das Demonstrativ mit dem Adverb, zu dem es gehört, ist aus dem Hauptsatze getreten und zum Relativ und übernimmt mit diesem oder auch ohne dieses die Beziehung des Nebensatzes. Solche Verbindungen sind: so bald als, so lange als, so fern als (in so fern als), so weit als ꝛc.; so bald, so lange, so fern ꝛc.

Nur in sofern werden die Vermögenden geschätzt, als Andere durch sie genießen. G.

Ich freue seiner guten Meinung mich, sofern sie redlich ist. Sch.

Sobald die Fürsten eingetreten sind, wird jeder Zugang zum Palast besetzt.

5) Reichen die Casusformen der Pronomen nicht aus, so treten Präpositionen ein.

Daz enkom den niht ze guote, von den sie den schaden nam. N.

Ob er welle Hagnen sinen sun sehen, an dem von einem grifen im herzeleide was geschehen. Gud.

An swiu ir wol gelunge, daz soldet ir beliben lan. N.

Bezieht sich das Pron. auf ein vorangehendes Substantiv, so stehen mhd. gewöhnlich die verhärteten Pronominalformen, mit Präpositionen verschmolzen.

Man vand ze allen ziten die kurzwile, swarnach jeglichen daz herza truoc den muot. Nibl.

Er sluc im einen slac mit eime scharpfen wafen, davon er tot gelac. Nibl.

Si suochten uz den kisten die herrlichen cleit, darinne si begegne den recken wolden gan. Nibl.

Im Nhd. sind diese Verschmelzungen fast ganz außer Gebrauch gekommen; wir sagen nicht mit Lessing: die Schilderei, wovor sie gesessen 2c.

6) Obgleich der Nebensatz an sich vollständig war und das Beziehungswort in seiner Form durch seine Stellung bedingt war, so fühlte man doch die innige Beziehung, in der er zum Hauptsatze stand. Daher wohl ist es zu erklären, daß das Beziehungswort des Nebensatzes der Rection des Hauptsatzes folget (Attraction). Es kömmt selten vor.

Gibot si then sar gahun, then thes lides sahun. O.

Bigan tho druhtin redinon thenselbon zwelf theganon, then thar umbi inan sazun. O.

Mit worten, then er thie alten forasagon zaltun. O.

Im Nhd. sind solche Attractionen noch seltner.

Sie eilt dem Wandrer zu bieten Schutz und Rast und, wen's auch sei, zu wärmen und zu laben. Redwitz.

Du solltest sogleich vor jene Schranken treten und Rede stehn auf was man fragen wird. Kleist.

7) Häufiger ist eine Verschiebung des Substantivs, auf welches der Nebensatz sich bezieht, vor oder in diesen.

Allez daz in horte, dem was nach Horande weh. Gud.

Alle die ez gerten, den gap man ros und gewant. Nibl.

Ein König, der die Armen treulich richtet, des Thron wird ewiglich bestehn.

---

8) Zu pronominalem Gebrauche sind mehrere Substantiven herabgesunken und sie sind daher obigen zur Seite zu stellen.

a) weil (dieweil, dieweilen, derweilen). Die Weile gehörte eigentlich dem Hauptsatze an und auf dieses wurde der Nebensatz nach obigen Regeln bezogen: thia hwilla so. Eine Schwächung des Substantivbegriffs muß aber schon früher eingetreten sein, da die Congruenz zwischen Pronomen und Substantiv schon früh verletzt wird: die wile daz. Jenes fiel endlich ganz aus und das Substantiv trat an die Spitze des Nebensatzes.

Al die wila, so wir in demo lichamin pin. Notk.

Also vogal sine jungen bruote, so bruote mich, die wile unrecht in werlt ist. Notk.

Wir wellen dich's ergetzen, die wile wir leben. Nibl.

Die wil daz lebet Gunther, so kund ez nimmer ergan. N.

Im Nhd. bezeichnet es seltner die Zeit, als den Grund.

Das Eisen muß geschmiedet werden, weil es glüht. Sch.

Um Gott, Herr Vater, zürnt nur nicht, daß ich erschlug den groben Wicht, dieweil Ihr eben schlieft. Uhl.

b) Das goth. Substantiv aiv wird ahd. (eo, io, ieo) schon zur Partikel = immer. Der Gebrauch desselben bei Comparativen führte in die Reihe der Beziehungswörter, z. B. er wirdit eo wiser, eo bezzer, er wird immer weiser, immer besser = Weisheit und Güte wachsen mit einander = um so viel (je) weiser, um wieviel (je) besser. Im Nhd. steht für je im Hauptsatze ein demonstratives (des diu) desto.

So der man ieo bezzero ist, so imo harter wiget anderro ubeltat. Notk.

Je länger, je lieber.

Die Schwierigkeiten wachsen, je näher man dem Ziele kommt. Sch.

Je mehr man das Heer verstärkte, desto weniger durfte man um den Unterhalt desselben bekümmert sein. Sch.

c) Nun, wahrscheinlich ebenfalls Substantiv, wird ahd. schon (nu, bi dhiu nu, inunn) Zeitadverb und dann Beziehungswort. Ahd. steht es nur als Zeitadverb: ih nu sageta; erst mhd. wird es Beziehungswort.

Nu wir der herverte ledec worden sin, so will ich jagen riten bern unde swin. Nibl.

Nu ir mich betrogen hat, ir muezet etc. Nibl.

Im Nhd. ist es fast ganz außer Gebrauch gekommen.

Nun ich das weiß, werd' ich nicht länger zurückhalten.

d) Ob von goth. ibu, der Zweifel. Es scheint zuerst in die indirecte Frage übergegangen zu sein und wurde dann conditional. Im Nhd. steht einfaches ob nur in indirecten Fragen, die causale Bedeutung hat es in den Zusammensetzungen ob gleich, ob wohl, ob auch, ob schon.

Druhtin, oba thu iz bist, thanne gibiut mir, thaz ih queme thar zi thir. O.

Ob ir'z niht geloubet, so fraget iur wip, die kuniginne. Gud.

Ez mueze sin ein wunder, ob ez iemer geschieht. Nibl.

Und eh' der Tag sich neigt, muß sich's erklären, ob ich den Freund, ob ich den Vater soll entbehren. Sch.

Ob ihr auch leidet, um Gerechtigkeit willen, so seid ihr doch selig. L.

Die Verwendung der Fragpartikel zur Bezeichnung causaler Verhältnisse lag sehr nahe, da schon in früher Zeit die Form des Fragesatzes selbst dazu verwandt wurde.

Wolde er dir singen, ich gaebe im tusent phunt. Gud.

Welt er mit uns riten, vil vro soll ich des sin. Nibl.

Wüßt' ich mein Herz an zeitlich Gut gefesselt, den Brand würf' ich mit eigner Hand hinein. Sch.

Lügt er, dann ist die ganze Sternkunst Lüge. Sch.

II. Conjunctionalsätze.

9) Während bei den Pronominalsätzen Beziehungswörter stehen, die, wenn auch nicht selbst einen Begriff bezeichnen, doch einen solchen andeuten, also einen logischen Inhalt haben und wirkliche Satzglieder geworden sind, so steht in den Conjunctionalsätzen ein Beziehungswort, das weder einen Begriff enthält noch andeutet, das kein Satzglied ist, das nichts ist als ein äußeres, grammatisches Zeichen für die Unselbständigkeit des Satzes. Es ist dies die jetzige Conjunction daß, unzweifelhaft das Neutrum des Demonstrativs.

Wie aber hat das seine Bedeutung so ganz verlieren können? Man hat in neuerer Zeit es aus einem ganz einfachen und oft wiederkehrenden Vorgang erklären zu können gemeint. Es standen nämlich, nimmt man an, die beiden Sätze ursprünglich selbständig neben einander, etwa wie: ich weiß das, er ist gekommen. Das Demonstrativ deutete den Inhalt des folgenden Satzes an. Indem die zusammengehörigen Sätze auch zusammen gesprochen wurden, so ging nach und nach das Demonstrativ in den Nebensatz über. Von seinem Regens losgerissen, müßte es hier natürlich absterben, sein Inhalt verloren gehen, seine Form erstarren. Ein solches Hinübergleiten haben wir oben schon mehrmals zu bemerken Gelegenheit gehabt und wir finden es gerade in Beziehung auf daß noch mehrfach, es wäre also an sich gar nichts Ungewöhnliches. Allein dieser Annahme steht entgegen, daß sich im Gothischen schon that — ei findet, jenes Doppeldemonstrativ, das als Relativ verwandt wird. Es scheint daß nur dadurch erklärt werden zu können, daß man annimmt: diese Nebensätze haben sich in einer Zeit gebildet, in welcher man sich schon gewöhnt hatte, ein Demonstrativ an der Spitze des Nebensatzes zu sehen, so daß man es als grammatisches Zeichen logischer Unselbständigkeit ansah und es dem Nebensatz vorsetzte.

10) Schon in frühester Zeit erscheint dies Satzgefüge in dreifacher Form:

a) der Nebensatz steht ohne das grammatische Zeichen seiner Unselbständigkeit.

Dat sagetun mi seolidante westar ubar wentilseo, tot ist Hildebrant. H.-Lied.

Ih weiz, thu es innana bist. O.

Thu ni bist es wis, thaz lant thaz heizit paradys. O.

Da wolden si des waenen, ez waere ein wildez getwerc. Gud.

Mir sagt's das Herz, sie ist von Gott gesendet. Sch.

Doch ich hoffe, der Herzog wird in keinem Stücke weichen. Sch.

b) Der Nebensatz hat das Zeichen seiner Unselbständigkeit.

Thiu ware gewizzede ist, daz du dich pecherest von den sunton, die des tiuvels dienest sint; unte diu ware wisheit ist, daz du Got uobest nach der wahrheit siner gebote. Nortp.

Diu liut waenent lihte, daz ich si verzagt. Nibl.

Der Glückliche glaubt nicht, daß noch Wunder geschehen. Sch.

Ich habe nie gesehen, daß tüchtige Menschen wären undankbar gewesen. G.

c) Der Hauptsatz weist mit einem Demonstrativ auf den als unselbständig bezeichneten Nebensatz hin.

Ik gihorta dat seggen, dat sih ushettun enon muotin Hiltibraht enti Hadubrant. Hildebrandslied.

Iz ist giscriban, thaz her sinen engilon gibiote fon thir, thaz sie mit iro hanton thih nemen. Tat.

Daz er sie solde minnen, daz duhte nieman reht. Gud

Seni hatte es in den Sternen gelesen, daß die glänzende Laufbahn seines Herrn noch lange nicht beendigt sei. Sch.

11) Hatte sich einmal die Form des Nebensatzes gebildet, so war die Bezeichnung seines logischen Verhältnisses so lange unnöthig, als diese selbst einfach waren. Verlangt es dagegen Verständniß oder Deutlichkeit, so ward dies an dem Demonstrativ im Hauptsatze bezeichnet, und zwar

a) durch die Casusformen.

Des verdriuzet sere min herze unt min lip, daz ich dich sehe so selden. Gud.

Si saget's im grozen danc, daz ir der abent waere mit freuden hingegangen. Gud.

Si tet ez dem wol geliche, daz sim holden willen truoc. N.

Dem tet Ruedeger wol gelich, daz er ein recke waere. Nibl.

Daß ihr sie haßt, das macht sie mir nicht schlechter. Sch.

Sei des stets eingedenk, daß er Dich wie ein Vater liebt.

b) Durch Pronominalformen so, also und diesen gleichbedeutende Formen.

Die frouwen sazen also nahen, daz si'z sahen. Gud.

Daz schoene wafen erklanc also, daz diu fiurvanken draeten uz den schilden. Gud.

Er was nu so gewachsen, daz er ze hove reit. Nibl.

Man horte die clagen, so daz man des wuofes wart in der stat geware. Nibl.

So tief bin ich gefallen, bin so arm geworden, daß ich an unsre frühen Kinderjahre Dich mahnen muß. Sch.

Schon sein Aeußeres war von der Art, daß es Zutrauen einflößen mußte. G.

c) Durch Präpositionen, die zum Pronomen treten. Im Ahd. steht das substantivisch gebrauchte Pronomen mit der Präposition, mhd. beginnen die Verschmelzungen, nhd. stehen nur solche.

Thie ungiloubige gikerit er zi libe, thie dumbon duat ouh danne zi wisemo manne zi thiu, thaz er gigarawe thie liuti etc. O.

Artota in theru burgi, thie thar giheizan Nazareth zi thiu, thaz gifullit wurdi thaz giquetan was. Tat.

Do er von in vuor, do liez er sie umbe daz in demo vride, daz er sie ouh wolte finden in demo vride. Nortp.

Bi thiu thaz ih irdualta, scal ih iz hiar irzellen. O.

Ih thiono thir in mina zungun in thiu, thaz (in dem, daß = in so weit) ih iz kunni. O.

Daz wart durch daz getan, daz si daz wolden wizzen. Nibl.

Ir deheiner fröude nie davon gewan, daz mit im wolde striten, dem si da waren holt. Nibl.

Do trehende Herwige die ougen umbe daz, daz diu Hetteln ougen von weinen wurden nas. Gud.

Hartmuot hat mit frevele min trut givangen darumb, daz im versagte und mich ze friunde erkos. Gud.

Daz si ir vrowen sahen, davon engerten si niht mer. Nibl.

Gedenke wol daran, daz nie wirt deheiner so leide geste mer gewan. Nibl.

Ez lac ir an dem herzen, swie man sie ane schulde braechte darzuo, daz si muoze minnen einen heidenischen man. Nibl.

Ich bitte drum, daß sie den Bericht vollenden. Sch.

Wahrheitsliebe zeigt sich darin, daß man überall das Gute zu finden und zu schätzen weiß. G.

Den Mangel an Reiterei wußte er dadurch zu ersetzen, daß er Fußgänger zwischen die Reiter stellte. Sch.

12) Die Sätze unter 11. c. haben, grade wegen ihrer Vollständigkeit, Verkürzungen in dreifacher Weise erfahren.

a) Das Demonstrativ im Hauptsatz fällt aus und seine Präposition rückt vor das Beziehungswort des Nebensatzes.

Sit daz noch beide lebten, Sigmunt und Sigelint, niht wolde krone tragen ir beider liebez kint. Nbl.

Alles unmuotes was ir herze vol, e daz si erfunden, daz ez ein christen waere. Gud.

Durch daz er videln konte, was er der spilman genant. Nbl.

Do vertrieben si die stunde, biz (bi daz) man riten wolde. N.

Wie zwei, gar nicht zusammengehörige Wörter so sehr mit einander verschmelzen, davon gibt einen schlagenden Beweis durch daz. Dies muß nach und nach dem einfachen Beziehungswort ganz gleich gekommen sein; man fühlte nicht mehr, daß es ursprünglich dem Hauptsatze angehörte und ließ deshalb, wenn es die Deutlichkeit erforderte, ein neues Demonstrativ vorausgehen, so daß wir also im Mhd. folgende Formen finden. Daz wart durch daz getan, daz si daz wolden wizzen, also ganz vollständig: darum, daß. Durch daz er videlen konte, was er der spilman genant ist zusammengezogen aus: er was der spilman genant durch daz (deshalb), daz er videln konde. Durch daz getriu was, des muos ich im wesen holt wird in ursprünglicher Form geheißen haben: ich muos im wesen holt durch daz, daz er getriu was; durch daz ist aber so ganz zum Beziehungswort geworden, daß ein neues des ihm vortreten konnte.

Im Nhd. kommen diese zusammengeschobnen Wörter jetzt noch selten vor, es sind: ohne daß, während daß, eh' daß; bis ist aus bi daz entstanden.

Während daß seine Armeen ihre Saatfelder niedertraten, versicherte er sich ihrer Herzen durch eine freundliche Miene. Sch.

Du wartest auf die Sternenstunde, bis Dir die irdische entflieht. Sch.

Dem mhd. durch daz steht das nhd. bis zur Seite. Auch wir fühlen in demselben nicht mehr die ehemalige Präposition bi, wir erkennen es nicht als eine Verschmelzung, sondern es erscheint als Präposition und nähert sich daher im Gebrauche einer solchen. Daher hat Schiller: Nicht eher ermüdete der Zug, bis daß sie kamen in das wilde Thal.

b) Das Beziehungswort daß fällt aus und das Demonstrativ mit der Präposition tritt an seine Stelle.

Mit thiu ther heilant giboran wart in Betlehem, seni tho Magi ostana quamum zi Hierusalem. Tat. = sie quamum mit thiu, thaz ther heilant giboran wart.

Ni sint die imo ouh derien, in thiu nan frankon werien. O. = die derien in thiu, thaz etc. die ihm schaden, indem daß = so lange ihn Franken schützen.

Da soll ich mine herren werben ein ander wip, sid diu ist derstorben der schoenen Helchen lip. Nibl.

Indem man in der Stadt die Ungereimtheit seiner Unternehmung nachwies, hatte der Herzog sie vollendet. Sch.

Indessen man mit der Hinrichtung der Apostel zauderte, wuchs ihre Partei zu einer furchtbaren Zahl. Sch.

Die fruchtbaren Felder stehen grün und still, indeß auf dem breiten Wege wildes Gebüsch von Blüthen glänzt. G.

Er meidet meine Gegenwart, seitdem er von Alcala's hoher Schule kam. Sch.

Nachdem der König sein Lager dem Schutz der Nürnbergischen Miliz übergeben, rückte er in voller Schlachtordnung aus. Sch.

c) Das Demonstrativ und das Beziehungswort daß fällt aus und die Präposition tritt an des letzteren Stelle.

Thu lougnis min, er hinaht hano krahe. O.

Ther douf uns allen thihit, sid druhtin christ quam uns heim. O.

E er die maer erfuere, die wiele duhte in lanc. Gud.

Do gedacht ich des zehant, sit ich nach aventiure reit. Iwein.

Deheine gepflac ruowe, unze man geworhte Sigfrides wat. N.

Wie wenig man das Präpositionale fühlte, wie vollständig man vielmehr die Präposition als Conjunction betrachtete, sieht man aus dem Mhd.

E Hagen eine wurde erslagen, *e* sturben vierzig tusent man. Nibl.

Sit ich verlos Sigfriden, sid was min vreude ergan. Nbl.

Eh' der König noch geendet, da stellt sich ein Bote dar. Sch.

Doch bevor wir's lassen rinnen, betet einen frommen Spruch. Sch.

Sein Gesicht zeigte Heiterkeit, während Schmerz und Wuth in seinem Busen stürmten. Sch.

Die Fremden hatten sich entfernt, und, ungeachtet man von ihnen auf eine sonderbare Weise berührt worden war, doch den Wunsch zurückgelassen, daß man sie wiedertreffen möchte. G.

Ehe soll mein Leben zerreißen, ehe ich Dich lasse. G.

13) Den Präpositionen gleichzustellen ist der verhärtete Genitiv falls, der noch mit dem regeren: „im Falle" vorkommt: Falls (im Falle) daß Du glücklich bist, laß mich's wissen; falls Du glücklich bist ꝛc.

Eisenach. Prof. Dr. **Fr. Koch.**

Studien über Molière.

Fünfter Artikel.

Der Tartüffe.

Die gelehrten Frauen und der Misanthrop eröffneten den Reigen der Charakter- und Conversationsstücke in der haute comédie, der klassischen Gattung des an Lustspielen so reichen Frankreichs, und dienten denselben durch Feinheit und Natürlichkeit des Dialogs, durch gründliche Charakteristik und klugberechnete Anlage und Motivirung zum Muster. — Die Kritiker aus Boileau's Schule zogen sie wegen ihrer formellen Vorzüge selbst dem Tartüffe vor. —

Dieser, wenn auch weniger fein in der Zeichnung, besitzt dagegen im höheren Grade dramatisches Leben, Bewegung und spannende Situationen und ist ein sehr wirksames, noch heute nicht veraltetes Bühnenstück. Es ist als solches das erste Muster der bürgerlichen Comödie geworden, und seine Wirkung hat sich weit über Frankreich hinaus erstreckt.

Exposition, Fortgang und Steigerung des Interesses und der Handlung bis zur letzten Katastrophe, das Alles ist vortrefflich gehandhabt, wenn auch die Lösung des Knotens als eine gewaltsame oft getadelt wurde.

Der ernste Stoff und die didactisch moralische Tendenz konnten den Dichter wie im Misanthrop leicht über den Bereich des Lustspiels hinaus und ganz in's bürgerliche Drama hineinführen, doch wußte er mit feinem Tact das moralische Interesse immer wieder in's ästhetische hinüberzuspielen und durch die Verlegenheiten und Enttäuschungen, in die der häßliche Hauptcharakter geräth, selbst diesen in komische Situationen zu bringen. Wo Tartüffe unwillkürlich die Maske lüftet und der Gegensatz zwischen Wahrheit und Schein hervortritt, umstrahlt auch ihn etwas von dem komischen Lichte, in dem uns seine einfältigen Opfer erscheinen.

Um die obige Bemerkung richtig zu finden, muß man sich jedoch das Stück als auf dem théatre français gegeben denken und dabei berücksichtigen, wie viel im Spiel unserer Schauspieler und in unseren schwerfälligen Uebersetzungen verloren geht. — Molière's Prosa in ihrer unnachahmlichen Kraft, Naivetät und Eleganz ist eben so wenig wiederzugeben, wie sein rascher, sentenzen- und antithesenreicher Vers, der oft den Angelpunkt des Gedankens auf dem Reime trägt.

Das Stück ist jedenfalls ein energisches, gründlich durchdachtes, und in allen Einzelheiten vortrefflich ausgeführtes Charaktergemälde und trotz der etwas karrikirenden Uebertreibung — Molière liebte mit starken Pinselstrichen zu malen und war Bühnendichter und als Schauspieler Bühnenkenner — voll Lebenswahrheit.

Frappez fort, mais frappez juste ist eine in Frankreich oft gehörte Maxime, die er fast immer befolgt. — Die Absicht des Ganzen tritt, auch das lag in seinem System, sehr klar hervor, doch werden wir dadurch nicht im freien ästhetischen Genuß gestört, denn Alles hat durch seine Kunst und die mit kluger Oekonomie vertheilte Licht- und Schattengebung warmes, individuelles Leben gewonnen und tritt mit siegender Gewalt in die Erscheinung. — Tartüffe ist einerseits die personificirte Heuchelei, der Typus derselben, andererseits aber auch eine spezielle heuchlerische Person mit einer Physiognomie, die sie von allen anderen Heuchlern unterscheidet. — Wie allgemein, schemenartig und abstract ist der von Labruyère mit geübter Ausführlichkeit und kleinen Strichen gezeichnete Hypocrit Onuphrius dagegen. — Aehnlich ist es mit dem Orgon, Molière's Rolle, dem Bilde der Leichtgläubigkeit, das sich von seinem Seitenstück, dem Chrysale der femmes savantes genau genug unterscheidet. — Die Personen, was Schlegel an Molière tadelt, sprechen auch hier gern in moralischen Sentenzen, aber sie thun es am rechten Ort, durch die Situation dazu veranlaßt, und es malen sich die Verhältnisse und ihre Mitspieler dadurch.

Wie in den femmes savantes werben wir auch hier in eine wohlhabende Bürgerfamilie geführt, die, wie dort jene durch Schöngeisterei, hier durch eine andere Krankheit der Zeit, durch Bigotterie gestört und gespalten wird.

Einem Menschen ohne Geld, Stand und Herkunft ist es durch gleisnerische Frömmigkeit gelungen, sich im Hause des Herrn Orgon einzunisten, daselbst mit der Religion der Liebe Haß und Zwietracht in die bis dahin glückliche Familie zu werfen, die sich seinetwegen in zwei feindliche Parteien theilt; den Einen ist er der Heuchler, den

Anderen der Mann Gottes. — Das Schmarotzen und Regieren genügt ihm aber nicht, er will mehr, er will die Tochter und ihre Mitgift heirathen und nebenbei seine Leidenschaft für die Mutter befriedigen, das ist aber zu viel, er fängt sich im eigenen Netz und wird von seinem nun enttäuschten Opfer fortgejagt. Dies macht den sinnlichen Egoisten zum pflicht- und dankvergessenen Schurken, der seinen Wohlthäter beim Könige verräth, sich aber dabei zum zweiten Male fängt und der gerechten Strafe anheimfällt im Augenblick, wo er hämisch triumphirt.

Das der, wie immer bei Molière, dünne, aber gut geleitete Faden der Handlung, an dem dieselbe sich rasch, lebendig in glücklich und theatralisch gedachten Situationen und mit sorgfältigen Motiven entwickelt bis zum viel angefochtenen Schluß, in welchem der König allzusehr als Deus ex machina hervortritt. — Doch läßt sich derselbe in gewisser Weise vertheidigen. Die Schlechtigkeit des Tartüffe durfte nicht blos durch allgemeine Verachtung bestraft werden, zumal er dafür keine Empfindung hat, und sogar mit höhnischer Ironie den Frommen weiter spielt.

Frömmelei, Sinnlichkeit und Undankbarkeit liegen außer dem Bereiche der Polizei. Molière griff zu einem unserem Zeitgeiste nicht mehr zusagenden Mittel und ließ den absoluten Fürsten wie einen waltenden Gott aus eigner Machtvollkommenheit die höhere Gerechtigkeit ausüben. Manches war schon früher dazu motivirt, z. B. dadurch, daß Orgon sich im Dienste der Armee ausgezeichnet und dadurch Anspruch auf die königliche Gnade hatte; aber von dem Kästchen mit den gefährlichen Papieren, die er dem Tartuffe anvertraut, und ihm dadurch eine Waffe gegen sich in die Hand gegeben hatte, war bis dahin gar zu wenig die Rede gewesen; auch begreifen wir nicht, wie die noch nicht gerichtlich bestätigte Schenkung, durch die der blinde Orgon dem Tartüffe sein ganzes Vermögen abtritt und sich und seine Familie von seiner Großmuth abhängig macht, das ganze Haus in solche Angst bringen kann, da ja das Siegel des Notars noch daran fehlt. — Kurz in allem diesem ist viel Gezwungenes, nothdürftig Zusammengefügtes, das sich auch etwas der früher so leicht hinfließenden Sprache mittheilt; und aus der pomphaften Lobrede des Gefreiten auf den König hören wir gar zu sehr die captatio benevolentiae des Dichters heraus, der, die poetischen Hyperbeln abgerechnet, zwar nicht gegen seine Ueberzeugung sprach, aber doch auch sich nach Schutz umsah dafür, daß er es gewagt hatte, die Frömmelei im damaligen Kleide der Frommen auf die Bühne zu bringen.

Betrachten wir nun Einzelnes näher, so tritt uns eine Fülle von Naturwahrheit, Kunst, feinen Beobachtungen und dramatischen Effecten entgegen, die uns die fast einstimmige Bewunderung der französischen Kunstrichter erklärlich machen, wenn wir denselben auch in ihre Ueberschwenglichkeit nicht folgen können.

Auf die große sociale und historische Bedeutung des Stückes und seiner zum sprichwörtlichen Typus gewordenen Helden werbe ich unten aufmerksam machen. — Dasselbe bleibt aber auch, abgesehen von dem pikanten Reiz des Stoffes und der in veränderter Gestalt sich stets gleichbleibenden Anwendbarkeit der hier geschilderten Verhältnisse auf die jedesmaligen — wo Fromme sind, sind auch stets einige Tartüffe's — immer ein Muster der komischen Kunst. — Dieselbe zeigt sich zum Beispiel auch darin, daß mehrere der Charaktere, allein genommen, nicht komisch sind, es aber gleich durch die contrastirende Zusammenstellung mit den anderen werden. -

So ist auch die versteckte Schlauheit des Hauptcharakters nichts weniger als komisch, sie wird es aber in den Augenblicken, wo derselbe eigner Lüsternheit und Elmirens weiblicher Klugheit erliegt.

Die dunkle Zeichnung der gehässigsten und gefährlichsten aller Sünden, der Heuchelei, die jeder anderen zum Deckmantel dient, ist hier durch keinen edleren Zug des Herzens gemildert; wohl aber besitzt Tartüffe bedeutende Eigenschaften des Geistes, Klugheit, Gewandtheit, Rednergabe und Geistesgegenwart, und dies giebt ihm einigermaßen seine ästhetische Würde zurück. — Der Dichter wollte und konnte am Charakter Nichts beschönigen, er zeigt ihn in seiner ganzen Häßlichkeit und Gefährlichkeit durch energische Züge, mildert aber das Herbe des Eindrucks dadurch, daß er, so oft es geht, seinen Heuchler, der bei den Meisten vergeblich heuchelt, in komische Verlegenheiten bringt und selbst dem salbungsvollen Ernst seiner mystischen Reden einen karrikaturartigen Anstrich giebt.

Das Alles aber geschieht mit dem feinsten Maaße, so daß der Spieler viel zu thun hat, wenn er dem Dichter gerecht werden will, wie denn überhaupt diese Rolle in hohem Grade einen denkenden Künstler verlangt und an Uebertreibung leicht scheitern kann. — Der

Heuchler soll die Rolle der Frömmigkeit so vollkommen spielen, daß wir begreifen, wie er die Einen täuscht, und doch soll die Heuchelei hinreichend herausblicken, daß wir begreifen, wie die Anderen ihn bald durchschauen.

Neben der Heuchelei entfaltet sich die Einfalt und Leichtgläubigkeit in der Person des Orgon in einer fast zu weit getriebenen Größe, doch ist auch hier Vieles durch die Aufgeregtheit und Leidenschaftlichkeit, in die den cholerischen Mann der Widerspruch der Familie bringt, motivirt. — Er thut nicht Alles aus Einfalt. Et puisse l'envie en crêver de dépit, sagt er, nachdem er die sonst freilich unbegreifliche Schenkung dem Tartüffe gemacht hat.

Auf solche oft nur leise angedeutete, halbversteckte Motive, deren sich bei Molière viele finden, muß man wohl achten, wenn man nicht ungerecht urtheilen will. Wo ein Kunstwerk im Großen und Ganzen als bedeutend und vollendet erscheint, kann man auch sicher sein, daß es sich bei näherem Zusehen im Einzelnen bewähren wird.

Seine unbesonnene Leidenschaftlichkeit zeigt Orgon auch darin, daß er, der blind für Frömmelei war, nun auch, enttäuscht, Nichts von der Frömmigkeit wissen will.

Früher hatte er in frommem Eifer sich zugerufen:

> Ferme, mon coeur, point de faiblesse humaine,

und vom Tartüffe gesagt:

> Il m'enseigne à n'avoir affection pour rien,
> De toutes les amitiés il détache mon âme,
> Et je verrais mourir frère, enfants, femme,
> Que je ne m'en soucierais que de cela.

Jetzt sagt er:

> C'en est fait, je rénonce à tous les gens de bien,
> J'en aurai désormais une horreur effroyable
> Et m'en vais devenir pour eux pire qu'un diable.

Diesem Polterer steht der verständige, besonnene Bruder Cleanthe gegenüber, der in seiner maßhaltenden Weise die Ansicht des Dichters zu vertreten scheint, der so gut falsche von wahrer Frömmigkeit zu unterscheiden weiß und letzterer eine so begeisterte Lobrede hält, daß der Freigeist St. Evremond gesteht, davon aufs Tiefste ergriffen worden zu sein. — Si je me sauve, je lui devrai mon salut, sagt er in einem Briefe über den Tartüffe. — Auch der ungeduldig dareinfahrende Damis, der jugendlich liebende und reizbare Dalène, der

Loyal heißende und den Loyalen spielende, im Grunde aber hämische Gerichtsbote, ein juristisches Seitenstück zum Tartüffe, der feierlich auftretende Gefreite, sie alle sind mit wenigen Strichen in ihrer Eigenthümlichkeit vortrefflich gezeichnet und tragen wie Alles in diesem Stücke das Gepräge der Naturwahrheit.

Nicht weniger thun dies die weiblichen Charaktere, die alte, eigensinnige Schwätzerin und Schelterin Madame Pernelle, deren Rolle von Männern gespielt wurde. Aus purer Christlichkeit überwirft sie sich, vom Tartüffe aufgestachelt, mit ihren Enkelkindern und verfolgt unschuldige Lebensfreuden als Teufelswerk. — Die gleichfalls sehr zungenfertige, kecke, schlaue und, wo es noth thut, impertinente Kammerzofe Dorine, die in Alles hineinredet, immer das letzte Wort behält und dem Tartüffe die derbsten Wahrheiten zu sagen wagt, hält ihr dabei das Widerspiel.

Neben der sanften, naiven, gleich ihrem Bräutigam jugendlich empfindlichen Mariane tritt vor Allen die vortreffliche Elmire hervor; sie ist eine der schönsten weiblichen Charaktere, die Molière geschaffen hat. — Unglücklich verheirathet kennt und erfüllt sie ihre Pflicht, ohne Aufheben davon zu machen und wendet, selbst kinderlos, ihren ganzen Schatz von Liebe den Stiefkindern zu, sie trägt ihre häuslichen Leiden mit Geduld und Ergebenheit und klagt nur einmal ganz leise gegen ihren Schwager, sie ist der Friedensengel der Familie und rettet dieselbe durch ein eben so schwieriges, wie delicates Unternehmen, indem sie ihrem verblendeten Mann die Augen öffnet und dem Heuchler die Maske abreißt. Sie bringt das Opfer, die Coquette zu spielen, und thut dies im sicheren Bewußtsein ihrer weiblichen Würde ohne ängstliche Prüderie und mit einer im Verkehr der Welt erlangten Gewandtheit:

J'aime qu'avec douceur nous nous montrions sages
Et ne suis point pour ces prudes sauvages
Dont l'honneur est armé de griffes et de dents.

Welch ein schönes Bild der Weiblichkeit zu einer Zeit, wo Prüderie und Frivolität oft Hand in Hand gingen; auch Molière's Frau konnte in diesen Spiegel blicken. — Henriette in den femmes savantes ist Elmirens geistige Schwester, die Jungfrau und die Frau in reinster Auffassung und wahrster, naturgetreuester Darstellung!

Mehr als im Misanthropen entwickeln sich diese Charaktere durch die Handlung selbst in drastischen Situationen. — In der Exposition, die Voltaire ein unerreichtes Meisterstück nennt, und die an sich schon ein kleines Drama ist, deutet der Dichter schon alles zu Erwartende an. Tartüffe, obgleich erst im dritten Act erscheinend, beherrscht als böser Geist schon das Ganze. Madame Pernelle schimpft und schilt ihm zu Liebe, Orgon verwechselt Cleanthe's vernünftige Lebensansichten mit discours de libertinage und entwirft ein Bild des frommen Tartuffe und seines Einflusses auf ihn selber, indem er mit vom Dichter fein berechneter Komik die heuchlerische Schurkerei jenes und die eigne Einfalt malt:

> Je vois qu'il reprend tout, et qu'à ma femme même,
> Il prend pour mon honneur un intérêt extrême,
> Il m'avertit des gens, qui lui font les yeux doux
> Et plus que moi six fois il s'en montre jaloux.

Weniger fein, aber sehr wirksam komisch ist die Scene, wo Orgon vom Lande zurückkommt und erfährt, daß seine Frau das Fieber hat; das rührt ihn wenig, aber innig rührt ihn Tartüffe's guter Appetit, den ihm die schelmische Dorine mit pedantischer Ausführlichkeit schildert. Eh Tartuffe, le pauvre homme! Dies, wie so Manches im Molière, zum Sprichwort gewordene: le pauvre homme soll er folgendem Erlebnisse entnommen haben. — Er begleitete als Kammerdiener im Jahr 1626 den König nach Lothringen; ein Prälat, der frühere Hofmeister desselben, lehnte eines Abends das ihm angebotene Souper ab, weil er Fasttag halten müsse. — Jemand erzählte darauf, wie er gelesen, daß der hochwürdige Herr im Stillen vortrefflich gespeist habe, und der König rief aus: le pauvre homme. Molière benutzte dies und suchte vielleicht auch durch diese Schmeichelei den König günstig für das bedenkliche Stück zu stimmen.

Der zweite Act ist musterhaft im Dialog und besonders reich an komischen Zügen. Die Impertinenz der Zofe kämpft hier wacker an gegen den polternden Orgon, der sich in seiner Einfalt sehr weise dünkt und nie dazu kommt, die unartige Dienerin, so oft er auch damit droht, wirklich fortzujagen; vielleicht hat er, der sich selber zum Sclaven Tartüffe's gemacht hat, das Bedürfniß, Jemanden zu haben, an dem er den Herrn spielen kann. — Den Schluß des Actes bildet eine hübsche Episode, der Zank der beiden Liebenden. — Dieselben, statt auf Rettung aus der drohenden Gefahr zu sinnen, in die Tartüffe's Heuchelei sie stürzt, verlieren mit kindischen Empfindlichkeiten ihre Zeit und sind, wie im Dépit amoureux im Begriff, sich gegenseitig ihr Verhältniß aufzukündigen, als die das Mißverständniß klar übersehende Dorine hier noch zu rechter Zeit wieder versöhnt.

Dergleichen auf feiner Beobachtung beruhende Situationen weiß Molière, der große Seelenkenner und Darsteller eigentlicher Herzensliebe — die Schilderung der romantisch-poetischen gelang ihm weniger — mit unnachahmlicher Wahrheit auszumalen und gefiel sich so in Schilderung der Liebeslaunen, daß er diesen Gegenstand oft, aber immer mit verschiedenen Nuancen behandelt hat. — Jetzt erst, im dritten Act erscheint der Vielbesprochene, um den sich schon Alles gedreht hat, er debütirt damit, daß er seinem Diener ein Kasteiungswerkzeug zum Aufbewahren giebt und Dorine auffordert, ihren Busen zu verhüllen, ein paar starke, aber sehr bühnenwirksame Züge, durch die der Dichter den Heuchler gleichsam in seiner ganzen Graßheit hinstellt und uns zeigt, mit welchen Grimassen er den Orgon gewinnt. Que d'affectation et de forfanterie ruft Dorine dabei aus. — Etwas Unheimliches bekommt dieser Mensch auch dadurch, daß er sich nie mittheilt; auch sein Diener, der nach Dorinen's Schilderung des Herrn würdig sein muß, erscheint nie auf der Bühne und mildert Tartüffe's einsame Schlechtigkeit durch keine moralische Complicität.

In der Scene mit Elmiren, wo die erwachende Lüsternheit seine Vorsicht und Klugheit fast zu Falle bringt, beherrscht dieselbe ihn so sehr, daß er sich vom feinen Spiel der schönen Frau täuschen läßt, und seine gottselig-mystischen Reden gehen bald in handgreifliche Zärtlichkeiten über:

Ah pour être dévot, je n'en suis pas moins homme.
Et lors qu'on voit vos appas
Un coeur se laisse prendre et ne raisonne pas — — —
Mais les gens comme nous brûlent d'un feu discret
Avec qui, pour toujours, on est sûr du secret,
Le soin que nous prenons de votre renommée
Répond de toute chose à la personne aimée,
Et c'est en nous qu'on trouve acceptant notre coeur
De l'amour sans scandale et du plaisir sans peur. —

Aus anderen Comödien und den Memoiren der Zeit geht hervor, daß, wenn einerseits die Preciösen eine ehrfurchtsvolle, anbetende Zurückhaltung von Seiten der Männer verlangten, andererseits eine Familiarität im Umgange beider Geschlechter herrschte, die die Kühnheit, mit der Tartüffe Elmirens Kleider bewundert und betastet, zulässig macht.

Vollendet in seiner Kunst zeigt er sich aber in der folgenden Scene mit Orgon, wo es ihm gelingt, den ihm schon Entschlüpfenden tiefer als je in sein Netz zu ziehen. Dies thut er durch eine kühne Wendung, die der Dichter einer Novelle Scarrons entlehnte. Statt zu leugnen, gesteht Tartüffe seine Schuld und macht durch sein exaltirtes Beichtgeständniß einen Meistercoup christlicher Demuth und Zerknirschung.

Oui, mon frère, je suis un méchant, un coupable,
Un malheureux pécheur, tout plein d'iniquité;
Le plus grand scélérat, qui ait jamais été. — —
Tout le monde me prend pour un homme de bien,
Mais la vérité pure est que je vaux rien!

Durch dies Manoeuvre bekommt die schon fallende Handlung einen neuen Schwung und die Intrigue wird wieder angeknüpft. Jetzt nämlich wird Orgon durch Tartüffe's Selbstanklage, an die er nicht glaubt, und in der er nur christliche Demuth und Contrition sieht, so gerührt, daß er ihm sein ganzes Vermögen abtritt, ihm seine Tochter angelobt und ihn sogar zum Ehrenwächter seiner Frau macht. Charakteristisch sagt Tartüffe dazu:

Que la volonté du ciel soit faite en toute chose.

Charakteristisch ist später auch seine lakonische Antwort auf Cleanthe's Vorstellung, er müsse als rechtlicher Mann der illegalen Schenkung entsagen:

Il est Monsieur trois heures et demie
Certain devoir pieux me demande là haut.

In die Heuchelei des Kriechers mischt sich schon der Hohn des Siegers.

Die berühmte Scene im vierten Acte, beinahe eine Wiederholung der früheren, wo Elmire den Tartüffe völlig entlarvt, so daß Orgon ihn mit Händen greifen kann, ist bei des unter dem Tisch versteckten Orgon's komisch verzweifelter Lage von großer dramatischer Wirkung, nur müssen die Spieler Feinheit genug besitzen, die sehr nahe gerückte Gränze des Anstandes nicht zu überschreiten. Tartüffe durchläuft hier eine ganze Tonleiter von Gemüthsbewegungen, erst, durch die früheren Erfahrungen gewarnt, ist er mißtrauisch, dann durch Elmire mit feinster Gewandtheit sicher gemacht, wird er galant, zärtlich, dringend und schwelgt schon im Glück und Sieg, plötzlich, beim Erscheinen Orgon's ist er vernichtet, findet aber sogleich seine Energie wieder und triumphirt als Herr der Situation mit hämischem Stolze, indem er dabei noch von Rache des Himmels redet. — Mit diesem Höhenpunkte schließt der schwungvollere Theil des Stückes. Tartüffe's Bestrafung und die Beruhigung der geängsteten Familie machen den Inhalt des fünften Actes aus, der jedoch noch manches Schöne enthält, z. B. Tartüffe's sicher geglaubten Rachesieg, der mit einem jähen Sturz zu plötzlicher Vernichtung übergeht, ein ächt dramatisch gedachter Moment. — Ein Zug von trefflicher Komik findet sich noch in der Unverbesserlichkeit der Madame Pernelle, die mit offnen Augen nicht sehen will. In ächt weiblicher Weise antwortet sie auf die Betheuerungen ihres zur Einsicht gekommenen Mannes:

Je l'ai vu, dis-je, vu, de mes propres yeux vu
Ce qu'on appelle vu,

mit allgemeinen, kaum dahin gehörigen Redensarten und spricht fortwährend, um nur nicht zu hören.

Juste retour, Monsieur, des choses d'ici bas
Vous ne vouliez pas croire et l'on ne vous croit pas,

sagt die schelmische Dorine dem verblüfften Orgon dabei.

Um zu zeigen, wie sehr der Tartüffe von den französischen Kunstrichtern geschätzt wird, füge ich meiner Analyse ein Wort Champforts aus seinem Eloge de Molière bei: C'est dans le Tartuffe que Molière montre l'hypocrisie dans toute son horreur, la fausseté, la perfidie, la bassesse, l'ingratitude qui l'accompagnent, l'imbécillité de ceux qu'un Tartuffe a seduits; leur penchant à voir partout de l'impiété et du libertinage, leur insensibilité cruelle, enfin l'oubli des noeuds les plus sacrés. Ici le sublime est sans cesse à côté du plaisant. — Femmes, enfants, domestiques, tout devient éloquent contre le monstre; et l'indignation qu'il excite n'étouffe jamais le comique. — Quelle circonspection, quelle justesse dans la manière dont l'auteur sépare l'hypocrisie de la vraie piété! — C'est à cet usage qu'il a destiné le rôle du frère. C'est le personnage honnête de presque toutes ses pièces; et la réunion de ses rôles de frère formerait peut-être un cours de morale à l'usage de la société. Cet art, qui manque aux satires de Boileau, de tracer une ligne nette entre le vice et la vertu, la raison et le ridicule, est le grand mérite de Molière. Quelle connaissance du coeur! quel choix dans l'assemblage des vices et des travers dont il compose le cortège d'un vice principal! avec quelle adresse il les fait servir à les mettre en évidence! Quelle finesse sans subtilité, quelle précision sans métaphysique dans les nuances d'un même vice.

Das Erscheinen des Tartüffe auf der Bühne war ein Ereigniß von tiefeingreifender Bedeutung, brachte eine große Aufregung hervor und gab Veranlassung zu Intriguen, zu Verfolgungen und zu einer großen Reihe polemischer Schriften und Pamphlets. — Es würde zu weit führen, wollte ich hier die Schwierigkeiten darlegen, die Molière bei mehrmals gestatteter und wieder zurückgenommener Erlaubniß, zu überwinden hatte, um es endlich im Jahre 1667 zur Aufführung zu bringen; haben sie doch Gutzkow Stoff zu seinem Urbild des Tartüffe gegeben. — Die drei ersten Acte wurden zum ersten Mal bei den glänzenden Festen zu Versailles 1664 gegeben. Damals war Ludwig erst 23 Jahr alt und im ersten freien Aufschwung seines Geistes nach dem Tode Mazarin's weltlicher Freude an Pracht und Festlichkeit ergeben. — Der ältere bigotte Theil des Hofes, dessen Vertreterin die Herzogin Navailles war, scandalisirte sich im Stillen darüber, und so entstand ein Zwiespalt zwischen offnem Weltsinn und heuchlerischem Rigorismus, der sich auch in unserem anspielungsreichen Stücke spiegelt, das in dem Gemälde Dorinens von den coquettes du temps (Act I. Scene I.) wahrscheinlich auf jene devote Herzogin anspielt. — Damals stand auch der Streit zwischen den Jansenisten und Malinisten in voller Blüthe. Pascal in seinen unsterblichen lettres provinciales hatte sich gegen die weltlich-sophistische Moral der letzteren erhoben, und Molière, ohne eigentlich Partei zwischen beiden zu ergreifen, setzte den Krieg, ihn verallgemeinernd und gegen jede falsche Frömmigkeit richtend, fort, scheint aber, wenn auch Einiges im Tartüffe auf den übertriebenen Rigorismus der Jansenisten bezogen werden kann, es doch besonders auf die Jesuiten gemünzt zu haben. — Die ganze halb weltliche, halb geistliche Richtung und Haltung unseres Helden beweist das, seine Doctrin ist öfters speciell jesuitisch, z. B. wo er das Kästchen dem Orgon mit Hinsicht auf eine reservatio mentalis giebt und (Act III. Scene IV.) wo er Elmiren zu gewinnen sucht: „C'est chez nous qu'on trouve de l'amour sans scandale et du plaisir sans peur." Man hat daher Unrecht, zu behaupten, Molière habe, die Frömmigkeit überhaupt verspottend, mit nachgiebiger, dem Weltsinn fröhnender Moral der Genußsucht und dévotion facile seines Königs schmeicheln wollen. — Er war über den damals noch großen und unabhängigen Sinn desselben erfreut und von seiner Gerechtigkeit überzeugt.

Der Name Tartüffe, es ist bezeichnend, daß das verallgemeinernde le davorsteht, wurde nach einer jedoch nicht verbürgten Anekdote dem Dichter durch folgendes Ereigniß inspirirt: Er befand sich einst mit mehreren feisten Geistlichen beim päpstlichen Nuncius. — Als man Trüffeln hereinbrachte, rief einer derselben mit Entzücken: Tartufoli, signor nuncio, Tartufoli, und der Name war gefunden, der seitdem bei allen cultivirten Nationen ein Schreck- und Warnungszeichen der Bosheit und Heuchelei geworden ist:

> Et ton nom paraîtra dans la race future,
> Aux plus vils imposteurs une cruelle injure!

Als Molière die Erlaubniß zur Aufführung des Stücks auf dem Theater der Stadt erhielt, geschah dies nur unter der Bedingung, daß er ihm den Namen Panulphe ou l'imposteur gäbe und seinen Helden in weltlicher Kleidung mit rundem Hut, langen Haaren, Spitzkragen und Degen erscheinen lasse. — Die ganze Geistlichkeit, besonders aber die Jesuiten, welche schon durch Don Juans Heuchelei und Gottlosigkeit im Festin de Pierre waren alarmirt worden, geriethen bei der Ankündigung und beim Erscheinen des Stückes in Aufruhr und schrieen Zeter. — Redner, wie Bourdaloue und später Bossuet predigten dagegen, der Besuch des Theaters bei Aufführung desselben war ein eben so großes Verbrechen, als die Lecture der lettres provinciales. Ein Pfarrer reichte beim Könige eine Schrift ein, in der er bewies, daß der Verfasser eines solchen Stückes den Scheiterhaufen verdiene. — Molière vertheidigte sich in mehreren placets und sagte in einem derselben, das seine Ansicht von der Moralität der Bühne mit großer Schärfe und Klarheit entwickelt: Les Marquis, les Précieuses et les Médécins ont souffert qu'on les ait représentés, mais les hypocrites n'ont point entendu raillerie, ils se sont effarouchés d'abord et ont trouvé étrange que j'eusse la hardiesse de jouer leurs grimaces et de vouloir décrier un métier dont tant d'honnêtes gens se mêlent. — Er schließt, nachdem er bewiesen, daß er keinen Geistlichen auf die Bühne gebracht, — sein Tartüffe will sich ja verheirathen, — und nicht die Frömmigkeit, sondern nur die Fratze derselben angegriffen hat, mit einem Worte Condé's: Acht Tage nach dem ersten Verbot wurde bei Hofe ein Stück Namens Scaramouche, der Eremit, gegeben, und der König sagte: ich möchte wissen, warum die Leute, die sich so sehr über den Tartüffe ärgern, Nichts gegen den Scaramouche einzuwenden haben. — Der Grund davon ist, erwiederte Condé: Der Scaramouche macht sich über den Himmel und die Religion lustig, die jenen Herren nicht sehr am Herzen liegt, aber Molière's Lustspiel macht sich über die Herren selber lustig, und das können sie nicht leiden.

Der bekannte Calembourg, mit dem Molière das Publicum haranguirt haben soll: Messieurs, nous allions donner le Tartuffe, mais Mr. le premier président ne veut pas qu'on le joue, soll nicht authentisch, sondern einem auf einem spanischen Theater vorgekommenen Scherze nachgebildet sein. Die damals allgemeine Verbreitung desselben giebt aber Zeugniß von der Stimmung des Publicums.

So viel über die äußeren Verhältnisse jenes Stückes, das Molière's Namen am meisten verherrlicht hat, das noch heute eine wirksame Waffe gegen Frömmler und Heuchler ist, und in dem der Dichter das erste Muster jener Intriguants gegeben hat, die wir später auf allen europäischen Bühnen sehen, das oft nachgeahmt, aber nie erreicht worden ist. — Schon hundert Jahre früher hatte der Italiener Aretin einen ähnlichen Charakter im Ipoerito dargestellt. Der Engländer Isaak Bickerstaff ahmte 1768 unser Stück in seinem Hypocrit nach, der seiner Zeit mit Beifall auf dem Drurylane Theater gegeben wurde, aber weder da, wo er sich an das Original anschließt, noch wo er sich von ihm entfernt, sich mit demselben messen kann.

Oldenburg.

Dr. **A. Laun.**

Gebrauch des französischen Conjunctivs in Hauptsätzen.

Man hat denjenigen Modus, der nicht wie der Indicativ die Vorstellung als in der Erscheinung verwirklicht, sondern als bloß solche ausdrückt, Conjunctiv oder Subjunctiv genannt, weil er häufiger als im Hauptsatze, im Nebensatze, also im verbundenen Satze erscheint und so in Beziehung und Verhältniß zu andern Modis, Indicativ oder Imperativ, tritt. Man hat dieses Verhältniß zugleich als das der Unterordnung angesehen (daher der Name Subjunctiv), wiewohl dasselbe nur in demselben Maße stattfindet, als beim Indicativ in Nebensätzen. Wir behalten diese Namen bei, weil sie einmal eingeführt sind, obschon es als ein Contradictio in adjecto erscheinen muß, wenn man vom Conjunctiv oder Subjunctiv in selbstständigen Sätzen spricht. Daß im Hauptsatze der Indicativ häufiger ist als der Conjunctiv, liegt in der Natur dieser beiden Aussageweisen. Der erstere stellt das Urtheil in der Form der Erscheinung dar, während der Conjunctiv dasselbe in der Sphäre bloßer Gedanken verharren läßt. So giebt Herling den Unterschied an, und man muß sich wundern, daß die Eintheilung der drei Modusformen nach den Kategorieen der Wirklichkeit, der Möglichkeit, der Nothwendigkeit, trotz Herling's Behandlung dieses Gegenstandes in seiner „Vergleichenden Darstellung der Lehre vom Tempus und Modus" immer noch in Grammatiken verschiedener Sprachen wieder auftaucht. Mätzner in seiner Syntax der neufranzösischen Sprache giebt das Wesen der beiden Aussageweisen noch näher dahin an, daß der Indicativ das Angeschaute unreflectirt und objectiv ausspricht, der Conjunctiv das Vorgestellte nicht unmittelbar, sondern reflectirt und subjectiv. Danach muß der Indicativ nicht bloß in Hauptsätzen, sondern überhaupt häufiger sein, weil die unbefangene Auffassung und Anschauung näher liegt, als die Beziehung des Gedankeninhalts auf's Subject. Bei Hauptsätzen kommt noch hinzu, daß sie, als unmittelbar, selbstständig, unabhängig hingestellt, vorzugsweise Ausdruck einer unmittelbaren, objectiven Auffassung sind, während die subjective, vermittelte Auffassung gern vom Redenden ausdrücklich als Gegenstand seiner Reflexion angegeben wird und so in den unabhängigen Satz kommt. Herling drückt dies etwas unklar so aus: „Da der Gedanke in der Darstellung der Erscheinung einen Träger haben, an irgend einen Act der Bildung desselben, wenn derselbe auch verschwiegen wird (elliptisch), geknüpft sein muß; so erscheint der Conjunctiv vorherrschend in den mit den Hauptsätzen verknüpften (conjungirten) Nebensätzen."

Je nach der Bildung, der Anschauungsweise, der Nationalität eines Volkes wird nun das Gebiet des Conjunctivs in seiner Sprache ein engeres oder weiteres sein, sowohl im Haupt- als im Nebensatze. Was den Hauptsatz betrifft, so hat innerhalb desselben der Lateiner einen ausgedehnten Gebrauch vom Conjunctiv gemacht. Dieser ist im Französischen wie in andern romanischen Sprachen allmälig sehr beschränkt worden. Wo insbesondere die römische Urbanität oder die Unentschiedenheit des Urtheilenden das, was nach der gewöhnlichen Weise der objectiven Darstellung angehört, auf das Gebiet der subjectiven Darstellungsweise übertragen hat (Mätzner I. S. 129), tritt im Französischen der Indicativ oder das Conditionale ein und der Subjunctiv hat sich mehr in den Nebensatz geflüchtet. So weit dieser noch in selbstständigen Sätzen erscheint, wollen wir hier darzustellen suchen.

Zunächst fragen wir, was heißt selbstständiger Satz? Es herrscht darüber nicht etwa Uebereinstimmung. So stellt de Castres in seiner Théorie de la structure des périodes etc. nach Becker folgende différentes espèces de propositions simples (mußte heißen principales) auf: propositions expositives, interrogatives, impératives, optatives, bemerkt aber bei der vierten Art, es sei Unrecht, daß M. Becker les considère comme propositions principales, weil sie elliptisch seien und Nebensätze eines zu supplirenden Hauptsatzes. „En disant: la volonté de Dieu soit faite en toute chose, j'exprime un désir: Je désire que la volonté soit etc." Mit demselben Rechte aber könnte man auch jede proposition expositive als elliptisch betrachten, und das als solche angeführte Beispiel les honnêtes gens savent gré des moindres bienfaits abhängig machen von einem ausgelassenen je crois, je juge, je sais que —. Wenn man den Satz als Ausdruck eines Gedankens definirt, so versteht man unter Gedanken Alles, was im Innern vorgeht, was zu unserm

Bewußtsein kommt, Empfindungen, Gefühle, Wahrnehmungen, Urtheile, Befehle, Wünsche, Zweifel u. s. w., und der Satz wird dadurch, daß er einen Wunsch enthält, kein abhängiger, sondern erst dadurch, daß er ausdrücklich als ein Object eines Verbs des Wahrnehmens oder Denkens, des Fühlens oder Wünschens hingestellt wird. Selbst die Anwesenheit einer Conjunction macht, wenigstens bei Wünschen und Befehlen, den Satz noch nicht zum unselbstständigen, sofern die Conjunction oft nur zur Verstärkung und zum genauern Ausdruck dient, ohne deßwegen auf ein ausgelassenes regierendes Verb hinzudeuten. So ist es namentlich mit dem französischen que beim subjonctif du présent, wenn dieser als eine Art impératif gebraucht wird. Ursprünglich mag diese Redeweise eine elliptische sein, aber das Bewußtsein der Ellipse hat sich so verloren, daß bei den Worten der Heiligen Schrift: Lorsque vous ferez l'aumône, que votre main gauche ne sache point ce que fait votre main droite, oder wenn es bei Delavigne in Louis XI. heißt: Si c'est vrai, que je sois foudroyé, wir nicht ein ausgelassenes Verb vor que, etwa je veux, suppliren dürfen. Das que — ne sache point ist so selbstständig und unabhängig, wie das im Griechischen dafür stehende *μὴ γνώτω*, und que je sois foudroyé hat gleiche grammatische Geltung, wie etwa moriar, wenn Cicero sagt: moriar, si magis gauderem, si id mihi accidisset. Ganz anders ist es, wenn que mit dem subj. du prés. nicht einem Imperative gleich, oder wenn es mit andern Temporibus verbunden ist. Que je trahisse mon ami: je mourrais plutôt. Qu'il se soit oublié à ce point: j'ai peine à le croire. Hier haben wir Sätze, die mit dem Bewußtsein der Ellipse ausgesprochen werden, und die Selbstständigkeit ist nur scheinbar. Wir behalten demnach die vier angeführten Arten von Hauptsätzen bei: prop. expositive, prop. interrogative, prop. impérative, prop. optative. Man könnte vielleicht 3 und 4 zusammenwerfen, sofern ihnen das Wollen gemeinsam ist, aber es ist der Unterschied, daß die prop. impérative nur auf die Zukunft sich bezieht, die prop. optative sich auf die Vergangenheit beziehen kann, und für das Französische ist diese Auseinanderhaltung insofern nöthig, als die prop. impérative nur den eigentlichen Imperativ oder an Stelle dessen den subj. présent, die prop. optative aber noch andere Zeiten enthalten kann. Fassen wir nun so den selbstständigen Satz etwas weiter, so geschieht dies auch nach einer andern Seite hin. Oft ist es der Fall, daß Sätze, die eigentlich Hauptsätze, logisch den Werth von Nebensätzen haben. Dadurch sind manche Irrthümer veranlaßt. Wir werden darauf zurückkommen.

Noch ein anderer Punkt ist zu erledigen. Wie lautet denn eigentlich der subjonctif von z. B. je porte, je portais, j'ai porté etc.? In den Grammatiken finden wir que je porte, que je portasse etc. Diez und Kollmann dagegen setzen als Paradigma je porte, je portasse etc., und das mit Recht. Was soll das que? Que ist durchaus nicht der stete, unzertrennliche Begleiter des Subjunctivs. Man denke nur an Relativsätze, z. B. il n'y a rien qui soit plus absurde, an manche hypothetische Sätze, z. B. si l'on n'eût pas suivi les grammairiens français, cette manière de conjuguer le verbe ne se fût pas introduite dans nos grammaires, oder an Sätze wie: au diable soit cette méthode! Dût le ciel nous en délivrer! Des bloßen que wegen haben die Grammatiker noch eine besondere Zeit erfunden und einen Unterschied gemacht zwischen dem subj. du plusqueparfait und einer zweiten Form des condit. passé. Bloß des que wegen hält man Sätze wie die beiden zuletzt angegebenen für elliptisch, supplirt erst que und dann noch ein regierendes Verb, von dem que abhängen soll. Wir folgen Diez. Nur beim subj. du prés. ist die Sache etwas anders. Dieser wird mit que als impératif oft gebraucht, theils um die fehlenden Personen des eigentlichen Imperativs zu ersetzen, theils aber auch in den andern Personen, z. B. que je meure, si ce n'est pas vrai; qu'il fasse ce qui lui plaira. Aehnlich im Italienischen: che Dio vi benedica! Spanisch: Que tu himineo sea tan infeliz y tan desdichado como el mio! Im Französischen ist que jetzt dieser Form inhärirend (le satellite constant du subj., wie die Grammaire des Gr. sagt). Man sollte daher in den Conjugationsparadigmen neben den eigentlichen Imperativ diese durch alle Personen hindurchgehende Befehlsformen stellen. Die Syntax hat den Unterschied darzuthun. Wenn wir nun vom Subjunctiv in Hauptsätzen reden, so werden wir diesen Imperativ que je sois, que je meure, qu'il fasse etc. nur gelegentlich berühren, und verstehen unter Subjunctiv die reine Form je sois, je meure. Außerdem geht uns auch das Conditionale nichts an. Bekanntlich betrachten Schifflin, Diez, Kollmann, Mager, Herling dasselbe als einen Conjunctiv, und wenn z. B. Kollman (S. 249) vom dubitativen Conjunctiv spricht, so führt er als Beispiele je ne sache personne und je ne saurais vous le dire neben einander an. Mätzner hat das Irrige dieser Auffassung nachgewiesen (I. S. 106).

Wir gehen nun bei Aufstellung der einzelnen Fälle, wo der reine Subjunctiv in Hauptsätzen noch gebraucht wird, vom Lateinischen aus.

1. Der Lateiner gebraucht den Conjunctiv des Präsens und Perfects zum Ausdruck eines unentschiedenen Urtheils, einer gemilderten Behauptung (griech. Optativ mit ἄν), z. B. forsitan aliquis dixerit. Auch das Imperfect findet sich so, z. B. vellem, nollem, crederes (man sollte glauben). Der Unterschied zwischen dieser Zeit und den beiden vorhin genannten entspricht ihrem Unterschiede in hypothetischen Sätzen. Im Französischen hat sich als einzige Spur dieses Gebrauchs je sache und nous sachions mit einer Negation (ne — pas, ne — que, ne — personne etc.) erhalten, z. B. J. J. Rousseau: Je ne sache pas d'avoir vu dans ma vie un pays plus antipathique à mon goût que celui-ci. Bescherelle in seinem Dictionnaire National sagt über diese Form: ce qu'il y a de particulier c'est que cette manière de parler n'a lieu qu'à la première personne du singulier et du pluriel, und er sucht das zu erklären: C'est une expression dubitative, et en quelque sorte palliative, qui affaiblit l'opinion qu'on émet, et qui lui ôte ce qu'elle pourrait avoir de trop décisif ou absolu. L'on voit facilement que l'on ne peut l'employer que quand on parle de soi. Als eine Probe französischer Sprachforschung (die in Deutschland zahllose Verehrer hat, besonders unter Sprachlehren-Verfertigern) geben wir hier noch Bescherelle's Analyse jener Form. „Cette phrase de Buffon: Je ne sache qu'il y ait eu d'hommes blancs devenus noirs, n'est-elle pas pour: „Il est possible qu'il y ait eu des hommes blancs devenus noirs, mais le hasard veut que je ne le sache pas? Que je sache est un abrégé de l'expression suivante: (Je ne peux pas) que je (le) sache. C'est donc à tort que presque tous les grammairiens ont avancé que le subjonctif, dans ces locutions, n'exige pas une proposition antécédente. Seulement l'usage veut que cette proposition soit toujours ellipsée.“ Diese Wendung que je sache, welche hier erwähnt wird, bildet einen Nebensatz und ist zu erklären, nicht in der haarsträubenden Manier Bescherelle's, sondern als Ueberrest jenes Gebrauchs der lateinischen Sprache vom pron. relat. quod mit dem Conjunctiv zum Ausdruck einer Beschränkung, z. B. quod ego intelligam, quod

salva fide possim. Zumpt §. 559. Aehnlich jenem je ne sache pas, personne — ist dieu le sache, das mag Gott wissen, welches fast wie dieu le sait gebraucht wird. Que vais-je devenir? Dieu le sait, sache.

2. Wie im Lateinischen der Conjunctiv des Präsens als eine Art Imperativ gebraucht wird, z. B. bei Seneca: Emas, non quod opus est, sed quod necesse est, so wird auch im Französischen der subj. du présent als solcher Modus angewandt, besonders in der dritten Person. Dieser Gebrauch gleicht also dem des oben erwähnten Imperativs, gebildet mittelst que und dem subjonctif, ist aber eingeschränkter, gehört jetzt mehr der höhern Sprache an, besonders der Sphäre des Segnens und Fluchens, wogegen die Sprache des gewöhnlichen Lebens ihn fast nur in bestimmten Wendungen kennt. Ueber den innern Unterschied dieser reinen Form des subjonctif, als Wunsch oder Befehl gebraucht, vom eigentlichen Imperativ und vom subjonctif mit que wird nachher noch gesprochen werden. Dieu ait pitié de nous, et nous bénisse, et fasse luire sa face vers nous. St. Ecr. Tombe sur moi le ciel, pourvu que je me venge. Corn. Sois-je du ciel écrasé, si je mens. Molière. Maudit sois-tu de m'ôter cette joie. V. Hugo. Tu es sorcier, ou je meure (Kollmann §. 135). Sur ma prison vienne au moins Philomèle. Béranger. Périsse enfin le géant des batailles! Bér. Maudit soit notre curé! Bér. Dieu veuille avoir son âme. Delavigne. Soit à ton bas mon cantique chanté. Marot. Et sachies-tu que il te reprovent que il t'ont fait. Ville-Hardouin. Vergl. Mätzner I. S. 130, II. S. 277; Kollmann S. 248; H. A. Müller II. S. 118; Hirzel S. 309; L. Müller S. 241; Diez III. S. 190; Schifflin S. 217; Knebel §. 99; de Castres S. 6; Grammaire des Gr. S. 348, welche Grammatiker aber alle die reine Form des subjonctif und die Form mit que zusammenwerfen, größtentheils auch die Ellipse eines Hauptsatzes annehmen. Die Sprache des gewöhnlichen Lebens hat diesen Subjunctiv in vielen Wendungen beibehalten, die einen Segen, einen Glückwunsch, einen Fluch ausdrückten: vive le roi, peste soit de l'ignorant, au diable soit —, dieu soit loué, le ciel vous soit propice, dieu veuille —, dieu m'en préserve (garde), dieu vous conduise, assiste, conserve, vous fasse la grâce, ainsi dieu m'aide (me soit en aide), fasse le ciel, plaise à dieu que —, à dieu ne plaise que —, ainsi

soit-il, votre bon ange vous conduise, bien vous fasse. Daß hier und überhaupt beim imperativischen Subjunctiv, wenn auch que oft sich damit verbindet, doch zum Behuf der Erklärung jener Wendungen kein que als ausgelassen angenommen werden darf, ergiebt sich einfach daraus, daß dieser reine Subjunctiv der ursprüngliche ist und erst allmälig gegen den mit que zusammengesetzten zurückgetreten ist. Obgleich schon früh dieses que zur Verstärkung und Verdeutlichung gebraucht ist, analog dem lateinischen ut (ut dii illum perdant!), so ist doch der einfache Conjunctiv im Provenzalischen und Altfranzösischen ganz gewöhnlich. Beispiele aus dem Altfranzösischen s. Mätzner I. S. 130, II. S. 277. Provenzalisch: Guart si donc qui tolh ab enjan, es hüte sich, wer —. Sol non remanha per cor negligen, nur bleibe er nicht zurück. Im Italienischen und Spanischen, wo der Imperativ eigentlich nur die zweite Person des Singulars und Plurals hat, nimmt man die andern Personen ganz gewöhnlich vom Conjunctiv des Präsens; im Portugiesischen nimmt man vom Conjunctiv die dritte Person des Singulars und erste Person des Plurals. Spanisch: Guiera el cielo. No lo crea V. M. (que Votre Maj. ne le croie pas). Italienisch: Prenda il mio posto (prenez ma place). Dimandiamo lo al conduttore (demandons-le au conducteur). Portugiesisch: tenha a bondade, ayez la bonté.

Aber nicht bloß in den aufgeführten Wendungen des Glückwünschens und Verwünschens findet sich der imperativische Conjunctiv im Französischen, sondern die gewöhnliche Sprache hat ihn auch außerdem. Zunächst in einigen Sprüchwörtern, z. B. qui se sent morveux se mouche, wo se mouche nicht der Indicativ ist; Molière im Avare sagt dafür: qui se sent morveux qu'il se mouche. Ebenso qui se sent galeux se gratte, qu'il se gratte. N'aille au bois qui a peur des feuilles, oder qui craint les feuilles n'aille pas au bois. Honni soit qui mal y pense. Ferner in gewissen Redensarten: soit dit en passant, beiläufig gesagt, tout coup vaille = à tout hasard, tant soit peu, es sei noch so wenig, n'en déplaise à q., möge er es nicht ungütig nehmen, plaise à —, z. B. au tribunal, à la cour, à votre Excellence, möchten — geruhen. Soit und passe gehören hierher; vous le voulez: soit; passe pour cela, passe pour cette fois-là. Passe encore de bâtir, mais planter à cet âge. La Font. Passe encore pour mon maitre, il a quelque droit de me battre; mais pour ce monsieur l'intendant, je m'en vengerai, si je puis. Molière. Besonders häufig wird aber der subj. présent von pouvoir zum Ausdruck des Wunsches gebraucht. Puisse-t-il arriver bientôt! Puissiez-vous être aussi empressés à suivre de bons conseils qu'à les demander! Gerade wie may im Englischen.

Nicht selten findet man die drei Personen des subj. du présent, wenn ein Relativsatz mit ausgelassenem pron. determinativum folgt, und das Subject des Verbs im folgenden pron. relativum enthalten ist, z. B. sauve qui peut, écrive qui voudra, advienne que pourra, coûte que coûte, vaille que vaille, comprenne qui pourra ce galimathias. Der imperativische Subjunctiv hat hier an sich keine concessive Bedeutung, wohl aber läuft oft der Sinn der ganzen Wendung, d. h. des Subjunctivs sammt dem Relativsatz auf eine Einräumung hinaus. Aehnliche Ausdrücke sind: expliquera les femmes qui voudra; viendrait qui voudrait, s. Kollmann §. 135 Anmerk. Vergl. im Englischen cost what will, do what he could, do what he will, go where she might.

Ein Gebrauch, der allen Sprachen eigenthümlich ist, ist es, dem Imperativ einen conditionalen Sinn zu geben. Es ist das eine sinnliche, kräftige, poetische Ausdrucksweise. Das, was man als Bedingung setzt, also eigentlich bloß denkt, als möglich hinstellt, wird zu thun verlangt oder schon als geschehen, als wirklich vorgestellt und dadurch aus der Sphäre der bloßen Möglichkeit in die der Wirklichkeit gezogen. Wenn es bei Plautus heißt: Cras petito: dabitur, nunc abi, so sieht man, wie leicht der Imperativsatz als Bedingungssatz aufgefaßt werden kann. So oft im Englischen. Addison: Tell him of one who is advanced to a title of honor, he lifts up his hands and eyes; describe a public ceremony, he shakes his hand; show him his gay equipage, he blesses himself. Französisch: Dis-moi qui tu hantes, et je te dirai qui tu es; faites-vous brebis, le loup vous mangera, und so in vielen Sprüchwörtern. Eben so wie der eigentliche Imperativ wird der subjonctif mit que in conditionaler Bedeutung gebraucht. Qu'il fasse le moindre excès, il est malade. Que je boive le soir un seul verre de vin, je ne puis dormir. Grammatiker, die überall Ellipsen und Enallagen wittern, sagen, daß que hier für pourvu que oder aussi tôt que u. dgl. stehe, oder wollen que durch die

Ellipse eines Verbs erklären, aber wir haben nichts weiter als einen Imperativ mit conditionalem Sinn, also einen Hauptsatz und nicht einen Nebensatz, wenn auch logisch, dem Sinne nach, der Imperativsatz als ein Adverbialsatz aufgefaßt werden kann. Daß wir in den Perioden, wie die angegebenen sind, zwei coordinirte Hauptsätze haben, ergiebt sich schon daraus, daß zuweilen die Conjunction et dazwischen tritt. Während Delavigne in Louis XI. an einer Stelle sagt:

„Qu'il me revienne encor un murmure, une plainte,
Je mets la main sur vous.",

sagt er anderswo:

Que Dieu le tire de danger,
Et je lui dirai tout.

Wie nun der subjonctif mit que, so wird auch die reine Form des subjonctif auf die bezeichnete Weise gebraucht, wiewohl viel seltener. Des flatteurs l'entourent: vienne une disgrâce, il sera seul. Vienne une puissance, les arts se mettront à son niveau. Soulié.

Vienne une occasion; vienne un homme à leur tête;
Et les patriciens, mal fléchis par les rois,
Sauront se redresser pour ressaisir leurs droits. Ponsard.

Verglichen damit kann werden bei Terenz: Unum cognoris, omnes noris, kennst du einen, so kennst du sie alle. Auch concessive Bedeutung können der Imperativ und der imperativisch gebrauchte Conjunctiv haben. Englisch: let him be ever so rich = if he be ever so rich, though he be ever so rich. Besonders durch einen Disjunctivsatz wird der einräumende Sinn hervorgebracht, woraus der Gebrauch von que — ou que als alternative Conjunctionen für soit que — ou que, in Verbindung mit jedem subjonctif, zu erklären ist. Qu'il pleuve, ou qu'il fasse beau, nous irons le voir = quelque temps qu'il fasse. Que j'additionne, que je multiplie, que je soustraie, que je divise: ce sont des opérations de ma faculté de penser. Volt.

Qu'il ait ou non un charme,
Par lui tout va sautant. Béranger.

Que la menace vienne ou d'en haut ou d'en bas,
Des mortels ou des dieux, je ne cèderai pas. Ponsard.

Aelter und seltener ist ein concessiver Subjunctiv ohne que. Altfranzösisch: Car son plaisant gouvernement, Veuille ou non, amours me fait plaire. Derselbe Gebrauch ist in dem Sprüchwort: Il veut que cela soit, veuille Dieu, veuille Diable; ferner hat er sich erhalten in soit, welches zur Conjunction geworden ist. La fortune, soit bonne ou mauvaise, soit passagère ou constante, ne peut rien sur l'âme du sage. Marmont. Ein ähnlicher Gebrauch ist im Lateinischen, z. B. bei Horaz: casus medicusve levarit aegrum ex praecipiti, mater delira necabit.

3. Wir haben bis jetzt den subj. du présent als eine Art impératif kennen gelernt; er unterscheidet sich vom eigentlichen impératif und vom subjonctif mit que theils extensiv, sofern sein Gebrauch mehr eingeschränkt ist, theils intensiv, sofern er immer nur eine mildere Befehlsform und mehr optativ ist, während der eigentliche Imperativ und seine Nebenform, obwohl sie auch oft nur eine Bitte ausdrücken, doch besonders da, wo ein eigentlicher Befehl ausgesprochen werden soll, anzuwenden sind. Mit andern Worten, der eigentliche Imperativ und der Subjunctiv mit que haben ihre Stelle sowohl in der proposition volitive ou impérative, als in der proposition désidérative ou optative; während die reine Form des subj. du présent mehr der letzteren angehört. Diese proposition optative hat nun zuweilen auch einen subjonctif, nämlich den des imparfait. Bekanntlich gebraucht der Lateiner, um den Wunsch auszudrücken, bald das Präsens oder Perfectum, bald das Imperfectum oder Plusquamperfectum, erstere Zeiten von möglich gedachten Dingen, letztere von solchen, welche man selbst für unmöglich hält. Der Unterschied ist eigentlich im Französischen, wo in Optativsätzen entweder das Präsens oder Imperfect, letzteres natürlich ohne que, gebraucht wird, derselbe. „Da das Präsens die vorgestellte Thatsache an die Gegenwart anknüpft und die Verwirklichung derselben von der Zukunft erwartet, so drückt es einen solchen Wunsch aus, der nach den gegenwärtigen Umständen in der Zukunft recht wohl erfüllt werden kann. Da das Imperfect dagegen die vorgestellte Thatsache an die Vergangenheit knüpft, aber so, daß ihre Vollendung die Gegenwart nicht erreicht hat, so drückt es einen solchen Wunsch aus, von dem die Gegenwart beweist, daß er nicht erfüllt ist." So H. A. Müller §. 726. Doch zeigen Beispiele, daß das Imperfect oft ganz den Sinn des Präsens hat. Uebrigens ist sein Gebrauch in Optativsätzen nicht sehr ausgedehnt und fast nur auf bestimmte Verba, besonders Hülfszeitwörter, beschränkt, gerade wie im Englischen nur die Imperfecta were, did, might, could, would, should, had als Hülfszeitwörter in selbstständigen Wunschsätzen gebraucht werden.

Flût à Dieu que cela fût! Dût le ciel m'en délivrer! Pussiez-vous être heureux! Fussiez-vous aussi heureux que vous méritez de l'être!

Grâces au ciel, mes mains ne sont pas criminelles.
Flût aux dieux que mon coeur fût innocent comme elles! Racine.

Im Lateinischen findet sich dieses Imperfect (ohne Partikeln wie utinam, o si) nicht selten: tecum ludere sicut ipsa possem, Catull. Italienisch: volesse iddio! Vedessi mio padre prima di partir! Spanisch: Oxalá lo hiciese! supiese yo este secreto! Provenzalisch: Plagues a dieu ja la nueitz non falhis (gefiel es doch Gott, daß die Nacht nicht wiche).

4. Das im Lateinischen so häufige Satzgefüge, welches im Hauptsatze einen Conjunctiv des Imperfects oder Plusquamperfects, im Nebensatze die Conjunction si mit gleichen Modis enthält, um in diesem eine Vorstellung auszudrücken, an deren Wirklichkeit der Redende, das Gegentheil vermuthend, zweifelt, oder deren Verwirklichung von dem Hörer oder einem Andern abhängt, z. B. si haec non gesta audiretis, sed picta videretis, tamen appareret, uter esset insidiator (Cic.), dieses Gefüge findet sich mit gleichen Modis noch im Provenzalischen, z. B. si 'l mieus regnes fos d'aquest mont, certas li mieu ministre combatessan, ferner im Altfranzösischen, z. B. voirs est, se ne fussent li libres, nos veschissons à loy de bestes (Mätzner I. 98). Im Hauptsatze ist aber in den romanischen Sprachen das Conditionale, das schon früh neben dem Conjunctiv gebraucht wurde, an die Stelle dieses Modus getreten. Bei Marot z. B. finden wir noch den Conjunctiv des Imperfects nach si, z. B. si fusse autant éloquente et apprise —, aber er läßt im Hauptsatze folgen je ferois —. Im Neufranzösischen ist demnach nur das Conditionale im Hauptsatze erlaubt: dagegen kann für das conditionnel passé der subjonctif du plusqueparfait eintreten. Der Modus des Nebensatzes geht uns hier nichts an. Im Spanischen sagt man yo amara (oder amaria) las riquezas, si pudiesen (oder pudieran) saciar mis deseos, wo im Hauptsatze nicht yo amase stehen könnte; doch weicht das Spanische darin vom Französischen ab, daß nach si Conjunctiv oder Conditionale steht. Portugiesisch: se houvera oder houvesse boa fé entre os homens, seriamos felizes. Italienisch: Se l'uomo non ricercasse il superfluo, di rado occadería, che abbisognasse

di nulla. Im Kurwälischen dagegen ist die Construction wie im Lateinischen, Deutschen, Altromanischen, weil diesem Dialekte ein eigentliches Conditionale fehlt, z. B. scha jou vess meinz Affectiùn par Ellas, scha mi ancreschess la Privatiùn da lur Brefs fucca tont: wenn ich weniger Neigung für sie hätte, so würde mich die Beraubung ihrer Briefe nicht so viel schmerzen, oder: so schmerzte mich nicht, lateinisch: non — angeret, französisch dagegen: ne m'affligerait pas, italienisch: affligerebbe. Das Englische weicht auch in dieser Beziehung vom Deutschen ab; z. B. I wished kann nicht heißen „ich wünschte" in dem Sinne von je souhaiterais, optarem; doch haben die Imperfecta could, might, had, would, should, did, were neben ihrer eigentlichen Bedeutung die des Conditionale.

Daher, daß im Hauptsatze des besprochenen Satzgefüges der subjonctif du plusqueparfait gleich einem conditionnel passé gebraucht werden kann (einen feinen Unterschied beider Formen giebt Schifflin §. 655 an), rühren noch andere Anwendungen dieses subjonctif in Hauptsätzen. Wie nämlich der Anwendung des Conditionale überhaupt oft aus der Ellipse eines hypothetischen Satzes zu erklären, der si mit dem imparfait oder plusqueparfait enthält, z. B. j'aimerais y aller, je voudrais le faire, nämlich si j'en avais le temps, si une occasion s'offrait u. dgl., oder on le dirait fou, man möchte, sollte ihn für einen Narren halten, nämlich si telle chose était ainsi, si on le voyait etc., so wird auch der subjonctif des plusqueparfait oft mit einer solchen Ellipse gebraucht, z. B. à l'air de franchise et de contentement qui brillait sur leur visage, on eût dit une réunion d'heureux. G. Sand: Il eût mieux aimé en cet instant perdre l'amitié de sir A. que de le laisser seul avec J. Der Sprechende hat allerdings weder hier, noch sonst beim Gebrauch des ohne Nebensatz gebrauchten conditionnel ein bestimmtes Bewußtsein einer Ellipse, aber grammatisch ist aus der Annahme einer solchen der Gebrauch des conditionnel sehr gut zu erklären. Es hat, streng genommen, diese Zeit überhaupt nur einen doppelten Gebrauch, erstlich in hypothetischen Satzgefügen, zweitens als Nebenform des Futurs, indem es unter den Zeitformen der Vergangenheit das ist, was das Futurum unter den Zeitformen der Gegenwart (je crois qu'il viendra, je croyais qu'il viendrait). Auf diesen doppelten Gebrauch lassen sich alle Anwendungen des Conditionale zurückführen. Der Bedingungssatz ist oft durch eine adverbielle Bestimmung vertreten; z. B. in cette affaire n'eût pas réussi sans votre intervention vertritt der letzte Zusatz den Bedingungssatz.

Scheinbar findet sich auch der subjonctif des imparfait im Hauptsatze des conditionalen Satzgefüges, wenn dieser nämlich als substantivischer oder adjectivischer Nebensatz eines andern Hauptsatzes auftritt, welcher den Subjunctiv verlangt, also z. B. ein negirtes Verbum dicendi oder sentiendi enthält. Je doute qu'il vînt si vous le lui demandiez. Solche Sätze machen manchen Grammatikern Schwierigkeiten. Die Sache ist aber einfach. Das conditionale Tempus ist ein Indicativ, der eben so gut seinen Conjunctiv hat, wie die andern Indicative. Wie der Conjunctiv des Futurs der des Präsens ist (je crois qu'il viendra, je ne crois pas qu'il vienne), so lautet der des conditionnel dem des Imperfects gleich; je croyais qu'il viendrait, je ne croyais pas qu'il vînt. Daher kommt es, daß, während ich sage je crois qu'il viendrait, s'il ne pleuvait pas, es dagegen heißt: je ne crois pas qu'il vînt, quand même il ne pleuvrait pas. Il n'y a point de souverain qui osât punir la famille d'un homme qui se serait dévoué pour lui. Voltaire. Noch ein anderer Punkt gehört hierher. Im Deutschen hat die Frageform des Satzes oft conditionalen Sinn, z. B. bei Schiller: Ist es gleich Nacht, so leuchtet unser Recht. Beschränkter ist dieser Gebrauch in andern Sprachen. Im Englischen waltet er fast nur bei den Hülfszeitwörtern would, had, should, could, might, did, were ob, z. B. would they have suffered, had they suffered = if they would have suffered, if they had suffered. Französisch: s'agit-il d'exercer Emile au bruit d'une arme à feu, je brûle d'abord une amorce dans un pistolet. Rousseau. Sehr oft trifft man in französischen Büchern nach solchen Vordersätzen den Fragepunkt an, einige Schriftsteller aber enthalten sich desselben. Hier ist nun wieder der Fall, daß grammatisch zwei Hauptsätze vorhanden sind, von denen der eine, welcher in der Frageform ausgedrückt ist, logisch ein Nebensatz, nämlich ein hypothetischer ist. Deßhalb müssen wir, unserm Thema gemäß, auch den Fall hier berühren, wo in einem mit der bei Fragen gewöhnlichen Inversion ausgedrückten Conditionalsatze der Conjunctiv gebraucht ist, sofern wir es wenigstens grammatisch mit einem Hauptsatze zu thun haben. Es ist dieser Fall aber im Nebensatze sehr selten, und nur beim Verb être, z. B. bei Corneille: Et n'eût été Léonce, ce dessein serait tombé. Mätzner führt §. 427 Beispiele aus dem Altfranzösischen und Provenzalischen an, wo auch der Conjunctiv des Imperfects so gebraucht ist. Häufiger ist im Neufranzösischen der Indicativ auf die bezeichnete Weise gebraucht, z. B. bei Voltaire: Bien des gens prendraient aujourd'hui le parti de Saint Pierre contre Saint Paul, n'était l'épisode d'Ananie et de Saphire.

5. Wie die Frageform dem Satze in manchen Sprachen, besonders im Deutschen, oft conditionalen Sinn giebt, so auch häufig einen concessiven. Im Französischen sind es das Imperfectum und Plusquamperfectum, deren Conjunctive, mit Nachsetzung des Subjects, zuweilen concessiv gebraucht werden.

Dût Vesta l'animer, dût la chaste Lucrèce
Surpasser en rigueur Diane chasseresse,
N'importe. Ponsard.

Fût-il privé de tous les biens,
Eût-il à trembler sous un maitre,
Heureux etc. Béranger.

Soyez donc attentifs, vous leur maitre après Dieu,
Vous féaux chevaliers, vous seigneurs de haut lieu,
Dont jamais l'écusson, terni par une injure,
Lui vînt-elle du roi, n'en garda la souillure. Delavigne, Louis XI.

In dem Satze Oui, dussé-je périr, je foudrai sur les ennemis hat dussé-je den Sinn von quand même je devrais. Un homme, fût-ce ton ennemi, etc. = quand il sérait ton ennemi. Et ordonnassiez-vous ma mort, je vous promets de la souffrir sans me plaindre. Le Grand d'Aussi. On résolut sa mort, fût-il coupable ou non. La Font. Zuweilen wird der (logische) Hauptsatz mit que eingeführt, z. B. bei Dumas: Antony, le monde a ses lois, la société ses exigences — et eussé-je le désir de m'y soustraire, qu'il faudrait encor que je les acceptasse. Auch das conditionnel wird auf diese Weise mit concessivem Sinn gebraucht, theils mit der Nachsetzung des Subjects, theils mit Voransetzung, theils mit Einführung des logischen Hauptsatzes durch que, theils ohne dieselbe. Beispiele s. Mätzner II. §. 434. Wie nun der subjonctif du plusqueparfait in hypothetischen Satzgefügen oft das zweite conditionnel vertritt, so hat er auch zuweilen die concessive Bedeutung desselben auszudrücken. Soulié: L'eût-il accablé du récit de ses bonnes fortunes, qu'elle n'y eût rien vu d'étonnant et qu'elle se fût imaginé qu'il en était ainsi de tous les hommes = l'aurait-il accablée = quand même il l'aurait accablée.

Wir schließen mit einer kurzen Zusammenfassung des Gesagten. In selbstständigen Sätzen haben wir I. den subjonctif du présent kennen gelernt, 1) als mildernde Ausdrucksweise, wovon nur das Verb savoir Beispiele giebt, 2) als eine Art Imperativ, und zwar mit den verschiedenen Anwendungen, welche jeder eigentliche Imperativ zuläßt; II. den subjonctif de l'imparfait, 1) als Optativ, 2) mit concessiver Bedeutung; III. den subjonctif du plusqueparfait in hypothetischen Perioden. Was den Begriff Hauptsatz betrifft, so sind wir immer davon ausgegangen, ob ein solcher grammatisch vorhanden ist; für den didaktischen Zweck, also in Schulgrammatiken, ist vielleicht die logische Auffassung vorzuziehen, so daß also Sätze wie dût-il faire cela, sollte er es auch thun, qu'il fasse ou qu'il ne le fasse point, als concessive Nebensätze anzusehen sind, oder vienne une occasion (s. oben) als conditionaler Nebensatz. Werfen wir einen Blick auf die gewöhnlichen Schulgrammatiken, so finden wir, daß entweder der Unterschied zwischen Hauptsätzen und Nebensätzen gar nicht gemacht ist, wie bei Buschbeck, Schifflin, L. Müller, der geradezu périsse le Troyen auteur de nos alarmes für einen Nebensatz hält, theils wird der Begriff Hauptsatz zu eng gefaßt; so kennt Kollmann nur einen optativen, concessiven, dubitativen Conjunctiv in Hauptsätzen (auch vermischt er Conjunctiv und Conditionnel mit einander), H. A. Müller nur den Conjunctiv als Ausdruck subjectiver Ansicht, eines Wunsches, und als Stellvertreter von quand même mit dem Conditionnel, ebenso Knebel, C. A. Herrmann kennt den Conjunctiv nur in Hauptsätzen des Wunsches und der Zulassung, Hägele 1) zum Ausdruck des Wunsches und Befehls, 2) zum Ausdruck einer bescheidenen Behauptung, 3) im Hauptsatze eines hypothetischen Satzgefüges, Hirzel kennt den von nichts abhängigen subjonctif nur als Imperativ und faßt auf der andern Seite den Begriff unabhängig zu weit, wenn er einen Satz wie que j'aille trouver ton père? für unabhängig ansieht, wo eine Ellipse so nahe liegt, Mager giebt je ne sache —, und den imperativischen oder optativen Conjunctiv an. Fast allen Grammatikern ist gemein, den Conjunctiv des Präsens und Imperfects, wo er selbstständig auftritt, durch eine Ellipse zu erklären:

Mager nennt ihn einen verwittweten. Mit gutem Beispiele gehen dabei die Franzosen voran. Die Grammaire des Grammaires sagt: Il arrive souvent que, pour donner plus de vivacité au discours, on supprime la proposition principale. Quelquefois aussi, non-seulement le verbe de la proposition principale est aussi supprimé, mais encore le que. Dagegen Diez III. S. 194: „Optativ und Imperativ werden häufig durch gewisse Partikeln unterstützt, die den Sinn dieser Modusformen deutlich hervorheben. Die vornehmsten sind si, que, or und car.“ Statuiren also die Einen um des Nachdrucks willen eine Ellipse, wird von Andern der Nachdruck als Grund des Zusatzes angesehen.

Perleberg.

Robolsky.

Beiträge zur provençalischen Grammatik.

No. 1.

Die Flexion des Substantivs und Adjectivs.

Bekanntlich hat es die Bearbeitung der provençalischen Grammatik mit eigenthümlichen Schwierigkeiten zu thun. Abgesehen davon, daß die provençalische Sprache in ihrer ehemaligen Reinheit ausgestorben ist, besitzt sie einen so großen Formenreichthum, daß es dem Grammatiker auf den ersten Anblick fast unmöglich scheint, in das bunte Chaos vorliegender Erscheinungen und Thatsachen eine systematische Ordnung bringen zu können. Dazu kömmt, daß die literarischen Denkmäler derselben bis jetzt nur zum kleinen Theil veröffentlicht sind, das Veröffentlichte aber meist ohne genauere Kritik und philologische Sorgsamkeit auf's gerade Wohl herausgegeben ist.

Daß unter solchen Umständen für Grammatik des Provençalischen bisher nur wenig geschehen konnte, ergiebt sich von selbst. Empirisch gesammelt hat Raynouard. Seinen Sammlungen fehlt es weder an Fleiß noch Uebersichtlichkeit, wohl aber an kritischer Sichtung und Schärfe der Observation. Diese findet sich erst bei Diez, dem eigentlichen Bahnbrecher für eine wissenschaftliche Behandlung der provençalischen Grammatik, die er freilich zum Abschluß weder bringen konnte noch wollte. „Eine gründliche Grammatik", sagt er irgendwo, „wäre eine immer noch wünschenswerthe, nicht leichte Arbeit. Es käme darauf an, mehrere ganz übergangenen, ihrer Natur nach schwierigen Lehren, zu entwickeln, z. B. die von der Aussprache mit Rücksicht auf Orthographie und Mundarten, sowie die von dem Accent." Daß Jemand Diez' Aufforderung nachgekommen wäre, ist mir nicht bekannt. Und doch war dies um so nöthiger, als sich die Hülfsmittel für provençalische Grammatik inzwischen beträchtlich vermehrt haben. Einmal durch Bekanntmachung dreier alter provençalischer Nationalsprachlehren, des Donatus Provincialis, des Uc Faidit, der dreita maniera de trobar des Ramon Vidal, beide herausgegeben von Guessard, Bibl. de l'école des chartes, T. 1, p. 125 sqq., und der leys d'amor aus etwas jüngerer Zeit, herausgegeben von Gatien-Arnoult, Monumens de la littérature Romane T. I — III. In allen dreien findet sich, abgesehen von aller Unbeholfenheit des Plans und der Ausführung und der lächerlich pedantischen Sprachphilosophie, die sich in ihnen zeigt, doch eine Menge der schätzbarsten und trefflichsten Bemerkungen über Aussprache, Formenlehre, Versbau und vieles andre Hierhergehörige, wie dies bereits von F. Wolf in seiner Anzeige des letztgenannten Buchs, Berliner Jahrbücher für Kritik, 1842 Th. 2, S. 441 ff. hinlänglich hervorgehoben ist.

Daneben ist die Betrachtung der provençalischen Dialekte aus alter und neuer Zeit, durch die allein erst eine tiefere Einsicht in das Wesen und den Entwicklungsgang der Sprache sich gewinnen läßt, um Vieles erleichtert worden. Zwar fehlt uns noch immer eine größere nach Landschaften geordnete Sammlung provençalischer Diplome und Urkunden, aber für eine genauere Kenntniß des Katalanischen, des alten Waldenserdialekts aus der Gegend von Lyon und dem benachbarten Piemont und Savoyen *), so wie die Bekanntschaft mit den neuprovençalischen Mundarten **) ist gesorgt. Legt man nun also die Lehren der alten Grammatiker nebst der von Diez ein für allemal vorgezeichneten Systematik zu Grunde, um daran das empirische Detail zu reihen und die Entwicklung der Sprache durch ihre Dialekte bis auf die Gegenwart zu verfolgen, so dürfte man jetzt wohl im Stande sein, einigermaßen genügende Um-

---

*) Benutzt wurden hierfür im Folgenden die poésies des Vaudois bei Raynouard, Choix II, p. 73 — 133, so wie ihr vervollständigter Abdruck bei U. Hahn, Geschichte der Ketzer im Mittelalter Th. 2. — The Romaunt version of the gospel according to St. John by W. S. Gilly. London 1848. — Cunitz, ein katharanisches Ritual, Jena 1852. Ferner die Ausgabe des Bernat d'Esclot von Buchon im Panthéon littér. de la France.

**) A. Fuchs, Beiträge u. s. w. Bd. 1, S. 232 — 292. — Schnakenburg, tableau synoptique et comparatif des idiomes populaires ou patois de la France, Berlin 1840. — Mandet, histoire de la langue Romane, Par. 1840. Mary-Lafon, tableau historique et littéraire de la langue parlée dans le midi de la France, Par. 1852. Avril, Dict. Prov.-Franç. suivi d'un vocabulaire Franç.-Prov. Par. 1839. Die Troubadours werden nach Mahn's Abdruck, die provençalischen Epiker nach Becker's Ausgaben citirt.

risse für eine wissenschaftliche Grammatik des Provençalischen zu entwerfen. Als ein Versuch dieser Art möge die folgende Skizze über die Flexion des Substantivs und Adjectivs betrachtet werden, jedoch auch nur als solcher, keineswegs als erschöpfende Darstellung. —

§. 2. Der Artikel.

Die Flexion im Provençalischen geschieht in gemeinromanischer Weise durch die Casuspartikel de und a und den Artikel, la habitutz genannt. da als Casuspartikel fehlt; nicht aber als Präposition, wo es vor Vocalen auch in der Form daz erscheint. Der Artikel aber in Verbindung mit jenen beiden Partikeln lautet folgendermaßen:

Singular.

	Masculin.	Feminin.	
N. A.	lo. le. l. l'	la. l'	il (ill, ilh). l. li
G.	del	de la	(del)
D.	al	a la	(al)

Plural.

N.	los (les) ls. li. ilh	las.
G.	dels. des	de las.
D.	als. as	a las.
A.	los. ls	las.

Wie in fast allen romanischen Sprachen war die ursprüngliche Masculinform für den N. Sg. anfänglich lo. Späterhin jedoch überwog das eigentlich blos dialektische und wahrscheinlich von nordfranzösischem Einfluß herrührende le, für das in ganz später Zeit sogar die Form li aufkam (vgl. L. d'Am. II, p. 74, wo sie verworfen wird). Aehnliches fand beim N. Pl. statt, wo die ältere und richtigere Form los, durch die anfänglich nur in einzelnen Fällen statthafte Form li verdrängt wurde. Vor Wörtern ohne Flexions-s nämlich, von denen im folgenden § die Rede sein wird, darf los nicht gebraucht werden; statt dessen setzt man li; also li baro, li amic, li vescomte, li borges, li honrat companho,

car li ris e li joc
an lur temps e lur loc.

Diese Form muß vor Wörtern, die mit i anfangen, elidirt werden, l'irat, l'isnel, und kann elidirt werden vor den übrigen

Vocalen, l'angel, die Engel, Mahn S. 345. Der falschen Singularform li entspricht die Pluralform les.

Nun wird aber durch die unmittelbare Nähe eines voraufgehenden oder folgenden Vocals, der Vocal der Artikelformen für N. A. Sg. und Pl. so sehr afficirt, daß er gänzlich verschwindet. Demgemäß bleibt im Sg. l, das entweder enklitisch oder proklitisch sein kann; im Pl. ls, das jedoch nur enklitisch ist, da los vor einem Vocal unverändert bleibt.

Meistentheils pflegt man diese verkürzten Formen zu apostrophiren. Man hat wohl gar wegen des enklitischen l und ls auf ursprüngliche Formen el und els schließen wollen, wie dies sogar noch Diez, Rom. Gr. 2, S. 31 zu thun geneigt ist. Allein el und els gehören dem Katalanischen an, sind dem Provençalischen fremd und den alten Grammatikern völlig unbekannt. Die Singularform el läßt sich mit Sicherheit nirgends nachweisen. Fast in allen Stellen, in denen sie vorkömmt, ist e l zu schreiben, oder die Stellen sind verderbt. Bei Bertran de Born S. 279: que sus el cap li farai bart ist sobre l zu lesen. S. 300: e siey home non l auzan dir el ver ist höchst wahrscheinlich e l und bei Folquet S. 317: qu'ins el cor port, domna, vostra faisso ist ohne Zweifel e l zu lesen, vgl. S. 322: qu'ieu ins e mon cor la desir. Die Pluralform els findet sich höchstens in später Prosa, wenn nicht auch da, wie in den meisten Dichterstellen e ls zu ändern ist. (Ueber eine Stelle von Peire Cardinal im Parn. Occ. p. 322, wage ich jetzt nicht zu entscheiden). Wenn sich nun auch gegen einen Apostroph nach der proklitischen Singularform l nichts weiter einwenden läßt, als daß er ohne Autorität und deshalb höchst überflüssig ist, so ist er dagegen vor den enklitischen Formen l und ls gänzlich zu verwerfen, so wenig wie man die enklitischen Pronominalformen m, t, s, ns, vs, l und ls apostrophiren darf.

Als enklitisches l kann ferner auch der Masculinplural li, namentlich nach der Conjunction e erscheinen: li clerc e l laic son ajustat. — e l flor brotonon per verjan. — e l mal que m datz son ben.

que sa merces nos a mostrat tal via
per que l peior venran a salvamen
(Pons v. Capducil).

Oft bekömmt das in diesem Falle übrig gebliebene l, zum

Ersatz für das verloren gegangene i, den Schleiflaut, erscheint aber dann stets enklitisch (vgl. L. d'Am. II, S. 138), nach welcher Regel in den Texten ohne Weiteres zu ändern ist; also li monge e lh hermita. li baros e lh avesque. li borges e lh clerc se volon mal. li comt e ll duc e ll rey e li princi. e si ll pro s'azauton de mi. Daneben finden sich jedoch auch ohne vorangehenden Vocal die vollständigen Formen il und ilh nicht selten vor Consonanten z. B.: ill crozat, Bertr. de Born p. 303.

Vernachlässigung der Enklisis findet sich nur beim Masculinplural li und hier ziemlich häufig; z. B. ploron e li Alaman. Bertr. de Born S. 285. e il sonet que fan li joglar S. 294. quar d'esterlins foro ill primier conrey S. 298. co il auzelet per la planha S. 323. ill avinen trobador S. 325; bei den übrigen Formen dagegen sehr selten, nur hüte man sich, Pronominalformen mit Artikelformen zu verwechseln.

Der Waldenserdialekt hat das eigenthümliche, daß er den Masculinplural li, de li, a li, li bildet; sonst hat auch er die Formen lo, la, las u. s. w. (a le scriptura Ev. Joh. 2, 22 ist wohl bloß Druckfehler). —

Der weibliche Artikel im N. Sg. ist la. Vor folgendem a muß er stets elidirt werden; vor den übrigen Vocalen jedoch und dem h ist dies bei Dichtern (bei Altvalencianern auch in der Prosa, vgl. Diez, Altrom. Sprachdenkm. S. 52) nicht nöthig. Nebenformen sind il, enklitisch l, für den Nominativ. Die casus obliqui dazu weist Diez, Rom. Gr. 2, S. 32 Anm. nach, del vescontessa aus Guil. Riquier und al cima, Parn. Occ. 143; weitere Belege habe ich bis jetzt nicht gefunden. Die enklitische Femininalform l aber findet sich nach Angabe der Grammatiker nur bei alten Troubadours und kam späterhin außer Gebrauch (L. d'Am. II, p. 114). Selbst die alten haben aber bei dieser Form die Enklisis keineswegs in consequenter Weise: ieu ai ben hobat legen que l gota d'aigua, Bern v. Ventadour S. 27 qu'aissi es fina l beutatz, ebendaselbst.

que jurar pot marves sobre la ley
que l genser es del mon e l pus corteza

Bertr. de Born S. 298. e il largors, Folquet S. 318. e ilh belha, cui soi aclis S. 323. que l bella S. 321, woher die Schöne. que lh vostra pietatz lor perdon lor peccatz S. 336.

qu'ieu sai que l sanhta trinitatz
es vers dieus e vers perdonaire

Pons v. Capd. S. 363.

e pois serai meils pagatz
que s'era mia l ciutatz
ab l'aver qu'es ajostatz
dels Genoes.

Raimb. v. Vaqueira S. 363. e m pes qu'ilh filha del marques S. 368, lies que lh. e sona l campana S. 369. que'l bella Beatritz. e l dona de san Jortz. e l domna de Surainha, ebendaselbst.

Als lokale Eigenthümlichkeit der Auvergne, die jedoch wenig Nachahmer gefunden habe, wird noch die N. Sg. Form li angegeben (L. d'Am. II, p. 122. 138). Belege dafür glaube ich einigemal in späterer Prosa gefunden zu haben. Was endlich den weiblichen Artikel im Plural anbetrifft, so ist er ohne Nebenformen geblieben. Auch der Waldenserdialekt bietet hierfür nichts Abweichendes. Blos die Katalanen haben les statt las.

Die neuprovençalischen Dialekte zeigen im Ganzen in den Artikelformen nicht zu viel Varietät und kommen, mit Uebergehung reiner, durch contracte Aussprache entstandener Idiotismen, ungefähr in diesen Formen überein:

Singular.

	Masculin.	Feminin.
N. A.	lu. lo	la
G.	du. dau. del	de la
D.	au (ou, u, o). al	a la

Plural.

N. A.	lus. los	las
G.	de lus. dus (deus, daus) des	de las
D.	a lus. aus. as	a las

Die beiden Masculinformen lu und lo stehen sich ganz gleich. Einige Dialekte, wie der von Toulouse, zum Theil der von Trièves, der auvergnische haben le; letzterer hat auch die sonderbare Nebenform lau. Die alte Genitivform del hat sich nur in Toulouse, wo der Dialekt überhaupt am reinsten ist, und in Agen erhalten; ebenso der Dativ al, zum Theil auch noch in Nimes und Montpellier. Die übrigen Dialekte dagegen haben, vielleicht in Folge französischen Einflusses, das l in u erweicht und das e der Casuspartikel im Genitiv ausgeworfen. Die aus dem Poitevin'schen Patois bekannte Form dau, findet sich auch im Neuprovençalischen nicht selten, und hat vielleicht in einer Annahme der Casuspartikel da statt de ihren Grund. Die Dativformen ou, u, o sind reine Modificationen der Aussprache für au. Bei den Femininalformen ist zu bemerken le, de le, a le, pl. les, de les, a les in vielen Theilen der Gascogne und lo, de lo, a lo in Limoges und theilweis in der Auvergne; le ist die geschwächte Form von la und in lo ist wie fast stets in den neuprov. Mundarten, o, entsprechend dem französischen stummen e, an die Stelle des auslautenden a getreten. Dem Dialekt von Grenoble, der den Singular regelmäßig bildet, sind die femininen Pluralformen les (vor Consonanten meist stummes s) und dem Dialekt von Oisan die von leys eigenthümlich. Blos die Toulouser haben den masculinen Plural les; des und as dagegen finden sich überall in Languedoc, ferner in Agen; deus kömmt blos in Bearn vor. Schließlich ist es den Mundarten der eigentlichen Provence, den von Nimes und Montpellier, eigenthümlich, für den Plural beider Geschlechter eine gemeinsame Form lei, dei, ei, vor Vocalen leis, deis, eis nach französischem Vorgange gebildet zu haben, wovon sich in andern Mundarten nur vereinzelte Spuren zeigen.

Zusammenziehungen des Artikels mit Präpositionen sind im Provençalischen el = en lo, pel = per lo, sul, im Plural els, pels, suls, kommen aber im Ganzen nicht allzuhäufig vor. Die waldenser Prosa verschmäht diese Formen. Im Neuprovençalischen haben sich pel, im Plural pes erhalten. Im Dialekt von Bayonne findet sich p'u für „pour le“.

§. 2. Substantivum.

Um die Einsicht in die provençalischen Declinationserscheinungen zu erleichtern, hat man zunächst von dem etymologischen Bildungsprincip auszugehen, welches der provençalischen Sprache in ihrem Verhältniß zur lateinischen zu Grunde liegt. Bereits Diez hat es in seinem geistreichen Aufsatz über die provençalische Sprache

(Poesie der Troub. S. 283. — 328) klar und richtig aufgestellt. Im Allgemeinen nemlich kann man es ganz kurz als entschiednes Ueberwiegen der Tonsylbe eines jeden Worts über die andern Sylben bezeichnen. Der Tonsylbe zu Liebe werden die unbetonten Endsylben durch Synkope und Apokope an sie herangerückt, um gleichsam von ihr verschlungen zu werden, mögen dies auch im Lateinischen begrifflich wichtige Endungen sein oder nicht. Was auf diese Weise verloren geht, ersetzt ja die Sprache vermöge ihrer Eigenschaft als moderne Sprache durch Analyse, besser, im Gegensatz zu Synthese gesagt, durch Parathese, d. h. durch Artikel beim Nomen, Hülfswörter beim Verbum. Um nun aber bei der Anwendung dieses Princips auf das Nomen stehen zu bleiben, so ist klar, daß wenn die Flexionsendsylben wegfallen oder abgestumpft werden, sich weiter nichts scharf erhält als der reine Stamm, wie er namentlich in den obliken Fällen hervortritt. Dieser reine Stamm tritt nun in der Regel unmittelbar in die provençalische Sprache über und wird nur selten mit neuen Endungen versehen. Allein da bei den Provençalen der Gebrauch der Casuspartikeln noch ein einigermaßen freier ist, ihre Sprache ferner in Folge andrer Eigenheiten stark an einem Ueberfluß von Homonymen leidet, so haben sie ebenso wie die Nordfranzosen die Unterscheidung des casus rectus vom casus obliquus, des régime direct vom régime indirect nicht aufgegeben, sondern sie vielmehr mit Hülfe des Buchstaben s fixirt. Und zwar geschieht diese Unterscheidung nicht bei allen Wörtern in consequent gleicher Weise, sondern wie es scheint, in steter Abhängigkeit vom Lateinischen. Auf diese Art hat sich denn wirklich eine eigenthümliche Declination erhalten, deren Einzelheiten sogleich folgen sollen.

Daß es überflüssig ist, nach einem bestimmten Casus zu fragen, der den lateinischen Wörtern bei ihrem Uebergange ins Provençalische zu Grunde gelegen habe, daß man vielmehr sich der Ansicht anzuschließen hat, welche Pott in seinen etymol. Forschungen 2, S. 343 aufgestellt und nach ihm Fuchs zu wiederholten Malen gegen Diez behauptet hat, ergiebt sich nach obiger Auseinandersetzung von selbst. Zur weiteren Bestätigung derselben sei es schließlich erlaubt, auf die Erscheinung aufmerksam zu machen, daß manche Wörter im Provençalischen mit gleichbleibender Bedeutung nach dem Belieben der Schriftsteller bald Masculin- bald Femininendung annehmen können, also lo cap, la capa, lo test, la testa, l'os, la ossa, fuelh und fuelha, joy und joya u. s. w. Theilweis hat sich diese beneidenswerthe Willkür auch noch im Neuprovençalischen erhalten, wo man z. B. lu prat und la prado sagt. Vgl. Schnakenburg Tableau S. 134 und die Bemerkungen über den bearnischen Dialekt bei Fuchs, Beiträge S. 274.

Es beschränkt sich also im Provençalischen die Declination auf eine Unterscheidung des casus rectus vom casus obliquus (Genitiv, Dativ und Accusativ). Nominativ und Vocativ fallen zusammen. Zwar soll der Voc. von reys, rey lauten, L. d'Am. II, p. 112, doch beruht diese Bemerkung, da reys im cas. rect. bald mit bald ohne Flexions-s steht, auf einem bloßen Irrthum, und findet sich natürlich in den Texten nur theilweis bestätigt. Nun unterscheidet man mit Rücksicht auf das Latein 3 Declinationsclassen.

I.

Feminina auf a. Cas. rect. und obl. fallen hier in beiden Numeris zusammen. Der Plural durch Anhängung eines s gebildet; also la dompna, las dompnas.

Ausgenommen sind von dieser Regel die Masculina auf a, welche im cas. rect. des Plural kein s annehmen; also li legista, li canonista, dasselbe gilt für estacha, der Miether.

Der Mädchenname Finette lautet im c. r. Sg. bald Fina, bald Finas.

II.

Wörter mit consonantischer Endung, die im c. r. Sg. und den c. o. Pl. ein s annehmen. (Vgl. Uc Faidit im Donat. provinc.: e non se pot conosser ni triar l'accusatius del nominatiu, si no que per so, que l nominatius singulars, quan es masculis, vol s en la fin e li altre cas nol volen; c l nominatius plural nol vol e tuit li autre cas volen lo). Als Beispiel wird gewöhnlich der Anfang des L. d'Am. citirt: Segon que dis le philosophs, tut li home del mon desiron aver sciensa, de la qual nais sabers, de saber conoyssensa, de conoyssensa sens, de sen be far, de be far valors, de valor lauzors, de lauzor honors, d'honor pretz, de pretz plazers e de plaser gaug e allegriers. Zu dieser Klasse gehören nun die alt- und mittellateinischen Wörter der zweiten und vierten Declination auf er, us, um, u wie dicus, fruitz, cels, corns, lauzengiers-s der Verläumder, die Neutra nebst vielen Masculinis der dritten, z. B. flums, reys, den zweisilbigen auf or, pars der Gleiche, der Standesgenosse (vgl. Diez Altrom. Sprachdenkm. S. 54), so wie die substantivirten Infinitive, als la partirs, das Reisen.

Endigt das Wort stark consonantisch, so nimmt es nicht selten statt s, es an: arbr-es, diabl-es, sepulcr-es. Geht es auf n oder nt aus, so wirft es vor hinzutretendem Flexions-s häufig das n oder t ab, also bos statt bons, us statt uns, ples statt plens, regismes statt regismens; bei den Wörtern auf nt geschieht dies sogar in der Regel; ausgenommen sind hiervon alle Participien auf en oder an.

Endigt das Wort auf c, so nimmt es in der Regel x oder cx an, also clercx, becx, amicx, dux und ducx, ricx, luecx, bucacx, der Bussard; ebenso wird gs zu z (borcx, Burgen im Ferabras).

Sehr viele der hierhergehörigen Nomina lassen jedoch im c. r. Sg. das Flexions-s weg (vgl. Hallische Lit. Zeit. 1828. E. B. 54). Z. B. alegratges u. alegratge, coratges u. coratge, cims u. cim, der Gipfel, dan u. dans, der Schade, dols u. dol, der Schmerz, enueys und l'enuey, gens u. gen, gaug u. gaugs, joys u. joy, monges u. monge, mars u. mar, reys u. rey, Peyres u. Peyre (folgt auf diesen Namen noch ein andrer Name, so kann man schreiben Peyres, Peyre, Feyr, Pey; vor Vokalen steht am liebsten Peyr) und sehr viele Adjectiva, wie dregz u. drey, greus u. greu, leus u. leu, secretz u. secret, vertadier, Mahn S. 381. Neben la nueitz, die Nacht, findet sich auch la nueg ohne Flexions-s. Stets ohne s sind maestre, prestre u. paster (Donat. prov. p. 170) ebenso, um Homonymie zu vermeiden, sor, die Schwester, ser, der Abend, gra, das Gras, ga, die Furth; ferner or, das Gelb, wofür sich auch aurs findet und cor das Herz (allein: mas lo gens cors amoros, Mahn S. 291. s'anet mos cors afreollan S. 302).

Indifferent gegen das Flexions-s sind ferner: 1) consonantisch ausgehende nom. prpr., Guilhelms u. Guilhelm, Fredericx u. Frederic. 2) Die griechischen Wörter auf e und on, als syndoche u. syndoches, cacosintheton u. cacosinthetons. 3) Die Neutra auf ium, also provençalische Wörter auf i, wie benefizi, edifizi neben l'emperis, lo terminis. 4) Der Infinitiv der Verba auf re (ĕre) verschmäht aus euphonischen Gründen jegliches -s. (Bertr. de Born S. 278: ie us dir que tan no m a sabor manjars ni beure ni dormir, wo eigentlich dormirs stehen sollte). 5) Wird der Infinitiv mit noch einem andern Worte zusammen als substantivisches Abstractum aufgefaßt, so muß er ohne Flexions-s gesetzt werden; also pregar Dieu er bona causa, nicht pregars; temer nostre senhor es deguda causa; hondrar lauzar e servir Deu sobre totas causas, es sancta causa.

Die Wörter homs, prosoms (preux), coms und vescoms haben im c. o. Sg. home, prosome, comte, vescomte; ebenso im ganzen Plural (li comt e ill duc S. 302, li duc vescomt et es lor tard, ließ comt' und vescomt'); doch gelten für den c. o. Pl. auch die fast überwiegenden Nebenformen homes, prozomes, comtes, vescomtes. Der c. r. von homs heißt auch blos hom, om (omne im Boethius, vgl. Diez, Altr. Sprachdenkm. S. 46) z. B. et en cocha m vei hom fugir primier S. 272, si qu'apres nos en chant hom de la gesta S. 300; vor Vocalen aber, desgleichen wenn ein Adjectivum unmittelbar vorhergeht oder folgt, wird in der Regel nur die Form homs zugelassen (allein ricx hom S. 275. 276. mulhs hom S. 277). Geht ein Pronomen vorher, das seiner Natur nach das Flexions-s verschmäht, ohne daß ein mit einem Vocal anlautendes Wort unmittelbar folgt, so wird der Gleichmäßigkeit wegen gewöhnlich die Form hom gesetzt. Dieselben Bedingungen gelten auch für nostres und nostre, vostres u. vostre, so wie die substantivirten Infinitive (daher im obigen Beispiel dormir statt dormirs).

Ferner ist zu bemerken, daß clercs im c. o. Sg. so wie c. r. Pl. clerc od. clergue, im c. o. Pl. clercs od. clergues hat. Das Wort lirs od. lires flectirt c. o. Sg. lir, lire. c. r. Pl. lire. c. o. Pl. lires und nicht lirs.

III.

Für die dritte Klasse charakteristisch ist das s im ganzen Plural, so wie starke, oft syllabische Abwandlung des c. o. Sg. Hierher gehören:

1) Die Personennamen mit dem Accusativ o für on (em), als Udil, Uc (Nebenform Ugos), Gui Accus. Udilō, Ucō, Guiō, Pl. Ucōs u. s. w. Ferner bar, baro, baros der Mann (vom celtischen fear) und laire (latro) lairo, falc falco. Die beiden letzteren Wörter folgen ziemlich streng der Regel. Mehr Abweichungen dagegen zeigt bar. Im c. r. Sg. kann es ein Flexions-s annehmen, z. B. negus bars, Pons de Capducil S. 355; bisweilen steht bar als c. o., z. B. mas per ric bar deu om totz jorn contendre S.

315; die Form baro, baron steht häufig für den c. r. Pl.: que cuian donc far nostre baron. S. 281. li baro S. 282. li ric baro S. 283. tuit l'autre baro S. 286. tut sist baro S. 287. com nostre baro quod an S. 296. li baron S. 297. que s'eron mil baro S. 375. Auch lairo findet sich in dieser Weise.

2) Die Wörter auf re; sind sie zweisilbig, so bleiben sie unverändert oder nehmen höchstens ein Flexions-s an; also maestre, bisweilen maestres im N. Sg., peire, peires vgl. Donat. prov. p. 170. Sind sie mehrsilbig, d. h. gehen sie auf die lateinische Endung tor zurück, so bleibt die Endung aire, eire und ire blos im c. r. Sg. Der c. o. geht aus auf ador, edor, idor, der Plural in allen Fällen auf adors, edors, idors, als trovaire, der Troubadour, c. o. trovador, Pl. trovadors.

Zu dieser oder der vorigen Klasse gehören außerdem noch: senher (auch wohl senhers, senhor u. senhors; die Formen seinher und seingner sind blos orthographische Modificationen) c. o. senhor, Pl. senhors, selten senhor. (Manche Dichter haben sich durch die Nominativform senhers zur falschen Genitivform senher verleiten lassen, z. B. que bon senher (Acc.) ai molt en vos trobat S. 380. Damit ist zusammenzuhalten peccaire als N. Pl. für peccadors auf S. 357. Uebrigens wird senher vor folgendem Eigennamen in senh, mit stummem h vor Consonanten, mit tönendem vor Vocalen und En verkürzt, also mos senh Bernard, mos senh En Guiraud; das tönende h wird bisweilen noch durch e verstärkt, z. B. Senhe 'N Bassa S. 309). Zweitens neps, nebot, nebots.

Häufig, namentlich vor Vocalen, wahrscheinlich überhaupt unter denselben Bedingungen, wie man homs und hom sagt, nehmen alle diese Wörter nach Analogie der zweisylbigen Gruppe im c. r. Sg. ein s an, emperaires, trobaires.

3) Die Feminina auf s und tz, meist von lateinischen Stämmen auf t und r (art-em, color-em) gebildet, als artz, amors, brandos, claus, colors, cazos, dens, dignitatz, dolors, flors, gens, mayzos, nueitz (s. die zweite Klasse), nutz, naus, ochaisos, oratios, pes, sazos, vertatz, vertutz, verges (virgo; wenn es die Mutter Gottes bezeichnet, kann es nie sein Flexions-s verlieren). Im c. o. Sg. erscheint der reine Stamm ohne s.

4) Als Anhang von Anomalis schließen sich folgende von verschiedenen Stämmen zu einem Paradigma zusammengeschobenen Formen an:

Sg.	c. r. donna	sor	necza	gasca	garza
	c. o. dons	seror	neboda	gascona	garsona
Pl.	donnas	serors	nebodas	gasconas	garsonas

Endlich res, c. o. ren oder re. Res bedeutet bisweilen so viel als Gegenstand, wo es dann oft zur Bezeichnung eines lebenden Wesens dienen kann; alsdann verliert es sein s im c. o. nicht, also: a la gentil res donare la mia amor, ich werde dem niedlichen Dinge meine Liebe schenken; lunh temps no vi tan bela res cum Aycelina, lange Zeit habe ich kein so schönes Geschöpf wie Adelheid gesehen; ardon vilas e borcxs, no laychan res en via, sie verbrennen Städte und Burgen, nichts lassen sie unterwegs am Leben, Ferabr. v. 66.

Für die drei bisherigen Declinationsklassen kann man nun mit Diez in seiner Grammatik folgendes Paradigma aufstellen:

Sg.	c. r.	1) corona	2) an-s	3) laire	cortz	troraire
	c. o.	corona	an	lairō	cort	trovador
Pl.	c. r.	corona-s	an	lairōs	cortz	trovadors
	c. o.		an-s.			

IV.

Als vierte Klasse kommen aber zu diesen dreien noch eine Menge Indeclinabilia; es sind dies alle diejenigen Wörter, deren Stamm nach Entfernung der lateinischen Endung auf s, ce, ti ausgeht. Hier wird das s als radical betrachtet und kann weder entfernt, noch durch ein zweites s verstärkt werden. In diese Klasse gehören also Wörter wie nas (nasus), ors (ursus), pretz (pretium), sens, paradis, vers, fays (fascis), mes (mensis), patz (pax), peys (piscis), raitz und razis (radix), perditz (perdix), pecayritz die Sünderin. (Dabei ist zu bemerken, daß alle auf is oder diphthongisches ys ausgehenden Wörter auch ish und ysh geschrieben werden können). Ferner alle Wörter auf s, die von lateinischen Neutris auf us herkommen, wie temps, ops, so wie die lateinischen Eigennamen auf us, welche unverändert bleiben, als Artus, Piramus, Tantalus. Weitere Verzeichnisse stehen im Donat. prov. p. 170 und bei Raim. Vidals p. 196.

Man nennt nun alle hierher gehörigen Wörter zum Unterschied von den bisherigen, welche nom partial heißen, nom integral und diese integralen Wörter haben unter andern auch die Eigenheit, daß sie im c. o. Pl. noch die Endung es annehmen können. Doch ist dies nicht durchaus bei allen der Fall. Nicht zu verlängern sind rōs (roth, fuchsig), temps, pros (der Vortheil, von der lateinischen Präposition pro, deshalb im N. Sg. meist ohne s; mit s jedoch bei Raynouard, Choix II, 22; Bertr. de Born S. 273; no puesc trobar tan bella que fos tan pros (vgl. Diez Altr. Sprachd. S. 49), repaus, laus, ris. Blos dialektisch ist die Verlängerung von votz, notz, dotz. Wohl aber werden folgende Wörter verlängert: as, bas, bras, cas, clas, gras (das Gras, z. B. der Positiv; im N. Sg. fast stets ohne s, im Pl. jedoch grazes), glas, las, mas, vas, pas, esquas, fals, gracios, vertuos, riguos, amoros, meist Adjectiva, also c. o. Pl. asses, basses u. s. w. crus hat cruzes. Bei den früheren Gruppen kömmt diese Verlängerung sehr selten vor. Vereinzelt findet man sanctes von sans, benezeytes von benezeytz und dgl. m.

Das Wort fons in der Bedeutung priondeza, Tiefe, von fundus ist integral, in der Bedeutung fontayna von fons, partial. Die integrale Singularform dons = dompna kann nur in der Anrede nach mi und ti stehen; nach Adjectiven dagegen ist sie masculin = dominus.

So ungefähr stellt sich die Declination der Substantiva mit Hülfe des Flexions-s nach den Lehren der alten Grammatiker aus dem Gebrauch der Schriftsprache heraus. Die Grundregeln sind einfach, werden aber mangelhaft durchgeführt und im Einzelnen findet sich außerordentlich viel Unbestimmtes, Gemachtes und Willkürliches. Der Grund dieser zahlreichen Anomalien liegt aber wohl in Folgendem. Als die romanischen Sprachen sich in den Zeiten der Völkerwanderung aus der lingua romana rustica an zu bilden fingen, schwand die lateinische Flexion, und das einzige, was sich außer einigen dacoromanischen Vocativformen davon erhielt, war eben jenes Flexions-s bei den westlichen- und nordwestlichen Romanen, von dem vereinzelte Spuren sich bereits in den Casseler Glossen finden, dessen vollständig geregelter Gebrauch uns in den Eiden v. J. 842 entgegentritt. Aber nach und nach, bei weiterer und consequenterer Ausbildung des analytischen Princips, schwand auch dieses Flexions-s. Eben weil es an die reiche Grammatik des Latein erinnerte, behielt es die feine, gelehrte Schriftsprache der Troubadours möglichst bei, aber aus dem Munde des Volks verschwand es und so findet sich daher im Neuprovençalischen, eben so wie im Französischen seit der Mitte des fünfzehnten Jahrhunderts, von ihm keine Spur mehr. Schon die Leys d'Amor beschweren sich über den Verfall der Schriftsprache ihrer Zeit, der sich in Nichtachtung eben dieser Flexionsregeln kund gebe. Aber an einigen Stellen geben sie nebst den übrigen Grammatikern zu erkennen, daß einzelne Dialekte wohl von jeher in Beachtung dieser Regel nachlässiger mögen gewesen sein, als der eben deshalb zur Schriftsprache erhobene limusinische.

Dies sehen wir denn auch gleich am Waldenserdialekt, der von der gelehrten Antiquität des Flexions-s fast nicht das Geringste mehr weiß. Unbegreiflich, wie Raynouard und seine Nachfolger dies bis jetzt haben übersehen können. Ueberall fallen in ihm casus rectus und obliquus ganz zusammen. Das s wird wie im Französischen und Spanischen blos zur Bezeichnung des Numerus gebraucht. Aber selbst dies geschieht regelmäßig nur beim Plural der Feminina: las coronas, las mesuras, las leys, las empromessions, en doas taulas peyrientes, auf zwei steinernen Tafeln. Die Masculina dagegen unterscheiden den Plural vom Singular nur durch die Formen des Artikels, also l'angel, li angel, lo Judio, li Judio. Blos wenn der Artikel fehlt, wird dann und wann auch der Plural der Masculina durch ein s bezeichnet. So findet sich li ministre neben ministres; cambiadors neben li cambiador; flayels, Geißeln; buos Ochsen; honors; reccopron rams, sie nehmen Zweige; en proverbis; en convilis, bei Gastmählern; tu sies desciple de luy, mas nos son desciples de Moysent (Evang. Joh. 9, 23); car yo dis, vos se dio. E si el dis dios a aquilh ebend. 10, 34; donca Yeshu dis a lor, o fantins have cumpanage? 21, 5; Judios e Grec prediquesan, Juden und Griechen sollten sie predigen (la nobla leyczon v. 286. 336); perseguian Judios e Saragins; de nos caytio cristians; e rics e paures han aytal intrament, segnors e serf han aytal issiment. Außerdem findet sich las mans neben las man, d'omes neben d'ome, li fraires neben li fraire. Mit Aufgebung des Flexions-s war natürlich auch Vereinfachung der Nominalendungen verbunden. Daher die provençalischen Wörter auf aire, ador im Waldenserdialekt einfach die Form ador haben, also lo und li peccador = pecaire, pecador, pecadors. Home ist Singular und Pluralform für alle Casus.

Das Neuprovençalische schließt sich sowohl in Verwerfung des Flexions-s, als auch im schwankenden Gebrauch des s zur Bezeichnung des Plural, dem Waldenserdialekt aufs Engste an. Nicht einmal in den Dialekten, in welchen das a der lateinischen ersten Declination sich erhalten hat, ohne in o übergegangen zu sein, hat der Plural überall s. Wie unsicher sonst Alles ist, wird folgende Uebersicht darthun. Fast gar nicht findet sich das s im eigentlichen Neuprovençalischen. Ganz schwankend ist der Gebrauch des s in der Dauphiné. Meist weggelassen wird es in der Mundart von Avignon; sehr häufig fehlt es in der von Carpentras. Im Languedoc scheint der Gebrauch des s zu überwiegen, doch ist auch hier Vieles schwankend. Regelmäßig bildet die Gascogne ihren Plural auf s, oder in den Fällen, wo auslautendes l in u erweicht ist, auf x. Schwankend ist wiederum die Auvergne und Limousin; in Haut-Limousin bilden Masculina auf e ihren Plural auf eis, also paubre, paubreis, ladre, ladreis; andre Diatekte thun dasselbe blos bei Adjectiven. In Montpellier bilden die Wörter auf e ihren Plural auf ez. Ja es fehlt sogar nicht an solchen Dialekten, welche die Pluralform des männlichen Artikels ohne s haben, wie die Mundart von Trièves, theilweis der Dialekt von Limousin und der Auvergne. Wie viel von diesem auffälligen Schwanken auf Rechnung der neufranzösischen Aussprache kömmt, oder im Geiste der neuprovençalischen Mundarten überhaupt begründet ist, muß natürlich dahingestellt bleiben; ebensowenig wie sich ohne größere Sprachproben entscheiden läßt, ob nicht in der scheinbaren Anomalie und Willkür doch noch einige Spuren von Analogie und Regelmäßigkeit sich finden.

Zu mehr Stetigkeit im Gebrauch des s ist das Katalanische gelangt. Während es hier im Singular gar nicht angewandt wird (vgl. jedoch Fuchs Beitr. S. 91. Da mir Texte augenblicklich nicht zur Hand sind, kann ich Näheres nicht geben), so dient es constant zur Bezeichnung des Plurals; und zwar so, daß die Feminina auf a den Plural auf es bilden; die integralen auf s oder x ausgehenden Wörter auf os, bei Ausias March jedoch auch blos auf s, also peixs und peixos Fische; andre Wörter endlich ein im Singular ausgefallnes n wieder annehmen, also home, Plural homens, jove Plural jovens u. s. w.

§. 3. Adjectivum.

1) Abbeugung.

Die provençalischen Adjectiva zerfallen in zwei Klassen, Adjectiva mit motio, d. h. mit bestimmten, für die einzelnen Geschlechter fest ausgeprägten Endungen, und Adjectiva ohne motio.

Erstere umfassen wieder zwei Abtheilungen. Einmal, Masculina mit Flexions-s, Feminina mit der Endung a, also bons (bôs) bona. Hierher gehören die lateinischen Adjectiva auf us und fast alle nichtlateinischen (Vgl. Diez, Roman. Gram. 2 S. 47). Hierbei ist zu bemerken, daß Endconsonanten, welche im Masculin vor dem Flexions-s nach den bestehenden Lautgesetzen wegfielen, im Feminin wieder erscheinen, also bos, bona; us, una; ples, plena; blons, blonda. Ebenso tritt im Feminin die Media, welche das Masculin in die Tenuis verwandelt hatte, so wie v für u wieder ein, also: drutz, druda. futz, fuda. braus, brava. larcs (larx, larcx), larga. malvatz, malvada. nutz, nuda. orps, orba. Das Adjectivum sans (sains, sanhs) verliert vor Eigennamen gewöhnlich auch im Nominativ sein s (Sans Johans S. 356), also: san Miguel, san Launart, san Marsil, san Thomas, san Jortz, sanh Nicolaus, sanh Jolia, sanh Astier (eine Baronie in Perigord S. 280), sanh Aimon, sanh Ivan, san Peire — wird aber dann nicht selten, ebenso wie im c. obl., sant geschrieben, also: sant Estephes, sant Martis, per sant Launart, saint Daunis S. 362. Doch behält es stets sein s vor einem andern S, also sans Simons (vgl. L. d'Am. II, 174). Steht sans nach, z. B. Bernard sans, so kann es sein s natürlich nie verlieren.

Zweitens, Masculinum integral, Femininum auf a; Wörter, welche von lateinischen oder romanischen Adjectiven auf —sus herkommen z. B. gros, grossa; glorios, gloriosa; enueios; fals; gras; joios. Bei ihnen finden sich zuweilen Plurale wie glorioses, joioses.

Die Adjectiva ohne Abbeugung kommen meist von lateinischen Adjectiven auf is, e und umfassen die Endungen al, an, el, en, eu, ert, il, ol, ort u. dgl. m., als: bres oder breus (brevis), fortz, greus (gravis), vertz (viridis). Die Flexion ist wie von cortz in der dritten Declinationsklasse. Hierher gehören ferner die Adjectiva auf e, jedoch mit gar vielen Ausnahmen. Auch die Participien auf an und en, als plazens, rizens, avinens, diligens, cantans u. a. Von ihnen heißt es L. d'Am. II, pag. 156: empero cant aital adjectiu o particip, comu per ajustar al masculi e al femini, s ajusto am lo masculi, adonx seguo la regla del masculi: coma, li clerc son avinen e plazen: e can s ajusto am lo femini seguo la regla del femini, coma, las donas son avinens e plazens, quatre son las vertutz cardinals. Daneben haben aber die Participia auf ans und ens häufig die Motio in ansa, anta, ensa, enta, z. B. la malvestatz dolenta, Mahn S. 299. manenta S. 306. Vgl. L. d'Am. II, p. 204 sqq. Ueberhaupt schwanken viele der geschlechtslosen Adjectiva in die geschlechtige Klasse hinüber. So ist grans in der Regel integral und doch findet sich das Femininum granda nicht selten. Von unlateinischen, aber doch wohl romanischen Wörtern, die hierher gehören, führt Diez an: avols, schlecht, engres, unverschämt, pros, trefflich.

Wird ein Adjectiv durch Vorsetzung des Artikels zum Substantiv erhoben, so bekömmt es alsdann neutrale Form, d. h. das Flexions-s fällt weg; also lo bon, das Gute, nicht lo bos, lo belh, lo ver. Dasselbe findet auch in der Regel dann statt, wenn die Substantivirung sich aus dem Zusammenhang ergiebt, oder durch die hervorragende Stellung des Adjectivs angedeutet ist, also no m es bel de qlq., dies gefällt mir nicht an dem und dem, greu m es, es ist mir schwer, es macht mir Mühe,

ieu·m escondisc, domna, que mal non mi er
de so, qu'an dig de mi fals lauzengier.

Doch kann man sagen mestiers und mestier m e, es ist mir nöthig, rejaires oder rejaire m es, es scheint mir, ebenso vers u. ver. Miels findet sich nie ohne s (fora mielhs, es würde besser sein) vgl. L. d'Am. II, p. 178.

2) Steigerung.

Die Steigerung geschieht in gemein romanischer Weise durch plus, pus, (mais, mens, mielhs) für den Comparativ, lo plus für den Superlativ; und der relative Grad wird im Provençalischen durch sobre gebildet, also: blanca, plus blanca, la plus blanca, la sobre blanca, die weiße, die weißere, die weißeste, die überaus weiße; bela, bellaire, la bellaire, la sobre bela.

Organisch ist die Steigerung bei folgenden Adjectiven:

1) bos melhers, melhors lo melhers, lo plus bons
c. o. melhor
bei Späteren und besonders im Ferabras milhors
2) mals peiers, peiors pesme
c. o. peior
3) grans maiers, maiors
c. o. maior
4) paucx menres, menors
c. o. menor
5) maints, maynhs, gewöhnlich manh (vom goth. manags, nhd. manch) c. o. maint, mant, man Pl. mant, c. o. mans, Feminin manta, mantha, mainta, manhta (a manhtas gens Beatrix v. Die S. 86, manhtas vetz Folquet S. 317)
plusors li plusor.

Ferner findet man: ausors (altior), forsors (fortior), largors, lonhors, nualhors (schlechter; Positiv nualh von nugalis, das sich bei Gellius findet), sordeiors, gensers und gensors (Acc. gensor; genzor Boeth. v. 38; auch bei italienischen Dichtern; als Positiv im Altspanischen, vgl. Diez, Altrom. Sprachdenkm.) artiger, laiers und laiors, vom ahd. leit, häßlicher. Von bel das Feminin bellaire, Acc. belhazor, Pl. belhazors (L. d'Am. II, p. 56: devetz saber que aquest comparatius belazors ver de bela per que l devetz tostemps aplicar al femini e no al masculi; auch haben es die Troubadours als Masculin selten gebraucht, wie Wilhelm von Poitou 2, 17 Ausg. v. Keller, häufiger die provençalischen Epiker. Vgl. übrigens über diesen Comparativ Wackernagel bei Diez Altr. Sprachd. S. 22, der sie vom lateinischen bellatus ableitet). Alle diese organischen Comparativformen erscheinen meistentheils ohne Flexions-s, vgl. Donat. provinc. p. 170. Superlativformen sind ultisme, santisme, prosme (proximus) und in waldensischen Gedichten: trinita benignissima, o karissimes, o fraire karissime.

3) Dialektisches.

Sonst hat der Waldenserdialekt in Bezug auf Flexion und Motion seiner Adjectiva, um nicht Erscheinungen anzuführen, die besser in der Behandlung des Pronomens ihre Stelle finden, nichts Eigenthümliches. Natürlich ist hier von den Modificationen abzusehen, die sich bei Vernachlässigung des Flexions-s von selbst einstellen müssen. Die Katalanen bilden die Steigerung durch mes (magis), was sich in neuprovençalischen Mundarten nur vereinzelt findet. Die Motion geschieht im Katalanischen durch a, in den provençalischen Dialekten durch o, mit ganz dunkler u-Aussprache, daher auch von einigen so geschrieben. Doch haben die Dialekte von Trièves und Grenoble die Bildung der Feminina auf a beibehalten; ebenso die Auvergne, doch findet sich in der Basse-Auvergne die Bildung auf o nicht selten; das Limousin hat o, in der Mehrzahl as. Schließlich ist blos noch zu bemerken, daß im Katalanischen und consequent im Neuprovençalischen die Motio auch auf solche Wörter ausgedehnt wird, die in die altprovençalische zweite Klasse gehören. Doch auch da wurde ja schon bemerkt, daß oft genug ein Uebergang nach der ersten Klasse zu beachten sei.

Stettin.

Dr. Richard Volkmann.

Zur englischen Wortbildungslehre.

(Fortsetzung und Schluß.)

3. Ueber lic und die Bildungssilbe ly.

§. 63.

Endlich 4, giebt es auch Adverbia, welche im Engl. durch ly aus anderen Adverbien gebildet werden. Im Agſ. findet sich noch kein Beispiel (s. oben §. 45.) von einem Adverbium auf lîce dieser Art, von welchem nicht auch ein Adjectivum auf lic vorhanden wäre. So z. B. inlic und inlîce, inly, internally, from the mind, Bosw. p. 203, c. Zu oferlîce, carelessly, führt allerdings Bosworth kein oferlîc an, allein schon die übertragene Bedeutung läßt ein solches voraussetzen, so wie auch das AE. ein Adj. overly, slight, superficial, Halliw. 595, a. kennt. Ebenso besteht auch im Engl. ein inly (ae. inly, inwardly, deeply, thoroughly, Halliw. p. 476, a.) adv. neben dem adj. inly; so wie auch ein adv. overly neben dem adj. overly, s. Halliw. p. 595, a. Flügel. p. 984, a. Thoroughly ist adv. zum adj. thorough, durchgängig, vollständig, Flügel. p. 1442, b. ae. thoroughlike, Halliw. p. 866, b. Es gehört wie utterly (outrely, Halliw. 593, b.), towardly u. a. nicht zum Adverb, sondern zu den daneben und daraus entwickelten Adjectiven thorough, utter, toward u. s. f. Das Engl. geht jedoch auch noch einen Schritt weiter, indem es ly auch noch zu Adverbien setzt, gleichsam um sie noch adverbialer zu machen. Dahin gehören Fälle wie yorely neben yore, ehedem, vor Alters, ae. outeliche, utterly, entirely. Halliw. p. 593, a. forthely (von forth, vorwärts), readily, ib. p. 374, b. ratherly in Yorkshire in dem Sinne von rather, ib. p. 669, a.; nearly ist nicht bloß Ableitung des Adverbs in der Bedeutung von: beinahe, sondern auch des Adj. near (s. Flügel. p. 926, a.) mit der Bedeutung: sparsam, geizig. Soonly ist scheinbar Derivat vom Adverb soon, agſ. sona; allein das Adjectiv soon, frühe, baldig, schnell, ist jetzt nur veraltet (ein agſ. adj. son ſcheint nicht vorhanden geweſen zu ſein), ſ. Flügel. p. 1308, b. Ueber belikely ſ. oben §. 9.

§. 64.

Wir wenden uns nochmals zurück nach §. 59. Da nämlich bereits im Agſ. lîce ſchon öfter in ähnlicher Weiſe verwendet wurde, wie das engl. ly und ſomit auch der Fall eintreten muß, daß von einem einfachen ſinnlichen Adjectiv zwei Adverbia, das eine gleich dem acc. sing. neutr. der ſchwachen Form auf e, das andere auf lîce, engl. ly vorhanden ſind, ſo entſteht die Frage nach dem Unterſchiede beider. Für das Engliſche erſcheint natürlich dieſe Frage weit wichtiger, da ja hier ly eben erſt die wirkliche Adverbialendung wird, während im Agſ. durch lice zwar häufig das praktiſche Adverb gebildet wird, aber doch namentlich bei einfachen Adjectiven ſinnlicher Bedeutung mit Wahrſcheinlichkeit ein Adjectivum auf lîc vorausgeſetzt werden darf. Im Ahd. zeigen die Adverbia auf lihho noch nichts eigens Adverbiales in der Bedeutung; eben ſo wenig im Altſ. und im Agſ., obgleich ſich hier die Neigung ſchon zu zeigen anfängt; ſie verhalten ſich in dieſen Mundarten zu den Adjectiven auf lîh, lîc ebenſo, wie die einfachen Adverbia auf ahd. altſ. o, agſ. e zu ihren Adjectiven; wie ſich demnach das einfache Adjectiv zu dem abgeleiteten verhält, ebenſo ihre Adverbien. Da nun lîc den Adjectiven den urſprünglichen lebendigen Sinn benimmt, ſo geſchieht dieſes auch im Adverb auf lîce; denn ſie ſtehen nur in übertragener abſtracter Bedeutung. Da jedoch die meiſten einfachen Adjectiva ſinnlichen Begriffes nebſt ihren Adverbien auch abſtract verwendet werden, ſo können natürlich auch Adverbia auf lice mit einfachen Adverbien beliebig wechſeln, ſobald der Sprachgebrauch nicht entſcheidet. Mit Rückſicht auf §. 37. geben wir einige Beiſpiele. Das adv. deóplice verbindet man mit sprĕcan. Aelfr. dial. p. 13, 16. Leo. Bosw. p. 89, c. âreccan, Cod. Ex. p. 169, 13; kaum wird man es aber mit gedufan fügen können, wo das ſinnliche deópe ſtehen muß, Cod. Ex. 137, 6.; deópe kann jedoch auch in übertragener Bedeutung ſtehen, daher mit geondthĕncan, ib. 291, 29.; dêman, 135, 18.; behycgan, 183, 7.; cunnan, 333, 10. u. ſ. w.; fäste war nothwendig bei bindan, Cod. Ex. 287, 13. 23.; gefĕgan, ib. 296, 8. 297, 10.; bewindan, A. 58.; bestrythed, Cod. Ex. 351, 29.; gehealdan, 259, 19.; hier könnte kaum fästlîce geſagt werden, wohl aber bei ferhdh stadhelian, Cod. Ex. 258, 24. El. 428. 796. (wo Grimm anders punktirt) abwechselnd mit fäste stadheljan ferhdhlufan, A. 83.; ferner fästlîce fremman, Cod. Ex. 349, 22. Man setzt gearolîce zu wrîtan, Cod. Ex. 42, 10.; ongitan, 378, 2. El. 289.; schwerlich aber zu stondan, 107, 17. 145, 18.; hier steht gëarva; für gëarve cunnan, 290, 27. könnte man wohl auch gearolîce setzen; man verbindet grimlice sprëcan, ib. 368, 3. grafan, 62, 19. aber grimme ongeldan, 161, 15. u. s. f. Solche Adjectiva welche nur noch in übertragener Bedeutung vorkommen, verwenden das einfache und das abgeleitete Adverbium ohne sichtbaren Unterschied. Dieses ist z. B. der Fall bei georne und geornlîce. Man sagt georne bigangan, Aelfr. dial. 13, 9. (Leo.) und geornlîce bigangan, Cod. Ex. 96, 30. 150, 11.; gëorne bihealdan, ib. 193, 22. 150, 32.; ongitan, 135, 14.; gieldan, 109, 24.; geondsceawan, 289, 23.; trymede, 108, 26.; wât, A. 498.; thurhseón, 81, 23.; healdan, 349, 27.; smeádon, El. 414.; bäd, A. 599.; geornlîce biddath, Cod. Ex. 16, 32.; gëorne sôhton, El. 323.; gëornlîce sêc, Cod. Ex. 28, 1.; ongan sêcean, El. 1148.; gyrne onyeldan, Cod. Ex. 226, 23.; georne âvêcedh, ib. 62, 20. geornlîce môde bewindeth, 298, 16.; wille wesan underthyded, 138, 10.; god weordhige, 27, 19.; hleor onhylde, El. 1097.; vyrcan, 192, 21. u. s. w. Aehnlich wechseln hradhe und hrädhlîce, z. B. hradhe cunnan, A. 341.; cydhan, ib. 1520.; gebrocen häfdon, 127, 28.; gâ hradhe on thâ straeta, Luc. 14, 21.; hrädhlîce onsendan, El. 1087. A. 1505.; ârîsan, A. 936.; gefremman, A. 192. Cod. Ex. 16, 34. u. s. f. Diejenigen Adjectiva, welche nur in sinnlicher Bedeutung gebraucht werden oder ihrer Natur nach nur so gebraucht werden können, haben nie eine Ableitung durch lîc oder ein adv. auf lîce neben sich. Z. B. hlûd, wîd, sweart, hâdor u. s. w. Diese können im Agf. nur die Adverbia hlûde, wîde, swarte, hâdre erzeugen, nie aber ein hlûdlîce, wîdlîce, swartlîce, hâdorlîce; da auch die Adjectiva auf lîc von ihnen nicht gebildet zu werden pflegen. Erst im Englischen, wo ly an sich völlig bedeutungslos geworden ist, kann es zur Bildung von Adverbien auch anderartige Adjectiva treten, daher loudly, widely u. a. m. Daneben dauern aber im Engl. auch noch die agf. Formen hlûde, wîde in den Adverbien loud, wide fort. Es entsteht nun die Frage nach dem Unterschiede, welcher in solchen Fällen zwischen beiden Adverbialformen eintritt.

§. 65.

Im Engl. nämlich begnügt sich eine Anzahl von Adjectiven mit dem einfachen ags. Adverbium und bildet keins auf ly, z. B. least, less, lief, little, more, next, tivy, past, far, enough u. a. Dazu treten auch ill, evil und nigh, da illy, evilly und nighly zwar vorkommen, aber nicht (in guter Sprache) üblich sind. In den übrigen Fällen, wo beide Adverbia zugleich auftreten, unterscheiden sie sich mehr oder weniger. Dieser Unterschied entsteht aber meist dadurch, daß im Englischen die Adverbia auf ly sich als praktische Adverbia zu den Adjectiven gesellen, während das einfache Adverb in der Bedeutung nicht gleichen Schritt gehalten hat oder abgewichen ist. So bedeutet z. B. lastly, zuletzt; endlich, schließlich; neulich, unlängst; woneben last, zuletzt, mehr selbstständig dasteht. Justly, adv. bedeutet 1) gerecht, rechtlich; 2) gehörig, genau, pünktlich, und bildet das Adv. zu dem Adj. just, während das adv. just heißt 1) genau, eben, 2) gerade, nur, bloß, 3) beinahe, fast; sorely, schmerzhaft, schmerzlich, empfindlich u. s. w. gehört zum adj. sore; das adv. sore hingegen bedeutet heftig, in hohem Grade (wie fast auch im Ags.); cleanly gehört zum Adjectiv, während das adv. clean die Bedeutung des ags. claene, gänzlich, völlig, bewahrt; stilly, adv. heißt ruhig (ein ags. stillice ist sehr selten und spät) und gehört zum adj. still, während das adv. still ganz und gar abgewichen ist. Aehnliche Unterschiede bestehen zwischen like und likely, hard und hardly, quick und quickly, late und lately, false und falsely, chief und chiefly, even und evenly, right und rightly, ready und readily, thick und thickly, wide und widely, fast und fastly, indifferent und indifferently, according und accordingly, very und verily u. s. w. Bei einzelnen ist der Unterschied kaum bemerkbar, so daß sie sich beiderseitig vertreteten und die ly-Form die einfachere verdrängen darf, z. B. thinly, lightly, sickerly, wrongly, surely, scarcely, solely, wonderfully, fairly, loudly, broadly u. s. f. In einigen anderen Fällen steht das englische Adverb auf ly in einem ähnlichen Verhältnisse zu seinem Adjectiv und dem einfachen Adverb, wie im Ags. das Adverb auf lice zu dem Adverb auf -e. Dann hat sich die ags. Form bis ins Englische fortgesetzt. Dahin scheint zu gehören longly, adv. in der Bedeutung langweilig, sehnsüchtig, gleichsam als wäre es das Adverb zu dem agf. Adj. longlîc, oder einem engl. Adj. longly; während long, adv. mit dem Adj. vollkommen harmonirt. Ebenso scheiden sich die Adverbia deep und deeply. Ersteres stellt sich unmittelbar zu dem Adjectiv (= agf. deópe), während das letztere dem agf. deóplîce, tief, sehr gründlich, entspricht.

§. 66.

Die bisherige Erörterung veranlaßt schließlich noch zu einer Bemerkung, welche den Adverbien, welche von Adjectiven abgeleitet sind, überhaupt gilt. Vergleicht man nämlich die Bedeutungen derselben in älteren Sprachschichten mit denen in neueren, so zeigt sich häufig eine Fortbewegung derselben vom Speciellen, Sinnlichen zum Allgemeinen, Abstracten, während die Adjectiva selbst zurückbleiben. Wer wird z. B. beim nhd. schon, fast, beim engl. still an die Adjectiva schön, fest und engl. still denken? In Folge ihres häufigen Gebrauches ist ihre Wurzel ertödtet und ihre Bedeutung immer abstracter geworden, so daß der Zusammenhang mit dem Adjectivum, welches noch den lebendigen Sinn bewahrt, gar nicht mehr gefühlt wird. Daher konnte auch das Adj. bald im nhd. untergehen, während das adv. balde noch fortdauert, ebenso könnte das engl. adj. still untergehen ohne daß dieses den Untergang des adv. still nach sich ziehen würde. Schon das älteste Angelsächsisch kennt solche Adverbia, welche ihr Adjectivum bereits verloren haben, wie ädre, gelôme, geneahhe, lungre, recene; andere Adverbia haben sich den Adjectiven bereits entfremdet oder sind im Begriff es zu werden. Dahin gehören ëfne, eigentlich plane, dann aeque, aequaliter; claene, eigentlich munde, dann penitus; gëorne, eigentlich cupide, dann diligenter; svîdhe, eigentlich valide, dann valde; thearle, eigentlich vehementer, dann valde; hradhe, eigentlich cito, dann statim; thicke, eigentlich dense, dann frequenter, saepe; sâre, eigentlich graviter, moleste, dann vehementer. Eine ähnliche durch die Häufigkeit des Gebrauchs hervorgerufene Entfärbung der Grundbedeutung zeigen cûdhlîce, earfodhlîce, lustlîce, maerlice, orgellîce (s. Grimm 2, p. 788.), gewislîce u. a. Dasselbe wiederholt sich im Englischen. Hier dauern die soeben angeführten Beispiele theils fort, theils kommen neue hinzu. Zur ersteren gehört even, clean, ac. swithe, sore, zu letzteren quite, very, still, namely u. a.; eine nicht geringe Anzahl von Adverbien steht jetzt eben im Begriff, sich von ihren Adjectiven in der Bedeutung zu trennen, wie z. B. certainly, gewiß, sicher (ähnlich dem nhd. gewiss, ags. gewislîce); really, in der Thal, wirklich; presently, sogleich, bald; finally, endlich, gänzlich, völlig; jointly, sämmtlich, miteinander; directly, sogleich, unmittelbar; formerly, ehedem, vormals; undoubtedly, ohne Zweifel; indifferently, ohne Unterschied; immediately, augenblicklich; accidentally, zufällig; abundantly, häufig u. a. Noch weiter greift jedoch die Abstraction, wenn solche Adverbia bis zu bloßen Präpositionen oder Conjunctionen herabsinken. Zu ihnen gehören z. B. das ags. eomostlîce, ergo, itaque, igitur; sôthlîce, vere, igitur, Grimm 2, p. 280. 282. autem, gl. Rel. Ant. I, p. 12. Bosw. 341, b.; vitodlîce, sed, vero, enim, igitur, quapropter, s. Aelfr. dial. p. 11, 11. 12, 32. 24, 1. 11, 31. Leo; nam, gl. Rel. Ant. I, p. 12.; das engl. like (ähnlich nhd. gleich), still (Conj. jedoch, dennoch, indessen); only, nur; less, accordingly u. s. w. Präpositionen wurden z. B. near, according, past. Noch eine andere Art der Verallgemeinerung der Bedeutung zeigen eine kleine Anzahl sinnlicher Adverbia in allen germanischen Mundarten, ja wohl in allen Sprachen (Grimm 3, p. 122 ꝛc.) welche in übertragener Bedeutung zur Steigerung anderer Adjectiva oder Adverbien verwendet werden. Dahin gehören im Ags. namentlich swîdhe, thëarle, sâre, im Engl. (außer dem veralteten snithe) right, very, deadly. Noch mehr solche Beispiele liefert die Sprache des gemeinen Volks.

Anmerkung 1.

Die sanskritische Wurzel drĭç, darç, schon, zeigt sich in den hellenischen und germanischen Sprachen unter doppelter Form. Einmal nämlich entspricht das griech. *δέρκ-ομαι*, ahd. zorah-t, splendidus, Grimm 1, p. 725. 2, p. 384. ags. torht, id. Bosw. p. 395, c., das andere Mal das goth. leikan. Schon von Bopp, Vergl. Grammat. p. 17., wurde das goth. leiks mit dem sanskrit. ebenfalls nur in Composition erscheinenden Adj. drĭça (mit den Nebenformen drĭç und drĭksha, adv. drĭk), dem lat. -lis (=lic -s) in qualis, talis und der bekannten Adjectivendung, ferner mit dem griech. *-λικ-ος* in *πηλίκος, τηλίκος* etc. verglichen, ohne daß sich ein erhebliches Bedenken dagegen vorbringen ließe. Jenes drĭça tritt öfter an instrumentale von Pronominen stammende Adverbia, wie in yâdrĭça, tâdrĭça, yushmâdrĭça, etâdrĭça, bhavâdrĭça, anyâdrĭça, kîdrĭça, amûdrĭça, idrĭça, sadrĭça. Ganz genau stimmen dazu die instrumentalen Adverbia in goth. hvêleiks (thvêleiks), welche demnach mit dem sanskrit. kîdrĭça und tâdrĭça, griech. *πηλίκος*, *τηλίκος* (die Bedeutung hat sich hier individualisirt), lat. qualis, talis, der Form nach identisch sind. Im sanskrit. sadrĭça vermißt man die instrumentale Länge des Vocals in sa, man darf daher hier keine Zusammensetzung mit dem Pronomen sa, sondern mit der sanskrit. Partikel sa annehmen (welche allerdings mit dem Pronomen wurzelverwandt ist). Da nun sanskrit. sa im Goth. ga (lat. co, gr. *συ*) lautet, so entspricht das goth. galeiks buchstäblich dem sanskrit. sadrĭça, zumal da letzteres von den indischen Grammatikern durch samâna-drĭç erklärt wird. Es würde demnach in galeiks der Vorsilbe noch eine lebendigere Bedeutung inwohnen, als sie sonst in der Sprache zeigt. Das sanskrit. îdrĭça kann dazu dienen, die von Grimm 3, 50. über den Ursprung des agſ. ylca, ylce ausgesprochene Vermuthung noch wahrscheinlicher zu machen. Wie im §. 20. gezeigt wird, setzt die Form des Wortes ebenfalls die Entstehung aus einer pronominalen Partikel und leiks voraus. Wie sich nun thvê, hvê, svê zu den pronominalen Themen thva, hva, sva verhalten, so würde sich auch ein goth. ê oder ei zu dem Thema i verhalten. In keiner indogermanischen Sprache ist dieser Stamm i vollständig entwickelt, wohl aber finden sich überall davon abgeleitete Adverbia, zu denen auch der uralte Instrumental sanskrit. î (auch im Altpers. und Griech.) gehört. Wie sich nun îdrĭça bildet, so wird sich auch im Goth., da goth. ei = sanskrit. î ist (cf. Grimm p. 3, 14.) ein eileiks oder êleiks = îdrĭça entwickeln können. Auch die Bedeutungen würden genau übereinstimmen.

Anmerkung 2.

Im Mnd. wechseln Nomina mit und ohne die Vorsilbe ge ganz beliebig (bisweilen mit Unterschied in der Bedeutung), z. B. gebenete, n. Gebein, Brem. Geschqu. p. 148, 23. 27.; benete, n. Br. 148, 21. (über die Bildung dieses Worts s. Lappenberg, Brem. Geschqu. p. 250, b. cf. Grimm 2, p. 214. 995.); gemake, m.

das Gemach, die Cajüte, Br. G. 71, 9. make, n. das Gemach, die Gemächlichkeit, Ruhe, ib. 75, 15. 103, 22.; geruchte, gerochte, n. das Geruchte, Hülfgeschrei, Ruf, Br. G. 63, 29. 164, 30. ruchte, n. der Ruf, ib. 135, 26. das Gerücht, ib. 152, 2. Michelsen. p. 62, 38.; geschichte, n. das Ereigniß, Begebenheit, Br. p. 92, 2. 154, 11. (fem.), Michelsen. p. 40, 11.; schichte, id. Br. G. p. 55, 17.; gewalt, f. Gewalt, Michelsen. p. 56, 31. walt, f. id. Michelsen. p. 58, 32. 39, 36. Detmar. 1, p. 6, 34.; gebörlik, gebührlich, Michelsen. p. 88, 10.; börlik, id. ib. p. 65, 17. 85, 9.; ghewonlik, gewohnt, Michelsen. p. 82, 30.; wonlik, dass. ib. p. 85, 13. u. s. w.

Anmerkung 3.

Die Einzahl bezeichnet im Goth. áins, áina, ainata (áin), ahd. einêr, einin, einaz, mhd. einer, einin, eincz, nhd. einer, eine, eines, im AN. einn, ein, eitt (s. Grimm 1, p. 737.), schw. ên, ên, êtt, dän. ên, ên, êt, altſ. ên, ên, ên (s. Schmeller. Gl. p. 27 — 28.), altfries. ên, ên, ên, oder ân, saterl. ên, nfries. en, in, yen, nordfries. an, en, in, jen, v. Richth. p. 705. mnd. nnd. ên, een, mnl. nnl. ên, een, s. Grimm 1, p. 760; im Ags. ân, woneben auch die Schreibung aen und ain, Bosw. s. v. p. 20, b. Im älteren Englisch finden sich die Formen on, Halliw. p. 588, a.; âne (im Cod. Cott. Vesp. D. VII. (dem 13. Jahrh.) in on âne; ferner an, Halliw. 58, a. nr. 20.; ane, ib. p. 60, b. anne (accus. = ags. anne), Rell. Antt. II, p. 272. p. 65, a.; ô Halliw. p. 584, a.; oo, ib. p. 589, a.; oone, ib. p. 589, b. u. s. w. Im NE. one. Dialektische Formen sind im Nordengl. und Schott. yân, yâne, yin, Halliw. p. 943, a. Jamieson. s. vv.; an, one, Craven. dial. I, p. 7.; ya, yan, one, ib. I, p. 273. Fast in allen germanischen Mundarten zeigen sich die Bedeutungen 1) unus als Cardinalzahl; 2) solus als Adjectiv, in welchem Falle es schwach declinirt wird und einen Plural bildet; 3) quidam, aliquis als Adjectiv, auch Substantiv, wo es ebenfalls eines starken Plurals fähig ist. Dazu kommt 4) noch die Verwendung als unbestimmter Artikel in den jüngeren Mundarten, Grimm 4, p. 381.

Der unbestimmte Artikel entwickelt sich aus dem Zahlwort erst später durch Vermittelung der Bedeutung von quidam. Das Goth. und AE. kennt den unbestimmten Artikel gar nicht; das ahd. ein bedeutet bei Isidor nur unus und solus, bei Tatian wechselt es mit sum in der Bedeutung von quidam, bei Otfried und Notker ist es schon Artikel, Grimm 4, p. 396. ꝛc. cf. 452. ꝛc. 473. Graff 1, p. 308. Im Agſ. (z. B. äppel aenne byrgdest, Cädm. 54, 20. ic the en biddan wille ânree bêne, Beow. 847.) und Altſ. (ſ. Schmell. l. c. Grimm 4, p. 426.), z. B. êna ides, Hêl. 8, 2. ên thegan, 8, 3. ên erl, 73, 6. u. ſ. w. iſt es zwar ſchon Artikel, aber noch wenig in Gebrauch. Ganz entſchieden jedoch iſt es der Fall im Mhd. und Nhd., ſo wie im Mnl. (Grimm 4, p. 428. 453.) Mnd. und Nnl. Nnd. Auch im Frieſ. hat dieſer Gebrauch um ſich gegriffen, Richth. p. 705—6.; das ſchwed. und dän. hat en angenommen, Grimm 4, p. 381. 435. Vortheilhaft hat ſich im Engliſchen der Artikel vom Zahlworte geſondert, indem ſich in Folge des Tonverluſtes die Form des erſteren zu a, an erleichterte, während die vollere Form dem Zahlworte und Adjectiv verblieb. In altengliſchen Sprachdenkmälern erſcheint bisweilen noch ane und an vor Conſonanten in der Function des Artikels, ſ. Halliw. p. 58, a. s. v. nr. 1. ib. p. 60, 6. s. v. nr. 4.

In der Bedeutung von quidam, aliquis iſt ân entweder Adjectiv oder Subſtantiv. Steht es adjectiviſch, ſo iſt es ſynonym mit sum. Im Mtth. 21, 28. ſteht ân man häfde twegen suna, in der Parallelſtelle Luc. 15, 11. aber sum man häfer twegen suna, ſ. Beiſp. bei Bosw. l. c. Subſtantiviſch ſteht ân z. B. in Cod. Ex. 396, 20. Aus dieſem Gebrauche entwickelt ſich die engl. Bedeutung: an individual, a person, Halliw. 588, a. nr. 1. 69, a. ſo daß Shakſpeare Macbeth III, 14. ſogar ſagen konnte a one, ein Jemand.

Als Adjectivum mit der Bedeutung solus erſcheint ân im Agſ. ſehr häufig, ſ. Bosw. s. v., ebenſo im Altſ. êno bei Schmeller. p. 28, a. und im Engliſchen one. Häufiger jedoch erſcheint in dieſer Bedeutung auch das Compoſitum (nach Grimm 2, p. 650 ꝛc.) alone. Nach Halliw. 588, a. nr. 2. bedeutet one noch jetzt in Leiceſter singular. Jenes alone findet ſich noch nicht im Agſ., wohl aber ſchon im Altengl., z. B. allane, alone, Halliw. p. 43, b. nebſt dem Derivat alloneli, exclusiveli; auch allanely, ſ. die Belege bei Halliw. p. 46, a.; im Altfrieſ. allên, 1) allein, solus, Richth. p. 599, b.; 2) ganz daſſelbe, idem. Letztere Bedeutung hat auch das ahd. al ein bei Graff 1, p. 310. und das mnl. allên. Im Nhd.

ist allein theils unflectirtes Adjectiv, theils Adverb und selbst Conjunction geworden, Grimm 3, p. 280. So schon im Mnd. z. B. allene dat sie sick mid der stad vordregen hedden, Brem. Gqu. p. 106, 15. 120, 25. u. s. w. Daneben die weitere Ableitung nicht allenighen (— mer ok), nicht allein — sondern auch, Detmar. I. p. 3, 14. p. 8, 10. u. s. f. Von alone, adj. adv. Flügel. p. 41, a. bildet sich das jetzt veraltete Adjectiv alonely, adj. einzig, alleinig, nebst dem gleichlautenden adv. bloß, allein; so wie das ebenfalls veraltete Subst. aloneness, das Alleinsein, die Alleinheit Gottes. Neben alone besteht auch schon im AE. die apokopirte Form lone, adj. 1) einsam, einzeln, abgeschieden, und 2) unvermählt, ledig, verwittwet. In letzterer Bedeutung ist es jetzt veraltet, s. Halliw. p. 527, b. Davon abgeleitet sind (s. Flügel. p. 823, b.) lonely, adj. einsam, abgeschieden, Hang zur Einsamkeit habend. Davon wieder loneliness. Außerdem bilden sich von lone noch das Subst. loneness, die Einsamkeit, und das Adj. lonesome, einsam, abgeschieden, und von diesem das adv. lonesomely und das Subst. lonesomeness. Lone entstand aus alone, indem man das a in alone als unbestimmenden Artikel auffaßte und somit vom Worte ablöste. Auf dieselbe Weise entstand das Subst. drake (so auch im Nd.) aus andrake. Da dieses Wort jedenfalls aus dem Nord. (andriki, dän. andrik, ahd. anetrëhho, nhd. enterich, bair. äntrecht, s. Grimm 2, p. 516. 3, p. 341. Schmeller Bair. Wb. 2, p. 85.) herübergenommen ist, und in der eigenen Sprache keinen Anhalt fand, so faßte man es als an drake.

Als Zahlwort tritt es theils in Composition mit Adjectiven und Substantiven, Grimm 2, p. 951—53., theils dient es mit Präpositionen zur Bildung von Adverbien. Solche adverbiale Redensarten sind (mit besonderer Rücksicht auf das Ags. und Engl.):

1) ahd. über ein, mnl. over ên, holl. over een, Grimm 3, p. 108.

2) ags. on ân, (acc.) continuo, semper, vgl. nhd. in einem fort, Gen. 7, 12. on ân awethan, Cod. Ex. 95, 1. jetzt engl. in one, ahd. in ein, mhd. ennein, enein, in ein, nein, dän. i êt, Grimm. 3, p. 107. altengl. ever in on, continually, Halliw. p. 588, a. nr. 2. Genau das ags. on ân hat sich erhalten (denn in on ist moderne Umbildung) in anon, wenn es bedeutet: zuweilen, von Zeit zu Zeit, und in der Redensart ever and anon, immer

fort, bei jeder Gelegenheit, s. Flügel. p. 53, b. Ueber das engl. anon an einem andern Orte.

3) altengl. anonen, anone: at one time, s. Warton hist. of engl. Poetry II. p. 72. Halliw. 65, b. Unrichtig bei Wright Polit. Songs, p. 199: in the first place. Setzt ein ags. on ânum voraus. Wohl auch on ane (13. Jahrh. together, Halliw. p. 588, a.).

4) ymb ân bëon, consentire, s. Bosworth. s. v.

5) at one, ae. at on, agreed, Halliw. p. 588, a. to be at one, 1) to decide, to determine; 2) to be reconceiled to, Craven. Dial. II, p. 18.

6) after on, alike, Halliw. p. 558, a.

Wir wenden uns zu den Ableitungen. Dahin gehören:

1) âne, aene, einmal, semel, Cädm. 100, 5. Gen. 18, 32. Häufiger in der genitivischen Form:

2) ags. ânes, ahd. eines, mhd. eines, mnl. nnl. êns, mnd. êns, Brem. Geschqu. p. 57, 2. plattd. ens, ins, Brem. Wörterb. 5, p. 142. altfries. ênes, ênis, ênse, êns, nfries. yens, Richth. p. 107., fehlt im Nordischen; aber im Altſ. eines, Ps. 61, 12. (semel). Schon im Ahd. erscheint als Nebenform einêst in der Bedeutung von semel, unquam, mhd. eines, einst, noch jetzt nach Stalder schweiz. Diall. p. 225. in der Schweiz mit der Bedeutung von semel, obgleich es im Nhd. gewöhnlich heißt olim, aliquando, s. Grimm 3, 227. Nicht hierher gehört das mnd. êns werden, z. B. Brem. Geschqu. p. 80, 26. 97, 28. 89, 33. Michelsen. p. 28, 27. einig werden. Im AE. lautet es ones, onys, Halliw. 588, b. im Nordengl. yance, once, ib. p. 943, a. yance, once, Dial. of Craven. II. p. 273. Im Norden auch ânes, 1) once, Halliw. 62, a. 2) just like, similar to, in Somerset (vgl. die soeben angeführte mnd. Redensart) ânes-to, almost, except, all but, Halliw. p. 62, a. Im NE. lautet die Form once.

3) Weniger häufig findet sich der Dativ ânum oder ânon oder anan adverbial gebraucht, mit der Bedeutung only, solum, unice, z. B. Beow. 2156. Cädm. 197, 26. Cod. Ex. 392, 8. u. s. w. Im Englischen mußte die Endung abfallen, daher oone, adv. alone, only, Halliw. p. 589, b. oder one, alone, singly, ib. p. 588, a. ane, alone; bi hyme ane, by him self, ib. p. 60, b. s. v. nr. 3.

4) ânunga, aeninga, âninga (s. Grimm 2, p. 357. 2c.

3, p. 236.) plane, prorsus, z. B. Andr. 1142, 1370. 1392. cf. Bosw. p. 24, b.

5) Das Adj. ânlîc, aenlîc, 1) unicus, einzig, z. B. he is mîn ânlîca sunu, Luc. 9, 38. 2) egregius, z. B. El. 260. Beow. 499. Cod. Ex. 198, 12. 234, 6. 229, 24. compr. aenlîcra, Cod. Ex. 181, 17. 357, 5. 15. A. 74. Im Ahd. entspricht einlîh, Graff 1, p. 378. Grimm 3, 39. Im AE. entspricht onelîc, z. B. ure onelic loverd, Rel. Ant. I, p. 234, 26. (Anfang des 13. Jahrh.) oder onlike, alone, only, Halliw. p. 589, a. onlich lîf, Halliw. 957, a. onely, only, alone, solitary, Halliw. 1, p. 61. Davon das Subst. onelynes, solitariness, Halliw. p. 61. Im Engl. bedeutet only als adj. einzig, als adv. allein, nur, bloß.

6) goth. áinaha, unicus, ein einziger, ahd. einac, einag, Grimm 2, p. 314. 290. 310. mhd. einec, nhd. einig (einiger Gott), altſ. ênag, ênig, unicus, einzig, Hêl. 24, 4. 30, 12. 66, 17. 91, 14. 95, 3. Im Agſ. nicht vorhanden und durch ânlîc ersetzt, welches im Altſ. fehlt.

7) ahd. einîc, Grimm 2, 298. ullus, nhd. einig (1. ullus, 2. unicus, 3. concors), mnl. nnl. ênech, ênig, 1. quispiam, 2. unicus, 3. concors. In den nord. Sprachen mangelnd, Grimm 3, p. 9. altfrieſ. enich, eng, ang, ienig, irgend ein, ullus, quispiam, saterl. ejnig, altfrieſ. yenig, Richth. p. 107, b. altſ. ênig, Schmeller. Gl. p. 28, a. agſ. ânig (âniga, ânga), z. B. Andr. 493. ullus, quispiam, engl. any (in Craven. onny, ſ. Dial. of Craven. 2, p. 18.

8) agſ. ânnysse, ânnis, f. 1. unitas, die Einheit, Aelfr. Praef. in Gen. p. 17, 25. Leo.: sëo sôdhe ânnis. in ânnesse: in unitate, Cod. Ex. 286, 5. 2. conventio, Vereinigung, z. B. A. Sax. Chron. 1014, p. 193, 12. ed. Jugram. 3. solitudo, Einsamkeit, z. B. Wright, Biogr. Brit. lit. I. p. 249, 8. Engl. oneness, die Einheit. Gleichbedeutig sind ae. onement, a reconciliation, Halliw. p. 588, b.; oneheede, unity, nhd. Einheit, Halliw. p. 588, b.; anehede, id. ib. p. 61, a.

9) oned, made one, united, Halliw. p. 588, b. anede id. Halliw. p. 60, 6. ff. vgl. mnd. vorenen, vereinigen, Brem. Geschqu. p. 108, 2. nhd. vereint, altfrieſ. ênenge, êninge, Einigung, Uebereinkunft, Richth. p. 707, a. ahd. einunga, Graff. 1, p. 333.

isl. eining, mnd. êninge, Brem. Geschq. p. 72, 4. voreininge, f. Michelsen. p. 60, 4. vorêhinghe, Detmar. I, 6, 28. u. s. w. Das altfries. ênega, Richth. p. 707. stimmt zu nhd. einigen, vereinigen, ahd. kaeinigan, Graff 1, p. 329. mnd. vorenigen, Michelsen. p. 59, 13. und ist nicht von ein, sondern von einig gebildet.

Anmerkung 4.

Das Pronomen hwylc wird vielfach mit Partikeln zusammengesetzt. Die hauptsächlichsten Fälle sind:

1) Durch Vortritt der Partikel â bildet sich ahd. eôhuëlîh, Grimm 3, p. 52. Ein ags. âhwilc wird von Lye mit der unwahrscheinlichen Bedeutung von qualiscunque angeführt; bei Bosworth findet sich jedoch ohne Beleg die Form âhwilc neben aeghwilc gestellt, so wie ein âhwilc mit der Bedeutung terribilis, worüber ich nicht zu entscheiden vermag. Nach Grimm 3, p. 53. würde âhwilc aliquis bedeuten. Häufig findet sich im Mnd. yewelk, yewelick, iowelck in der Bedeutung von quilibet, z. B. Sachsensp. 1, 2. 24. 27. 30. ên yewelick, Brem. Geschqu. 110, 16. 135, 24. 148, 13. 121, 3. p. 79, 23. enem yewelken, ib. 99, 9. enen yewelken, p. 111, 33. 59, 11. enes juwelken partes, Michelsen. p. 81, 21. een iewelyk besunderghen, ib. 29, 22. eneme yeweliken, ib. 34, 4. 8. eyn juwelick, ib. 81, 15. u. s. w. ewelich, bei Gottfried von Hagen, v. 1759. 4566.; auch im frühesten Mhd. findet sich ein iewelîh, z. B. Anno 131: quivis und iewëlh, desgl. s. Grimm 3, p. 56. Offenbar hat sich die Form, wie die Bedeutung zeigt, mit jegewëlk und jegëwelh (ags. aeghwylc) gemischt.

2) Durch Vortritt der Partikelcomposition âge entsteht âgehwilc, welches aber zu aeghwilc umgelautet ist. Es bedeutet: ein Jeder, unusquisque, omnis, und steht adjectivisch, z. B. aeghwilc day, every day, Matth. 6, 36. aeghwylce dage on each day, Cod. Ex. 162, 10. und substantivisch, z. B. aeghwylcne eltheódgra, einen jeden der Ankömmlinge, A. 26. aeghwilcum veardh môd geblissod, A. 350. aeghwylc wille wesan thegn and theov: each will be minister and servant, Cod. Ex. 209, 2. Im Ahd. lautet es êogahuëlîh iogiwëlik (bei Tatian), s. Grimm 3, p. 55. 56.

3) Mit Wegfall des â, aber beibehaltenem ge bildet sich ags. gehwylc, quisque, omnis, jetzt im Engl. nebst dem vorigen durch every und each ersetzt. Es steht stets substantivisch mit einem par-

titiven Genitiv; der letztere geht stets dem Pronomen voran, z. B. vomma gehwylces, Cod. Ex. 137, 15 yfla, 236, 20. 229, 25. maela, 308, 8. ät badha gehwylcum, 205, 10. sâra, 176, 31. monna, 177, 19. daeda, El. 1283. goda, Cod. Ex. 255, 19. 239, 21. sigora, 255, 34. uhtna, 281, 3. thinga, El. 1156. dugudha, Cod. Ex. 166, 26. älda, 157, 27. theódna, Scôp. V. 11. feora, 126, 7. sâvla, 122, 10. neorca, 190, 17. manna, A. 908. fira, A. 980. gumena, A. 1153. u. s. w. vergl. Grimm 4, p. 738. nr. 8. Im Ahd. entspricht gihuïlîh, Grimm 3, p. 51. altſ. gihuilîc, quilibet, theils mit, theils ohne Genitiv, Schmeller. Gloss. p. 62, b. Grimm, l. c., im altnd. gihuelik, Freckenh. 20, 8. 21, 3. Dazu stellt v. Richth. p. 837, b. das altfries. iahwelik, iewelik, iowelik etc.

4) Durch Vorschiebung des indefiniten Pronomen ein entsteht altſ. ênhuilic, substantivisch mit dem genit. unus, aliquis, Hêl. 28, 7. 93, 22. u. s. w. Es entspricht dem ahd. einhuëlîh; dem ahd. einêro giwëlîh mit unwandelbarem präfigirten gen. pl. entspricht genau das agſ. ânragehwylc, unusquisque, z. B. Cod. Ex. 232, 8. 233, 10. 234, 3. A. 933. 1284. Cod. Ex. 394, 18. Aelfr. dial. p. 13, 6. 14, 18. (Leo) u. s. w. Im Engl. sind alle diese feineren Unterschiede verloren gegangen und müssen durch Umschreibungen ersetzt werden.

5) ahd. sô huëlîhêr sô, qualiscunque, quilibet; später bloß sôwëlîh, mhd. swëlcher, mnd. swëlk, sowelik, altſ. sô huilîc sô, qualiscunque, quicunque, quivis qui, sehr oft im Hêl. s. Schmeller. Gl. p. 100, b. 62, b. Im altfries. sâ hwelik sâ, oder sâ hwek sâ, welcher immer, wer immer; auch bloß sâ hwelik, s. Richth. p. 999, b. Im Agſ. swâ hwylc swâ, Matth. 10, 42. oft mit dazwischen gesetztem Substantiv svâ hwylc man swâ u. s. w. vergl. Cod. Ex. 365, 22. svâ hwilce svâ on wätere swimmad, Aelfr. Dial. p. 9, 20. (Leo) u. s. w. Im Engl. durch whosoever, whatsoever ersetzt, s. Grimm 3, p. 45. 46.

6) Mit â und swâ entsteht iosôwëlîh, ahd. quisque, von Grimm 3, p. 56. belegt.

7) ahd. sumuhëlîh, quidam, alius, unus, einer oder der andere, Grimm 3, p. 39.

8) Wegen mhd. dewëlh und ahd. sihwëlîh, aliquis, s. Grimm 3, p. 91.

9) Mit dem bloß hochdeutschen Suffix ëddes bildet sich ahd. ëddeshuëlîh, aliquis, mhd. etzwelch, s. Grimm 3, p. 57.

10) Mit dem aus ahd. êo und wiht entstandenen êowiht, iowiht, ieht, mhd. iht, gen. êowihtes, iehtes, ihtes, bildet sich das mnd. (auch nnd. Brem. Wörterb. 2, p. 690.) ichteswelk, aliqui, quidam, Grimm 3, p. 62. vergl. ichteswelke lude, Brem. Geschqu. p. 84, 24. ichteswelker meenheit, ib. 108, 5. ychteswelke radmanne, ib. 59, 15. ichteswelke borgermestere, ib. 154, 15. kercken, ib. 103, 11. borghere, ib. 94, 14. cf. noch 95, 19. 97, 13. 110. 55, 11. Detm. II. 11, 25. 4, 7. 5, 25. 13, 15. u. s. w. Dasselbe häufig auch in ichteswat gelered, Detm. I. p. 12, 37. allent dat noch ichteswat leveden, II, p. 4, 15.

Wie schon Grimm 3, p. 53. bemerkt hat, kann das ahd. êogalîh, iogelîh, ags. aelc nicht als eine Abkürzung des Pronomen ahd. êogawëlîh, ags. aeghwilc betrachtet werden; es besteht ganz selbstständig neben diesem. Dasselbe gilt auch von folgenden Pronominalbildungen, welche sämmtlich nichts mit dem Interrogativum zu schaffen haben. Sie sind alle von Partikeln durch lîc, ahd. lîh gebildet und stehen auf gleicher Stufe mit den besprochenen Formen hvê-leiks, thvêleiks, sva-leiks u. s. w. Wir erwähnen hier

1) mhd. ieslîch, islîch (setzt ein ahd. êosôhuëlîh voraus) nebst den Nebenformen iegeslîch (etwa ahd. êogasôhuelîh) und ietslîch für jedeslîch, s. Grimm 3, p. 56. Es hat ganz die Bedeutung des mhd. nhd. jegelich und findet sich auch gar nicht selten (gegen Grimm 3, p. 57.) in mnd. Sprachdenkmälern, z. B. samptliken unde islikeme besunderen, Michelsen. 38, 21. (1447.) schal eyn islich sich benogen laten, ib. 79, 12. (1480.) eneme isliken, ib. 83, 32. (1480.) islikeme recht sprechen; ib. 56, 25. (1447.) en yslin stad na rer macht, Detmar. II, p. 44, 17. enen ysliken yn syne stede, ib. II, 17, 22. ene isleke tunne, Hambg. Urkdb. 1, p. 551, 16. u. s. w. vergl. Brem. Wörterb. 2, p. 693. 705.

2) Ebenso erscheint lîh im Ahd. in Verbindung mit der Partikel ëddes (Grimm 3, p. 57.) als ëddeslîh, ëtheslîh, ëteslîh, s. Grimm 3, 58. welches im Mhd. ëteslîch, ëtslîch, im Nhd. etzlich lautet. Nicht damit zu verwechseln ist

3) eine andere derartige Composition mit der Partikel ëta, ëte, s.

Grimm 3, p. 58. in ahd. ëtalîh, ëtilîh, ëtelîh, mhd. ëtelîch, nhd. etlich, vgl. Schmeller. Bair. Wörterb. 1, p. 127. ꝛc. Das holl. ettelîk und mnd. ittelik, aliquis, scheint aus hochdeutschem Einfluß zu erklären. Die Form ittelik steht Sachsensp. 2, 20. Uebrigens zeigt itlik, ytlik (so in der Bremer Gegend; in Holstein meist etlik) eine doppelte Bedeutung: 1) = nhd. etlich, z. B. itlike andere koren, Brem. Geschqu. 73, 15. ytlike lude, ib. 116, 31. etlyke van den sendeboden, Detm. II, 20, 29. itlyke lude, ib. II, 42, 4. etliker keyserliker breve, Michelsen. 29. ult. (1480.) to etliken iaren, ib. 81, 21. (1480.) etlike unse ghewonlike tegeden, ib. 82, 30. (1480.) etliker orkunde, ib. 61, 25. (1471.) etliker irresene myshegelicheid, ib. 77, 13. 2) = mhd. islîch, jeglich, z. B. en itlik der vorberörden dele, Michelsen. 34, 6. 15. (1447.) to ytlikar tyt, Brem. Geschqu. 154, 22. itlic deel, 145, 6. de de antreden itlyke stede besunderen, Detmar. II. p. 24, 6. u. s. w.

In diesen Beispielen nimmt Grimm Verkürzungen aus ahd. iosôwëlîh (quisque), Bd. 3, p. 56. aus ahd. ëddeshnëlîh, ib. p. 58. an, ebenso wie bei iogilîh aus iogiwëlîh, iowëdar aus iogiwëdar entsteht. Wenn nun auch zugegeben werden muß, daß in diesen Compositionen bisweilen das ge ausfallen kann, wie es in iowëdar (Grimm 4, p. 52.) iowëlîh wirklich geschehen sein mag; so kann jedoch ein Wegfall der Silbe hwe von hwëlîh durchaus nicht angenommen werden, da einestheils in huëlîh, welch, schon im Ahd. die Zusammensetzung gar nicht mehr gefühlt wird, so daß eine Theilung des Wortes unmöglich ist, anderntheils gerade die wichtigste und tonhaltende Silbe weggefallen sein würde. Uebrigens sind bei den genannten Zusammensetzungen noch folgende Umstände, die wir an diesem Orte jedoch nur berühren können, zu berücksichtigen. Nämlich die Partikel ge, welche mit dieser Kraft im Goth. nicht erscheint, aber durch uh vertreten wird, steht durchaus nicht in etymologischem Zusammenhange mit der nominalen und verbalen Vorsilbe ga, ge (Grimm Bd. 2, p. 733. 734. 832. 751—52. cf. Bd. 3, p. 50.), denn letztere ist identisch mit dem lateinischen co, con, sanskritisch sa, sam; erstere hingegen mit dem sanskritischen ca, latein. que, griechischen τε, κε, welche in ähnlicher Weise zur Modification des Interrogativs und Relativs gebraucht werden. Da im Gebrauche das gothische uh übereinstimmt, so ist es leicht erklärlich, weßhalb im Gothischen kein ga, in den übrigen Mundarten kein uh vorhanden ist. Gegen eine Identificirung des präpositionalen Präfixes ga und dieser Enklitica streitet zunächst die Bedeutung; denn es übt in Verbindung mit andern Partikeln und dem Interrogativ ganz denselben Einfluß aus wie z. B. das lat. que in quisque.

In Zusammensetzungen wie ahd. iogalîh, ëddeslîh ist lîh nicht mehr das ursprüngliche Adjectivum, goth. leiks, sondern schon das abstracte Suffix lîh, welches zur Bildung von Adjectiven aus Nominibus und Adverbien gebraucht wird. Theoretisch stehen sich daher iogalîh, ags. thyslîc, ags. hwylc, äfterlîc, ûtlîc völlig gleich; das in iogalîh auftretende galîh ist nur scheinbar gleichformig mit dem oben behandelten Adjectivum galîh. Denn, abgesehen von der ganz verschiedenen Bedeutung, gehören hier ga-lîh gar nicht zusammen, insofern sich das enklitische ga zunächst an die Partikel io, ags. â anschließt und mit diesem zusammen einen adverbialen Ausdruck bildet, welcher dann weiter mit einem ableitenden lîh zusammengesetzt wird. Daß jenes ga untergeordneter Natur und minder bedeutungsvoll ist, wird durch den Umstand bewiesen, daß es bisweilen ohne den Begriff merklich zu verändern wegbleiben kann, wie z. B. in iowëdar, mnd. iewëlk.

Jenes präfigirte â, goth. áiv, ahd. êo, io, mhd. ie, nhd. je, altſ. io, ſ. Grimm 3, p. 51. bewirkt etwa dieselbe Begriffsveränderung, wie das lat. ali. Wie nun dieses z. B. in aliquis bisweilen wegbleiben und das einfache Pronomen (z. B. quis) den Sinn des Compositum mit übernehmen kann, so auch â in den germanischen Sprachen. Es bleibt hier unter andern â entweder allein weg, so daß sich ge präfixartig erhält, wie z. B. gehwylc neben aeghwylc, oder es fallen beide Partikeln zugleich weg, so daß agſ. hwylc z. B. A. 411. hwylc hira, A. 1101. hwylcne hira u. ſ. w. altſ. huilik, altfrieſ. hwelik, hwen, Richth. p. 835. nr. 1. Grimm 4, p. 738. ꝛc. 3, p. 56. Schmeller. l. c. (cf. altſ. hwem für gihuëm, Grimm 3, p. 772. Schmeller. p. 61.) mit der Bedeutung von quilibet stehen können.

Dieselbe Abkürzung tritt auch bei iogalîh ein, so daß dessen Bedeutung auch durch ein galîh oder bloßes lîh vertreten werden kann. Da nun ahd. êogalîh gewöhnlich als pron. subst. mit dem gen. construirt wird, so ergeben sich folgende mögliche Formen: 1) iuwer êogalîh, unusquisque vestrum, 2) oder mit zwischengeschobenem

Genitiv io manno gilîh, Ludw. L. 16.: Jedermann, 3) mit Wegfall des io: z. B. in allero ende gelîh, Breth. 104, 31. allêro manno galîh, quilibet, s. Grimm 3, p. 53. endlich 4) mit Wegfall beider Partikeln: mannolîh, mannilîh, omnis, homo, allêro dingolîh, allêro teilelîh, selbst noch im Nhd. männiglich. Beispiele bei Grimm 2, p. 569. ꝛc. 1013. Bd. 3, p. 53. ꝛc. Da im Agſ. das mit êogalîh identische aelc völlig zusammengeschmolzen ist, so kann hier diese Auflösung nicht mehr vorkommen; eben so wenig im Friesischen. Hier tritt jedoch ek, elk, ellik in denselben Verbindungen auf, wie oben iogalîh; ganz besonders häufig aber mit den Genitiven allera, alia ek, monna ek und allera monna ek, so daß man diese Formeln nicht bloß zusammensprach, sondern auch zusammenschrieb. Daher die Worte allerek, alrek, jeder, Richth. p. 599, b. monnik, monnek, jeder, ib. p. 935, b. und allermonnik, ib. p. 600, a. Daß jedoch auch in dieser Mundart, gerade so wie im Ahd. ein einfaches lîk bestand, welches den Begriff des ahd. iogalîh, nhd. jeglich, umfaßt, geht aus Formeln wie alra monna lyk, Richth. p. 308, 27. aller iera lyck, aller meta lyc hervor. Aus den am häufigsten vorkommenden Fällen bildeten sich ebenso wie im Ahd. Adjectiva durch Zusammensetzung und Zusammenschreibung. Solche sind ieralik, ierlik, jährlich, Richth. p. 845, b. (= ahd. iarogalîh, Graff 1, p. 610.) ferner allermonalik, jedermänniglich, jeder, bei Richth. p. 600, a. allerlik (sehr häufig, s. Richth. p. 600, a.) manlik (aus mannalik), männiglich, jeder, ib. p. 935, a.

Aus diesem, dem ahd. iomannogelîh, mannogelîh, mannolîh, Grimm 2, p. 56. ꝛc. nhd. männiglich entsprechenden friesischen manlik entspringt das als Pronomen verwendete nl. malk, mallik, manlik, s. Huydekoper zu Stoke. III. p. 62. etc. mnd. malk, z. B. Brem. Geschqu. 99, 12. 119, 17. 105, 17. 106, 23. 113, 7. Dieses wird in Zusammensetzung mit ander zum Ausdrucke des pronomen reciprocum; so mnl. nnl. manlic ander, mallic ander, malkander, s. Grimm 3, p. 84. Hasselt zu Kilian Etymolog. p. 373. Nicht minder im Nd. s. Brem. Wörterb. 3, p. 120. z. B. malkanderen, dat. pl., Brem. Geschqu. p. 156, 30. malkander to hope komen, Michelsen. p. 80, 29. 33, 27. 34, 36. under malkandere, ib. 85, 35. 88, 27. fries. manlik other, malcander, mit malcorum, s. Richth. p. 935, a. Aehnliche Bildungen, wie das oben erwähnte fries. allerlik sind auch das mnl. haerlîc, eorum quilibet, und elkerlîk (eigentlich pleonastisch), s. Huydekoper zu Stoke. 2, p. 188. etc. Grimm 3, p. 54. Auch im Westfriesischen zeigt sich elkerlik, s. Richth. p. 703, b.

Es giebt eine Anzahl Adjectiva im Agf. und Englischen auf lîc und ly, welche eine ähnliche Bedeutung zeigen. Zu ihnen gehören z. B. gearlîc, annuus, adv. gearlice, annuatim, engl. yearly; desgl. agf. mânodhlic, menstruus, altf. mânothlic, Schmeller. p. 76, a. engl. monthly, 1) monatlich, 2) jeden Monat geschehend, adv. alle Monate, jeden Monat; agf. däglîc, 1) diurnus, 2) quotidianus, engl. daily, täglich, öfters, häufig, adv.; desgl. agf. twadäglîc, two days time, every two days, biduanus; treodäglîc, every three days, triduanus, Bosw. p. 513, a. Ferner engl. hourly, adj. adv. von Stunde zu Stunde, häufig weekly, adj. adv. wochenweise, wöchentlich; minutely, adj. jede Minute sich ereignend; nightly, adv. alle Nächte. Alle diese Adjectiva und Adverbia haben neben dieser distributiven Bedeutung auch noch ihre qualitative: sie bezeichnen alle Zeitverhältnisse und sind nicht steigerbar. Jedoch sind sie nicht völlig identisch mit den so eben besprochenen ahd. Adjectiven, bei denen die Bildungssilbe lîh die Stelle des Pronomens êogalîh vertritt, da letztere stets ohne Substantiv gebraucht werden. Wie nun oben das Pronomen iogalîh, agf. aelc (für âgelîc), aus der Partikelcomposition ioga, agf. âge, durch das Bildungsmittel lîh, lîc abgeleitet ist, so wurden obige Adjectiva im Agf. und Engl. von Substantiven, welche Zeitverhältnisse bezeichnen (dieses thut auch die Partikel â-ge, ahd. io-ga) abgeleitet. Die eigenthümliche, so zu sagen distributive Bedeutung scheint also weniger in der Endung als vielmehr im Primitiv zu liegen, wenn auch nicht zu verkennen ist, daß vielleicht in frühester Zeit jene Pronominalform aelc (= âgelîc) mit darauf eingewirkt haben mag. Daß übrigens im Agf. in der ältesten Zeit derartige Bildungen mit solchen Pronominibus und Substantiven vorhanden waren, geht aus agf. däghwamlîc, adj. quotidianus, Luc. 11, 3. (bei Bosw. p. 87, b.) däghvamlîce, adv. Matth. 14, 49. Andr. 682. quotidie, hervor (vergl. altf. dago gehuilikes, allero dago gehuilikes, Hêl. 29, 2. 36, 15. etc.). Diese Formen stammen von einem Adverbium däghvam (welches auch wirklich vorkommt in der Bedeutung von quotidie), d. i. dem adverbial gebrauchten Dativ einer Zusammenschreibung für daga gehva, daga hva, ein jeder Tag. (Vergl. dac-huilec, quotidianus, Frekenh. 29, 17. bei Schmeller. Gloss. p. 21, b.)

Anmerkung 5.

Agſ. egeslîc gehört zur Sippe der Wurzel ag, ſ. Grimm II, p. 11. Leo, Agſ. Leſeb. p. 108. Grimm Myth. p. 217. ꝛc. Diefenbach Goth. Wörterb. 1, p. 2. 135. Graff, ahd. Sprachſch. 1, p. 130. 2, p. 1162. Dieſe Wurzel erſcheint im Goth. ôgan (ſ. Grimm 1 (2), p. 851. 853.), φοβεῖσθαι, ferner in agjan, terrere, und in agis ſt. n. timor, Grimm 2, p. 270. Das Ahd. bildet dieſes Subſt. nur in der ſchwachen Form ekisô, Grimm 2, p. 271. welches wie das altſ. egiso, z. B. Hêl. 4, 1. 67, 18. 131, 24. 171, 34. 173, 11. 172, 21. ſ. Schmeller. Gloss. p. 27, a. und agſ. egesa, egsa, ſchw. m. beſonders von den Schrecken der Schlacht, des Feuers, der Fluthen, des jüngſten Gerichts, der körperlichen Qualen gebraucht wird, ſ. Grimm Gramm. 2, p. 484. id. zu Andr. u. El. p. XXXII. Neben egesa, z. B. Beow. 1561. Cädm. 190, 19. 208, 29. Andr. 445. 457. 532. 805. 1267. El. 82. 322. 1129. findet ſich auch mit Eliſion des Ableitungsvocals egsa, z. B. El. 57. und faſt ausſchließlich im Cod. Ex. 122, 23. 258, 20. 52, 27. 127, 25. 136, 6. Luc. 21, 11. Cod. Ex. 2, 10. 57, 26. 59, 3. 60, 26. 63, 16. 70, 26. 83, 32. 84, 8. 95, 28. 107, 11. 385, 24. Cädm. 289, 32. u. ſ. w. Beide Formen erſcheinen auch mehrfach in Compoſitionen wie hildegesa, El. 113. blôdegesa, Cädm. 208, 3. theodegesa, Cod. Ex. 52, 16. wäteregesa, A. 375. 435. B. 2520. glêdegesa, B. 5297. lîgegesa, B. 5557. flôdegsa, Cädm. 206, 4. Dieſelbe Eliſion findet auch in den Derivaten ſtatt, dahin gehören agſ. egsjan, 2. ſchw. Conj., terrere, terreri, Grimm 2, p. 272. neben egesian, ſ. Bosw. p. 100, b. entſprechend dem ahd. ekisôn, horrere, Grimm 2, p. 271. Dazu gehört das nomen verb. egesung f. comminatio, ſ. Bosw. s. v. Mit egesa zuſammengeſetzt ſind 1) das Subſt. egesgrîme, larva, welches Bosworth nach Somner ohne Beleg anführt, ferner 2) das Adj. egesful, ſchreckensvoll, ehrfurchtgebietend, von Gott, Cod. Ex. p. 93, 20. egesful eorla dryhten, Judith X, 7. (Leo) nebſt den Weiterbildungen egesfullîc und egesfulnes; 3) das adj. egeslîc, ſchrecklich, furchtbar, z. B. broga, Cod. Ex. 110, 23. gebrec, p. 59, 17. cwide 92, 30. aeled A. 1550. Cod. Ex. 233, 4.

egeslîc and grimlîc, ib. 57, 16. daga egislîcast (vom jüngsten Tag), ib. 63, 20. vgl. noch Gen. 28, 17. Cod. Ex. 55, 25. x. Das adv. egislîce ist von Bosw. l. c. belegt. Egeslic lautet im Ahd. ekislîh, mhd. egeslîch, eislîch, Grimm 2, p. 271. 568. Graff l. c. im altſ. egislîc, horribilis, Hêl. 54, 4. 132, 3. egislîcost, ib. 80, 4. an. Ps. 65, 3.: eisilik, eislik, s. Schmeller. Gl. 27, a. mnd. eyselick, holl. ysselyk. Neben egesa bildeten sich unmittelbar aus der Wurzel das masc. ege, äge, terror, z. B. mid godes ege, cum timore dei, Egb. Conf. p. 344. for ege hlâfordes mînes, Aelfr. dial. p. 7, 17. (Leo). Es ist nicht etwa êge zu schreiben, da, wie das ahd. akî, ekî, disciplina, an. agi, disciplina, severitas, zeigt (Grimm 1 (2), p. 225.), das e der ersten Silbe durch den Umlaut herbeigeführt ist. Als Composita und Derivate führt Bosw. p. 100. mit Belegen an: egehealdan, to hold in fear, egeléas, impavidus, egenys, timor und egeful, terribilis. Mit dem bekannten Uebergange der gutturalen Media in die labiale Spirans, s. Grimm 1 (2), p. 514. (cf. 262.), gestaltete sich agſ. ege, äge im Englischen zu awe, aw, (woneben die dialektischen und veralteten Formen eie, eigh bei Halliw. p. 330, b. eyghe, ib. p. 343, b.) und milderte seine Bedeutung zu der von Ehrfurcht, Scheu, Schauer, s. Flügel. p. 90. Das Prompt. Parv. ed. Wag. p. 17, b. sagt noch: awe or drede, timor, pavor, terror, formido. Aehnlich bildeten sich aus an. agi, im Dän. ave und im Schw. aga, ebenfalls mit der Bedeutung von: Furcht, Ehrfurcht. Das engl. Zeitwort to awe, Ehrfurcht einflößen, Furcht einjagen, entspricht vollkommen dem goth. agjan. Eine entsprechende agſ. Bildung (etwa egjan) findet sich nicht in den Wörterbüchern. Die Derivate awful, 1) ehrfurchterregend, furchtbar, 2) ehrfurchtsvoll, furchtsam, schüchtern, (davon das adv. awfully und das Subst. awfulness mit derselben Spaltung der Bedeutung) und awless, 1) keine Ehrfurcht erweckend, 2) ehrfurchtslos, furchtlos, entsprechen historisch dem agſ. egefull und egeleás. Außerdem belegt Halliw. p. 31, a. noch die Form aghlich, adj. fearful, deadful, welche ein agſ. egelîc voraussetzt. Letzteres fehlt aber und wird durch egeslîc ersetzt. Auch dieses dauert im AE. eisliche, adv. fearfully, Halliw. p. 35, b. fort. Das ae. aghfull, fearful, Halliw. p. 31, a. ist nur alte Orthographie für awfull. Letzteres Wort wird nach Flügel. s. v. im

Nordengl. und in Amerika auch in der Bedeutung von: widrig, häßlich, ekelhaft, verwendet; es bewegt sich hier also der Begriff ganz auf dieselbe Weise wie in der gleichstammigen nordengl. Wörtergruppe ugly, adj. häßlich, garstig, ekelhaft, schändlich, nebst dem adv. uglily und dem Subst. ugliness, s. Flügel. p. 1501. schott. (s. Jamieson. s. v.) to ugg, abhorrere, welches Halliw. p. 899. anführt und (to ugge) aus älteren Zeiten belegt. Ebendaselbst werden auch die Adj. ugsome und uglysome, horrible, frightful, erwähnt. Da wegen der durch die geminirte Consonanz im Verbum bewahrten Kürze des u an eine Zurückführung auf das agſ. ôga, m. terror (belegt von Bosw. p. 262.), wovon mit Umlaut das Zeitwort on-êgan, metuere, Grimm 2, 812. gebildet wird, nicht gedacht werden kann, so ist eine Herübernahme oder wenigstens eine Anlehnung an die stammverwandten nordischen Formen anzunehmen. Hier bedeutet nämlich ôga, m. terror, davon oegja, terrere, terrori esse (= agſ. on-êgan); ferner ogn, m. Schreck (Schlacht); davon das Verbum ogna, Schrecken einflößen; endlich an. uggr, timor, yggr, m. 1) terror, 2) ein Name des Odin, nebst dem Verbum ugga, metuere, suspicari. Die letzteren Formen stehen dem engl. ug-ly, to ugge, so nahe, daß an ihrer Entlehnung, welche übrigens gerade im Norden Englands nicht befremden darf, kein Zweifel sein kann. Durch Umlaut bildet sich nun aus dem an. ôga das Nomen Oegir (gen. oegis), s. Grimm 1 (3), p. 473. at Oegis. Edd. Saem. 52, a. 58, b. sit Oegis. 53, a. eigentlich terrificus, aber nur 1) als Name einer Gottheit und 2) als Benennung für das Meer (Grimm Myth. p. 216. ꝛc.) gebräuchlich. Nur mit anderem Bildungssuffix entsteht (Grimm 2, p. 141. 143.) aus dem agſ. ôga das Nomen êgor, eagor, m. das Meer (eigentlich das Schreckensvolle, Grauenvolle). Es erscheint jedoch nur in den Compositionen eagorstreám, oceanus, A. 258. 379. 441. 492. und êgorhere, m. a water host, Cädm. 84, 23. ed. Thorpe. Jenes an. oegir würde nun im Goth. ôgeis, im Ahd. nogi, noki (s. Grimm Myth. p. 216.) und im Agſ. êge lauten müssen. Im Goth. und Ahd. (hier nur als nom. pr.) läßt es sich nicht belegen; aber das agſ. êge erscheint in den Zusammensetzungen êgstreám, das Meer, El. 66, 241. B. 1148. êhstreám, Cod. Ex. 283, 1. und êgwearde, maris custodia, Beow. ed. Kemble. App. 480. Da nun nach Grimm 1 (2), p. 542. agſ. ea oder ê im Engl. meist durch ea vertreten wird, so ist das engl. eagre, eager, nach Flügel. p. 444, b. „die Springfluth, Sturmfluth, plötzlich hervorbrechende Fluth in großen Flüssen, das Schwellen" identisch mit agſ. êgor. Andere dialektische Formen zum Theil mit individualisirter Bedeutung sind: egor zu Howden in Yorkshire, eager im Flusse Savern; ferner „akyr of the see flowynge (auch aker in Hss.), impetus maris." Promptt. Parv. p. 8, b.; bei Nares p. 366, a. sqq. finden sich die Formen higre, higra, hygra, aigre (die erste befindet sich bei Drayton, die zweite bereits bei William von Malmsbury, die dritte bei Chatterton) und in the Dial. of the Craven. 1, p. 2. findet sich „Acker, a ripple on the surface of the water." In einer ähnlichen verallgemeinerten Bedeutung erscheint das Wort im Schott. aiker nach Jamieson. s. v.: the motion, break or movement made by a fish in the water, when swimming fast." Noch Anderes s. bei Halliw. 1, p. 16. p. 327. p. 449. u. Alb. Way zu Prompt. Parv. p. 8. Wenn Letzterer eine Erklärung aus dem agſ. ae, aqua und cer, cir, a turn, versucht, und sich auf die Analogie von saecir bei Cädmon beruft, so ist dies unstatthaft. Denn cer, cir kann wohl von dem Wechsel, der Abwechselung zwischen Ebbe und Fluth gebraucht werden (s. die Stellen bei Bosw. p. 76.) nicht aber von einer zufälligen Bewegung der Meeresfluth oder überhaupt eines Gewässers. Noch unstatthafter erklärt es The Dial. of Craven. l. c. aus a-curl. Wahrscheinlich hat man in dem Gebrauche des êgor und engl. eager eine verdunkelte Mythe zu suchen.

Anmerkung 6.

Das agſ. freolîc ist verschiedenen Ursprungs.

1) Es ist Weiterbildung das agſ. adj. fréo, frîg, liber, ahd. frî, Graff. 3, p. 786. nhd. frei, an. frî, dän. schw. fri, altfries. fri, Richth. p. 764, a. b. mnl. fri, Hoffmann hor. belgg. 6, p. 262. mnd. frig, vrig u. s. w. engl. freely vom Adj. free. Dem agſ. freolîc entspricht das altfries. adj. und adv. frilik Richth. p. 265, b. etc. altſ. frîlîc? Schmeller. p. 39, b.

2) Es ist Ableitung von agſ. freá (freo, fri, friga, frigia), dominus, Bosw. p. 121, a. altſ. frâho, m. schw. dominus (gen. frâhon), Schmeller. p. 39, a. frôho, schw. m. (gen. frôhon) ib. p. 40, a. frôio, id. p. 40, b. frô, m. dominus, Hêl. 151, 8.

(Vocativ: frô mîn, s. Grimm 4, p. 299.) Schmeller. p. 40, a. goth. franja, gen. franjins, altn. Freyr, gen. Freys, ahd. frô, u. s. w. s. Grimm Myth. p. 190. rc. Es würde demnach freolic bedeuten: wie es für einen freien Mann, einen Herrn geziemt, liberalis, herrlich.

3) Es giebt ein Adjectivum ahd. frô (gen. frouwes), mhd. vrô, nhd. froh, altfries. frô, froh, Richth. 767, b. altf. frâh, laetus, Hêl. 144, 13. 173, 25. unfraha, tristis, s. Schmeller. p. 39. Obgleich sich nun ein ags. frô nicht nachweisen läßt, so läßt sich doch mit Wahrscheinlichkeit annehmen, daß es existirt hat. Wenigstens deutet das engl. frolick (cf. neufries. frolyck, nhd. fröhlich) auf ein früheres Vorhandensein. Nachdem das einfache Adjectiv durch das Compositum verdrängt war, verhärtete sich das Letztere, so daß man heut zu Tage jenes lick gar nicht mehr als bloße Ableitungssilbe fühlt. Daher die neue Composition frolicksome mit ihren Derivaten, s. Flügel. p. 565, b.; an ein Compositum mit ags. lic, engl. ly, dürfte some nie treten. Im Ags. ist dieses frolick vollständig mit jenem freólic (aus freá, dominus) zusammengeflossen, zumal da die Bedeutungen eine gewisse Verwandtschaft zeigen. Eine genauere Untersuchung, gestützt auf eine sorgfältigere Beobachtung des Sprachgebrauchs würde erst eine sichere Entscheidung herbeiführen können. freólic ist pulcher in Verbindung mit cwen, B. 1275. wîf, B. 1222. faemne, Cädm. 12, 12. 54, 28. 61, 16. meóvle, Cod. Ex. 479, 2. cf. Grimm Myth. p. 279. Thorpe übersetzt es Cod. Ex. 295, 17. durch lively; faemne freolicast, most noble damsel, ib. 5, 20. Das adv. freólice Cod. Ex. 79, 15.: readily, ib. 12, 17. joyfully, cf. altf. frôlîco, adv. laete, alacriter, Hêl. 82, 4. 93, 16.

Anmerkung 7.

Flügel. p. 825, a.: looby, Tölpel, Dummkopf; davon loobily, adj. plump, tölpisch, dumm; id. ib. p. 830, b.: lubber, 1) der schwerfällige, plumpe Mensch, 2) der geringe Knecht, Hausknecht, Packträger u. s. w. Davon lubbard, der Faullenzer, und lubberly, adj. und adv. plump, unbeholfen. Dazu loby, a lubber, a looby, Halliw. p. 525, b. looby, a silly awkward fellow, ib. 528, b. lubbard, a lubber, Nordengl. ib. p. 533, a. lubby, a lubberhead in Devonsh. ib. Mit lubber zusammengesetzt sind lubber-cock, a turkey-cock in Cornwallis, lubberhead, a stupid fellow, lubberwort, any food or drink which makes one idle and stupid, s. Halliw. p. 533, a. lubberland, das Schlaraffenland, s. darüber Halliw. p. 261. etc. Man vergleiche zu looby das plattdeutsche lubbe, ein ungeschickter fauler Mensch, Brem. Wörterb. 3, p. 92. In Mone's Anzeiger für Kunde des deutschen Mittelalters, 1835. p. 450. bedeutet lüpel einen Tölpel. Im AS. bedeutet lubbi hirsutus. Im Niedersächs. bedeutet lubbe, lübbe einen plumpen Riesen. s. Grimm Mythol. p. 492. lubber ist weitere Ableitung von looby (wie das obige lüpel), welches letztere also jedenfalls eine mythologische Grundlage hat.

Anmerkung 8.

Es treten Fälle ein, wo Ableitungen durch ly im Englischen etwas Anderes bedeuten als im Ags., aus dem Grunde, weil die Primitive im Laufe der Zeit ihre Bedeutung verändert haben. So heißt cniht im ags. puer, z. B. tynwintra cniht, ein zehnjähriger Knabe, Leg. In. 7. p. 41. (Leo). cniht wesende, puer, B. 1065. Daher cnihtlîc, puerilis. Bekanntlich ist knight jetzt der Ritter. Ags. cëorl, f. churl, bedeutet früher im Allgem. einen jeden freien Mann, s. Lappenberg, Gesch. v. England, 1, p. 574. auch einen Ehemann, z. B. Leg. Hlodhw. and Eadhi. §. 6. Jedoch schon frühzeitig hatte das Wort im Leben (wie unser deutsches Bauer) die verächtliche Nebenbedeutung des heutigen churl bekommen, wie der Beiname des Königs Ludwig, Ceorla cyng, s. Anglos. Chron. 1020. zeigt. Daher kann es nicht befremden, wenn schon im Ags. ceorlîc bedeutet: 1) freigeboren, 2) einen freien Mann aus dem Volke betreffend, 3) bäuerisch, gemein. Cwën heißt im Ags. jede Frau, im Engl. nur die Königin. Ealderman war früher eine ganz andere Würde als die des heutigen Aldermann von London, s. Gloss. zu Laws and Inst. of England s. v. Lappenberg, Gesch. von England, 1, p. 244. u. s. w.

Anmerkung 9.

In einigen Fällen scheint engl. ly für ein ags. iht zu stehen. Dieses -iht, -ëht, Grimm 2, p. 381. hat im Agf. keinen großen Umfang und bildet aus Substantiven Adjectiva, welche in der Bedeutung den lateinischen Adjectiven auf -osus ähnlich sind. Beispiele sind: bogiht, arcuatus, cambiht, cristatus, cneoëht, geniculatus, clifiht, clivosus, croppiht, racemosus, dylstiht, saniosus, stânilit, lapidosus, thorniht, spinosus, adeliht, coenosus, hôciht, aduncus, flaescëht, carneus, carnosus, sandiht, arenosus, thôniht, argillosus, finniht, squamosus, etc. Im Engl. haben sich alle -iht in -y verwandelt, vgl. hooky, aduncus, stony, petrosus, thorny, spinosus, clitty, clivosus, sandy, arenosus, finny, squamosus, hairy, crinitus, u. s. f. Dieses -y setzt ein ags. -ig voraus, und in der That finden sich schon im Ags. bisweilen Formen auf -ig neben iht, z. B. clifig, sandig, varig (= variht), algosus, Cod. Ex. 339, 24. (s. Thorpe z. St. p. 522.) u. a. Einzelne Adjectiva auf lîc, ly haben, jedoch meist nur in der Sprache des Volks und in Mundarten, die Function dieses -iht, -ig, -y mit übernommen. Dahin gehören fleshly, fleischig, fett, = fleshy, s. Flügel. s. v. So schon fleschly or fulle of flessche, carnosus, carnulentus, Prompt. Parv. 166, b. Z. 2. 3. finlic bedeutet zwar marshy und würde demnach mit finniht zusammenfallen, allein letzteres heißt: sumpfig, und ersteres: sumpfähnlich; rockly, 1) felsicht, 2) felsenartig (in welcher Bedeutung -ly an seinem Platze steht); muddly, thick, foggy, nordengl. Halliw. 565, a. mazzardly, knolty, Somerset. ib. 546, a. knobbly full of knots or lumps, in Mundart. ib. p. 498, a. Das engl. knobby, halsstarrig, lautet in Somerset knobbly mit derselben Bedeutung. nurly, lumpy; knolty; ill tempered; nordengl. Halliw. 583, a. vom Substantivum nur, the head (in Werwickshire). Wie in dem schon erwähnten rockly versieht das Suffix ly auch in kernelly, 1) kernig, 2) kernicht, voll Drüsen, eine doppelte Function. Denn es vertritt 1) das ags. iht, engl. y, und 2) das ags. lîc, engl. ly. Ebenso in hazelly, 1) voll Haselstauden, 2) nußbraun. Jedenfalls ist hier in der ersten Bedeutung (= ags. iht) ly unorganisch, wegen des auslautenden l, für y eingetreten. Dasselbe ist auch der Fall in gravelly = gravell-y, sandig, kiesig. Prickly ist nicht von prick sondern von prickle abgeleitet; in hilly (montuosus, Prompt. Parv. 240, 2.), thistly, voll Disteln, crumply (von crumple), wrinkled, Devonshire, Halliw. p. 284, a. gehört das l zum Stamm eund nicht zur Endung -y.

Anmerkung 10.

Einem dunkeln nur trümmerhaft vorhandenem Wortstamme gehört das Präfix mis aller germanischen Mundarten an. Schon im Goth. missadêds, missaqviss hat das Wort seine ursprüngliche lebendige Bedeutung verloren. Vereinzelt kommt es noch als selbstständiges Wort vor. So im Goth. das adv. missô, der schw. acc. ntr. Grimm 3, p. 13. 101.; das Adjectivum missi selbst kennt Otfried V, 25, 159. Als Nomen erscheint es in der an. Formel â mis, alternatim, Das Agſ. bietet zwar nichts Entsprechendes; im AE. findet sich noch ein adj. miss, wicked, wrong, Halliw. p. 556, a. Außerdem erscheint im Mhd. ein Subst. misse, error, Grimm 2, p. 470.; auch im Engl. miss, 1) der Verlust, Mangel, 2) Irrthum, Fehler (w. übl.), Flügel. p. 889, b. Von diesem Subst. leitet sich ab ein schwaches Verbum ahd. missan oder missôn, carere, Grimm 2, p. 470. Graff 2, p. 866. mhd. missen, vermissen, das Ziel verfehlen, Grimm 4, p. 676. nhd. missen (desiderare), vermissen, an. missa, amittere, Gunnars missir, Saem. 245, b. schw. mista, dän. miste, altfries. missa, missen, entbehren, Richth. p. 930, a. agſ. missjan, irren, fehlen, Bosw. p. 240, a. Darauf gründet sich das engl. to miss, missen, vermissen; den Weg, das Ziel verfehlen; auslassen, überspringen, s. Flügel. l. c. ae. to mysse, to fail, Halliw. p. 568, b. Außerdem bietet namentlich die ältere Sprache noch das adj. und adv. amiss, übel, unrecht, falsch, unschicklich, Flügel. p. 45, b. welches aus agſ. on missan (nicht zu belegen) entstand und somit auch für das einstige Vorhandensein des Nomen mis in dieser Mundart spricht, ae. amysse or wykkydly or wyll done, male, nequiter, Prompt. Parv. II, a, 21. Das Subst. amiss, 1) das Uebel, der Unfall, 2) das Unrecht, die Schuld, bei Shaksp. a fault, a misfortune, Halliw. p. 55, b. müßte im Agſ. onmysse lauten. Ueberhaupt scheint sich Nomen und Verbum namentlich mit on zusammenzusetzen, da auch Richth. l. c. ein Verbum onmissa erwähnt. Die Grundbedeutung des Adjectivs war ursprünglich wohl diversus, alius, woraus sich einerseits die Verwendung bei dem Pronomen reciprocum im Goth. Grimm 3, p. 13. andererseits auch die Bedeutungen der oben angeführten Derivate und des Präfixes erklären lassen. Letzteres bezeichnet stets Verschiedenheit, Mangelhaftigkeit, Fehlerhaftigkeit und ist eigentlich überall ein Adjectivum. Es tritt sowohl vor Nomina,

Grimm 2, p. 470. ꝛc. als vor Verba, 2, p. 587. Agſ. Beiſp. bei Bosw. p. 239. Aus dem Agſ. gelangte mis auch in das Engl. Hier aber iſt das Präfix mis nicht bloß gleich dem agſ. mis ſondern auch gleich dem franz. mès. Dieſes entſprang (ſ. Diez. 2, p. 357.) aus dem lat. minus und tritt vor Verba und Adjectiva, z. B. mèsallier, mèsallience, mésestimer, mècompter, mèsdire, mèsfier, mépriser, méprise, mécontent u. ſ. w. Mit ſolchen franzöſiſchen Bildungen gelangte es in das Engliſche, wo es dann mit dem lautlich und begrifflich ſo naheſtehenden agſ. mis zuſammenfloß. Daher ſchreibt man auch im Engl. misalliance, to miscontent, to misesteem u. ſ. w. Uebrigens tritt das agſ. mis nicht bloß an Verba german. Urſprunges wie to misbecome, misbehave, misbelieve, misbestow, miscall, misdeem, misdo, misgive, misground, misspeak, misspell, mistake, misteach, mistime, miswrite etc., ſondern auch eben ſo leicht vor romaniſche älterer und neuerer Acquiſition. Auch vor Nominibus erſcheint es, wenn auch ſeltener, z. B. misbelief, misdeed, mishap, misbegotten (ae. misbegeten bei Halliw. s. v. ylowe p. 497, b.), misgotten, miswrought u. ſ. w. Hierher gehört auch das engl. mislike, was von Flügel, p. 888, b. jedoch nur als Verbum to mislike = to dislike, cf. Halliw. 556, a. aufgeführt wird. Dazu das Nomen mislike, 1) die Mißbilligung, 2) der Widerwille, die Abneigung; ferner misliking, indignation, Halliw. s. v. I. c. und misliker, der Mißbilliger, Tadler. In Yorkſhire kennt man auch noch to misliken, to disappoint, nach Halliw. l. c. Im heutigen Sprachgebrauche durchkreuzen ſich mit dieſen Compoſitionen mit mis bedeutungsverwandte mit dis. Denn es findet ſich außer to disliken, unähnlich machen, entſtellen, dislikeness, Unähnlichkeit, Unterſchied, noch to dislike (dislike, to displease; to disagree applied to articles of food, Halliw. p. 305, b.) nebſt dislike, Abneigung, Mißfallen; Widerwillen; davon dislikeful. Obgleich dis (cf. Diez. 2, p. 438.) von mis verſchieden iſt, inſofern es dem deutſchen „zer“, „auseinander“ entſpricht, ſehr oft auch privative Bedeutung zeigt, ſo ſtoßen doch die Bedeutungen nahe aneinander z. B. disbelief iſt der Unglaube, misbelief, der falſche Glaube, Irrglaube; to disjoin, auseinanderlegen, trennen, misjoin, auf eine ungeſchickte, fehlerhafte Weiſe verbinden; to misliken, eine falſche Aehnlichkeit zeigen, to disliken, Unähnlichkeit zeigen, u. ſ. w. Uebrigens darf dis vor like nicht befremden, da es auch sonst ziemlich oft vor Worte germanischen Stammes tritt, z. B. to dishorn, dismast, disown; dispread, disbelieve, disburden etc. Jenes mislike entstand durch eine Zusammensetzung des mis mit to like und dem Subst. like; es kann daher mit dem agf. adj. mislîc nicht combinirt werden. Letzteres hat die Nebenformen missenlîc und mistlîc und bedeutet diversus, varius, z. B. manige missenlîce men, Andr. 583. gemetu, Cod. Ex. 349, 14. môd, 334, 8. mislîc bleó, 264, 12. modes willan, 266, 30. cwealm, 272, 2. vildëor, Aelfr. dial. p. 8, 35. (Leo). fägernisse, Aelfr. praef. in Gen. p. 18, 6. (Leo). wodhe, Cod. Ex. 156, 5. tâcen, 40, 25. mistlîces cynnes, Aelfr. dial. p. 11, 15. mistlîcra cräfta, ib. 12, 15. mistlîce fata, ib. 12, 38. etc. Das adv. missenlîce, variously, diversily, steht z. B. Cod. Ex. 295, 4. 290, 34. 299, 18. Das Wort findet sich schon im goth. missaleiks, varius, Marc. 1, 34. Grimm 2, p. 567. ahd. missilîh, diversus, mhd. mislîch, nass. nhd. misslich, difficilis, altfries. mislîk, ungleich, verschieden, nfries. mislyck, Richth. p. 930, a. altf. mislîc, dissimilis, varius, diversus, nebst dem adv. mislîce, mislîca, s. Schmeller. Gloss. p. 79, a. Im AE. sollte man ein mislëgr erwarten, Grimm 2, p. 568; das wirklich vorhandene mislîkr ist als erneuerte Bildung aus mis und lîkr zu fassen. Derivate des agf. Adjectivs sind mislîcnes, unlikeness, mislîcian, to displease und missenlîcnes = mislîcnes. Die Nebenform missenlîc ist nicht unmittelbar durch Anfügung des lîc an das Adjectivum miss entstanden, sondern es trat an einen adverbial gebrauchten Casus desselben Wortes, oder sollten Formen wie gëan, innan, ûtan, middan, eine unorganische Verlängerung hervorgerufen haben? Offenbar unorganisch ist die Nebenform mistlîc.

Anmerkung 11.

Das Adj. goth. ibns, ahd. ëpan, mhd. ëben, nhd. êben, an. iafn, agf. ëfen, Cädm. 154, 11. engl. even wird theils mit galîc, theils mit lîc zusammengesetzt. Daher ahd. ëbenchilîh, Grimm 2, p. 652. agf. ëfengelîc, ib. 2, p. 653. mhd. ëbengelîch, ib. 2, 653. Daneben existirt schon im Goth. ibnaleiks, Grimm 4, p. 572. Anm. ahd. ebanlîh, Grimm 2, p. 658. agf. ëfenlîc, Cod. Ex. 3, 20. Grimm 2, p. 659. Beda 4, 17. aequalis. Davon das Adverb efenlice, aequaliter, Bed. 3, 23. mit den Nebenformen emnelîce, emnlîce, emlîce, s. Bosw. p. 102. Im Engl. muß natürlich der Unterschied in der Form zwischen ëfengelîc und ëfenlîc wegfallen. Im AE. lautet das Wort evenlyche adv. evenly, equally, Halliw. p. 341, b. evenlike, adj. adv. equal, equally, ib. p. 341, b. allelykely or evynly, a like wise or evynly, aequaliter, Prompt. Parv. p. 10, a, 7.; adj.: demen evenliche richt. Aelfr. Proov. in Rell. Antt. 1, p. 172, 19. evynlyke, aequalis, Prompt. Parv. 10, a. Z. 6. Im heutigen Engl. nur das adv. evenly.

Anmerkung 12.

Es tritt bisweilen der Fall ein, daß Adjectiva, welche gut, schön, brav bedeuten, auch von der sinnlichen Güte, Schönheit, der Wohlbeleibtheit, Ueppigkeit gebraucht werden. So bei dem engl. good und goodly. Auf ähnliche Weise hört man in manchen Gegenden Deutschlands das adj. wacker (agſ. vacor) von einem von Gesundheit strotzenden, eine gewisse Körperfülle zeigenden Menschen oder Thiere gebrauchen. Das ahd. mhd. adj. frum, vrum, vruom, 1) idoneus, frommend, 2) probus, Grimm 3, p. 482. 627. nhd. fromm, 1) pius, 2) mansuetus (z. B. von einem Pferde), altn. frômr, fromr, probus, schw. dän. from, mansuetus, pius, altfries. from (neben fremo), idoneus, frommend, nützlich, Richth. p. 759, a. mnd. vrom, 1) tapfer, brav, Brem. Geschqu. 156, 26. 107, 15. 144. 2) tüchtig, schön von Körper, z. B. lûde, Brem. Geschqu. 107, 21. 153. mnl. vrome, probus, nnd. from, holl. froom, vroom, 1) wacker, tapfer, 2) fromm. In der Schweiz bedeutet fromm auch: bieder. Im Agſ. lautet das Wort from, freom mit der Bedeutung strenuus, vgl. sîdhfrom, good in a journay, B. 3622. A. 641. Davon das adj. fromlîc und das adv. fromlîce, vgl. das mnd. adv. fromliken, fromm, folgsam, Brem. Geschqu. p. 64, 3. v. u. 71, 7. Bosw. p. 122, 1. findet das agſ. Wort im engl. firm wieder. Es hat jedoch mit diesem romanischen Worte nichts zu schaffen, wohl aber stützt sich auf das agſ. from wenigstens nach der einen Seite hin das engl. frum, 1) dick, fett, fleischig, wohlbeleibt, 2) sehr fruchtbar, s. Flügel. p. 567, b. Im AE. und Nordengl. bedeutet frim, vigorous; thriving; wellfed, tender or brittle; fresh, quicke, grown, Halliw. 381, b.: daneben auch die Form frem, ib. p. 380, a.; frim, handsome, ranc, well-living, in good case; as a frim tree or beast, a thriving tree or beast, Northumbr. Groose. s. v. (Bl. 12, b.); freem, handsome in Yorkshire, Halliw. 379, b. In Warwick bedeutet „frum and flush" full and overflowing. Wahrscheinlich hat zur Erzeugung dieser Bedeutungen auch das Celtische beigetragen. Diefenbach, goth. Wörterb. 1, p. 355. stellt mit hoher Wahrscheinlichkeit dazu: cymr. ffrwn, luxuriant, ffrymiaw, make or to become luxuriant, prolific, Breton. fromm, plénitude; gonflement; fromma, remplir, gonfler.

Anmerkung 13.

Solche Adjectiva auf lîc können nie substantivisch gebraucht werden. Man kann wohl die Substantive der Reiche, der Arme, der Zage, der Alte bilden, nie aber der Reichliche, der Aermliche, u. s. w. oder im Agſ. se heardlîca, se lâdhlîca, Grimm 4, 256. Jedoch nicht damit zu verwechseln sind 1) die Fälle, wie zwar das Adjectivum mit dem Artikel steht, ohne daß dieselben wirkliche Substantiva sind, Grimm 4, p. 527. 546. ꝛc. 2) die nach Grimm 3, 502. von diesen Adjectiven gebildeten abstracten Feminina, wie z. B. mhd. samlîche, das Gegenstück, Grimm 2, p. 659. Zu letzteren gehört auch das ae. schandliche, vileness, baseness, Halliw. 727, b. couthly, familiarity, ib. 275, a. manliche, (?) virilitas, in are manliche, Rell. Antt. I, p. 234, 35. u. a.

Anmerkung 14.

Statt lango schreibt der Cod. Cotton. in Hêl. 107, 6. 136, 10. 77, 9. 2, 22.: lang. In allen diesen Fällen steht es in Verbindung mit voraufgehendem than. Sonst erscheint lang noch (Cotton) 164, 3.: lang after und in der Formel thô ni was lang te thin, that, Hêl. 29, 6. 61, 13. 85, 10. 171, 6. 10, 1. (cf. Grimm zu Andreas p. XLII.) oder thô ni was lang after thin, ib. 7, 21. thô nis lang te thin, that, 68, 24. 125, 2. (In ähnlicher Formel steht agſ. long, z. B. B. 5179. 5686.) Es ist demnach nicht etwa der adverbialisch gebrauchte Nominativ des Feminins mit Auslassung von huîla, wie Schmeller. p. 67, b. annimmt, sondern der starke acc. neutr., welcher auch in anderen Mundarten (Grimm 3, p. 98.) als Adverbium vorkommt. In dieser Phrase erscheint lang in beiden Hss., nach than tritt er jedoch nur im Cod. Cotton. ein, wo Cod. Mon. lango hat. Außerdem erscheint lang nach than im Cod. Cotton. 31, 2. 33, 20. wo Cod. Mon. langa schreibt. Eigentlich sollte man hier im Mon. ebenfalls lango erwarten. Es steht also langa gleich lango. Hiermit fällt die Erklärung Schmellers l. c. welcher zu langa ein huîla supplirt und es für den acc. sing. fem. erklärt. Freilich findet sich auch die Phrase langa huîla 14, 13. 15, 1. 31, 2. 33, 20. absolut gesetzt, jedoch ist dieselbe von than langa ebenso verschieden, wie etwa das nhd. „lange Zeit" von „so-lange-als".

Anmerkung 15.

In dem engl. evil sind drei früher geschiedene Worte zusammengeflossen. Nämlich 1) das adj. goth. ubils, ubels, 2. Tim. 3, 13. übel, schlecht, unnütz, Grimm 2, 114. ahd. upil, ubil, ubel, Graff 1, p. 92. mhd. nhd. übel, altſ. ubhil, ubil, s. Schmeller. Gloss. p. 121, a. mnd. nnd. ovel, öwel, mnl. êvel, nnl. euwel, altfries. evel, saterl. ewel, Richth. p. 722, b. agſ. yfel, eofen, ebul, s. Bosw. p. 490, a. altengl. evyl, malus, Prompt. Parv. 144, a. ivyl or wykkyd, malus iniquus, ib. 266, b. engl. evil, Flügel. p. 486. 2) Das davon abgeleitete Adverbium goth. ubilaba, Grimm 3, p. 109. ahd. upilo, Grimm 3, p. 607. mhd. übele, nhd. übel, altſ. ubile, adv. male, Hêl. 164, 24. mnd. ovele, Brem. Geschqu. 125, 25. agſ. yfele, yfle, Bosw. p. 490, a. ae. yole, willy; wickedly, engl. evil und endlich 3) das aus dem Adj. entnommene Subſt. goth. ubilô, schw. n. Grimm 3, p. 114. ahd. upil, st. n. mhd. nhd. übel, st. n. altſ. ubil, st. n. malum, Schmeller. l. c. altfries. evel, id. Richth. p. 723, a. agſ. yfel, st. n. Bosw. p. 489, c. ae. evyl or sekenesse, infirmitas, Pr. Parv. 144, a. ivyl or wykkydnesse, malum, iniquitas, ivyl or sekenesse, aegritudo, infirmitas, ib. p. 266, b. evyl, a disease; a fit of madness; Halliw. 342, a. ivele, evil; injury; sickness, ib. p. 479, b. Außer evil besteht im Engl. ill, welches in der Bedeutung sehr nahe steht, ohne jedoch völlig gleichbedeutend zu sein, s. Flügel. p. 688. Es ist sowohl Adj. als auch Subſt. und Adv. Grimm 3, p. 604. hält es für eine Verkürzung von evil, ebenso Flügel. s. v. evil, p. 486. Näher jedoch liegt es, hier nordischen Einfluß anzunehmen. Im AE. nämlich steht illr (für ilr), Grimm 2, p. 114. adj. adv. Das adv. lautet illa, male, id. 3, p. 103. schwed. illa, dän. ilde, Grimm 3, 104. 607. cf. Grimm 1 (3), p. 435. Im Schwed.

und Dän. ist es nur Adverb und dient, wie im Engl., häufig zur Zusammensetzung (s. Flügel. p. 688. etc. Halliw. p. 472, a.). Im AE. lautet es ille, s. Halliw. p. 473, b. Ueber das Wort überhaupt s. Grimm 3, p. 604. 607. Diefenbach, goth. Wörterb. 1, p. 106.

Anmerkung 16.

Ein agf. Adjectivum lâh, pl. lage, wird von Thorpe im Gl. zu den Anall. Saxon. s. v. angeführt; ebenso von Leo p. 192. mit der Bedeutung niedrig. In den älteren Sprachdenkmälern kommt es nicht vor. Offenbar ist es aus dem altnord. lagr, humilis, brevis entlehnt. Da es jedoch auch in anderen sächsischen Mundarten wie altfries. lege, lech, niedrig, nordfries. leeg, liig, neufries. leeg, s. Richth. p. 889, b. ferner mnl. lage, holl. laegh, (s. ib.), so wie nd. lege, leag, Brem. Wörterb. 3, p. 36. vorkommt, so kann es auch aus dem Friesischen eingedrungen und nur mundartlich in der angelsächsischen Periode gebräuchlich gewesen sein, bis es später durch nordischen Einfluß auch in der Schriftsprache Aufnahme fand. Es gehört zur Wurzel licgan, Grimm 2, p. 27. und bedeutet eigentlich das Liegende im Gegensatze zu dem Aufgerichteten. Im Norden Englands lautet das Wort jetzt law, low, Halliw. p. 500, b. Jamieson. s. v. logher ältere Orthographie für lower, Halliw. 526, b. Derivate sind im östlichen Dialekte: lowen, to fall in price, Halliw. 532, b. lawand (ein part. praes.), bowing; humbling (sich erniedrigen im geistlichen Sinne), ib. 508, b. In Suffolk heißen lows, pl. low level land, und in Yorkshire lowths, lowlands, Halliw. 532, b. Denn lowthe ist bei Becon = lowness, ib. Damit zusammengesetzt sind below (s. früher) und alow = agf. on lâh, on lâgum, ae. alogh, Halliw. p. 48, b. alough, below, ib. 49, a. alowe, 1) adv. Rell. Antt. 1, p. 101. 2) to humble, Halliw. p. 49, a.

Anmerkung 17.

Zu ready. Von dem Adj. hrädh, hräd stammen 1) das adv. hradhe, hrade, radh, Bosw. 283, b. 2) das adv. hradhinga, hrädinge, brevi, subito, Grimm 2, 358. 3) das adj. hrädhlîc nebst dem adv. hrädhlîce, 4) das verb. hradhjan, hradhan, rasch machen, eilen. Dazu gehört 5) noch das Subst. hradhn, f. Schnelligkeit. Zu letzterem gehört das altengl. redde, countenance, cheer, Halliw. p. 673, a. Zu der 4) gehört das ae. redie, to make ready, belegt von Halliw. 673, b. nhd. be-reiten, mnd. sick reden, sich bereiten, rüsten, Brem. Geschqu. p. 59, 13. 63, 18. Zu agſ. hrädhlîce, rädhlîce stimmt das ae. radeliche, readily, speedily, adv.; ferner radly, quicly, speedily, Halliw. p. 662, b. 663, a. Das Adjectiv hrädh lautet im AE. hradr, dän. reede, schw. reeds, holl. gereed, nhd. be-reit, davon das Adverbium holl. rêds, jam (Grimm 3, p. 93.), nhd. bereits. Im Mnd. ist rede adj. mit den Bedeutungen a) fertig, bereit, rede to reysene, Brem. Geschq. 102, 28. 71, 33. 2) baar, rede gut, ib. 84, 17. an redeme gelde, Michelsen. p. 45, 1. Dazu stimmt altfries. rede, red, bereit, fertig, baar (red jeld), nfries. ree, nordfries. ree, Richth. p. 986, b. Im Plattdeutschen rede, reed, s. Brem. Wörterb. 3, p. 452. ahd. reiti, Graff 2, p. 479. Im Mnd. bedeutet das adv. rede, bereits, Brem. Geschqu. 163, 2. Detmar. II, p. 3, 11.; ebenso das Compositum allrede, Brem. Geschqu. p. 122, 29. 117, 29. 150, 14. 139, 12. Detmar. II, 9, 15. 30, 20. Ebenso bestehen im Engl. ready und already als Adverbien. aredy, aredily, easily; readily, Halliw. p. 80, b. ist wohl nur Verstümmelung für alredy.

Anmerkung 18.

Man hat zwei Adjectiva zu unterscheiden.

1) agſ. wîs, adj. sapiens, prudens, altſ. wîs, gnarus, sciens; prudens, sapiens, Schmeller. 135, a. an. wîs, dän. vis, schw. wis, altfries. wîs, adj. sapiens, neufries. wijz, Richth. p. 152, b. ahd. wis, mhd. wis, nhd. weise, nd. wies, holl. wys, wyze, engl. wise. Davon z. B. das Subſt. agſ. wîsdôm, Cod. Ex. 305, 15. 303, 32. engl. wisdom, altſ. wîsdôm, sapientia, Hél. 25, 18. 56, 4. 61, 5. scientia, Ps. 72, 11. altfries. wîsdôm, Richth. 1153, a. nhd. Weisthum. Davon auch das adj. wîslîc, prudens, wislîce, prudenter, sapienter. gewîslîce, adv. sapienter. engl. wisely, adv. altſ. wîslîc, adj. sapiens, adv. wîslîco, scite, sapienter, Schmell. p. 135, a. altfries. wislika, adv. Richth. Rechtsqu. p. 384, 8. mnd. wiseliken, weislich, Brem. Geschqu. p. 115, 33. Nicht damit zu verwechseln sind die Formen 2) des Adjectives, gewis, gewisse, adj. agſ. certus, Bosw. p. 156. altſ. wiss, adj.

certus, Hêl. 59, 3. 143, 10. Davon gewissô, adv. vero, Ps. 54, 204. s. Schmeller. p. 135, b. altfries. wiss, gewiss, sicher. Richth. 1153, a. an. wiss, nhd. gewiss, und das adj. gewislîce, certe, videlicet, ae. wisly, certainly, Halliw. 934, b. Agf. gewis lautet im AE. iwis, 1) certainly, truly, undoubtedly. 2) to wid, especially, besides, Halliw. p. 480, b.; daneben auch wisse, certainly, Halliw. p. 934, b. Nach dem 15. Jahrhundert findet sich das i-wis bisweilen so gebraucht, als wäre es die erste Person, Praes. = I wis, wysse, von einem Verbum to wis = to know; Beispiele bei Halliw. p. 480, b. Es ist dieses bloß ein Mißverständniß der Sprache, welches um so eher möglich war, als auch im AE. ein Verbum to wisse, to teach, to direct, Halliw. p. 934, b. = agf. wissian, regere, gubernare, die formelle Grundlage an die Hand gab.

Anmerkung 19.

Anger, 1) der Aerger, Unwille, Zorn, 2) die Hitze in einer Wunde u. dgl. (cf. Halliw. p. 63, a.) ist ein ächt germanisches Wort und hat mit dem lateinischen angor, abgesehen von der Urverwandtschaft, nichts zu schaffen. Es gehört zu einer dunkeln Wurzel (s. Diefenb. 1, p. 4.) welche in den verschiedenen deutschen Mundarten verschiedene Bildungen hinterlassen hat. Dazu gehören 1) das goth. adj. aggvus, Grimm 2, p. 191. ahd. enki, mhd. nhd. eng, agf. enge, narrow, B. 2819. Cädm. 2, 3. 9. sonst auch änge und ange, s. Bosw. und Somn. s. v. Davon gebildet ist (nach Grimm 3, p. 502.) das Feminin ange, enge, änge, vexation, sorrow, affliction, s. Bosw. p. 23, b. Mit dem Adj. zusammengesetzt ist das adj. angmôd (cf. Grimm 2, p. 644.), tristis, nebst dem Derivat angmôdnes, tristitia; ferner durch das Suffix nes, nys gebildet ist auch angnes, angness, aerumna, Ps. 31, 4. 118, 43. Beides ist im Engl. untergegangen. Erhalten hat sich jedoch das Compositum angnägle, paronychia (bei Lye und Bosworth ohne Beleg) in der engl. Form agnail, das Nagelgeschwür, der Nietnagel, cf. Halliw. p. 63, a. auch angnail, ib. p. 32. Nach Grose. s. v. Bl. 3, b, a. ist es ein Cumberlandwort. Im Fries. ongneil, ogneil, s. Richth. p. 959, a. 1163, b. ahd. ungnagel, Graff 2, p. 1017. Grimm 1 (3), p. 416. Es ist der Nagel, welcher sich zwischen dem Nagel und dem Fleische in der Enge erzeugt (cf das Compositum mnd. enghesand, bei Michelsen. p. 28, 23.). Halliw. p. 32. scheint es ohne Rücksicht auf die verwandten Sprachen als hangnail zu fassen. Ein Verbum angian, engian findet sich nicht im Ags., wohl aber im mhd. und nhd. engen, einengen u. s. w. und im Mnd. engen, bedrängen, z. B. Brem. Geschqu. p. 164, 24. 99, 26. Michelsen. p. 39, 25. Außer angset, angseta, carbunculus, bei Bosw. 24, a. bilden sich noch ahd. anclîh, angustus, und ahd. ancsum, anxius, Grimm 2, p. 573. Letzteres lautet im Agf. angsum, anxum, angustus, z. B. Matth. 7, 14. mit seinen weiteren Ableitungen angsumlîc adj. und angsumlîce, adv., ferner angsumnes, aerumna, Gen. 42, 21. und angsumnian, vexare, sollicitum esse (cf. gemaensumjan und Grimm 2, p. 669.). Eine andere aus der Wurzel entspringende Bildung ist das ahd. angust, mhd. nhd. angest, angst, f. s. Grimm 2, p. 368. Graff 1, p. 342., welches im Agf. und An. gänzlich fehlt, aber im fries. ongost, angst, saterl. angst, neufries. aengste, Richth. p. 964, b. vorhanden ist. Auch im Mnd. findet sich angest, anxst, ancst, gl. Bern. 200. 201. 212. (ed. Graff Diutiska Bd. 2.) Unsere altf. Sprachquellen bieten nur das adj. engi, angustus, Hêl. 54, 9. compar. engira, 54, 6. Nur den nordischen Sprachen angehörig ist das Nomen angr, an. angor, n. Grimm 2, p. 124. schw. ånger, Reue, Schmerz, dän. anger, id. Da sich nun eine identische Form im Agf. nicht findet, muß man das engl. anger für eine Entlehnung aus dem Nordischen halten. Das gael. angar, m. anger, nebst angrach, angry, sind erst aus dem Engl. entnommen. Von engl. anger stammt das adj. angry, painful, inflamed, smarting, bei Halliw. 63, b. angry, iracundus, bilosus, fellitus, felleus, melancolicus, Prompt. Parv. 12, a.; ferner das Verbum to anger nebst dem Particip angered oder angred und dem adv. angerly (bei Shakspeare), ae. angirliche, Halliw. 63, a. Damit nicht zu verwechseln ist das adv. angrily, denn dieses leitet sich direct vom Adjectivum angry ab. Das Subst. anger, auch angure, angyr, Prompt. Parv. 12, a. hat zur Grundbedeutung Angst (angustia, angor). Daraus entwickelt sich die Bedeutung sorrow (Halliw. p. 63, a.) auf der einen und wrath (ira, iracundia) auf der andern Seite. Die beiden ersten Bedeutungen (Angst, Sorge) sind jetzt veraltet; die andere (Zorn, Unwille, Aerger, Verdruß) ist jetzt die allein gebräuchliche, Flügel.

p. 51. Daneben findet sich, wenn auch selten, die von Hitze, Entzündung, z. B. einer Wunde. (Mundartlich gebraucht man im Deutschen auch: Angst in diesem Sinne.) So schon im AE., z. B. Halliw. s. v. angry, p. 63, b. und anger, inflammation, bei Halliw. s. v. Thonwange. p. 866, a.; daraus ergiebt sich auch die allgemeinere Bedeutung: Schmerz.

Hieran schließen sich eine Reihe theils älterer theils jüngerer romanischer Worte, ähnlicher Form und Bedeutung. Das engl. angor, angour ist nach Form und Bedeutung ganz das lat. angor und unmittelbar aus dem Lat. entlehnt. Anders verhält es sich mit anguish. Wenn dieses auch Bosw. p. 23, c. von dem Subst. ange ableiten will und mit diesem selbst bis auf das Hebräische(!) zurückgeht, so ist es doch nur das altfrz. angoisse. Im AE. lautet das Wort angusse, Halliw. 63, b. oder angwysche, angustia, angonia, angaria, Prompt. Parv. 12, a. oder angwys, ib. s. v. angure. Jenes angoisse, engoisse, ital. angoscia, span. angoja, prov. engoissa stammt nach Diez. 1, p. 145..226. aus dem lat. angustiae, dessen Bedeutung es selbst noch im Engl. bewahrt hat, s. Flügel. p. 51, b. Dieselbe Bedeutung findet sich auch im Verbum to anguish. Davon abgeleitet, aber jetzt veraltet, ist das adj. anguishous, angwischose, angwisous, belegt von Halliw. p. 63, b. Dieses Adj. wurde jedenfalls durch einen jüngeren gleichbedeutigen Eindringling, durch anxious unterdrückt, welches auf gleiche Weise wie das obenerwähnte angor durch das Medium der Literatursprache in das Engl. gelangte. Dazu stellen sich das Subst. anxiety s. Flügel. p. 58. und die Derivate anxiously, adv. und anxiousness, Subst. Jenes anxious nun entspricht nicht etwa dem lat. anxius (welches im ital. ansio, span. ansio, portug. ansio lautet, Diez. 1, p. 206.), sondern etwa einem lat. anxiosus, frz. anxieux, vergl. über diese allen roman. Sprachen gemeinschaftliche und im Engl. besonders häufige Endung lat. osus, Diez. 2, p. 289. &c.

O. Piltz.

Ueber deutsche rechtschreibunc.

Gûdea gi*m*einun
niusê dê *m*ôttî.
Hilt. l.

Daß bestreben, der wilkür in der deutschen rechtschreibunc ein ente zu machen, daß noch for nicht gar langer zeit als eine laune einzelner betrachtet wart, hat sich doch mer unt mer als eine ernste aufgabe unserer zeit geltent gemacht. Als bescheitene beiträge hierzu wole man dise bläter betrachten. In dem augenblike, wo daß wörterbuch unseres herlichen brüderpares erscheint, möchte eß filleicht überflüßic scheinen, eine solche arbeit zu feröfentlichen. leider aber bedarf eß bei der großen merzal erst des manicfaltigsten antreibens, e sie auß irer trägen rue aufgeschrekt wirt. Ligt nicht die deutsche grammatik Jakob Grimms schon lange genuc for uns, unt wo sint die früchte darauß hingesamelt? sint sie nicht meist in gelerte bücher fergraben? wie wenic ist nur in die hänte der wellt gekomen! Einzelne schriften, ja selbst tagesbläter, sint freilich op irer einigermaßen ferbeßerten rechtschreibunc rümlich zu erwähnen. solche aber, die sich gradezu die aufgabe des belerens gestelt, sint noch zu seicht an der oberfläche hingegliden, als daß eß häte fon nuzen sein könen. Ich bin der ansicht, daß man hier wie in alen dingen nach kräften radical ferfare. kein quaksalbern, sontern schonungsloseß, aber heilbringendeß wecschneiden! —

Betrachten wir einmal sogleich einen punkt, der filleicht fon alen am meisten begrüntunc für sich hate, nämlich den gebrauch eines großen anfangsbuchstaben bei dincwörtern unt so gebrauchten wörtern. Diser gebrauch muß als ein außfluß germanischer geistesentwikelunc dh. forherschender subjectivität aufgefaßt werden. So wunterlich die sache auch manigem erscheinen mac, so ist doch eine geschichtliche berechtigunc der majuskel nachzuweisen. Daß ahd unt mhd kenen unseren gebrauch des großen anfangsbuchstaben nicht. ungeachtet aler früeren, fereinzelten fersuche, einzelne wörter groß zu schreiben, ist doch erst daß XIV jh. die eigentliche zeit seiner entsteunc; also gerade da die subjective richtunc der forläufer des protestantism, dises partikularistischsten subjectivism, sich zu regen began. Fon disem stantpunkte auß wirt, wie in andern beziehungen daß subject stets dem object, dem prädicat, so hier daß substantiv dem adjectiv forgezogen. dafon war bißher die ganze weltanschaunc bedingt. Der katholicism des alten Deutschlant unt die romanischen fölker, die beide noch daß römische unt in gewiser beziehunc antike wesen teilen, kenen deshalp den gebrauch der majuskel in unserer weise nicht. Wen ich nun entschiten den gebrauch derselben ferwerfe, so trage ich bloß einer forderunc der zeit rechnunc, welche in alen iren erscheinungen die subjectivität aufgibt, um einer waren objectivität plaz zu machen. Ich weiß zwar recht gut, daß die iezige algemeinere aufgebunc der majuskel erst fon Jakob Grimms zweiter außgabe seiner grammatik herzuleiten ist, fon welcher man behaupten wirt, daß sie nur früereß widerherzustelen bemüt sei; nichtsdestoweniger sehe ich aber auch hierin nur einen fortschrit; den große geister sint stets die ferkünder der nahenden wentepunkte. Wen wir dhr die majuskel aufgeben, ist diß kein nachamen fon altem odder fremdem, sontern ein wolberechtigteß weiterschreiten, daß freilich mit dem alten zusamenfällt; aber nur in der form; der geist ist ein andrer.

Fon disem gesichtspunkte dürfte nun manigeß zu betrachten sein, ja filleicht die ganze gestaltunc unserer heutigen rechtschreibunc. man neme nur einmal daß müßige treiben der wilkür in unterscheitunc fon wider unt wieder. Darin bestet nun aber die forderunc der zeit, die wilkür zum apschluß zu bringen, wie andrerseits zum geseze zurükzukeren, wodurch zugleich eine neue ban beschriten wirt. Ist aber diß daß prinzip unserer geistesentwikelunc, dan kan kein zweic außgeschloßen sein, unt wie daß politische, sociale unt religiöse leben dafon ergrifen ist, muß eß gleichermaßen auch die wißenschaft sein. Somit häten wir auch daß gesez gefunden, daß unserer aufgabe zu grunte ligt, unt daß heißt:

„aufgreifen der naturgemäßen, geschichtlichen entfalt-
„unc der deutschen sprache, befreiunc fon der wilkür
„neben anerkenunc eines neuen stantpunkts.“

Wir haben deshalp auf daß mhd unt ahd, auf daß goth, unt wo diß aleß nicht außreicht, auf den ganzen kreiß der germanischen, ja selbst der urferwanten sprachen zurükzugen, one aber einen augenblik die forderungen der nhd entwikelunc außer acht zu laßen. Freilich ißt diß oft eine höchst misliche sache, wen daß ahd unsere aleinige quele ist, da selbigeß in einer zu unsicheren form, häufic als bloße mundart auftrit. Die s. g. fergleichende behantlunc fermac aber in den meisten fällen zu einem erwünschten zile zu füren; wie unsicher aber auch oft die bezeichnunc der lautferhältnise befunden werden mac, ist diser großartige stümmel doch für die erkentnis des ineren lebens der sprache fon unschäzbarem werte unt höher anzuschlagen als goth unt mhd, troz dem ebenmaße irer bildungen.

Betrachten wir nun im folgenden:

I. den saz.

II. die biegunc.

III. die wortbildunc.

IV. die lautferhältnise, a) die mitlauter, b) die selbstlauter.
V. die schreibunc,
womit wir zum anfanc zurükkeren.

I. Der saz.

Eß möchte wol fon unferstant zeugen, wolte man bei disem punkte auf daß alte zurükgen; den grade der saz, der unmitelbare außdruk des gedanken, hat im laufe der zeiten, wie sich fon selbst ferstet, die größste entwikelunc an im selbst erfaren. seine entfaltunc unt gliderunc nach einem maßstabe zu bemeßen, der für ganz andere ferhältnise berechnet war, wäre widersinic. Deshalp ist der gebrauch fon sazzeichen stets ein dinc, daß sich nach dem bedürfnise der zeit richten wirt. Hier einen altersgrauen risenpunkt für hinreichent zu halten, um hier unt da den begin eines gedanken, odder daß aufhören eines gedanken anzudeuten, wirt wol mäniclich ferlacht werden. Nähereß aber über die sezung solcher zeichen anzugeben, ligt außer dem bereiche diser schrift. eß möge genügen darauf hinzuweisen, daß Becker hierüber beachtenswerdes geliefert hat. Wir ereifern uns deshalp nicht über daß zuhäufige anwenten fon solchen zeichen unt fragen auch nicht darnach, wan man solche zuerst eingefürt. ja, eß dürfte deren anwentunc sich noch steigern, wen nur damit ein fernünftiger sin ferbunten wirt. Dem auge des „lesenden" damit zu hilfe zu komen, ist kein ferwerflicheß bemüen unt etwaß ganz anders, als daß einfliken fon buchstaben, die nur zur bezeichnunc ganz bestimmter laute, aber nicht zum spilen erfunden sint, worauf wir unten zurükkeren werden. — Fon hier komen wir sachgemäß auf

II. die biegunc,

welche stets gleichen schrit hält mit der entfaltunc des geistes im saze. Je intensiver die zusamenstelunc der gedanken im sazbau wirt, um so mer schleifen sich die formen der sazteile ap, um einer syntaktischen ferbintunc plaz zu machen. ein unfolenteter sazbau bedarf zur schärfe des gedankenaußdruks der größeren folkomenheit seiner bildungsteile. diß zeigen zur genüge ale s. g. modernen sprachen gegenüber den antiken, recht auffallenderweise dem sanskrit. Dafon hängen nun manigerlei erscheinungen ap, welche uns hier besonters angen:

1. für daß zeitwort daß zusamenwerfen aler schwachen biegungsarten in eine einzige, worauß ich folgere, daß für eine große anzal fon wörtern die durch daß bildungsstük „i" bewürkte ferdopelunc des wurzellauts mit notwentickeit aufzugeben sei. So haben wir nicht zu schreiben quellen sontern quelen, da „quellan" im ahd auß „queljan" entstanten ist. wir müßen iezt unsere wörter ale so behanteln, wie

auch die lancsilbigen behantelt werden. schon ahd fiel da im prt daß bildungs i wec, woher der auch bei uns noch erhaltene rükumlaut odder der alte goth gruntlaut der wurzel entstet. z. b. goth „brannja", ahd „prennu", prt „pranta" stat „prennita"; dabei trit auch auswurf (syncope) ein, wie in sandte, wandte, die nur sante, wante geschriben werden dürfen (ebenso: hatte = hate. im praes fällt eß auch niemanden ein, wurzelhafteß „b" zu bewaren, hat = hat; auch wird = wirt zeigt außwurf; für tritt gilt daßelbe, = trit). Im goth unt ahd brennen sehen wir aber doch „nn", unt man wirt filleicht dhr nhd „nn" rechtfertigen wolen. erstens aber ist diß goth „nn" nicht daß fracliche, unt zweitens werden wir fon diser ferdopelunc unten hören. hier haben wir eß nur mit der auß „i, j" entstantenen zu tun. Wolten wir lezstere noch iezt gelten laßen, so müsten wir auch zä(h)llen schreiben; unt so wart würklich ahd „zellu", zalta = zelita" gebildet, wir müsten nach ahd „swerran, nêrran, hôrran, cherran, heffan" auch schw(ä)erren, nä(h)rren, hörren, ke(h)rren, hebben schreiben; aber wir bilden ale unsere lancsilbigen one jeneß „i", malen, t(h)eilen, taufen, raufen, welche beiden lezsten onlängst noch „ff" haten. sicherlich dürften die prtt kannte, brannte, rannte, nannte kein dopelteß n haben; onehin ist hier inkonsequenz anzumerken. fgl. die bildungen Kunde, Brunst, Geschäft ꝛc. Kunst, Gunst, Gespinst sint hier nicht anzufüren, da die wörter können, gönnen, sollen, wissen, müssen (diß erst nhd wegen entstantener kürze) nicht hierher gehören, sontern deren ferdopelunc unten besprechunc findet (ahd „prennu" fermischt beideß). wol aber gehören hierher wollen; ferner bellen, gellen, füllen, ge-sellen, setzen, stellen, unt dgl transitiva, welche ja auß starken ztww durch apleitungsvocale als schwache gebildet werden. manige müßen nun auch die starke, intransitive form fertreten, wie grade unser brennen; so auch girren, wirren u. a. m. Mhd waren noch zwei biegungsarten der schwachen ztww gebliben; nhd muß aber auch der lezste unterschit als aufgegeben betrachtet werden, unt die wenigen beispile des aufrechterhaltenen rükumlauts könen uns nicht berechtigen, hier noch einen bildungslaut anzunemen, der eigentlich nicht mer forhanten ist. der iezt giltige umlaut in nennen, rennen, brennen etc. ist kaum noch als solcher zu betrachten unt wol nur auf gleiche stufe mit den feränderten vocalen zu stelen; den in der nach der weterauer mundart behantelten umgangssprache der gebildeteren lautet daß prt obiger ww nennte, rennte, brennte, daß part prt genennt etc., unt giengen nicht sendete gesendet, wendete gewendet ganz in unsere schriftsprache über? (habe ich recht gesehen, so sezen die gebr. Grimm im wb. „brennte", erkenen also den rükumlaut nicht mer an. — Grade wie dise ferdopelunc des außlauts der wurzel werden wir nun auch daß „h" filer zeitwörter aufzufaßen haben, daß man darum auch noch länger als andere „h", die wir unten trefen, in schuz nemen zu könen dachte. so in drehen (wengleich daneben drechseln) ahd „drâjan, drâto", bähen, blähen, blühen, brühen, glühen, mähen, nähen.

mhd waren hier, umgekert wie bei der ferdopelunc, nach kurzen vocalen die apleitenden „j“ ferschwunten. die beiden wehen unt säen sint wol anders zu faßen, wen auch ahd „wâhan, sâhan (sâwan)“ forkomt, so ist daß doch nur transitivbildunc fon einem starken verbum. [Freilich lautet säen in der Weterau noch „sēwe“: „aich sēwe, aich sō͗t m'r sō͗re, gesēpt u. gesō͗t“, grade wie eß heißt: „nēwe genēpt, nēpfo^{a}rė = Nähfaden, mēwe, bēwe, drēwe“; nd „meien“ berechtigt durchauß nicht zur aufrechthaltunc eines „h“, wie in „blóie, bróie, glóie der weterauer die „ü“ nur durch sein „ói“ aufgelößt hat. dan hat auch daß lat „sero = seso“ ein „s“, welcheß aber nach J. Grimm, fgl gesch. d. d. spr cap XIV, kaum für ein der spirans „j“ ferwanteß „s“, wie etwa blähen, blasen, zu halten ist, da eß in „r“ überget. dazu ist in ganz entsprechender weise bei den substt Mad, Saat, Blüte nur eine $\sqrt{}$MA, SA, BLU etc. anzutrefen; dhr ist im lat wol nur eine stammferdopelnde form anzunemen, wozu part „sa-tum“ stimmt; übrigens fgl doch ags „blôvan, blôsma“ Grimm a. a. o. s. 349. als schwache ztww sint jene aber iedenfalls unserm „tume“ ferfallen]. Die wörter gehen unt stehen gehören schlechterdings nicht hierher, s. u. —

Uebertrite fon verben auß einer in eine andere klasse sint seit alter zeit beobachtet unt sint solche zum teil noch in unseren tagen im schwanken begrifen. Zu besprechen ist an diser stele nur daß wort scheiten = scheiden. man nimt an, daß eß aplautent geworden sei, wärent eß doch früer zu den stammferdopelnden ztww gehörte. ich möchte diß nur fon dem part prt gelten laßen; unt ist nicht noch iezt eine menge fon ztww in iren partt anders gebeugt als in den tempp finitt? Wir häten deshalp zu biegen: scheite, schiet, schieten, geschiten. Daran schließt sich leicht die betrachtunc einer anzal fon ww, deren prt u. part prt wir iezt falsch schreiben; so schreibe, (schrip) schriben, geschriben = schriebe, (schrieb) schrieben, geschrieben. eß sint außerdem noch folgende der III kl: bleiben, gedeihen, leihen, meiten (meiden), preisen, reiben, scheinen, —, schreien, speien, steigen, treiben, weisen, u. zeihen Da wo wir kurze vocale sprechen, hat sich als 3^{t} u. 4^{t} aplaut „i“ erhalten, wobei freilich (s. unten) die ferdopelunc des außlautenden wurzelbuchstaben noch zu ferwerfen ist; so: streichen, fergleichen, befleißen, reißen; reiten, leiden (geliden), greifen, schleifen etc. Daß wir iezt sgl u. pl prt gleich behanteln, ist nicht auffallent, da wir auch sonst den unterschit fon 2^{t} u. 3^{t} aplaut aufgegeben haben. hier fragt eß sich nur, sol dem prt odder dem part prt ein „ie“ zukomen? Ich antworte: keinem fon beiden. Ofenbar ist der lange vocal des sgl hier in den pl eingedrungen. da wir nun unten „e“ als denungszeichen ferwerfen, so ist im sgl „i“ = „ī“ (die 2^{dae} sgl haben nirgends mer 3^{t} aplaut); fon hierauß gienc „ī“ in den pl. umgekert dranc in der IV kl, desen ganz gleicheß „ou“ = „ō“ onehin jenem sgl nur „ī“ zu außwürkender ferenlichunc, wie im hebr die s. g. chaldäische ferenlichunc. wie wuste, muste also auch gewust, gemust (goth vists (?), môsts); [interessante erscheinungen sint die formen „muosa u. onsta“ fgl Grimm a. a. o. 898 u. 363]. Uebrigens darf diß strenc-geben gebietet, der kurze vocal in den sgl; unt zwischen steige, stīc stīgen ist dhr kein andereß ferhältnis als zwischen gieße, gŏß gŏßen, fgl „stîge, steic stigen“ unt „giuße, gôß (louc) gußen“. Ist nun aber auch im part prt unserer ww „ie“ als brechunc fon kurzem „i“ anzuerkenen, so haben wir doch unten solche als niderdeutschen einfluß außmerzen zu müßen geglaubt, unt unser schema fon schreib-en wäre gerechtfertigt. — Hierher gehören nun auch die feränderten vocale in wir starben statt „sturben“, nach dem sgl „starp“; wir schmolzen „ich schmolz“ etc.; im hilfszeitwort werden könen wir iezt leicht noch wart wurden for ferderpnis reten; sicher kan eß auch geschehen bei (ich) stunt stunten, da diß in der umgangssprache meist noch forhanten ist, opwol solcherlei einflüße in andern fällen nicht mer zu entfernen sint, so daß hier wol eine eigne nhd entwikelunc angenomen werden muß. Auch im conj prt rißen solche laute ein; verdärbe, stärbe stat ferdürbe, stürbe; spänne, begänne u. a. m. auß der VI kl, denen „ö“ gebürt, waß sich doch meist noch gegen jene ferballhornisierunc hielt. — Die 3 bekanten prtt hing, ging, fing sint one weiterß außzuroten unt hienc, gienc, fienc herzustelen als fon stammferdopelnden ztww gebildet. — Formen wie liest, stiehlt u. s. f. finden unten besprechunc. — Die ungeheuerlichen „e“ der 2 imp sint unbarmherzic zu beschneiden. —

Anscheinent unkonsequent möchte eß sein, wen wir nhd weist, must (wuste, muste) herstelen. als praess werden sie mit du beiß'st ferglichen werden; aber bekantlich sint solche praess früer prtt gewesen, wo daß einfache „t“ in der deutschen sprache älter ist, als daß dem indic. fom conj. aufoctroyierte „st“. (in „tarst“ ist keine außname zu finden, da hier im goth „s“ stunt, fgl Grimm gesch. d. d. spr. 894). [Op man aber „st“ als unorganische (?) form betrachten sole, wäre so eine frage. in den unferschobenen sprachen komt eß schon ser frü for, lat „st“, gr σθα sih Curtius sprachfgll. beitrr. s. 21 ff. im altn zeigt grade obige form „st“, z. b. lèzt, veizt, waß hier wol nur auß lautlichen rüksichten eintrat odder auch erhalten (?) wart, da daß „t“ der wurzel unferändert bleibt.] Unsere beiden formen haben nur noch alein solcheß „t“, wärent for noch nicht langer zeit auch „solt, wilt“ galten. Da nun aber kein außwurf statfant, solte man den doch weißt, mußt für richtic halten. alein eß ist ein alteß gesez, nach dem schon im goth die lingualen laute for „anstoßendem t“ in daß gleichartige „s“ übergen, daß der lautferschiebunc nicht unterligt; (altn folgte demselben ja nicht?) so auch im prt unt part prt for „anstoßendem d“, daß selbst widerum zu einem s. g. dumpfen laute („t“) wirt: „môsta, vissa“ (auch altn „vissa“), bei lezsterem sogar mit for-

genomen nur fon den formen diser s. g. ferschobenen ztww gelten, unt hat man nicht: „haste, faste, grüste, gehast, gefast, gegrüst etc." zu schreiben; den überal ist hier nach der geschichte der bintevocal anzunemen, der nur nach belieben wecgelaßen ist; welchen unterschit man bei möchte unt hegte, pflegte, legte so recht empfinden kan. so stet auch Nib. l. (ed Hahn) nur „gruoßte" III, 3, 4. 23, 3. 25, 4. XIV, 16, 3 u. ö. — „erbeißte" ibid. II, 70, 3. XIV, 17, 3. 18, 4. — „haßte" Parz (ed L.) 289, 20 — „kipuaßta, kipuaßit" Msp. s. f. — in andern fällen, wo bei der wortbildunc „t" enge antrit, komt auch stets „s" zum forschein: „hlast" fon „hladan"; „glast" fgl goth „glit-", „glesten" Tit. (ed L.) 137, 4; (fest) „faste, vaste" N. l. VIII, 37, 2. XVII, 1, 4, „vesten" XIX, 50, 4, „faeste" im Beov; (Fessel) „festr" Edda (ed Munch) 47, 4. doch gehört der letzste punkt eigentlich zur lautlere. [Hantelte eß sich aber darum, eine mundart schriftlich aufzuzeichnen, dan wären z. b. in der weterauer m. formen wie „weis$_t$, must" in stießt, bießt = du stießest, bießest sicher anzuerkenen, da hier noch einfacheß „t" forhanten ist. also: „dou häist maich 'n li^{e}hner" = goth „thu haihaist mik liugnjan"; odder: „dou schdaist maich" = goth „thu staistaust mik".] — Eine schöne darstelunc unseres nhd ztw gibt Vilmar a. a. o. s. 49 ff. —

2. Eine enliche erscheinunc, wie bei dem zeitwort, haben wir auch bei dem dincworte warzunemen. hier ist daß zusamenwerfen unt fermischen der biegungsarten noch weit stärker als dort, und daß nhd weicht darin so ser selbst fon dem mhd ap, daß die behantlunc des subst. eine ganz eigne werden muß. da diß aber nicht unsere aufgabe ist, könen wir ganz apgen. Einen hierhergezälten punkt, die apleitunc durch „i", haben wir unter die „ferdopelunc der mitlauter" ferwisen, wo er mer an seinem plaze ist. — Gegen die „n" in wörtern wie Frieden, Glauben, Namen, deren nom. sie auß den cass. obll. genomen, noch fortan zu kämpfen, dürfte wol eine donquixotearbeit sein; man muß sie wol anerkenen. — Der bintevocal for genitivischem „s" ist noch forhanten unt darum würksam, wen wir in auch, wie bei dem ztw, nach belieben außlaßen.

3. Die biegunc des eigenschaftswortes bietet für unsern zwek ebenfalls nur wenic dar. Hinsichtlich der steigerunc möchte ich 3 wörter betrachtet wißen, wozu ich feranlaßunc fon letzte neme. mhd haben nämlich „beste, groeste, leste" außwurf erliden, während ahd noch groeßist, peß(ß)ist, lezzist" (z = ß Hel. „bezte") forkomen. nhd ist aber „leste" nicht mer üplich (mundartlich, wie in der Wtrau nur „lest"), unt die auf die $\sqrt{}$LAT gegrüntete form le(t)zte wider aufgenomen. eß fragt sich dhr, wen wir den zlaut gelten laßen, op man die superlativentunc „st" ferstümmeln dürfe?, mir scheint: nein! unt deswegen lezste zu schreiben richtic. Wolen wir dan nicht auch größste, beßste schreiben? diser fall dünkt mich ein andrer zu sein, als der bei „weist, must"; den wir kenen noch den bintevocal z. b.

„frei-e-ste“, unt dazu stimmen dise wörter nicht einmal zu obigen „faßte, haßte etc.“, da hier „st“ antrit. Für die schreibunc folgt darauß, daß nicht „liepste“, sontern nur liebste zu schreiben ist. — Ganz entschiten (sih übrigens IV, 4) muß in der biegunc des neutrum daß „ß“ für nom. u. acc. sgl gefordert werden, gerade wie bei

4. den geschlechtswörtern. Hier hat man ja auch dem sazartikel seine richtige form gelaßen, wen freilich nur durch daß erbärmliche spil der unterscheitungen. — Dieser, e, es hat eine beklagenswerde ferwäßerunc im neutrum erliden, wo daß kräftigere diß widerhergestelt werden muß. Hier häte sich „ß“ eigentlich länger gegen daß eindringen des „s“ weren solen, wen man bedenkt, daß in einzelnen mundarten, z. b. der wtrauer, noch daß ganz alte „z = ß“ in „di^{a}z“ erhalten ist. bei Notk: „diz unte daß“; bei Walt. f. d. F. „daß diz ir erbe si“; bei Gotfr. f. St. „unt redeten diz unt daz“; daß nd hat dafür „dit“ grade wie „dat“, bei S. Dach „dit ös dat Anke, d. s. r.“, bei Aßm. f. A. schon „diß“: diß hat der Alten Gedächtniß erhalten: mhd stet so noch „irz“ unt früer stets „z“ neben „ß“: fezzil = feßßil; wechselnt bei einem worte im kön. Roth. „schôze“ (2262) „schoße“ (2270 u. ö.). haben wir nicht neuerdings letzte, sitzen, Herz, Witz neben „laß, saß etc.“ bei dem wurzelaußlaut T? — Ueber ihm, ihn, ihr sih unten. — Daß iezt beliebte me(h)re ist zu entfernen unt daß gute merere wideraufzunemen (ahd: „mêrôrô; fgl beßërôro, êrërëra, sih Weigand. wb. d. d. synon.; Herr = hêrero ist nur scheinbar gleich.) —

5. Die partt praes sint dem laute nach ganz auß der ban gewichen. mhd stimmt nicht zu ahd, diß nicht zu goth, goth nicht zu lat u. gr; nemen wir deswegen die lautferschiebunc in anspruch, so darf inen wol ein „d“ zukomen.

III. Die wortbildunc.

1. Wir heben fon falscher subst. bildunc wörter wie Rö(h)richt, Dornicht, Weidicht; Re(h)richt, Spülicht unt a. fon ztww gebildete herfor, deren „t“ nur nach enlichkeit der adj. bildunc entstunt unt getilgt werden muß. dazu komt noch Habicht für habich.

2. Auch bei adjj ist falsche odder doch afterbildunc eingeschlichen wie in bill-ig für bil-lig (noch richtic bei Olear pers. r.) völl-ig für föl-lich, schnell-ig für schnel-lich, adel-ig f. adel-lich, unzweifel-ig f. unzweifel-lich. Weinhold meint, einigeß nachdenken köne zeigen, daß man „adlig“ unt nicht „adellich“ zu schreiben habe, da „-ig“ ja = habent bedeute. Mit nachdenken alein istß aber nicht getan, weil eß sich hier um würklich geschichtliche formen hantelt. in disen unt enlichen wart früer „lich“ gebraucht, wärent wir nach unt nach „ic“ eingeschwärzt haben. deutlicher wirt diß bei wörtern one „l“, z. b. „artlich“, wofür iezt fast nur „artic“ im gebrauch ist. fgl „keili adallicho“ im hymn. pasch. bei J. Grimm.

3. Fast überflüßic istß zu bemerken, daß in formen wie täclich die tenuis (s. u.) wie bei tac sten muß; so auch lancleben, lancwiric, da nur die mit vocal anfangenden zusäze inlaut bewürken.

4. Formen wie des-halp, des-wegen, in-des etc. sint nicht nach gewönlicher ansicht auß dessen-wegen u. s. f. entstanten, sontern auß dem einfachen cas. obl. des. dhr kan inen kein „ss“ zukomen; zudem ferwerfen wir dise ferdopelunc. noch weniger aber ein „ß“, da diß kein stelfertreter fon „s“, sontern ein ganz anderer laut ist (sih unten).

5. Als eine lämende feßel muß eß betrachtet werden, wen man neuerdings die trenbaren partikeln der zeitwörter stets mit inen zusamenleimt unt so schreibt: Er anpreist die Waaren.

6. Wörter wie allenfallsig (Grimm im wb) solte man doch längst ferbant haben. schlecht unterschiten hat man, wen man grade wohl stat gerathewohl schreibt. doch gehören dise punkte anderswohin.

IV. Die lautferhältnise.

a) Die mitlauter.

E wir einzelne laute besprechen, solten wir zwei erscheinungen betrachten, die filfach mit schon oben besprochenem zusamenkomen. eß sint diß nämlich die beiden mitel, die kürzen und längen in der schrift zu bezeichnen, odder „die ferdopelunc der mitlauter unt selbstlauter, daß einschieben eines h unt eines e“. Eigentlich gehörte die besprechunc aler 4 punkte zu dem apschnite fon den selbstlautern. wir wolen aber „ferdopelunc der mitlauter unt einschiebunc eines h“ hier fornemen, da mit jener auch die ferenlichunc (assimilation) zusamenfällt, unt ferner nicht ale als denungsh aufgefaßte „h“ solche sint.

1. Ferdopelunc der mitlauter. Wir könen über disen ferwikelt scheinenden punkt dennoch zimlich kurz sein. konsequenz unt außscheitunc der ferenlichunc liefern uns die iolaosfakel gegen dise hyder in die hänte. Die ferdopelunc sol einmal dazu dienen, die kurzen vocale zu stüzen. apgesehen fon der zwekwidrickeit des mitels selbst, mac daßselbe ja einmal zu irgent einer zeit ganz gut gewesen sein, die neuerblüte kürze eines wortes dem auge darzustelen; nur müßen wir nach beßerer einsicht in daß wesen der lautferhältnise daßselbe nicht mer gebrauchen wolen. Unt wo solten wir am ente hinkomen? den daß aufblüen neuer kürzen auß alten längen ist noch im beßsten treiben, unt mit jeder leipziger messe müste auch eine neue reihe fon wörtern mit gedopelten buchstaben erscheinen. — Wie stet eß nun aber mit der geschichte diser ferdopelunc? Als stüze kurzer vocale kent sie schon daß goth, iedoch one konsequenz, z. b. „daddjan — huljan — fulls fulljan — svamms — samjan — satjan — skatts skattja“. hier erlauben sie die liquiden nur im inlaute, unt nur nach „a, i u“ wie sich fon selbst ferstet; die labialen dulten sie nicht; die

lingualen, ebenso die gutturalen selten („gg“ gehört kaum dahin). Ahd nimt die ferdopelunc besonters überhant bei den liquiden, ist aber doch an geseze gebunten, wie sie den auch nur im inlaute stet (s. u.); ebenso bei den lingualen. Mhd, sagt Vilmar a. a. o. weiter, schreitet die ferdopelunc der mitlauter aler art bedeutent fort, kan aber den außlaut so wenic, wie ahd, ergreifen. Hierfür bringt nun Weinhold eine menge lerreicher beispile bei. wir wolen nur solche anziehen, bei denen wir die ferdopelunc längst wider aufgegeben haben. so: unnſere, anndere (wie ja auch gr. inschrift *Ασσκληπιὸς, ἄρισστος, τέλεσσται* darbieten); im h. l. bei Wil. lesen wir sogar „anne = âno“. ahd komen häufic beide schreibungen nebeneinander for: „klaffôn“ unt „der clafôndo doner“ bei Mart. Cap (Wgd); so auch slaffelaos u. f. a.; Weinhold bringt daß warhaft slavische ungetüm „phalltzgraven“ etc. — Hierfon ferschiten sint aber ale ferdopelungen, die wir oben beim verbum betrachteten, unt die auß ferenlichunc fon apleitungslauten entstunten. Zum dincwort bringen wir hier (s. oben) wörter wie Henne = „hanja“, Brunne(n) = „brunja“ etc. da wir aber nicht mer Rö(h)rre wie ahd „rôrra = rôrja“ schreiben, also den apleitungslaut „i“ nicht mer kenen, müßen wir auch die kurzsilbigen so behanteln, unt nur hene, brune etc. für richtic halten. Dagegen haben wir die ferdopelunc wörtern wie Stimme, Lamm, dumm, klimmen, kämmen, irren etc. zu belaßen, da sie hier auß ferenlichunc fon zur wurzel gehörigen lauten entstunt, = goth „stibna, lamb (altn lamb), dumbs“ ahd „chlimpan, chempan (âchambi, altn kemba)“ goth „aírzjan“. Beachtenswert wäre hier wol, daß z. b. klimmen ags „climan“, engl aber wider „to climb“ heißt, um über das wort Dämmerung zu entscheiten. erginc eß im wie ags „climan“, so dürften wir gegen ahd „demenunka“ doch nach lat „te(m)nebrae“ (zwischen hier unt ahd auch noch wechsel fon „r“ unt „n“) für demmerunc sprechen. alts „thimm“ ahd „timpar“ wären neben skr „tamas“ zu halten. daß lezstere entscheitet nichts. überal erscheint hier nur lautliche erweiterunc der wurzel, nichts ursprüncliche ß. so ist dumm auch zu betrachten, ahd „dump“ neben „toup“; die bedeutunc des leren schals scheint die ursprüncliche unt nhd dumpf desselben stammes. so scheint eß auch dem worte um ergangen zu sein, früer umb wie gr. *ἀμφί* neben skr „abhi“; wir haben hier aber den alten wurzellaut scheinbar fallen laßen unt nur den eingeschobenen erhalten, weshalp ferenlichunc zu rechtfertigen wäre; doch wage ich noch nicht umm zu gebrauchen. — Solen wir nun zu disen 3 punkten im einzelnen beispile anfüren, so mögen für den 1t sten: Blatt für blat, Stadt Stätte f. stat stäte, Gatte, Gitter, Matte, matt (sih den anhanc) fett, Vetter, Wetter, können, gönnen, ſollen; müſſen, wiſſen (unter 4); griff, litt, ritt, ſtritt etc.; auß oben angefürten grünten ferner: Mutter, Futter, Hammer, Jammer, immer (= iemer). zu dem 2t punkte etwa noch: Narr für nar = „narjo“, Geſelle = gesele = „giseljo gisello“ (wie daß ztw); den Rede unt die lancsilbigen ale haben „i“ schon lange nicht mer. zum 3ᵗ p. häten wir er neue wörter aufzunemen als alte außzuroten: Kummer = kummer („kumber“, krumm = krumm „krump“, Zimmer „zimpar“, Elle = elle „elina“ lat „ulna“, Herr = herr „hêrero“ doch nur herlich, herschen, stumm = stumm fgl „afdumbnan“, Marschall = marschall „-schalk“. wie obigeß um sint zu nemen Ebbe = ebbe goth „ibbo“ (?) ahd „impo“ (ä) (?), unt Imme = immé „impi“ (sih hierüber Grimm gesch. d. d. spr. s. 339) — auch mit umgekerter ferenlichunc Köder = kedder „querdar“; bei fordern = fordern ist daß „r“ noch meist erhalten. Welt = wellt „werlt“, Grimm a. a. o. s. 314 betrachtet daß „r“ als außgefallen; ich möchte eß nicht so auffaßen; zeigen auch andere mundarten formen one „r“, wo eß daß hd kent, so ist diß hier doch wol nicht der fall; unt daß lebendige bewustsein der sprache in sütdeutschen mundarten, z. b. der weterauer, die sonst manicfach nd einflüßen außgesezt ist, kent nur „werlt“. grade so betrachte ich daß bei Grimm das. aufgefürte oder = odder „erdo, eddo, odo“. nicht anders ferhält sichß mit Wall = wall, desen ferwantschaft mit dem nasalierten „waNt“ durch goth „vaddjus“ grade so fermitelt wirt, wie die fon wallen = wallen mit „waNteln“ durch „wadalôn, wallôn, Grimm s. 355. nach der dort außgesprochenen fermutunc habe ich für mich auch fallen = fallen gelaßen, opgleich daß prt ja wol nie eine spur dafon zeigte, [doch lautet eß wtrauisch auch „fúill“ neben „fäil“]. eilen für eillen ist wol zu unsicher, um hier aufgenomen zu werden (îllê exh. ad pl. chr.). Elend muß sein ellent, ahd „elilenti“, mhd noch stets „ellende“ (unstreitic daß wort, daß den deutschen am beßsten kenzeichnet). daß fremde Latwerge = lattwerc (ge) mlat „electuarium“, mhd noch „lactwerge“. Troß = tross gehört wol auch hierher; wen keine ferenlichunc gilt, aber = tröhs fgl goth „dringan“ krigsdienste tun, „gadraúhts“ soldat, „draúhts“ folk, ferwant mit dem iezigen „dräNgen“; schwed „dräng“ knecht. ebenso gleißen (simulo) = „gleissen“, wen nicht ebenfalls gleihsen ahd „kilihhisan“, mhd. glichsen“. — [Unter den fon Weinhold angefürten, früer sogar mit dopeltem anlaut geschribenen wörtern befindet sich auch „war-tzeichen“ Wahrzeichen = wart-zeichen. hier ist der erste teil würklich „wart“ unt „t“ gehört nicht zu dem „z“ in den zweiten teil; daß wort solte eigentlich „wortzeichen“ heißen, fgl ags „wordtécan“, ist aber durch seinen zu „a“ gewordenen „o“-laut in einen ganz andern begrif hinübergeraten; wie etwa Gotlip, Dietlip (= G-leip, D-leip) zu einem Gotliep, Dietliep, welcher begrif disen wörtern ganz fremt ist]. —

2. Einschiebunc eines „h“. Der gruntsaz, keine lautzeichen zur spilerei der unterscheitungen zu ferwenten, muß feststen. nemen wir dan die oben aufgefürten „h“ (auß apleitungslauten) auß, so behalten nur folgende wörter rechtmäßiger weise dißen buchstaben: Aal = ahl (noch bei Luther unt H. Sachs, fgl lat „aNguilla“). Ahne

ahd „agana“ mhd „agene“. Aehre = „ahir, eher“. Ale (wterau) = eke, winkel ist alhe. befe(h)len = befelhen ahd „pifëlahan“ mhd „vëlhen, vëlchen“. Wen nun daß nhd Bohne instinktartic daß richtige hergestelt häte nach einem fon J. Grimm fermuteten goth „bagbuna“? fgl gesch. d. d. spr. s. 398, 406, 420 unt „über d. urspr. d. spr.“ s. 44, so daß wir nicht nur nach der freien seite, sontern auch nach der notwentigen auf den urzustant zurükgiengen! sih ebend. s. 45. — Brühl „brogil“. Bühel. gedeihen, fgl „gedigen, dik“. Ehe, mhd „sîn echte vrowe“ = seine ehliche frau. Fehde „vêhede“. fliehen, Floh. Fö(h)re = förhe „foraha, vörhe“ dhr auch Kiefer = kieferh, auß kienförhe. gäh, fgl jach. Heher. Krähe, krähen, fgl krächzen. Lehen, belehnen, leihen. Lohn fgl Perlach. almählich fgl gemächlich. Gemahl, „kimahalo(a), gemahel“ = braut, vermählen, Mahlzeit „mâhal“ = concio. Mä(h)re pfert = märhe „marah, merihha; march, merch(e)“; dhr marhstal, marhschall, marhretich, fgl engl „horseradish“. Mohn, fgl Magsame. nahe goth „nêhv“. Ohm = Oheim. Rah. Reh. Reihe. Reihn fgl Reigen. geschehen. sche(e)l, schi(e)len schelh, schilhen „scëlah, scilehan; schilchen“, lezstereß im süden fast alein üplich. scheuen = scheuhen, fgl verscheuchen, mhd „schiech“ = timidus, „sciuhan, sciuwen“, dhr nur als schwacheß ztw, scheußlich = scheuhslig fgl scheuhsal. Schlehe. (wtrauisch „daß schleche“, kein dim.) schmähen, schmählich, schmählen fgl Schmach. Scheune = scheuhne „skuginna, sciuhe. Schuh, Schuster = schuhster „schuochstaere“ (Schuhnäher), opwol schon XIV jh „schûster“ (Wgd). [fgl im engl „shoe, see, toe, ten,“ ags „teon, tear“ etc. altn bleibt ganz gewönlich der kellaut am ente wec: „fla, flogum; sla, slogum“ doch komt nach Rask auch „flog, slog“ for. im mhd fergleicht sich „gie, hie, vie“. — So wäre noch merereß anzuziehen. leitet man mahl odder mal ab (?) lat alerdings „macula“; goth aber wäre „mail“ = „mahil“ (Grimm gesch. s. 409) ebenso not auß goth „nauths = nahuths“; auch ags „nead“ hat noch dopellaut. feile ahd fihila“, mhd „vihel“ zusgzgen „vîle“. Weigand, syn. wb. leitet prahlen entweder fom oberd „sich brogeln“ dhr „prahlen“, odder fom platd „prâlen“. lezstereß scheint mir selbst auß einem „prahalen“ entstanten. solche zusamenziehunc in einen dopellaut wie bei goth „nauths“ *), odder einen langen = zwei einfachen kurzen, z. b. „vile“ odder nhd Beichte = „pijiht“ mögen angen. war aber der erste vocal lanc, so muß wol der kellaut beibehalten werden, am ente der silbe steent]. Schwäher fgl Schwager, Schwi(e)ger. sehen. seihen fgl seigen. spähen = spehen. Stahl. T(h)räne = trähne „der trahan, trahen“ (tropfen), opwol nnl „tranen“. Truhe. Vieh = fih, erwähnen, kiwahanan, kiwuoch, kiwaganêr; gewahen“. Weihe (milvus) „wiho, wio“. Weihe (consecratio), weihen,

*) Hain = „hagin“, Krainfeld = „Creginfelt“ (Fogelsberc).

fgl Weichbild, Weihnacht. in Weiher mlat „vivarium" ahd „wiwari" bräuchte kein „h" zu sten. zäh „zahi, zähe". Zähre „zahir, zäher" = tropfen. Zehe. zehn „zehani, zehen, decem". zeihen. ziehen. — über gleißen = gleihsen, unt Treß = tröhs unter 1. — Alc übrigen „h", die teils for, teils mit, teils nach dem zu denenden laute sten, fallen schlechterdings wec, z. b. Thor, Rohr, roth. (wolte man daß „h" auch würklich gestaten, so müste eß doch bei dem „t" entschiten verworfen werden, da wir ja schon eine dentalaspirate, nämlich „z, ß" haben, worauf Weinhold mit recht außdrüklich hinweist. fon dem otfritschen „th" odder isidorischen „dh" kan hier natürlich nicht die rede sein. sih Grimm gr. I, 162). besonters erwähnen wir hier noch gen unt sten, gehen, flehen. dise „h" solen balt zur denunc balt zur unterscheidunc dienen. andere mitelalterliche ungetüme wie „jhar, ghen, khün, rhu etc." sint ferschwunten, nur der alte fater Rhein unt seine schwester müßen noch solch eine überflüßige zierde tragen (Rein, Rône). — Die frage, op ein frühereß „w" durch „h" zu ersezen sei, ist open schon halp, unt sol hier noch dahin entschiten werden, daß wir eß fallen laßen. fgl nur Treue „triuwe". Reue „riuwe". Feuer „viuwer". euer „iuwer". Gau „kouwi", goth „triu" ags „treov". Frauen „vrouwen"; dagegen froh (fro) weil „fröuwen"? Ruhe (ru), weil ruowe" [freilich hat die wtrauer mundart hier „geroukt" geruht]. drohen (droen) weil „dröuwen"? aber doch dräuen *). ebenso Stroh (stro). Ehe muste bleiben wegen echt. wie dem „w" ergienge eß dem „j" in früh (frü) unt Mühe (müe). — goth ist „triggvus" allerdings = ahd „triuwe", unt „w" entspräche dem gutturalen digamma, fgl bleuen „pliuuan, bliuwen, bliggvan". hat dagegen schon goth „triu" einen solchen laut apgeworfen (?) neben ags „treov", so könen wir in auch iezt weclaßen. zudem hat Kuh, opwol in germ. sprachen mit „w" fersehen, in den ursprachen gar keinen guttural. Bei andern wörtern ist solcheß „w" zu „b" odder „f" geworden unt hat sich dadurch natürlich aufrecht erhalten. wie z. b. Schwalbe, falb neben fa(h)l, gelb (in mundarten meist „gel") Pfü(h)l neben Pfülf. ferloren hat sichß in Me(h)l, fa(h)l. Schne(e)r. ver-se(h)ren, genit. „melwes. kalwes. smerwes" — „sêrawen". Sehne unt Weh gehören gleichfalls dahin „sëniwa, sënewe, sene", daneben „sende" weshalp filleicht senne bleiben darf — „wêwo, wêwe, wê". bei iezigem bi(e)der fant enlicheß stat: „biderbe". In manchen fällen, scheint eß, hat nur die außsprache einen solchen laut erzeugt, z. b. mhd „zweiger", ahd bei schwachen verben „rîhhisôja" „gafrehtôhêm". tiligojên. oft kam auch ein anderwerts eingegangener laut wider zum forschein wie „ahto*w*en" neben „ahtô" fgl Grimm gr I, 875 unt bei Graff.

3. Der außlaut darf wol füclich wider seine tenuis bekomen

---

*) Solche wörter gehörten eigentlich noch zu obigen blähen etc., wie die prtt „brou, rou" fon „briuwen, riuwen" zeigen.

wie emals, da daß hd ja die sprache des sütdeutschen ist, welcher iederzeit hier die tenuis hören läßt, wengleich diß eine eigentümlich mhd entwikelungsstufe genant werden muß. Zur annäherunc an die nd außsprache mac man dan getrost ein „c“ stat „k“ sezen, wie im mhd üplich war. iede gegent list onehin nach irer eigentümlichkeit; der wirtemberger anders als der meklenburger, unt iedeßmal bietet die schrift daßselbe. — Fremtwörter sint aber außzunemen (s. u.) — Die ferdopelunc ist nach dem stantpunkte dieser untersuchunc hier nicht mer zu besprechen.

4. Einzelne mitlauter haben sich iezt in ganz schife laute geändert. So sint große ferwirrungen entstanten unt zwar meist durch rükker zum goth lautbestante feranlaßt, wie auch unter den selbstlautern goth „ei“ widererschien, daß übrigens später auftrat als die zurükgeschobenen selbstlauter. Man schreibt iezt wider He(e)rde wie goth „haírda“, opwol ahd „herta“; daneben aber Hirt (außlaut?). wir müßen wol schreiben herte. sonter, -n. scheiten mit seinen apgeleiteten scheiter, scheitel unt schetel. stant etc. senten. binten. sint (wie auch im goth „sind“ die lautferschiebunc unterbliben ist). wenten. hant hänte. bant bänter. wunte. wint wintes. lant lantes. want wänte, gewant gewantes. kint kintes. huntert etc. — dagegen mit „d“ im inlaut. mont mondes. felt feldes. walt waldes. tot toden, töden. leit leides. glit glides. munt mundes. gesunt gesünder. wert wirdic. magt mägde. kleinot kleinodien etc. Eine eigentümliche, nicht so zu beurteilende erscheinunc ist die, daß „t“ bei der flexion der verba mit „d“ wechselt: „wart wurdun. siodan sotan. mídan mitan. snîdan snitan“. ags „veard vurdon. mâd midon. sead sudon. Grimm gesch 441 anm. — Grad, Kamerad etc. sint fremtwörter. — Im ahd hate sich die lautferschiebunc am reinsten entfaltet im anlaut, auch meist noch im inlaut. doch schon in nichtstrengahd hss. unt mhd almähliche rükker zum goth z. b. „liban, pilipan“. „hvathar, kihuëdar“. métan, mëßan“. „haubith (-dis), houpit“; mhd „bliben“ „houbet“ doch auch „houpt“; [neuerdings fängt man wider an Haubt zu schreiben. ich habe haupt beibehalten, opwol eß mit empor faßt daß einzige beispil aufrechterhaltener lautferschiebunc bei den labialen ist. schließt sich goth „houbith“ an gr κεφαλή an, so ist aleß richtic, unt dißmal scheint daß mhd weniger rükker zum goth, als filmer anlenunc an daß nd; ags „heáfod“; altn „höfud“ schließt sich ganz genau an lat „caput, waß indes schon fom gr apgewichen war]. „kaurn, chorn“. „qius, chech“. „kliuban, chliopan“; iezt fast nur noch wachen neben wacker. goth stimmt häufic, wie eben gesehen, nicht zu dem im doch sonst gleichen alts, altn etc. (Grimm a. a. o. 407). Hat im goth wol inlaut odder außlaut größere kraft? „hlaifs“ nach außlaut, „hlaibs“ nach inlaut; so „laufs“ unt „laubs“ fgl engl „loaf, life“; altn „lauf“. war in „haubi*th*“ neben lat „capu*t*“ daß außlautende „th“ odder in-

lautende „d“ richtiger? ahd nimt „d“ zur ferschiebunc. Labialen unt gutturalen sint so durchgeends wider auf daß goth lautferhältnis zurükgeschoben, daß hier an eine herstelunc nicht mer zu denken ist. (über „f“ s. u.). nur die lingualen ließen sich etwa wider zurechtbringen, da sie nicht so ser geliden haben. aber auch da wären einflüße zu beachten, deren ursprunc wir noch nicht kenen; warum lautet eß goth „fadar“ ags „fäder, moder“ unt beide im engl nach dem echten gesceze „father, mother“, bei uns ferschoben Vater, Mut(t)er, one daß hier wie bei Haubt ein nd einfluß „fader, muder“ hergestelt hat? — Die aspiraten, einmal auf der ban, konten nicht leicht abirren, besonters die dentale. man fergleiche „badi“ Bet(t). „bandi“ Band. „bida“ Bit(t)e. „*d*ags“ Tag. „*d*aubs“ taub. „*d*iups“ tief. „*d*raibjan“ treiben. „daúr“ T(h)or. [nur „*d*ulths“ Dult]. „bro*th*ar“ Bruder. „gaír*d*a“ Gürtel. „gai*t*s“ Geis(ß). „go*d*s“ gut. „gu*th*“ (compp. mit „*d*“) Got(t). dise mögen auch zugleich als beispile für labb. unt gutt. dienen fgl m. d. bei Grimm gesch. 362. ahd komt neben „fë*d*ara“ auch falcheß „fë*t*tach“ for, waß sich biß heute erhielt. Unter den gutturalen hat sich, freilich einseitic, die uralte fähickeit erhalten, ie nach der beschafenheit des anstoßenden lautes zwischen tönenden unt dumpfen zu wechseln: ziehe, zog, Zucht. Tugend, tüchtig. fgl sofort den folg. apschnit. unkentnis hat sogar mögte einzufüren gewagt, weil hegte, pflegte geschriben wirt (s. o.). —

Sicherer kan über die fermischunc der lingualaspirate mit „s“ entschiten werden. Einige fälle haben wir oben bei der biegunc schon besprochen. (zwar hat sich langobardisch auch „ß“ zu „s“ im außlaut ferändert. sih Grimm gesch. 691 u. 93); für die andern kan man leicht einen anhaltspunkt heraußfinden, wen man erwegt, daß sich „ß“ teils zu „z“, teils zu „t“ hinneigt. bei dem worte Spieß z. b. hilft daß zusamenhalten mit spitz; bei Wasser daß fergleichen mit platd unt engl „water“. darnach mac man sich folgende wörter merken, welchen ein „ß“ rechtmäßigerweise zukomt, unt fon welchen nur ein kleiner teil bißher falscheß „s“ erhalten hat: Amboß = amboß. Ameise ameiße (Alberus fürt wtrauisch „imes“ an, waß auch Grimm im wb. herbeizieht. ich kene bloß die form „īmĕze“ (ton auf 1[t] silbe), die ich nie anders als im pl. anwenten hörte), emsig = emßic. aus = auß, außer, außen, äußere. besser = beßer. beißen, Bissen = bißen Bischen = bißchen. bis = biß etc. blos = bloß, entblößen etc. Buße etc. dreißig. erdrosseln = droßeln. Erbse = erbße. essen = eßen. Essig = eßich. fassen = faßen, Faß. Gefäß. Fessel = feßel. feist = feißt (kein antretendeß „t“. ahd „faizzit“, mhd „veizet“). Fleiß, beflissen = beflißen etc. fressen (ver-essen), Fraß etc. Fuß. Geis = geiß. vergessen = fergeßen. gießen, Gosse = goße etc. gleisen (niteo) = gleißen. Gries = grieß. (Margaret(h)e, mundartlich schöner Margret = „merigriot“). groß. grüßen etc. hassen = haßen etc. heiß. heißen. Schultheiß. Hessen = heßen (richtic in dem eingennamen Heß) [Hirsch ist unkentlich geworden = „hiruz“]. Horniß. Kessel = keßel. Kloß. Krebs = krebß. Kreis = kreiß. lassen = laßen, laß etc. Loos (sors) = loß etc. messen = meßen. Meißel, Messer = meßer (fgl Metzger). müssen = müßen (s. o.). Muße. naß etc. Nessel = neßel. genießen etc. Genosse = genoße. Nisse = niße, gr. κόνιδες ahd „hnizi“. Nuß. Obst (obßt „opaz“, odder obst?). reißen. Reißbrett, reißen (engl „write“ schreiben, fgl ritzen). Reußen, Reussen = rußen (Rutenen). Honigroos = „-roß. Ruß. Rüssel = rüßel. Samstag = sam(m?)ßtac ahd „sambaßtac“ (solte daß „m“ lautliche erweiterunc der wurzel sein, unt könte filleicht dadurch daß wort auf seinen ursprunc zurükgefürt werden? daß die übrigen wochentage nur deutsche namen tragen, mac nicht stören. man fgl nur daß engl „saturday“. nd nur „sonabend“ mndl nur „sunavend“). Sasse, Sessel, besessen etc. fon $\sqrt{SAT}$, prt saß fon sitzen. schießen, Schoß etc. schließen, Schlosser = schloßer, Schlüssel = schlüßel etc. schmeißen etc. Schooß = schoß. Schöps = schöpß, mhd „schopz“ (sih d. anhanc). Schüssel = schüßel, Sims = simß. Spieß. sprießen, Sprosse = sproße etc. stoßen etc. Straße. Strauß. süß. Truchseß. Wasser = waßer. ver- (zurecht-) weisen = -weißen. weiß (albus). wissen = wißen, Gewissen = gewißen, weisagen (nur nicht gar weihsagen) = weißen. Die schreibunc „ss“ im inlaute kan durchauß nicht gestatet werden, da ja nicht einmal einfacheß „s“ sten darf. — Umgekert sezt man fälschlicherweise „ß“ für „s“ in: Aaß (doch auch Aas) = as [in der bedeutunc fon cadaver auch ags „aes“, wärent eß hier in der bedeutunc cibus auch „aet“ wie ahd „aß“ lautet.]. blaß für blas. erboßen = erbosen, fgl böse. deßhalb etc. = des-. Geißel (flagellum) = geisel, so gut wie Geisel (obses), wofür übrigens auch Geißel mitunterläuft. manchmal komt auch gleißen (dissimulo) neben gleisen for (s. o.). gräßlich = gräslich (gras ist, waß einen grausen macht). Kuß = kus, küssen = küsen etc. Haber-muß (auch -mus) = mus. miß- = mis-, -niß = -nis. Nießwurz (niesen stet meist richtic) = nieswurz. Roß = ros. scheußlich = scheuhslig (s. o.). Beweiß (auch s) = beweis. gewiß = gewis. [freilich komt diß ebenfalls fon $\sqrt{VIT}$, ist aber = „vist“, so daß also derselbe wechsel wie bei „weist, must“ eintrat. „kawissi“ unt „kawis“ im ahd sint beide zu rechtfertigen (apgesehen fom außlaut), sih Grimm gesch. s. 363 u. 64. wir sehen aber bei „aes, as“ denselben wechsel; ebenso bei „weise“; waß feranlaßte lat „esca“? den bei Grimm gesch. s. 358 scheint mir die sache gar nicht erklärt; er könte man fon dort den gr. wechsel $\overline{\tau\tau} = \overline{\sigma\sigma}$ erklären.]. Bei fremtwörtern wie Paß, Receß, Proceß kan fon „ß“ gar keine rede sein. übrigens dürfen unt müßen dieselben ir „ss“ behalten, wie Glosse, Klasse; Kasse. pressen. Masse. Messe. Paß. passen (dazu gehört wol auch unpaß = unpass, nicht zu deutschem „baß“, fgl schw „komma till pass“). Spaß. Profoß etc. — Etzliche heißt nur etsliche „ëtislîh, ëteslih“; fgl „eddeswer“. —

Betrachten wir uns ferner die beiden laute „f“ unt „v“. Dem

goth „f“ entspricht ahd „b, v“; dem goth „p“ ahd „f“. nun sint aber ale anlautenden „f (pf)“ undeutsch. außlautent stet richtic iemer ahd „f“ für goth „p“. anlautendeß goth „f“ bleibt selbst ahd meist „f“, inlautent in wenigen wörtern „v“; mhd meist „v“ mit außnamen for „ü, l, r“ unt selbst da nicht konsequent. im außlaute komt „v“ der lautferschiebunc nicht for. Da nun anderwerts die labialen ganz zum goth hinneigen, mac auch „f“ ganz beibehalten werden. auch kenen die andern germanischen sprachen unser „v“ in der weise nicht. Fremtwörter sint natürlich auch hier nicht mitbegrifen: naiv. Clavier. brav. etc. — Hafer stat haber ist außzumerzen.

Ein andrer laut, der zu betrachten wäre, ist „g“, daß öfter stat des richtigen „ch“ eingeschwärzt wart. z. b. Attig stat attich (über „tt“ Grimm gesch 214). Essig = eßich (ferseczt auß lat „acetum“). Käfig = kefich. Rettig = retich. Fittig (doch auch Fittich) = fidich (sih 4 im anf.). Werg = werch odder auch nach sonstigem recht werk ahd „âwirchi, âuuërc“ s. f. a. daß wecgeschafte, wie âsuuingâ“ (Ebschwinge). — Hier dürften wir auch daß wort Glocke fornemen. den, wen eß nach Mr. Rapp auß dem russ „kolokol“ = rinc genomen ist (Gudr. klocke), kan kein zurükgen auf goth „g“ gestatet werden; dhr kloke (fr. „cloche“, engl „clock“).

Einigen wörtern gebürt kein „j“, wie wir iezt schreiben; so: je = ie, jeder = ieder, jemand = iemant; jetzt = iezt; fgl „n-iemant, n-ie; izo“. mit recht aber istß zu sezen in jener, ja. Jagd. jung.

Daß „x“ zu ferbanen, ist kein grunt forhanten. eß ist ja kein buchstabe wie die andern, sontern nur ein zeichen (compendium); freilich ist die inkonsequenz zu tadeln, entweder achst odder auch flax!

Einzelneß noch unter V. —

b) Die selbstlauter.

1. Ferdopelunc der selbslauter kan durch einen entschitenen machtspruch auf iemer fertriben werden. Daß iezt waltende geschlecht hat wol die „aa“ in Saamen, Schaaf, Schaam, Maaß u. a. for seinen augen ferschwinten sehen, hält aber Staat, Staar, Saat, Waare, baar etc. wie ein heilictum fest; ferner die „ee“ in Beere, Heer, Klee, Meer, Scheere etc., opwol auch in Heerde daß „ee“ seit kurzem schon schwant: ebenso die „oo“ in Boot, Loos, Moos, Moor, Schooß u. a.; ein „ii“ haben wir glüklich nicht mer, unt wo diß hingekomen, dahin wünschten wir möclich balt auch die andern, opschon hiermit kein so argeß ferbrechen begangen würde, als mit dem einfliken der „h“ etc. dazu beachte man daß inkonsequente ferfaren bei Haar, Härchen. Staat. Stätchen. freilich siht man auch Staatchen etc. kurz, äußere zeichen der denunc brauchen wir nicht; die sprache ist hofentlich noch lebendic genuc, daß sie der krüken entberen kan. wen ich schreibe: sih dise schönen, roten beren, wirt wol kein aufmerksamer leser glauben, ich meine die fierfüßigen beren (Beeren unt Bären!)

2. Einschiebunc eines „e". Solcheß „e" ist einmal bloß denungszeichen: dan aber auch als „ie" gebrochener laut fon kurzem „i", bei welchem vocale eß iezt, sowie jeneß, nur noch alein forkomt. Im ersten falle ist sein spruch gefällt: ferbanunc! dhr Biene = bine. Friedhof = frithof (zudem ist diß wort in einen falschen begrif hinübergezwängt worden; daß eß kein hof des Friedens ist, solten die tagsgeschichten genucsam gelert haben), einfriedigen ebenso. kriegen (assequor). ver-siegen = sigen. Gottlieb, Dietlieb = Gotlip, Dietlip (s. o.). ferner die obigen prtt III kl, nach dem sgl „ei"; Getriebe (Getreibe). Umtrieb darf man wol auch hierherziēhen wegen der form „treip" in compositis. (Unterschleif (eu) fon „sliofan" ist nicht so zu betrachten); ebenso Abschied = Abscheid; warent Trieb selbst zur brechunc gehörte. — Brechunc dagegen ist anzunemen in alen fällen, wo früer kurzeß „i" stunt. Hierbei komt aber wider inkonsequenz inß spil; den, wärent wir noch schreiben (ich glaube nicht: sprechen) Friede, dieser, Vieh etc., haben wir längst wider apgelegt dier, wier, „yer", auch hier unt da giebt (ja auch hieng. gieng. fieng wurden one „e" geschriben, als op dise hierher gehörten). mer beispile dafon auß früerer zeit bei Weinhold. Im ganzen darf man einer ziemlichen anzal fon ww diß gebrochene „ie" als niderdeutschen einfluß wider nemen; den ich möchte for alen dingen darauf aufmerksam machen, daß in der sprache des süt d. i. eben hochdeutschen Friede iederzeit fon Dierne (Dirne) geschiten sein wirt. zudem fgl über daß ags „eo" Holtzmann „über den aplaut s. 28 (II). Dise wörter wären nun etwa: die partt prt III kl (s. o.) die praess I u. II in 2^a unt 3^a sgl wie stie(h)lst, sieht, giebst, liest = stilst, siht, gibst, list etc. Diele = dile. dieser, e, es = diser, dise, diß. Fidel, Fiedel ist kein deutscheß wort; ahd komt „fidula" for). Gefieder = gefider. Friede. Giebel. giebig. Gier, Begierde, gierig (weterauisch „geir" lenkt fast zur ersten art). Glied = glit, Lied = lit. Kies, Kiesel. liegen. nieder. Riegel. Riese. rieseln. Schiefer. schielen = schilhen (s. o.). Schiene. schmieden, Schmied, doch auch daß beßere Schmi(d)t. schmieren. Schwieger. Schwiele. schwierig. Sieb. sieben. siedeln. Sieg. Spiel, Beispiel. Spieß (übrigens ahd „daß spioß, der spiß", mhd „daß spieß, der spiß", dafon bratspiß, spißbok). Stiel. (grade so stil, nicht Styl, die schreibart). Striegel. Trieb. (compp. „treip" s. o.). Vieh = fih. viel. wieder (fgl auch im engl, „again" unt „against" ders. st). Langwied (Hebebaum) = lancwit. Wiege, wiegeln. -wierig. Wiese. -ziefer (nebenform Käfer, nicht fon: kauen, = kefer). Ziege. Zieger. Ziel. ziemen, ziemlich. zwie-, zwier- (doch iezt noch Zwirn). — [Dagegen brechen hochdeutsche mundarten, wie z. b. die weterauer da, wo die schriftsprache die brechunc nicht kent, so: „di^{a}z" = diß, „di^{a}n" = d(ar)in. „ki^{a}nn" = kint. „bli^{a}nn" = blint. „wi^{a}nn" = wint, etc. stets aber spricht man: „frĭt, kĭs(ch), kĭsil, glĭt, trĭp" so kurz als möclich.] —

Die hierfon außgeschloßenen brechungen sint alt unt in der

sprache gewurzelt. einige wörter haben aber in der schrift fälschunc erliden, unt ist disen ir „ie“ wider zu erstaten, so: Dirne, Fichte, Licht, Wicke, Zieche, Dinstag (Dinstag) stat dierne, fiechte, liecht, wieche, zieche, dienstac. — Ein enlicheß „ie“ ist zu sezen in den auß den altfrz. intf. (die auch brechunc haten) herübergenomenen wörtern; so im Parz. „geparriert, gefurriert, tjostieren, leischieren“ u. s. a. spazieren, regieren, marschieren, weshalp auch alc später so gebildeten ww „ie“ bekomen müßen. wir schreiben iezt regieren aber dociren etc. — (andere gradezu in irer fremden gestalt beibehaltenen wörter wie Artillerie, Cavallerie u. a. gehören übrigens nicht hierher, da deren „ie“ keine brechunc ist. daß man sie in diser gestalt aber belaßen müße, darüber unter V). Ebenso sint schon frü wörter mit gebrochenem laute ahd außgebildet worden, die ursprünclich nicht auf deutschem boden gewachsen unt „i“ odder „e“ haten. so Brief = „breve“. Fieber = „febris“. Spiegel = „speculum“. Ziegel = „tegula“(?) Zwiebel = „cepula“. Grieche. Priester. Siegel = „sigillum“. Stiefel = mlat aestivalia“.

In immer unt nimmer stet dem rechte nach ein „ie“, da sie gleich: „ie-mer“, „n-ie-mer“ (keine brechunc). für nicht könte daßselbe gelten; alein schon ahd komt neben „n-io-wiht“ auch „ni-wiht“ for, d. i. one „io“, so daß nicht gelten mac.

Jezt haben einige wörter „ie“, denen ein ganz andrer laut zukomt, so liederlich, Mieder stat lüder. müder fon „luoder“ (Wgd fürt zuerst fom j. 1429 „liederlich“ in der bedeutunc: freigebic an), unt „muodar“ (unterleip). —

Waß nun einzelne laute betrift, so reiht sich hieran leicht falscheß „ü“ stat „i (ie)“, so flüstern stat flistern. fünf = finf („funf“ bei Notker darf nicht entscheiten; ebenso die formen „fufzehn, fufzic“). gültig = giltic. Hülfe stat hilfe ist wider nd einfluß; ahd einmal die prtform „hulfa“ (Wgd). Sprüchwort = sprichwort, daß zudem, wen eß fon spruch apgeleitet wirt falsch gebildet wäre. Sündfluth (= sinflut) scheint nicht sowol auß nichtferstäntnis der alten form herforgegangen, als filmer ein pfäfischer betruc zu sein; den noch in der ersten ausg. der lutherschen bibelübersezunc komt Sinflut for. grade so Sündengeld, sündentheuer; fgl singrün. Op man wirken odder „würken“ schreiben sol, ist wol einerlei; doch komt ahd, wie auch mhd, bei weitem mer „wurkjan“ als „wirkjan“ for, unt zu „ü“ rät auch goth, ags, altn. Würde = wirde (wirdic). Würtemberg = Wirtemberg. Gebürge = ist fast ganz ferschwunten; eß gehört ja zu „bërc“; fgl „fëlt, gefilde“, fëder, gefider“ u. a. bekante ww. ver-drüßlich = fer-drießlich. er-küren = kieren, doch noch erkiesen. lügen = liegen. betrügen = betriegen, diß bei Göthe noch stets so. Umgekert stet Kissen für küsen, unt Kittel für kütel, daß doch fon „kute“ komt. — Die übrigen „ü“ sint der richtige umlaut fon „u“.

Der umlaut fon „o“ ist „ö“. doch hat sich falscheß „ö“ stat „e“ in einer reihe fon ww eingeschlichen, daß, ich weiß nicht wo ichß las, einmal mit nord „ö“ („aska, ösku. ögn, agnar“) ferglichen wart. fast istß lächerlich, hierüber auf Holtzmann a. a. o. s. 22 unt Grimm gesch. d. d. spr. bes. s. 277 zu verweisen. so: Dörren = deren (wen nicht dären, fgl „dare“). ergötzen = ergezen. Hölle = hele. Löwe = lewe. Löffel = lefel. Schöffe = schefe, schöpfen, Geschöpf, Schöpfer. schwören (adiuro) = schweren [schweren (exulcero) schreibt man iezt schwären]. stöhnen = stenen. entwöhnen (ein kint fon der brust), angewöhnen = -wenen. Wöhrd, Wörth, Wörder (doch auch Werder) = wert, werder. zwölf = zwelf. Man betrachte übrigens die wörter vermögen unt mögen. hier mac „ö“ gerechtfertigt sein durch die mhd nebenform „mügen“, welche den andern s. g. unregelmäßigen ztww gleichgebildet ist, wärent ahd „makan“, auch noch mhd „megen“ forkomt (nhd Macht), desen prt aber nicht auf gleicher stufe stet mit denen, welche „o“ für „a“ gesezt haben (Grimm im wb. unter a). Daß man aber der ganzen obigen sipe ir „ö“ iezt nemen müße, lert die konsequenz, da wir nun auch nicht mer Oepfel, Mör (mare) etc. schreiben. [opwol: mör noch erklärt werden könte durch jeneß „muor“ Msp]. — Daß N. l. XV, 45, 2, Gudr. unt häufic gelesene „moere“ ist hiermit nicht zu fermengen; diß heißt nur Mo(h)ren, d. i. schwarze pferte. (Grimm gesch. 31).

Für den umlaut fon „a“ haben wir iezt neben altem „e“ auch noch „ä“, worüber man bei Grimm (gesch. s. 286, unt wb. unter a) nachlesen mac. Wir mögen iezt noch „e“ sezen, wen eine form mit „a“ fon derselben wurzel nicht mer forhanten ist; andernfalls unt als aplaut fon altem, langem „a“ diß „ä“. für erstereß heben die Grimm im wb. folgende ww auß Bär = ber, gebären. gä(h)ren. erwägen. gewä(h)ren. schämen. dämmern. rächen. -wärts. nemen wir etwa noch hinzu: ächt = echt. ä(h)nlich. gä(h)nen. g[j]äten, nd „weden“. Käfer. Käfig = kefich. Gränze. Lärm. prägen. schä(c)kern (sih d. anhanc). schwären (s. o.). Stär. stäts, stätig. Träber.

Die alte apstufunc „ae e, oe ö, iu ü (üe)“ hört somit nhd auf.

Nicht so ferhält sichß mit dem dopellaute „ai“, der nhd ganz ungehöric ist (Grimm im wb unter ai. fgl aber auch unter au). zudem ist hier auch wider bloß spilerei der grunt seines daseins bei filen der hierher gehörigen ww, so Laib gegen Leib. Saite g. Seite. Waid gegen Weide. Waise g. Weise. aichen g. eichen (querceus). diser laut ist zu streichen unt stets „ei“ zu sezen.

Dagegen hat eß wider enliche bewantnis mit „äu“ unt „eu“. jeneß stee, wo „au“ daneben forkomt; sonst diß. Bläuen hat kein „äu“ da eß nicht zunächst fon blau komt, sontern fon „pliuwan“, dhr bleuen. in leugnen stet nach Grimm „eu“ für „ou“, nicht wie sonst für „öu“. älter nhd komt noch laugen for. diß nebst wörtern wie Freude, Heu, vergeuden etc. dürften er ein „äu“ in anspruch nemen, da mhd „fröude“

ahd „frouuida“ entspricht, unt „ou“ nhd au ist. doch komt schon frü „ou“ mit einem aplauic for, z. b. „freuuida“-(Isidor).

Wechsel zwischen „eu“ unt „ei“ wäre stathaft in Heurath unt Heirat(h). da hier schon frü dopelte bildunc der wurzel nach III u. IV kl. forligt. (Grimm gesch 852). falsch ist Reuter für reiter. gescheut für gescheit schrip man filleicht, weil man sich for einem solchen fürchtete. scheuern neben scheiern, altn „skir“ hel, mhd „schîr“, fgl Geschir(r). hierhin müßen wir auch kric neben Krieg zälen, (desen „i“ nicht zu „ei“ wart, wie eß wol umgekert obigem part prt „geschiten“ ergienc, wen man bescheiden daneben stelt; ebenso den prtt III kl. u. Gotlip, Dietlip etc.), waß man dhr nicht unter obige falle der brechunc bringen darf. — Nur muß ereignen umgesezt werden in eräugnen, dem man freilich wol, wie manchen a., daß „n“ laßen muß; eß heißt: for augen komen, ahd „arougên“ „diu arougnissa“, goth „andaugiba, andaugjo“ = frei, ofenbar ahd „urougi“ = unsichtbar.

Daß „oi“ in Voigt muß getilgt werden; den entweder müste: „voit“, wie so oft im N. l., odder daß dort ebenfalls widerkerende: „vogt“ (voget) geschriben werden.

Zober für zuber ist falsch; ahd „zuuibar“: zwiträgic, wie: „eimbar“ Eimer: einträgic.

Daß „y“ ist in deutschen wörtern unstathaft, auch in Bayern = Beiern, N. l. XI, 17, 3, in fremdem nach gewisen maßen, in gr sicher beizubehalten. doch gehört nur „i“ in silbe, stil, satire etc. —

V. Die schreibunc.

Daß man die, auch hier gebrauchte, s. g. runde schrift anwente, wirt wol niemanden mer ein anstoß sein. erstenß haben wir ein guteß recht darauf, gegenüber der ekigen, unt dan ist sie, worauf ein praktischeß folk sehen solte, für den ferker geeigneter, da sie nun auch einmal die fast aler europäischen fölker ist.

Die großen anfangsbuchstaben seze man nur in den würklichen eigennamen, dh nur in den namen, die nur einem individuum zukomen, also: *G*rimm, *P*reußen, *M*ark, *S*pre, *B*erlin. gestatet man einen solchen aber in den fon Weinhold aufgeführten beispp: „Prager soldaten“ „Wiener wagen“ etc., dan ist gar kein grunt forhanten, warum man in nicht auch sezen solte in: „englische pferte“ „französische weine“. „Wiener“ ist freilich kein adjectiv, aber auch kein eigenname.

Beim gebrauch fremder wörter halte man sich, sofil möclich, an ire eigentümliche rechtschreibunc, sie müsten den schon jhh lanc eingebürgert sein, wie ma*sk*e, mar*sch*ieren etc. in disem falle unterwerfe man sie unseren lautgesezen. — Ueber al dgl punkte ist aber schon fon jedem, der die deutsche rechtschreibunc behantelte, hinlänclich gesprochen worden. Wir wolen hier einen andern punkt noch berüren, der neuerdings wider in anregunc kam. Schacht gibt in der forrede zur 4[t] auflage seiner geographie eine note, worin er daß aufgeben seines gewonten f in fremtwörtern gegen daß vulgäre ph damit rechtfertigt, „daß einige schulmäner mer an dem antiken ph hiengen“! Diser ansicht huldigen file; sie halten nämlich „ph“ für überflüßic unt durch „f“ im deutschen ersezt. Ich bin aber der meinunc, daß unser „f“ ein ganz ferschitener laut sei fon jener lipenaspirate bei griechen, hebräern u. a.; den unser „f“ hat sich nicht so entwikelt wie jeneß „ph“, unt fertrit nebenbei auch noch andere laute. wir haben eigentlich keine dem „ph“ ganz gleichkomende lipenaspirate. (sih Grimm gesch. 407 u. 456. u. ö.). „geographie“, wie auch ire filen schwestern solte man nur mit „ph“ kleiden.

Die tugent unserer kräftigen sprache, zusamensezungen zu bilden, wirt ganz geschwächt, wen man die wörter wider nach belieben trent, unt nach Wurst entweder Kühlunge odder Küh-Lunge schreiben wil. wer empfindet nicht den unterschit zwischen unserem kulunge und dem französischen „mou de veau“! — Wie man zusamensezt, kan man alein auch nur trenen, unt der gruntsaz unserer bücher, nach der außsprache zu trenen, muß dem, „nur nach der wortbildunc zu trenen“ weichen. aber gar „pf, tz, sp, st“ etc. zu spalten, ist ungebürlich. Op man dabei „ck“ odder „kk“, „tz“ odder „zz“ schreiben sole, ist eine müßige, fon zöpfen außgehekte frage, die außerdem auch nach unserer untersuchunc in die brüche fallen müste.

Ueber den apostroph bin ich mit Weinhold einferstanten, daß er über die klinge springen müße. ganz barbarisch sah er am imp. (s. o.). auß.

Weinholds arbeit gibt, worauf ich weniger bedacht nam, als auf eine kritische behantlunc des stofes, die geschichte unserer schriftirrtümer in reichlich gesamelten beispilen. Andere, wie z. b. Vernaleken unt Clement in Herrigs archiv giengen nach meiner ansicht nicht weit genuc. ich habe eß unternomen, gegen Weinholds guten rat, ein bißchen stärker an dem alten bau zu rüteln, worüber er mer in trümmer gefallen ist, als manigem liep sein wirt. Solte ich aber auch weiter nichts erreicht haben, als daß ich eine anregunc zum gegenkampfe gegeben häte, so wäre mir daß gewins genuc. In disem milderen sine möge man daß rekenhafte hiltebrantswort aufnemen!

Anhangsweise

wolen wir noch einzelneß anziehen, waß nicht oben hingehörte.

Fastnacht ist nicht die nacht, in der man „fastet“, sontern in der man „faset“, dh außgelaßen ist, außschweift. in mundarten auch so erhalten: fasnacht. (Wgd).

Fußtapfe ist beßer nach ahd unt mhd gebrauch fußstapfe.

Gränze ist kein deutcheß wort, sontern (nach Mr Rapp) auß poln „graniza“ entlehnt: grenze.

Ebenso Kummet fom slav „χomút“: kumet.

Matt ist warscheinlich ein fom schachspil („schachzabel“) auß dem persischen genomeneß wort: „mât (arab) schah (pers)“ = pereat rex: dhr mat (Wgd).

Saalbader ist nach Weigand, der daß wort zuerst bei Stieler trift, ein jenaer ausdruk: „wie der Bader an der Sale“, nicht: „einer, der mit seiner wortflut einen sal baden könte“.

Schäckern entweder fom hebr „shéqer“ = liege, trucrede, odder fom lat „jocari“; dhr „schekern“ odder „schökern“ (Wgd).

Schöps, mhd „schopz“, nach Grimm (gesch 34) fom böhm: „skopec“.

Stieglitz, nach Mr Rapp fom slav „steχlitschek“: stichlitz.

Wetterleuchten ist iezt nach einem dem worte ganz fremden begrife so gestaltet. eß ist eigentlich weterleichen, wie man auch sagt: daß weter springt; fom goth „laikan“ (salto). so schw „väderlek“ (w-spil) altn „vëdrleikr“. mhd auch „leich“ = spil. daß Laichen = leichen der fische ist ganz daßselbe.

Wachholder	— ahd „wechol-ter“	=	iemergrüner baum	wacholter.
Queckholder	— (ags „cwicbeam“)	=	„ „ „	quekolter.
Maßholder	— ahd „maßal-ter“	=	? baum	maßolter.
Affolderbach (ort im Odenwalt)	— ahd „aphol-ter“	=	apfelbaum	afolter.
Effolderbach (ort in d. Weterau)	— ahd „bioful-tera“	=	hüftenbaum	efolter.
Holunder	— ahd „holun-ter“	=	holer baum	holunter.
Holder	— ahd „hol-dir“	=	„ „	holter.
mundartl. Holler	— ahd „hol-?era	=	„ „	holler.

auß fermengunc mit disem Holder entstunten Wach-, Queck-, Maßholder. (Wgd.) im ahd hielt die ferbintunc „tr“ die lautferschiebunc auf, wen anders -ter = goth „triu“ ist; engl „tree“. wir müßen dhr iezt wol ebenfalls „t“ sezen.

S. m. im wb.

Nach dem forgange Lessings, Göthes, Rückerts dürfen wir iederzeit die schriftsprache durch aufname zur zeit nur mundartlicher wörter bereichern. es müßen dan aber die lautferhältnise genau berüksichtigt werden, sowol bei den oberd., wie besonters bei den niderd. mundarten. wie man bei jenen ferfaren müße, hat mein fererter lantsman Weigand zu Gießen bei einer reihe fon wörtern gezeigt, die er in dem „fritberger“ (Friedberger) intelligenzblate 1845, 1846 erklärte. —

Dr. Fr. Möller.

Beurtheilungen und kurze Anzeigen.

Grammatik der englischen Sprache. Mit Berücksichtigung der neueren Forschungen auf dem Gebiete der allgemeinen Grammatik bearbeitet von Dr. Jakob Heussi, Oberlehrer am Großherzogl. Friedrich-Franz-Gymnasium zu Parchim. Berlin 1846.

Herr Dr. H. spricht sich in dem Vorwort mit bedeutendem Selbstvertrauen über seine Arbeit aus. Die englische Sprache, sagt er, sei — und dies gelte in fast buchstäblichem Sinne — noch so gut wie gar nicht grammatisch behandelt worden; er wolle seine Vorgänger nicht über Gebühr herabsetzen; aber fast alle Arbeiten hätten zu seinem Werk, das Gründlichkeit und Vollständigkeit nach Möglichkeit anstrebe, durchaus nicht gebraucht werden können; die Schriften, die sich über das Niveau der Alltagserscheinungen wenigstens um Etwas erhöben, reduzirten sich vielleicht nur auf zwei; aber selbst diese hätten ihm leider kaum mehr als hier und da ein Beispiel liefern können. Als einen besondern Vorzug seiner Grammatik hebt er dann namentlich hervor, daß sie „nicht eine methodische, sondern eine möglichst wissenschaftliche Disposition" habe — in dem von Herrn Dr. H. gewählten Motto dagegen lautet die Forderung Girardin's: que la méthode en soit nette et facile —; man werde bald gewahr werden, daß in seiner Grammatik unzählige Sprachgesetze ihre Erörterung fänden, an die keiner seiner Vorgänger gedacht; er habe die Mühe nicht gescheut, alle die Wörterverzeichnisse, die sich unter keine ausreichende Regel bringen ließen, vollständig zu geben; die Kritik würde ihm einen Gefallen thun, diese Verzeichnisse, wo sie es etwa nöthig oder möglich finden sollte, zu vervollständigen. Aus pädagogischen Rücksichten endlich habe er sämmtliche Sprachgesetze in die Form von Regeln gekleidet — Für das, was wir aus dem Vorwort noch weiter mittheilen zu müssen glauben, wählen wir mit gutem Bedacht die directe Rede.

„Hier [bei einer Sprache nämlich], meine ich", — so lauten die ipsissima verba des Herrn Dr. H. — „muß in dem zu Grunde gelegten Lehrbuche Alles, was je vorkommen kann, seine Erörterung finden."

Um diesem uns von Herrn Dr. Heussi selbst an die Hand gegebenen Maßstab zu entsprechen, müßte seine Arbeit ein übermenschliches Meisterwerk sein; aber wir würden uns mit derselben auch schon vollständig zufrieden erklären, wenn sie nur weit geringeren, billigeren Forderungen entspräche. *)

Zunächst nun wenige Worte über die s. g. „wissenschaftliche Disposition" des Herrn Dr. H., bei der dem Schüler zu Muthe werden muß, als „ging' ihm ein Mühl-

---

*) Wir bemerken hier gleich zum Verständniß der Citate die von uns benutzten Ausgaben: The Works of Lord Byron, complete in One Vol. Frankfurt a. M. 1829; The Poetical Works of John Milton, complete in One Vol. Leips. 1827; Fables Ancient and Modern &c. By John Dryden, Esq. Glasgow 1771; Fables for the Female Sex. By the late Mr. Moore 1770; The Seasons by James Thomson. Campe's Edition. The Works of Alexander Pope Esq. London 1757.

Die sonst citirten Bücher sind das erste Mal mit vollständigem Titel aufgeführt.

rad im Kopfe herum." Wie sie sich en gros gestaltet, mag man daraus ermessen, daß die „Satzbaulehre" der „Satzerscheinungslehre" vorangeht! Das also soll ein wissenschaftlicher Gang sein, daß der Schüler erst alle Gesetze der Grammatik lerne, ehe er auch nur ein Wort der Sprache aussprechen kann!! Wie sich aber die „wissenschaftliche Disposition" mit ihren curiosen Rubriken und Unterrubriken en détail gestaltet, das mag statt aller das erste beste Beispiel beweisen. Auf p. 120 wird unter III, von der Fallwandlung (declension) gehandelt. „Die Verhältnisse zweier Gegenstände zu einander heißen nominale, die eines Gegenstands zu einer Thätigkeit adverbiale." A. Nominale Verh. Sie werden sämmtlich Genitiv genannt; „es giebt jedoch 8 wesentlich verschiedene Verh. dieser Art, welche demnach ebenso viele Arten des Genit. bedingen." —

1) der Gen. des Subjects . . . The plays of Shakspeare.
2) „ „ des Besitzes, und zwar:
   a) des Besitzers. The book of my sister.
   b) des Besitzgegenstands. The owner of this house.
3) „ „ des Objects. The love of God.
4) „ „ der Weise. Er drückt aus
   a) Qualität. A lady of quality.
   b) Quantität. A bottle of wine.
5) „ „ des Orts,
   a) im Raum, auf die Frage wo? The flowers of the field.
   b) in der Zeit, auf die Frage wann? The men of this century.
   c) des Inhalts. A glass of water.

Und so geht's weiter. Wir wollen nicht fragen, wozu eine derartige Eintheilung praktisch nutzen soll — Herr Dr. H. hat „ohne Rücksicht auf das Herkömmliche oder auf das Methodische, kurz ohne alle Nebenrücksichten disponirt, indem bloß das Eine, die logische Folge der einzelnen sprachlichen Beziehungen, als leitender Faden durch die ganze Arbeit dient." (Vorw. p. IV.) —: wir fragen nur, was z. B. 5, b, eigentlich bedeuten soll: der Genit. des **Orts** in der **Zeit**!!! oder warum z. B. a bottle of wine unter der Rubrik 4, b, dagegen a glass of water unter 5, c, steht? Herr Dr. H. möge es uns nicht verübeln, wenn wir in derartigen Rubricirungen trotz des gerühmten $a_1, b_1, c_1, \ldots a_2, b_2, c_2, \ldots a_3, b_3, c_3,$ u. s. w. vor allen Dingen — eben die Logik vermissen. Man wähle „Uebersichten" wie die p. 47 und 48 über die Präpos. gegebene, oder Eintheilungen, wie die über die „möglichen" Modus p. 139—144 sich findenden, wenn man den Zweck hat, Schülern das Studium der Grammatik gründlichst zu verleiden. Doch hierüber wollen wir schneller weggehn, nicht als sei es etwas Unwesentliches, sondern weil dieser Uebelstand auch denen nicht hat entgehen können, welche die Grammatik von Heussi in allen andern Beziehungen rühmen zu müssen glauben. Das Werk sei allerdings für Schüler durchaus unbrauchbar, aber dem Lehrer sei es unentbehrlich, so etwa lautet das Urtheil, das wir bis zum Ueberdruß haben hören müssen. Es biete ihm eine Fülle von vortrefflichem Material u. s. w. — Gut! sehen wir uns denn zunächst einige der H.'schen Regeln an!

P. 89 lesen wir z. B.: „Anm. Länder, Staaten, Völker und Städte sind immer weiblich," — wahrscheinlich nach J. G. Flügels vollst. engl. Sprachlehre, Leipzig 1824, die der Herr Dr., wie wir unten weiter sehen werden, nur allzusehr benutzt hat. Dort heißt es p. 149: „Länder, Staaten, Völker und Städte sind ohne Ausnahme weiblich;" doch findet sich in einer Anm. zu Albion ebenda: The greatest island of Europe, now called Great Britain. It is called after Albion, who is said to have reigned there, or from its chalky white (albus) rocks &c. Beispiele vom Neutr. ließen sich aber zu Hunderten geben; man s. z. B den General Index zu Gibbon's History of the Decline &c. (wir zitiren nach der Ausg. in 12 Bdn. Leipzig 1821.) unter Africa, Arabia, Athens, Bassora, Constantinople &c. ferner z B. 1, 29 neben Before Britain lost her freedom, von Lombardy: It had been occupied by &c.; p. 34. When Syria became subject to the Romans, it formed &c. p. 35 von Egypt: By its situation. u. s. w. — Siehe ferner Smollet, The history of Charles XII. (nach Voltaire) gleich auf den ersten Seiten, z. B. p. 3: This country... It lies under a very severe climate; p. 4: [the Goths] who like a deluge over-ran Europe, and wrested it from the Romans; p. 5: Sweden, however, with that part of Finland which it still retains; ib. Sweden, preserved its freedom; ib. this nation, so jealous of its liberty and which still piques itself on having &c. u. s. w., z. B. Letters of Lady Mary Worthey Montague (Paris 1800) p. 76: England, with all its frosts; p. 135: Mr. W—y is unwilling to own 'tis [Constantinople is] bigger than London, though I confess it appears to me to be so, but I don't believe, 'tis so populous. The burying fields about it, u s w. Spectator (London 1737 8 Bde.) 6 p 63: the English nation, whatever vices they ascribe to it, u. s. f; Goldsmith, Vicar Ch. XIX (wir zitiren nach der Tauchnitzer Ausgabe. The select Works of Ol. Goldsmith.) p. 77: Now the state may be so circumstanced or its laws may be so disposed, or its men of opulence so minded, und so sehr oft, so daß selbst, was Fölsing (Lehrbuch für den wissenschaftl. Unterricht in der engl. Sprache.) p. 2 lehrt, daß Länder und Städte „gewöhnlich weiblich gebraucht werden," zu viel gesagt sein dürfte.*) — Aber Ländernamen kommen selbst auch als masc. vor, und zwar ganz gewöhnlich, wenn sie, wie oft bei Shakspeare, zur Bezeichnung des Fürsten stehen, z. B. 299a: This bawd, this broker, this all-changing word, Clapp'd on the outward eye of fickle France, Hath drawn him from his own determin'd aid &c., p. 295a — (nachdem es einige Zeilen vorher p. 294b heißt: Even till that England... Even till that utmost corner of the west Salute thee for her king) — England, impatient of your just demands, Hath put himself in arms &c. Aber auf derselben Spalte wird offenbar das Land selbst masc. gebraucht — für das Fem, s. z. B. noch 321b, 325a u. a. — But thou from loving England art so far, That thou hast under-wrought his lawful king. — Daneben p. 296a: (King Philip) 'Tis France for England. (K. John). England for itself. — vgl. 302b: And bloody England (i. e. King John) into England (i. e. the country) gone. vgl. 388b (masc. und fem.); 393b; 384b; 385b u. a.

Hieran reihen wir gleich noch einige Bemerkungen über das Genus. P. 88 heißt es: „Auch die Flüsse sind männlich" — natürlich auch neutr., aber zuweilen auch fem., z. B. Shakspeare (wir zitiren nach der Ausg. in einem Bd. Leipzig 1824 und bezeichnen mit Bd. 2 den Apendix. 1826) p. 606a: That Tyber trembled underneath her banks; p. 607a: The troubled Tyber chafing with her shores u. a. m. S. auch Flügel p. 143, wo aus Byron ein Beispiel für das Fem. Isis (= Thames) angeführt ist. Wenn ferner Hr Dr. H. ship als fem. aufführt mit der Anmerkung „selbst man-of-war ist weiblich", so hätte er, nach den von Flügel aufgeführten Beispielen (p. 137), wohl noch hinzufügen können, daß es z. B. heißt: The Frenchman hauled down his white pennant &c., und zwar hätte der Herr Dr. das um so eher können, als er, dem alle früheren Grammatiken „leider kaum mehr als hie und da ein Beispiel haben liefern können" (Vorw. p. III.), die p. 87—89 gegebenen Wörterverzeichnisse und viele andere — dem „Unkundigen" mag er immer p. V erzählen, daß er „auf seine Verzeichnisse über 10 Jahre verwendet" — fast vollständig, nur ohne die Belegstellen aus dem Flügel **abgeschrieben** hat, und zwar nicht bloß in ihrer Unvollständigkeit und mit ihren Incorrectheiten, sondern auch mit einigen Verbesserungen à la Johann Ballhorn. Dahin rechnen wir z. B., daß tree ohne Weiteres nur als Femin. aufgeführt wird, s. Flügel p. 142 über tree als masc. Für fig-tree hätte freilich Flügel das Femin. z. B. auch finden können. Songs of Solomon

---

*) Man vergl. Brockes, s. Weichmanns Poesie der Niedersachsen, 1725. Bd. 1. S. 8:
Ach hör'! erhöre mein', erhöre Teutschlands Klagen,
Die dort von Sorgen matt, gekränkt von vielen Plagen,
Von Furcht und Schrecken kalt, von Jammer unterdrückt,
Den heißen Wunsch zu Dir, nebst tausend Seufzern schickt. u. a. m.

2, 13: The fig-tree putteth forth her green figs; Revelation 6, 13: even as a fig-tree casteth her untimely figs, when she is shaken &c. Bedarf es aber für Herr Dr. H. eines Belegs für das masc. tree, so verweisen wir z. B. auf die bekannte Fabel (Judges 9, 8 ff) The trees went forth on a time to anoint a King over them, and they said unto to the olive-tree, Reign thou over us &c. oder Psalms 1, 3: a tree, planted by the rivers of waters that bringeth forth his fruit in his season &c. oder Genesis 1, 11: the fruit-tree yielding fruit after his kind, u. s. w. — Wir wollen mit dem Herrn Dr. hier nicht weiter darüber rechten, daß er unter den masc. besonders elm (-tree), oak aufführt, unter den fem. fig-tree und olive-tree, beach, andere Bäume aber gar nicht erwähnt, z. B. apple-tree (masc. Songs of Solomon 2, 3), führt er doch — der nicht die Mühe scheuen zu dürfen glaubte, alle die Wörterverzeichnisse, die sich unter keine ausreichende Regel bringen ließen, vollständig zu geben und so für diese Fälle das beliebte und allerdings bequemere „„&c., u. m. a."" der Grammatiker ganz zu beseitigen, (Vorw. p. IV) — führt er doch z B. einzein „Dandelion, Löwenzebe (Pflanze)" — l. Löwenzahn, entstanden aus dem franz. Dent de lion — als masc. an, — — weil es sich bei Flügel (p. 140) findet, ohne doch andere Pflanzennamen zu erwähnen, wie z. B. The bramble lays hold of all the clothes he can come at &c. (s. die Moral Fables hinter Theod Arnold's Grammatica Anglicana 1797. — No. 16.); A great eagle... took the highest branch of the cedar. He cropt off the top of his young twigs. (Ezekiel 17, 4); And the golden-rot is seen | Shooting up his yellow spear. (Rhymes for the Nursery. Berlin p. 112.); And herb yielding seed alter his kind. (Genesis 1, 12); to heare the mandrake grone; | And pluckt him up. &c. (Percy, Reliques of ancient Engl. Poetry. Lond. 1845 in 1 Bd. p. 215a); Gather the clusters of the vine of the earth; for her grapes &c. (Revelation 14, 18. vgl. Psalms 80, v. 8—13!) und — wie ich trotz Herrn Dr. H. hinzufügen muß — „&c. &c." — Der Herr Dr. führen ferner als einziges Masc. den Monatsnamen April auf, nach Flügel p. 140. Schade nur, daß er dabei den Nachtrag p. 470 übersehen hat: „Die Benennungen der Monate sind... alle männlich. Nur der Mai macht eine Ausnahme, und nun folgen 2 Stellen für May als fem., vgl. Spect. 5, 273. Als Masc. hätte der Herr Dr. die 12 Monate z. B. auch finden können im Spect. No. 425 (Bd. 6. p. 167 ff.) Selbst vom Mai heißt es dort: As he passed by methought, I heard &c. Hier würde er denn auch den von ihm nur als Fem. aufgeführten Spring (vgl. Flügel 148; autumn und summer hat er nach Flügel als masc. und fem.) so geschildert gefunden haben: a youth of the most beautiful air and shape, though he seemed not yet arrived &c. Vgl. Bd. 8 im Index Spring..... His attendants. — Aehnlich führen der Herr Dr. nach Flügel bloß als Fem. auf truth, ignorance, soul, rose, ambition und youth. Die beiden ersteren treten aber z. B. bei Percy p. 163 auf und zwar wird ignorance mit father, truth mit man angeredet! Vgl. Shaksp. 315b. And dull, unfeeling, barren ignorance, Is made my gaoler, to attend on me. — Ferner Shaksp. 332b: My brain (dies fehlt bei H.) I'll prove the female to my soul; | My soul the father; dagegen z. B. 320a: Now has my soul brought forth her prodigy. — Rose hat Shakspeare 414a 2, und 71b (Sonn. 99) als masculinum. Byron, Mazeppa v. 21, schreibt: And not a voice was heard t'upbraid | Ambition in his humbled hour; Shaksp. 755b. But where unbruised youth with unstuff'd brain | Doth couch his limbs &c. Wir bemerken hier gleich noch, daß der Herr Dr. in seinem Verzeichniß bald die alphabetische Ordnung befolgt, bald nicht — wodurch er die Controle sehr erschwert, — bald auch das Deutsche hinzufügt, bald wieder nach Willkür es wegläßt. Von Wörtern, welche der die Vollständigkeit über Alles liebende Dr. ausgelassen, erwähnen wir einige, aber mit Belegstellen, ohne welche ein solches Verzeichniß überhaupt fast ganz ohne Nutzen ist, einer andern Gelegenheit die Mittheilung eines vollständigen Verzeichnisses vorbehaltend:

Canst thou guide Arcturus with his sons? (Job. 38, 32).

And Boreas blowes his blasts so bold. (Percy 51a).

Chasing the royal blood, | With fury, from his native residence. (Shaksp. 318a.)

Go to the rude ribs of the ancient castle, | Through brazen trumpet send the breath of parle, | Into his ruin'd ears. (Shaksp. 324b.)

There is no malice in this burning coal; | The breath of heaven has blows his spirit out, | And strew'd repentant ashes on his head. (ib. 304b.)

My mind misgives | Some consequence, yet hanging in the stars, | Shall bitterly begin his fearful date, | With this night's revels. (ib. 752a.)

Hast thou... caused the day-spring to know his place? (Job. 38, 12.)

As the door turneth upon his hinges, so doth the slothful &c. (Proverbs 26, 14.)

Fire and water are two good servants, and as bad masters (Sprüchw.) vgl. Shaksp. 324b; Byron 556b; Dryden 2,180.

Before the eastern flame [cf. sun] | Rose crimson and deposed the stars, | And call'd the radiance from the cars, | And fill'd the earth, from his deep throne | With lonely lustre, all his own. (Mazeppa v. 648). — Ebenso: Lo, in the orient, when the gracious light, | Lifts up his burning head (Shaksp. 2,61a.)

The flowers fine ladies. (Shaksp. 316b.)

For goodness... dies in his own too much. (ib. 796b.)

Not even an ignis-fatuus rose, | To make him merry with my woes (Mazeppa 620).

The iron, of itself, though heat red-hot, | Approaching near these eyes, would drink mytears, | And quench his fiery indignation. (Shaksp. 304a.)

Money is a servant to some, but a master to others. (Sprichw.)

I am sworn brother, sweet, | To grim necessity; and he and I &c. (Shaksp. 329.)

Tell physicke of her boldnesse. (Percy 166b.)

Pride went before, ambition follows him. (Shaksp. 429b; Heussi hat pride nur als Femin. nach Flügel.)

The rock is removed out of his place. (Job. 14, 18.)

Why the sepulchre... Hath op'd his ponderous and marble jaws. (Shaksp. 777.)

The wall, methinks, being sensible, should curse again. — „No, in truth, Sir, he should not. (ib. 129b.)

The wind who wooes | Even now the frozen bosom of the north, | And, being anger'd, puffs away from thence, | Turning his face &c. (ib. 752a.) u. v. a. Besondere Betrachtung verdienen Beispiele, wo in einem und demselben Satz das Geschlecht wechselt, je nachdem die Personification hervor- oder zurücktritt (s. o. iron). Wir führen namentlich noch an Prov. 30, 17: The eye that mocketh at his father, and despises to obey his mother, the ravens of the valley shall pick it out, and the young eagles shall eat it. Im Anfang ist eye etwa = person, während es nachher wirklich sachlich das Auge ist. Ferner heben wir noch hervor, daß selbst thing personificirt wird, z. B. Genesis 6, 20 (7, 14): Of every creeping thing of the earth after his kind und sogar He made every thing beautiful in his time. Eccles. 3, 11.

Bisher haben wir noch nicht die Thiernamen besprochen, welche Dr. H. unter 3 Rubriken aufführt (p. 87 und 88): a_1 männl. Thiere, b_1 weibl. Thiere, c_1 Thiere, die bald männlich, bald weiblich gebraucht werden. Wie nachlässig aber dies Verzeichniß aus Flügel abgeschrieben ist, kann schon der Umstand beweisen, daß rook, Saatkrähe, einmal unter a_1, also als männl., dann aber auch unter b_1, nur ohne das Deutsche, als Fem. aufgeführt ist. Bei Flügel steht es nämlich p. 148 als Femin. und erst p. 469 im Nachtrag ist auch das Masc. bemerkt. Ebenso steht nightingale unter b_1 und c_1, d. h., es ist bloß weiblich, aber auch männlich und weiblich!! Ferner werden bloß als männlich aufgeführt: fly (s. Moral Fables 28: Of the fly which, sitting on a chariot, said that she raised a dust.)

goldfinch (s. ein engl. Kinderl. The Courtship and Wedding of Cock Robin and Jenny Wren &c. „Pray, mark friend Robin Redbreast, | That goldfinch dressed so gay. | What though her gay apparel, | Becomes her very well &c.)
heron (Leviticus 11, 19; Deuteronomy 14, 18. The heron after her kind.)
linnet (The Courtship &c. The Linnet, being bride's maid, | Walk'd by Jenny's side.)
ostrich (Job 39 v. 14—18. The ostrich which leaves her eggs &c. vgl. Luthers Uebers.)
pelican (Percy 172b: The cynic loves his proverty, | The pelican her wilderness.)
sheep (Every sheep to her mate, Sprichw.)
spider (Prov. 30 28. The spider takes hold with her hands. Shaksp. 307b: The smallest thread, — That ever spider twisted from her womb.)

Bear, steht nicht bloß Prov. 17, 12; II. Samuel 17, 8 u. s. w., wo es auch von der Bärin verstanden werden kann, obgleich im Urtext das masc. epicoen. דֹּב,דֹּב steht, sondern auch Shaksp. 459a. als fem. Whose hand is that the forest bear doth lick? Not his that spoils her young before her face.

Umgekehrt führt Heussi als bloß weiblich auf: Cat und Goose (vgl. §. 149. Gander masc. — Goose fem.), doch treten in einem Kinderlied (The Life and Death of Jenny Wren) beide Thiere als Aerzte auf: Doctor Cat said, „Indeed, | I don't think, she's dead"... „I think, Puss, you're foolish," | Then says Doctor Goose. Vgl. Pope 3, 87; Byron 337a; das Mährchen Puss in boots, den Namen Gilbert (Gib) für Cat, s. Shaksp. 2, 172 und Tibert, Tybalt, Shaksp. 756b s. u. Mouse ist allerdings meist Fem., doch auch Masc. (z. B. Pope 6, 21; Moral Fables No. 7: an old grey-bearded mouse... stretching out his neck.) Ferner hat H. philomel nur fem., doch sagt Shaksp. 2, 71b: As Philomel in summer's front doth sing And stops his pipe in growth of riper days, während gleich darauf das fem. folgt.

Von fehlenden Thiernamen erwähnen wir beispielsweise einige, indem wir nur noch die Bemerkung beifügen, daß für manche Wörter, die wir hier nur als masc. oder fem. nachweisen, sich auch beide Geschlechter werden nachweisen lassen, wenn man besonders auf diesen Punkt bei der Lectüre sein Augenmerk richtet:

The bat... for fear of his creditors. (Mor. Fabl. 15. s. Shaksp. 282b.)

Beast of the earth after his kind. (Genes. 1, 24; 7, 14; cf. Levit. 11, 27; Revel. 13, 1 u. 2. Shaksp. 689a; 800a; Milton Par. Lost 7, 456.)

Behemoth... he eateth grass as an ox. (Job 40, 15.)

Panting, as if his heart would burst, | The weary brute (the horse) still staggered on. (Mazeppa 665.)

The camel, because he cheweth his cud. (Levit. 11, 4. fem. Gibbon 9, 199.)

And the cony, because he cheweth his cud. (ib. 5. fem. Shaksp. 184a.)

The cormorant... to see, if he find any of his brass. (Mor. Fabl. 16.)

The living creature after his kind. (Genes. 1, 24.) And as the wretched creature (the wolf) lay..., the fox looked earnestly on him. (Mor. Fabl. 13. fem. Letters betw. York and Eliza. No. 19.)

A Crow... The fox seeing her. (Mor. Fabl. 36. masc. Moore 4.)

The dolphin upon this had such an indignation of the buffoon ape, that he gave him the slip &c. (ib. 18.)

Poor donkey (s. ass), I'll, give him a handful of grass (Nursery 38.)

Thou art a swift dromedary, traversing her way. (Jerem 2, 23.)

He went to shut a wild duck | But wild duck flew away, | Says Simple Simon, I can't hit him, | Because he will not stay. (Kinderlied; vgl. drake-duck. The finely chequer'd duck before her train, Thomson 35. u. o.)

That's a valiant flea that dare eat his breakfast on the lip of a lion. Shaksp. 395a.

A frog, he would a-wooing go &c. (Kinderl.) The bloude of the frogge | And the bone in his backe. (Percy 245b., fem. Wagner 358a.)

The gnat flew his way. (Mor. Fabl. 22.)

The grass-hopper after his kind. (Levit. 11, 22. Byron 33a.)

Thou shalt not seethe a kid in his mother's milk. (Deuteron. 14, 21. cf. Mor. Fabl. 11.; Milton 298; Dryden 2, 191.)

Canst thou draw leviathan with an hook? or his tongue with a cord? (Job. 41, 1.)

The locust after his kind. (Levit. 11, 22.)

Where the midge dares not venture, | Lest herself fast she lay. (Percy 254b.)

She... began to drive him [the pig] home. (Kindermährchen. The Old Dame and her Silver Sixpence). — And burn the long lived phoenix in her blood. (Shaksp. 2, 62b; masc. Milt. Parad. Lost. 5, 272.)

And then the grey rabbit contributes his share. (Nursery 164.)

Here is the sparrow! With his bow and arrow. (Kinderl.) Bekanntlich heißt der Sperling Philip, Phip, vgl. Shaksp. 294a. und die Erklärer, vgl. Shaksp. II. p. 172 in dem Glossar; fem. Dryden 2, 96.)

And the swine though he divide the hoof. (Levit. 11, 7.)

I went to the toad, breedes under the wall; | I charmed him out, and he came at my call. (Percy 245b.) Adversity [auch dies fehlt], Which, like the toad, ugly and venomous, | Wears yet a precious jewel in his head. Shaksp. 178a.

Doctor Tomtit (Life and death of Jenny Wren.)

Jenny Wren (ebenda und in vielen Liedern und Märchen, wo ihre Verbindung mit Robin Redbreast vorkommt).

Indem wir hier nun das von Herrn Dr. H. so streng verpönte &c., als durchaus nothwendig, beifügen, erwähnen wir in Bezug auf das Genus noch einige Einzelnheiten.

Bei H. ist dove als masc. und fem. aufgeführt (beachte Tom dove f Shaksp. 2, 172), pigeon fehlt, turtle (turtle-dove) steht nur als fem. Vgl. Levit. 1, 14; his offering of turtle doves, or young pigeons. And the priest shall bring it unto the altar, and wring off his head... And he shall pluck away his crop with his feathers. Shaksp. 223a; 2, 81a.

P. 87 wird in der Anm. das Neutr. child erwähnt, das — je nach dem Sinn — auch masc. und fem. gebraucht wird. Das Masc. gilt indessen auch nicht bloß von Knaben, sondern allgemein, s. Flügel 118. It is of great importance to make a child articulate every letter, when he first begins to speak or read. Ebenso Walker Elements of Elocution. Lond. 1810. Demetrius compares prosperity to the indulgence of a fond mother to a child, which often proves his ruin. Ebenso ist es mit infant, z. B. Percy 245b: I... killed an infant to have his fat. — Selbst von boy findet sich it, z. B. Tom Jones, The History of, By Henry Fielding Esq Edinburgh 1780. Bd. 3. p. 34: She was always extravagantly fond of this boy, and a most sensible, sweet-tempered creature it is; vgl. Levit. 1, 3: If his offering be a burnt-sacrifice of the herd, let him offer a male without blemish; he shall offer it &c. Doch dergleichen Einzelheiten führen hier zu weit; wir bemerken also nur noch, daß Person als masc. zu behandeln ist, z. B. Spect. 8, p. 101: not to grieve for the death of a person whom he loved, because his grief could not fetch him again, u. a.

§. 151 vermissen wir fair zur Bezeichnung des Femin., zuweilen selbst wo dies schon durch ein Pron. hinreichend bezeichnet ist, (vgl. the fair sex = das weibliche Geschlecht). The Fair Penitent (die Büßerin), a Tragedy written by N. Rowe Esq. — The modern fair-one's jest (Goldsmith 29); our hero's temporary neglect of his fair companion (Tom Jones 2, 174 f. 175, 186); that Amazonian fair having overthrown and bestrid her enemy. (ib. 168). The fair warrior perceived their miscarriage. (ib. 177). The fair conqueror enjoy'd the usual fruits of her victory (ib. 178) u. s. w. My fair friend, cousin. Daß fair in mancher Bedeutung auch vom Mann stehen kann, versteht sich, z. B. Spect. 1, 1. whether the writer of it be a black or a fair man (Blondin), und Shaksp. 325b, 329a, Fair cousin als Anrede Bolingbroke's an Richard II. und vice versâ, p. 488b und sehr häufig.

Wir erwähnen den selteneren Fall, wo aus einem Femin., als dem Grundwort, das Masc. gebildet wird: widow — widower; man-milliner; man-midwife; vgl. Spect. 4, 207: male Jilts; ib. 209: male Coquets; — ferner Ausdrücke wie She-Macchiavels (Spect. 8, 32), oder She-Mercury bei Shaksp. 41b Anrede Falstaff's an Mistress Quickly. — Shaksp. 380b: she-knight-errant u. s. w.

Unter den Compos. zur Bezeichnung des Masc. und Fem. für Thiere vermissen wir Manches, z. B. neben male-, he-, boar-cat, z. B. A large Tom-cat we had, watched our proceedings. (Mrs. Loudon, Domestic Pets, p. 53), 'S blood, I am as melancholy, as a gib cat (s. o.) Shaksp. 335b, ähnlich Jack-ass, Jack-hare (s. Flügel 119), jack-rabbit, jack-curlew, u. s. w., vgl. Walker Pronounc. Dict. Jack = the male of some animals, u. s. f.

Endlich erwähnen wir noch den Vorzug des Masc. vor dem Fem. in Fällen wie T. Jones 4, 249: Fortune (fem.), however, or the gentleman (masc.) lately mentioned above stood his friend.

An diese Bemerkungen reihen sich ganz natürlich die folgenden über die Relat. who, which, that, s. p. 288 ff. — Statt einfach zu sagen: „Nach heutigem Sprachgebrauch bezieht sich who auf Masc. und Fem., which auf Neutr., that auf alle drei Geschlechter" bringt Heussi eine Masse einzelner, größtentheils falscher Bemerkungen. Ueber den früheren Gebrauch, z. B. Our father which art in heaven &c., s. namentlich Spect. 1, 445: The humble Petition of Who and Which, worin sie namentlich sich beschweren, the jack-sprat That supplanted us &c. — wird gar nicht gesprochen.

P. 228, Regel 2. Es fehlt, daß who auch sich auf personificirte Dinge beziehen kann, nicht bloß auf Fortune u. ä., sondern z. B. auch auf England, s. Flügel 214: Old England who &c., es folgt her doctors; Shaksp., der freilich für den heutigen Sprachgebrauch nicht normirt, sagt so 1b: A brave vessel who had no doubt some noble creature in her; oder p. 754a: Arise, fair sun, and kill the envious moon, | Who is already sick and pale with grief, | That thou, her maid, art far more fair than she. Dieser Gebrauch kommt auch jetzt noch vor; natürlich kann in solchen Fällen auch that gebraucht werden: You sun that sets upon the sea | We follow in his flight. (Byron, Childe Harold), und wie auch sonst das Neutr. mit dem masc. (und fem.) wechselt, which, z. B. Tom Jones 2, 186: But the moon which was then at the full, gave them all the light she was capable of affording; ib. 191: Now the little trembling hare which the dread of all her numerous enemies... had confined... to her lurking place u. ä. m. — Namentlich steht whose als sächs. Genit. (= of which) auch von Sachen, z. B. a palm-tree whose roots [oder the roots of which] were washed by a limpid stream, s. Fölsing 35 und vgl. z. B. Lad. Montag. p. 237: The fire appears only in one spot where there is a cavity whose circumference is small, but in it are several crevices whose depths are unknown, u. ä. m.

Nach dem Gesagten wird man schon Regeln beurtheilen können, wie „Regel 3. Nach Sammelnamen oder abstracten Subst., welche Personen in sich schließen, ohne eigentliche Personennamen zu sein, folgt das Relativ which."

Es sollte heißen which oder that, wenn das Collectivum, who oder that, wenn die einzelnen Personen verstanden werden, (Verb im Plural, z. B. Goldsmith p. 9: A journey of 70 miles, to a family that had hitherto never been above 10 from home, filled us with apprehension; ib. p. 8: The only uneasiness I felt was for my family, who were (Plural!) to be humble. Fälle von Personif. wie Old England who s. o. Man beachte in dem letzten Satz das Komma vor dem selbständigen Relativsatz (s. Fölsing §. 86. 31. 2. und Anm. u. §. 391.)

Falsch ist auch Anm. 3: „Which kann zur Bezeichnung von Personen nur als Interrogativpron., nie als Relativpron. gebraucht werden.“ Es muß vielmehr als adject. Relativpron. stehen in Sätzen wie: She was delivered of a princess, which innocent babe underwent the same fate; vgl. Regel 5, z. B. at last Horatio was fixed upon, which the presence of the present company has happily hindered me from acting (= the part of H.)

„Anm. 4. Bezeichnet das Subj. ein kleines Kind, so steht das Relativpron. which oder that“ — oder who, wie wir hinzufügen.

„Anm. 5 Bei Thieren steht das Relativpron. which oder that“ oder who (s. o.) Beisp. bei Flügel 213: a horse who (masc.); crows who. Wir führen andere an, Byron, Mazeppa 361: In truth, he was a noble steed, A Tartar of the Ukraine breed, | Who look'd &c.; — v. 703: Headed by one black mighty steed, | Who seem'd the patriarch of his breed; — I saw the expecting raven fly, | Who scarce would wait till both should die, | Ere his repast begun. Im Mährchen von Puss in boots heißt es: The share allotted to the youngest consisted of nothing but the cat, who seemed more likely to prove a burden than a boon to his new master. — The cat who had overheard these words, u. s. w.; in dem Kinderlied the Death and Burial &c. Here is the little Fly | Who saw Cock Robin die. — Hier erwähnen wir z. B. noch für who in Bezug auf Sachen (personificirt) Lady Mont. p. 261: Fair fertile fields, to whom indulgent heav'n | Has every charm of every season giv'n, u. a. m. In der Bibel ist dgl. sehr häufig, z. B. Psalms 104, 26. Job. 39, 5 ff. —

„Regel 4. Das Relativpron. that muß in folgenden Fällen ohne Ausnahme als Subj. stehen:... Nach qualitativen Adj. im Superlat. und nach quantit. Adj.“

S. über die s. g. quantit. Adj. Heussi p. 9 ff. und Sätze wie folgende: T. Jones 3, 237: As there are no men who complain more; 242: all who are called philosophers; ib. I know of nothing which sits heavier upon my conscience u. s. w.; Goldsmith p. 5 in all that harmony which generally precedes &c.; H. C. Wright. A Kiss for a Blow p. 17: two boys who were brothers. — Für das Relat. nach dem Superl. s. z. B. Spect. 8, 185: the most nice and intricate cases which can happen, u. s. w. Ja, in manchen Fällen dürfte that sogar nicht stehen: The next winter, which you will probably spend in town, will give you opportunities of making a more prudent choice. (Goldsmith p. 50.) Man beachte auch das Komma, das den selbständigen — gleichsam parenthetischen — Relativsatz einleitet. Der nächste Winter — ihr werdet ihn wahrscheinlich in London zubringen — wird u. s. w., dagegen würde the next winter that &c. (ohne Komma!) bedeuten nicht allgemein: der nächste Winter, sondern der nächste Winter, den ihr dort zubringen werdet.

Schlagen wir nun ein Blatt in der H.'schen Grammatik zurück, so finden wir auf p. 227 zur Regel 5 die Anm.:

„Im Engl. wird der Pluralis majest. nur von regierenden Fürsten, nicht aber, wie im Deutschen oft geschieht, von Schriftstellern angewandt.“

Diese Bemerkung ist trotz der Zuversicht, mit der sie hingestellt wird, falsch. So heißt es z. B. gleich im Anfang von T. Jones (1. p. 2): As we do not disdain to borrow wit or wisdom from any man who is capable of learning us either, we have condescended... and shall prefix not only a general fare of bill to our whole entertainment, u. s. w. — ib. The provision, then, which we have here made, is no other than Human Nature: nor do I fear &c. — p. 3. Having premised thus much, we will now detain those who like our bill of fare no longer from their diet, and shall proceed directly to serve up the first course of our history for their entertainment; p. 110. As truth distinguishes our writings from those &c. p. 164, those [parts] which have given the author the greatest pains in composing. Among these probably, may be reckoned those initial essays which we have prefixed &c.; p. 220. In our last book we have been obliged to deal &c. u. s. w. z. B. 2, 70; 184 &c. s. u.

Hier bemerken wir auch gleich zu p. 118 §. 172, daß bei ourselves die Nebenform ourself eben im Plur. majest. fehlt. S. Anm. 2:

„Wenn man Höflichkeit halber eine einzelne Person mit der 2ten pers. Plur. anredet, was im Englischen viel öfter geschieht als im Deutschen die 3te pers. Plur. gebraucht wird, so bekommt das Reflexivpron. die Singularform yourself." —

S. z. B. Shaksp. 317a: King Richard: We will ourself in person to this war; 319a: And we create, in absence of ourself, Our uncle York lord governor of England; 3:5a: Because we thougt ourself thy lawful king. — Zuweilen kommt auch der Plur. vor, p. 312a: Ourselves will hear | The accuser, and the accused, freely speak. p. 348b sagt King Henry: On Thursday, we ourselves will march u. s. w. — Daß die Regel über den Gebrauch des you in der Anrede einer Person (vgl. auch §. 548 und §. 365 Anm. 1) nicht genügt, bedarf wohl kaum der Bemerkung, so fehlt z. B. daß die Quäker Jeden mit thou anreden. Die Dichter gebrauchen gewöhnlich thou, ebenso wie die Bibel, z. B. Genesis 23, 4 ff.: Thy servant Jacob says thus (zu seinem Bruder Esau) u. s. f. Beachtung verdient die Anwendung beider Weisen in ein und demselben Satz, z. B. Shaksp. 613b: If thou be'st not immortal, look about you Der Schriftsteller redet zuweilen den Leser mit der 2ten pers. sing. an, z. B. Tom Jones 2, 187: Thus, reader, we (s. o.) have given thee the fruits of a very painful inquiry &c., die beiden Absätze durch; ebenso p. 188—190: Reader, it is impossible we shald know what sort of person thou wilt be. Doch endet dies Kap: And now, my friend, [i. e. reader] having given you these few admonitions, we will, if you please, once more set forward with our history. — Auch in Sprüchw. findet sich neben you (z. B. You — man — must not look a gift horse in the mouth, u. s. w.) Der Sing. z. B.: Tell me with whom thou goest, and I'll tell thee what thou doest. — Schließlich bemerken wir noch in Bezug auf die im Deutschen so gewöhnliche Anrede mit Du im Selbstgespräch, daß dieselbe sich auch englisch findet, doch weit häufiger die 1ste Person gebraucht wird (vgl. z B. Béranger: mourons où je suis né. Der alte Vagabond spricht mit sich selbst: Stirb, wo du geboren bist!) Beide Weisen neben einander finden sich z B. (wie auch oft im Deutschen) in dem bekannten Monolog Cato's (Cato by Addison V. Sc. 1): Thus am *I* doubly arm'd &c.... But thou shalt flourish in immortal youth. — Wir setzen noch einige Stellen aus einer Posse (A quiet day by John Oxenford) her: Um! that's a job *I* shall entrust to my wife. Hm! das wär' so ein Auftrag für deine Frau. — There, there, I'll think no more about these cursed things. Na! denk' nicht weiter an die verfluchte Geschichte! — Why the devil don't *I* say „No I won't" at once? *I* hate these jobs &c. Warum zum Henker sagst Du nicht gleich nein? hassest Du doch solche Frohndienste. — Natürlich können auch wir die erste Person anwenden, aber der Gebrauch der 2ten ist mehr im Geist der deutschen; der der ersten mehr in dem der engl. Sprache. — Man bemerke noch Stellen wie bei Shaksp. 66a: If thou thou'st him some thrice, it shall not be amiss. Wenn du ihn ein maler Drei duzest (zum Zeichen der Verachtung) u. s. w.

Dieser Gebrauch des some bei Zahlwörtern findet sich p. 393 Anm. 1 berührt, aber durchaus ungenügend.

„Das deutsche „einige, etliche" in Verbindung mit einem Zahlwort, wird zuweilen durch odd, sonst auch durch some ausgedrückt."

Hier fehlt erstens, daß odd nachgesetzt wird, und zwar mit und auch ohne and, some vor dem Zahlwort steht. S. z. B. Sudden Thoughts, A Farce. I understood from you that your friend Dimmerton was sixty odd years of age. Shaksp. 495a: Eighty odd years of sorrow have I seen; 351a: three hundred and odd pounds. Diese Wendung kann aber nur bei runden Zahlen gebraucht werden: einige 60 Jahr = sechzig und einige; dagegen dient some wie unser etwa, nicht einen Ueberschuß auszudrücken, sondern eine bestimmte Zahl unbestimmter zu machen; some sixty years kann auch etwas weniger als 60 Jahre besagen, nur um 60 herum, etwa 60. Man vgl. z. B. Shaksp. außer in der angef. Stelle some thrice ein maler drei (man beachte im Deutschen die Endung —er) p. 331a: My lord, some two days since I saw the prince, vor ein Tager 2; p. 342a: He that kills me [Dativus ethicus!] some six, or seven dozen of Scots at a breakfast, washes his hands, and says to his wife, Fye upon this quiet life! I want work. O my sweet Harry, says she, how many hast thou killed to day? Give my roan horse a drench, says he; and answers, Some fourteen, an hour after; a trifle, a trifle. — Ein Dutzender 6 oder 7; so ein Stücker 14. — Some three or four houndred persons were seated in different groups at different tables. (Disraeli, Sybil p. 95.) etwa 3 bis 400 u. ä. s. Shaksp. 479b: some 3 months since; 480b: some 2 days since; 492b: some ten voices; 340a: some eight or ten, u. oft.

Hierbei wollen wir noch hervorheben, daß der in dem einen Beispiel aus Shaksp. vorkommende Dat. ethicus — so viel wir wenigstens aus dem so gerühmten Inhaltsverzeichniß ersehen können — bei Heussi gar keine Erwähnung gefunden hat. Vgl. Shaksp. 156b: The skilful shepherd peel'd me certain wands; 132b: Study me how to please the eye indeed &c. T. Jones 2, 197: and they drank me two bottles; ib. 126: he could construe you three lines together sometimes without looking into a dictionary; The Bengal Tiger (A Farce by Ch. Dance). Why, he'll eat you 20 pounds of meat a-day — aye, and growl then, u. a. m.

So vielerlei wir aber auch noch in Bezug auf die Zahlw. zu bemerken hätten, so beschränken wir uns doch, mit Rücksicht auf den Raum, auf eine Bem. S. 572 heißt es:

Anm. Ein zweiter, d. h. ein dem ersten ähnlicher, heißt another, z. B. another Caesar.

Erstens kann other so auch ohne den unbestimmten Art. vorkommen, z. B. Shaksp. 317b: This royal throne of kings, this scepter'd isle, | This earth of majesty, this seat of Mars, | This other Eden &c., (namentlich beachte man die Verbindung wie bei Shaksp. 482b: I would not spend another such *a* night, noch eine solche Nacht, vgl. Fölsing §. 110). Zweitens kommt auch second so vor, z. B. Shaksp. 169b: A second Daniel, a Daniel, Jew! — A Daniel, still say I, a second Daniel; oder wie in dem bekannten Sprüchw.: Custom is a second nature.

Auf derselben S. ist in einer Anm. von Sätzen die Rede wie Poor as I was, I could not help him. — Ganz übersehen ist hierbei der häufig vorkommende adversative Gebrauch solcher Sätze (so arm ich auch war, obgleich ich arm war ꝛc.) z. B. T. Jones 2, 145: Unacquainted as I am (so unbekannt ich auch bin) with what has past in the world for these last 30 years, I cannot be so imposed upon as to credit so foolish a tale; p. 144: As bad an opinion as I have of mankind, I cannot believe them infatuated to such a degree; 3, 215: You had some obligations to the fellow, bad as he is, u. a. m.

Auf den vorangehenden S. ist vom Artikel die Rede; hier wäre sehr viel zu berichtigen und zu ergänzen; wir beschränken uns aber auf Einzelnes.

P. 400, §. 561, Anm. 2. „Folgende Ausdrücke, die im Deutschen keinen Art. haben, müssen der Regel zu Folge im Engl. den best Art. bekommen: Vorbesagter, the afore-said; Ersterer, the former; Letzterer, the latter; folgende Waaren, the following goods.“

Nur praetereundo bemerken wir, daß z. B. auch latter vorkommt ohne Art. in der Weise der kurzen Andeutungen in Theaterstücken, wo der Art. überhaupt wegbleibt, z. B.: bell rings; Enter S. with letter &c. z. B.: My Fellow Clerk a Farce. Yes, there comes Victim — bailiff's eye brightening. „His eye is in itself a sun,“ — recognizes costume before-mentioned — goes up to Victim — latter (Letzterer, Dieser) shakes his head &c. — Doch jedenfalls hätte der Unterschied von following mit und ohne Art. erwähnt werden müssen. z. B. Spect. 1, 5: As for other particulars in my life and adventures, I shall insert then in following Papers, as I shall see occasion, d. h. in spätern Nummern. — Bei γ. Anm. 1 ist übersehen, daß der Art., wie nach dem sächs. Genit. überhaupt, so auch nach whose fortfällt, z. B. a palm-tree the roots of which [whose roots] were washed.

P. 401, 4, Ausn. — Wie bei man, fehlt auch bei woman zur Bezeichnung der Gattung der Art., s. Fölsing §. 48. 13. Anm.

P. 402. „Ausn. 2. Wenn ein Subst. mit dem zugehörigen Adj. in der Superlativform eine bloße Adverbialbestimmung ausmacht, so steht es ohne Art., z. B. next day. Last night."

Gewöhnlich allerdings, aber z. B. Goldsmith p. 70: The next morning we missed our wretched child at breakfast &c., vgl. p. 101: The very next morning... I found what little expectations I was to have &c. Vgl. z. B. Hirzels franz. Gramm. p. 52: „Der Erzählende würde gleichfalls sagen le samedi suivant nous arrivâmes à S." — S. auch Shaksp. p. 490a. Come the next Sabbath, and I will content you.

Ib. 6: „Bei Zahlw., welche als Apposition zu Eigennamen gesetzt werden, steht der best. Art., z. B. Joseph the first.

Aber auch Chapter (the) first; Chapter the last (T. Jones 3, 294).

Ib. 8, fehlen sehr viele „idiomatische Ausdrücke," in welchen der best. Art. steht, z. B. to throw on the ground, zu Boden werfen; to set the hand to the plough, Hand an's Werk legen; other particulars of the like nature, gleicher Art; to drink the waters, Brunnen trinken, u. a. m.

P. 403. 5, fehlt, daß Satan ohne, devil in den meisten Fällen [bei Fölsing §. 39 heißt es fälschlich devil stehe nie ohne den Art., z. B. Devil a farthing u. ä. m.] mit dem Art. steht, z. B. Revelation 12, 8: that old serpent, called the devil and Satan. — Unter 9 fehlen viele Ausdrücke, wo im Engl., abweichend vom Deutschen, kein Art. steht, z. B. to be of opinion, der Meinung sein; to expose to sale, zum Verkauf bringen; to run upon heaps, über den Haufen rennen; to put to flight, u. v. a. Doch wir können uns auf dgl. hier nicht einlassen. —

P. 399 heißt es §. 559. 2): „Zwei congruirende Pron. dürfen nicht bei demselben Subst. stehen, wohl aber ein congruirendes und ein dependirendes, z. B. This cousin of mine (nicht this my cousin)." —

Dixi! S. dagegen Spect. 1, p. 37: In the midst of these my musings; p. 62: It is with much satisfaction that I hear this great citys-inquiring day by day after these my papers; p. 53: these my speculations, u s. v., Cato by Addison IV. Sc. 2: He must be murder'd and a passage cut | Through those his guards; T. Jones 1, 196: I have determined to say a few words to you at this our parting. Byron, Mazeppa v. 119: And I will be the sentinel | Of this your troop. Shaksp. 315b: And those his golden beams; 302b: In the fair multitude of those her hairs; 306b: those thy fears; 308a: from this my hand, u. s. w.

P. 458. §. 697. Anm. 3. „Folgende Adjectiven*) stehen immer nach ihrem Beziehungswort: substantive, palatine, present in der Bed. anwesend (dagegen es vor dem Beziehungsw. steht, wenn es der Zeit nach gegenwärtig heißt.)"

S. Goldsmith p. 94: Horatio was fixed upon, which the presence of the present company has happily hindered me from acting. — Present company always excepted.

Ib. Ausn. 4. „Einige Adj stehen in gewissen Verbindungen immer nach dem Beziehungsw." Unter den genannten ist z. B. the theatre royal, — aber es heißt auch as performed at the Royal Olympic Theatre, u. ä. m. So findet sich neben a pronoun relative auch a relative pronoun (Fölsing §. 304). Vieles fehlt hier, z. B. The false shepherd afore-said; the Lords spiritual (temporal) Shaksp. 326b; the invonveniencies above-mentioned; the hour appointed; Tuesday last; they are heirs general to all the money of the

---

*) So schreibt Hr. Dr. H. immer, obgleich der Plural solcher Fremdwörter auf iv der Analogie und dem gewöhnlichsten Gebrauch nach auf e, nicht auf en ausgeht, vgl. die Motive u. ä.

laity &c. Namentlich war die Stellung von enough zu erwähnen, z. B.: with great piety and art enough (Spect. 5, 103.) It is a pleasant scene enough (ib. 6, 243). I found it a melancholy place enough (Sybil by Disraeli p. 28). Zuweilen steht das Adj. mit enough nach dem Subst., nicht bloß wenn es einen Zusatz hat: I have not a room large enough to put it in, sondern z. B. Shaksp. 361a: To look with forehead bold and big enough. Nur selten steht enough vor dem Adj., z. B. Shaksp. 327b: Would God, that any in this noble presence | Were enough noble &c. Doch mag dies auf sich beruhen. Wenn es dagegen bei Heussi weiter heißt:

„Desgleichen steht, wenn das Beziehungsw. durch one vertreten wird, dies one zuweilen vor den Attributen, jedoch muß dann jedenfalls das erste Attr. die Partizipalform haben", — so zitiren wir dagegen z. B. T. Jones 3, 287: He behaved like one frantic; Byr., Mazeppa 416: They play'd me then a bitter prank... At length I play'd them one as frank, u. s. w.

P. 133. §. 199. Regel 2. Hier nennt H. als der Steigerung unfähig z. B. black, white, perfect u. s. w., secretly. —

Der Hr. Dr. hat vielleicht einmal läuten hören, aber er weiß nicht, wo die Glocken hängen. Adelung in seinem deutschen Wörterb. sagt unter blau: am blauesten, ob man gleich die Farben **weiß und schwarz ausgenommen**, nicht gern comparirt u. s. w. S. Shaksp. 28a: The blackest news that ever thou heard'st; Tom Jones 3, 215: facts of the blackest dye; ib. 225: the blackest crime; ib. 287: with any blacker crime; ib. 257: the blackest and deepest villainy; — 2, 120: What is called by school-boys Black-Monday, was to me the whitest in the whole year; Wagners vollst. engl. Sprachl. 1802. §. 204: blacker than a moor; Sinnet's Elementarb. Hamb. 1853. p. 139; Jerem. Lament. 4, 7 u. 8; Byron 61b u. s. w. — Auch von andern Farben kommt natürlich die Steigerung vor: T. Jones 3, 212: she now waxed redder, if possible, than vermilion, u. s. w — S. ferner Spect. 7, 430: The most perfect man has vices enough &c. — Ebenso wird man sagen können more, most secretly.

Wir fügen noch einige Bem. über die Comparation bei, vgl. Fölsing §. 13 ff. und §. 419 über den Gebrauch der Dichter, von dem Heussi ganz schweigt, ferner Wagner §. 197. — Nach diesem zählt er unter den zweisilb. Adj. auf y als durch more und most zu steigern, die auf dy, fy, ky, my, ny, py und ry auf; während aber Wagner sagt: „doch hat happy auch happier, happiest," verballhornisirt dies H.: happy und lucky indessen haben die echten Comparationsformen"— vgl. Lady Montague: Such a life is infinitely more happy and more voluptuous than the most ravishing and best regulated gallantry; T. Jones 3, 300: as there are not to be found a worthier (s. u.) man and woman than this fond couple, so neither can be imagined more happy. Worthy u. a. m. zählt H. noch einzeln auf, als nur periphrastisch zu steigern (s. o.). Fernere Beisp. Tom Jones 3, 212: he is the best and worthiest of all human beings; 2, 120: The better, and worthier and soberer (s. u) any young man was; neben 2, 138: the knowledge and assurance of things much more worthy our attention than all &c. — Ebenso soll nach H. nur more mighty vorkommen, aber Byron, Mazeppa im Anfang: Until a day more dark and drear, | And a more memorable year | Should give to slaughter and to shame | A mightier host, a haughtier name. Shaksp. 295a: And stir them up against a mightier task; wie 296b: Till you compound, whose right is worthiest, We, for the worthiest, hold the right from both. So findet sich z. B. Byr, Mazeppa v. 463: A something fierier [fiery geht doch auf ry aus!] far than flame; Shaksp. 303b: I have been merrier u. a. m. P. 137 lehrt H. ferner:

Von den zweisilbigen Adj. auf er möchten wohl die meisten mittelst der periphrast. Formen gesteigert werden, z. B. sober, nüchtern.

Aber wir haben oben bereits soberer gehabt, und so zitiren wir denn neben T. Jones 3, 276: a more tender or moving scene; ib. 300: They preserve the purest and tenderest affection for each other; p. 193: I have obligations to him of the greatest and tenderst kind; 2, 198: his jealousy, which was of the bitterest kind; Shaksp. 360a: I would my means were greater, and my waist slenderer u. s. w. In solchen Fällen, wo eben eine doppelte Form möglich ist, entscheidet häufig der Parallelismus der Verbindung; dann verdiente aber auch namentlich Beachtung, daß die deutsche Weise mehr dem Attribut, die franz. dem Prädicat zusagt, die also auch da vorkommt, wo das Adj. nachtritt: a day more dark and drear = a day that was more dark &c. Weil moving periphrastisch gesteigert wird, sagt man lieber a more tender or moving scene, dagegen analog zu greatest — the greatest and tenderest kind. S. ferner Spect. 2, 407: His garb is moore loose and negligent, his manner more soft and indolent; ferner No observation is more common, and at the same time more true; Lady Mont. p. 172: The Turkish ladies, who are perhaps moore free than any ladies in the universe; p. 20: nothing can look more gay and splendid, neben p. 35: all the other gayest colours; Shaksp. 177b: Hath not old custom made this life moore sweet, Than that of painted pomp? Are not these woods More free from peril, than the envious court? (vgl 298a); p. 318b: In war was never lion rag'd more fierce, In peace was never gentle lamb more mild, u. s. w. Hiermit hängt zusammen, daß afraid und ähnliche Participia mit more und most gesteigert werden, trotzdem daß H. lehrt: „Mittelst der echten Comparation werden gesteigert: Unter den zweisilbigen, die, welche den Ton auf der letzten hörbaren Silbe haben." As a men gets older, he his more inclined to be sociable, m. vgl. den Positiv much surprized, und auch im Deutschen: ich bin mehr erstaunt als du glaubst; m. s. ferner die — von Heussi p. 393, §. 549 Anm. aufgeführten — Adject., die nur prädicativ vorkommen. So wird man z B. immer nur sagen können more alone [nie aloner] u. s. w — Aber auch von andern zweisilb. Adj. mit dem Ton auf der Endsilbe findet sich — neben der deutschen — die französ. Weise, z. B. Goldsmith 52: Never did my heart feel sincerer rapture than at that moment; T Jones 3, 290: No repentance was ever more sincere (Prädicat). — Goldsmith p. 38: Walking would be twenty times more genteel than such a paltry conveyance; 61: This would be cheaper, since one frame would serve for all, and it would be infinitely more genteel; Lad. Mont. 199: the ladies affect the French habit and are more genteel than those they imitate; — aber auch ohne solchen Grund — if we did not chose a more genteel apartment (Goldsmith 99); The house was amazingly crowded with the most genteel people. (Bloomfield, the Farmer's Boy. Leipz. 1801. p. XIII) u. ö. — Lady Mont. 58: The Austrians are not commonly the most polite (Parallelismus mit agreeable) people in the world, nor the most agreeable, u. s. w.

Nach Heussi 206. 2. a_4 und b_4 sollte man meinen, Adject. wie cruel, civil, honest u. a. m , gäbe es gar nicht; denn unter a_4 nennt er, als durch Flexion zu steigern, die zweisilb. Adj. auf le mit vorhergehendem starrem Conson., die auf y (exceptis excipiendis s. o.) und die mit dem Ton auf der Endsilbe; unter b_4 als durch more und most zu steigern: „Alle zweisilb. Adj., welche sich endigen auf -ain, al, ed, ent, ful, id, ing, ive, less, ous some. — Und weiter ist von zweisilbigen Adj. dann keine Rede! Wir geben hier zunächst einige Belege für die durch er, est bewirkte Compar. der oben genannten Wörter. Bei Heussi selbst §. 547 Anm. 2: She is the cruellest she alive; Spect. 3, 435: the very cruellest of brutes [man beachte die Verdoppelung des *l*]; Tom Jones 2, 206: the lady in the fine garments is the civiler of the two; 2, 192: she never could get money in an honester way; 3, 286: there was not an honester fellow in the world; Spect. 2, 42: the honestest fellow in the world. — Nun aber auch Belege von der deutschen Steigerung bei zweisilb. Adj. auf ed, ing u. s. w , z. B.: And approach the ragged'st hour. (Shaksp. 358b). T. Jones 3, 201: that wickedest of men remains uppermost in her heart; Goldsmith 76: There were some among them stronger, and some more cunning than others, and these became masters of the rest; for as sure as your groom rides your horses, because he is a cunninger animal than they, so surely, will the animal that is cunninger or stronger than he, sit opon his shoulders in turn, (wobei unsere obige Bemerkung von dem Attrib. und Prädicat und der Einwirkung der Analogie zu beachten ist) u. s. w.

Schließlich ergänzen wir noch Heussi's Regel 3: he is more rich than powerful, indem wir rather st. more beifügen, z. B. Spect. 3, 205: those who are rather indiscreet than vicious. —

Aber nun zu einem andern Kapitel. „Von der Zahlwandlung der Subst.", p. 92 ff.

„Endigt sich der Sing. auf einen der Zischlaute ch, sh, s, ss, x oder auf o, so wird, der Aussprache wegen [bei den Wörtern auf o ist wohl nicht die Aussprache der Grund] zur Bildung des Plurals, es angehängt."

Als Ausn. werden für die Wörter auf o die auf io und sonst tyro und volcano genannt [das ital. banditto — banditti wird später p. 95 erwähnt; über Bravo u. ä. m. wird nichts gesagt]. Jedenfalls hätten z. B. erwähnt werden müssen Formen wie Spect. 3, 42: The Virtuosos above-mentioned, und p. 411: female Virtuoso's, wie denn überhaupt für solche Fremdw. die Pluralbildung durch s mit vorhergehendem Apostroph zu beachten ist (s. Flügel 151), z. B. Spect. 2, 293: one of the greatest Genius's this age has produced; 7, 442: men of worthy and excellent genius's — wonach §. 163 zu berichtigen ist, der Plural von Genius lautet also nicht bloß genii od. geniuses, noch ist die Bed. bloß „Leute von Talent," sondern Genie, Genies. — Wir erwähnen hier noch The Commitee (House) divided; Ayes 175, Noes 68; Majority against Mr. such a one 107. (175 stimmten mit Ja, 68 mit Nein, vgl. Flügel 162), Grottos, s. Flügel 151, aber porticoes Gibbon 6, 131. Ferner für die Subst. auf s, neben all the biases (Spect. 3, 161), two ripe ananas (Lady Montague) und — was auch gegen § 166 zu bemerken ist: „Eigennamen... bilden ihren Plural, ohne Rücksicht auf die Endung, auf s." — Shaksp. 323b: Three Judas*ses* (mit verdoppeltem s), each one thrice worse than Judas. Man vgl. auch ib. 52a: like three Germain devils, three Doctor Faustuses; 309b: You bloody Neroes; 408b: Samsons or Goliasses (vgl. 1 Sam. p. 17) u. s. w. — Im Uebrigen verweisen wir auf Flügel, so auch für die Subst. auf f und fe. Nur bemerken wir hierzu noch, daß z. B der Plur. von if durch Anhängung von s gebildet wird — überhaupt vermissen wir jede Bem. über den Plural solcher uneigentlichen Substant. (s. o. ay, no u. a. m.) — Shaksp. 491a: If! thou protector of this damned strumpet | Talk'st thou to me of ifs.

§. 162. 1. Unregelmäßiger Plural: Die 3 letzten Wörter lauten: „reak, Binse, rexes; pea, Erbse, peas und pease; kern, Landstreicher, kernes."

Man findet wohl auch rexen; reaks bedeutet gewöhnlich Tumult (s. p. 114). Für die beiden Pluralformen von pea existirt ein orthogr. Unterschied, s. Walker Pronounc.Dict. p. 347: When the plural of this word signifies merely number, it is formed by adding *s*, as, „They are as like as two peas." When quantity is implied, *e* is added to *s*, as, „A bushel of pease." The pronunciation in both cases, is exactly the same, that is, as if written peze." Vielleicht hätte hier auch noch das als plur. tant. aufgeführte vesses (p. 116) zu dem Sing. vetch hinzugefügt werden können; jedenfalls gehört aber kern gar nicht hierher. Von diesem Wort, das „irischer Fußsoldat, irischer Bauer, Landstreicher" bedeutet, findet sich auch im Sing. die orthogr. Nebenform kerne und im Plur. kerns und kernes, s. z. B. Shaksp. 2, 136 in dem Glossary: „Kerne, a footsoldier of the Irish troops very poor and wild" &c. und Shaksp. 394a: like a Kerne of Ireland; 318b: Now for our Irish wars! | We must supplant those rough rug-headed kerns; 274a: from the western isles | Of Kernes and Gallowglasses is supplied. — Für die unter 2. gegebenen Wörter mit doppelter Pluralform bemerken wir nur: brother, pl. brothers, in der älteren Sprache brethren, z. B. Genesis 37, 5: Joseph dreamed a dream and told is his brethren; heute — zumal in der Prosa — bedeutet brethren Genossen.

Byron im Anfang des Transformed Def. läßt eine Mutter zu einem ungestalten Sohne sagen: Call not thy brothers [deine leiblichen Brüder] brethren! [Brüder, d. h. Genossen, deines Gleichen]; doch kommt auch so brothers vor, z. B. Spect. 4, 7: In our country a man seldom sets up for a poet, without attacking the reputation of all his brothers in the art; Shaksp. 395a: And calls them brothers, friends, and countrymen, u. s. w. — Unter 3, lehrt H.:

„Sow, Sau, hatte sonst den Plur. swine; jetzt ist der Plur. regelm. sows, und swine wird jetzt als Sing. und Plur. in unveränderter Form gebraucht" u. s. w., als hieß' es nicht z. B. Leviticus 11, 7: And the swine, though he divide the foot; Shaksp. 141a: pearl enough for a swine; 501b: This foul swine Lies now &c., s. Flügel p. 155.

§. 163. Ein Verzeichniß von Fremdwörtern mit ihrem Plur., fast vollständig aus Flügel p. 162 ff. abgeschrieben. Auf Rechnung des Hrn. Dr. kommt nur die Rubricirung dieser Wörter als lat., griech. u. s. w. Daß criterium (-on) dabei zweimal paradirt, einmal als griech. (-on), und einmal als lat. (-um), ist in der Ordnung, schwerlich aber, daß die — freilich aus dem Griech. in's Lat. übergegangenen — Naiad und Nereid (ναϊάς, νηρεΐς) als lat. Wörter aufgeführt sind, während z. B. epitome — das doch auch in's Lat. übergegangen ist, unter den griech. steht.*) — Daß viele Fremdw. fehlen, ist schon gesagt; von ital. ist nur banditto aufgeführt (s. o., und vgl. über donna, grotto &c. Flügel p. 151, palisadoes, Shaksp. 340b: cavaleroes, ib. 379b: — span. caballero — corantos, ib. 392b: — frz. courante —). Wir erwähnen, daß z. B. Lady Montague p. 200 von cicisbeo den plur. zum sing. macht: a cizisbei of her own choosing, und darauf p. 199: the custom of cizisbeis; vgl. Spect. 1, 260: In France, Jean Potages; in Italy Macaronies. (Auch bei echtengl. Wörtern kommt es zuweilen vor, daß von einem als Singular gefaßten Plur. ein neuer Plural gebildet wird, z. B.: I wish I had one of them (= those) six-

*) Wie es mit der Kenntniß der klass. Sprachen bei dem Hrn. Dr. aussehen mag, verräth eine Anm. p. 288: „Der prädicative Acc. wird von Andern, etwas auffallend, Factitiv genannt: Abgesehen von der ungeschickten Bildung des Wortes, denn ein Verb factire giebt es ja nicht, ist schon die Einführung eines neuen Ausdrucks für eine Sache, die sich dem gewöhnlichen Acc. so nahe anschließt, nicht zu entschuldigen." —

Nebenbei wollen wir bemerken, daß gerade Hr. Dr. H. eine Menge neuer Ausdrücke für die gewöhnlichsten Dinge anwendet. Wir heben namentlich hervor p. 11: Distributivzahlen... auch... Brüche genannt. Aus jeder lateinischen Gramm. hätten der Hr. Dr. lernen können, was man eigentlich „Distributivzahlen nennt!

Hier mag auch noch gleich bemerkt werden, daß Hr. Dr. H. auch selbst in seiner Muttersprache hin und wieder Unkenntniß verräth. So heißt es z. B. p. 349: „Die substantivischen Possessivpronomen, die im Deutschen stets den bestimmten Artikel vor sich haben, bekommen im Englischen nie einen Artikel."

Die Antithese nimmt sich ganz hübsch aus; aber, wie im Englischen this house is thine (yours), kann man auch im Deutschen sagen: dies Haus ist dein, (vgl. z. B. Adelung's deutsches Wörterb. 1, 1307 und 1308 ff.) Bei der Inversion muß sogar der Artikel wegbleiben. Vgl. For thine is the kingdom, and the power, and the glory, for ever. Denn dein ist das Reich und die Kraft und die Herrlichkeit. — Bei dieser Gelegenheit wollen wir auch noch bemerken, daß in den Grammatiken (s. z. B. Fölsing §. 297) gewöhnlich nur von den Fällen die Rede ist, wo die Anwendung des sächs. Genit. „erlaubt" ist, nicht von denen, wo er nothwendig ist, z B. Psalms 24, 1: The earth is the Lord's; ib. 22, 28: For the kingdom is the Lord's, namentlich die bekannte Stelle: Whose [sächs. Gen. v. who, wie his, thine u s. w.] is this image and superscription? They say unto him, Cesar's. Then says he unto them, Render therefore unto Cesar, the things which are Cesar's; and unto God, the things that are God's (S. Matthew 22, 20 ff.).

pences for all that. The Ringdoves, a Farce u. s. w.) Andere fehlende Fremdwörter sind z. B. (neben arcanum — Pl. -a, ums) nostrum = „a medicine not yet made public, but remaining in some single hand" (Walker), z. B. T. Jones 2, 202: Chapter IV. containing infallible nostrums &c., antrums Spect. 4, 132; intervallums Shaksp. 378a, memorandums Shaksp. 349b u. s. w., ferner animalculae (Sinnett's Elementarb. der engl. Spr. p. 102, vgl. Walker unter animalcule!] und Formen wie Alani, Suevi u. s. w. — P. 95 führt H. auf: „Beau, Stutzer, beaux." — Flügel hat auch noch beaus und Walker sagt: Often and better written beaus (s. Tom Jones 2, 177; 3, 2. u. ö.)

§. 164 handelt von dem Plur. der zusammengesetzten Substantive. Wir bemerken nur praetereundo das fehlende Dragoman(s), Dolmetsch; aber als einen unverzeihlichen Mangel heben wir es hervor, daß Compos. wie hanger-on einerseits und save-all (Sparleuchter) andrerseits ganz unbeachtet geblieben sind; — hangers-on (Spect. 5, 366), standers-by (ib. 8, 100; Shaksp. 479a; 481a) comings-in (397a) u. s. w., dagegen savealls, roundabouts; orphans, wretches, cast-aways (Shaksp. 485b); Vagabonds, rascals and run-aways (ib. 504a) u. s. w.

§. 165. Anm. „Ausdrücke wie three days journey, two hours sleep, a few hours rest &c., gehören nicht hierher, da die Subst. days, hours &c. Genit. sind."

Diese Anm. kehrt wörtlich p. 98 wieder; aber trotzdem ist hier days &c. wirklich Plur., nicht Genitiv — wie schon die Orthogr. zeigt, days, nicht day's — vgl. z. B. Spect. 3, 179: If with two days labour they can get a wretched subsistence, they will hardly be brought to work the other four: But then with the wages of two days they can &c. — Ueber den Plur. von handful &c. vgl. Wagner §. 149; Lady Montague schreibt z. B. p. 179: to take 2 or 3 spoonfuls of broth; Andere lassen das Pluralzeichen ganz weg. Man s. übrig. Eccles. 4, 6: Better is an handfull with quietness, than both the hands full with travail &c, s. u. pennyworth.

§. 168. Singularia tantum. — Völkernamen wie the English u. s. w. und the Portuguese &c. gehören schwerlich in dieselbe Rubrik (s. Fölsing §. 23, namentlich B, 2 — füge hinzu the British or Brittons — und Flügel p. 157, der den pl. the Malteses aufführt). Nach H. sollen alle „nur den Plural ausdrücken," nun ist a Poloneze, Genoese u. s. w. gar nichts Seltenes, wie andrerseits auch der Plur. the English bei klass. Schriftstellern da vorkommt, wo nicht von „der ganzen Nation" die Rede ist. Es hängt dies mit dem Gebrauch der Adject. überhaupt zusammen, die, in manchen Fällen, auch wo Individuen, nicht die ganze Gattung bezeichnet wird, ohne Subst. oder ergänzendes one stehen [z. B. Looking over the last packet of letters sent to me, I found the following. — Spect. 2, 61. — If at any time civil discords arose among them (and arise there did innumerable. Harris, s. Nolte und Ideler Hdb. der engl. Spr. pros. Theil. 1823. p. 326 u. s. w.]. Wir geben einige Belege. Lady Mont. p. 158: My mother was a Poloneze; p. 203: We were visited here only by a few English, in the company of a noble Genoese (neben p. 199: The Genoese were once masters of some islands); p. 75: The Emperor's ambassadors and those few English that have come hither: — Shaksp. 303b: If but a dozen French | Were there in arms, they would be as a call | To train ten thousand English to their side, u. ö. — P. 130a bezieht er sogar das Pron. he im Sing. auf the French, aber wie der Plur. lords zeigt, nur durch ein Umspringen der Construction: For if the French be lords of this loud day, He means to recompense the pains &c., etwa: Wenn die Franzosen Herren dieses wilden Tages sind, so will er — nämlich der Franzosen-König ꝛc. Beachtung aber verdient, daß Shaksp. statt the Welsh, wo von der Gesammtheit die Rede ist, auch the Welshmen sagt, z. B. 323a: For all the Welshmen, hearing thou wert dead, | Are gone to Bolingbroke, dispers'd and fled; 324a: The Welshmen are dispers'd; 496b: And Buckingham, back'd with the hardy Welshmen, Is in the field, d. h. überall die welschen Truppen, vgl. dagegen z. B. 297a: And, like a jolly troop of huntsmen, come | Our lusty English, all with purpled hands; p. 361b: He leaves his back unarm'd, the French and Welsh | Baying him at his heels u. s. w.

Wir setzen in Bezug auf solche Völkernamen noch einen Satz der Lady Montague her (p. 44): The Saxon ladies resemble the Austrian [nicht —s, den östreichischen, nicht den Oestreichern] no more than the Chinese do those of London — und heben noch die Fem. hervor, z. B.: She had given her two guineas to the Frenchwoman (Sinnett l. l. 132); Shaksp. 334a: The noble Mortimer.... Was by the rude hand of that Welshman taken, And a thousand of his people butchered: Upon whose dead corps there was such misuse... By those Welshwomen done &c. — Doch wir wenden uns wieder zu Heussi §. 168 a_3, b_2. Unter den „Gattungsnamen, die im Sing. und Plur. gleichlauten," vermissen wir verse; denn wie man sagt: I have eat fish, he wrote a book on fishes, so sagt man auch: A book in verse; vgl. Lad. Mont. p. 186: Verse again! (Schon wieder Verse!) — aber p. 105: To get these verses in a literal translation; Spect. 7, 453: the author of so good verses u. s. w. Zu cannon, Geschütz, gehört z. B. auch culverin, Shaksp. 340b: Of palisadoes, frontiers, parapets, Of basilisks, of cannon, culverin. Uebrigens findet sich auch cannons, z. B. Shaksp. 296a: The cannons have their bowels full of wrath; ib. b: Our cannons' malice vainly shall be spent &c., neben 297b: Let France and England mount Their battering cannon, u. s. w.

Anm. 2. „Einige Adject. haben so ganz die Natur von Substant. angenommen, daß sie auch eine Pluralform bilden. Es sind folgende: The ancients u. s. w."

§. 171 wird aber the ancients unter den Subst. aufgeführt, die „gar keinen Sing. haben," (s. u.) und so andere mehr, vgl. Flügel p. 159 ff., Fölsing §. 22. — Wir führen hier einige von den Gramm. nur als plur. tant. angegebene Wörter auch im Sing. auf, z. B.: incurable, s. Fölsing I. Chap. XV: Well, replied the gay incurable, fill up your glass; ebenso: Much my inferior in strength (T. Jones 2, 123), welches auch Fölſ. so aufführt, ebenso Junior, nur bedeutet dies nicht immer „Jemand, der an Dienstjahren jünger ist, als ich." S. z. B. Byron, Mazeppa 168: His junior she by 30 years; auch better kommt so im Sing. vor, z. B. Shaksp 478b: His better doth not breathe upon the earth. Man beachte, wie sonst der Sing. mit dem Plur. verbunden wird, Percy 176b: Then pulling off his boots half-way; Sir Knight, now I'm your betters (jetzt bin ich Ihnen überlegen); Spect. 3, 189: To give anybody advice, is to say that person, *I* am your betters; 4, 85: a Squire or Gentleman or one that was her betters, u. s. w. Vgl. Shaksp. 349b: *I* am good friends, with my father; 365b: I'll be friends with thee, Jack. Es fehlen eine Unmenge hierher gehöriger Wörter, z. B. Spect. 7, 209: Several of these married the agreeables; ib.: there were as many ugly women as beauties or agreeables (Damen, die gefallen, ohne gerade schön zu sein). — A domestic; that part of his philosophy which we, among ourselves, call his domestics (Spect. 7, 70.) And walk about the earth as insignificants (ib. 71); you are an impertinent; a thousand disagreeable impertinents (Mont. 207), another kind of impertinents (Spect. 2, 364), several sorts of impertinents (ib. 482); In pride and vanity he was perhaps without a parallel; two parallels; That roan shall be my throne (Shaksp. 341a); Rash, inconsiderate, fiery voluntaries (ib. 295a); Faithless as their vain votaries, men. (Byr., Mazeppa 6); a votary of learning; an alien to the hearts Of all the court (Shaksp. 347a); I had a hundred and fifty prodigals (351a), the story of the prodigal (p. 363a) u. v. a., wie man eine Menge aus jedem Wörterb. wird nachtragen können, z. B. criminal, profligate, second, worthy &c. &c. Zuweilen ist auch die deutsche Uebersetzung bei H. nicht ausreichend, z. B.: „the commons, die Gemeinen, (das engl. Unterhaus)," vgl. Shaksp. 617b, wo Marc Antony sagt: Let but the commons hear this testament; ferner bedeutet commons auch Gemeinweiden, Hauskost (vgl. das fehlende ordinary, Garküche, T. Jones 1, 1: one who keeps a public ordinary); — ferner „greens, Gemüse"; dieser Plur. kann aber auch wie green im Sing. „a grassy plain" bezeichnen, z. B. Shaksp. 296b: We tread In warlike march these greens before your town, u. ä. m.

Unter c_2 handelt Heussi dann von den Sammelnamen und zwar heißt es unter a_3, von denen, welche Zahl, Maß oder Gewicht bezeichnen, nähmen mehrere keinen Plur. an, bei andern sei der Gebrauch schwankend, und dann werden unter a_4 9 Subst. aufgezählt, die „stets ohne Plural sind": Fathom, Faden, Klafter; hogshead, Oxhoft u. s. w.; dann unter b_4 10 andere, die „zuweilen, doch seltener im Plur. gebräuchlich" seien. — In Bezug auf fathom hätte der Hr. Dr. schon aus Flügel, den er doch sonst so sehr benutzt, den Plur. lernen können. Dort findet er p. 182 Anm. 3 in einem Beisp. aus John Ross: Soundings were obtained in 455 fathoms, vgl. Sinnetts Elementarb. p. 121: to 3 or 4 fathoms; p. 122 und 123, ferner Shaksp. 252b; 531a u. s. w. Ebenso kommt auch der Plur. von hogshead vor, z. B. Shaksp. 341a: With 3 or 4 loggerheads, among 3 or 4 score hogsheads, Spect. 4, 74: The hogsheads of neat port came safe, s. ferner Hedley, the London Mercantile Correspondent. Leipz. 1836. p. 140: Only about 100 hhds. (i. e. hogsheads) of fair quality were taken... Observe that our present stock is 12,300 hhds. — that last year at the correspondent period it was 16,600 hhds., and at the year previous 16,512 hhds. — Glauben denn nun aber, abgesehen hiervon, der Hr. Dr, ein abgesagter Feind des „&c. u. a. m.," mit 19 Wörtern alle Sammelnamen, welche Zahl, Maß oder Gewicht bezeichnen, erschöpft? Wie soll sich der Schüler aber mit den hier nicht aufgeführten verhalten? Vgl. z. B. Hedley l. l. p. 136: 40,242 boxes; p. 138: 2976 cwt. (i. e. hundredweight); ib. nearly 16,000 stone has been brought to market; 141: 300 Bales Surats were &c.; ib. 4632 Qrs. (quarters); p. 143: 2760 bags; p. 144: 83,500 packages, u. s. w.; Spect. 7,338: above 6 foot 2 inches high; One bottle of port — 5 shillings (My Fellow Clerk, a Farce); Eight shillings and sixpence (Shaksp. 341b); holland of eight shillings an ell (349a). Seven groats and two-pence (361a). Not to come near our person by ten mile (381a). I killed 50 brace of ducks and 3 couple of teals (Gulliver's Travels). — Vgl. Lady Mont.: Here are great variety of pennyworths mit Spect. 6, 335: I received above two pennyworth of instruction from your paper (s. o. über handful &c.) u. s. w. —

P. 99, Anm. 1. „Gattungsnamen, die tropisch zu abstracten Subst. werden, haben als solche keinen Plur. Beisp. Heart, Herz, Muth; head, Kopf Verstand."

Dixi! S. dagegen z. B. Sudden Thoughts, a Farce p. 13: I'll assist you, and if you and I put our heads together, I dare say we can manage it; Shaksp. 483b: You scarcely have the hearts to tell me so; vgl. 296b: Twice fifteen thousand hearts of England's breed; 303b: The hearts of all his people shall revolt from him; 488a: But look'd not on the poison of their hearts; 618a: I come not, friends, to steal away your hearts; 397b; O God of battles! steel my soldiers' hearts! u. o. — Gerade über den vom Deutschen abweichenden Plur. in solchen Fällen mußte gesprochen werden, vgl. z. B. Fölsing §. 7, ferner: Wherein has Caesar thus deserved your loves? — Such a load of my master's clients on their death-beds (My Fellow Clerk). — Some people (i. e. liars) ought to have good memories (T. Jones 2, 130), u. s. w. Wir erwähnen namentlich so noch blood, z. B. Shaksp. 622a: I know, young bloods (junges Blut, junge Leute), look for a time of rest; 296b: As many and as well-born bloods as those (entsprechend dem Twice 15,000 hearts of England); s. auch 490b: Be satisfied, dear God, with our true bloods, Wich, as thou know'st, unjustly must be spilt, u. s. w.

P. 99, Anm. 2. „Einige abstr. Subst. haben keinen Plural &c.: Business....; ralief, die Hilfe, nur selten im Plur."

Von business kommt der Plur., wenn auch selten, vor, z. B. Shaksp. 308a: A thousand businesses; 195a; 206b; 209a; 247b; von fehlenden Wörtern bemerken wir goodness, s. Montag. 52: none of your goodness is lost upon Yours &c. — Die Wendung, daß relief „nur selten im Plur." (vgl. §. 161, 3. 2.) unter den Subst. steht, die „keinen Plur. haben," ist schon auf der vorigen S. da gewesen; b_3: „Folgende Sammeln. kommen nur im Sing. vor..... folk (zuw. folks)." In der Anm. wird dann noch einmal folks besprochen; ebenso heißt es darin auch: Infantry und cavalry kommen ebenfalls nur im Sing. vor, nachdem beide Wörter schon in der Regel so neben foot und horse aufgeführt waren. Man beachte den Sing. des Pron. neben diesen Wörtern, Shaksp. 504a: Shall have the leading of *this* foot and horse; ferner horse = Trupp, Schaar von Pferden, Byron, Mazeppa 678 (vgl. 684): A thousand horse — and none to ride (von einer Horde wilder Steppenpferde); ferner Shaksp. 2, 70b: Some glory in their birth.... Some in their hawks and hounds, some in their horse.

P. 99—117 folgen nun die plur. tant. und zwar 1. Subst. mit Pluralform, die aber als Singulare behandelt werden, d. h. Verb, Pronomen und Artikel im Sing. bei sich führen; hier fehlen erstlich manche, z. B. gallows (s. Flügel p. 171: *a* gallows; ferner Shaksp. 797b: The gallows does well; but how does it well? &c.), colours (Flügel 169: *a* tattered colours) u. s. w. Besondere Beachtung verdient die verschiedene Ausdrucksweise für das „ein" bei solchen Plur. tantum, einige dulden a vor sich, z. B. außer den genannten, an alms (Flügel 165), a very pitiful amends (Tom Jones 3, 302); a jakes (2, 152) u. a. m., dagegen heißt eine Neuigkeit a piece of news (ib. 3, 229; 2, 241; 3, 238, obgleich es auf derselben Seite heißt: much — nicht many — news; this — nicht these — very news, as it reminded u. s. w) u. a. m. Bei Wörtern, wo der Plur. das Bestehen eines Gegenstandes aus 2 symmetrischen Theilen andeutet, wendet man a pair an, (vgl. franz. une paire de ciseaux) a pair of scissors, bellows, stairs, scales u. s. w.; vgl. Flügel prakt. Handb. 211 ff. Hierher gehören auch manche fälschlich in § 171 aufgeführten „plur. tant.," z. B. odds, Shaksp. 398a: 'Tis *a* fearful odds, u. s. w. — Die von P. 100—117 aufgezählten Subst. in 2 §§., §. 170 solche, die zwar einen Sing. aber mit anderer Bed. haben, und §. 171, die gar keinen Sing. haben, sind fast nur aus Flügel **abgeschrieben.** Die Trennung in die beiden Klassen ist das Werk des Herrn Dr.; sollte aber einmal eine solche vorgenommen werden, so hätten nicht in die zweite, sondern in die erste Klasse gehört, z. B. — um nur beim A zu bleiben —:

armings (hat einen Sing., aber mit anderer Bed., arming, die Bewaffnung), arms, Waffen (oder Arme, von arm); ashes, Asche — (oder Eschen, von ash); azymes (Sing azyme, ungesäuertes Brod, gr. ἄζυμος) u. s. w. Daß z. B. arm dem deutschen, arms (Waffen, Wappen) dem romantischen Sprachstamm angehört, also die beiden Wörter zwei verschiedene sind, ist freilich wahr, aber das gilt z. B. für azyme, s nicht; doch gehen wir darüber schneller fort. Manches Wort ließe sich noch aus Flügel nachtragen (p. 165 ff. und 471 ff.), z. B. fehlt winterquarters, obgleich summerquarters aufgenommen ist. Wir bemerken hier gleich nach den Plur. „Quarters, Quartier; Posten beim Seetreffen," als §. 170 fehlend. Eine Menge läßt sich auch noch aus jedem einigermaßen vollständigen Lexicon nachtragen; nur hat man sich in Acht zu nehmen, denn nicht alle von den Lexicis als Plur. tant. ausgegebenen Wörter sind es wirklich. Dieser Uebelstand macht sich, wie wir gleich sehen werden, namentlich auch in den Heussi'schen — oder eigentlich Flügel'schen — Verzeichnissen geltend. Einzelne Fehler bei H. lassen sich freilich auch schon aus Flügel berichtigen, z. B. wenn es p. 105 heißt: sounding, Ankergrund, Plur. Tiefen, vgl. Flügel 182: Soundings were obtained in 455 fathoms. Heißt das hier etwa nicht Ankergrund? vgl. Kaltschmidt's Wörterb.: „Sounding, subst. Ankergrund, to be out of soundings u. s. w.; plur. die Sondirungen." — P. 107: „anes awns, die Grannen am Getreide 2c.," s. den Sing. bei Flügel 166, ebenso Flügel 170 *a* live ember zu p. 109 embers. Wenn es auf ders. Seite heißt: „errata, Druckfehler," so sagt nicht bloß Flügel: „Errata hat zwar einen Sing., erratum," u. s. w., sondern der Hr. Dr. selbst haben p. 94 gelehrt: erratum, Druckfehler, errata. Was solche Plagiatoren doch zuweilen für ein kurzes Gedächtniß haben! Hieran reiht es sich, wenn H. p. 185 aus Flügel abschreibt:

Vigintiviri, die Zwanziger (20 obrigkeitliche Personen im alten Rom), obgleich er p. 94 gelehrt: Triumvir, plur. — viri. Warum soll denn nun nicht auch der Sing. vigintivir vorkommen? Von decemvir, duumvir, u. s. w., ist gar keine Rede. Wie gedankenlos Hr. Dr. H. den Flügel ausgeschrieben, möge noch ein Beispiel beweisen. §. 171 führt er als plur. tant. Athens, Algiers, u. s. w. auf, obgleich er aus Flügel p. 186 hätte lernen können, daß dgl. Namen in §. 169 unter die Subst. mit Pluralform, die aber als Sing. behandelt werden, gehören. Vgl. Flügel p. 149: What Athens was in Science &c.; Gibbon 11, 304: Athens, though no more than the shadow of her former self, still contains &c., s. den General-Index zu Gibbon. — Anderer Natur sind the Alps, Apennines; doch haben Dichter auch den Sing., z. B. Milton Parad. Lost 2, 620; Sams. Agon. 628; Byron 53b; 343b; 572a; 573b; 574b; 577b; Thomson 94; Shaksp. 392b sogar the Alps doth spit and void his rheum upon; 294a the Pyrenean u. s. w. P. 101 steht bei Heussi: „down, die Düne; pl. die Dünen an der Küste von Kent." Das ist nicht aus Flügel's Verzeichnissen entlehnt; woher aber der Hr. Dr. zu seiner ganz besondern Weisheit gekommen sein mag, daß es außer an den Küsten von Kent keine Dünen gebe, wird man erfahren, wenn man J. G. Flügel prakt. Handb. 2c. 1826. p. 460 nachschlägt. Dort heißt es: „The Downs, die Dünen, Name einer Meeresgegend an den Küsten von England, an der östl. Küste von Kent, zwischen N. und S. Foreland." Hätten aber der Hr. Dr. die Anm. nur zu Ende gelesen, so würden Sie daraus gelernt haben, daß z. B. auch die flandrische Küste in der Gegend von Dünkirchen diesen Namen führt.

P. 116 steht als plur. tant. „Vandals, die Vandalen," was Flügel mit Recht wieder nicht hat. Alle derartigen Völkernamen kommen freilich im Plur. mehr als im Sing. vor, aber plur. tant. sind sie deßhalb doch nicht. Eher hätten, schon der Pluralform wegen, Alani, Suevi, u. s. f., aufgeführt werden müssen. Fölsing §. 23, B. 2, nennt the Goth, Vandal u. s. w. als Subst. zu den Adj. Gothic, Vandalic &c., und, wenn der Hr. Dr. einen Beleg für den Sing. wünschen, so finden Sie einen solchen Spect. 3, 185: a brother Vandal, as wise as the other; ferner Pope 6, 55; Will. Enfield Exerc. in Eloc. 317; Byron 611b, das Adj. bei Gibbon 6, 13: The discontents [dies fehlt z. B. auch p. 98] of Africa soon fortifield the Vandal powers. —

Hierher gehört ferner p. 111: „Kaloyers, griechische Mönche." Warum soll denn nicht auch nach dem neugriech. καλόγερος der Sing. vorkommen? S. z. B. Byron 64a: How name ye yon lone Caloyer? u. ä. m. Unter *A* erwähnen wir so noch p. 107: Anthropophagi. Freilich hat auch Walker nur diese Form, doch findet sich bei demselben auch der Sing. Androphagus, A cannibal, a man-eater. Plur. —gi, und in dem Glossary to Shakspeare (2. p. 88) heißt es: Anthropophaginian, a mockword formed from anthropophagus &c.

Eine besondere Beachtung scheint uns hier noch antipodes zu verdienen; während Kaltschmidt in seinem deutsch-englischen Wörterb. den Singular antipode hat, sagt Walker ausdrücklich, wo er darüber handelt, ob dies Wort viersilbig mit dem Accent auf der zweiten Silbe zu sprechen sei, oder dreisilbig mit dem Acc. auf der ersten: If, indeed, the singular of this word were in use like satellite, then we ought to form the plural regularly, and pronounce it in three syllables only; but as it is always used in the plural, and is perfect Latin we ought to pronounce it in four; und nun folgt ein Beleg dazu in einem Vers aus Young. — Uns ist in der That augenblicklich keine Stelle eines englischen Schriftstellers erinnerlich, die den Sing. böte; vielleicht möchte der Vers aus Shaksp. 325a: Whilst we were wand'ring with the antipodes, auf die von Walker verworfene (echt-englische) Betonung und den Sing. antipode hindeuten; doch kann auch hier nach Walker's Betonung gelesen werden, wenn th' Antipodes mit elidirtem e gesprochen wird. Jedenfalls verdient aber Berücksichtigung, daß der Sing. in andern Sprachen vorkommt, so z. B. im Franz: Cet homme est l'antipode du bons sens, u. s. w. (s. das Dict. de l'Acad., das auch anthropophage &c. hat.) — Aber dies mag hier auf sich beruhen; Hr. Dr. H. zählt z. B. noch als Plur. tant. auf: „millepedes, Kellerwurm," s. dagegen Walker 305: „Besides, though seldom used in the singular, there is no reason that it should not be so used; and then it must necessarily become a Milliped." — Hierher gehören auch die Plur. tant. zoophytes, das letzte Wort; Walker hat zoophyte; polypodes, W. hat polypus; neuroptera (warum soll man nicht sagen können: the ephemera is a neuropteron); termes, termites; testaceae, u. s. w. Ebenso geht's mit einer Masse Pflanzennamen, z. B. jugubes (Kaltschm. hat jujub.) u. s. w. So begreift man namentlich nicht, weßhalb, da currant nicht als Plur. aufgeführt wird, redcurrants durchaus nicht im Sing. vorkommen soll; ebenso werden zu cress — bank-cresses, meadow-cresses, water-cresses als Plur. tant. aufgeführt. Wer sich die Mühe nehmen will, das Verzeichniß genau durchzugehen, wird eine Menge Wörter zu streichen finden. Wir beschränken uns darauf, noch einige aus der Mitte herauszugreifen, und betrachten dann nur den Anfang und das Ende etwas genauer. P. 112 finden wir als plur. tant. „memoirs, die Denkschrift," s. Walker: memoir. P. 113: „pox (eigentlich pocks) die venerische Krankheit; small pox, die Pocken," und p. 115 noch einmal „small-pox, Kinderblattern" — Nun aber heißt es z. B. Shaksp. 360b: The gout galls the one, and the pox pinches the other; p. 361a: A pox of this gout or a gout of this pox, u. s. w.; Lad. Montag. 109: The small-pox, so fatal, and so general amongst us, is here entirely harmless; p. 110: There is no example of any one that has died in it, u. s. f.

Gleich im Anfang von §. 171 finden wir abstergents und acephali; beides sind eigentlich Adj., die zu Subst. erhoben sind, vgl. p. 98; abstergent, adj. abführend, subst. Abführungsmittel (vgl. purgative); acephalous (ἀκέφαλος) hauptlos; solcher giebt es noch eine Menge, z. B. belligerant u. s. w., accessory als Subst. Zugabe, Theilnehmer, Mitschuldiger (T. Jones 3, 119: Parents who act in this manner are accessories to all the guilt); als plur. tant., das bei H. fehlt, hat Kaltschm. es = Bei-, Hilfsnerven. — Acoustics ist nicht bloß die „Lehre vom Schall," sondern auch medicines to help hearing (Walker); über adversaria s. Kaltschm.; von den Compos. mit after hat Walker als sing.: afterthought; Kaltschm. after-age und folgende bei H. fehlende Plur.: afterdays, kings, sails (?) und afterings; Algiers, s. Flügel p. 186; All-hallows, s. Kaltschm All-hallow; dieser hat auch das bei H. fehlende: alls, die sämmtliche Habe. Wurde anaclatics mit Dioptrik, so könnte anacamptics auch füglich mit Katoptrik übersetzt werden; über diese Wörter auf ics s. Flügel 186. — andirons, fire-irons. Walker hat den Sing.; H. hat mehr solche Compos., z. B. curling-irons, s. dagegen The Dancing Barber, A Farce by Ch. Selby (p. 4): Sir, your most obedient — you want my curling-irons (takes off his coat, appears in a waistcoat with white sleeves, and putting on an apron) Betty, my love (giving curling-iron) put that in the fire &c. — Das vorangehende ancients gehört in §. 170, da ancient — wenn auch in anderer Bed., vorkommt = Fähnrich, z. B. Shaksp. 351a, 365b u. ö., doch s. über dgl. oben; — annats auch = first fruits (Walker). Von ash-keys (s. u. catkins) wird sich wohl auch der Sing. finden; zu avens fehlt die bei Flügel aufgeführte Form avent. Von fehlenden Wörtern unter A notiren wir nur ascites nach Kaltschm., doch ist z. B. das frz. ascite, das lat.-griech. ascites Singular. Aehnlich ist es mit den von Kaltschm. als plur. tant. aufgeführten Bacchantes, bed-hangings, boot-garters u. s. w., vgl. bei H. boot-hooks. — Als Plur. tant. hat H. ferner z. B. bounds und brains, die beide doch als Sing. nicht so selten sind, z. B. Shaksp. 2b: a confidence sans bound; 350a: The very utmost bound of all our fortunes; His empire also was without a bound. Byron 229b; the Christian's and the Pagan's bound 683b; lasting beyond bound. Young, Night 1. v. 182; Or put to his omnipotence a bound. Dryden 2, 21; Illimitable ocean without bound. Milt. Parad. Lost 2, 892; At one flight bound high overleap'd all bound | Of hill &c. 4, 181; bound of land, tilth, vineyard none Shaksp. 7a; one jot | Beyond the bound of honour 244b; There's nothing... But hath his bound 262a; Our gentle flame... flies | Each bound 557; Young, Night 9, 1555 u. ö.; 332b: My brain I'll prove the female to my soul; 360a: It hath its original from much grief, from study, and perturbation of the brain; Spect. 4, 132: the brain of a beau is not real brain, Young, Night 1, 98; Byron 14a; 24b; 32b, 51b; 52b; 61a; 66b; 67b; 99a; 101a; 115a; 115b; 132b; 133b; 129b; 153b; 160b; 182b; 203a; 241b; 271b; 280a; 313b; 356b; 357a; 375b; 456b; 595a; 501a; 565b; 568a; 570a; 576b; 592a; 595b; 596b; 597a; 606a; 642a; 643b; 677b; 683a, und so sehr oft; bollard führt Kaltschm. im Sing. auf; buckrams kommt — wenn auch in anderer Bed. — im Singul. vor, z. B. Shaksp. 342b: Four rogues in buckram let drive at me (vgl. 336a; 342b). Statt boots heißt es gewöhnlich bots, z. B. Shaksp. 338b: That is the next way to give poor jades the bots; Goldsm. 51: a fourth knew by his eye that he had the botts, s. auch Walker und Flügel 167. — Unter C hat Kaltschm. z. B. folgende bei H. fehlende Wörter, von denen freilich auch manche sich im Sing. finden werden, wie unter den plur. tant. des Hrn. Dr.: caburns, cambrils, canditeers, candle-boxes, screens, snuffers, u. s. w.; — ebenso unter W (wir eilen zum Schluß): wallers, watch-works, water-holes, boards (wash-boards), wattles, wawes, weather-braces, brails, cloths, shrouds, works, wedding-clothes, whicks, white-spurs, straits, wild-williams, wine-offerings, wing-callipers, stoppers, wingers, wolvesteeth, wood-ashes, wool-winders, wove-carts, u. s. w. Daß von zoophytes sich auch der Sing. findet, haben wir schon bemerkt; Kaltschm. hat noch zoophytolites und zumates. — Daß ein solches Verzeichniß, selbst wenn es vollständig und richtig wäre, nicht in eine Gramm. gehört, bedarf wohl keiner Bemerkung. Was soll der Schüler z. B. mit einer Unmasse Ausdrücke, zu deren Verständniß man eine genaue Kenntniß vom Schiffsbau haben muß, wie „limber-boards, die Füllung des Nüstergats," u. s. w., und vielen ähnlichen? Was nützt es, wenn er z. B. lernt: „grills, eine Art kleiner Fische"? (nach Flügel p. 474). Ich gestehe gern, daß mir dies — z. B. auch im Kaltschm. fehlende — Wort unbekannt war, und — auch nach der Uebersetzung — noch ist. Es ist eine bloße Vermuthung von mir, daß es unserm „Brat-, Backfisch" entspricht, (s. Adelung), Fische, die sich ihrer Kleinheit oder ihres weicheren Geschmacks wegen mehr zum Braten auf dem Rost (to grill, franz. grilles) als zum Kochen eignen.

Als einen mehr als würdigen Pendant zu dem eben besprochenen Verzeichniß, der es an Nutzlosigkeit noch weit übertrifft, müssen wir die beiden Verzeichnisse p. 17—31 und p. 31—38 bezeichnen, das erste „transitive Verba" enthaltend, „von denen jedoch die mit [1]) bezeichneten auch subjectiv gebraucht werden": To abalienate, aband, abandon, abare, abase, abate[1]) u. s. w., 14 Seiten hindurch. — Das andere, aber „subjective Verba" enthaltend, „die mit [3]) bezeichneten auch objectiv": Abate[3]), abdicate[3]), abhor[3]), u. s. w., 7 Seiten fort.

Entweder der Schüler kennt die Bed. dieser so ohne Weiteres aufgeführten Verba, dann wird er auch wohl wissen, ob sie transitiv sind oder nicht; oder er kennt die Bed. nicht, dann kann ihm das Verzeichniß auch nicht das Geringste nützen. Wie übrigens das Verzeichniß gearbeitet ist, mag man daraus erkennen, daß §. 53 to work als Beisp. eines subject. Verbs aufgeführt, p. 31 work[1]), d. h. als transit., doch auch als subj. und p. 38 work[3]) als subj., doch auch objectiv.

Freilich scheinen sich der Hr. Dr., der wohl nicht weiß, was in eine Gramm. und was in ein Wörterbuch gehört, gerade auf diese seine Verzeichnisse ungemein viel zu gut zu thun. — Wir wollen gleich noch einige derselben besprechen. —

P. 50 und 51 finden sich in §§. 80—87 die Interjectionen abgehandelt und zwar — wir theilen dies mit, damit man sich von dem Mangel an aller Logik bei einer wahren Rubricirungs-**Manie** überzeuge —

a) eigentliche Empfindungslaute: a_1 Schallnachahmungen, b_1 willkürliche Empfindungslaute.

b) uneigentliche Interjectionen: a_1 Aufmunterung, b_1 Ausrufungen, c_1 Betheurungen, d_1 Verwünschungen, e_1 vermischte Ausrufungen.

Also b_1 Ausrufungen und... e_1 vermischte Ausrufungen!!! — Was mag sich Hr. Dr. H. ferner unter „willkürlichen Empfindungslauten" denken? Darunter führt er z. B. auf: „chick (Hühner zu rufen).... puss (eine Katze zu rufen)." Chick (en), dem plattd. Küken, hochd. Küchlein entsprechend, bedeutet aber Huhn, Huhnchen, wie puss Kätzchen. Ferner sollen ho! holla! hum! u. s. w. willkurliche Empfindungslaute sein, dagegen mum! o (lies O), oh! u. a. m. Schallnachahmungen. — Unter die uneigentl. Interj. rechnet H. z. B: I'll take my oath; devil shall fetch me u. s. w. — Daß bei solcher Ausdehnung nicht an Vollständigkeit zu denken ist, versteht sich; wir erwähnen nur einiges Fehlende: There, na! (z. B: There, there! be gone! Na! pack dich; there! we have had sentiment enough); fie! (Tom Jones 3, 296), Odzookers! (274, 275, 295), Zoodikers! (292); 'Sblood! Od rabbit (274); Od rabbet et! (396); Od-rat-it! Pugh! (228); Marry! I-fackins! (2, 227); d—n me! for heaven's sake! (2, 228); Good lack a day (226); the devil and Dr. Faustus! (3, 260); Marry, hang the idiot! (Goldsmith 47); a fig for... (46); A murrian take such trumpery (47); by the living jingo (33) u. v. a.

P. 46 ff. werden die Präpositionen behandelt, deren ausführliche Behandlung allerdings in die Gramm. gehört; nur danken wir für „Uebersichten," wie die p. 47 und 48 gegebene! — Es fehlen z. B.: sans = without, Shaksp. 2b: a confidence sans bound; 149a: sans crack or flow. — Sans SANS, I pray you, Byron 275b; 290a; 320a; 323a; 559b; 611a u. ö.; ferner in lieu = instead, z. B. bei Byron, Mazeppa 386: the cord, which to the mane | Had bound my neck in lieu of rein und Disraeli Sybil p. 17: a real royalty, in lieu of the chief magistracy &c.; ebenso by way of, z. B. a bottle by way of candlestick; except, —ed, —ing, barring; added to, in addition; in defiance of; close to; owing to; on board (of); in virtue of; on the score of u. v. a.

Hieran schließen sich die Verzeichnisse, die mit wenig Ausnahmen fast p. 305—337 einnehmen. Sie enthalten 1) in §. 476 die Verba, 2) in §. 477 die Adject., die den Dativ (d. h. die Präp. to) regieren, u. s. w., in §. 478 und 479 die, welche den Genitiv (of) regieren, alsdann die, von denen about, after abhängt, u. s. w., dem Alphabet nach. Die getroffene Einrichtung ist nicht eben praktisch, mehr schon empfiehlt sich die im Fölsing p. 161 ff., wo resp. die Verba und die Adj. nach dem Alphabet geordnet sind und bei jedem die von ihm regierte Präpos. bemerkt ist. Am instructivsten erscheint uns die Behandlung, daß man, von den deutschen Präpos. ausgehend, ihnen die verschiedenen englischen gegenüberstellt, die ihnen in den verschiedenen Fällen entsprechen. Von einer solchen Behandlung haben wir in der „höhern Bürgerschule," redig. von Dr. C. Vogel und Körner, einige Beispiele geliefert, auf die wir hier hinweisen. Wir erwähnen hier nur, um kurz anzudeuten, welche Behandlungsweise wir im Sinn haben, Einzelnes von der Präp. ohne, weil gerade diese im Heussi so gut wie nicht behandelt ist, und sie sich ferner zu einer kurzandeutenden Behandlung eignet.

Dem deutschen ohne entsprechen 1) *without*, z. B.: No sweet without some sweat, u. s. w. Man beachte hierbei auch unser: ohne daß, z. B.: The king only said, these are the limbs Patkul, without anything either to blame his conduct or to bewail his memory, and without any one daring (ohne daß Einer wagte) to speak on so delicate and mournful a subject.

2) *out of*, z. B.: He was out of breath (ohne, außer Athem); out of heart, ohne Muth, out of hope &c.

3) *beside(s)*. There are other good and charitable people in the world beside(s) yourself, Es sind ohne dich (außer dir) noch u. s. w.

Diesem entsprechen noch Wendungen wie: to say nothing of; in addition to, u. a. m.

4) ferner wird der in ohne liegende Mangel ausgedrückt durch: wanting, bare, destitute, devoid, void of, exempt from, u. s. w.

5) durch die Negation, die theils durch privative Vor- oder Nachsilben (un in; —less) theils durch not, no, das letztere namentlich auch in Verbindung mit andern Präpos. ausgedruckt wird. Beisp.: an unprecedented expedient; an unparalleled temerity; the pain I unconsciously gave you; — The effect of the matchless (mateless, inimitable) original; he has not his like, u. ä. m. No doubt, undoubtedly; no question; I question not but, u. s. w. S. Tillotson (Nolte und Ideler I. 1. p. 20): almost upon no occasion; how entirely they are all on a sudden devoted to his service and interest for no reason; how infinitely and eternally obliged to him for no benefit, and how extremely they will be concerned for him, yea, and afflicted too for no cause. — We sink among no sighs except our own. — It often proceeds from no provocation. — The old bucket was of no value. Shall then my father's will be of no force? — It will be to no purpose for him. — I was under no apprehension. You need be under no uneasiness about that. — A venerable looking man, with grey hair, and no flaps to his pocket-holes. I came hither with no intention of listening. On the bare earth exposed he lies, | With not a friend to close his eyes, u. s. f.

6) but; but for, if it had not been for, u ä. m. — Beisp.: There is no smoke, but there is some [without] fire; I never sit thus but I think &c. [without thinking] — This task would have been more difficult but for (had it not been for, if it had not been for, were it not for) our recent calamities. You would not have omitted your congratulations, but from a tenderness to certain persons. — Then was this island (save for the son that she did litter here....) not honour'd with a human shape. Shaksp. 4a; Come, an it were not for thy humours, there is not a better wench in England, 363a, u. s. w.

Aus dem Vorstehenden, worin wir uns allerdings sehr haben beschränken müssen, wird man erkennen, welche Behandlung der Präpos. wir für die praktisch brauchbarste halten; doch prakt. Brauchbarkeit schlägt ja Herr H. für nichts an. Sehen wir uns also seine Verzeichnisse, wie sie einmal sind, an, so vermissen wir 1) ganz die von Substant. abhängigen Präpos. Schlägt man p. 343 unter on auf und p. 346, so erfährt man freilich to depend on, dependant on (offenbar würde der Schüler, wenn er schwankt, welche Präpos. anzuwenden, dies leichter finden, wenn er unter depend zu suchen hätte), aber daß es so auch heißt: dependance, independance on, ist nicht erwähnt; ebenso nicht: The works of ancient writers which are written in dead languages, have a great advantage over those &c. (Spect. 4, 190); I have (have got) the advantage of him, u. s. w. — 2) sind die Verzeichnisse an und für sich höchst unvollständig. — „Die Kritik würde mir jedoch einen Gefallen erweisen, wenn sie es sich angelegen lassen sein wollte, diese Verzeichnisse, wo sie es etwa nöthig oder möglich finden sollte, zu vervollständigen." (p. IV.) — Wir haben dem Hrn. Dr. auf diese Weise schon manchen Gefallen erwiesen; wollten wir aber diese seine Verzeichnisse über die Präpos. ergänzen, so könnten wir damit ganze Bogen füllen. Wir beschränken uns hier deßhalb beispielsweise auf einige Ergänzungen zu der Präposition with:

Abusing him with the name of a great scholar. (Tom Jones 2, 204.)
My head aches with these scenes.
Arming our minds with a stubborn patience. (Tom Jones 3, 243.)
Most men are blinded with ignorance. (Spect. 3, 216, vgl. dazzle.)
Her face brightened (beamed &c.) with the expectation of an approaching triumph.
I bought two new suits with the money.
To cheat an old woman with a profession of love. (T. Jones 3, 183.)
Those (prospects) crowned with fruction. (Goldsm. 37.)
The walls are all crusted with Japan china.
He was half dead with cold. (Montag. 206.)

The Zealous for some minutes disputed this honour with him.
She dodged with me about 30 years. (Spect. 2, 45.)
Dumb, struck dumb with the apprehension of my own absurdity.
The vallies echoed with the cries of the soldiers.
The meadow was enamelled with flowers.
It was encompassed with a kind of horny substance (Spect. 4, 132.)
I was willing enough to entrust him with this commission. (Goldsm. 44.)
Extenuated (starved) with hunger.
It fared with him as with me.
Flaunting with red top-knots. (Goldsm. 33.)
He hath been (made) very free with it. (T. Jones 3, 193.)
You hurt my hand with wringing.
Inarticulate with rage. (T. Jones 2, 213.)
Frequently interlarding his story with panegyricis on Jones. (ib. 3, 253.)
A head muddled with spleen. (Montague 206.)
Overpowered with affright. (T. Jones 2, 136.)
The hours we pass with happy prospects. (Goldsm. 36.)
To be plain (sincere) with you.
Women with whom Self is so predominant. (T. Jones 3, 184.)
He proceeded with his story. (T. Jones 2, 134.)
Proud with possessing. (T. Jones 3, 205.)
No longer pollute my dwelling with thy baseness. (Goldsm. 59, s. unp.)
These reports we always resented with becoming spirit. (ib. 62.)
Allworthy resented this reflection with a smile (T. Jones 3, 200.)
It rests with your friends.
He returned our greeting with the most apparent candour. (Goldsm. 95.)
... cannot serve anybody but with insignificant good wishes. (Mont. 207.)
To be very sincere with you. (T. Jones 3, 242.)
Snorting still with rage and fear. (Byron, Maz. 446.)
The story will make you split your sides with laughing.
To stab me with so cruel a suspicion. (T. Jones 3, 225.)
A plain... surrounded with distant mountains.
To totter with age.
Tormented with anxiety (T. Jones 2, 207.)
I won't however trouble you with my arguments. (Montag. 70.)
To try the luck with cards. (T. Jones, 193.)
The mind unpolluted with guilt. (Goldsm. 35.)
I was unprovided with money to defray the expenses. (Goldsm. 72.)
Warm my heart with the transporting thought. (T. Jones 3, 2.)
His body shivering with cold, and worn with hunger, too. (T. Jones 3, 34.)
His eyes shall be red with wine, and his teeth white with milk. (Genesis 49, 12.)
I am never weary with walking, u. s. w.

Man wird aus diesen auf wenigen Seiten gesammelten und leicht zu mehrenden Ergänzungen zu einer Präp. schließen können, wie unvollständig die gegebenen Verzeichnisse sind, vgl. die weit praktischer eingerichteten bei Fölsing §. 445 und 446, Flügel p. 440 ff. Ich bemerke hier nur noch, daß selbst die von Heussi aufgeführten Verba und Adj. ihrer Bedeutung nach noch manche Ergänzung zulassen. So führt er z. B. auf: „to confront a thing, etwas gegen einander halten, vergleichen mit." Man vgl. damit z. B.: He did not dare to confront me with my guilt (T. Jones 2, 123). Ebenso: „to stagger, wanken, taumein von" mit: He was immediately staggered with its [the smile's] force (ib. 178) —; „to cram one's self, sich stopfen mit," und: a chamber crammed with mortifying objects &c. (Lady Mont. 206.) —; „to deal, sich benehmen gegen," und: She deals with somebody that's not right. (Goldsm. 36.) u. s. w. — Doch es ist unmöglich, sich auf alle Einzelnheiten in diesen Verzeichnissen einzulassen. Wir geben deßhalb hier zum Schluß nur noch einzelne Bemerkungen, da man aus dem Vorstehenden wohl schon zur Genüge die Fehlerhaftigkeit und das Ungenügende der Heussischen Gramm. wird erkannt haben.

P. 10 heißt es: „Anm. 6. Das Zahlw. one wird gebraucht: 1) bei Jahreszahlen vor thousand; 2) in der Mitte der Zahlen, z. B. 2134; 3) in allen andern Fällen kann man one oder a vor thousand und hundred setzen"

Falsch! Wo 100 und 1000 zur Bezeichnung einer großen Menge stehen, kann nicht one, nur a gebraucht werden, z. B.: there are a hundred (d. h. sehr viele: one hundred würde heißen: genau hundert) faults in this book; You shall hardly meet one in a thousand (Spect. 7, 70); And I will die a hundred thousand deaths, Ere break the smallest parcel of this vow, (Shaksp. 348a); A thousand hearts are great within my bosom (ib. 504b); A thousand horse — and none to ride (Byron, Mazeppa 678 ff.).

P. 11. „Die lat. Form [der Vervielfältigungszahlen] ist gebräuchlich von 1 bis etwa [?!] 6; die weiter folgenden kommen nur höchst selten vor," — und doch giebt er selbst decuple, centuple (vgl. die lat. Numeralia!); Walker hat auch septuple, octuple.

P. 43 (vgl. 49): „first oder firstly, erstens." Dies letztere ist selten, doch findet es sich (gegen Flügel's Behauptung p. 200) z. B. auch bei Byron 303b; 306a; 313a; 371b; 399a; 762b.

P. 65, §. 117, 1) „die Endung -le wird im Adverb ausgestoßen, z. B.: noble, nobly; visible, visibly."

So gilt die Regel nicht; p. 585 steht; „Von whole bildet man wholly, von blithe blithly," und p. 587: „Das von dem Adj. fertile gebildete Adv. wird fertily geschrieben;" und es findet sich z. B. vilely (Goldsm. 70: she has vilely deceived us; Shaksp. 348b: am I not fallen away vilely since this last action; 349a: he speaks most vilely of you; 363a: Doth it not show vilely in me, to desire small beer? u. s. w.); solely (Tom Jones 2, 139: The books which now employed my time solely); Walker hat außerdem noch servilely, subtilely (aber subtly), Byron 149b palely und analog gehn auch hostile, docile, puerile, juvenile, mercantile, versatile &c. Der Wegfall des le gilt nur, wenn vor dieser Endung ein Conson. steht, z. B.: idle, abominable &c., s. Wagner p. 278 ff.

P. 139 vermissen wir die dem lat. Deponens entsprechenden Verba, wie to be sworn, schwören, (z. B.: I will be sworn, her face was all over scarlet in an instant, T. Jones 3, 280); to be possessed, besitzen, (Farmer A. was possessed of a bull, and farmer B. was possessed of a ferry-boat; the enemies were possessed of the hills, u. s. w.). Shaksp. 478a: Sweet saint, for charity, be not so cursed, fluch' nicht so! — 482b: For Clarence is well spoken, spricht gut, ist beredt; 484a: Whom thou wast sworn to cherish and defend; ib.: If God will be avenged for the deed, (sich rächen). I am feared = afraid; s. Shaksp. 343b: But tell me, Hall, art thou not horribly afeard. [Dagegen passiv 350a: He was much feared by his physicians]. When I was a hoped [= hoping] Tom Jones 3, 260: — Man vgl. juratus, ein Geschworener, u. s. w.

P. 160. „Einige halten must auch für ein Impf., allein es läßt sich keine klass. Stelle aufweisen, aus der dies mit Sicherheit hervorginge."

Wirklich nicht?! S. z. B. Nolte p. 400: He (Luther) must have been indeed more than a man, if, upon contemplating all that he actually accomplished, he had never felt any sentiment of this kind rising in his breast. (Robertson.) Er hätte mehr als ein Mensch sein müssen. T. Jones 3, 186: Nor could Mrs. Fitzpatrick forbear making him a present of a look at parting, by which, if he had understood nothing, he must have had no understanding in the language of the eyes; Shaksp. 304b: O heaven! — that there were but a mote in yours [your eye].... Then, feeling what small things are boist'rous there, Your vile intent must needs seem horrible, u. s. w.

P. 159: „Ueberhaupt von den Hilfsv. hat nur to let die Form in -th, he letteth st. lets;" aber z. B. auch Paying what ransom the insulter willeth Shaksp. 2, 41a); aber dies = wills ist freilich eigentlich nicht mehr Hilfsverb, doch Job. 39, 27: Doth the eagle mount up &c.? v. 26: Doth the hawk fly by thy wisdom? u. s. w. Ebenso v. 3: Who hath sent out &c. Doch erwähnt H. selbst diese Formen. Ganz vermissen wir dagegen be = are, z. B. Shaksp. 335a: And let men say, we be men of good government; 497a: Where be thy brothers? | Where be thy two sons? &c.; 500a: Where be thy tenants and thy followers? (s. Fölsing §. 421); you was, z. B. Tom Jones 3, 246, 248, 251, 265 u. o. — If thou be'st not immortal, look about you. (Shaksp. 613b.) u. o.

P. 169. Anm. „Es giebt viele Verben, die im Deutschen unpersönl., im Engl. aber pers. gebraucht werden, d. h. durch alle Pers. des Sing. und des Plur. durchconjugirt werden können. Dahin gehören z. B. to happen, sich ereignen; to chance, sich ereignen; I repent, es reut mich," u. s. w.

Diese Verba (happen und chance) werden aber auch impers. gebraucht; seltener findet sich repent so, z. B. Genesis 6, 6 und 7: It repented the Lord that... Man beachte auch Shaksp. 331b, 484b: I do repent me u. ö. — Wenn es aber p. 217 heißt: „Ebenso [wie die bald pers., bald unpers. gebrauchten happen, chance?] wird to come in der Bed. „sich zutragen" **nur** pers. gebraucht." so ist das falsch, s. z. B. Shaksp. 295b: How comes it then that thou art call'd a king? u. ö., namentlich in der Bibel das stereotype And it came to pass that...

P. 169 ff. die unregelm. Zeitw., weder übersichtlich noch vollständig, namentlich sind die veralteten und dichterischen Formen von denen der gewöhnl. Prosa nicht gehörig geschieden; wir verweisen auf Flügel p. 263 ff. und bemerken nur Weniges: es fehlt z. B. p. 170 zu smite das Part. smote, (ebenso bei Flügel 278), s. Byron, Mazeppa 777: I could have smote; p. 174c ist nur light, leuchte, aufgeführt, vgl. Flugel 273: light, treffe an. Bei Beiden fehlen alight; R. alit; z. B. Mazeppa 776: And once so near me he [the raven] alit, u. ä. m. P. 175 ist swing nur als unregelm. aufgeführt; regelm. ist es aber = prügeln, z. B. Shaksp. 21b: You swinged me for my love; 54b: If it had not been i' the church, I would have swinged him, or he should have swinged me; 380b: I will have you as soundly swinged for this, you blue-bottle rogue! u. s. w.

P. 187 und 188. „Die obligator. Form: to be to.... Die übrigen Modus kommen nicht vor" — S. dagegen Fölsing §. 224, 6, und Flügel 300. — Andere Beisp.: This is very near the time I was to have gone. (Sheridan School for Scandal 3, 1.) Houseman was to have come to me at midnight, just before Clerk left his house; but &c. (Bulver, Eugen Aram.) — The persons being absent who by their office were to have drawn her chariot on that occasion (Spect. 7, 56) u. s. w. — Diese Verbindung mit dem Infin. Perf. ist namentlich bei den Hilfsverben im Gebrauch, denen das Part. Perf. fehlt, z. B.: I could never have hoped, ich hätte nie hoffen können, u. s. w. Dear mother, had I minded you | I need not now have died, u. ä. m. Aber auch sonst wenden die Engländer oft genauer den Inf. Pf. an, wo wir uns mit dem Infin. Präs. begnügen, z. B. T. Jones 3, 216: He had a plot to supplant my nephew in my favour, and to have disinherited him; 232: How unlucky was it for you, Sir, that I did not happen to see her at that time, to have prevented it! 236: I must doubt whether she would not have sacrificed herself to a man she did not like, to have obliged her father; 245: These fellows were employed by a lord, who is a rival of poor Mr. Jones, to have pressed him on board a ship; p. 259: Oh! Sir, had that lady lived to have seen this poor young man turned like a vagabond from your house; nay, Sir, could she have lived to hear that

&c. — Cicero's Letters translated by Will. Melmoth. London 1808. I. p. 199: It was my resolution, therefore, to have sailed thither; 201: I wish, however, it had been in his power ..... to have complied with your request. [Sane vellem potuisse obsequi voluntati tuae] u. s. w. Namentlich findet sich dieser Infin. Impf. nach den Verbis der Erwartung, Hoffnung, Absicht, des Entschlusses, u. s. w., z. B.: I had intended not to have seen you again (Sudden Thoughts, a Farce p. 12). Hood, in the Zealous, perceiving this, took the station which the Goliath intended to have occupied (Southey). When I was a hoped (s. o.) to have had nothing more to do than to have sent for the lawyer. (T. Jones 3, 260). My wife, who, I could perceive, was not perfectly satisfied, as she expected to have had the pleasure of sitting &c. (Goldsm. p. 159, wir gerade umgekehrt: sie hatte erwartet, das Vergnügen zu haben); The oracle, being asked by Gyges, who was the happiest man, replied Aglaüs. Gyges, who expected to have heard himself named on this occasion, was much surprised, Spect. 8, 278. u. s. o.

Es würde uns durchaus nicht überraschen, wenn dem Herrn Dr. dieser Gebrauch des Infin. Perf. ganz entgangen wäre; haben wir doch schon zur Genüge gesehen, daß ihm sehr Vieles entgangen ist, obgleich nach seiner Ansicht in seinem Lehrbuch „Alles, was je vorkommen kann, seine Erörterung finden" soll (p. V.); aber etwas gar zu stark erscheint es selbst nach allem Vorangegangenen, daß Hr. Dr. H. in Verkennung des englischen Sprachgebrauchs einen Schriftsteller wie Bulwer corrigiren zu können glaubt, indem er p. 461 schreibt: I expected to find Petersburgh a wonderful city, and I was dissapointed &c. mit der naiven Anm.: „Bulwer hat to have found." —

Hiermit glauben wir aber auch, zur Kritik der H.'schen Grammatik genug Material beigebracht zu haben; denn in Bezug auf die bisher noch nicht besprochene „Satzerscheinungslehre" d. h. Orthoëpie*) und Orthographie wird es genügen, wenn wir aus dem „Verzeichniß von Wörtern, welche auf einerlei Art ausgesprochen, aber ihrer Bedeutung nach verschieden geschrieben werden", p. 586 ff. einige Beispiele hersetzen. Das Ganze ist wieder fast vollständig aus Flügel entlehnt (Prakt. Handb. 113 ff.), der aber seinem Verzeichniß „gleichlautender Wörter" (engl. Words of similar sound) doch wenigstens die Bem. voranschickt, daß viele darunter nur „viel Aehnliches" haben, und die Aussprache nach Walker beifügt. — Nach H. sollen z. B. einerlei Aussprache haben ant u. aunt; area u. airy; arrant, errant u. errand; to harras, arras u. arrows u. s. f.; wale u. whale u. s w. (s. dagegen Flügel I. l. 288).

Und somit schließen wir dann diese Besprechung, da nach dem Gesagten der Leser füglich ein Urtheil über das H.'sche Werk wird fällen können.

Dan. Sanders.

G. F. Burguy, Grammaire de la langue d'oïl ou grammaire des dialectes français au XIIe et XIIIe siècles. Tom. 1. Berlin, 1853. XIII. 409 S.

Es ist heutzutage ein allgemein gültiger Grundsatz, daß die Grammatik einer Sprache es damit zu thun habe, die historische Gestaltung und Entwicklung der Sprachformen von den ältesten Zeiten bis auf die Gegenwart herab, auseinanderzusetzen. Eine französische Grammatik muß also die Formen der französischen Sprache in ihrem stetig fortschreitenden Zusammenhang vom 9 — 19 Jahrhundert betrachten. Wer überhaupt über irgend welchen Punkt der französischen Grammatik selbstständig sprechen und schreiben will, muß vom sogenannten Altfranzösischen

*) Fast ganz nach Walker, nur mit einigen Herrn Dr. H. eigenthümlichen Zeichen aufgeputzt. Wir empfehlen dagegen als viel einfacher und übersichtlicher die „englische Aussprache" von Dr. B. Schmitz. Berlin. 1849.

ausgehen, sonst wird er ewig in's Blaue hineinreden und im besten Falle höchstens eine crambe sexcenties recocta seinen Lesern von Neuem auftischen. Das hat man nun jetzt endlich angefangen zu begreifen. Man hat sich mit Altfranzösisch beschäftigt, Texte herausgegeben, commentirt, interpretirt, sich an altfranzösische Grammatiken und Lexika gemacht. Zu ersteren gab Raynouard i. J. 1821 mit seiner Grammaire comparée des langues de l'Europe latine den Anlaß. Nach ihm versuchten es Deutsche, die Gesetze der altfranzösischen Grammatik genauer und tiefer zu ergründen. C. v. Orell schrieb i. J. 1830 seine altfranzösische Grammatik, ein wirres, wüstes Werk. Zu den Raynouard'schen Regeln sind in buntem Durcheinander willkürliche Belege aus beinah acht Jahrhunderten der französischen Literatur ohne alle Kritik zusammengebracht. Durch strenge Ordnung und Ausscheidung des Ungehörigen in ein solches Chaos methodische Faßlichkeit und Klarheit zu bringen, war Fr. Diez vorbehalten, einem Mann von so umfassenden und gründlichen Kenntnissen, wie sie kaum je einer über die betreffende Erscheinung gehabt hat.

Nach Diez haben wieder Franzosen die Sache in die Hand genommen. Im J. 1839 erschien Fallot's Werk: Recherches sur les formes grammaticales de la langue française et de ses dialectes au XIII. siècle. Par Gustave Fallot; publiées par Paul Ackermann. Das Hauptverdienst dieses Buchs bestehl in einem einzigen Gedanken: die überraschende Mannigfaltigkeit und Verschiedenheit der altfranzösischen Formen besteht in mehr phonetischen, als grammatischen Verhältnissen und ist auf bestimmte dialektische Unterschiede zurückzuführen, deren Existenz und Gesetze man aus Urkunden herausfinden kann. Fallot's Werk ist überaus fleißig gearbeitet; die Darstellung freilich ist unbequem und möglichst schwerfällig; dazu kömmt, daß es als ein bloßes Bruchstück nach dem Tode des Verfassers gedruckt ist. Allgemeine Werke von Bedeutung sind seitdem über altfranzösische Grammatik nicht erschienen. Schätzenswerthe Beiträge lieferten, um Unbedeutenderes zu übergehen, J. J. Ampère in der Historie de la langue française. Paris 1841. Ampère ist bemüht, die nach seiner Ansicht von Fallot zu wenig hervorgehobenen grammatischen Differenzen der altfranzösischen Dialekte in's Auge zu fassen. Seine Leistungen kommen aber gegen die von W. Wackernagel in den grammatischen Behandlungen hinter seinen altfranzösischen Liedern und Leichen, Basel 1846, und vor allen Dingen die von F. Génin, des variations du langage français depuis le XIIe siècle, Paris, 1845, eben nicht sehr in Betracht.

Es war also wohl an der Zeit, alle Resultate bisheriger Forschungen auf's Neue zusammenzufassen, kritisch zu prüfen, mit eignen Forschungen zu bereichern, klar und deutlich darzustellen, um eine möglichst gründliche Grammatik der altfranzösischen Sprache zu gewinnen. Wir haben jetzt Hrn. Burguy's Arbeit, wenn auch nur zur Hälfte, vor uns liegen. H. B. hat mit großem Fleiß die Ansichten und Lehren seiner Vorgänger, namentlich deutscher Philologen, eine bei einem Franzosen nur allzuseltene Erscheinung, ziemlich vollständig gesammelt. Sein Buch ist in dem allgemeinen Theile ganz auf A. Fuchs, in dem speciellen ganz auf Fallot basirt. Diez ist fast überall berücksichtigt. Dabei fehlt es Hrn. B. keineswegs an Kritik; von einem ohneweiteren jurare in verba magistri ist bei ihm nicht die Rede; überall geht er mit seinen Untersuchungen möglichst seinen eignen Gang, kömmt dabei auch zu eignen Resultaten, wie dies z. B. einzelne Partien der Lautlehre beweisen, in denen Hr. B. auf eignem Wege (s. hierüber S. XIII.) zu übereinstimmenden Resultaten mit Wackernagel gekommen ist. Gegen die Darstellung läßt sich nichts einwenden; sie ist überall klar und deutlich und, soweit dies bei einem grammatischen Werke möglich war, in den mehr allgemein gehaltenen Partien sogar elegant und schön.

Weshalb aber Hr. B. von Génin's Buch keine Notiz genommen hat, denn gekannt hat er es doch jedenfalls, ist mir ganz unbegreiflich. Es ist dies wirklich ein bedeutendes Buch; neben vielem Falschen, das mit der naivsten Dreistigkeit dem Leser als unumstößliche Wahrheit geboten wird, enthält es eine Fülle der wichtigsten, brauchbarsten Notizen und Angaben; dabei ist es durch und durch geistreich geschrieben, wie dies eben nur einem Franzosen möglich ist, und mit dem ergötzlichsten Hochmuth der Welt abgefaßt, so spricht z. B. Génin über Diez nur mit mitleidigem Achselzucken;*) aber abgesehen davon, sind selbst die Irrthümer des Mannes und seine mitunter verkehrten Resultate anregend und lehrreich. Auch Wackernagel's Untersuchungen hätten weit mehr berücksichtigt werden müssen, und bei aller Anerkennung, die wir Hrn. B's. verdienstlicher Arbeit zu Theil werden lassen, haben wir doch gar manches in seinem Buche vermißt, manches gefunden, was einer entschiedenen Berichtigung und Einschränkung bedarf. Wir können zwar im Folgenden seine Arbeit nicht Seite für Seite vornehmen, doch mögen einzelne Bemerkungen ihren Platz finden, die unser Gesammturtheil hoffentlich bestätigen werden.

Der eigentlichen Grammatik geht eine Einleitung voraus, in der zunächst über die Abstammung des Französischen und seine Bestandtheile gesprochen wird. Hr. B. faßt mit Fuchs das Altfranzösische als aus der lingua Romana rustica entstanden auf, als eine organische Fortbildung der lateinischen Sprache selbst. Bei dieser Gelegenheit werden die Abstammungstheorien andrer Gelehrten durchgenommen; nicht zu übersehen sind die Notizen auf S. 3, über den Einfluß der jüdischen Bildung und Gelehrsamkeit auf französische Literatur im Mittelalter. Die Histoire des révolutions du langage de la France von Fr. Wey wird auf S. 5. entschieden zu kurz abgefertigt. Auch von diesem Buche gilt theilweis dasselbe, was oben von Génin's Werk gesagt wurde und Hr. B. hätte es besser benutzen sollen. Der Einfluß des Deutschen auf das Französische wird mit Schlegel, Grimm, Diez u. A. auf Syntax, Aussprache und Lexicon beschränkt. Ganz richtig sagt Hr. B. S. 11: le français est de toutes les langues romanes celle qui a fait le plus d'empruntes aux idiomes allemands. Aber die lateinischen Provinzialen Frankreichs haben nicht blos Wörter geradezu dem Deutschen entlehnt, sondern haben sich bei Bildung ihrer neuen Sprache auch fast überall an die Ausdrucksweise der deutschen Sieger gebunden, ihren eignen Sprachschatz derselben accomodirt, sich selbst mit ihrer lingua rustica in das Deutsche hineingebildet. Diesen an und für sich wohl zu beachtenden Gedanken, der jedoch hier nicht weiter verfolgt werden kann, hat vom Französischen ausgehend, zuerst M. Rinke aufgestellt, in zwei Heiligenstädter Programmen v. J. 1832 und 1850, ohne ihn jedoch immer in klarer und anschaulicher Weise durchzuführen. Allein der Gedanke ist sicher richtig; Rinke läßt nun dieses Hinüberbilden von den Deutschen ausgehen; aber die Provinzialen haben es auch, und gerade sie hauptsächlich gethan: Quando los pueblos barbaros del Norte de Europa invadieron el imperio Romano, haciendo se al cabo Señores de los diversos pueblos y naciones pue lo companion, los conquistadores y conquistados se vieron en la necessitad de accomodar cada qual su lengua propria a la de los otros, de modo que pudieron entenderse, sagt Langerhans in der Einleitung zu seiner Floresta de la literature Castillana.

In Bezug auf das Deutsche heißt es nun ferner bei Hr. B. S. 11: On peut diviser en trois grandes classes les mots d'origine germaine admises dans le français, et les savantes recherches de M. J. Grimm permettent de

*) War es vielleicht Génin's Absprechen über die Leistungen deutscher Philologen überhaupt, welche in Hrn. B's Augen in einem fast zu glanzvollen Lichte dastehen, das ihm das Buch verleidete? Génin ist in den Hauptsachen der entschiedenste Gegner von Fallot. In der Vorrede sagt er hierüber: Fallot s'est égaré sur les pas d'Orell. Aussi pourquoi, voulant approfondir les origines et les anciennes habitudes du français, s'aller mettre à la suite d'un Allemand? Qui ne sait, que les Allemands ont des systèmes sur tout? Il fallait marcher tout seul, en lisant et comparant les vieux monuments de notre langue, et se remettant du reste à l'instinct national. On fait ainsi le chemin qu'on peut, mais au moins l'on ne risque pas de se perdre dans les ténèbres, sur la foi d'un guide mal sûr. Also die Franzosen haben kein System? Nein! Nach Génin haben sie höchstens Theorien. Auf S. 249 heißt es: MM. Orell et Diez ont travaillé sur le vieux français comme ils auraient pu faire sur le persépolitain ou le sanscrit!! Warum auch nicht? Ein Deutscher, der selbst vom Nationalbewußtsein durchdrungen ist, weiß solche Aeußerungen eines überrheinischen Nachbars zu würdigen und zu entschuldigen.

fixer à peu près l'époque de leur admission. Les premiers dérivent du gothique et ont été introduits au VIe siècle au moins; les seconds sont empruntés au haut-allemand. Les mots de la troisième classe sont ceux introduits par les Normands, lors de leur invasion dans le nord-ouest de la France. Ces peuples, il est vrai, oublièrent très-facilement leur langue, car sous le second duc de Normandie, Guillaume I, on ne la parlait déjà plus que sur les côtes, néanmoins elle laissa de nombreuses traces dans le français. Was Hr. B. hier vom Hochdeutschen und Normannischen sagt, ist ungenau. Im Allgemeinen nimmt die französische Sprache bei ihren deutschen Wörtern die Buchstaben der niederdeutschen Dialekte an und schwankt nur bisweilen in der Wahl gleichorganischer Buchstaben. So findet sich stets das Niederd. ô, als o und ou im Franz., nie das hochd. uo, z. B. scand. krokr, franz. croc, goth. fodr, franz. fourreau; ebenso bleibt niederd. p = hochd. f und pf, z. B. goth. wairpan, ahd. werfan, franz. guerpier; niederd. b = hochd. p, also franz.: Robert, Aubert, Gobert, wofür die hochdeutschen Lombarden Rutpert, Autpert, Gauspert haben; niederd. f = hochd. b und v, bleibt franz. f, z. B. fauteuil (faldestoel in der Chanson de Roland) vom ahd. valtstuol, goth. falda; ahd. vurban, franz. fourbir, dagegen wird niederd. v = hochd. w, durch gu ersetzt; niederd. k und hochd. ch schwanken im Franz; niederd. g = hochd. k, blieb rein oder wurde in j abgeschwächt; also scand. gabba = gabber; goth. rêges, ahd. wak, franz. vague, scand tiarga, franz. targe u. s. w. Auch darf dieses Ueberwiegen niederdeutscher Lautverhältnisse weiter nicht Wunder nehmen. Denn die Gothen stehen mit Sächsisch und Nordisch auf gleicher Stufe des Lautwechsels. Die Burgunder bewohnten ursprünglich den äußersten Norden Deutschlands, und da die Eigennamen ihrer Nation oft niederdeutsche Buchstaben haben (z. B. d statt t in Gundichar, Gundeband, Sigismond), so sind sie wohl nicht so ohne Weiteres mit Diez zum Hochdeutschen zu rechnen. Die Franken endlich, ein Mischvolk, sprachen wohl auch einen Mischdialekt; übrigens drangen sie durch niederdeutsche Gegenden nach Gallien ein. Da nun also wahrscheinlich keine der erobernden Nationen reines Hochdeutsch sprach, so hat es die französische Etymologie mit Gothischem, Angelsächsischem und Nordischem (Englischem, Holländischem, Schwedischem) mehr als mit dem Hochdeutschem zu thun (Vgl. hierüber C. Zange, über die germanischen Elemente in der französischen Sprache, Sondershäuser Programm v. J. 1851). Wenn also Fr. Michel, Edel. du Méril u. A. die meisten ihrer Etymologien dem Isländischen entnehmen, so mag man sie immerhin gewähren lassen. Thuen sie es aber deshalb, weil sie etwa glauben, diese Wörter seien durch die Normannen zu den Franzosen gekommen, so haben sie jedenfalls Unrecht. Die Normannen machten ihren Einfluß zu einer Zeit geltend, wo die romanischen Sprachen mit germanischen Bestandtheilen schon vollständig gesättigt waren; außer einigen Ausdrücken des Kriegs und Seewesens haben die Franzosen ihnen nichts zu verdanken.

Ob nun dasjenige, was Hr. B. auf S. 12 über Celtisch (Gallisch und Belgisch) sagt, nach den Untersuchungen über die gallische Sprache von Mone noch zulässig sei, kann ich für den Augenblick nicht entscheiden, da mir dies Buch jetzt nicht zugänglich ist. Auf S. 14 folgt eine Classification der französischen Dialekte nach ihren drei Hauptgruppen, normännisch, burgundisch, picardisch und eine allgemeine Charakteristik ihrer Lautverschiedenheiten. Fallot's Ansichten hierüber werden unverändert aufgenommen. Allein dabei vermißt man zweierlei. Einmal genauere Auskunft darüber, wie sich nun die eigentliche altfranzösische Schriftsprache zu diesen drei Dialekten verhalt. Denn keine einzige Handschrift giebt die dialektischen Formen in ihrer Reinheit, mit steter Consequenz durchgeführt, sondern selbst die ältesten haben sie vermischt. Das Streben, eine allgemein gültige Schriftsprache zu schaffen, ist unverkennbar. Und nimmt man die altfranzösischen Texte in streng chronologischer Reihenfolge durch, so sieht man deutlich, wie das blos Dialektische immer mehr vor der reineren Schriftsprache verschwindet. Anfangs überwiegt das Normannische, dann das Burgundische, zuletzt das Picardische. Aus allen dreien geht allmälig die abgeschliffene Schriftsprache hervor. Die rauhen Formen verlieren sich, kürzere, geläufigere werden statt ihrer erwählt, der Dialekt von Isle de France gilt für normal und in dieser Gestalt erhält sich das Altfranzösische von Froissard und Villon bis auf Franz I., ja bis Malherbe hin. Denn alle Schriftsteller der Renaissance-Periode arbeiten zunächst nur für das Lexicon. Der alte Sprachschatz reicht ihnen für den neuen Kreis ihrer Ideen nicht aus. Sie suchen ihn deshalb auf alle mögliche Art zu bereichern. Lateinische, griechische, italienische und spanische Wörter und Wendungen finden bei ihnen Eingang. Die Sprache selbst in ihren Formen bleibt ihnen zunächst unverändert, nur wird sie anders ausgesprochen. Nun achten aber die Autoren jener Zeit auch auf Styl und die Kunst der individuellen Darstellung. Der Satzbau wird im 16ten Jahrhundert ein wesentlich andrer; die Wortfolge wird ein für allemal fixirt. Seit der Erfindung der Buchdruckerkunst werden die Neuerungen des Einzelnen sofort über das ganze Land verbreitet und gelangen zu Jedermanns Kenntniß. Gerade in jener Periode geistiger Regsamkeit entwickelt sich die Sprache ungemein schnell. Früher zählte man ihre Uebergangspunkte nach Jahrhunderten, jetzt nach Jahrzehnten. Aber eben weil sich der geistige Theil der Sprache so sehr entwickelt, tritt ihr materieller Theil zurück. Die Formen werden starr und schrumpfen durch Vernachlässigung zusammen; an ihrer Mannigfaltigkeit ist den Autoren nichts mehr gelegen; man gewöhnt sich daran, bestimmten Formen vor andern den Vorzug zu geben und die zurückgesetzten veralten im Umsehen. Es kommt eben nur darauf an, was für Gedanken und wie sie der Einzelne ausdrückt; womit er sie ausdrückt, ist ihm weniger wichtig. Nach jener Zeit tritt Malherbe auf mit seiner Schule, unter deren Händen die franz. Sprache ein für allemal fest und unwandelbar wird. Malherbe's Sprache ist von der des Rabelais, Amyot, Ronsard u. A. weit mehr verschieden, als etwa Marots Ausdruck von der Sprache des Villon und Jean de Meung. Das Verständniß des Altfranzösischen in seiner Reinheit und seinem eigentlichen Geiste bleibt Einem daher vollständig fern, wenn man nicht das 14. und 15te Jahrhundert, ja sogar den ganzen Kreis der sogenannten mittelfranzösischen Autoren mit in seine Betrachtung hineinzieht. Orell in seiner Grammatik hat dies gethan. Fallot und Hr. Burguy nehmen auf sie wenig oder gar keine Rücksicht. So frägt man denn auch vergebens bei letzteren nach einem chronologischen Endpunkt der Sprache, die er langue d'oïl nennt. Daß bedeutende Veränderungen mit ihr im 14. und 15ten Jahrhundert vorgegangen seien, sagt er mehr als einmal; worin sie bestanden, bekommen wir nur andeutungsweise zu erfahren; weshalb er sich auf das 12. und 13. Jahrhundert allein, oder doch hauptsächlich beschränkt hat, sieht man in seiner Berechtigung nicht ein. Man müßte nach ihm eine Grammatik der franz. Sprache des 14. und 15. Jahrh. schreiben und sie würde mit Ausschluß dialettischer, vielleicht auch blos orthographischer Lautveränderungen, und des allmählig Veralteten, ganz dieselbe wie die des 12. und 13 Jahrh. sein. Aber dies müssen wir nochmals wiederholen, selbst in den Zeiten die Hr. B. hauptsächlich betrachtet, giebt kein einziger altfranzösischer Text einen einzelnen Dialeckt in seiner Reinheit. Es giebt eine altfranzösische Litteratur, aber von Litteraturen altfranzösischer Dialekte kann nicht die Rede sein, demnach ist die Betrachtung der altfranzösischen Schriftsprache, d. h. des allgemeingültigen, für den Grammatiker die Hauptsache; die Betrachtung dialektischer Einzelnheiten muß ihr untergeordnet werden.

Zweitens aber, da nun einmal Hr. B. ein so großes Gewicht auf die genaue Erforschung der dialektischen Verschiedenheiten gelegt hat, so hätte er auch die heutigen Volksdialekte Frankreichs nicht unberücksichtigt lassen sollen. In ihnen hatte er die Gewähr für die Richtigkeit seiner Ansichten gewiß in den meisten Fällen zu suchen, in sehr vielen zu finden. Das Studium der Patois ist für die altfranzösische Grammatik ein eben so wichtiges Supplement, als z. B. die genaue Betrachtung der provinziellen Latinität im Appulej und Tertullian für eine gründliche Einsicht in die alte, vorciceronianische Latinität unerläßlich ist.

Doch diese allgemeinen Bemerkungen dürfen nicht zu weit ausgedehnt werden. Um also zu Hr. B's. Buch zurückzukehren, so ist aus der Einleitung noch eine sehr glückliche Emendation der Straßburger Eide hervorzuheben, wo Hr. B. in der Stelle si cum om per dreit son fradra salvar dist, statt des ganz gegen alle grammatische Analogie streitenden dist (debet), die unstreitig richtige Form dift vorgeschlagen hat. Auf die allgemeine Einleitung folgt dann von S. 21 ab unter der Ueberschrift dérivation ein Abschnitt über die lateinische Lautlehre. Die deutsche Lautlehre dagegen ist nirgends berücksichtigt und das ist wiederum eine wesentliche Lücke in Hrn. B's. Arbeit. Daß die deutschen Buchstaben bei ihrem Uebergang in's Französische keineswegs demselben Gesetze folgen, als die lateinischen, ist schon von Diez auf's Gründlichste gezeigt worden. Ebenso vermißt man einen Abschnitt über die Lautbezeichnung und was genau damit zusammenhängt, über Orthographie und Aussprache. Gerade die letztere muß beim Altfranzösischen vor allen Dingen untersucht werden. Wie will ich denn sonst entscheiden, ob zwei Formen, die dem Auge in verschiedener Gestalt entgegentreten, auch wirklich ihrem innern Wesen nach verschieden waren? Und gerade auf solche Formen hat Hr. B. viele seiner Ansichten über dialektische Verschiedenheit basirt. Aus genauer Beobachtung der strengeren Reime, aus scharfer Vergleichung der verschiedenen Schreibarten in den einzelnen Handschriften unter einander, läßt sich hierfür gar mancherlei gewinnen. Wackernagel hat diesen Punkt bei seinen Untersuchungen nicht unberücksichtigt gelassen, Génin hebt ihn ganz besonders hervor. Aber Hr. B. scheint von seiner Wichtigkeit keine Ahnung gehabt zu haben. Auch bei dem Abschnitt über die Lautlehre finden sich manche Bemerkungen, die zwar an und für sich richtig sind, aber doch wegen Mangel an Belegen gewagt erscheinen. Wenn es auf S. 43 heißt: on ajoute souvent des consonnes au radical du mot, sans qu'il soit toujours possible d'en découvrir la raison und gleich darauf: l est ajouté à lierre (hedera) dont la vieille forme était ierre (Romv. p. 583), so ist dies sehr dürftig ausgedrückt. Dasselbe was von lierre (l'hiere Bassel. V. d. V. 10) gilt auch von lendemain, lendit, luette und manchen andern Wörtern, bei denen der Artikel mit dem Worte so innig verschmolzen ist, daß die Sprache das Bewußtsein hierüber verlor und einen neuen Artikel davorsetzte. Noch bei Bonav. Des Perriers Nro. 5 heißt es der Etymologie gemäß: le jour des noces fut l'endemain. Aus ganz ähnlichen, nur umgekehrten Verhältnissen sind manche vorn verkürzte Wörter entstanden, z. B. mie, die Freundin. Statt mon amie sagte man früher m'amie; daraus wurde ma mie gemacht, und mie erschien als selbstständiges Substantivum.

Was nun Hr. B's. eigentliche Grammatik anlangt, so ist im Ganzen und Großen alles fleißig zusammengestellt, was im Einzelnen bis jetzt bereits gesagt ist. Frühere Ansichten sind oft durch neue Beispiele belegt, frühere Theorien im Sinne ihrer Erfinder erweitert. Man vermißt nicht sowohl Selbstständigkeit, als unbefangene Detailforschung. Mit Uebergehung des Artikels möge dies an der Lehre vom Substantivum dargelegt werden.

Beim Substantivum stellt Hr. B. dieselben bekannten Regeln über das Flexions-s auf, die man seit Raynouard allenthalben findet. Constant, heißt es, seien sie durchgeführt in allen Texten und Urkunden des 12. und 13. Jahrhunderts. Nach 1280 wurden sie immer noch beobachtet, aber in rein mechanischer Weise, ohne daß man ihre wahre historische Bedeutung verstanden hätte. Um dieselbe Zeit vermischten sich die früher streng geschiedenen Dialektformen, wodurch die Verwirrung noch gesteigert wurde; das 14. Jahrhundert schleppte sich immer noch mit diesen äußerlichen Regeln, vernachlässigte sie zum Theil, ohne sie jedoch ganz als antiquirt auszuscheiden und consequent durch neue, zeitgemäßere zu ersetzen. „Et comme par malheur, la plupart des grands ouvrages de l'âge d'or de notre vieille langue ne nous sont parvenus que dans des copies retouchées du XIVe siècle, on ne s'étonnera pas que l'on ait été si longtemps dans l'ignorance des véritables lois de la langue d'oïl au XII et XIIIe siècles, et qu'aujourd'hui encore il y ait un petit nombre de personnes qui ont des doutes sur la nature et l'existence même de ces lois." (S. 98) Die Ableitung des Flexions-s aus dem Celtischen findet sich bereits irgendwo in Ampères Schriften.

Aber wie, wenn es sich bei genauer Untersuchung zeigte, daß schon in den allerältesten und besten Handschriften grobe und zahlreiche Verstöße gegen diese Regeln vorkommen, womit will man die entschuldigen? Doch nicht auch mit der incertitude und dem embarras der Copisten? und sie kamen wirklich vor, so zahlreich, daß die so allgemein aufgestellten Regeln bedeutende Modificationen erleiden müssen. Ich will meine Behauptung nur mit einigen wenigen Beispielen belegen; die Modificationen der Regeln selbst genau aufzustellen, ist dabei durchaus nicht meine Absicht. Zunächst blos das Factum.

Die Oxforder Handschrift, aus der Fr. Michel die Chanson de Roland herausgegeben hat, ist sehr alt, wahrscheinlich in der zweiten Hälfte des 12ten Jahrhunderts (Vgl. Fr. Michel, préf. p. LXIX.). Die Sprache ist in ihren grammatischen Formen noch ganz alterthümlich, man möchte fast sagen rauh und roh. Gleich in den ersten 30 Tiraden (das ganze Gedicht besteht aus 293) finden sich folgende Unregelmäßigkeiten: der Name Carlemaignes, Carlemagnes hat für gewöhnlich im cas. obl. Carlemagne, z. B. 26, 13: par Charlemagnè n'ert guariz ne tensez. Mit dem Flexions-s erscheint der Name 5, 9: seignurs baruns, à Carlemagnes irez, womit zu vergleichen in der folgenden Tirade: si me direz à Carlemagne le rei. Entschieden fehlerhaft ist gleich der Anfangsvers des ganzen Gedichtes, Carles li reis nostre emperere magne, wo es jedenfalls emperere(s) magnes heißen sollte. Der Name Marsilies wird schwach flectirt, c. o. Marsilie, oder stark c. o. Marsilium. Marsilies als Nominativ sollte eigentlich stets vorkommen (7, 1 9, 4. 10, 6. 32, 14. 33, 1. 34, 2 u. s. w.); statt dessen findet sich Marsilie (li reis M.): 1, 7. 2, 1. 5, 1. 13, 2. 14, 9. 16, 6. 31, 11. 38, 1. Der wenigstens nach Fallot und Burguy fehlerhafte Nominativ li reis Marsilium steht 15, 9. Der unbedingt falsche Dativ al rei Marsiliuns 17, 2. Ebenso wie Marsilies ist Blancandrins zu flectiren und doch steht Blancandrins als c. o. 5, 7, Blancandrin als c. r. 34, 14. Nicht minder fehlerhaft wären folgende Verse:

3, 1. Blancandrins fut des plus saives paiens de rasselage fut assez chevaler — v. 21. asez est melz qu'il i perdent le chefs que nus perduns l'onur ne la deintet*) — 8, 1. li empereres se fait e balz e liez — v. 9 ff. ensemble ad lui Rollans e Oliver Sansun li dux e Anseis li fiers Gefreid d'Anjou le rei gunfanuner e si i furent e Gerin e Gerers. — v. 14. de dulce France i ad quinze milliers sur palies blancs siedent cil cevalers. — 11, 1. bels fut li vespres e li soleiz fut cler — 12, 2. ses baruns mandet par son cunseill fenir: le duc Oger e l'arce vesque Turpin Richard li velz e sun nevuld Henrei d de Gascuigne li proz cuens Acelin Tedbald de Reins e Milun sun cusin e si i furent d Gerers et Gerin. ensembl' od els li quens Rollant i vint e Oliver li proz e li gentilz. — 14, 10. de ses paien (cf. 3, 1.) reiat quinze [milies]. — v. 14. l'un fut Basan e li autres Basilies. — 20, 4. l'o dist Rollans: co ert Guenes, mis parastre**) 28, 1. dist Blancandri: Francs sunt mult gentilz home.

Die berühmte Pariser Handschrift Cod. Colb. 658. Reg 7227 — 5 (Codex Thuaneus oder Pithoeanus vgl. Fr. Michel, Rol. préf. p. XIV — XLVI), aus der neuerdings Conrad Hofmann den Amis et Amiles, so wie Jourdains de Blaivies herausgegeben hat, ist aus der ersten Hälfte des 13ten Jahrhunderts „ausgezeichnet durch Correctheit, Deutlichkeit der Schrift und gute Erhaltung." Einige Fälle aus dem Amis et Amiles mögen sich den obigen anschließen.

C. Hofmann bemerkt zu v. 1544., par Deu Amiles, n'en porterez la vie. „die Handschrift hat Amiles, obgleich es der Vocativ ist. In guten Handschriften gilt nämlich die Regel, daß männliche Eigennamen im Vocativ das s oder z des Nominativs verlieren, also den lateinischen (??) Vocativ bewahren. Unsere Handschrift befolgt diese Regel sonst sehr streng und deshalb ist unbedenklich Amile zu lesen." Herr B. kannte Hofmanns Arbeit, hatte also in seiner Grammatik diese Notiz aufzunehmen — falls er sie für richtig hielt — denn dann wäre sie wichtig genug. Spuren des Vocativ finden sich nur vereinzelt im Wallachischen, im Provençalischen fallen Vocativ und Nominativ stets zusammen; das von den

---

*) In der folgenden Tirade lautet die Stelle: asez est mielz qu'il i perdent les testes que nus perduns clere Espaigne la bele.

**) Vgl. v. 14: jo suis tis parastres.

Grammatikern als Ausnahme aufgestellte reys beruht, wie ich bereits anderweitig gesagt habe, auf einem Irrthum; ebenso nach Diez im Altfranzösischen. Herr B. sagt ganz allgemein, S. 97: le vocatif avec le s de flexion est très-ordinaire, mais les exemples où il ne l'a pas sont tout aussi nombreux. Ces exceptions à la règle générale proviennent sans doute de l'influence qu'exerça la forme latine de ce cas (La déclinaison) à laquelle on remonta au XIIIe siècle. Der letzte Theil dieser Behauptung kann schon deshalb nicht richtig sein, weil sich die Ausnahmen auch bei solchen Wörtern finden, die mit der zweiten lateinischen Declination nicht das Mindeste zu thun haben; den ersten anlangend, so dürften wohl nur wenig Appellativa im Vocativ häufig vorkommen. Kehren wir also zu Hofmanns strengerer Fassung zurück; etwas Richtiges ist an ihr. Der Verräther, Hardrez, Hardres hat, wenn ich nicht sehr irre, im Vocativ stets Hardre. Amiles hat oft Amile, z. B. v. 592. ahi Amile couzin bons chevaliers. — Daß hier auch couzin ganz gegen die Analogie mit in diese Regel hineingezogen ist, lassen wir vorläufig auf sich beruhn. Ferner, v. 612. biaus sire Amile, dist la franche meschinne. — v. 773. e dist li rois, Amile voz que faitez? — v. 1488 puis li a dit, dant Amile fox sers, etc. etc. — Dagegen findet sich die von Hofmann angegriffene Form doch auch nicht selten: v. 707. par Dieu, Amiles, trop vos iestez hastez. — v. 758. par Dieu, Amiles, bien iestez apansez. — v. 1439. Amiles sire, cil Dex qui ne mentit, voz puist garir par la soie merci. — v. 1526. he, cuens Amiles, Dex voz face hui aine. — v. 1544. par Dieu, Amiles, n'en porterez la vie. — v. 3273. biaus sire Amiles, dist Amis li vaillans. — Wir gehen zum Namen Amis über, der der Regel nach im Vocativ Ami heißen sollte, wie v. 3048. biaus sire Ami, or poez bien lever. — v. 3433. Ami, biaus frere, le miens cors voz presant. — Weit häufiger steht Amis als Vocativ gegen die Regel, z. B. v. 151. Amis, biaus frere, li cors Dieu ben te donst. — v. 346. Ami, biaus frere, ou est Gonbaus remez? — v. 2612. Amis, biax frere, sez noz tu conseillier. — v. 2823. Amis, biax frere, et comment voz est dont? — v. 2826. Amis biaus frere, ce dist li cuens vaillans. — v. 2947. Amis, compains, puet ce iestre vertez. — v. 3410. Amis, biaus frere, por Deu car m'i menez.

Also die Richtigkeit der Hofmannschen Observation vertrete wer Lust hat. Weshalb sie von ihm aber auf Eigennamen beschränkt ist, sieht man nicht ein, erscheint doch in dem von ihm herausgegebenen Gedichte der Vocativ von sires constant in der Form sire. Halten wir daran fest, daß Nominativ und Vocativ in den romanischen Sprachen zusammenfallen, so hätten wir Belege für den schwankenden Gebrauch des Flexions-s im cas. rect. der zweiten französischen Declination. Es lassen sich noch mehr Belege auch für andere Casus geben. Um bei Amis zu bleiben, so müßte nothwendig der c. obl. sing. Ami lauten. Demnach heißt es: v. 12. ce est d'Amile et d'Amis le baron. — v. 243. le conte Amis, Amile le guerrier. — v. 1578. il tint l'espee qui fu au conte Amis. — Ferner v. 236. Puis est entrez li ber en un vergier dejouste lui Hardre le losengier müßte es nach gewöhnlicher Grammatik Hardrez li losengiers heißen. In v. 3057. une grant cuve fait Amile aporter sagt Hofmann, dieser falsche Nominativ sei der Silbenzahl wegen statt des richtigen Amiles gesetzt; aber weshalb schrieb da der Dichter nicht lieber fait Amiles porter, statt einen Fehler zu begehen? Ebenso falsche Formen finden sich in v. 53. a Verdell se randi drais contes. — v. 169. devant lui garde si a veu uns pres. — v. 224. vouz contes prinrent Berart e Nevelon. — v. 283. nostre empereres fu moult preuz e nobile. — v. 297. sire Hardre, se Dex vos beneie, par cui conduit venez en ceste ville? — v. 347. en non Dieu sire, el brueil en est entrez, en sa compaingne mil chevaliers armez. — v. 892. que je n'i aille, quant li jors parra cler en ma compaingne mil chevaliers armez*).

*) Daß diese beiden letzteren Stellen nicht etwa mit dem Sprachgebrauch des Dichters zu entschuldigen sind, beweisen Verse wie v 878. que je n'i aille, quant iers parra li jors en ma compainge mil chevalier baron.

v. 495. li amisties d'Amile li toldra „statt li amisties wird les amisties oder den Buchstaben folgend si l'amistie zu lesen sein." v. 497. car moult est saiges contes „contes verstößt gegen die Declination. Es müßte cuens heißen. Man kann leicht (?) ändern: car moult est li cuens saiges; aber die Dichter erlauben sich solche Freiheiten häufig genug" (ja wohl!) v. 650. He Dex, dist ele, biaus pere esperitable. — v. 910. beneois soit li pres que je voi ci et touz li lieus et li biaus edifizis. — Geht man bei diesen Versen von strenger Beobachtung der grammatikalischen Regeln aus, so lassen sie sich gar nicht übersetzen, mag nun das Zeitwort, oder eine der Nominalformen falsch sein. v. 1234. isnellement a fait faire uns fossez grans et pleniers et de bois bien plantez. — v. 1493. mautalent et du cop et dou lerre. — v. 1665. Salnne trespasse Hardrez li traitors. — v. 2250. fil a putain fil traitre parjur. — v. 2660. ainsiz les mainne corn l'alse esprevier. — v. 456. culvers, dist il, mar le pansastez onques, gloutons traitres por quoi pansaz tel honte que desiiez que mort ierent li conte? hier paßt die Form gloutons wenigstens nicht zu den von Burguy S. 69. 70. aufgestellten Bemerkungen. Man mag die Wörter quens, gloz, sires, bers, maires, lerre, gars, entes, monz u. s. w., in ihren cas. obl. starke Declinationsformen nennen. Für sie gilt ganz allgemein die Regel, daß neben dem starken Nominativ stets auch mehr oder minder die schwache Form im Gebrauch war; also gloz ist im Nominativ eben so richtig als gloutons. Oder besser gesagt, alle imparisyllabisch flectirten Wörter der lateinischen dritten Declination erscheinen im Altfranzösischen stets in zwei Formen, von denen die eine sich dem lateinischen Nominativ, die andere mehr dem casus obliquus anschließt. Imperator giebt emperēre, imperatōr (-is, -i, -em, -e) dagegen, empereōr; beide Formen bald mit bald ohne Flexions-s, das überhaupt von den alleraltesten Zeiten an wahrscheinlich gar nicht ausgesprochen wurde und bloß fürs Auge galt. Daß die eine Form ausschließlich den Nominativ, die andere die cass. obl. bezeichne, ist grundfalsch und unwahr. Läßt man diesen Bemerkungen ihr Recht widerfahren, dann haben auch die so vielfachen Abweichungen gerade bei diesen Wörtern weiter nichts Auffälliges und brauchen weder durch die Sorglosigkeit der Abschreiber, noch am Ende der Verse durch Metrum und Assonanz beschönigt oder entschuldigt zu werden. Ich könnte meine Behauptung über den schwankenden Gebrauch des Flexions-s bereits in den ältesten Zeiten noch durch eine Masse anderer Belege vermehren. So heißt es im Roman de Mahomet v. 261:

en son corage e est torblés
li Hermites pour l'aventure
ki molt li sambloit estre oscure;
il proie Diu en sa pensee
que il l'en fache demoustree,
pour chou k'il n'entre en male voie
n en errour ki le desvoie.
uns angeles Diu li envoia
ki la verite li conta.

Ich habe gerade die Stelle in ihrem ganzen Zusammenhange hergeschrieben, weil ich nicht begreifen kann, wie Herr B. S. 65. die beiden letzten Verse als einen Beleg von angeles im nom. sing. zitiren konnte; nach seinen Regeln müßte ohne Weiteres un angele Dex dastehn. Doch Weiteres zu geben halte ich für überflüssig. Bloß dies will ich hinzufügen, daß die älteren Handschriften der Gral und Artusromane (Kunstepen), so weit ich davon Kenntniß genommen habe, bedeutend weniger schwanken , als die der Kerlingischen Romane (Volksepen).

Jedenfalls sieht man bereits aus obigen Beispielen klar und deutlich, wie viel über die Flexion des Nomen im Altfranzösischen hier noch der Detailforschung überlassen bleibt. Schon eine genauere Vergleichung der altfranzösischen Declinationsformen mit den provençalischen führt zu interessanten Aufschlüssen. Die Raynouard'schen Declinationsregeln empfehlen sich durch ihre Präcision und ihre scheinbare logische Begründung. Eben weil sie einfach und klar sind, läßt man sie sich gefallen. Aber geht man ans Einzelne, so klappt's bald hier, bald da nicht; da wimmelt das Provençalische, und noch weit mehr das Altfranzösische von Ausnahmen über Ausnahmen. Nach Fallot und Burguy haben nur wenig Handschriften des 13ten Jahrhunderts alle Regeln genau und streng beobachtet. Wie es mit zweien der ältesten in dieser Beziehung steht, ist gezeigt worden. Und doch dauert die altfranzösische Sprache mit mehr oder minderer Declination bis in die Mitte des funfzehnten Jahrhunderts fort; von einem Verfall der altfranzösischen Sprache aber in so früher Zeit kann schlechterdings nicht die Rede sein. In Bezug auf das Provençalische habe ich meine Ansicht über die Declinationsschwankungen und das flexivische s schon auseinandergesetzt. Als das Provençalische zur Schriftsprache wurde, war das Flexions-s bereits eine sprachliche Antiquität und aus dem Volksbewußtsein gewiß schon vielfach verschwunden. Noch weit mehr wird und muß dies wegen des frühzeitigen Verstummens der Endconsonannten im Französischen der Fall gewesen sein. Wie bedeutend der Einfluß der provençalischen Grammatik auf das Französische gewesen sei, ist bekannt (vgl. Ideler, Handbuch der altfrz. Litt. S. 53. 54). Daß der Einfluß gerade bei der Wiederaufnahme der rein äußerlichen Declinationsformen ein bedeutender gewesen ist, wird schon durch die ungemeine Uebereinstimmung der beiderseitigen Declinationen höchst wahrscheinlich. Stimmen doch die Pronominal- und Verbalformen weit weniger zu einander, obgleich auch hier provençalischer Einfluß auf Seiten des Altfranzösischen unverkennbar ist. Hätte Raynouard gleich beim ersten Bekanntmachen seiner Regeln der Wahrheit die Ehre gegeben und auf die alten provençalischen Grammatiker als seine unmittelbaren Gewährsmänner hingewiesen, denn daß er sie gekannt und aus ihnen geschöpft hat, unterligt schon seit lange keinem Zweifel mehr, — so würde man schon von vornherein gegen ihre Allgemeingültigkeit mißtrauischer gewesen sein und der Empirie auch hier mehr Recht eingeräumt haben, als dies bisher geschehen ist.

Nur mit der fleißigsten Detailforschung, mit steter Berücksichtigung der topographischen Chronologie der Autoren, kann die altfranzösische Grammatik ins Reine gebracht werden. Daß Herr B. hierfur nach Kräften das Seinige gethan hat, wird Niemand läugnen. Aber zum Abschluß ist durch seine Arbeit die Sache fast auf keinem Punkt gebracht. Auf seinen Schultern fortzubauen, verlohnt sich schon der Mühe. Im Einzelnen sind wir durch Herrn B. schon um Vieles weiter als durch Fallot gekommen. Mögen nun Andere die französische Grammatik recht bald noch weiter als Herr B. bringen! — Andere! Denn für Einen ist die Arbeit zu schwer und umfangreich. Dem baldigen Erscheinen des zweiten Theils von Herrn B.'s Buch sehen wir mit großer Erwartung entgegen. Die neufranzösischen Grammatiken, d. h. die elenden Compilationen aus der Grammaire des Grammaires und dem Dictionnaire de l'Académie wachsen bei uns in ungeheurer Zahl wie Pilze aus der Erde. Nur wenige von diesen „wissenschaftlichen" und nichtwissenschaftlichen Arbeiten verdienen ehrenvoller Erwähnung. Möchte man doch endlich diesem nichtsnutzigen Weitergehn auf längst ausgetretenen Wegen ein Ende machen und sich lieber zu dem zwar dornenvollen, aber einzig fruchtbringenden Seitenpfad der ernsten, historischen Forschung bemühn. Aber freilich,

τῆς ἀρετῆς ἱδρῶτα θεοὶ προπάροιθεν ἔθηκαν.

Stettin. **Richard Volkmann.**

Etudes sur la littérature Française à l'époque de Richelieu et de Mazarin, par Ch. — L. Livet. I. Bois-Robert. Paris, chez Techener, Libraire. MDCCCLII. 48 pag. 8⁰

Wenn diese kleine, bereits im bibliographischen Anzeiger des Archivs (Zwölfter Band, drittes Heft) angezeigte Schrift, die uns aber erst in den letzten Tagen aus Paris zugegangen ist, auch die bedeutenden Erwartungen, welche der Titel Etudes sur la littérature Française rege macht, nicht befriedigt, so ist es doch immer nicht ohne Interesse, an jene für die französische Literatur so denkwürdige Zeiten erinnert zu werden, in denen das Zeitalter Ludwigs XIV. vorbereitet wurde. Schon zu Anfange des vorigen Jahres wurde unsere Aufmerksamkeit diesen Zeiten wieder zugelenkt durch die neue Bearbeitung von Guizot's Corneille et son temps, in welcher Schrift des großen Dichters Verhältnisse zu seinen literarischen Genossen, zu jenem mächtigen Manne, der zu gleicher Zeit sein Protector und sein Gegner war, dem Cardinal von Richelieu, und zur gesammten französischen Literatur überhaupt, mit vieler Klarheit, Belesenheit und Schärfe auseinandergesetzt wurde. Das vorliegende Schriftchen eines anscheinend jungen Literaten über Bois-Robert verdient bei Weitem kein solches Lob. Es geht keineswegs tief auf seinen Gegenstand ein, hat den ziemlich reichen Stoff, den es zusammengebracht hat, nicht mit Umsicht und Fleiß verarbeitet, weiß nicht das Unwichtige vom Wichtigen zu scheiden, und wird jeden Augenblick durch Reminiscenzen und gelegentliche Einfälle von der Hauptsache abgezogen. Der Franzose ist in dieser Schrift auf jeder Seite zu erkennen, aber nur von der leichtsinnigen und frivolen Seite seines Charakters; von der lebendigen Auffassung dagegen, der Klarheit und Präcision des Ausdruckes, welche den guten französischen Schriftsteller auszeichnet, ist keine Spur zu erkennen. Dennoch hat, wie bereits gesagt, die kleine Schrift ihr Interesse, da manche bemerkenswerthe Notiz aus derselben zu entnehmen ist, von denen wir die wesentlichsten im Folgenden geben wollen.

François le Metel de Bois-Robert, geboren 1592 zu Caen, ist nicht sowohl wegen seiner literarischen Productionen, die in einer Anzahl dramatischer und kleinerer Poesien bestehen, als vielmehr wegen der Rolle bemerkenswerth, welche er in jenen, für die Entwicklung der französischen Literatur so bedeutungsvoll gewordenen Cid-Debatten spielt.

Bois-Robert stand in einem nahen, aber für ihn gerade nicht sehr ehrenvollen Verhältnisse zu Richelieu. Nachdem er eine Zeitlang mit geringem Erfolge die Advocatur zu Rouen ausgeübt hatte, begab er sich nach Paris, wo er sich in die Dienste des damals gleichfalls eine bedeutende politische Stellung einnehmenden Cardinal de Perron begab. Durch denselben gelangte er an den Hof, und machte dort die Bekanntschaft des Bischofs von Luçon. Er hatte das Geschick, in demselben den großen Mann zu ahnen. „Behalten Sie mich bei sich,“ sagte er eines Tages zu ihm, „ich bin allenfalls einen Hund werth, um Ihre Brosamen zu verzehren.“ Ein anderes Mal sah er ihn einen Hut versuchen. „Steht er mir gut, Bois-Robert?“ — „Ja, er würde Ihnen aber noch besser stehn, wenn er von der Farbe der Nase Ihres Almoseniers wäre.“ Die Nase desselben aber war roth wie ein Cardinalshut (Livet pag. 8). Bois-Robert wusste dann auch in unmittelbare Beziehung zum Hofe zu treten, war Mitarbeiter an Ballets, in denen die höchsten Personen die Tänzer abgaben, eine Sitte, die also älter ist, als das Jahrhundert Ludwigs XIV., begab sich zur Vermählung der Prinzessin Marie Henriette von Frankreich mit Karl I. nach England, ging später nach Italien und ward nach seiner Rückkehr Canonicus in Rouen, woselbst er sich aber sehr wenig geistlich betrug. Daneben wußte er sein Verhältniß zum Cardinal aufrecht zu erhalten, und nahm an der literarischen Thätigkeit desselben, jenen dramatischen Compositionen, welche eine Art von Ridicüle auf die Persönlichkeit Richelieu's geworfen haben, nicht unbeträchtlichen Antheil. Um diese Zeit begann er auch seine eigenen dramatischen Werke zu veröffentlichen, welche in Tragödien, Tragi-Comödien und Comödien bestehen, aber jetzt bereits alle vergessen sind. Livet nimmt sich die undankbare Mühe, von mehreren derselben Auszüge und Proben zu geben, hat sich indeß doch die Sache nicht zu schwer gemacht, indem er dieselben größentheils der Bibliothèque du Théâtre Français depuis son Origine vom Duc de la Vallière Tom. II. p. 388 sqq. entlehnt hat. Wichtiger ist die Notiz pag. 18, deren Quelle aber nicht angegeben wird, daß Bois-Robert es gewesen, der dem Cardinal die erste Idee zur Gründung der Académie Française an die Hand gab. Mit dem Gange der Verhandlungen derselben war aber Bois-Robert ebensowenig, wie der Cardinal, immer zufrieden. Livet theilt eine poetische Epistel Bois-Robert's an den geistrichen Epistolographen, Herrn von Balzac, mit, deren wesentlichste Stellen wiederholt zu werden verdienen:

Divin Balzac, père de l'éloquence, . . .
Tu me choisis entre tes favoris
Pour te mander ce qu'on fait à Paris . . .

Or, commençons par notre Académie.
Quoyque toujours puissamment affermie
Elle ne va qu'à pas lents et comptez
Dans les desseins qu'elle avait projetés
Sous Richelieu, l'ornement de son âge,
Qui luy donna crédit. force et courage.
Le grand Séguier qui marche sur ses pas
Par ses bienfaits entretient ses appas.
Il luy tesmoigne une tendresse extrême;
Mais il faudrait que le roi fit de même.
C'est là qu'on voit tous ces graves esprits
Qui de beau style ont emporté le prix.
Séparément, ce sont autant d'oracles;
Tous leurs écrits sont de petits miracles;
Leur belle prose avecque leur beaux vers
Portent leurs noms au bout de l'univers.
Pour dire tout enfin dans cette épître,
L'Académie est comme un vrai chapitre.
Chacun à part promet d'y faire bien,
Mait tous ensemble ils ne tiennent plus rien;
Mais tous ensemble ils ne font rien qui vaille,
Depuis six ans que sur l'F on travaille.
Et le destin m'aurait fort obligé
S'il m'avait dit: Tu vivras jusqu'au G.

Späterhin fiel Bois-Robert bei Hofe in Ungnade, und mußte sich in seine Abtei zu Rouen begeben. Dort benahm er sich so, daß ein Amtsgenosse von ihm sagte: „La prêtrise en la personne de Bois-Robert, est comme la farine aux bouffons, et cela sert à le rendre plus plaisant.“

In den Cid-Streitigkeiten gab Bois-Robert den Vermittler zwischen dem Cardinal und der Akademie ab, die sich so lange und dringend nöthigen ließ, ehe sie auf das Verlangen des Cardinals, der doch gleichwohl ihr Stifter und Protector war, einging, und ihre Sentimens sur le Cid veröffentlichte. Gleichfalls übte er im Auftrage des Cardinals eine Art Ueberwachungssystem in Betreff der gegen Corneille von den literarischen Nebenbuhlern gerichteten Angriffe aus, und sorgte dafür, daß dieselben nicht aus den vom Cardinal gewünschten Gränzen herausgingen. Denn richtig hat Guizot erkannt, daß der Hauptzweck des Cardinals bei seiner Feindseligkeit gegen den Autor des Cid der war, den literarischen Unabhängigkeitssinn des Ersteren zu beugen, daß es aber nicht seine Absicht war, den so Gebeugten gänzlich unter die Füße treten zu lassen. Auch Voltaire behandelt in seinem Commentaire sur Corneille Préface sur le Cid diese Verhältnisse und theilt (Tom. I, p. 75 sq. ed. Didot 1806) einen Brief Bois-Roberts an Mairet, den Dichter der Sophonisbe mit, in welchem dieser im Namen des Cardinals aufgefordert wird, sich mit Corneille wieder auszusöhnen, und sich dieserhalb zu ihm, Bois-Robert, zu begeben, in dessen Hause die Versöhnungs-Scene stattzufinden habe. Zu gleicher Zeit bemerkte Bois-Robert in diesem Briefe, daß er seinem Gegner bereits, gleichfalls im Namen des Cardinals, das Verbot insinuirt habe, etwas Weiteres in dieser Angelegenheit zu publiciren. Livet, der so viele kleine Umstände aus Bois-Robert's Leben zusammengestellt hat, hätte diesen literarisch-merkwürdigen Vorfall nicht unerwähnt lassen dürfen. Dagegen führte er die Worte an, mit denen Bois-Robert die bekannte Stelle aus dem Cid parodirte, wo Don Diego den Sohn auffordert, die ihm widerfahrene Beleidigung zu rächen, die Worte:

Rodrigue, as-tu du coeur?
Tout autre que mon père
L'éprouverait sur l'heure ....

lauteten in Bois-Roberts Parodirung:

Rodrigue, as-tu du coeur?
Je n'ai que du carreau.

Dieser ziemlich matte Witz erhält dadurch wenigstens etwas mehr Pikantes, daß das Wort carreau auch ein medizinischer Kunstausdruck ist, und als solcher: „Magendrücken, Hartleibigkeit“ bedeutet.*) Der Katalog von la Vallière erwähnt übrigens dieser Parodie in dem Verzeichniß der Bois-Robert'schen Stücke nicht, und es scheint demnach, daß dieselbe nicht von großer Bedeutung ist, obgleich sie, wie Livet erwähnt, vor dem Cardinal aufgeführt wurde. — Bemerkenswerther ist die Notiz, daß in der Belle Plaideuse, einer Comödie von Bois-Robert, sich eine Scene findet, der Molière, der auch sonst die älteren französischen dramatischen Autoren und also, wie man sonst wohl glaubt, nicht etwa nur Plautus und Terenz benutzte, für seinen Avare den Gedanken zu dem Zusammentreffen des Sohnes mit dem Vater entnahm, der in dem Letzteren den Wucherer erkennt, welcher ihm zu unerhörten Zinsen ein Capital vorstrecken wollte.**) Zu gleicher Zeit wird mitgetheilt, daß die Grundidee zu dieser Scene weder Bois-Robert, noch Molière gebührt, sondern auf einem damals stadtkundigen Vorfalle beruht, der sich zwischen dem Präsidenten von Bercy und seinem Sohne ereignet haben sollte. — Einer andern Comödie Bois-Robert's, les trois Orontes, soll gleichfalls ein Ereigniß der Pariser Chronique scandaleuse zu Grunde liegen, und mit dem dritten, aber wahren Oronte, der erst zu seiner Geliebten gelangen konnte, nachdem zwei andere ihm zuvorgekommen waren, der bekannte Bergerien-Dichter, Racan, gemeint sei, dem etwas Aehnliches bei seiner Geliebten begegnete. Die Wahrheit dieser Dinge muß wohl einstweilen auf sich beruhen bleiben. —

Nach Richelieu's Tode wußte sich Bois-Robert in gleicher Weise bei seinem Nachfolger Mazarin beliebt zu machen, dagegen vermochte er die Gunst der Madame d'Aiguillon, jener bekannten staatsklugen Nichte Richelieu's, der Corneille seinen Cid zur selben Zeit widmete, wo er von ihrem Oheime so schwer gekränkt wurde, in keinem besonderen Grade zu erlangen. In den Zeiten der Fronde hielt er fest zu Mazarin, ohne jedoch darum die Freundschaft der vornehmsten Häupter der Fronde ganz aufzugeben, was ihn indeß andrerseits wieder nicht abhalten konnte, diese politische Verbindung und ihre Führer zuweilen in den boshaftesten Gedichten zu verspotten. Diese mißfielen namentlich einer Person, welche in diesen Bewegungen eine sehr hervorragende Stellung einnahm, dem Cardinal von Retz, Coadjutor von Paris, der ihn eines Tages, als sich Bois-Robert in Gesellschaft mehrerer Freunde bei ihm befand, aufforderte, doch einige von diesen Poesien vorzutragen. Bois-Robert, ohne ein Wort zu sagen, begab sich an das Fenster, und kehrte von da stillschweigend auf seinen Platz zurück. „Nun, Bois-Robert?“ — „Nein, gnädiger Herr, Ihr Fenster ist doch gar zu hoch.“ —

Endlich ward er seines anstößigen Lebenswandels wegen von Mazarin verbannt wie früher von Richelieu, jedoch bald darauf auf Betrieb einer Dame, die den lustigen Gesellschafter nicht entbehren mochte, wieder zurückgerufen. Er gab bald darauf eine zweite Ausgabe seiner Poesien heraus und starb den 30ten März 1662.

Die poetische Zeitung von Loret, welche auch für die Geschichte der dramatischen Poesie in Frankreich von hoher Bedeutung ist, weiht Bois-Robert folgenden Nachruf:

Bois-Robert, homme assez notable,
Assez libre, assez accostable,
Ecrivain assez ingénu,
Sur le Parnasse assez connu,
N'est plus que poussière et que cendre
La Parque l'ayant fait descendre,
Depuis dix jours dans le cercueil,
Dont Apollon en a grand dueil.
Il joua divers personnages;
Il fit de différents ouvrages;

*) Voyez Dictionn. de l'Académie à l'article: Carreau. T. de Médecine. Maladie qui rend le ventre des enfans dur et tendu.

**) Die Belle Plaideuse ist vom Jahre 1655, der Avare vom Jahre 1668.

Il était tantôt inventeur,
Il était tantôt traducteur,
Il était de Cour et d'Eglise,
Et, pour parler avec franchise
De ce poète signalé
C'était un vrai marchand mêlé.*)

Damit schließen wir denn unsere Berichterstattung über die Livet'sche Broschüre, über deren relativen Werth für die französische Literaturgeschichte wir schon zu Eingange unsere Meinung abgegeben haben. Als demnächst erscheinend von demselben Autor sind auf der Rückseite des Umschlages Notizen über Saint-Amant, Le Pays, Marigny, Voiture und das Hotel von Rambouillet, angekündigt — Mittheilungen, welche ebenso interessant, als lehrreich werden können, wenn sie mit etwas ernsterem Sinne unternommen werden, als die gegenwärtige.

Hamburg. **M. Maaß,** Dr. phil.

L. G. Blanc, Vocabolario Dantesco ou Dictionnaire critique et raisonné de la Divine Comédie de Dante Allighieri. Leipsic, 1852.

Je mehr die neueste Zeit es sich hat angelegen sein lassen, das Studium der neueren Sprachen mit wissenschaftlichem Ernst und philologischer Sorgsamkeit zu betreiben, um so dringender hat sich auch das Bedürfniß herausgestellt, gründliche Wörterbücher anzulegen, in denen die einzelnen Wörter in streng historischer Darlegung der sich im Verlauf der Zeiten aus den einzelnen Redegattungen entwickelnden Bedeutung aufgezählt würden. Denn auch für die neueren Sprachen bedarf es philologischer Lexica, wie es deren für lateinische und griechische Sprache giebt. Aber solche Lexica zu schreiben ist nicht leicht. Wie überaus schwierig ein solches Unternehmen gerade bei einer neueren Sprache sei, wie es die angestrengten Kräfte Vieler erfordere, ehe man zu einigermaßen befriedigenden Resultaten gelangen kann, liegt auf der Hand und an dem großartigen Unternehmen unsrer Grimm's hat es sich aufs Neue bewährt.

Frägt man aber, auf welche Weise am besten und kürzesten eine genügende Lösung der betreffenden Aufgabe zu erzielen sei, so ist die Antwort ganz einfach: Man gewöhne sich vor allen Dingen, jedweden Schriftsteller des Mittelalters oder der neueren Zeit mit eben der Sorgsamkeit und aufopfernden Genauigkeit zu lesen, wie die sogenannten klassischen Philologen mit ihren Griechen und Römern thun müssen, wie Lachmann und seine Schüler es nun endlich auch bei modernen Autoren uns zu thun gelehrt haben. Dann lege man zu den einzelnen Autoren Specialglossare, oder besser gesagt, genaue und vollständige Speciallexica an; man schreibe aber auch systematische Abhandlungen über Sprache, Styl und Grammatik der einzelnen Autoren. Dieser Weg ist zwar weit aussehend, aber dafür auch gründlich und sicher; einen kürzeren giebt es nicht.

Herr Prof. Blanc hat nun im vorliegenden Falle einen derartigen Versuch geliefert, den man in mehr als einer Hinsicht einen gelungenen nennen kann. De mon côté, sagt der Herr Verfasser in der Vorrede, je me suis fait la loi de n'omettre absoluement aucun mot dont Dante s'est servi dans le poème, avec la restriction toutefois de ne citer pour les mots les plus vulgaires que les passages les plus significatifs; ou ceux, qui présentent quelque particularité grammaticale. Dieses Princip ist streng festgehalten und mit gründlichem Fleiße durchgeführt, wovon sich ein Jeder gleich beim flüchtigen Durchblättern

---

*) Dictionaire de l'Académie: Mêler. Fig. et fam. C'est marchandise mêlée, se dit d'une compagnie composée de personnes de différents états, de différents caractères. Cela se dit aussi d'une personne en qui l'on trouve autant de mauvaises qualités que de bonnes. — Der Ausdruck: marchand mêlé findet sich im Dictionnaire nicht.

des Buchs überzeugen kann. Etwas Andres ließ sich aber auch von einem Verfasser nicht erwarten, der seine eindringende und gründliche Bekanntschaft mit Dante bereits durch seine Erklärung der beiden ersten Gesänge der göttlichen Comödie, durch den betreffenden Artikel in der Hallischen Encyclopädie, endlich durch jede Seite seiner Italienischen Grammatik dargethan hat. Grund genug für uns, auf den Inhalt vorliegenden Werkes, so weit er sachliche und sprachliche Erklärung anbetrifft, nicht weiter einzugehen. In solchen Dingen ist uns Herr Prof. Blanc ein für allemal Autorität, und man thut wohl, sich der Autorität eines Meisters anzuschließen. Einiges Hiehergehörige ist auch bereits von E. Ruth in den Heidelberger Jahrbüchern von 1853, Nr. 13. besprochen worden.

Aber Herr Blanc sagt ferner in seiner Vorrede: Enfin j'ai donné autant qu'il m'a été possible l'étymologie de chaque mot et j'ose croire, que les Italiens ne me sauront pas mauvais gré de leur avoir montré qu'un assez grand nombre de mots dont le sens primitif s'est perdu, ou parait incertain, trouvent leur explication dans les idiomes germaniques dont ils sont dérivés — und bei der etymologischen Partie des Buchs möchten wir noch etwas verweilen. Bei den etymologischen Bemerkungen nemlich, welche den lexicalischen. kritischen und exegetischen zur Seite gehen, vermissen wir einmal ein bestimmtes Princip, wonach hierbei verfahren wäre, dann eine genaue strenge historische Methode der Untersuchung. Neben den meisten Wörtern steht die lateinische oder deutsche Wurzel; bei andern und keineswegs immer den leichtesten, fehlt sie; bei vielen Wörtern ist bemerkt, der Ursprung sei dunkel, bei andern wieder nicht und doch findet sich keiner angegeben. Auf Celtisch, das bei dergleichen Untersuchungen doch auch beachtet werden muß, ist fast niemals Rücksicht genommen. Kurz die Etymologie der Wörter erscheint nur zu oft als gelegentliches, untergeordnetes Beiwerk. Folge davon ist auch eine theilweise Ungenauigkeit der Angaben. Endlich sind nicht wenig Wörter als von unerklärter Herkunft stehen geblieben, während sie bereits anderweitig hinlänglich ermittelt ist; bei andern sind alte Ableitungen angegeben, die längst durch neuere, richtigere verdrängt sind. Einige Beipisele aus den beiden ersten Buchstaben mögen unsere Behauptungen belegen.

Accidia wird aus dem Griechischen abgeleitet von ἀκηδιά; aber da das Wort sdrucciolo ist und die meisten griechischen Wörter beim Uebergang in die romanischen Sprachen ihren Accent beibehalten haben, so war ἀκήδεια daneben zu schreiben. Die Etymologie von addarsi, bemerken, inne werden, bleibt unerledigt; weshalb soll man nicht einfach an dare se ad aliquid = animum advertere ad aliquid denken? Aehnlich verhält es sich mit accorgersi. So lange sich nicht das Gegentheil beweisen läßt, zwingen uns phonetische Analogien, eine mittellateinische Wendung se adcorrigere vorauszusetzen. Bei adonare können wir nicht umhin, an das Englische down wenigstens zu erinnern. Aduggiare wird erklärt durch fare uggia, aber woher uggia kömmt, bekommen wir nicht zu erfahren. Bei dem Worte affatturare, hexen, zaubern, können wir uns mit der Erklärung ce mot semble être dérivé de fare en mauvaise part nicht zufrieden geben; die Bildung eines Verbi auf are von einem romanischen Participium Futuri ist ganz unerhört; schon wegen der Bedeutung ist vielmehr schon an „Fee" Frz. fée zu denken, was aber nicht vom Lateinischen fari, fatum, sondern vom Celtischen fat, fad, verhüllt, verkleidet herkommt, also „die Frau Holla, Hulle, Hulde d. i. die Verhüllte, Geheimnißvolle" vgl. Mone, die gallische Sprache S. 97. Auch können wir afollare nicht von folla, la foule, die Fülle herleiten, sondern wegen der Bedeutung „keuchen" denken wir an das Lat. follis, der Blasebalg. Agio, Frz. aise, kann unmöglich als identisch mit aggio, ich habe, betrachtet werden; die Herleitung vom Gothischen azets unterstützt das Englische easy; doch findet sich auch im Baskischen ein Wort aisa, leicht, so wie das bretonische ais hierher führt. Weshalb steht bei agognare ἀγών und nicht ἀγωνιάω, welches doch schon im Griechischen ganz dieselbe Bedeutung wie im Italienischen hat? Ammendare kann doch wohl nicht von emendare herkommen, mit dem es freilich in der Bedeutung übereinstimmt. Bei anca mußte es genauer heißen, daß ancha die deutsche, dagegen hanca die mittellateinische Form ist. Bei andare denkt der Herr Verfasser an das deutsche wandeln; eher doch wohl wandern, goth. andra; beim französischen aller hat man an wallen gedacht, denn die unsinnige Ableitung von ambulare hat bereits Grimm in seiner Geschichte der deutschen Sprache mit Recht verworfen; aber für aller findet sich die afrz. Nebenform alouer i. e. allocare, vgl. Delius zu Wace, vie de St. Nichols p. 67; vielleicht dürfte sich auch für andare eine rein romanische Herkunft auffinden lassen; seine älteste Bedeutung ist nicht ire, sondern progredi; also wie contrare von contra, superare von supra, intrare von intra, vielleicht andare von ante, denn der Lautwechsel von t und d hat nichts Auffälliges. Die Etymologie von attacare, attacher bleibt unerledigt; wir bemerken nur, daß sich im Neuprovençalischen das Verbum stagar findet, so wie das Subst. tache, der Nagel, bretonisch tach. Balenare ist einfach mit βάλλειν zusammenzubringen und hat mit φαλαρὸς nicht das mindeste zu thun. Biada ist zwar vom mittellat. bladum abzuleiten, jedoch mit dem deutschen blatt wohl schwerlich verwandt, bla heißt auf irisch ein Feld und blawd auf gälisch das Mehl. Bei bizarro endlich wird noch Menage's Ableitung von bisrarius als richtig angeführt. Aber bisrarius ist eine ganz unsinnige Fiction, ein Wort das nie existirt hat; ebenso unsinnig ist die Ableitung von divariare oder gar vom arabischen baschara, freudig sein; auch die Ableitung vom Gothischen bizza, Zorn, ist wohl schwerlich richtig; entschieden weist die Endung auf das Baskische bizarra, der Bart, zurück; also bizarro, eigenlich der Bärtige, d. i. der Muthige, Tapfere, Stolze und dies bedeutet es bei den Spaniern (los bizarros Españoles) noch jetzt. Im Dante heißt es wüthend, wild; erst bei den Franzosen hat es die Bedeutung wunderlich seltsam und ist mit ihr zu den neueren Italienern von hier aus übergegangen; übrigens wird diese Ableitung hier keineswegs zum erstenmale aufgestellt.

Doch diese wenigen Bemerkungen mögen genügen. Weit davon entfernt, die große Anzahl der neuen, glücklichen und richtigen Ableitungen zu übersehen, die uns selbst bei dieser Behandlungsweise geboten werden, bedauern wir doch recht sehr, daß der Herr Verfasser diese etymologischen Parthien nicht selbstständig genug behandelt hat, sondern sie dem Leser blos so nebenbei mit in den Kauf giebt. Sonst schätzen wir uns glücklich, den Freunden des großen Titanen der modernen Poesie dieses zu seinem richtigen Verständniß überaus wichtige Werk empfehlen zu können. Möchte es die recht baldige Veranlassung zu ähnlichen Arbeiten auf dem Gebiet der romanischen Literaturen sein.

R. E. B—n.

Ueber Göthe's Jery und Bätely. Von Ed. Dorer-Egloff. Baden, 1852. S. 43.

Da diese Schrift als Manuscript für die Freunde des Verfassers gedruckt ist und daher kaum in Buchhandel kommen dürfte, dabei aber wegen mancher sinnigen Bemerkung und um ihrer ganzen Richtung willen weiteres Bekanntwerden verdient, dürfte ein näheres Eintreten in vorliegende Abhandlung gerechtfertigt sein. Der Verfasser, auch als Dichter nicht ohne Anlage zuvörderst für Dichtungsarten, die den Gedanken vorwalten lassen, wie das Epigramm, ist einer jener glücklichen Männer, denen es die Verhältnisse gestatten, in glücklicher Muße der Kunst und Wissenschaft zu huldigen und einem gewissen dilettantischen Productionstriebe in aller Behaglichkeit nachzugeben. Eine Muße, die unserem Verfasser um so unverkümmerter zu Theil werden möge, da er sie durch frühere treue Erfüllung vaterländischer Pflichten — er war Landammann des Kantons Aargau — wohl verdient hat. Goethe ist seine weltliche Bibel. Er vergleicht diesen seinen Meister wegen der weitreichenden Wirkungen mit jenen gewaltigen Bäumen in den Urwäldern von Amerika, welche ihre Aeste zur Erde niedersenken, daß sie Grund fassend zu neuen Bäumen werden, und so Alles sich ins Unendliche verzweige und zu einem großen Ganzen verwachse. Dorer beginnt hier damit, die leidige Klage über die massenhaft anwachsende Götheliteratur in ihrer Lächerlichkeit nachzuweisen. Mag auch manches nutzlose Geschreibe unterlaufen, so ist doch gewiß, daß wir uns sehr bemitleiden müßten, wenn mit den bisher erschienenen Schriften das Studium Göthe's abgeschlossen wäre. Im Gegentheile, ich sehe einen Ruhm unserer Nation darin, daß wir so beharrlich in der Erkenntniß unseres größten Dichters fortschritten und jetzt erst recht ahnen, wie weit wir noch von einem völligen Erfassen dieses Riesengeistes abstehen. Im gleichen Maße, als wir fortschritten, wuchs Göthe's Genius; im gleichen Maße, als **wir** uns erhoben, erhob er sich selbst. Unsere Alpenwelt giebt ein Gleichniß hiefür. Wenn wir einen Berg ersteigen, so scheinen auch die Nebenberge höher zu werden, weil wir sie erst jetzt recht zu messen verstehen. So mag es kommen, daß wir dem Verständniß Göthe's weit näher sind, als je, und gleichwohl mehr Scheu haben, an eine vollständige Darstellung seines Lebens zu gehen, als vielleicht noch vor wenigen Jahren. **Gerade die Göthe-literatur und eine künftige Geschichte derselben wird ein Denkmal des Geistesganges unseres Volkes sein.**

Dorers Schrift müßte, abgesehen von ihrem Inhalte, schon als ein Zeichen der Theilnahme der Schweiz an unserm Poeten willkommen sein. Wir heben eine hieher einschlagende Stelle aus, und bitten den Leser nur, uns die Auslassung eines Satzes, worin Dorer des Verfassers dieser Kritik und seiner Bemühungen für Verbreitung deutscher Literatur und zumal Goethe's in der Schweiz allzu freundlich gedenkt, zu gestatten.

„Wenn aber auch der bestrittene und, wie ich glaube, widerlegte Vorwurf überwuchernder Lust, über Göthe zu schreiben, für die deutschen Schriftsteller selbst begründet wäre, so müßte er doch für diejenigen der Schweiz den Stachel ganz verlieren. Land auf Land ab ist nicht die leiseste Spur von der sogenannten Göthemanie zu finden, vielmehr haben wir den Tadel einer gewissen Theilnahmlosigkeit nur zu sehr verdient. Außer der nur auf Frankreich berechneten und darum auch welsch geschriebenen Schrift über Göthe von Soret aus Genf, außer eines Journalaufsatzes über die psychologischen Gegensätze von Lavater und Göthe, von dem geistreichen Troxler, ist mir keine einheimische selbstständige Arbeit über unsern Dichter vor die Augen gekommen .... Auffallend ist diese unläugbare Theilnahmlosigkeit. Göthe, für sich und seinen fürstlichen Freund Carl August von Weimar der Schweiz unendlichen Gewinn verdankend, fühlte sich im Gegensatz zu einzelnen, in der krankhaften Wertherperiode ausgesprochenen wehethuenden Urtheilen über die Schweizer nicht nur verpflichtet, dieses ohne Rückhalt auszusprechen und die Schilderung seiner späteren Schweizerreisen öffentlich bekannt zu machen, sondern er fühlte sich überdieß im tiefsten Innern gedrungen, in seiner Dichtung „Jery und Bätely" eine Alpenrose nicht nur sich zum Ruhme, sondern vor Allem der Schweiz zur ewig dauernden Ehre in seinen Zeiten und Länder überstrahlenden Lorbeerkranz einzuflechten. Aber trotz all dieser schönen Pietät auf Seite unsers Dichters verharrten, so zu sagen, ohne Ahnung, jedenfalls ohne klares Bewußtsein derselben die Schweizer ihm gegenüber in der sonst nur dem Italiener zugeschriebenen süßen Nachlässigkeit des Gehenlassens der Dinge. So nur konnte es kommen, daß der geistreiche deutsche Menzel, ohne Besorgniß, das Gefühl der Schweizer zu verletzen, freilich in einer Zeit, wo die Akten über Göthe in keiner Weise vollständig und spruchreif waren, seine Angriffe auf Göthe in einer schweizerischen Zeitschrift zuerst zu eröffnen wagen konnte und dessenungeachtet im Lande unangefochten blieb; so nur konnte es kommen, daß einerseits kein Vorstand der vielen Schauspielergesellschaften, die aus Deutschland in die Schweiz kamen, je sich bewogen fand, Jery und Bätely aufzuführen, um dadurch, dem Gefühle der Schweizer schmeichelnd, sich zu empfehlen, und daß anderseits das Publikum dazu schwieg und durch kein ausgesprochenes Verlangen diese Unzartheit beschämte."

Der Verfasser, einem schönen patriotischen Antriebe gehorchend, macht es sich nun zu seiner Aufgabe, gerade die letztgenannte Dichtung näher zu beleuchten, sie theils seinen Landsleuten bekannter, theils den mit dem eigenthümlichen Schweizerboden weniger vertrauten Deutschen verständlicher zu machen. Beides ist gleich dankenswerth. Unser Singspiel erfreut den Kenner der Alpenwelt ganz eigen und bleibt nur ihm kein Räthsel. Jeder Deutsche sollte sich die kleine Dichtung in die Tasche stecken, wenn er in die Schweiz geht, und sie oben auf dem Rigi oder der Wengernalpe lesen.

„Wer den Dichter will verstehen,
Muß ins Land des Dichters gehen."

Dort wird ihm zu der Lorbeerpracht der poetischen Blüthe, zu dem Dufte derselben noch der „gesunde Erdgeruch" bescheert.

Wir erhalten zunächst eine recht gelungene Entfaltung des Kunstwerks einer Idylle, eine sauber und rein gezeichnete Copie des lieblichen Originals. Gar ansprechend ist die Schilderung des Schauplatzes und möge daher als Stylprobe hier ein Plätzchen finden: In bergiger Gegend hoch oben auf dem Vorsprunge eines Berges stellt sich dem Auge des Wanderers eine mit Planten umfriedete Wiese dar; vor ihr liegt in der Tiefe das Thal mit seinem Verkehr befördernden See und über ihr erhaben noch manche kräuterreiche duftige Alpenweide. Auf der Wiese erhebt sich in anziehender Stille in der Nähe eines Felsens, über den ein silbernes zum erquickenden Genuß einladendes Bächlein munter hinunterspringt, eine freundliche Hütte. Vor dieser steht ein mit Bänken umgebener steinerner Tisch, gleichsam als ein Zeichen, daß die Bewohner heitere Geselligkeit lieben und freiwillige Gastlichkeit üben." Man vergleiche damit die Beschreibung von Stauffachers Haus im Tell.

Nach meiner Ansicht bestand das Fehlerhafte der bisherigen Anschauung unserer Dichtung darin, daß man Bätely für wirklich der Liebe unzugänglich annahm, daher ihre plötzliche Wendung gegen das Ende des Spiels fast als übereilt ansah und sie nun durch die poesielose, angeblich von der Aelplerin gemachte Entdeckung, ein wackerer Mann sei auch ein gutes Hausgeräth, zu motiviren suchte. Eine genauere Betrachtung unseres netten Schweizerkindes, ihres Thuns und Redens beweist von Allem dem das Gegentheil. Ihr ganzes Wesen verräth von vorn herein, daß sie dem Jery gut ist, über die Art des Gefühls aber, das sie für ihn empfindet, selbst noch unklar. Ihre Liebe ist noch eine Knospe, aber sie ist bereits da. Die etwaige Darstellerin dieser Rolle darf nur alle feinen Andeutungen dieser keimenden Neigung mit weiblichem Takte erkennen und leise betonen, so wird später Niemandem das offene Liebesbekenntniß als ein jäher Sprung ohne Uebergang vorkommen. Bätely ist eine frische gesunde Natur; frühe der Mutter beraubt, waltet sie als Herrin in Haus und Stall; zwar nicht reich, besitzt sie soviel, um zufrieden sein zu können. Auch der Umstand, daß ihr Besitzthum ziemlich einsam liegt, nährt ihren Unabhängigkeitssinn. „Wir sind hier oben allein und geben Niemand ein gutes Wort." Dabei ist sie nicht rauh, sondern gütig und gastfreundlich. Daß sie anfängt, nicht mehr gerne allein zu sein, — sie weckt deshalb den Vater — daß sie trotz alles Abwehrens doch fragt, ob Jery was Neues gesagt habe, daß sie bei allem Spott doch schaut, ob er an der Hütte vorbeigehe, ja selbst daß sie ihn neckt, tadelt und anders wünscht, können mit Recht als Vorboten ihres Liebesfrühlings gedeutet werden. Bätely hat ganz Recht, wenn sie mit Jery und dessen unmännlichen, sentimentalen Seufzer unzufrieden ist. Er hätte von seiner Liebe schweigen, um ihr schwesterliches Vertrauen werben, ihr einen thätig und männlich strebenden Sinn zeigen und ruhig des Augenblickes harren sollen, wo sie die wahre Natur ihres Gefühls selbst erkannt hätte. Der schlagendste Beweis, wie sehr Jery einer kläglichen Wertherstimmung zum Opfer geworden sei, ist wohl der Umstand, daß er einem Andern die Brautwerbung überträgt, das heißt doch, dem Nächstbesten mehr Kraft als sich zutrauen. Bätely wird ihm dann erst gut, als sie sieht, daß er männlich für sie aufzutreten wagt. Die beiden Motive, die Dorer hervorhebt, — der Gedanke, daß sie den so oft gekränkt, der sich nun für sie opfert, und das im Weibe stets so lebendige, gar oft der Liebe das Herzenspförtlein öffnende Mitleid — auch das Gefühl ihrer Schutzlosigkeit („Im Grimme so schwach") sind gewiß auch in Rechnung zu bringen, doch möchten wir immer darin, daß Jery muthig auftrat, das „Neue" erkennen, das Bätely längst schon gerne gehört hätte. Dazu kommt, daß Jery nun nicht mit seiner Liebe zudringlich ist, ja die freundlichen Worte der guten Bätely als unverdient zurückweist und sie bittet, nicht etwa Dankbarkeit für Liebe zu nehmen. Das schöne Kind muß nun trösten und glaubt dies am besten mit dem offensten Bekenntniß ihrer Liebe zu thun.

Die Zeichnung Jerys ist dem Verfasser sehr gelungen. Er ist allerdings eine jener Naturen, die von Gefühl übermannt nicht zu klarer Erkenntniß der Sachlage kommen und daher übersehen, daß das von ihnen Ersehnte seine natürlichen Entwicklungsperioden hat und nicht sofort auf einmal erreicht wird. Sie werden dann Beute des Ueberdrusses oder schlaffer Entsagung, oder greifen wohl gar nach unklugen Mitteln — ein solches ist die Brautwerbung des Thomas —, um die Knospe, deren naturgemäße Entfaltung sie nicht abwarten wollen, in Treibhauswärme künstlich zu öffnen. Der Raum verbietet uns, noch anderer Bemerkungen theils beistimmend, theils erläuternd zu gedenken. Wenn der Verfasser ausführt, welch' ein großer Spielraum dem Zufalle gegeben sei, — er sagt dies nicht etwa, um Göthe zu tadeln, sondern führt es als einen Beweis vom Zartsinne des Dichters an, der dadurch die Handlungsweise der Einzelnen mildere, — so können wir beistimmen, doch unter der Einschränkung, daß der Zufall eben nichts Anderes als eine von vielen möglichen Formen ist, in welchen sich das Nothwendige realisiren kann. Dieses Nothwendige ist aber die endliche Liebe Bätely's zu Jery: sie wäre immer — ob so oder so herbeigeführt — an den Tag gekommen. Ist es dem Dichter gelungen, dies zu motiviren, so sind ihm alle äußeren Zufälligkeiten verziehen. Der Zufall wird im Drama erst dann tadelnswerth, wenn er innerer Begründung entbehrt, d. h. wenn nicht blos die F o r m, sondern auch der I n h a l t einer Situation zufällig ist.

Im zweiten Theile der Abhandlung bemüht sich der Verfasser, gestützt auf Göthe's Aeußerung, daß „hier edle Gestalten in Bauerkleidern steckten," diese Gestalten in der weimaranischen Umgebung des Dichters aufzusuchen. Eigenthümlich ist der Vergleich Tannhäusers mit Göthe: was jenem das erhebende Bild Mariens, war für diesen Charlotte von Stein. Auch diese Partie der Schrift ist sehr erregend geschrieben, wenn sie schon manchen Widerspruch erfahren wird. Ein Fortschritt in der Erkenntniß unserer Dichtung ist durch Dorer jedenfalls geschehen, und daher ein neuer Abdruck für das größere Publikum nur wünschenswerth. Was die Darstellung betrifft, so ist sie warm und gedankenreich, vielleicht hie und da zu reich, wenn es den Verfasser drängt, plötzlich Alles, was er über Göthe auf dem Herzen hat, auszusprechen. Auch die Sprache, einiges Provinzielle abgerechnet, (z. B. ankehren, rathet statt räth, Empfindsamkeit S. 21. statt Empfindlichkeit) ist gut und anschaulich. Möge die Abhandlung dazu beitragen, daß die mit der „Fischerin" dem Tone nach verwandte kleine Dichtung, von der Göthe in seinen „Annalen" sagt: „Die Gebirgsluft, die darinnen weht, empfinde ich noch, wenn mir die Gestalten auf Bühnenbrettern zwischen Leinwand und Pappenfelsen entgegentreten" immer mehr gelesen, gewürdigt und auch wieder dargestellt werde. Göthe, dankbar für die wohlthätigen Eindrücke der Schweizerreise 1779 auf ihn und den Großherzog, wollte derselben einen Denkstein im Park zu Weimar setzen; der Plan zerschlug sich, aber unsere Idylle ist das schönste Denkmal. Schließlich ermuntern wir Herrn D o r e r recht herzlich, in seinen Studien und seinem Streben fortzufahren, das — wie wir aus einem Briefe entnehmen — dahin geht, beizutragen, „daß ein inniger Zusammenhang zwischen der Schweiz und dem Mutterland Deutschland zu Stande komme, auf daß, wenn Barbarossa das Reichspanier nach langem Schlafe erhebt, auch die drei Telle in ihrem Mythengrab erwachen und zum g e r m a n i s c h e n L e b e n s t r ä g e r stehen."

Bern. Dr. **L. Eckardt.**

---

1. M a c a u l a y ' s Gedichte, übersetzt von J. S., herausgegeben und mit einem Vorwort begleitet von Friedrich Bülau. Leipzig, J. D. Weigel 1853.
2. Gedichte von T h o m a s B a b i n g t o n M a c a u l a y, deutsch von Dr. Alex. Schmidt. Braunschweig, G. Westermann 1853.

Thomas Babington Macaulay ist in Deutschland neuerdings kaum minder berühmt und verehrt, als in seinem Vaterlande; die Uebersetzung eines seiner Werke, herausgegeben und eingeführt durch einen so bekannten und anerkannten Uebersetzer, wie Friedrich Bülau ist, kann auf eine große Theilnahme rechnen und die Kritik darf sich der Verpflichtung einer gründlichen Prüfung nicht entziehen. Die neuere Zeit hat eine solche Menge von faden wäßrigen Reimereien entstehen sehen, die dem Publicum als Uebersetzungen geboten wurden, während sie von dem Wesen der Dichtungen, die sie als ihre Originale nannten, so gut wie nichts enthielten: daß es eine wahre Freude sein mußte, der kleinen Schaar guter Uebertragungen diese zuführen zu können, welche nach des Herausgebers Aussage „nicht bloß sinn- und wortgetreu sein, sondern auch den Geist des Originals sich in sehr entsprechender Weise angeeignet haben“ soll. Mit günstigem Vorurtheil darf man das Buch ergreifen, von dem Herr Professor Bülau versichert, daß er „die Uebersetzung, sowohl an sich, wie dem Original gegenüber, sorgfältig revidirt hat und glaubt dem Publicum in ihr nichts der englischen Musterdichtung Unwürdiges zu bieten. Jedenfalls wird es leichter sein, Einzelnes zu tadeln, als es besser zu machen.“ Je günstiger aber dies Vorurtheil, desto sorgsamer muß die Kritik sein.

Ich will den Maßstab derselben voranschicken. Der Uebersetzer einer Dichtung muß zunächst die fremde Sprache, ihren Wortschatz und ihren Bau gründlich kennen, er muß in ihre Eigenheiten, ihren Charakter eingedrungen sein. Er muß ferner die eigene Sprache nicht nur auf's Genaueste kennen, sondern sie mit völliger Freiheit beherrschen. Er muß im Technischen der Verskunst eine bedeutende Gewandtheit haben, muß Geschmack, rhythmischen und ästhetischen Tact besitzen. Er muß fähig sein, in den Geist des Originals einzugehen, seine Schönheiten und Eigenthümlichkeiten nachzufühlen und wiederzugeben. Er muß endlich den Stoff des Originals genau inne haben, mit den Kenntnissen, die zur Schöpfung desselben erforderlich waren, gleichfalls vertraut sein. Nur die Summe dieser Eigenschaften befähigt ihn, eine gute Uebersetzung zu liefern. Der unter Nr. 1. vorliegenden muß dieses Prädicat versagt werden, dem Uebersetzer fehlte es an allen jenen Erfordernissen, wie ich im Einzelnen nachweisen will, ohne Herrn Bülau's Mahnung zu vergessen. Sie erinnert gar sehr an ein Bild der letzten Berliner Kunstausstellung, ein Bild, das Hohn und Gelächter und den bittersten Tadel von allen Seiten erfuhr; und doch hatte der bescheidene Künstler — ein berühmter Name — darunter geschrieben: machts besser!

Gleich in der Einleitung, die in der leichtesten und feinsten englischen Prosa geschrieben sich fast wörtlich in reines, ja elegantes Deutsch bringen ließe, fällt die große Willkür auf, welche die Uebersetzung ohne Noth und ohne Nutzen mit der Schreibweise des Originals sich erlaubt. Schlimmer aber ist die Menge unpassend oder gar falsch übersetzter Wörter und Phrasen, die Argwohn gegen des Uebersetzers Sprachkenntniß erregt. Einige Beispiele aus den ersten zehn Seiten werden genügen. Im ersten Satze nennt Macaulay die römische Urgeschichte sagenhaft, fabulous, die Uebersetzung hat erdichtet. Auf derselben Seite trustworthy, wahrheitsgetreu; dann abundant proof, hinlänglicher Beweis, of the same class, in einer Kategorie, the realities of the world in which we live, die Wirklichkeit der Welt u. s. f.; early history of Rome, frühere Geschichte Roms, wild legend, schauerliche Sage; the many instances which will at once suggest themselves to every reader, die sich jedem Leser sofort von selbst aufdrängen; fine imagination, große Einbildungskraft, dreary pedantry, öde Pedanterie, popular account, gewöhnliche Erzählung; destitute of every trace of the meaning of the original, fern von jeder Annäherung an den Sinn des Originals; none — saw even, that, keiner — sah eben, daß; they all render it an event, sie gaben es alle durch Eräugniß wieder; if his talent for communicating truths had borne any proportion to his talent for investigating them, wenn er gleich viel Talent in der Darstellung von Wahrheiten wie im Auffinden derselben besessen hätte; almost wholly perished, schon gänzlich verloren; romances, Dichtungen; utterly savage, gänzlich verwildert; information, Kenntniß; enlightened communities, aufgeklärte Staaten; metrical composition, poetische Darstellung; progress towards refinement, Fortschritt der Bildung; minstrelsy, Bardengesang; doubtful memory, dunkle Erinnerung; transcendent sublimity, hohe Vortrefflichkeit; licentious and uncouth, kunstlos und roh.

Und so geht es fort durch den ganzen prosaischen Theil des Buchs; doch mag diesen der Uebersetzer als Nebensache flüchtiger behandelt haben, es soll daher noch kein Urtheil gefällt werden; wohl aber wird die Betrachtung des poetischen Theils um so schärfer sein müssen.

Die erste Strophe des ersten Liedes „Horatius" enthält den Schwur des Porsena, That the great house of Tarquin should suffer wrong no more, „Tarquin's Geschlecht erdulde nicht mehr eines Unrechts Spur," was schwerfällig und kaum verständlich ist. In der zweiten Strophe ist „Schmach jeglichem Etrusker, der bleibt am heimischen Strom" (who lingers in his home) eine Albernheit, von der das Original nichts weiß: als ob alle Etrusker am Strome wohnten! Uebrigens ist der Strom, wie vorhin die Spur und in der folgenden Strophe „zwischen Bäumen drin" nur dem Reim zu Liebe da.

Es gehört, wie man sieht, keine „sorgfältige Revision" dazu, um zu finden, daß die Uebersetzung nicht durchweg „sinn- und wortgetreu" ist, noch auch stets „den Geist des Originals in sehr entsprechender Weise sich angeeignet hat." Aber ich habe mehr nachzuweisen versprochen.

Zuerst, daß der Uebersetzer nicht englisch kann. Eine Masse falsch verstandener Wörter, Phrasen, Constructionen bietet sich dar, ich greife nur einige heraus.

Pag. 49. from the proud mart of Pisae, queen of the western waves.
Vom stolzen Markt zu Pisä, der beherrscht des Westens Meer.

Hält er mart für ein Femininum, oder ist ihm die Stadt Pisa männlichen Geschlechts?

Pag. 50. no stroke of woodman, keinen Schlag des Waidmanns (es ist aber von Holzschlägern die Rede). Pag. 51. the harvests — old men shall reap, die Ernte sammeln ein; plunge the sheep, Schafe scheren; the must shall foam round the white feet, der Most — bespritzt den weißen Fuß. Pag. 52. go forth! (dreimal) zieh fort! (statt) geh vor! pag. 54. troops of sun-burned husbandmen, der braunen Männer Zug. Pag. 55. fence, Scheuer. Pag. 56. they girded up their gowns, sie legten an das Kleid. Pag. 57. the red whirlwind, die rothe Lohe. Pag. 59. the hold, Furth (statt Festung). Pag. 60. — was no woman, but spat towards him and hissed, kein Weib zu sehn, dem nicht vor ihm gegraust. Pag. 64. we wax hot —, we wax cold, wir entbrannten, wir wurden kalt. Pag. 69. halted, stand (statt machte Halt). and for a space no man came forth, doch keiner kam eine Spanne näher. the cry is Astur, das ist Asturs Stimme. Ample shoulders, weite Schultern. Pag. 70. the she-wolfs litter stand savagely at bay, hat wild sich widersetzt. Pag. 71. a wild cat mad with wounds, eine wilde tolle Katze. Pag. 72. to taste our roman cheer, zu kosten römische Art. Pag. 75. in a pool of blood, in einer Lache Blut. Pag. 77. and whirling down in fierce career battlement and plank and pier, also zerreißt in wildem Schuß Mauer, Plank' und Damm der Fluß. Pag. 79. he (Horatius) was sore in pain (nämlich durch die Mühe des Schwimmens), er war voll Traurigkeit. Pag 104. warrior and warhorse reeled, Streitroß und Krieger lag. The lake — bubbled with crimson foam, dem See — ein blut'ger Schaum entstieg. Pag. 106. the thirty cities charge you to bring the Tarquins home, die dreißig Städte bringen euch Tarquin's Geschlecht zurück. Pag. 107. look that your walls be strong, baut feste Mauern nun. Now yield thou up thine eyrie unto the carrion-kite, den Naskrähn und den Geiern (wunderbares ἓν διὰ δυοῖν!) tritt ab dein Jägerrecht. Pag. 110. uprose the golden morning —, the proud Ides of Quintilis, marked evermore with white, auf stieg der gold'ne Morgen —, der die Quintilischen Iden für immer zum Fest gemacht. (ebenso pag. 113, wo the proud Ides ebenso Apposition zu this day of fight ist, wie hier zu morning). From every warlike city that boasts the Latian name, von jeder kriegerischen Stadt, voll Stolz auf Latiums Nam'. The still glassy sea, dem hellen See. The priest — doth reign, der — Priester irrt. Pag. 112. the banners of the marsh, den

Fahnen aus dem Innern (ebenso pag. 126). Pag. 114. but in the centre thickest were ranged the shields of foes, doch in dem dichtsten Centrum, da stand der Schilde Reih. Gabii of the pool, Gabii vom Meer. Pag. 115. too good for such a breed, des Stammes bester Sproß. Front to front the armies met with a mighty roar, Stirn um Stirn die Heere stehn da mit lauter Wuth. Pag. 116. the slayers (im Kampfe) die Schlächter. His look was high and bold, sein Auge wild bewegt. Pag. 117. so turned, so fled false Sextus and hid him in the rear, behind the dark Lavinian ranks, bristling with crest and spear, Sextus — versteckt sich hinterm Heer, hinter Laviniums dichte Reihn, voll Furcht trotz Helm und Speer. Pag. 118. better had he been pruning among his elms this day, o hätt' er doch beschnitten die Ulmen diesen Tag! (Wer braucht auch zu wissen, daß man in der Mitte des Quinctilis nicht sowohl Ulmen beschneidet, als den an ihnen heraufgezogenen Wein ausbricht?) Mamilius smote Aebutius with a good aim and true, just where the neck and shoulder join, and pierced him through and through. Mamilius schlug Aebutius, er zielte gut und treu, wo Hals und Schulter sich berührt, hieb er ihn mitten entzwei! swooning, sterbend. Pag. 119. Men say, the earliest word he spoke, da, sagt man, war sein letztes Wort. Pag. 121. yeomen, junge Männer. Pag. 122. now play the men for the good house that loves the people well, jetzt frevelt man mit ihm, der stets sich für das Volk entschied. Pag. 134. storm of dust, staub'gem Rauch (aber bloß des Reimes wegen, des Reimes auf „Aug" nämlich!). The dark grey charger (das Pferd des Mamilius) die dunkelgrauen Rosse. Pag. 126. like corn before the sickle the stout Lavinians fell beneath the edge of the true sword, wie Korn vor Sicheln weichen die Lavinier zurück vor des guten Schwertes Schärfe. Pag. 127. clapped his hand on Austers mane, he gave the reins a shake, griff mit der Hand in Austers Mähn', und schüttelte den Zaum. Pag. 128. dashed across the way, hemmte seine Flucht. Pag. 129. met in mortal fray, auf der blut'gen Au. Pag. 135. portal, Säulengang (ebenso pag 139). Pag. 137. so corn-sheaves in the flood-time spin down the whirling Po, So drehn sich die Garben, wenn der Po zur Fluthzeit überschwellt. Pag. 138. Metius —, the love of Anxurs maids, Metius —, für Anxurs Kind entbrannt! (ob der Herr Anxur auch in der Schlacht war?) in the back false Sextus felt the good Roman steel, der falsche Sextus spüret der römischen Schwerter Sturm. Pag. 139. Manlius eldest of the Twelve, who keep the golden shield, Manlius der Aelteste der Zwölf, der bewahrt den goldnen Schild. Pag. 140. lips, Hände. Pag. 163. the townsman shrank to right and left and eyed askance with fear his lowering brow, his curling mouth, das Volk erbebte links und rechts, jedes Auge sucht zu fliehn, seine düstere Stirn, seinen schiefen Mund. Pag. 164. her satchel on her arm, mit ihren Büchern unterm Arm. Pag 165. for a sport, von der Jagd. Combing the fleece, spinnend. Pag. 167. all knew that fair child, and as she passed them —, all kissed their hands, an dem Mädchen jeder hing und küßt' ihre Hand, wenn — sie vorüberging. Twelve hours, zwölf Jahr. Pag. 170. o for that ancient spirit —! o for the tents —! bei dem alten Geiste —! bei den Zelten —! Pag. 171—173. sind im Englischen lauter Imperative keep, press, fill etc. die Uebersetzung macht Indicative daraus. Ihr habt, ihr nehmt u. s. f. Pag. 173. archway, Kreuzgang. Pag. 174. all the pretty ways, dein schöner Schritt und Gang! Pag. 175. the house — now for the brightness of thy smile must have eternal gloom and for the music of thy voice the silence of the tomb, das Haus — ist nun für deines Lächelns Glanz verdammt zu ew'ger Trauer, und für deiner Stimme süßen Klang zu des Grabes stillem Schauer. Pag. 201. the she-wolf gave them (den neugebornen Kindern) of her own fierce milk, rich with raw flesh and gore gab ihnen ihre wilde Milch nebst rohem Fleisch und Blut. Pag. 208. thou shalt not drink from amber (aus Bernsteingefäßen), du sollst nicht Amber trinken. Pag. 214. the huge earth-shaking beast, das allgewaltige Thier.

Genug der Blumenlese, die mir beim ersten flüchtigen Vergleiche gelang. Und

Herr Bülau hat die Uebersetzung „dem Original gegenüber sorgfältig revidirt.“ Nun wahrlich, wenn er seinem Schützling einen schlechten Dienst erzeigt hat, so that er sich selbst einen schlechtern. Aber er hat sie auch „an sich“ sorgfältig revidirt und hat nicht gemerkt, daß sein Eilent nicht deutsch kann. Oder sind die Fahn, die Kund, die Katz, die Flamm, die Brück, die Beut, die Hütt, die Kling, die Eich, die Höhl, die Trümmer (sing.), die Kupp, die Mähn, die Rund, die Wach, die Streck, die Farb, die Seit, die Lanz, die Fährt, die Lach, die Leich, die Heerd, die Erd, die Schul, die Schand, die Hitz, die Lieb, die Seel, die Beut, die Ruth, der Hauf, der Nam, das Feur, das Aug, — sind dies deutsche Worte? Sind Plurale deutsch, wie die Gäst, die Beil, die Speer, die Hauptleut, die Altär, die Fahn, die Schwein? Casus wie Commandant, dem Commandant, den Commandant, dem Nam, dem Schwären? Verbalformen wie die ind. praes. ich küss, mein, lüg, dien, komm; er bindt; die ind. praet. er konnt, mußt, stöhnt, bracht, rann (von rennen), konnts; die imperat. send, bitt, fürcht; das praes. conj. er sag? ist „er äßt“ ein deutsches Wort? Und hält es Bülau für Dichterrecht, jedem beliebigen Wort vor jedem beliebigen andern Wort, oder auch wenn nichts darauf folgt, den letzten Laut abzuschneiden? Sind das etwa die „einzelnen Härten“, die nach ihm „auch im Original sich finden?“ Oder meinte er hiermit die völlig unmöglichen Wortstellungen, die ganz unverständlichen Sätze, die unsinnigen Verdrehungen des Originals, die unzähligen Flickworte, die höchst schnöden Reime; denn von all diesem wimmelt das Buch; man braucht nur blindlings aufzuschlagen. — „Volk von Rom, der Stadt voll Glück“, „ein Scherz der bitter läßt“ (of the good town of Rome, a bitter jest). „Laßt ihn Dictator werden, sechs Monde nur derweil“ (six months and no more); „Seine Freunde tragen ihn weg dort wo man ficht“ (from the battle); Das sind Dinge, die der Reim erfordert; aber was soll man sagen, wenn Heere „Stirn um Stirn“ dastehn, wenn „gestürzte Pferde“ ausschlagen, wenn „flach auf Tarquins stolzem Haupt die gute Klinge ruht“, wenn „Cora rechts wird zahm“ (die Schaar flieht nämlich), wenn darauf Aulus ruft: „der Feind ist nicht mehr wild!“ wenn „Flüchtige und Verfolger sich mit Macht vermengen“, wenn bei Sempronius drei Senatoren sitzen „auf Sesseln hoch empor“ wenn Aulus „sich eine blutge Fahrt (passage) bahnt,“ wenn „die beiden stolzen Häupter todt in einer Reih“ liegen, wenn das Purpurkleid über den Waffenschmuck „gleitet“ (es fällt aber nicht hinunter); wenn die Sau „die Frucht von Cornes Eicheln“ zerstampft, wenn Auster „nicht von fern weicht“ (nicht von der Stelle); wenn Horatius den Tiber bittet: „eines Römers Leib und Waffen laß auf deinen Rücken gehn“, wenn von der abgebrochenen Brücke, die eben hinabstürzen will, gesagt wird „das Bauwerk kam in Schuß“, wenn Aruns bezwingt „des wilden Ebers grause Wucht —, der sich in Raub und Mord versucht Albinia's Strand entlang“, wenn die Trompeten „eines Kampfes Melodei“ blasen, wenn „in Sutrium vor den Thoren stand das Heer mit einem Schlag“, wenn ihrer Mannen Zahl sendet „eine jede Stadt bewehrt“; wenn es heißt: „dicht auf dem Fuß ihm schleicht — sein Schützling Marcus leicht“ und was des unsäglichen Unsinns mehr ist. Ist das eine Uebersetzung, in der Herr Bülau „dem Publicum nichts der englischen Musterdichtung Unwürdiges bietet“? Soll ich noch von der unglaublichen Unwissenheit reden, die es dem Uebersetzer möglich macht, Wörter wie „der Lucumone“ zu brauchen, conscript patres mit „versammelte Väter,“ the Julian line mit „Julians Stamm“ zu übersetzen, ein Heer von Ortsnamen zu erfinden, wie Cuminien, Volsinien, Tarpeja's Felsen, einen Berg Porcus, Laurentia, Digentium, Samothrazia, oder gar einen Mann Namens Anxur, und die Göttin Pales zur Pallas zu machen. Ich denke gezeigt zu haben, daß alle Erfordernisse einer guten, ja einer leidlichen Uebersetzung der vorliegenden abgehen. Ihrem Verfasser ist daraus kein Vorwurf zu machen; er that, was er konnte; aber der Mann, dem die Arbeit zur Beurtheilung übergeben war, was für Ehre der mit ihrer Herausgabe eingelegt hat, das bedarf wohl keiner Erläuterung.

Ich hoffe, Herr Bülau zweifelt nicht mehr, daß diesmal das Bessermachen durchaus keine Schwierigkeit hat. Will er aber auch das noch bewiesen haben, so nehme er, — und ich empfehle dasselbe dem geneigten Leser, — die obengenannte Uebersetzung von Dr. Alexander Schmidt in die Hand. Ich sage nicht, daß sie fehlerfrei ist, manche Härte, manche Schwäche des Ausdrucks, gezwungene Wortstellungen, hie und da auch wohl eine mißverstandene, lassen sich aufzeigen, (auch Schmidt läßt den Flaccus von Setia (pag. 97.) Ulmen kappen, statt Wein ausbrechen); aber trotzdem ist die Uebersetzung trefflich. Gründliches Verständniß, fein gebildeter Geschmack und Formensinn, vor allem eine große Wärme zeichnen sie aus; es ist ein erfreuliches Buch, dem eine freundliche Aufnahme und zahlreiche Verbreitung im Publikum zu wünschen ist.

Berlin. **Dr. Heinrich Fischer.**

F. L. Gehrike, Englische Chrestomathie. Eine Sammlung von verschiedenen Lesestücken aus den besten englischen Werken mit besonderer Rücksicht auf Conversation. Nebst wirklich geschriebenen Briefen. Dessau, Neubürger (ohne Jahreszahl).

Ohne uns bei der Anlage und dem Zwecke dieser eben erschienenen Chrestomathie aufzuhalten, betrachten wir gleich die Briefe, die uns als wirklich geschriebene angepriesen werden. Datirt von Cöthen (dem Wohnort des Verf.), Leipzig, Magdeburg u. s. w., tragen sie den Stempel ihrer Abkunft an der Stirn. Ein Engländer hat sie nicht geschrieben, und ein Deutscher, der über die Elemente der Sprache hinaus ist, auch nicht. „Grau ist alle Theorie, doch grün des Lebens goldner Baum", das ist das bequeme Bett, worauf die grammatikscheuen, unwissenschaftlichen Routiniers sich lagern, und auch das Motto unsres Verf. Was müssen des Dichters Worte sich Alles gefallen lassen! Dem Verf. hätte ein Bischen Theorie, ein Bischen Grammatik ganz wohl gethan. Hier einige Proben seines Stils und seines „grünen gold'nen Baums des Lebens." You already have made good progresses in the English language. I hope you will become by yourself-studies by and by a master of this language (S. 101). I beg you will not expect me this afternoon for being engaged already (S. 100). The conversation will be of any use for you (S. 101). It is allowed me but little time to write letters (S. 101). Believe me with profound respect your faithfully *N.* (S. 100). Believe me yours truly brother (S 99). He requested to be introduced to any of my friends (S. 98). I am much sorry (S. 94) not to have found you and therefore beg to let me know etc. You will kindly excuse me not having been at home (S. 94). Particular business will prevent me the pleasure of seeing you (S. 93). The poems of Ossian, which with others works I have brought with from the fair of Leipzig (S. 93). Books which would afford you any pleasure to read them (S. 93). Von Druckfehlern wimmelt das Buch.

Robolsky.

Schul-Grammatik der Englischen Sprache vorzugsweise für Real- und höhere Töchterschulen, so wie den Privatunterricht von D. W. Zimmermann, Oberlehrer an der höh. Töchterschule in den Frankeschen Stiftungen zu Halle, früher Lehrer in London. Erster Cursus. Enthaltend: Aussprache. — Formenlehre. — Einführung in die Lectüre und Imitation (!) der Büchersprache. Halle, G. Schwetschkescher Verlag. 1853.

Herr Zimmermann hat endlich das ziel, nach welchem Engländer und Deutsche so lange gestrebt haben, erreicht: — er hat eine vollkommene schul-grammatik der englischen sprache zu stande gebracht, wenn wir einer „autorität in diesem fache," dem herrn Dr. J. G. Wyman in London, welcher es dem verfasser (auf verlangen?) bescheinigt hat, glauben dürfen. Zu diesem glücklichen resultate ist herr Z. durch eine ganz neue anordnung des stoffes gekommen, welche darin besteht, dass er mit dem verb beginnt (allerdings ganz neu, wenigstens für einen Engländer!), und dann den schüler ohne weiteres in den einfachen satz einführt*), dass von der ersten lection an schriftliche und mündliche übungen hand in hand gehen und die conversation zur entwicklung gebracht wird. (Auch ganz neu, wenigstens in einer grammatik.) Den schwerpunkt des buches erkennt herr W. in der behandlung der aussprache, die er so gelungen findet, dass sie, nach seiner meinung, auf die englischen Spelling books einen wohlthätigen einfluss üben muss. Wie aber den menschlichen werken in der regel etwas unvollkommenes anklebt, so findet herr W. auch an dieser arbeit einige kleine fehler, nämlich dass s. 14. das präterit. von lead nicht lead geschrieben und dass ou in journey, journal nicht wie u in bush lautet. Einige andere, die uns zufällig aufgefallen sind, wird er nicht der mühe werth gehalten haben zu erwähnen, wie: s. 3. gh als anlaut = k (vergl. ghost), als auslaut stumm (vergl. laugh). sc = k vor a, o, u. s. 4. u in sure = u (anst. ju). s. 5. In einigen wörtern ist jedoch i vor ld und nd = i. (Ganz neue und gründliche definizion?) s. 8. e in ere, there, where = e in ever. In andern zusammensetzungen hat live (verb?) das ī (= ai), z. b. alive, lively, livelihood, lives (und life? — sehr scharfsinnig!) i in caprice, pique = i in captive, digest. (Eine ganz neue entdeckung.) s. 9. ei in perceive, receive = ai in villain, captain. (Man sieht, dass herr Z. in London gewesen ist — als lehrer.) s. 10. Abweichende lautverbindungen sind nur für den r-laut (?) des a vorhanden. (Sehr verständlich!) .... 3s. in einigen abkürzungen: I can't ... desgleichen (?): ah! ... (Schöne gründe!) a in almost = griech. ω. (Woher weisz der verf. das?) s. 12. oo in goose = u in bull. (Seit wann?) s. 14. ea in tear = e in her. ou in court = u in bush. s. 15. Das unbetonte y behalt in diesen fällen (?) in ie (?) seinen kurzen laut. y in marry, carry = i in mine. s. 16. Sobald zwischen diphthongen (?) die trennung der silbe (?) liegt, hören sie auf diphthongen zu sein. s. 28. Der genit. und dat. werden aus dem accusativ durch of und to gebildet (!!) s. 31. Is an (?) hypocrisy an honour? In this garden is no arbour, anst. there is no arbour in this garden. s. 72. What is the physician his sickness ascribing to? anst. What does the physician ascribe his sickness to? Anything what (anst. that) is sinful. (Eine schöne anleitung zur conversation.) u. s. w. u. s. w.

Bielefeld. **Franz H. Strathmann.**

---

*) Nach herrn Wyman und der vorrede des verfassers; das uns vorliegende exemplar fängt mit der aussprache an (s. 1 — 26), gibt dann eine sogenannte deklinazion der substantiven u. s w. Sollte herr W. blosz die vorrede gelesen haben?

Programmenschau.

Cornelius Herrmann von Ayrenhoff. Eine literarische Skizze von Dr. Karl Berndt. Progr. des akadem. Staatsgymnasiums in Wien, 1852.

Der hier dargestellte dramatische Schriftsteller gehört zu den untergeordneten Talenten. Nur die Landsmannschaft macht es erklärlich, daß ihn der Verf. sich zum Gegenstande einer besondern Abhandlung wählen konnte. Zwar meint er, auch Tatente zweiten Grades hätten auf ihre Zeit oft einen günstigen Einfluß gehabt und verdienten darum Beachtung, aber nicht einmal zu diesen Talenten kann Ayrenhoff gezählt werden. Triftiger ist allerdings der Grund, den der Verf. auch angibt, daß nämlich die Bedeutsamkeit unserer Dichtergrößen ersten Ranges in unsern Augen steige durch die Gegenüberstellung so untergeordneter Figuren, gleich wie der Tag durch die Nacht an Bedeutung gewönne. Ein kurzer Lebensabriß ist vorausgeschickt. Der Dichter ist geboren zu Wien 1733, trat mit seinem 18. Jahre ins Militair, machte den siebenjährigen Krieg mit, worin er zweimal gefangen wurde, wurde 1793 Feldmarschallieutenant, 1803 pensionirt, und starb den 15. August 1819. Seine ästhetischen Arbeiten sind nicht bedeutend, am besten wohl seine Lustspiele, von seinen Tragödien werden hier zwei, Aurelius und Antiope, genauer betrachtet; aus der Analyse ergibt sich, wie ohne alle Kenntniß der dramatischen Regeln sie abgefaßt sind. —

Ludus de ascensione Domini, ein mittelalterliches Schauspiel. Abhandlung von Gymnasiallehrer Dr. Adolf Pichler. Progr. des akad. Staatsgymnasiums zu Innsbruck, 1852.

Der Verf. ist durch seine Schrift: Ueber das Drama des Mittelalters in Tyroi wohl bekannt. Als einen Beleg zu jener Schrift läßt er hier ein altes Schauspiel, ein Himmelfahrtsspiel, erscheinen, welches mit andern der Historiker Albert Jäger im Sterzinger Archiv entdeckt und im Innsbrucker Museum niedergelegt hat. Es ist die Einrichtung dieser Spiele aus den Mittheilungen von Mone und Wackernagel wohl bekannt genug. Das hier abgedruckte zeichnet sich auch nicht durch poetischen Werth aus, es ist mehr ein interessantes Denkmal zur Culturgeschichte; dialektische Eigenthümlichkeiten finden sich mehrere. Bei dem Abschied von den Aposteln redet der Herr zuerst den Petrus an:

Lieber Peier nun hor zu mir,
was ich will empfelhen dir:
du solt an meiner hueter sein
aller meiner schaflein.
Leren sie christenleichen glauben,
la dirs nit abstellen noch rauben,
leren sie christenleiche ornung
nach aller sprach und nach aller zung,
leren sie mein red und meine wort,
die du von mir hast gehort

in dem tempel an aller statt.
Ob dich dar um nicht an gat
sterben, leben oder genesen,
so wil ich doch alzeit bei dir wesen.
Da von las dich gerechten finden,
du solt binden und enbinden:
wen du bindest, der ist gebunden,
wen du enbindest, der ist ledig zu den stunden.
Also solt du ir pflegen,
damit so hab dir meinen segen.

Interessant ist auch das Gebot des jüdischen Rabbi an seine Schüler:

Schala machei, pecherum macho!
wan ihr betet, so sprecht also:
Vater unser! der du bist
verborgen in des kunigs kist,
dein nam der phenning heist,
wer dich nit hat, der ist verwaist,
zu komm uns hie uf erdenreich,
du liebst uns fur des himmelreich,
dein will geschech zu allen zeiten,
das wir nur genug haben bei den leuten.
Durich dich komm wir aus not,
du bringst uns wein, wasser und brot,
fur uns frumm juden nit in versuech,
und mer uns unser wucher und gesuech,
gib uns und unsern schuldigneren,
das sie uns nur vil schuldig weren,
so hab wir dan ein reichen namen,
so sprech wir mit einander Amen.
Ami! ibi flectentes capita:
Ich glaub in meiner Judischeit
an große schetz und mechtigkeit
und an ein taschen volle guldein,
die gerecht und schwar genug sein,
die auf der Kremnitz begraben sind,
dar nach mit hammeren geschlagen sind,
empfach wirs aus des muntssers Hand,
so kam wir unter pfenwert und pfand.
Ich gelaub auch an das edelgestein,
wir nemens beide gros und klein.
Gemuenschaft des wucher, merung der sunden,
der man jetz in der welt vil tuet finden,
und dar zu ein saligs leben,
das ward uns Juden gemein gegeben,
des wir bleiben in Moisis samen,
lobt den Herren und sprecht all: amen!
Ami! flectentes capita.

Am Schluß kommt der Teufel herab, der Engel hinter ihm drein durchsticht ihn und verflucht ihn in der Hölle Gluth. Ibi inceuditur diabolus et sic est finis.

Otto der Große, ein Gedicht der Hroswitha, Nonne zu Gandersheim, aus dem Lateinischen übersetzt von Rector Dr. K. F. A. Nobbe. Zwei Programme der Nicolaischule zu Leipzig, 1851 u. 1852.

Nachdem die Komödien der Hroswitha ins Deutsche übersetzt sind, haben wir jetzt auch ein episches Gedicht derselben, welches die Geschichte Oddo's des Großen bis zum Jahre 963 in 1517 Hexametern behandelt, in deutscher Uebertragung erhalten. Auf dichterischen Werth kann dasselbe keinen Anspruch machen, obgleich Hroswitha ein ungewöhnliches Studium der lateinischen Dichter zeigt. Sie nimmt sich viele prosodische und metrische Freiheiten. Die Uebersetzung ist ebenso nicht frei von Härten, z. B. V. 416:

Bis sie wieder erstehet, unverdorben zurück zu empfangen
Ihren so edelen Leib, den jetzt umschließet ein Hügel.

Aus dem Wilhelm von Orlans des Rudolf von Ems. Von Dir. Dr. Knebel. Progr. des Friedr.-Wilh.-Gymn. zu Köln.

Der Wilhelm von Orleans oder Orlans, noch ungedruckt, entstand vor 1241 (s. Pfeiffer's Berlaam S. XI. und Wackernagel Lit. Gesch. S. 185). Die zu Grunde zu legende Handschrift bleibt die des Freiherrn von Lassberg. Ein Bruchstück fand der Herausgeber auf einem zierlichen Pergamentblatt aus einem Prachtexemplar, welches auf jeder Seite 2 Columnen, jede Columne 56 Verse, im Ganzen also 224 Verse enthält. Da dasselbe im Vergleich zu den bekannteren Handschriften sehr gut ist, hielt der Herausgeber mit Recht einen Abdruck für angemessen. Er hat sich aber damit nicht begnügt, sondern auch die Abweichungen einer wenn auch nicht vorzüglichen, doch die bekannteren Handschriften übertreffenden jetzt Bonner Handschrift, die ehemals der Bibliothek des Schlosses Blankenheim gehörte, mitgetheilt; aus ihr sind auch als Ergänzung der Knebelschen Handschrift am Anfang und Schluß einige Verse abgedruckt. Endlich sind auch die Abweichungen einer bisher unbekannten Handschrift, aus der Wallrafschen Sammlung in die Kölner Stadtbibliothek gekommen, angegeben; sie ist in der Mitte des 15. Jahrh. geschrieben und stammt auch aus der Blankenheimer Schloßbibliothek; sie enthält das Gedicht vollständig mit Ausschluß der ersten 166 Verse; sie ist flüchtig und ungenau. Das mitgetheilte Bruchstück läßt sehr bedauern, daß nicht das ganze Exemplar erhalten ist. —

Erinnerungen an Friedrich Leopolds, Grafen zu Stolberg, Jugendjahre bis zum Ende des Jahres 1775 und an die deutsche Literatur, von Dr. Theodor Menge. Zweite Abtheilung. Progr. des Gymn. zu Aachen 1852.

Der Verf. gibt hier den Schluß der im vorigen Programm begonnenen Abhandlung, und wir erfahren, daß er in einem besonderen Pietätsverhältniß zu dem Dichter steht, indem derselbe als Greis zusammen mit seinen jüngern Söhnen ihm in seiner Knabenzeit abendlich in einer Stunde den Homer erklärte. Den zweiten Theil des Titels der Abhandlung, der doch genauer heißen sollte: Erinnerungen an den Entwicklungsgang der deutschen Literatur, hat der Verf. für alle diejenigen, welche nur einigermaßen mit der Literaturgeschichte bekannt sind, zu sehr ausgedehnt, für diejenigen aber, welche noch nichts davon wissen, ist das, was sie hier erhalten, nicht klar genug. Auch dem Ref. ist im Einzelnen Manches unklar geblieben. Gleich im Anfange weiß er nicht, wie von Klopstock (S. 4) gesagt werden kann, daß er, „was als werdende, zum Theil noch im Kampf begriffene Keime höherer Bildung in Deutschland zerstreut war, mit kühnem Griffe zusammengefaßt habe," warum (ebend.) Klopstock „der Veldekin des 18. Jahrhunderts" genannt wird (den man richtiger mit Otfried zusammengestellt hat), wie der Streit der Züricher und Leipziger (ebend.) ein unfruchtbarer heißen kann, in wiefern gerade an den Klopstockschen Oden sich der große Unterschied der antiken und modernen Bildung zeigen soll, wie man von der antiken Bildung sagen kann, daß sie „abgöttisch die Natur verehre und den Genuß der Sinne in der Sinnlichkeit der Göttin aufgehen lasse.“ Es wird ferner (S. 5) gesagt: „Der monologische Charakter der Klopstockschen Lyrik herrscht auch in seinem Messias vor“; was soll unter dem monologischen Charakter der Lyrik verstanden werden? Auffallend genug behauptet der Verf. dann (S. 5), „daß Viele darum den Plan und die Behandlung des Messias als verfehlt bezeichnet hätten, weil sie ungerecht ihren Maßstab aus der Zeit des Caedmon und des Heliand genommen hätten und zwar mehr in der Absicht, das Verdienst des Verfassers herabzuwürdigen, als aus Interesse für die Reinhaltung der epischen Gattung“, und gleich darauf sagt er selbst, daß der Tadel gerecht sei, daß das Gedicht zu sehr in das Lyrische übergehe (vgl. auch S. 8). Undeutlich ist auch der Satz S. 9: „In den Herzen Vieler fand der Dichter mit seinen Bardioten die Schaubühne, wo seine Dramen sich eine Wirksamkeit verschafften, die weit mehr als die damals zuerst bekannt gewordenen und zugleich zündenden Dramen des Shakspeare den Gesetzen der Aristotelischen Einheit Hohn sprach.“ — Mit löblichem Fleiße ist dann S. 10 fgg. die Geschichte Stolbergs von seiner Studentenzeit bis zum Frühjahr 1776, wo Klopstock in dem bekannten derben Briefe an Göthe die Uebersiedelung nach Weimar vereitelte, erzählt; freilich etwas ausführlich ist auch hier die bekannte Geschichte des Göttinger Dichterbundes, die Reise mit Göthe u. A. mitgetheilt, und im Einzelnen ließe sich über dies und das rechten, z. B. heißt S. 14. Heyne's Thätigkeit in Göttingen eine von der realistischen Richtung der Universität abweichende, während doch Heyne gerade die realistische Richtung in der Philologie wenn nicht hervorrief, doch wesentlich förderte (Oppermann: die Göttinger gelehrten Anzeigen 1844. scheint dem Verf. nicht zu Gesicht gekommen zu sein); auch ist der Ausdruck: „Verfasser der deutschen Nationalliteratur“ gewagt. Doch übersieht man dergleichen Kleinigkeiten, wo sich sonst soviel Liebe und Fleiß zeigt. In Bezug auf den Schluß ist die Ansicht Düntzers (Studien zu Göthe S. 98 fgg.) zu erwähnen, daß in dem Gedicht Göthe's: An Lottchen, während der Anwesenheit des Grafen in Weimar verfaßt, unter den Beiden diese zu verstehen seien. Da die Biographie von Nicolovius besonders die spätere Zeit Stolbergs behandelt, so bemerkt Ref., daß in den Blättern für liter. Unterh. 1846. N. 173. 174. Briefe von L. Stolberg an den Kriegsrath Scheffner aus den Jahren 1789 — 92 aus Berlin, Holstein und Italien, mitgetheilt sind, welche weit gesunder sind als Nicolovius den Grafen darstellt.

Zeittafeln zu Göthe's Leben und Wirken. Von Rainer Graf. Progr. des k. Staatsgymnasiums zu Klagenfurt, 1852.

Eine sehr dankenswerthe Arbeit. Wir besitzen zwar schon eine ähnliche von Herrn v. Lancizolle (chronologisch-bibliographische Uebersicht der deutschen Nationalliteratur mit besondrer Rücksicht auf Göthe 1846), die der Verf. vorliegender Tafeln, obgleich er sie nicht erwähnt, benutzt zu haben scheint, die bei jedem Jahre kurz die wichtigsten Thatsachen aus Göthe's Leben, seine Werke und sehr ausführlich die gleichzeitige deutsche Literatur mittheilt. Doch läßt sie diese keineswegs als überflüssig erscheinen. Einmal nämlich ist hier die Beziehung auf Göthe in sofern strenger gewahrt, als von der gleichzeitigen deutschen Literatur weit weniger gegeben ist, vorwiegend nur das was für Göthe Interesse hatte, sodann aber auch von der fremden das, womit er sich beschäftigt hat oder was Epoche macht. Es ist ferner das biographische Element weit ausführlicher behandelt, und da die letzten Jahre manche Punkte aus Göthe's Leben genauer bestimmt haben, so ist die fleißige Benutzung dieser Untersuchungen sehr lobenswerth. Sodann sind auch die kleineren Gedichte, für deren bestimmte chronologische Ordnung in neuester Zeit so viel geschehen ist, an den betreffenden Stellen mit einer großen Vollständigkeit und Sorgfalt verzeichnet, worauf sich Lancizolle nicht eingelassen hat. Endlich sind auch die gleichzeitigen Weltbegebenheiten kurz bemerkt, obgleich hier noch größere Kürze anzurathen gewesen wäre.

Die Einrichtung ist diese: Zuerst werden bei jedem Jahre die wichtigsten politischen und wissenschaftlichen Thatsachen genannt; dann folgt die gleichzeitige Literatur, dann die Thatsachen aus Göthe's innerem und äußerem Leben, endlich seine Producte. Der Verf. hat, wie bemerkt, die Göthe-Literatur fleißig studirt, so sind die wichtigen „Frauenbilder, von Düntzer" die Briefe an Frau von Stein u. A. benutzt. Daß Ref. mit Liebe die Schrift durchgelesen hat, mögen dem Verf. einige Nachträge beweisen, die er aus seinen unbedeuten Collectaneen beisteuert:

Zu den Jahren 1775 und 1776 fehlen die Leipziger Gedichte an Riese (s. Briefe an Leipz. Freunde S. 56 — 64). — 1769 in den Frühling (nicht 1768) ist das Leipziger Liederbüchlein zu setzen (s. Br. an Frau v. Stein I, 28.) und fehlt dabei N. 21: An Venus (Br. an Leipz. Freunde S. 203). — Auffallend ist ein französisches Gedicht datirt von Leipzig 2. Juni 1769 in Wagner's 3. Sammlung S. 213. — 1771 (nicht 1770) ist zu setzen: „Ein grauer trüber Morgen" (s. Düntzer, Frauenbilder S. 56). — Das Gedicht „an Liebchen" (S. 15) ist nicht von Göthe, sondern von J. G. Jacobi (Werke II, 264. s. Düntzer, Archiv II, 409. Maltzahn, Bl. f. lit. Unterh. 1850. S. 335). — In d. J. 1771 ist gesetzt „der Demoiselle Schmebling", fällt in 1831 (s. Viehoff, Göthe's Leben I, 217). — 1773. An Lottchen, nach Düntzer, Studien zu Göthe, in Weimar 1775—76 gedichtet. — 1774. König von Thule, unwahrscheinlich (s. Düntzer, Bl. f liter. Unterh. 1849. S. 920.) — 1774 Der untreue Knabe, unwahrscheinlich, s. Düntzer a. a. O. S. 920. — 1774. Künstlers Morgenlied, 1775 nach Düntzer, Studien S. 258. — 1774. Kenner und Künstler, 1775 nach Düntzer, Studien S. 258. — 1774. Guter Rath, 1775 nach Düntzer, Studien S. 258. — 1775. Herbstgefühl, erschien in der Iris 1774. Septbr. — 1777. „Selbstbetrug" ist hier zu setzen, s. Schöll zu den Briefen an Frau v. Stein I, 97. — In 1777 fällt „An die Spröde", s. Schöll a. a. O. I, 94. — 1778 fehlt „Resignation", s. Brief an Aug. v. Stolberg 27. März 1778. — 1781. Aufzug der vier Weltalter, vielleicht 13. Jan. 1782, s. Briefe an Frau v. Stein II, 146. — 1782. Versuchung, gehört in 1781, s. Briefe an Frau v. Stein II, 76. — 1785 fehlt: Bänkelsängerlied am Geburtstag des Grafen Moritz Brühl 26. Juli 1785. (In Gruppe's Musenalmanach f. 1851). — 1787 fehlt: An den Herzog von Weimar. — 1790. Venetianische Epigramme, nicht in Venedig geschrieben, sondern nach der Rückkehr (s. Schäfer in Prutz' deutschem Museum 1851. 16. Heft. S. 286 — 290). — 1797. fehlt „an Schiller". — 1797. „Nachtgefühl" soll heißen: „Nachgefühl". — 1801. vielleicht ein kleines Geburtstagsgedicht in den Briefen an Frau v. Stein III, 348. — 1808. mehrere Sonette z. B. Charade an Bettine, Karlsbad 21. August. — 1810. an den Prinzen von Ligne, (s. Briefe an und von Göthe, von Riemer S. 189). — 1811. finnisches Lied (s. Zelters Brfw. I, 434). — 1816. „das Publicum und Herr Ego" in den zahmem Xenien (s. Zelter II, 245). — 1817, nicht 1821 der Peria (s. Zeller II, 373. Briefw. m. Reinhard S. 245). — 1821. Xenion: „willst du dich als Dichter beweisen" (s. Zelter III, 202). — 1822. Xenion: „Anders lesen Knaben den Terenz (s. Zelter III, 269). — 1822. „Immer und überall" (II, 101) und „die Gegenwart" 2c. (VI, 116) s. Zelter III, 289. — 1822. „die Gegenwart weiß nichts von sich u. s. w. (An Dem. Sonntag) s. Zetter III, 282. 289. — 1823. Trilogie der Leidenschaft. (s. Zelter III, 381. 455. 456. Gahrener in Prutz' deutschem Museum 1851. S. 210). — 1823. Aussöhnung (s. Zelter III, 381). — 1823. Der fünfte Mai (s. Zetter III, 310). — 1827. Hochländisch (s. Zeller IV, 314. 322). — 1827. Gutmann und Gutweib (s. Zelter IV, 335. 342. Unter diesem Jahre auch bei Zeller IV, 341 das Xenion „den Vereinigten Staaten" aufgeführt). — 1828. Ein Gleichniß (II, 209) s. Zelter V, 45. — 1831 fehlt ein Gedicht: Dank für ein Paar Pantoffeln an J. v. P. (Kölnische Zeitung 1850. 3. Septbr. N. 211). —

Angelus Silesius. Eine literarhistorische Untersuchung von Dr. August Kahlert, Professor an der Universität in Breslau. Mit zwei urkundlichen Beilagen. Breslau 1853.

Für die Geschichte des so verschieden beurtheilten Dichters Johann Scheffler, dessen Identität mit Angelus Silesius Leibnitz und Arnold, dem Herausgeber des Cherubinischen Wandersmannes noch unbekannt war, und erst von Georg Scultetus 1711 allgemein bekannt gemacht wurde, hat der Verf. neue Quellen benutzt, nämlich die aus Schefflers Nachlaß stammenden und aus der Bibliothek des St. Mathiasklosters zu Breslau in das schlesische Provinzialarchiv gewanderten Urkunden, und die Leichenrede bei Schefflers Begräbniß von dem Jesuiten Schwartz 1677, auf 14 Quartseiten gedruckt.

Auf Schefflers Entwicklung waren von großem Einfluß die besonderen Verhältnisse Schlesiens, indem die starre lutherische Orthodoxie dort entschiedener als anderswo gegen den heimlichen Calvinismus auftretend so viele Secten hervorrief. Wichtig ist besonders der Böhmianer Abraham v. Franckenberg, der nach längerer Abwesenheit von seiner Heimath, während welcher Zeit er die Schriften J. Böhme's zum Druck beförderte, 1652 in Ludwigsdorf starb. — Scheffler wurde 1624 in Breslau geboren; sein Vater war polnischer Emigrant. Auf der Schule war er mit Andreas Scultetus (Schulz) befreundet, und dichtete schon damals. 1643 ging er auf die Universität Sträßburg. Dann war er zwei Jahre lang in Leyden und lernte in Holland Franckenberg kennen. 1647 kam er nach Padua und erwarb 1648 die medicinische Doctorwürde. 1649 wurde er als Leibarzt an den Hof des frommen streng lutherischen Herzogs Sylvius Nimrod von Oels berufen. Befreundet mit Franckenberg, schrieb er bei dessen Tode 1652 ein Gedicht „Ehrengedächtniß", in dem sich Böhmescher Quietismus ausspricht, hier zum ersten Male S. 32 flgg. mitgetheilt. Ende 1652 trat er aus dem Dienste des Herzogs, und 1653 am 12. Juni in Breslau zur katholischen Kirche über und nahm in der Firmung den Namen Angelus an; warum er sich so nannte, läßt der Verf. unentschieden, vielleicht nach irgend einem Mystiker (S. 86); Ref. möchte vermuthen, nach dem Minister generalis des Minoritenordens, Angelus de Sambuca; das Gerücht redet von einem spanischen Mystiker des 16. Jahrhunderts. Er erhielt den Titel eines kaiserlichen Hofmedicus. Daß seine Bekehrung nicht aus unlauteren Nebenzwecken hervorging, sondern aus seiner Entfremdung von der Orthodoxie der Lutheraner, läßt sich füglich annehmen. Er nahm nun Theil an einer Procession, sorgte, nachdem er seinen Uebertritt gerechtfertigt, auch für die Herausgabe des „Cherubinischen Wandersmannes" 1657 (zu Wien) und der „Geistlichen Hirtenlieder" (Breslau 1657). Dann ward er aufgenommen in den Minoriten-Orden; Jesuit ward er nicht; er erhielt die Priesterweihe. 1662 war seit der Reformation in Breslau die erste öffentliche Frohnleichnamsprocession, Scheffler trug dabei die Monstranz. Der neue Fürstbischof von Breslau Sebastian von Rostock berief ihn als Hofmarschall und bischöflichen Rath in seine Nähe. Von nun an trat er in mehreren polemischen Broschüren gegen die evangelische Kirche auf und fand viele Gegner. Nun erschien später das Gedicht „Sinnliche Betrachtung der vier letzen Dinge". Vielleicht 1671 zog er sich in das Stift der Kreuzherren des St. Mathias zurück. Er sammelte nun seine vielen Streitschriften, von 55 wählte er 39 aus und gab sie heraus als „Ecclesiologia" 1677. 1678 erschien zu Glatz seine „köstlich evangelische Perle zu vollkommener Ausschmückung der Braut Christi", Uebertragung des Andachtbuches Margarita evangelica, das von einer brabantischen Jungfrau herrührt. Nach langen Leiden starb er 9. Juli 1677; sein Vermögen hatte er den Armen zugewandt. Der cherubinische Wandersmann enthält 1675 Alexandriner in 6 Büchern; es sind diese Denksprüche nicht systematisch geordnet. Sie beziehen sich meist auf Metaphysik. Die Welt ist dem Dichter unbegrenzt, sie kann vergehen, aber sich nur verändern; sie wird in Gott bleiben. Gott als die Liebe ist der Grund von Allem. Des Menschen Sinnen muß unmittelbar auf Gott gerichtet sein, in schweigender Andacht:

Geschäftig sein ist gut, viel besser aber beten,
noch besser stumm und still vor seinen Herren treten.

Doch schließt die Liebe zu Gott die Menschenliebe nicht aus:

Der Regen fällt nicht ihm, die Sonne scheint nicht ihr,
Du auch bist Anderen geschaffen und nicht dir.

Um der Erlösung durch Christus theilhaftig zu werden, müssen wir des göttlichen Wesens voll werden.

Gott ist dir worden Mensch. Wirst du nicht wieder Gott,
so schmähst du die Geburt und höhnest seinen Tod.

Die Beschäftigung mit Böhme und noch mehr mit den Mystikern des Mittelalters, besonders Tauler, hat vollkommen pantheistische Gedanken entwickelt, z. B.

Ich weiß, daß ohne mich Gott nicht ein Nun kann leben,
Werd ich zu nicht, er muß vor Noth den Geist aufgeben.
Ich bin so groß als Gott, er ist als ich so klein,
er kann nicht über mich, ich unter ihm nicht sein.

Unter seinen Landsleuten hat die meiste Verwandtschaft mit ihm sein Zeitgenosse Daniel von Czepko, bekannt durch religiöse und politische Gedichte, auch Freund Franckenbergs.

Die „heilige Seelenlust oder geistliche Hirtenlieder der in ihren Jesum verliebten Psyche" enthält in der spätern Auflage in 5 Büchern 205 Lieder; in beiden Kirchen sind viele von ihnen als Kirchenlieder aufgenommen, in der evangelischen Kirche aber mit andern als den ursprünglich beigefügten Melodien. Um ihre Aufnahme hat sich die Spenersche Partei verdient gemacht. In allen spricht sich eine schwärmerische Sehnsucht der Seele nach Christus aus; in einzelnen, aber bei weitem nicht in allen, ist er Fr. Spee verwandt, namentlich durch Vertiefung in die Reize der Frühlingswelt, ohne daß man eine Abhängigkeit beider von einander voraussetzen darf. Am bekanntesten sind wohl die Lieder: „Liebe, die du mich zum Bilde" u. s. w., „Mir nach, spricht Christus unser Held, mir nach ihr Christen alle", welches nach dem ersten Drucke hier S. 68 mitgetheilt ist, und „Auf, auf, o Seel', auf, auf zum Streit" (nach den fremden Bearbeitungen: „Auf Christenmensch, auf, auf zum Streit"). Ein besonders gedrucktes Lied von vier Strophen, welches in den Ausgaben fehlt: „Mehr als mein Augen lieb ich dich, du mehr als tausendschöner" u. s. w. ist S. 70 abgedruckt. — Das letzte Gedicht Schefflers „Sinnliche Betrachtung der vier letzten Dinge" hat lange nicht den dichterischen Werth wie die Psyche; es schildert in vier Abschnitten den Tod, das jüngste Gericht, die ewige Verdammniß, die ewige Seligkeit in schwülstigen, übermäßig bilderreichen Versen. — Daß endlich ein fünftes poetisches Werk, die betrübte Psyche, von Vielen Scheffler zugeschrieben, gar nicht existire, sondern der Irrthum durch eine falsche Lesung entstanden sei, macht der Verf. wahrscheinlich. — Die Sprache Schefflers hat manche Provinzialismen; doch sind: Bis = sei, vor = zuvor, nicht blos Silesicismen, eräugen = erscheinen, wesen als Zeitwort u. a. nicht ungewöhnlich. — Die zwei Urkunden beziehen sich auf die Ernennung zum Leibmedicus in Oels und zum kaiserlichen Hofmedicus.

Hölscher.

Miscellen.

Wider das Versmessen durch Noten.

Ueber meine Programmabhandlung, Siegen 1851: „Von den Versübungen auf Schulen" hat Herr P. Heuser, Lehrer an der Realschule zu Elberfeld, in der vorliegenden Zeitschrift sich in so fern lobend geäußert, als er mit dem Principe einverstanden ist; doch gefällt ihm die Behandlung der deutschen Versmessung nicht. Im Interesse der Metrik fordert er competente Stimmen zum Urtheile auf, ob zwischen den alten und neueren Sprachen denn wirklich ein für Metrik oder Scansion bedeutender Unterschied geltend zu machen sei. Doch erlaube ich mir auch meinerseits eine kleine Einleitung.

Es ist zwar richtig, wenn Herr Heuser jüngere Lehrer vor dem „Zu viel" warnen zu müssen glaubt; doch halte ich es nicht für hinreichend, Etwas nur gelegentlich und beiläufig auf der Schule zu treiben. Auch Metrik und Rhetorik müssen nicht bloß nebenbei geübt werden. Was nicht ordentlich und gründlich getrieben wird, bleibt auch nicht haften; wenn die Realschule mit dem Gymnasium wetteifern und gleichstehen will, so streife sie Alles ab, was Oberflächlichkeit befördern kann, und ringe nach dem Lobe der Gründlichkeit in allen Stücken! Ganz richtig scheint mir daher der Grundsatz der Siegener Realschule, an welcher ich wirke, die Metrik, ebenso wie auf den unteren und mittleren Stufen die Grammatik, auf der ersten höheren Stufe genau und eindringend durchnehmen zu lassen. Es ist dies auch für Realschulen um so nöthiger, als ihnen Horaz fehlt, dessen Versmaße nicht einen geringen Theil unserer schönsten deutschen Gedichte einkleiden.

Eine Inhaltsangabe giebt Herr Heuser von meiner Abhandlung nicht; eine solche ist mit großer Gründlichkeit von Herrn Hölscher in Herford in „Mützell's Zeitschrift für das Gymnasialwesen" geliefert worden, wo man sie nachsehen mag. Hier soll es sich um einen anderen Punkt handeln, der nur eine Digression in meiner Abhandlung betrifft, nämlich nicht die Versübungen, sondern die Scansionszeichen. Nur auf diesen Punkt ist Herr Heuser näher eingegangen. Aber auch schon diese mir zugewandte Rücksicht eines Veteranen ist mir im hohen Grade erfreulich gewesen. Ich wollte, daß es in heutiger Zeit mehr Sitte wäre, auf die Stimme des Alters zu hören; sie warnt und tadelt nicht bloß, sie lobt und ermuthigt auch, aber sie schweigt, wenn sie unbeachtet verklingen soll.

Es würde mir daher beengend sein, wenn eine durch die ganze Zeit des Lebens gehegte und gepflegte Ansicht, wie es bei Herrn Heuser die Apel'sche von der Versmessung ist, nicht das Ziel meiner Entgegnung sein dürfte. Aber, wiewohl ich nicht Herrn Heuser persönlich zu kennen, und nur als Elberfelder von Person mich seiner zu erinnern, die Ehre habe, so geht mir doch aus seinen eigenen Worten deutlich der Wunsch hervor, das Ziel aller ächten Wissenschaft, nämlich die Wahrheit, fördern zu sehen. Wahrheit ist aber unabhängig von individuellen Ansichten. Wohlan! ich will versuchen, die allgemeine Berechtigung der Apel'schen Theorie in Zweifel zu ziehen. Herr Heuser ist freundlichst gebeten, mich, als Kenner der Musik, zu corrigiren, wenn ich gegen Euterpe's Gebote sündige; musikalisches Gefühl habe ich, musikalisches Gehör kommt beim bloßen Rhythmus, wo es sich um Höhe und Tiefe der Töne nicht handelt, schwerlich in Betracht, wiewohl ich immer zugebe, daß der gründliche Musiker nur als Kenner seiner ganzen Kunst ein solcher heißen kann.

Ein competentes Urtheil über die alten Sprachen steht mir als Philologen ebensowohl als Herrn Heuser ein solches über Musik zu. Um diese Sprachen soll es sich zuerst handeln.

Das, was ich in meiner Abhandlung über den Unterschied der alten und neueren Sprachen in Bezug auf Silbenmessung gesagt habe, bleibt richtig und ist anerkannt; bei den alten steht das Zeitmaß, bei uns das Tonmaß im Vordergrunde, jene quantitirten, wir accentuiren. Zwar hatten die Alten auch eine Art Betonung, wie aus den Versen der lateinischen Komiker, aus den Accenten der Griechen, und überhaupt aus der Arsis und Thesis ihrer Verse hervorgeht; was ich und wie ich dies Alles verstehe, ist dem Kenner von selbst klar. Aber es bleibt noch immer Ein Punkt aufzuhellen, nämlich die Erklärung der Zeitmessung sowohl als der Betonung bei den Alten. Denn bei uns ist es längst ausgemacht, daß die Begriffswichtigkeit der Silben allein sowohl Betonung als Zeitmaß bestimmt; bei den Franzosen ist es ganz anders, und wie war es bei den Alten? Sind bei ihnen auch immer die begriffswichtigen Silben durch Maß oder Ton hervorgehoben? Keineswegs. Dies muß erklärt werden, und auch in einer Zeitschrift für neuere Sprachen, wie die vorliegende, ist jedes Licht, das über diesen Punkt verbreitet wird, am rechten Orte, da gerade die Metrik ein Gebiet ist, in welchem die Neueren sich der Selbständigkeit noch wenig befleißigten. Wir müssen uns aber endlich klar werden, in wie weit hier die Alten in Bezug auf unsere Sprache eine Stimme haben.

Apel meint, die Alten seien in Bezug auf Gehör, Gefühl und Gemüth eben so gut Menschen gewesen, wie wir, und wer wird das in Abrede stellen wollen! Aber daraus läßt sich unter keiner Bedingung sofort der Schluß ziehen, daß das musikalische Element in den alten Sprachen durchaus mit dem in den neueren zusammenfalle. Dies behauptet jedoch Apel ohne Weiteres; wir glauben ihn schlagend widerlegen zu können.

Ist die Position der Alten vielleicht eine bloße Grille gewesen? — Auch Apel wird dies nicht geglaubt haben. Nun haben wir in unserer Sprache nichts der Position Entsprechendes; denn man hüte sich wohl, unsere Silbenschärfung mit der Position zusammenzuwerfen, welche beiden nicht das Geringste mit einander zu thun haben. Es giebt bei den Alten sowohl Positionslängen wie Positionskürzen, eben so wohl wie Naturlängen und Naturkürzen. Denn die Vokalverkürzung bei folgendem Vokal heißt richtiger Positionskürze, entsprechend der Vokalverlängerung bei folgenden Consonanten; früher rechnete man die Positionskürze zu den Naturkürzen, ohne auf logische Entsprechung Rücksicht genommen zu haben.

Alles aber, was wir in Bezug auf Zeitmessung und Betonung der Silben aufzuweisen haben, ist nothwendig Naturlänge oder Naturkürze, d. h. Länge oder Kürze durch Gebrauch und nach der begrifflichen Wichtigkeit der Silben. Der Betonung nach sind unsere Silben voll-, halbtonig und tonlos; der Zeitmessung nach gedehnt oder geschärft sind nur die voll- oder halbtonigen Silben. Das Wort „unveränderlich" messen wir ebenso wie das Wort „unverbesserlich"; bei den Alten würden sie nach deren Messung durchaus verschieden sein, indem das letztere Wort die zweite Silbe durch Position lang haben müßte; die vorletzte Silbe beider Wörter müßte bei den Alten durch Position lang werden, bei uns ist sie unbetont und kurz; denn kurz heißt bei uns das Tonlose, alles Uebrige müßte, streng genommen, lang sein oder wenigstens so heißen, da es in den alten Versmaßen an die Stelle der Längen tritt.

Die Position ist also ein nothwendiges Moment der Quantitirung, fehlt aber durchaus für die Accentuirung, welcher dagegen das Voll- und Halbtonige, das Gedehnte und Geschärfte eigenthümlich sind. Denn auch z. B. curro und curo sind nicht in der Weise wie bei uns in der vorletzten Silbe geschärft (curro) und gedehnt (curo); cūr-ro sprachen die Alten, und sprachen beide r, nicht bloß eines, wie wir in „schnurr" und „schnurrend", wo die beiden „r" bloß Schärfungszeichen sind für den Vokal „u". Zwischen unserer jetzigen Aussprache des Lateinischen, wo wir curro wie „schnurren" sprechen, und der der Alten, muß man also wohl unterscheiden. Diese sprachen bei curro und bei curo das u lang: cūr; dann aber sprachen sie bei cur-ro noch Ein r, bei cur-o nicht. Es findet sich aber in Grammatiken der alten Sprachen hierüber oft große Unklarheit und Verwechselung mit der deutschen Schärfung und Dehnung, wovor ernstlich zu warnen ist.

Ein unwiderlegliches Zeichen ist also unstreitig die Position für die verschiedene Silbenmessung der Alten und der Neueren. Wenn aber dieses Eine Moment nicht übereinstimmt, hier vorhanden ist, nämlich bei den Alten, und dort fehlt, nämlich bei uns, ist dann die Sprache des Südens im Alterthume nicht eine eigenthümliche gewesen? Und worin bestand ihre Verschiedenheit von den Sprachen der Neueren? — Die Sprachen der Alten waren vorzugsweise Gefühlssprachen, die neueren Sprachen sind Verstandessprachen, d. h. wie in allen Dingen, so beobachteten und beachteten die Alten auch in der Sprache das ästhetisch Schöne, das dem Ohre Angenehme vor allen Dingen; sie maßen nicht nach der begrifflichen Wichtigkeit, wie wir: flüchtig – ⏑, sondern nach dem Wohllaute, in so fern er dem Naturlaute entsprach: fugax ⏑ –, in welchem Worte die Kürze in der Aussprache dem Raschen in der Natur, um so zu sprechen, genau angepaßt ist. Die Sprachen der Alten sind also akustisch-ästhetische Natursprachen, um einen kurzen bezeichnenden Ausdruck zu nehmen. Die Betonung der Alten diente auch nur zur Verschönerung der Sprache, nämlich in Bezug auf den Rhythmus, sowohl in Prosa als in Poesie, um auch eine in bestimmten Theilen schöne Bewegung des Gesprochenen herzustellen, und war ebenso eine Zugabe, wie bei uns das Gedehnte und Geschärfte, ohne welche beiden Momente unsere Sprache gar zu einförmig starr, halb betont und halb tonlos, sich ausnehmen würde; jedoch war die Betonung der Alten bloß rhythmisch und dabei willkürlich, wenn auch in Prosa genauer für das einzelne Wort bestimmt, als in Poesie, ebenso wie unsere Sprache in Bezug auf Dehnung und Schärfung im Ganzen willkürlich verfahren ist.

Wie aber bei den Alten die Zeichen – und ⏑ im Allgemeinen nur die Länge und Kürze, ohne auf Position oder Natur Rücksicht zu nehmen, bezeichnen sollten, so wären für unsere Sprache die Zeichen ´ und ` die entsprechende Bezeichnungsweise für das Betonte und Unbetonte, ohne auf Schärfung und Dehnung, Volltonigkeit und Halbtonigkeit Rücksicht zu nehmen. Die natürliche Silbenmessung der Alten wäre also für die Schrift die Lineation (um diese Wörter zu bilden) durch linea und virgula, für uns die Accentuation durch acutus und gravis. Will man bei jenen noch die Betonung bezeichnen, so reicht der acutus hin, indem –́ und ⏑́ sich von – und ⏑ ohne Ton von selbst unterscheiden. Ebenso würde bei uns der Circumflex genügen, um die Bezeichnung außerhalb des Verses vollständiger zu machen, indem ^ gedehnt betont, ´ geschärft betont und ` unbetont heißen würde; das Voll- und Halbtonige, oder genauer gesagt, zur Unterscheidung bloß das Volltonige, läßt sich durch einen übergesetzten Apostroph bezeichnen. Unrichtig ist also für unsere Sprache durchaus die Tonzeichnung von Heinsius, welche z. B. „strengflüssig" –́ – ⏑ bezeichnet statt ´' ´ `, „Strebepfahl" –́ ⏑ – statt ^' ` ^. Denn die Quantität ist bei uns Nebensache, und die Nebensache hauptsächlich zu bezeichnen, ist allbekanntlich verkehrt.

Dies sind die Forderungen wissenschaftlicher Genauigkeit für die richtige Bezeichnungsweise der alten und neueren Silbenmessung. Denn durch Zeichen und Namen müssen wir uns nicht beirren lassen. Wenn es noch so lange üblich gewesen ist, den deutschen Hexameter ebenso wie den lateinischen zu bezeichnen (accentuirt-quantitativ):

1 2 3 4 5 6
–́ ⏑ ⏑ | –́ ⏑ ⏑ | –́ || ⏑ ⏑ | –́ ⏑ ⏑ | –́ ⏑ ⏑ | –́ ⏑

so ist dieser Gebrauch doch durch Nichts gerechtfertigt; wir haben so zu bezeichnen (bloß accentuirt, da die Quantität erst in der Musik hervortritt):

1 2 3 4 5 6
´ ` ` | ´ ` ` | ´ || ` ` | ´ ` ` | ´ ` ` | ´ `

wo sich die Arsis durch den Acut von selbst ergiebt. Freilich geschieht dies nicht;

aber wie Manches geschieht noch nicht, was doch geschehen müßte! Accentuirte Verse oder Accentverse, wie die unsrigen sind, können unmöglich durch Quantitätszeichen richtig dargestellt werden. Ich sage freilich in meiner Abhandlung, die Zeichen - und ⌣ heißen in unseren Versen „gehoben" und „gesenkt", und das ist auch in so fern wahr, als ich selbst meinen Schülern das liebliche vortragen muß, so lange das Bessere nicht eingeführt ist. Die reine Wahrheit aber ist, daß für uns - und ⌣ unrichtige Zeichen genannt werden müssen, statt der richtigen ´ und `, deren Stelle sie bisher vertreten sollten.

Allein hierauf ist Apel nicht gekommen, und konnte auch nicht darauf kommen, da er alle Sprachen für seinen Zweck als übereinstimmend betrachtete, besonders aber auch, weil er gewaltigen Anstoß an der Ansicht der Alten genommen hatte, daß eine Länge zwei morae oder Kürzen enthalte. Wir müssen ihm auch das Verdienst lassen, daß er diese Ansicht als eine, wenigstens für das Deutsche, nicht genaue hinreichend widerlegt hat, und seine Noten, welche hierzu allerdings das beste Beweismittel an die Hand gaben, haben in so fern gute Früchte getragen. Aber ich bleibe dabei, daß, wenn diese Bezeichnungsweise auch genauer zu nennen ist, sie doch für den Zweck der Silbenmessung eben so wenig wie für den der Versmessung unumgänglich nöthig ist. Auch Herr Heuser hat am Schlusse einer Abhandlung über Metrik in einem Programme der Elberfelder Realschule, welches ich jedoch jetzt nicht zur Hand habe, die Zeichen - und ⌣ besonders für Anfänger noch empfohlen Doch scheint er hierin strenger geworden zu sein, und ich bin jetzt gegen die Notation, um es so zu nennen, ebenso wie Herr Heuser gegen die Lineation, aus Gründen, die ich im Folgenden noch näher ausführen werde. Aber was sagt Herr Heuser zu der obigen Accentuation, wenn es sich zeigen sollie, daß die Notation nicht durchaus und unbedingt nothwendig ist, weder für die alten noch für die neueren Verse? — Dabei freilich werde ich mit Herrn Heuser die Ansicht behalten, daß die Noten genauer den Takt darstellen.

Um nämlich jetzt auf die Musik zu kommen, so müssen wir nicht vergessen, daß die Alten keine Compositionen hinterlassen haben, wenigstens keine anderen, als ihre im höchsten Grade musikalischen Sprachen selbst. Es läßt sich jedoch sicher nicht läugnen, daß die Gesetze der Musik allgemeinerer Natur sind, als die der Sprachen, und es wäre somit wohl kein Zweifel vorhanden, daß die musikalische Bildung der Alten, wenn auch wohl nicht so weit vorgerückt wie die der Neueren, doch im Ganzen auf den nämlichen Principien gefußt habe. Nur ist es meine feste Ueberzeugung, daß das Tempo der alten Sprachen, um mich so auszudrücken, verhältnißmäßig gegen das der neueren Sprachen ein langsames gewesen sein muß, dergestalt, daß wir etwa das Nämliche ein mäßiges Sprechen nennen würden, was die Alten schon ein geschwindes Sprechen nannten; es ist schon der Möglichkeit einer Position halber nicht anders möglich. Daneben waren die Wörter bei den Alten im Aussprechen nicht anders als in ihrer Schrift, wie die ältesten Handschriften zeigen, auf das Allerengste verbunden, so daß auch zwischen den Wörtern Position eintreten mußte; vergleichen ließe sich, wenn auch entfernt, das Ueberziehen bei den Franzosen. Daß demnach die hier berührten Eigenthümlichkeiten auch von Einfluß auf die Musik gewesen sein, und besonders eine andere Beurtheilung der verschiedenen Taktarten seitens des Alterthums veranlaßt haben müssen, ist von selbst klar; die Alten sprachen den Hexameter gewiß anders, als wir, und hier bin ich entschieden der Apel'schen Ansicht abhold, welcher den „deutschen" Rhythmus allerdings richtig bezeichnet hat, nicht aber den des Alterthumes, dessen sprachliches und musikalisches Gefühl und Gehör in diesem Punkte ohne Zweifel in vielen Stücken eigenthümlich gewesen ist. Bei uns beherrscht die Musik die Sprache: aber bei den Alten wird, meiner Ansicht nach, jedenfalls die Sprache die Musik beherrscht haben. Denn kurz im Singen wird ja selbst unsere Dehnung, ist also (wie vielmal!) geduldiger, als die Länge der Alten; selbst unbetonte, kurze Silben ja werden von uns beim Singen gezogen, gedehnt. Aber welches Ohr würde bei den Alten so Etwas ertragen haben! Eine wesentlich quantitirende Sprache will auch von der Musik also behandelt sein. Die bekannte Composition des Integer vitae, so wunderschön sie unserem Ohre vorkommen mag, würde den Alten ein Greuel gewesen sein, da in derselben weder Länge noch Kürze, noch Natur und Position Beachtung erhalten hat. Indem ich dies sage, weiß ich gewiß, werde ich allen gründlichen Philologen, die Kenntniß der Metrik und musikalisches Gefühl haben, Nichts mittheilen, das sie nicht selbst auch wenigstens an dem Unbehagen gemerkt hätten, das ihnen jene Composition verursachen muß, so oft sie dieselbe hören. *Hier versuche sich einmal ein durch die Alten metrisch ausgebildeter Musiker*; der wird ganz andere Compositionen liefern und die Begriffe von der Aussprache der Alten läutern und verdeutlichen! Und wenn ich selbst nur ein musikalischer (oder vielleicht gar ein unmusikalischer!) Laie bin und vor der Thüre des Heiligthums der Euterpe bloß unverholen horche, so habe ich doch auch gehört, daß es $2/4$ Takt giebt, und wie nun, wenn die Alten den Hexameter z. B. wirklich so etwa gesprochen hätten:

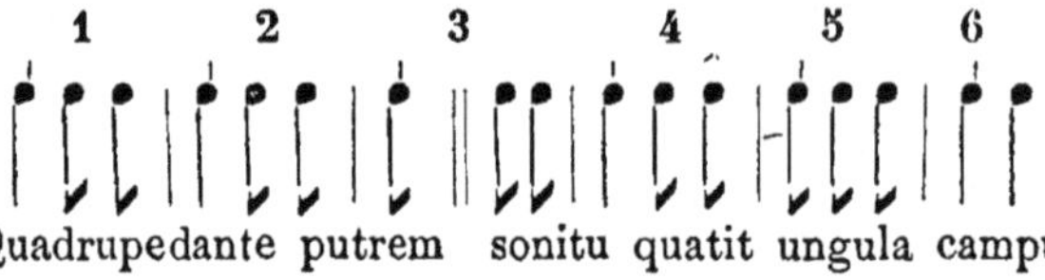

und:

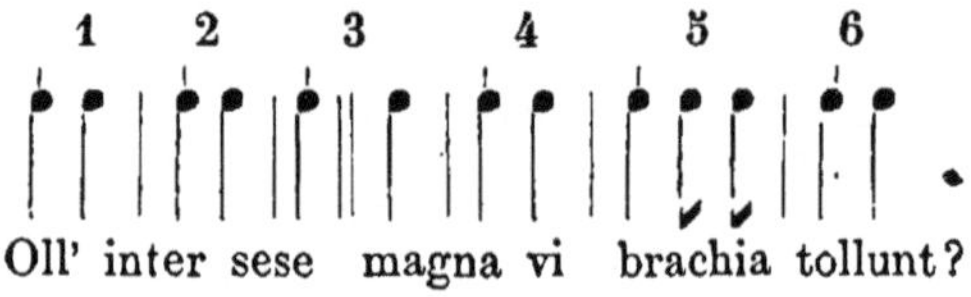

Denn daß sie die Wörter in Bezug auf die Währung der Silben nicht so willkürlich behandeln konnten, wie wir, ist weit über alle Zweifel erhaben; sonst würden sie auch ohne Weiteres den Trochäus an die Stelle des Spondeus haben eintreten lassen können, was doch ganz und gar bei ihnen unerhört ist. Nur vergesse man nicht, die Wörter und Versfüße genau im Sprechen zu binden; sonst wird das Quadrupe dantepu u. s. w. allerdings anders herauskommen als bei den Alten selbst, wo man sprach und schrieb: Quādrupedānteputrēmsonitūquatitūngulacāmpum, vollständig aneinander. Auch habe ich z. B. gehört, daß gewisse Takte zu gewissen Zeiten beliebt sind, wie z. B. heutzutage der $3/4$, früher der $3/8$; auch daß gewisse Fortschreitungen in Accorden zu gewissen Zeiten für schön, wie früher die Quinte und Octave, jetzt die Terz, zu anderen Zetten für unschön, wie früher die Terz, zu gelten pflegen. Hieraus schließe man auf das Alterthum! Menschen sind allerdings Menschen und bleiben Menschen, aber die Zeiten ändern sich! — und: die Sprachen! — und: die Ohren! Und der $2/4$ Takt ist einer quantitirenden Sprache nicht eben da zuwider, wo er der accentuirenden nicht behagt. Hat man doch in vollem Ernste und, wie ich glaube, auch mit vollem Rechte behauptet, daß *unsere Sprache, streng genommen, gar keine Dactylen habe*, indem die zweite Kürze fast wie halbtonig gesprochen wird und unser Dactylus ungezwungen zum Amphimacer sich umwandelt, also so gut im rein dactylischen, als im rein trochäischen und rein jambischen Metrum vorkommt:

Lustiges Leben,
Fröhliches Antlitz: Adonischer Vers, also Dactylus und Trochäus,
aber: Fröhliches Gesicht: $2^1/_2$ Trochäus im trochäischen,
$2^1/_2$ Jambus im jambischen Maß.

Da haben wir also vielleicht die ganze Geschichte! Der *deutsche* Dactylus füllt allerdings $3/8$ Takt: 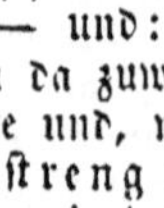; aber der Dactylus der Alten, die ein so feines Gehör hatten, daß ihre Sprachen aller Zeiten Ohren entzückt haben, würde nicht – ◡ ◡ von ihnen selbst bezeichnet worden sein, wenn er $3/8$ Takt enthielte. Das – ◡ ◡ ist:  — und lautet dies unschön? Ist der $2/4$ Takt etwa ein Parias unter den Takten? Ich glaube doch wohl nicht. Und weiter: Haben wir irgend ein einzelnes Wort, wie fuge, das einen unbezweifelten ⏑⏑, oder gar eines, das, wie fugere, einen ⏑⏑⏑, oder gar, wie refugere, einen ⏑⏑⏑⏑ darstellte? Dies nur noch als Zugabe zu dem obigen Thema, daß eine accentuirende Sprache wesentlich von einer quantitirenden verschieden ist. Und wenn die Lateiner auch, wohlverstanden in ihrer Weise, fúge, fúgere und refúgere betonten, so wurde deshalb weder fúge zu einem Trochäus, wie unser: „Fuge“, welches wir allerdings vorn dehnen, aber auch nicht wie: „Fugger“, das vorn geschärft ist; noch wurde fúgere ein Dactylus, wie „füglicher“ und „flüchtiger“; auch refúgere wurde kein zweiter Päon, wie: „verflüchtigen“ — und das Alles eben darum, weil der Accent bei den Alten etwas ganz Unwesentliches war, bei uns aber gerade das Wesentliche ist. Man verwechsle nämlich den sogenannten ictus nicht mit dem accentus überhaupt; jener trifft allerdings gewöhnlich Längen, verlängert aber im Allgemeinen niemals Kürzen. — Wenn aber nun z. B. der Dactylus der Alten nicht der unsrige war, mit anderen Worten, wenn ein quantitirter Dactylus kein accentuirter Dactylus ist, kann dann ein dactylischer Vers, wie der Hexameter, in metrisch verschiedenen Idiomen, wie das der Alten und das der Neueren sind, den nämlichen Takt gehabt haben? — Ich habe in der Mathematik gelernt: Gleiches zu Ungleichem giebt Ungleiches und nicht: Gleiches; kann das denn in der Rhythmik anders heißen? Und wo nicht, ist denn der nach Apel gemessene Hexameter ein von den Alten gemessener? Die Noten sollen das Gleiche sein; nun müßten aber auch die Sprachen es sein, wenn Gleiches herauskommen sollte, nämlich wenn der alte und der neuere Hexameter gleichlauten sollten. Aber die Sprachen sind ja ungleich, und darum hat Apel Unrecht, wenn er die Alten nach unserer Weise messen läßt.

Ich möchte aber doch auch gerne wissen, wie denn Apel die deutschen Verse aus dem Mittelalter messen wollte, welche bekanntlich nur nach Hebungen gemessen wurden, indem die Zahl der Senkungen ganz beliebig war:

So wé mich dírre mæ̂re, so sprách áber Hágene;
wir héten ánder swæ̂re só víl ze trágene:
sul wír mit vríunden stríten, daz sí góte gekleít!
Do sprách der márcgráve: daz íst mir ínnecliche leít;

eine ächte Nibelungenstrophe, deren letzte Zeile sieben Hebungen haben muß. Wohl weiß ich, daß sich am Ende Alles messen läßt, aber was für ein Rhythmus ist denn in Wahrheit in jener Strophe? Gewiß ein jambischer. Davon wollen aber die Altdeutschen Nichts wissen; sie sagen: Es sind keine Jamben da, sondern Hebungen. Dabei muß man nicht vergessen, daß die Lieder und Gedichte im Mittelalter nicht bloß wie bei uns zum großen Theile bloß gelesen, sondern daß sie wirklich alle singend vorgetragen wurden, wobei natürlich die Musik, die Composition freie Hand haben mußte, wenn Rhythmus herauskommen sollte. Also die Sprache diente, wie bei den Neueren noch immer, vollständig der Musik, nicht diese der Sprache, wie ohne Zweifel bei den Alten.

Auch weiß ich schon von einigen Entgegnungen, die man mir machen könnte. Z. B. daß ich gesagt, der Trochäus dürfe bei uns ohne Weiteres für den Spondeus eintreten, wird man nicht annehmen, wenn man streng, wie die Alten, zu messen verlangt; aber wir sind trotzdem nicht im Stande, lauter gedehnte Silben zu nehmen, denn die geschärften entsprechen, wie oben gezeigt, den alten Längen keineswegs. Also können wir auch gar keine solchen Verse machen wie die Alten, auch dann nicht einmal, wenn wir sogar Position bei uns annehmen und keine geschärften Silben aufnehmen wollten, die Möglichkeit, welche freilich nicht da ist, dazu angenommen. Denn auch dann würden unsere Wörter noch anders lauten, als entsprechende der Alten, indem wir gegen jene die Längen zu rasch aussprechen. — Was übrigens Herr Heuser von dem schwingenden Pendel sagt, ist mir, mathematisch wenigstens, unerklärlich; wenn der Pendel richtig schwingt, muß er für $^2/_4$ Takt ebenso richtig, wie für $^3/_8$ Takt schwingen, oder der Pendel schwingt nicht in gleichen Zeittheilen. Entweder ist mir also musikalisch die Sache ein Geheimniß, oder ich kenne den Pendel nicht genau, welches Letztere mir doch etwas unwahrscheinlich wäre, oder, was wohl das Richtigste sein wird, Herr Heuser meint nur die deutschen Verse, die deutsche Sprache.

Aber nun lebe wohl, Euterpe! Ich bin dein Jünger nicht, und wenn du auch ein gar sanftes, zartes Wesen bist und aus Himmelshöhen herniedersteigst, so wirst du doch schwerlich länger die Geduld haben, meine Zuhörerin zu sein, wenn ich Nichts wie Zweifel gegen deine Consequenz während der verschiedenen Zeiten vorbringe, und sogar noch nachtrüge, daß auch verschiedene Völker noch heutzutage verschiedene Ohren haben, den Einen mißtönt, was den Anderen wohltönt, und umgekehrt. Aber darum wollen wir uns jetzt nicht mehr kümmern; die Hauptsache kommt noch.

Man spricht von Harmonie, von Melodie und von Rhythmus der Töne; aber nur von Rhythmus der Silben oder Laute. Denn der sprachliche Laut wird als solcher weder nach Höhe und Tiefe, noch nach Zusammenstimmung mit anderen betrachtet; er wird im Zusammenhange für sich gehört, und nur die Aufeinanderfolge der Laute macht den sprachlichen Rhythmus. Wir wollen hier indeß keine gelehrte Definition von Rhythmus machen. Nur so viel bitten wir wohl zu beachten, daß der Laut kein Ton ist, und daß nicht Alles, was von diesem gilt, auch auf jenen passen kann. Auch bemerken wir hier von vorn herein, daß wir für unseren Theil zuvörderst immer das Sprechen meinen, nicht das Singen; Verse sollen bloß singbar sein, d. h. sie sollen Rhythmus haben, der für Musik paßt, aber sie sollen im Sprechen nicht gesungen, nicht geleiert, sondern ausdrucksvoll vorgetragen werden. Besonders aber machen wir darauf aufmerksam, daß man doch nicht gar zu strenge Forderungen an die Metrik einer accentuirenden Sprache mache und z. B. doch ja bedenke, wie denn der Franzose seine Verse mit Noten scandiren könnte, da diesen aller Rhythmus fehlt und erst durch die Musik hineingebracht wird. Hier sind die Verse an sich nicht einmal singbar, sondern gerade das Gegentheil; z. B. müßten folgende Verse von Gensoul accentuirt-rhythmisch so bezeichnet werden:

Uné fleur étrangére
En dé tristés climáts
Sur sá tigé legére
Ced' aú poids dés frimáts:
Jeun', aínsi jé succómbe
Faiblé commé la fleúr;
Icí je vois la tómbe,
La-bás est món bonheúr!

Wir haben die eigentlichen französischen Accente hier weggelassen und nur die Arsis bezeichnet. Aber die Franzosen zählen bloß ihre Silben und haben also nicht einmal bestimmte Hebungen festgesetzt, wie im Alt- und Mitteldeutschen der Fall war, so daß von einem Rhythmus im Sprechen der französischen Verse gar keine Rede sein kann; man sehe:

Úne fleúr etrángére
Én de trístes clímáts
Súr sa tíge légére
Céd' au poids des frímáts:
Jeún', aínsí je súccómbe
Faíble cómme la fleúr;
Ící je vois la tómbe,
Lá-bás est món bonheúr!

So wird das ungefähr gelesen, gesprochen, vom Franzosen selbst, der nicht bloß die Endsilbe betont, wie man fälschlich oft annimmt. Da suche nun einer den Rhythmus heraus!

Wie wir oben darauf gekommen sind, daß wohl nichts Anderes als die Art der deutschen Aussprache die Messung durch $^3/_8$ Takt für dactylische Verse veranlaßt und zwar für das Deutsche auch richtig veranlaßt hat, so geben wir jetzt hier zu bedenken, daß das Wort Rhythmus zwar begrifflich klar genug, der Begriff aber seinen Arten nach bisher durchaus noch nicht gehörig auseinandergehalten worden ist. Rhythmus ist und bleibt zwar Rhythmus, wie der Mensch Mensch ist und bleibt, ein Clavier Clavier ist: aber es giebt verschiedene Arten Menschen, es giebt alte und neue Claviere, unvollkommene und vollkommnere. Und so hat man auch schon längst richtig einen oratorischen und einen poetischen Rhythmus unterschieden, von denen jener Numerus genannt wird. Dies wären die sprachlichen Rhythmen, denen wir aber nothwendig den musikalischen Rhythmus zugesellen und gewissermaßen gegenüberstellen müssen.

Es giebt also:

I. Sprachrhythmus, Rhythmus der Laute (Silben) und zwar

a. Numerus, freier, ungebundener Rhythmus der ungebundenen Rede (Prosa);

b. Ictus, gebundener Rhythmus der gebundenen Rede (Poesie);

II. Tonrhythmus, Rhythmus der Töne, den wir als:

Tactus, Rhythmus der Tonrede, Tonkunst (Musik)

bezeichnen wollen. Das Wort „Ictus“ heißt bekanntlich sonst „rhythmischer Accent, besonders als Accentzeichen“, doch ist dafür auch der Ausdruck „Arsis“ hinreichend. Was aber nun zuerst den Tactus anbelangt, so ist dieser die vollendetste Art des Rhythmus, indem die Töne jedes Maß annehmen müssen, das man ihnen giebt, kurz: quantitativ unbeschränkt sind. Das eigenthümliche Merkmal des musikalischen Rhythmus ist also quantitative Unbeschränktheit. — Der Ictus oder metrische Rhythmus ist dagegen quantitativ durchaus beschränkt, indem die Laute im Sprechen durchaus nicht jedes Maß annehmen. Was aber die Musik mit den Lauten, sie zu Tönen umwandelnd, macht, das ist kein metrischer Rhythmus mehr, sondern schon ein musikalischer; und wir haben ja schon gesagt: Jedes Lied soll singbar sein, nach der alten Regel. Gesetzt indeß, ein guter Rhetor trägt ein Gedicht vor und es steht Jemand daneben, um den Takt zu schlagen; wenn es ihm dann so geht, wie uns weiland, wenn wir keinen Anstand nahmen falsch zu singen, so wird er nach wiederholter Anwendung der Fidelbogenspitze seitens des Taktschlägers bald ein großes Loch im Kopfe haben! Der metrische Rhythmus soll sich allerdings dem musikalischen nähern, und z. B. im Deutschen ist daher die Verlängerung kurzer Silben und die Verkürzung langer Silben statthaft; aber der metrische Rhythmus ist durchaus noch kein musikalischer, dem Taktmesser unterworfener. Dies wird er erst durch die Composition. — Endlich ist der Numerus oder der prosaische Rhythmus quantitativ am beschränktesten, indem der gute Redner die gewöhnliche Aussprache nicht im Geringsten beleidigen darf, und z. B. nicht, wie Manche, in der Meinung, recht würdevoll zu sprechen, also anstimmen: Ich habä dabs gebsabgät, ubnd ehs iest gebwießlich riechtieg! — Formell dagegen folgt der Numerus gar keinen bestimmten Gesetzen, wohl aber der Ictus, und die bestimmtesten Gesetze hat der Tactus. Damit soll jedoch nicht gesagt sein, daß die metrischen Gesetze nicht so bestimmt seien wie die musikalischen, sondern nur, daß in der Metrik besonders nur der Rhythmus zur Anwendung kommt, jedoch nicht musikalisch genau, sondern nur annäherungsweise, wenigstens in den accentuirenden Sprachen. Am schönsten lauten allerdings diejenigen Verse, in welchen das quantitative Element dem musikalischen Rhythmus am wenigsten entgegenstrebt, also die Verse der Alten ohne Zweifel eher als die der Neueren.

Aber keineswegs soll dies nun heißen, daß man die alten Verse statt mit der Linienscandirung, wie bisher, nun mit der Notenscandirung versehen soll. Die Metrik oder Verskunst ist gerade so gut eine Kunst wie die Tonkunst; und wie diese sich bedanken würde, wenn man sie nöthigen wollte, künftig ihre Takte Versfüße zu nennen und die lange Note lieber mit –, die kurze mit ⏑ zu bezeichnen; so sagt die Metrik: „Ich messe keine Töne, sondern Laute; ich habe keine Takte, sondern Versfüße; was soll ich mit deinen Noten, holde Musica, die du selbst so gut gebrauchen kannst!“ In alten Zeiten waren den quantitirenden Sprachen die Quantitätszeichen – und ⏑ durchaus adäquat; für unsere accentuirende

Sprache wird aber die oben vorgeschlagene Accentscandirung das einzig Richtige sein, in Ermangelung dessen Apel auf die Notenscandirung verfiel, dabei jedoch vergaß, daß die Metrik den Rhythmus nicht beweisen, sondern nur andeuten will, sowohl für Quantitäts- wie für Accentverse.

Siegen. **Langensiepen.**

Der national-niederländische Trauerspieldichter H. J. Schimmel.

Niederland, diese früh nach der Verlassung des Vaterhauses im selbstständigen Haushalte groß gewordene Tochter Deutschlands, fühlt, wie alle von den Ideen der Neuzeit berührten Völker, das Bedürfniß, seiner Nationalität neues Leben, neue zeitgemäße Formen zu verschaffen, damit sie im Stande sei, die Ideen des Kosmopolitismus mit den Schranken der Volksindividualität, die des idealen Humanismus mit denen der praktischen Möglichkeit zu vereinbaren. Die Wege, welche hiezu das niederländische Volk einschlägt, sind für uns Deutsche, vor allen die Norddeutschen, um so interessanter, je näher dasselbe uns in allen Beziehungen des Daseins verwandt ist; es wird daher den Lesern des Archivs nicht unangenehm sein, wenn wir ihre Aufmerksamkeit auf die Erzeugnisse eines jungen Dichters lenken, der der würdigste Repräsentant dieser Neugestaltung der Nationalitätsidee auf dem Felde des Dramas ist, dieses mächtigen zukünftigen Erziehers der Menschheit, und insbesondere derjenigen Bestandtheile der Völker, von denen die Nationalität leben muß, wenn sie mehr sein soll, als ein Kind magerer Abstraction oder kränklicher Gemüthsüberzeugung ... Wir Deutschen vor Allen bedürfen eines neuen Aufschwunges der Nationalität und zwar insbesondere bei den Massen, auf die weder die Logik der Geschichte, noch die Mondscheinphantasie der Lyrik hinlänglich wirkt, die vielmehr auf dem Gebiete der Kunst eben so sehr am meisten durch die Plastik des Dramas zu Ueberzeugungen und Handlungen getrieben werden, wie auf dem des täglichen Lebens durch die praktischen Bedürfnisse und individuellen Erlebnisse; leider hat aber unser Drama gerade an solchen Erzeugnissen immer entschieden Mangel, weil die höheren Stände und ihre Dramatiker den Standpunkt der Nationalität längst mit andern vertauscht hatten, und deßhalb bei einer Zurückversetzung auf denselben das Gewaltsame und Gemachte sogleich in die Augen sprang. Noch hat unser Volk diese Vereinbarung der Nationalität mit dem Kosmopolitismus auf keinem Gebiete des Lebens, und vielleicht am wenigsten auf dem der dramatischen Poesie gefunden; darum muß ihm jedes Beispiel eines darnach ringenden Volksgeistes in jeder Beziehung erwünscht sein, und von diesem Gesichtspunkte aus wünschen wir die nachfolgenden Zeilen beurtheilt zu sehen, deren Inhalt aus dem Studium theils des Dichters, theils holländischer Beurtheilungen entstanden ist.

Die niederländische Bühne liegt darnieder, aber vor wenigen Jahren mehr als jetzt; nur wenige holländische Städte besitzen ein Theater, die Nation ist von Natur nicht schaulustig und die höheren Stände stecken noch viel in französischer Bildung, Anschauungsweise, und darum hat wohl bei keinem Volke von der Größe und dem Bildungsstande des niederländischen ein dramatischer Dichter mit größeren Schwierigkeiten, bei weniger Aussicht auf Ehre und Geld, zu kämpfen, als in den Niederlanden; während das Buchwort doch noch Tausende und Zehntausende Leser findet, kann das gesprochene des nationalen Dramas nur auf einige Hunderte in der einen Stadt Amsterdam rechnen; wahrlich keine Ermuthigung für ein jugendliches Talent, diesen unerfreulichen Weg zu betreten, auf dem ihm die Concurrenten aller übersetzten Nationen, ein französisches fast national gewordenes Schauspiel, und vor Allem die Oper und die leichtfertigen théâtres des variétés, die wenigen Gäste noch zu rauben suchen. Dazu ein Publikum von größtentheils ungebildeten, starker Reizmittel bedürftigen Bürgersleuten, die für ihr Geld kräftige Kost an Declamation, Action, Scenerie verlangen, wenn sie nicht die Lectüre eines Romans von Eugen Sue oder ein mit den Augen verstandenes französisches Unsittlichkeitsstück dem Besuch des erhabenen niederländischen Nationaltheaters vorziehen sollen; wahrlich, die niederländische Nationalität muß verborgene Quellen, muntere Wecker auf anderen Gebieten haben, wenn sie dem ersten Anfänger einer neuen Nationaldichtung soviel

Beifall schenkt, als sie es den Erzeugnissen Schimmels thut, die, so voreingenommen wir auch mit jedem Nationaldichter sind, auch nach unserer Meinung noch so weit entfernt sind, dem Dichter den Lorbeerkranz zu gewinnen, den er auf einem andern Gebiete der Kunst, z. B. dem historischen Roman, gewiß längst erreichte, wenn er es nicht vorzog, um höheren Preis zu rennen. Mustern wir jedoch die Stücke einzeln, um unsere Beurtheilung auf dem Boden der Thatsachen zu erbauen.

Das erste Stück, mit dem Schimmel vor dem niederländischen Publikum auftrat, führt den Titel: Twe Fadors. Drama in 5 Bedryven. Door H. J. Schimmel. Amsterdam. W. J. Ippel. 1847. Es ist das Stück eines Anfängers, eine Nachbildung, aber eine solche, die kaum ahnen ließ, daß aus dem Nachahmen mehr als ein Reminiszenzensammeln, mehr als ein Dreschen von dem Stroh eines Dutzend allerwärts her zusammengebettelten Garben werden würde. Mit Recht sagt die niederländische Kritik, daß es eine unglückliche Nachahmung der Maria Stuart, dieses fehlerreichsten der spätern Schiller'schen Stücke, ist, daß es ein arger Mißgriff war, statt eines nationalen Stoffs einen fremdländischen zu wählen, und einem aus Katholiken und Protestanten gemischten Publikum ein Stück zu bieten, in dem die Hauptperson Maria den finstern Religionsfanatismus und verfolgungssüchtigen Ultramontanismus repräsentirt; noch schlimmer ist in unserer kritischen Zeit die Gewalt, welche in diesem historischen Drama der geschichtlichen Wahrheit angethan ist, indem z. B. der Dichter „the bloody papist bitch queen Mary of red hot memory," aber streng sittenrein einen Sohn aus heimlicher Ehe andichtet, und Elisabeth „whose letters are studded whith apothegms and a terseness of ideas," als fähig darstellt, für einen Geliebten ihr Leben zu opfern. Wie sehr inzwischen der Dichter den völligen Mangel an Originalität fühlt, geht aus dem Geständniß hervor, welches in folgenden beschönigenden Worten nur eben versteckt liegt: „Manch einer würde bemerken, daß seine Phantasie nur reproductiv gewesen, was jedoch Niemand tadeln würde (?), da die Nachahmung großer Meister oft dort eine Schönheit zum Genusse anbiete, wo die Originalität der Mittelmäßigkeit etwas Mißgestaltetes liefert."

Wenige Monden darauf erschien das zweite Stück: Joan Woutersz, Drama in 5 Bedryven. Door H. J. Schimmel. Amsterdam, 1847. Der Inhalt dreht sich um folgenden einfachen und einheitlichen Vorfall. Ein in dem Dienste der Staaten von Holland stehender Hauptmann wird wegen des Verdachts, einen Schuß auf den Prinzen von Oranien gethan zu haben, in's Gefängniß geworfen; er entflieht aus demselben und vereitelt einen Anschlag auf das Leben des Prinzen mit Verlust seines eigenen. Die Entwickelung dieses gewiß nationalen, fast rein historischen Factums ist folgende:

Maria, die Tochter eines im Kampfe für das Vaterland gefallenen, begüterten Wirthes zu Enkhuisen, liebt den von ihr bei einer schweren Verwundung in ihrem Hause verpflegten Hauptmann Joan; sie bringt ihn zum Geständniß, daß er, der Sohn eines spanischen Granden und einer Niederländerin, schon von Jugend auf der Sache der Freiheit und des Vaterlandes der geliebten Mutter ergeben, durch das Ansehen des Todes Egmonts und Horns, bei dem der Vater als Offizier der Wache fungirte, zu dem Entschluß gekommen ist, Niederlands und der Freiheit Sache trotz des Vaters Fluch mit dem Schwerte zu vertheidigen. Während dieser Unterredung treten einige Leute von der Compagnie Joan's in die Taverne und der Dichter entwirft aus ihrer Unterhaltung ein vortreffliches Bild der (1573) bis zu Niederlands Untergange geschwollenen Zeitläufe, und besonders der damaligen Soldateska; Pierre Causeor, der bei den Hugenotten gedient, und der durstige Münsteraner Wilhelm Schneider, erzählen sich von ihrem Hauptmann allerlei Martialisches und Schreckliches, so daß der ehrliche Holländer Maarten Floriszon dazwischen fährt mit einem: Schweigt oder der Hauptmann schlägt euch das Gehirn ein! Ein Fremder tritt während dessen ein, der die Charaktere der leichtsinnigen Soldaten bald wegstudirt hat, endlich aber mit ihnen in Zwist geräth, indem er König Philipp hoch leben ließ; Joan hindert den entbrennenden Kampf, die Soldaten werden durch die Töne des Schlachtliedes von Wilhelmus abgerufen, und in der Wirthsstube bleiben zurück — Vater und Sohn. In der weit ausgesponnenen Erkennungsscene tritt uns trotz ihrer vielen Schönheiten viel zu oft der Hauptfehler der Schimmel'schen Dichtung entgegen, als daß wir unbedingt loben oder der Leser oder Hörer kritiklos in dem Genusse aufgehen könnte. Es ist die Sucht, die Ideen des heutigen kosmopolitischen Humanismus den damaligen Personen und Zuständen unterzuschieben; in seinem Eifer, unserer heutigen parteizerrissenen Welt Toleranz, humanistisches Christenthum zu predigen, vergißt er darüber sein sonst tüchtiges Studium der ehemaligen Zustände, vor Allem bei den Hauptpersonen und schafft in ihnen nur zu oft Doppelgesichter, je nach ihren Handlungen und Worten oder den verschiedenen Formen. So sagt Joan seinem Vater Alonzo: Ich ehre, was du verehrst, wie wunderlich es auch mir erscheint, ich ehre deine Denkweise, aber ehrt ihr auch die meine; was ich Wahrheit nenne, ist es auch für mich.

Die beginnende Versöhnung stört die Forderung des Vaters an Joan, Wilhelm von Oranien zu ermorden, was selbst auszuführen Alonzo sich in fanatischer Wuth wegbegiebt. Joan schwankt zwischen Natur und Pflicht und sinkt am Schluß des ersten Aktes der herbeieilenden Marie halb wahnsinnig in die Arme.

Sollen Joan und Maria den Niederländer des 16. Jahrhunderts repräsentiren, so fragt man nothgedrungen, wie solch' ein Fanatiker, solch' ein Vater, wie Alonzo, das spanische, an so vielen edlen Zügen reiche Volk repräsentiren darf? Es ist die Erbsünde des romantisch historischen Dramas, die Klippe des ersten, dieses und noch eines dritten Schimmel'schen Stückes, als historischer Dramatiker Moral predigen zu wollen, statt die Zuschauer dieselbe abstrahiren zu lassen; es ist der Wahn, für seine Lieblingsideen, seine Lichtbilder finsterer Schatten zur Darstellung zu bedürfen; es ist endlich und vor Allem die einseitige Auffassung der Nationalitäten, welche unseren Dichter, wie so viele Erzeugnisse der Literatur aller Völker zu Einseitigkeiten und Ungerechtigkeiten verleitet hat.

Der zweite Akt führt uns in das mit historischer Wahrheit decorirte Cabinet des Prinzen von Oranien zu Enkhuisen; er sitzt vor einer Charte des Norderquartiers, eine Bibel neben sich (eine trotz des notorisch nicht eifrigen Protestantismus Oraniens gute und nothwendige Erfindung und Umänderung des historischen Charakters). In dem Monolog Oraniens begegnen wir wieder dem Kosmopolitismus: Als Menschen kämpfen wir, nicht bloß als Niederländer. Die dramatisch ebenso unnütze als historisch unrichtige Charlotte von Bourbon erzählt dem Prinzen einen Traum, wie ihn alle ängstlichen Weiber einmal die Woche träumen, und dessen Raum viel nützlicher verwandt wäre auf die so kahle, staffagenartige Darstellung des nun eintretenden Marritt von St. Adelgonde.

Endlich kommen ächt historische Gestalten, Wesen von Fleisch und Blut, Cornelius Dirksoon, Bürgermeister von Monnikendam und erster Admiral von Holland und Reinier Kant, Haupt der committirten Staaten Westfrieslands und des Norderquartiers. Vortrefflich ist die Schilderung des ersten, des protestantischen Seemannes des 16. Jahrhunderts:

„Wir entern jedes Schiff und rufen Naardens Mord und Rotterdams Verrath... Die Spanier über Bord! Meine Kinder stehen bereit, die Seeländer und Westfriesen; sie können Beide ein Leben nur verlieren; lebt wohl. Wir sprechen gleich aus Kehlen von Metall. Denkt dann, das ist der Gruß von Dirksoon, dem Admiral (er geht, aber plötzlich kehrt er um). Aber Prinz; die Seeschlacht wird vielleicht von uns verloren; dann sehen wir einander nicht wieder; ich hab' auf Gottes Wort geschworen, daß ich — es war vielleicht zu stolz, ein zu verwegenes Wort — nie wiederkehren würde, es sei als Sieger: und so ich fallen möchte, Prinz, ich hinterlasse Kinder." — — Der Prinz verspricht sein letztes Stück Brod mit ihnen zu theilen und Dirksoon antwortet echt holländisch protestantisch:

„Kein Brod in Müssiggang; denn die Arbeit muß sie stärken. Der holländische Arm wisse auch für holländisch Brod zu arbeiten, erziehe sie in des Herrn Furcht, an Tugend und Ehre verpfändet und lehre sie treu dem theuren Vaterlande sein; erzähle ihnen, welch' reines Blut in ihren Adern fließt, und daß es herrlich ist zu sterben wie ihr Vater rc."

Noch musterhafter, weil noch echt historischer, ist die Unterredung Wilhelms von Oranien mit den Staaten von Westfriesland, die sich weigern, die Schleuse zu öffnen, die Dämme zu durchstechen, weil keine Hülfe mehr helfe; der Schluß der meisterhaften, völlig menschlich wahren Rhetorik Wilhelms ist der Ausruf der Staaten: Oranien führt uns an; die Verzweiflung giebt uns Kraft; wir siegen oder gehen unter.

Der Prinz zeigt M. Adelgonde, daß Philipp einen Preis auf seinen Kopf gestellt, den Alonzo de la Cerda verdienen will; es wäre unendlich dramatischer gewesen, wenn der Prinz es erst jetzt von M. Adelgonde erführe, jetzt, nun Joan in das Cabinet tritt. Der Prinz fragt ihn, ob er Alonzo de la Cerda kenne; — dieser steht als Hellebardier vermummt — am Eingange des Cabinets; Joan erkennt ihn, wird bestürzt und es kommt zu einer höchst gewagten Scene zwischen Joan, dem Prinzen und dem nur von Joan erkannten Alonzo, der endlich das Pistol auf den Prinzen losdrückend von Joan so daran verhindert wird, daß die Umstehenden glauben, Joan habe auf den Prinzen abgedrückt. Der Prinz fragt ihn im Beisein von M. Adelgonde, Charlotte, Reinier Kant, Marie 2c., endlich, ob er schuldig sei und Joan antwortet mit „ja". Er entflieht mit Mariens Hülfe und des Prinzen Zustimmung, entdeckt durch Zufall (?) eine neue Verschwörung Alonzo's und der oben erwähnten Soldaten gegen Oraniens Leben, rettet mit Hülfe Mariens denselben unter allerlei zufällig eintretenden Umständen, die ganz unhistorisch, unnöthig und unwahrscheinlich sind; so soll z. B. Oranien seine Bewachung dem ausländischen Landsknecht Pierre Causeud anvertraut haben, er, der soeben vogelfrei Erklärte, den Tag zuvor Angefallene.

Das Gespräch des gefangenen und in seiner spanischen Grandezza vortrefflich geschilderten Alonzo wäre tadellos, wenn nicht wieder der Kosmopolitismus der Historie seine grau-grünen Fetzen umhinge. Oranien sagt: Wer mich begreifen will, muß mehr als Castilier, muß Weltbürger sein; der von einem der Soudeniers tödtlich verwundete Joan erhält sterbend die Vergebung seines Vaters und das Stück könnte zu Ende sein, wenn es nur ein romantisches, ein Familienschauspiel, nicht auch ein nationales sein sollte! Cornelius Dirksoon kehrt siegreich zurück, den gefangenen Bossu mit sich führend, die heute verwundete Linke in der Schlinge, die vorgestern durchhauene Rechte frei; die „Inquisition" liegt versenkt von der „Eintracht" in der Südersee, neben ihr der kühne Gewinner ihrer Flage, Jan Waring; wir sind mitten in der Glorie eines siegenden, für die edelsten Güter kämpfenden Volkes; damit aber auch bei der Verurtheilung der Composition des Stückes. Es ist eine unglückselige Mischung einer romantischen, einer Schauerbegebenheit einzelner Familien mit dem Schicksale einer um ihre Existenz ringenden Nation, eine Durchflechtung, die in der Weise, wie Schimmel es hier zum Verderb seines an einzelnen Schönheiten so reichen Stückes gethan hat, jeden Dichter zwingen wird, die Hauptidee seines Stückes der Ausmalung einzelner Partien, die Darstellung des Geschichtlichen der Charakterisirung einzelner Personen, das Historische dem Romantischen zu opfern. Das Interesse, was das Romantische, die Familien-, die persönlichen Erlebnisse in einem bürgerlichen Schauspiele erregen könnte, geht in diesem nationalen Stucke zu Grunde, ja wird lächerlich und verdirbt den Eindruck des anderen Theiles der Composition. Quel bruit pour une omelette, daß alle nationalen Personen der Niederlande in dem Zimmer Oraniens zusammensein müssen, um zu entscheiden, wer das Pistol abgeschossen; wie gleichgültig lassen den Zuschauer das Liebesweh der Maria und des Joan, wenn man ansehen soll, wie eine edle Nation für die edelsten Güter der Menschheit auf Leben und Tod kämpft? Wie fremd und störend sind in einem niederländischen Nationaldrama die Mischblutgestalten Joan's und Alonzo's, wie erhebend dagegen der Typus ächt niederländischer Weiblichkeit im 16. Jahrhundert, der Maria, der mit so vielem Glücke, nationalem Geiste zur Tochter eines begüterten Wirthes erhobenen. Daher die vielen unglücklichen, erzwungenen Erfindungen von Joan's und Alonzo's mimischer Unterredung in Gegenwart des scharfsinnigen Oranien bis zur Verlegung des Platzes der Handlung von dem historischen Horn nach dem unhistorischen Enkhuisen, daher, um Alles mit einem Worte zu sagen, das Doppelgesicht der Handlung und die kosmopolitische statt nationaler Färbung der Personen. Die alten niederländischen

Chroniken sind national-dramatischer als unseres Dichters Nationaldramen des 19. Jahrhunderts, trotz seiner historischen Studien und der einzelnen Schönheiten des Stückes.

Schimmel scheint mit dem einen Stücke den dramatischen Stoff seiner Nationalgeschichte ausgeschöpft, oder, wie wahrscheinlicher, sich von den kosmopolitischen Ideen noch tiefer durchdringen gelassen zu haben; denn im nächsten Stücke finden wir ihn auf ganz anderem als protestantischem, niederländischem, wenn auch nationalem Boden. Denn der Titel seines folgenden Stückes ist: Gondebald. Dramatiesch Gedicht, door H. J. Schimmel. Amsterdam. W. J. Ippel. 1848; es behandelt den Sieg des Christenthums und des Kosmopolitismus über die friesische Nationalität und das germanische Heidenthum; wahrlich ein inhaltsvolles Thema für einen Nationaldichter, aber eben so wenig glücklich ausgeführt, als die der vorigen Stücke, trotz aller Einzelnschönheiten.

Der Gondebald ist der Amsterdamer Nederykersgesellschaft (Declamirgesellschaft) Achilles gewidmet und Schimmel sagt darüber Folgendes: „Wer sah nicht als ein günstiges Zeichen der Zeit die Errichtung dieser Vereine an, die sich zum Zwecke stellten, den durch die aus der Fremde uns so freigebig zugesandten Unsittlichkeitsstücke verdorbenen und grob gewordenen Sinn des Volks dadurch wieder zu verfeinern und zu veredeln, daß man das niederländische Publikum das bewundern ließ, was niederländische Dichter Großes und Vortreffliches in lyrischer und dramatischer Poesie geschaffen haben." So der nationale, der enthusiastische Dichter über Anstalten, die nach anderer Kenner Zeugniß nicht so unbedingt günstig für die Entwickelung des Dramas waren; am besten thut dieses jedoch Schimmel selbst in dem Geständniß, wie sehr er seine Dramen den Bedürfnissen eines solchen Vereins habe anpassen müssen; er sagt: „Die große Einfachheit der Handlung, das Fehlen alles Theatereffects war mir bei der Wahl der für den Zweck des Vereins passendsten Form kein Hinderniß, indem die Nederykersgesellschaft mir schon längst den Beweis geliefert hatte, daß unser gebildetes Publikum die dramatischen Poesien deßhalb nicht verbanne, weil sie nicht die Farbetöpfe des Decorateurs oder die Garderobe des Kostumeurs geplündert." — — „Ich bewege mich zwar auf einem fremden Gebiete; die Kräfte, die dem Dramaturg gewöhnlich zu Gebote stehen, fehlten mir hier gänzlich. Eine interessirende Intrigue, passende Effecte waren mir verboten," — — „ich darf auch keine allgemeine Sympathie für dieses dramatische Gedicht hoffen, da es nur zu einer, obgleich sicher nicht der am wenigsten gebildeten Classe sprechen kann und nicht zu dem bunten Theaterpublikum, welches alle Stände unter heutiger Gesellschaft repräsentirt." Wir fügen zu diesen sich selbst richtenden Bemerkungen nur noch die Anmerkung, daß das „bunte" keines gemeinsamen Genusses fähige Publikum gerade der beste Beweis für die Nothwendigkeit einer nationalen Dichtung ist.

Wenn es wahr ist, was wir an einem andern Orte sagten, daß wie die Familie dem Einzelnen ein wohlthätig umgrenztes und geordnetes Reich von Gedanken verleihet, so die Nationalität dem Volke; wie in der Familie Groß und Klein, Klug und Beschränkt, Schön und Häßlich unter dem schirmenden Dache gleicher Abstammungen, Erfahrungen und Bedürfnisse sich friedfertig entwickeln, so die streitenden Ideen der Menschheit, die widerstrebenden Interessen der Classen, die Ideale und die Möglichkeiten in dem weiten Schooße der Nationalität: wenn dem so ist, und in Zukunft bleiben soll, so muß auch das nationale Drama dem buntesten Publikum einen gemeinsamen, wenn auch nicht gleich hohen Genuß verschaffen können; der verfehlteste Weg dahin ist aber, für „Gebildete", für Declamirgesellschaften Stücke zu schreiben, die den Inhalt ihres Namens verleugnen müssen, um „passend" zu sein. Soll denn auch hierin die Zeit der römischen und griechischen Rhetoren und Declamationen wiederkehren?

Das Stück behandelt den Sieg des Christenthums über das Heidenthum in Friesland zur Zeit des Bonifacius, und enthält nach unserm Bedünken ein prächtiges Thema zu einem nationalen Drama, indem es einen jener seltenen Zeitpunkte in der Geschichte umfaßt, in dem die Nationalität von dem Kosmopolitismus, eine Volks- und Naturreligion von dem humanistischen Christenthum überwältigt, modificirt werden. Wie wenig der Dichter diese Neugestaltung einer Nationalität gefaßt und darzustellen gewußt hat, werden folgende Beispiele von Beweisen hinlänglich darthun.

Die Anbequemung an die Localität der Declamirgesellschaft verbietet jede plastische Ausmalung des Locals, und so vernehmen wir denn nur gelegentlich im 1. Acte, daß wir uns in der fürstlichen Wohnung Radbods, Herzogs der Friesen, befinden, während doch hier dem Dichter unsere genaue Kenntniß eines altgermanischen Adalingenhofes zu Gebote stand. Wie mit der Beschreibung der Localität, ähnlich ist es mit der der historischen Zustände; kosmopolitische und weltgeschichtliche Uebersichten und Abrisse statt gegenwärtiger Detailbeschreibung; statt einer Ausmalung der Zustände des Volks, eine Erzählung der Weltgeschichte von Alarich, ja der Volkswanderung bis Bonifacius; natürlich! paßt doch eine Aufzählung von Handlungen besser für die Declamation, als eine die Fragen der Sinne erweckende, der Unterstützung der Bühne bedürftige Beschreibung, oder gar ein Vorführen der Handlungen selbst.

Aehnlich ergeht es der Charakteristik der Personen, die fast alle in Allgemeinheiten verschwimmen, nirgends kräftig individualisirt sind; aus demselben Grunde endlich ist die Hauptidee des Stückes einer Familien- und Individuengeschichte geopfert, noch mehr, als wir es schon bei dem Joan Woutersz bemerkten.

Sobald sich dagegen die Handlung in dem Kreise der Nationalität bewegt, sobald eine nationale Person auftritt, so haben wir Alles voller Leben und Wahrheit, kräftige Individualität, was wir im Joan Woutersz an der Darstellung der Marie, des Admirals, der Souveniers lobten, dasselbe können wir hier an der Charakteristik des friesischen Häuptlings Asge, des Typus friesisch-germanischen Wesens und eines treuen Gefolgsmannes, preisen, wenn wir befürchten müßten, dasselbe zur Ausgleichung unseres Tadels zu bedürfen. Lassen wir es jedoch bei diesem Beispiele aus dem durch die Anlage verpfuschten Stücke bewenden, und besehen uns das letzte Stuck des Dichters: Giovanni de Procida, Drama in vyf Bedryven. Door H. J. Schimmel. Amsterdam, 1849.

Hören wir den Dichter selbst über die Tendenz des Stückes: „Ich wünsche dieses Product aus diesem Gesichtspunkte betrachtet zu sehen: — Das Erwachen eines Volkes zum Bewußtsein seiner Kräfte, begonnen nicht durch das Einwirken einiger weniger Häupter, die wohl einen Aufstand, nie eine Umwälzung vorbereiten können, sondern in Folge der unaustilgbaren Sucht nach Freiheit, die dem Menschen aller Jahrhunderte eigen ist, obschon sie sich nach den verschiedenen Zuständen, in denen der Mensch sich placirt findet, verschieden offenbart."

Schimmel gesteht, daß außer ihm noch zwei andere Dichter denselben Stoff behandelt haben, nämlich Casimir de la Vigne in seinen Vêpres Siciliennes und Niccolini in seinem Giovanni di Procida. Von diesen halte er den ersten nicht einmal einer Uebersetzung werth, viel weniger habe er ihn benutzt; das zweite Stück habe er erst bei der Ausarbeitung des letzten Actes des eigenen Stückes kennen gelernt, obgleich es mit dem seinigen so sehr übereinstimme.

So gerne wir nun gleich vorher bemerken, daß Schimmel in diesem Stücke seine Vorgänger übertroffen, etwas Gutes geliefert habe, so sehr müssen wir die Auswahl der Handlungen bedauern. Wir betrauern, daß der Dichter den nationalen, den germanischen, den protestantischen Boden verlassen und sich in einen Zeitpunkt und eine Gegend versetzt hat, die beide zu einer ächt nationalen Dichtung wenig geschickt sind. Freilich ist die Revolution der sicilianischen Vesper eine nationale Großthat unter den sonst dort gebräuchlichen Parteiaufständen und Verschwörungen; aber sie hatte keine besonderen, keine nationalen Folgen; Sicilien ward auch nach seiner Befreiung kein nationales Volk; sodann sind die dabei handelnden Personen mehr Leute einer persönlichen als sachlichen Partei, was den Dichter zwingt, zum Vortheil seiner Charakteristiken, aber zum Nachtheil des historischen Wahrheitsgefühls wider die Geschichte zu dichten; endlich war die Begebenheit so wenig von europäischem Einflusse oder Interesse, Volk und Zeit dem Nordeuropäer so entlegen, daß es von einem niederländischen Nationaldichter sehr gewagt war, seinem Publikum große Begeisterung für die sicilianische Station anzumuthen, die auch in dieser Revolution keine der großen Menschheitsfragen und Menschheitsrechte vertrat, von dem das Herz des Kosmopoliten Schimmel voll ist.

Um nicht den Raum dieser Zeitschrift mit einer Angabe des Inhalts zu verschwenden, begnügen wir uns mit einigen Bemerkungen, die für die Richtung des Dichters bezeichnend sein werden. Mit wahrer Wissenschaft schildert der Dichter die Unterdrückung eines Volkes, indem er sich weder mit einer allgemeinen Angabe seiner Leiden, noch der Darstellung des allgemeinen Zustandes in einem einzelnen Falle begnügt, sondern, wie Schiller im Tell in einer Anzahl individualisirender Scenen den Jammer eines unterdrückten Volkes ausmalt. Die Ausführung zeugt von genauem historischem Studium und einer scharfen Auffassung des französischen Uebermuthscharakters, die in dem in seiner Gemeinheit und Habsucht untergegangenen Steuereinnehmer Drouet, dem herrschsüchtig grausamen aber tapferen Guillaume de l'Etendart und dem edelmüthiger Aufwallungen fähigen, aber leichtsinnigen Herbert von Orleans musterhaft die bekannten französischen Nationaleigenschaften schildert.

Weit weniger gelungen sind die Schilderungen der sicilianischen Nationalitätsvertreter; so gleicht die Hauptperson derselben, Blanca, weit mehr einer frommen Tochter des Nordens als einer sinnlich leidenschaftlichen Sicilianerin; nicht selten ergeht sie sich in kosmopolitisch-philosophischen Betrachtungen, die einer philosophirenden Dame des 19. Jahrhunderts nicht unwürdig wären. Sehr vermißt man einen Charakter, der die entsittlichenden Folgen einer Volksunterdrückung bei den Unterdrückten nachweist, einen ähnlichen Charakter, wie freilich auch Schiller in seinem Rudenz mit wenig Glück zu schildern versucht hat.

Das letzte Product der Schimmel'schen Muse führt den Titel: Oranien und Niederland, dramatisches Genrestück in einem Aufzuge, ein Gelegenheitsstück, das zwar die Feier der Nationalität, die Verherrlichung des Spruches: „Niederland und Oranien" zum Gegenstande hat, aber nach dem erhabenen Ziele mit so wenig entsprechenden Anstrengungen ringt, daß wir statt einer Beurtheilung lieber die eigenen Worte des Dichters darüber anführen: „Gleich dem Sommerinsect ward es geboren, aber auch wie dieses möge es wieder verschwinden."

Miquél.

Sylbe oder Silbe.

Herr A. Capellmann in Wien hat kürzlich eine dreifache Gelegenheit benutzt (N. Jahrb. f. Phil. u. Päd. bb. S. 356 und S. 366, Zeitschr. f. d. oestr. Gymnas. IV, 114), die Schreibung Silbe als unstatthaft zu bezeichnen, und zwar unter Berufung auf die Analogie von S**y**ntax, S**y**nkope, S**y**stem, und mit der Behauptung, daß durch die sogenannte Einbürgerung in die deutsche Sprache „Silbe" nicht gerechtfertigt werden könne, daß „System" wenigstens ebenso eingebürgert sei. Dieser Erklärung darf zunächst die Frage entgegen treten, wann im Deutschen ein Wort als eingebürgert zu betrachten sei, eine Frage, deren Beantwortung nicht allein für das in Rede stehende Fremdwort, sondern auch für manche andere, bei denen die bloße Berücksichtigung einer formellen Analogie des Ursprungs keine genügende Sicherheit zu gewähren vermag, von einiger Wichtigkeit ist. „Fremde Wörter sind eingebürgert, wenn sie durch langen Gebrauch auch der Volkssprache mehr oder weniger geläufig geworden sind, und in Folge des längeren Gebrauches eine deutsche Form angenommen haben", Becker ausf. Gramm. III, 41. Jede dieser beiden Bedingungen zeigt sich an dem Subst. Silbe auf's Vollkommenste erfüllt: der erste Unterricht, auch in der niedrigsten Elementarschule, führt den Kindern des Volkes in steten Wiederholungen das unentbehrliche Wort vor; und die Form desselben trägt eben in unserer neuhochdeutschen Sprache (Ahd. noch sillaba Mhd. sillabe und doch ein *i*) das deutlichste Gepräge der Einbürgerung; ihre wesentliche Abweichung von der Urform (syllaba, *συλλαβή*) ist in dieser Richtung zu beurtheilen, so daß Silbe jetzt auf gleicher Stufe steht mit dem einheimischen Milbe (Ahd. miliwa). Dagegen ist der Name System der Volkssprache nicht allein nicht geläufig, sondern genau so unbekannt, wie Syntax,

Synkope und augmentum syllabicum, oder wie Problem, Theorem und Diadem: die Form verräth sogleich den fremden Ursprung (zunächst franz. système). Die Syringen hat sich der gemeine Mann unter den Namen Zirenen angeeignet; aus synodus (σύνοδος) ist Send sënt (gebrochenes e dem i entsprechend) hervorgegangen, wie Senf, sënef aus sinapis (σίναπι): dagegen hat in dem Worte Syrup, orientalischen Ursprungs, keine Lautveränderung stattgefunden, weshalb y verblieben ist. Daher schreiben wir Silbe mit demselben Rechte, mit welchem die Römer silva (ὕλη), lacrima (δάκρυον), hiems (ὕειν?) geschrieben haben, können aber, wenigstens zur Zeit nicht, wie die Italiäner, das y auch in Syntax u. s. w. vermeiden.

Wiesbaden. Dr. **Andresen.**

Zur deutschen Grammatik.

Im 12. Bande des Archivs S. 224 hat Herr Teipel beiläufig einige ungewöhnliche syntaktische Wendungen besprochen und zu denselben auch die Verbindung von scheinen mit dem präpositionalen Infinitiv gerechnet in Ausdrücken als: er schien fast glücklicher zu preisen (Hagedorn) — daraus scheint herzuleiten (Grimm) Mit vollem Rechte ist die Bemerkung von Heinsius zu der erstgenannten Stelle: „Preisen ist immer ein thätiges Zeitwort, hier aber ganz ungewöhnlich als ein unthätiges behandelt" als eine sonderbare bezeichnet worden (die Ausdrücke thätig und unthätig sollen vermuthlich transitiv und intransitiv bedeuten): allein Herrn Teipels eigene Deutung, daß eine active Construction gewählt sei (= er schien zum Preisen, für's Preisen glücklicher — das Herleiten scheint mir) dürfte sich ebenfalls schwerlich als die richtige erweisen. Der Zusatz von Heinsius: „man kann wohl sagen: ich bin zu preisen, aber nicht: ich scheine zu preisen" erweckt sogleich die Frage: warum denn nicht auch das letztere? Was man ist, kann man auch scheinen. Daher ist gebräuchlich: er scheint krank — die Stelle scheint verdorben — σάρξ selbst scheint schwerer Deutung (Grimm Gesch. d. deutsch. Spr. II, 1011) — in der Flexion scheint von Gewicht die Analogie der lat. Vocallaute (Grimm das. 1022), Sätze, in welchen grammatisch scheinen mit sein vertauscht werden könnte, und bei denen an eine Ellipse des Infinitivs zu sein ebenso wenig zu denken ist, als esse vermißt wird in einer lateinischen Verbindung wie tu mihi maxime imitabilis, maxime imitandus videbaris (Plin. Epist. VIII, 20). Nämlich scheinen und videri geben sich als modificirte Formen der Copula kund; vergl. Krüger lat. Gramm. §. 293. Haase zu Reisigs Vorles. über lat. Sprachwiss. Anmerk. 605. Neben scheinen, aber der Copula noch näher stehend, gelten für das Deutsche auch stehen und bleiben. Der Infinitiv ist, mag die eigentliche Copula oder eines der drei andern genannten Verben gebraucht werden, stets in derselben Weise aufzufassen: es ist dies jener der deutschen Sprache so geläufige Ausdruck, durch welchen das lateinische Gerundiv am einfachsten wiedergegeben wird, z. B. timendum est, es ist zu fürchten, vix credendum videtur, es scheint kaum zu glauben, haec interpretatio praeferenda videtur, diese Deutung scheint vorzuziehen (Dietsch in N. Jahrb. f. Phil. 67, 342). Passend wird nun sein, aus J. Grimm eine Reihe von deutschen Beispielen mitzutheilen, und damit der Schluß gezogen werde, daß vorzüglich er sich diesem Gebrauche hinneigt, soll seine Geschichte der deutschen Sprache allein dieselben bieten: S. 67. wenn franz. averon folle avoine bedeutet, scheint es zurückzuführen auf haveron. S. 369. die irische Schreibung scheint bloß historisch zu rechtfertigen. S. 732. die Auskunft scheint doch als natürliche vorzuziehen. S. 787. Volksnamen Paemani, welcher zu leiten scheint vom ir. oder gal. „beim". S. 819. von solcher Tracht scheint der Chatten Name zu deuten. S. 828. die Lautverschiebung scheint minder physisch als geistig zu erklären. S. 902. aus thalrba scheint mir tharf abzuleiten. S. 1027 Anm. unser heutiges Laune scheint von Veränderlichkeit der Mondphasen abzuleiten. Einmal (S. 493) findet sich eine auffallende Wendung, mir scheint langer Vocal und auch bei Tacitus Sêmnones anzunehmen nöthig. Für stehen und bleiben könnten Belege entbehrlich sein; sie mögen aber dennoch zur Vollständigkeit, und da auch bei ihnen jene Deutung einer activen Construction Platz greifen könnte, aus demselben Buche mitfolgen: S. 430. aus thairhois steht zu folgern, daß —. S. 486. während beide letztere niemals aus pis zu erklären ständen. S. 692. Wenig oder nichts zu gewinnen steht für die Flexion. S. 724. nicht zu bezweifeln steht, daß —. S. 182. weiter anzuschlagen bleibt der spätere Sprachgebrauch. S. 310. als ältere Spur des R zu erwägen bleibt vairtha (vergl. S. 689). S. 351. es bleibt noch ihr Wechsel — zu betrachten. S. 730. es bleibt noch eine andere Nebenform vorauszusetzen. S. 895. Hier bleibt nun Einiges — zu erörtern. Es versteht sich, daß ein guter Schriftsteller von der besprochenen Construction des Verbs scheinen nur dann Gebrauch machen wird, wenn einer Zweideutigkeit (z. B. er scheint zu loben = laudare und laudandus videtur) durch den größeren Zusammenhang der Rede hinreichend vorgebeugt ist; in jedem einzelnen Falle wird dieser ohne Zweifel geeignet sein, das Verständniß zu leiten. Gegen die Ansicht des Herrn Teipel, daß für gewöhnlich zu schreiben sei: „daraus scheint herzuleiten zu sein — er schien fast glücklicher zu preisen zu sein" darf in Erinnerung gebracht werden, daß eine solche Nebeneinanderstellung zweier Infinitive mit zu dem deutschen Ohre schwerlich genehm ist, weshalb es nicht angemessen sein möchte, ein lateinisches Gerundivum, welches mit videtur esse verbunden ist, falls dieses esse in die Uebersetzung mitgenommen werden soll, im Deutschen durch einen Infinit. mit zu wiederzugeben. Schließlich die Bemerkung, daß auch auf romanischem Sprachgebiete neben sein bisweilen scheinen sich mit diesem präpositionalen Infinitiv verbindet; s. Diez Gramm. III, 189.

Wiesbaden. **Dr. Andresen.**

Ein Bibelvers und ein Lied von Watts.

In dem Buche Ruth heißt der 16. und 17. Vers des I. Kapitels also:

„Rede mir nicht darein, daß ich dich verlassen sollte. Wo du hingehest, da will ich auch hingehen, wo du bleibest, da bleibe ich auch. Dein Volk ist mein Volk und dein Gott ist mein Gott."

„Wo du stirbst, da sterbe ich auch; da will ich auch begraben werden. Der Herr thue mir dies und das, der Tod muß mich und dich scheiden."

Diese Verse paraphrasirt der englische Lyriker Alaric Watts auf höchst gelungene Weise also:

Intreat me not to leave thee so,
Or turn from following thee;
Where'er thou goest I will go,
Thy home my home shall be!

The path thou treadest, hear my vow,
By me shall still be trod;
Thy people be my people now,
Thy God shall be my God!

Reft of all else, to thee I cleave,
Content if thou art nigh;
Whene'er thou grievest I will grieve,
And where thou diest, die!

And may the Lord, whose hand hath wrought
This weight of misery,
Afflict me so, and more, if aught
But death pant thee and me.

Ich habe diese in ihrer Einfachheit mit dem höchsten Zauber musikalischen Wohllauts umgebenen Verse deutsch so gegeben:

Sprich nicht, ich soll verlassen dich,
Denn ich und du sind Eins;
Und wo du gehst, da geh auch ich,
Dein Land — es sei auch meins.

Den Pfad, drauf du den Fuß gesetzt,
Geh fürder ich allein,
Es soll dein Volk das meine jetzt,
Dein Gott der meine sein.

Von allen fern lieb ich nur dich,
Ich trinke deinen Hauch,
Und wenn du trauerst, traur' auch ich,
Und stirbst du, sterb ich auch.

Der Herr, der sitzt im Regiment,
Er send' mir alle Noth,
Wenn je von dir mich etwas trennt
Als nur allein der Tod.

Julius Schanz.

Bibliographischer Anzeiger.

Allgemeine Schriften.

Léon Vaisse. De la parole considérée au double point de vue de la physiologie et de la grammaire. (Didot, Paris.)

Lexikographie.

T. Fenby's Dictionary of English synonymes. (Whittaker, Lond.) 2 s. 6 d.

W. Durrant Cooper. A glossary of the Provincialisms in use in the country of Sussex. 3 s. 6 d.

M'Leod and Dewar. Dictionary of the Gaelic language. 2 vols. (Hall, Glasgow.) 10 s. 6 d.

Grammatik.

Hippolyte Lecornu. Grammaire française nouvelle et simplifiée. (Périsse, Paris.)

G. F. Burguy. Grammaire de la langue d'oil ou Grammaire des dialectes français au XII. et XIII. siècles. II vols. (Schneider, Berlin.)

Notions élémentaires de grammaire comparée p. Egger. (Durand, Paris.) 2 fr.

Englische Grammatik v. Dr. B. Schmitz. 3. Aufl. (Dümmler, Berlin.) 1 Thlr.

Grammatik der englischen Sprache von F. Strathmann. 2. Aufl. (Velhagen u. Klasing, Bielefeld.) 15 Sgr.

Literatur.

H. Viehoff. Göthe's Gedichte, erläutert und auf ihre Veranlassungen, Quellen u. Vorbilder zurückgeführt. 3 Thle. (Bötticher, Düsseldorf.) 4 Thlr. 15 Sgr.

Crescentia. Ein niederrheinisches Gedicht aus dem 12. Jahrhundert, herausgegeben von O. Schade. (Dümmler, Berlin.) 1 Thlr.

E. Mätzner. Altfranzösische Lieder berichtigt und erläutert nebst einem altfranzösischen Glossar. (Dümmler, Berlin.) 2½ Thlr.

Oeuvres complètes de Mathurin Régnier, avec les commentaires revus et corrigés, précédées de l'hist. de la satire en France p. Viollet le-Duc. (Jannet, Paris.) 5 fr. 60 ct.

Ancien théâtre français, ou collection des ouvrages dramatiques les plus remarquables depuis les mystères jusqu'à Corneille, publ. p. M. Viollet le-Duc. 5 vols. (Jannet, Paris.) à 5 frs.

Histoire de la littérature française à l'étranger XVII. siècle par A. Sayous. 2 vols. (Cherbuliez, Paris.) 12 fr.

Nouveaux portraits littéraires par Gust. Planche. (Amyot, Paris.)

La farce de Pathelin, précédée d'un récueil de monuments de l'ancienne langue française par M. Geof. Chateau. (Amyot, Paris.) 5 fr.

Rathery. Influence de l'Italie sur les lettres françaises, depuis le XIIIe siècle jusqu'au règne de Louis XIV. (Firmin-Didot, Paris.)

Monseignat. Le Cid campéador, chronique tirée des anciens poèmes espagnols, des historiens arabes et des biographies modernes. (Hachette, Paris.)

Baret. Etudes sur la rédaction espagnole de l'Amadis de Gaule, de Garcia, Ordonez de Montalvo. (Durand, Paris.)

N. Martin. France et Allemagne, littérature, critique, voyages. (Rénouard, Paris.)

L. Racine. Quelques lettres inédites à sa femme, précédées d'une notice biographique sur L. Racine, d'après des documents inédits, par l'un de ses arrière-petits-fils, l'abbé Adrien la Roque. (Paris.)

Livet. Etudes sur la littérature française à l'époque de Richelieu et de Mazarin. (Techener, Paris.)

A. Roche. Les Poëtes français, Récueil de morceaux choisis dans les meilleurs poëtes depuis l'origine de la litt. fr. jusqu'au XIXe siècle, avec une notice biographique sur chaque poëte. (Borani et Droz, Paris.)

M. Lefèvre. Les Chefs-d'oeuvre littéraires du XVIIe siècle, collationnés sur les éditions originales. (Firmin-Didot, Paris.)

Austin & Ralph. The lives of the Poets-Laureate; with an introductory essay on the title and office. Longman, London.) 14 s.

J. Grimaldi. Notes and emendations on the Plays of Shakspeare. C. J. R. Smith, London.) 1 s.

H. Tuckerman. Mental portraits or studies of character. (Bentley, London.)

J. O. Halliwell. Curiosities of Modern Shaksperian criticism. (Smith, London.) 1 s.

The British orator by Prof. Greenbank. (Simpkin, London.) 3 s.

The British Classical authors. Handbuch der englischen Nationalliteratur von G. Chaucer bis auf die jetzige Zeit. Mit biographischen und kritischen Skizzen v. L. Herrig. 4. Aufl. (Westermann, Braunschw.) 1 Thlr. 20 Sgr.

Handbuch der Nordamerikanischen National-Literatur. Sammlung von Musterstücken nebst einer literar. histor. Abhandlung über den Entwicklungsgang der engl. Sprache und Literatur in Nordamerika von L. Herrig. (Westermann, Braunschweig.) 2½ Thlr.

O. Behnsch. Geschichte der Englischen Sprache und Literatur von den ältesten Zeiten bis zur Einführung der Buchdruckerkunst. (Kern, Breslau.)

Gedichte von Th. B. Macaulay. Deutsch von Dr. A. Schmidt. (Westermann, Braunschweig.)

The Canterbury Tales by G. Chaucer; from the text and with the notes and glossary of Th. Tyrwhitt. (Longman, London.) 5 s.

Speeches of Th. B. Macaulay revised and corrected by himself. (Longman, London.)

Hilfsbücher.

J. Spitzer. Leitf. der deutsch. Literaturgesch. Für Töchtersch. (Mauke, Jena.) 15 Sgr.

G. H. F. de Castres. Theoretisch-praktisches Lehrbuch zum schnellen und gründlichen Erlernen der franz. Sprache. (Wengler, Leipzig.) 15 Sgr.

Parlez-vous français? oder die nützlichsten franz.-deutschen Gespräche, Redensarten, Wörtersammlungen. (Wengler, Leipzig.) 12 Sgr.

Chrestomathie française, ou Choix de morceaux tirés des meilleurs écrivains franç. Ouvrage enrichi de notes grammaticales, littéraires et critiques et de notes biographiques. (Aillaud, Paris.)

Sammlung englischer Schriftsteller mit deutschen Anmerkungen herausgegeben von L. Herrig. (Enslin, Berlin.)

1. Bd.	Shakspeare's Macbeth, erklärt von Herrig.	10 Sgr.
2. „	Byron's Marino Faliero, erkl. von Brockerhoff.	15 „
3. „	Shakspeare's Romeo und Julie, erkl. von Heussi.	10 „
4. „	Shakspeare's Othello, erkl. von Sievers.	10 „

Essays on some of the Forms of Literature; by Th. J. Lynch. (Longman, London.) 3 s. 6 d.

H. G. Adams. Cyclopaedia of poetical quotations. (Whittaker, Lond.) 6 s. 6 d.

A guide to German literature by Fr. Funck. (Jügel, Francf.) 1 Thlr. 22½ Sgr.

Die Grundregeln der deutschen Sprache von F. W. Petersen (für Deutsche und Engländer.) (Jügel, Frankfurt.) 12½ Sgr.

Aufgaben zum Uebers. aus dem Deutschen ins Englische nebst einer Anleitung zu freien schriftl. Arbeiten von L. Herrig. 3. Aufl. (Bädeker, Iserlohn.) 25 Sgr.

Lightning Source UK Ltd.
Milton Keynes UK
UKHW021428090119
334994UK00007B/570/P

9 780666 944443